JN434152

체육수업, 인성과 만나다

박제훈

교육과학사

나의 수업 이야기를 책으로 출판하고 싶다는 막연한 생각을 가지고 조금씩 글을 쓰기 시작한 지가 벌써 5년 전의 일이다. 5년 동안 나는 중학교 3학년 학생들에게 처음으로 이 수업을 가르친 2013년, 그해를 벗어나지 못한 채 시간이 지날수록 희미해져 가는 그때의 기억을 붙잡으려고 안간힘을 쓰면서 현재를 살았다. 그렇게 몇 해를 보내다 보니 나의 현재는 2013년의 그때와 점점 멀어져 갔고, 그로 인한 육체적 피로와 정신적 스트레스도 점차 심해졌다. 그래서 글쓰기를 포기한 적도 여러 번 있었다. 하지만 그럴 때마다 이 수업에 대한 확신과 예전의 나와 같은 어려움을 겪고 있는 현장의 많은 체육교사들을 생각하면서 다시 글을 쓸 힘과 용기를 얻을 수 있었다. 그리고 지금, 5년 전 막연히 가졌던 희망과 늘 꿈꿔오던 가능성이 현실이 되어 책으로 출판되게 되었다.

이 책은 좋은 체육수업으로 학생들 앞에 당당히 서기 위해 고민하고 노력을 멈추지 않는 체육교사들을 위해 쓰였다. 주로 학교 현장에서 학생들을 가르치는 체육교사들이 이 책의 주된 독자가 되겠지만, 체육교사를 꿈꾸는 예비 체육교사들도 이 책을 읽기 바란다. 나의 경험에 비춰봤을 때, 지금까지도 현장의 체육수업은 대학에서 학문적으로 배우는 체육수업과 큰 차이를 보이고 있다. 그런 점에서 이 책은 이들이 체육교사가 되었을 때 전인교육으로서의 체육수업을 실천하는 데 있어서 시행착오를 줄이고 학교 현장에 빠르게 적응할 수 있도록 도움을 줄 뿐 아니라, 체육교사로서 체육수업을 바라보는 시각을 넓히고 안목을 높이는 데에도 도움이 될 것이다.

이 책은 국가 수준의 교육과정을 재구성하여 만든 교사 또는 단위학교 중심의 교육과정으로 인성주제 중심 체육수업에 관한 내용을 총 4장으로 구성하여 다루고 있다.

1장에서는 이 수업을 학생들에게 가르치기 전과 후 체육교사인 나의 생각과 모습이 어떻게 달라졌는지와 이 책을 읽게 될 독자들에게 전하는 바람 등을 간략히 다루고 있다.

2장에서는 이 수업의 접근방식과 4가지 구성요소를 통해 인성주제 중심 체육수업이 어떤 수업인지에 대해 구체적으로 설명하고 있다.

3장에서는 인성주제를 중심으로 진행한 체육수업에 대한 실제 실천 사례를 통해 이 수업이 학교 현장에서 체육수업에 어떻게 적용되었고 진행되었는지를 다양한 수업자료와 결과물들을 가지고 구체적으로 이야기하고 있다.

마지막으로 4장에서는 이 수업을 진행한 1년을 전체적으로 되돌아보면서 이 수업에 대한 이해를 다시 돕고, 수업을 통해 나타난 학생들의 변화와 체육교사의 성장 과정을 반성적 시각으로 살펴보고 있다.

이 책은 전인교육으로서의 체육수업을 실천하고 싶었던 어느 한 교사가 어떻게 이 수업을 생각해 내게 되었고, 교육과정에 적용했는지, 수업 개선을 위해 어떤 노력을 지속하고 있는지, 이 수업에 참여하는 학생과 교사의 모습은 어떠한지 그리고 이 수업을 통해 학생들은 어떻게 변해가고 교사는 어떻게 성장해 나가는지를 다양한 수업자료와 수업 속에서 만들어 낸 결과물들을 통해 아주 구체적이고 솔직하게 이야기하고 있다는 점에서 체육수업과 관련된 이전의 출판물들과는 차이가 있을 것이다. 그리고 이 수업이 3년간(2013~2015학년도) 중학교 모든 학년의 학생들에게 적용되면서 그 틀이 완성되었기 때문에, 이 책에서 다루는 내용이 끝이 아닌 시작이란 점을 분명히 하고 싶다.

마지막으로 이 책을 읽게 될 독자들이 반성적 사고와 비판적 시각으로 현장의 체육수업과 체육교육 현장을 바라보길 바라고, 끊임없이 좋은 체육수업의 모습과 앞으로 나아갈 방향에 대해 고민하고 생각하길 희망한다. 그리고 무엇보다 현장의 체육교사들을 통해 이러한 바람과 희망이 계속해서 이어져 나가길 기대한다.

이 책이 출판되기까지 도움을 주신 분들께 고맙고 감사한 마음을 전하고 싶다. 우선 이 수업을 학생들에게 적용할 수 있도록 1년 동안 옆에서 힘과 용기를 준 협력교사 강인혜 선생님께 고마운 마음을 전한다. 그리고 막연했던 꿈이 현실이 될 수 있게 손을 내밀어 준 교육과학사의 이주표 영업부장님과 이 글이 끝까지 잘 마무리될 수 있도록 아낌없는 조언과 도움을 주신 이정호 편집실장님께도 고마운 마음을 전한다. 끝으로 이 책은 나의 가족이 없었다면 끝내 마무리될 수 없었을 것이다. 함께하는 것만으로도 나에게 큰 힘이 되어 준 가족에게 사랑을 담아 고맙고 감사한 마음을 전한다.

2019년 1월 10일
저자 박제훈

차례

제1장

들어가면서

나는 중학교 체육교사다. 지금은 아니지만 학생들과 수업하던 것이 가장 큰 고민이었고 걱정이었던 때를 떠올려보면, 지금의 나는 무척이나 변해 있다. 그 중 가장 큰 변화는 체육수업을 통해 학생들과 만나는 것이 기대되고 기다려진다는 점이다.

첫 발령을 받고 2~3년 동안은 체육수업을 하는 것이 가장 두렵고 힘들었다. 매일 저녁 다음 날 하게 될 수업을 걱정하며 전전긍긍했다. 왜냐하면 내가 원하는 체육수업을 할 자신이 없었기 때문이다.

체육 교과는 심동적, 인지적 그리고 정의적 영역을 모두 가르칠 수 있는 교과다. 즉 전인교육[1)]이 가능한 교과가 체육인 것이다. 그렇게 배웠고 그렇게 가르치겠다고 셀 수 없을 만큼 다짐하면서 공부했고, 몇 번의 실패 끝에 임용시험에 합격했다. 하지만 첫 발령을 받고 학생들에게 가르친 수업은 체 · 지 · 덕이 통합된 수업이 아니었다. 오직 정해진 수행평가를 치르기 위한 신체활동 위주의 체육수업이었다. 그 속에서 나는 나 자신을 못마땅해하면서 수업을 진행하곤 했다. 어떤 날은 움직일 것을 학생들에게 강요하기도 했다.

2006년 6월의 어느 날 5교시 수업, 무척이나 더웠던 체육 시간. 게다가 운동장에는 다른 학년의 학생들이 수업을 하고 있었다. 운동장은 건조해서 모래바람이 자주 일었다. 그늘조차 없던 시간. 나는 다른 학년의 수업을 피해 운동장 한쪽에 있는 농구 골대 근처에서 학생들에게 줄넘기를 가르치고 있었다. 음악줄넘기의 어렵고 다양한 동작도 아니었다. 체력운동 수행평가를 위해 '양발 모아 뛰기', '이단 뛰기(쌩쌩이)', '뒤로 뛰기' 등의 단순한 동작 들을 가르치고 있었다. 아니 시키고 있었다. 학생들은 더운 날씨를 이기지 못하고 투덜대기 일쑤였고, 그만하고 쉬자고 아우성쳤다. 하지만 수업을 멈출 수가 없었다. 무엇이든 수업 시간에 해야만 했다. 만약 학생들의 성화에 못 이겨 수업을 도중에 그만둔다면, 학생들이 남는 시간을 어떻게 보낼지 눈에 선했기 때문에 하던 것을 그만둘 수가 없었다.

---

1) 전인교육을 실현하고자 하는 체육 교과의 의지와 바람이 체육과 교육과정에 잘 나타나 있다. 특히 7차 체육과 교육과정뿐 아니라 2007 개정 체육과 교육과정부터 2015 개정 체육과 교육과정까지 수시로 개정되는 체육과 교육과정에서도 체육과의 교육목표를 전인교육이라고 명문화하고 있다. 이는 시대적 변화와 요구에 따라 교육과정의 핵심 내용과 방법 등의 표현이 - 심동적 · 인지적 · 정의적 영역의 통합(7차)에서 신체활동 가치(2007 개정)와 체육 교과 역량(2015 개정)으로 - 바뀌고 있지만, 체육 교과의 존재 이유는 변함없이 전인교육에 있음을 말하는 것이다.

그렇게 학생들의 차가운 시선과 나의 무능함을 참아가면서 수업을 하곤 했다.

아직도 그때의 수업이 기억나는 걸 보면, 그 시간이 나에겐 무척이나 참기 힘든 시간이었던 것 같다. 사실 그때의 체육수업은 체육교사가 아니더라도 신체가 건장하고 학생들을 잘 통제할 수 있는 사람이라면 누구나 할 수 있는 수업이라고 생각했다. 굳이 체육교사가 아니어도 말이다. 그런데 힘들게 공부해서 체육교사가 된 내가 그런 수업을 하고 있으니 스스로 용납할 수 없었다. 학생들의 차가운 시선도 싫었고, 어쩔 수 없이 적당히 학생들과 타협하면서 수업하는 것도 싫었다. 이런 수업을 하는 나 자신에게서 벗어나고 싶었다. 운동 기능 중심의 체육수업, 수행평가를 위한 체육수업이 아니라 신체활동 속에 있는 인성요소와 다양한 삶의 가치를 가르칠 수 있는 수업을 하고 싶었다.

그 당시 체육수업을 통한 인성교육은 나에게 가장 큰 관심사였다. 그러한 수업을 하기 위해서 수없이 고민했고 조금이라도 발전 가능성이 있다고 생각되는 것들은 무모할 정도로 수업에 적용하곤 했다. 그 과정에서 수없이 좌절하고 가슴의 상처를 받아 감에도 지금까지도 그 노력을 멈추지 않고 있다. 조금씩 성장해가는 체육교사로서의 나의 모습과 조금씩 좋아지는 체육수업을 느끼고 있기 때문이다.

한때 체육교사가 학교에 왜 필요한지를 두고 몇 년간 고민한 적이 있었다. 내가 했던 수업은 꼭 내가(체육교사가) 아니어도, 체육교육에 대한 전문적인 지식이 없는 사람이라도 운동을 조금만 할 줄 아는 사람이라면 누구나 할 수 있는 수업이라고 생각했기 때문이다. 이런 생각은 체육 교과가 중학교 교육과정에서 왜 필요한지에 대한 의문으로 이어졌다. 전인교육을 할 수 없는 체육수업이라면 굳이 학교에서 배울 필요가 있는가, 학교가 아니라 스포츠센터 등과 같은 곳에서도 충분히 배울 수 있는 것은 아닌가, 하고 말이다.

그때는 체육 교과의 존재 이유[2]를 머리로는 이해하면서도 마음으로는 이해하지 못했다. 머리로 이해하는 체육수업의 필요성은 이렇다. "국민공통기본교과[3]의

2) 체육수업이 존재하는 이유는 체육 교과 지식을 우리 학생들에게 전수하기 위함이다. 여기서 부가적인 설명을 한다면, 체육 교과 지식의 핵심은 '신체활동'이라는 사실이다. (중략) 결국 체육수업도 '신체활동'이라는 교과의 도구를 가지고 세상을 이해할 수 있는 능력을 학생들에게 교육하기 위해서 존재하는 것이다. 「체육수업비평」, 유정애 저, 무지개사 (2005), 8-9.

한 교과로서 체육 교과 지식을 학생들에게 전수하기 위한 것이다." 이 말을 마음으론 이해할 수가 없었다. 아니 이해하는 척했지만 강하게 거부하고 있었다. 하지만 지금은 머리가 아닌 마음으로 체육 교과와 전문지식을 갖춘 체육교사가 왜 필요한지 그 어느 때보다 잘 이해하고 있다.

마음으로 이해한다는 것은 이렇다. 체육수업과 전문지식을 갖춘 체육교사가 필요한 이유를 이론적인 내용을 근거로 설명하지 않더라도, 내가 아니면 체육수업을 통해 학생들의 바른 변화를 끌어낼 수 없겠구나, 하는 나에 대한 자신감과도 같다. 또한 체육수업을 통해 학생들의 바른 변화를 끌어낼 수 있다는 교과에 대한 확신과도 같다. 이것이 체육수업을 진행하는 데 있어서 전문지식을 갖춘 체육교사가 왜 필요한지, 그리고 학교에서 체육 교과가 왜 필요한지에 대해서 마음으로 이해하게 해 주었다.

지금의 난 교직 경력 13년 차의 체육교사다. 하지만 내 직업에 대해 자부심을 느끼기 시작한 지는 불과 4~5년밖에 되지 않는다. 그전까지는 내 직업을 밝히기 꺼릴 정도로 직업에 대한 확신이 없었다. 어쩜 내 직업을 부끄러워했을지도 모른다. 더 정확하게 말한다면, 체육교사라는 직업이 갖는 사회적 편견이 싫었고 나 자신이 그렇게 비칠까 봐 두려웠던 것 같다. 체육교사라고 직업을 밝히는 순간, 체육교사와 체육수업에 대해 편견의 시선과 반응을 경험할 수 있었기 때문이다.

"체육교사가 학교에서 제일 편하죠? 공 하나만 있으면 되잖아요. 요즘도 그렇죠?"
"비 올 땐 자습이죠."
"난 학교 다닐 때 체육 선생님이 제일 무서웠는데……."
"아 부럽다……."

체육교사와 체육수업에 대한 이와 같은 고정관념과 편견들은 대학에서 공부할 때부터 이미 알고는 있었지만, 실제 체육교사가 되고 나서 이런 일들을 직접 겪게

3) 국민공통기본교육과정은 1학년(초등학교 1학년)부터 10학년(고등학교 1학년)까지의 10년 동안 공통적으로 이루어지는 교육과정을 말한다. 국민공통기본교과는 총 10개 교과[국어, 도덕, 사회, 수학, 과학, 실과(기술·가정), 체육, 음악, 미술, 외국어〈영어〉]로 이루어진다. 교육부 고시 제1997-15호【별책 3】중학교 체육과 교육과정.

되니까 무척 당황스럽고, 왠지 모르게 나 자신이 작아지는 것 같았다. 그러다 보니 자연스럽게 나는 절대 그렇게 되지 않겠다는 생각이 강하게 내 마음속에 자리 잡았던 것 같다. 그런데 막상 운동장에서 하는 수업이 그들이 말하는 그것과 크게 다르지 않다는 것을 깨달은 순간, 나 자신과 내가 하는 수업이 너무 싫었다. 하지만 지금은 아니다. 나만의 수업 방식을 찾았고 이 수업으로 학생들의 성장을 도울 수 있다는 사실도 확인했기 때문이다.

발령 첫해부터 현장의 체육수업은 내가 생각하던 수업과는 너무 다르다는 걸 직감할 수 있었다. 여전히 학교 현장에선 학기 초 질서교육을 위해 국민체조가 가르쳐졌고, 체력운동을 이유로 줄넘기가 전 학년의 교육과정에 계획되어 있었다. 수업 시간 중에도 학생들은 자유롭게 공을 차면서 뛰어놀았고, 끼리끼리 모여 잡담을 주고받았다. 나는 그런 환경에서 체육 교과의 정의적 요소를 수업에 접목하기 위해 노력하면서 7년이란 시간을 보냈고, 마침내 2013년에 인성주제 중심 체육수업을 생각해 냈다. 그리고 같은 해 중학교 3학년을 시작으로 그다음 해에는 중학교 1학년을, 2015년에는 중학교 2학년 학생들에게 이 수업을 교육과정에 적용해서 가르쳤다. 이 기간, 이 수업이 학생들의 인성 변화에 어떤 영향을 미치는지에 대해서 연구했고, 긍정적인 결과를 얻으면서 이 수업의 틀을 완성할 수 있었다.

결론부터 말하자면, 이 수업을 통해 중학생들의 체육수업 만족도를 크게 높일 수 있었고, 중학생들의 바른 성장(인성 함양)을 끌어냈을 뿐 아니라 학생들이 가지고 있던 체육수업에 대한 고정관념과 편견 그리고 선입견까지 변화시킬 수 있었다. 그리고 무엇보다 수업을 진행하는 체육교사인 나 자신이 진정으로 학생들을 생각하는 교사로 성장해가는 것도 느낄 수 있게 해 주었다.

이야기를 시작하기에 앞서 분명히 밝혀두고 싶은 점이 있다.

이 책은 단순히 인성주제 중심 체육수업의 내용과 방법 그리고 실천 사례만을 알리기 위한 책이 아니다. 물론 그것들을 중요하게 다루고 있는 건 사실이지만 그것 못지않게 이 수업을 통해 체육교사가 성장해가는 과정과 학생들이 커가는 모습까지 담아내려고 노력했다.

이 책을 통해 소개되는 수업이 100% 완벽한 수업이며, 좋은 수업이라고 말하는 것은 결코 아니다. 다만 교사와 수업에 참여하는 학생, 모두가 만족할 수 있는 체육수업을 위해 이런 노력도 이루어지고 있다는 사실을 알리고 싶을 뿐이다. 이 과정에서 한 가지를 보고 전체를 판단하는 오류를 범하지 않기 위해 노력했음에도 불구하고 그런 점이 느껴진다면 양해를 먼저 구한다.

마지막으로 이 수업을 통해 다양한 이견(異見)과 의견(意見)들이 제시되기를 바라며, 그로 인해 더욱 좋은 체육수업을 위한 많은 고민과 노력이 생겨나길 바란다.

제2장

인성주제 중심 체육수업

2장에서는 인성주제 중심 체육수업이 어떤 수업인지 알아보기 위해 그 접근방식과 4가지 구성요소를 통해 설명하고자 합니다. 특히 이 수업을 가능하게 해 주는 4가지 구성요소가 무엇이며, 그것을 만족시키기 위해 어떤 노력이 이루어졌는지를 중심으로 이야기하겠습니다.

참고로, 이 책의 내용이 2013학년도 중학교 3학년 학생들을 대상으로 적용한 체육수업에 관한 내용을 주로 다루고 있지만, 이 수업이 3년에 걸쳐 완성되었기 때문에 2장에서는 인성주제 중심 체육수업이 어떤 수업인지를 구체적으로 설명하기 위해 2013학년도부터 2015학년도까지 3년간 적용된 내용을 종합해서 정리하였습니다.

접근방식과 구성요소

접근방식

인성주제 중심 체육수업은 신체활동을 통한 학생들의 바른 인성 함양을 중요한 교육목표로 삼는 체육수업이다. 다시 말해 인성주제를 올바로 이해하고 수업에서 이루어지는 신체활동을 통해 그 의미를 실천하려고 노력함으로써 학생들이 갖춰야 할 인성을 기르는 것이 이 수업의 가장 큰 목표 중 하나다.

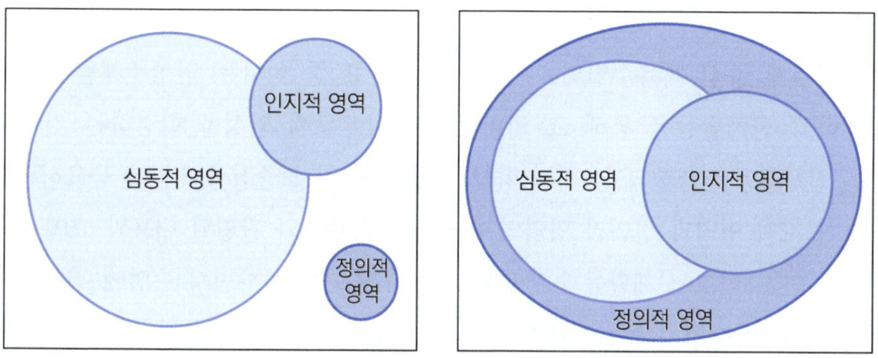

체육수업　　　인성주제 중심 체육수업

〈그림 2-1-1〉 인성주제 중심 체육수업에 대한 개념도

위의 〈그림 2-1-1〉은 기존의 체육수업과 인성주제 중심 체육수업에 대한 개념을 그림으로 나타낸 것이다.

체육수업에 대한 그림은 인성주제 중심 체육수업을 생각해 내기 전 내가 진행한 수업을 말한다. 심동적, 인지적, 정의적 영역을 통합적으로 가르쳐 전인교육을 하기 위한 노력을 했음에도 불구하고 심동적 영역에 관한 내용이 수업에서 가장 큰 부분을 차지했다. 또한 종목 중심으로 수업이 이루어지다 보니 그 종목에 대한 경기 방법과 규칙 및 전술들이 인지적 영역의 대부분을 차지했다. 하지만 때때로 줄넘기(음악줄넘기가 아닌)와 같이 단순히 실기평가를 보기 위한 신체활동을 수업할 때는 특별히 인지적 영역의 내용이라고 할 만한 것이 없었다. 그러다 보니 체육수업에서 심동적 영역과 인지적 영역은 정도의 차이는 있지만 언제나 심동적 영역에 대한 부분이 중심이 되어 수업이 진행됐다.

정의적 영역에 관한 내용이 차지하는 비중은 인지적 영역의 그것보다 훨씬 적었다. 게다가 특정 활동을 제외하고 정의적 영역에 관한 내용을 체육수업 속에서 지속해서 지도하는 것이 매우 힘들었다. 대부분 정의적 영역에 관한 내용은 일시적으로 또는 단편적으로 교육되기 일쑤였고, 그 역시도 시간이 지남에 따라 점점 심동적 영역 중심으로 수업이 흘러갔다. 결국에 체육수업은 신체활동을 위한 수업이며, 이를 위해 인지적 영역과 정의적 영역이 존재하는 것처럼 생각됐다. 다시 말해 체육수업에서는 축구(심동적 영역)를 잘하기 위해서 경기 방법과 규칙(인지적 영역)이 필요했고, 팀워크와 페어플레이(정의적 영역)에 대한 개념이 강조되었다.

인성주제 중심 체육수업의 가장 중요한 목표 중 하나는 인성주제를 정확히 이해하고 신체활동을 통해 그 의미를 실천함으로써 인성을 함양하는 것이다. 이는 신체활동을 통한 운동 기능 향상과 체력 및 건강 증진 못지않게 중요시된다. 또한 인지적 영역과 정의적 영역의 내용은 인성주제와 관련된 내용과 그에 따른 실천 방안 그리고 신체활동과 관련된 내용이 조화를 이루면서 수업에 적용된다. 다시 말해 이 수업은 팀워크와 페어플레이라는 인성주제를 더 잘 이해하고 깨달으며 체득하기 위해서 축구라는 신체활동이 필요했고, 경기 방법과 규칙이 강조되었다.

2007 개정 체육과 교육과정은 제7차 체육과 교육과정과 비교했을 때 혁신에 가까운 변화를 보였다. 기존의 종목 중심으로 이루어지던 체육수업은 신체활동 가치 중심으로 수업이 이루어지도록 바뀌었다. 체육과 교육과정의 이와 같은 변화는 체육수업 속에서 인성교육에 관한 관심이 컸던 나에게 정말 반가운 일이 아닐 수 없었다. 인성주제 중심 체육수업을 실현할 수 있는 이론적 근거가 교육과정을 통해 마련된 것이다.

인성주제 중심 체육수업은 국가에서 고시된 체육과 교육과정을 바탕으로 학교 현장에 맞게 재구성된 교사 또는 단위학교 중심의 교육과정이라고 할 수 있다.

먼저 인성주제 중심 체육수업의 접근방식을 개정된 체육과 교육과정의 중학교 내용 체계와 신체활동 예시를 통해서 설명하고자 한다.

〈표 2-1-1〉 2009+개정 2011 체육과 교육과정 내용 체계

영역	중학교		
건강 활동	(가) 건강과 환경 • 건강의 이해 및 증진 • 약물과 기호품 • 환경오염과 건강 • 자기조절	(나) 건강과 체력 • 체력의 이해 및 증진 • 성의 이해와 성폭력 • 안전사고와 예방 • 자기존중	(다) 건강과 안전 • 운동처방 • 구급처치 및 운동 상해 • 재난과 안전 • 실천의지력
도전 활동	(가) 기록 도전 • 역사 및 과학적 원리 • 경기 방법과 기능 • 스포츠의 비교 및 감상 • 인내심	(나) 동작 도전 • 역사 및 과학적 원리 • 경기 방법과 기능 • 스포츠의 비교 및 감상 • 자신감	(다) 표적/투기 도전 • 역사 및 과학적 원리 • 경기 방법과 기능 • 스포츠의 비교 및 감상 • 문제해결력
경쟁 활동	(가) 영역형 경쟁 • 역사 및 과학적 원리 • 경기의 수행 및 창의적 전략 • 스포츠의 비교 및 감상 • 페어플레이	(나) 필드형 경쟁 • 역사 및 과학적 원리 • 경기의 수행 및 창의적 전략 • 스포츠의 비교 및 감상 • 팀워크	(다) 네트형 경쟁 • 역사 및 과학적 원리 • 경기의 수행 및 창의적 전략 • 스포츠의 비교 및 감상 • 배려와 존중
표현 활동	(가) 심미표현 • 특성과 유형 • 표현 방법 • 창의적 표현 및 감상 • 독창성	(나) 현대표현 • 역사와 유형 • 표현 방법 • 창의적 표현 및 감상 • 열정	(다) 전통표현 • 역사와 유형 • 표현 방법 • 창의적 표현 및 감상 • 다문화 존중
여가 활동	(가) 사회와 여가 • 청소년기 여가의 이해 • 일상적 여가 활동 계획 및 실천 • 여가 활동의 감상 • 흥미와 몰입	(나) 자연과 여가 • 자연형 여가의 이해 • 자연형 여가 활동 계획 및 실천 • 여가 활동의 감상 • 공존	(다) 지구촌 여가 • 지구촌 여가의 이해 • 지구촌 여가 활동 계획 및 실천 • 여가 활동의 감상 • 개방성

〈표 2-1-2〉 2009+개정 2011 체육과 교육과정 중학교 1~3학년군 신체활동의 활용 예시

대영역	중영역	중학교 1~3학년군 신체활동의 활용 예시
건강 활동	(가) 건강과 활동	• 달리기, 걷기, 트레킹, 등산, 수영, 요가, 에어로빅스, 줄넘기, 맨손체조, 스트레칭, 웨이트트레이닝, 짐볼 등
	(나) 건강과 체력	• 약물 및 기호품의 올바른 사용 방법, 성폭력 예방 활동, 구급 처치 활동 등
	(다) 건강과 안전	• 환경 보호 활동, 안전사고 예방 활동, 재난 대피 활동, 수상 안전 등
도전 활동	(가) 기록 도전	• 트랙 경기, 필드 경기, 경영, 스피드 스케이팅, 알파인 스키, 역도, 스피드 스택 등
	(나) 동작 도전	• 마루 운동, 도마 운동, 평균대 운동, 철봉 운동, 슬랙라인 등
	(다) 표적/투기 도전	• 사격, 국궁, 양궁, 볼링, 골프, 태권도, 씨름, 유도, 카바디, 피구, 다트, 게이트볼, 게이트 골프, 보치아, 커롤링 등
경쟁 활동	(가) 영역형 경쟁	• 축구, 농구, 핸드볼, 하키, 럭비, 미식축구, 풋살, 넷볼, 플로어볼, 플래그풋볼, 얼티미트, 골볼 등
	(나) 필드형 경쟁	• 소프트볼, 야구, 크리켓, 티볼, 발야구, 킨볼, 킥런볼 등

대영역	중영역	중학교 1~3학년군 신체활동의 활용 예시
	(다) 네트형 경쟁	• 배구, 배드민턴, 탁구, 테니스, 족구, 소프트발리볼, 인디아카, 핸들러, 소프트 테니스 등
표현 활동	(가) 심미 표현 (나) 현대 표현 (다) 전통 표현	• 피겨 스케이팅, 창작 체조, 음악 줄넘기, 치어리딩 등 • 리듬 체조, 현대 무용, 댄스 스포츠, 라인 댄스, 힙합 등 • 우리나라의 민속 무용, 외국의 민속 무용, 발레 등
여가 활동	(가) 사회와 여가 (나) 자연과 여가 (다) 지구촌 여가	• 마라톤, 자전거 타기, 인라인롤러, 스케이팅, 부메랑, 저글링, 스쿼시, 라켓볼, 아이스하키 등 • 캠핑, 산악자전거, 윈드서핑, 낚시, 래프팅, 스키, 스노보드, 수상스키, 웨이크 보드 등 • 줄다리기, 널뛰기, 제기차기, 투호, 스포츠 클라이밍, 카누, 카약, 스피드 스택, 플라잉 디스크 등

※ 학습자들이 3개 학년 동안 모든 중영역(15가지)에 관한 신체활동을 최소 1가지 이상 경험할 수 있도록 한다. 각 유형의 신체활동의 순서와 범위는 단위학교 교과협의회를 통해 결정한다.

위의 〈표 2-1-1〉과 〈표 2-1-2〉는 중학교에서 가르칠 수 있는 내용 체계와 그에 따른 신체활동의 활용 예시를 나타내고 있다.

교육과정에 의하면, 교사는 중학생들이 3개 학년 동안 모든 중영역(15가지)에 포함된 신체활동을 최소 1가지 이상 경험할 수 있도록 수업 내용을 구성해야 한다고 말하고 있다. 이를 바탕으로 보통 단위학교 중심의 교육과정을 만들 때 학교의 환경과 학년을 고려하여 대영역(신체활동 가치: 건강 활동, 도전 활동, 경쟁 활동, 표현 활동, 여가 활동)을 선택하는 것부터 시작해서 중영역을 선택하고 거기에 맞는 신체활동을 선택하여 교육과정을 재구성하게 된다. 여건에 따라서는 더 많은 신체활동을 가르칠 수도 있으며, 1학년에서 배웠던 신체활동을 더욱 심화시켜 2, 3학년에서도 배울 수 있게 교육과정을 재구성할 수 있다. 하지만 인성주제 중심 체육수업은 교육과정을 재구성하는 과정에서 기존 체육수업과 차이가 있다. 그 차이는 수업을 계획할 때 어디에 우선순위를 두는가에 있다. 이 수업에서 가장 먼저 고려된 사항은 가르치게 될 학생들이 누구인가 하는 것이었다.

2013학년도 실시한 수업은 중학교 3학년 학생들을 대상으로 진행되었고, 그들에게 필요한 인성주제가 무엇인지를 먼저 고민했다. 인성주제를 선정한 다음에는 그것을 이해하고 그 의미를 실천하는 데 있어서 가장 적합한 신체활동을 선정하였고, 그것이 교육과정에 제시된 내용 체계와 잘 맞는지를 따졌다. 어떻게 보면 체육과 교육과정의 신체활동 가치에 포함된 다양한 신체활동과 내용들을 다룬다는 점에서 기존 체육수업과의 차이를 느끼지 못할 수도 있다. 하지만 분명한 점은 인성주제(정의적 영역)를 가장 중요한 수업 내용으로 다룬다는 점과 수업주제에 담긴 의미를 이해하고 깨닫는 것이 수업의 가장 중요한 목표 중에 하나라는 점이다. 그리고 이를 위해 신체활동이 이루어진다는 점에서 기존의 체육수업과 큰 차이가 있다.

〈표 2-1-3〉 2013학년도 1학기 수업진행계획표 중 일부

차시	인성 주제	중점사항	신체 활동	수업진행	수업내용	장소	준비물	수행 평가	과제
20	타인 이해	나와 다른 타인에 대한 이해와 배려하려는 태도의 필요성 이해하기		타인이해 감상수업	영화 「글러브」와 「리멤버 타이탄」의 편집 영상 시청을 통해 차별을 극복하고 '함께 사는 행복한 세상'을 만들기 위한 방안 토의 및 포트폴리오 구상하기	교실 도서실	영상자료 기타자료	수행 평가 총 10점	개별 보고서
21		자기와의 대화	트래킹	○○산 트레킹	트레킹 동안 금언(禁言)하면서 자기와의 의미 있는 대화 나누기 '나는 존중받길 원하는가?'	○○산	등산용 스틱	준비성 평가 20점 중 10점 반영	
22		나와 다름을 인정하는 것에서부터 행복은 시작된다		타인이해 발표수업	'함께 사는 행복한 세상'이란 주제로 포트폴리오 발표하기	교실	개인 포트폴리오		
23-1	팀워크	최선, 배려, 집중	티볼	티볼 기초 기능	'先주제 後기술'지도 최선: 베이스 러닝 게임 배려: 캐치볼 집중: 배팅	운동장	티볼 경기 도구	수행 평가 총 40점	
23									
24		협력플레이를 통해 공동의 목표를 위해 노력하기		협력플레이	협력플레이를 통해 공동의 목표를 위한 노력				
25		참여와 헌신		간이경기 A VS B	참여와 헌신: 팀 기량 향상을 위한 협동학습 간이 경기, 경기를 하지 않는 팀은 경기 진행 및 팀 티칭을 통한 도움 주고받기 활동				
26				간이경기 B VS C					
27				간이경기 C VS A					
28		공동의 목표 달성을 위한 노력		종합연습	수행평가 방법 숙지 및 연습				
29		기록의 의미		팀워크 평가	수행평가				

〈표 2-1-3〉은 2013학년도 1학기에 진행한 수업 계획의 일부분이다. 인성주제는 '타인이해'와 '팀워크'다. 이 인성주제를 가르치기 위한 신체활동으로는 건강활동 가치에 속하는 트레킹과 경쟁 활동 가치에 속하는 티볼을 선택했다.

인성주제는 인성가치이기도 하면서 수업을 통해 달성해야 할 최우선 수업목표이자 이해하고 깨닫기 위해 배워야 할 수업 내용이기도 하다. 인성주제가 정해지고 그에 적합한 수업 내용을 정했다면, 그다음으로 결정할 사항은 수업 방법을 계획하는 것이다.

수업 방법을 정할 땐 수업 내용을 정할 때보다 훨씬 더 많은 것들이 고려된다. 왜냐하면 '창의 · 인성'을 강조하는 교육과정에서 수업 방법은 학생들의 흥미와 관심을 극대화할 수 있는 중요 사항일 뿐 아니라 학생들의 적극적인 참여를 통해 다양한 사고와 의사소통을 끌어낼 수 있는 중요한 열쇠도 되기 때문이다. 이렇게 계획된 수업은 학생들에게 전달될 때도 기존의 방식과 차이가 있다. 예를 들어, 위의 수업 내용을 학생들에게 전달할 때 나는 이렇게 말했다.

"지난번에 우리 '바른 관계 맺기' 수업을 했지? 이번에 배울 수업은 '타인이해' 수업과 '팀워크' 수업이야."

"축구 할 거야", "농구 할 거야"가 아니라 인성주제가 수업 그 자체가 되는 것이다. 물론 처음 이 수업을 접하는 학생들은 당황해할 수도 있지만 금방 적응하는 모습을 수업에서 확인할 수 있었다. 분명한 점은 체육 시간에 축구와 농구 등의 스포츠를 배우는 것보다 그것들을 통해 '타인이해'와 '팀워크'라는 인성주제를 배워 나가는 것이 이 수업의 가장 중요한 핵심이 된다는 점이다. 다시 말해 예전에는 야구를 더 잘하기 위해 팀워크라는 인성주제가 수업에서 다루어졌지만, 이 수업에서는 팀워크를 더 잘 이해하고 그 의미를 깨닫기 위해 야구라는 신체활동이 이루어지는 것이다.

구성요소

〈표 2-1-4〉 인성주제 중심 체육수업의 구성요소

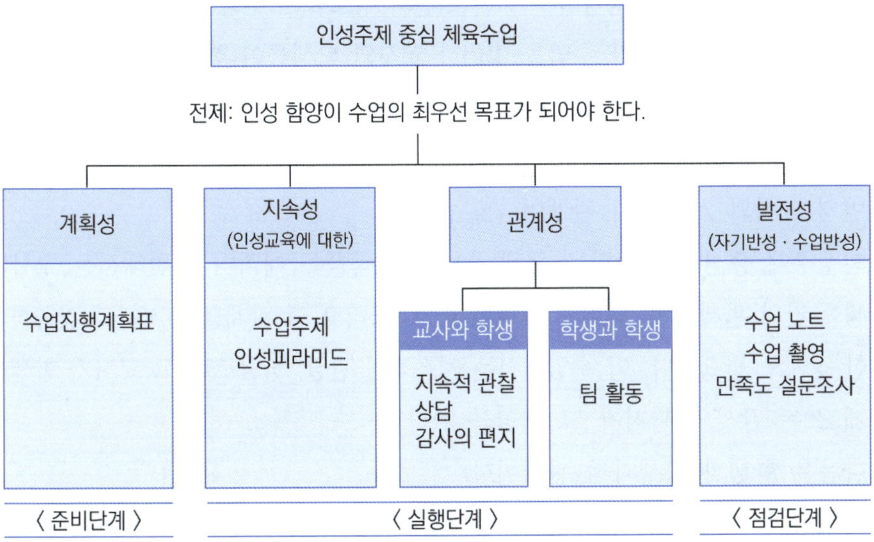

위의 〈표 2-1-4〉는 인성주제 중심 체육수업의 구성요소를 나타내고 있다.

인성주제 중심 체육수업은 위의 〈표 2-1-4〉와 같이 '인성 함양이 수업의 최우선 목표가 되어야 한다.'라는 전제하에 4가지 구성요소를 지닌다.

첫째, 계획성이다.

계획성은 수업을 실행하기 전 준비하는 단계에서 갖춰져야 할 사항이다. 인성주제 중심 체육수업이 되기 위해서는 반드시 한 학기 또는 1년간 수업에 대한 교육과정이 계획되어 있어야 한다. 그것을 바탕으로 체계적으로 수업을 준비하고 실행할 수 있어야 한다. 이 수업에서는 수업진행계획표가 계획에 따라 수업이 진행될 수 있게 해 주는 역할을 한다.

둘째, (인성교육에 대한) 지속성이다.

지속성은 수업이 실행되는 단계에서 갖춰져야 할 사항이다. 인성주제 중심 체육수업은 신체활동 못지않게 정의적인 요소를 강조하는 수업이다. 다시 말해 수업이 이루어지는 내내 학생들이 수업과 관련된 인성주제를 인식하고, 그것을 실천하기 위한 노력을 끌어낼 수 있는 장치 또는 수단이 갖춰져 있어야 한다. 이 수업에서는 수업주제와 인성피라미드가 그 역할을 한다.

셋째, 관계성이다.

관계성 역시 지속성과 마찬가지로 수업이 실행되는 단계에서 갖춰져야 할 사항이다. 하지만 관계성이 영향을 미치는 시간과 장소를 구분하기가 쉽지 않다. 관계성의 경우 수업뿐 아니라 수업을 벗어나 교사와 학생들이 학교에서 지내는 모든 시간과 장소에 걸쳐 영향을 미칠 수 있기 때문이다.

관계성은 대상에 따라 2가지로 나눌 수 있다.

먼저 교사와 학생과의 관계이다.

인성주제 중심 체육수업을 통해 수업의 효과를 극대화하기 위해서는 교사와 학생들 간의 관계가 잘 맺어져 있어야 한다. 그리고 그 관계를 유지하고 강화하기 위한 장치도 필요하다. 이 수업에서는 지속적인 관찰, 상담 그리고 교사가 학생들에게 쓰는 감사의 편지가 그 역할을 한다.

다음은 학생과 학생과의 관계이다.

이 수업은 거의 모든 활동을 팀으로 활동한다. 팀 활동을 통해 교사는 학생들 간의 바른 관계가 형성될 수 있게 하고 지속성을 바탕으로 그 관계가 유지 · 강화될 수 있게 도와준다.

넷째, 발전성(자기반성 · 수업반성)이다.

발전성은 수업이 끝난 후 점검단계에서 갖춰져야 할 사항이다. 발전성은 교사로 하여금 끊임없이 자기 자신과 자신의 수업에 대해 되돌아보고 생각하게 만든다. 그 과정을 통해 더 좋은 교사로 성장할 수 있는 내적 동기를 부여하고, 더 좋은 수업을 위해 끊임없이 연구하고 실천할 수 있도록 교사에게 외적 동기를 부여한다. 이 수업에서는 수업 노트 작성, 수업 촬영 그리고 매 학기 실시하는 학생들의 체육수업 만족도 설문조사가 그 역할을 한다.

인성주제 중심 체육수업은 위의 4가지 구성요소를 모두 갖추고 있어야만 체육수업을 통해 학생들의 바른 인성 함양을 기대할 수 있다. 하지만 구성요소에 따른 구체적인 실천사항들(수업진행계획표, 수업주제, 인성피라미드, 지속적인 관찰, 상담, 감사의 편지, 팀 활동, 수업 노트, 수업 촬영, 만족도 설문조사)은 수업을 진행하는 환경과 상황에 따라 달라질 수 있다.

계획성(수업진행계획표)

'아나공' 수업, 체육교사라면 모르는 사람이 없을 것이다. 아니 체육교사가 아니더라도 많은 사람들이 "아나공" 하면 체육수업을 먼저 떠올리면서 고개를 끄덕일 것이다.

'아나공' 수업을 학생들은 자유시간이라고 말한다. 공 하나를 가지고 축구를 하건 농구를 하건 또는 모여 앉아 잡담을 나누건 간에 지도교사가 간섭하지 않기 때문이다. 「체육수업비평」이란 책에는 '아나공' 수업도 좋은 수업이 될 수 있는 가능성('아나공' 수업의 한계점[4]을 극복한다면)이 있다고 말한다. 교사가 수업 준비를 하지 않고 마땅히 할 수업도 없어서 시간을 때우기 위한 목적으로 학생들에게 공을 하나 던져 주고 학생들이 자유롭게 시간을 보낼 수 있게 한다면 전형적으로 나쁜 의미의 '아나공' 수업이 될 것이다. 하지만 교사가 나름의 목적을 가지고 학생들에게 공을 주고 자유롭게 수업 시간을 보낼 수 있게 한다면 그 의미는 한번 따져 봐야 할 것이다.

나는 수업 시간에 자유시간을 안 주기로 학생들 사이에서 유명하다. 자유시간을 주지 않는 이유는 자유시간으로 허비되는 수업 시간이 아깝기도 하지만, 막상 자유시간이 주어졌을 때 그 시간을 적극적으로 쓰는 학생은 소수에 불과하다는 점과 이것이 교사의 불성실로 인해 생겨나는 것으로 생각했기 때문이다. 하지만 지금은 자유시간이 필요한 이유를 나름 찾아가고 있다. 물론 좋은 의미의 자유시간이다.

체육수업에서 자유시간을 완전히 없앤다는 것이 현실에서 얼마나 힘든 것인지를 수업을 진행하면서 알게 됐다. 자유시간을 무조건 나쁜 것으로 생각해서 학생들에게 전혀 자유시간을 주지 않았을 때 체육교사인 나와 나의 체육수업에 대한 학생들의 반감이 커진다는 사실을 확인할 수 있었기 때문이다. 그렇다고 교육적으로 무의미한 자유시간을 줄 수도 없는 노릇이다. 이런 이유로 몇 년간 자유시간을

4) '아나공' 수업의 한계점: 첫째, 이 수업에서는 교사의 역할과 체육수업이 필요 없게 된다. 둘째, 모든 학생이 자발적으로 열심히 움직이지 않는다. 셋째, 학생들이 배우는 교육내용이 극히 일부에 치우치게 된다. 넷째, 아나공 수업은 학생이 아닌 체육교사를 위한 수업 방식이다. 「체육수업비평」, 유정애, 무지개사, 2005.

줄 수 없다는 교사와 자유시간을 달라는 학생들 사이에 보이지 않는 힘겨루기가 이어지기도 했다.

첫 발령을 받고부터 몇 년간 체육수업과 체육교사의 존재 이유에 대해 고민했다면, 그 후 몇 년간은 자유시간이 체육수업에 필요한 이유를 찾기 위해 부단히 노력했던 것 같다. 지금은 자유시간에 관한 고민을 하지 않는다. 자유시간에 대한 해답도 찾았기 때문이다. 이 점에 대해서는 뒤에서 이야기하고자 한다.

수업진행계획표에 관한 이야기를 하면서 자유시간과 관련된 이야기만 한 것 같다. 하지만 자유시간과 같은 교사의 불성실로 인해 발생할 수 있는 왜곡된 형태의 수업으로부터 체육수업을 지키고 싶었고, 그에 따른 수업 결손을 막기 위한 노력과 실천에서부터 수업진행계획표가 만들어져왔다는 점을 알리고 싶다.

> 1교시 수업 종료종이 울렸다. 복도가 아이들의 소리로 시끌시끌하다. 잠시 후 학생 한 명이 교무실로 들어왔다. 그리고 나에게 물었다.
>
> "선생님, 오늘 체육수업 어디서 해요?"
>
> 그 전에 수업 예고를 했는데도 나에게 확인하러 온 것이다. 그 애가 나간 뒤 잠시 뒤 또 다른 아이들이 들어왔다. 그리고 나에게 물었다.
>
> "선생님, 오늘 뭐 하실 거예요?"

이런 용건을 가진 학생들이 여러 차례 왔다가 가면 정신이 없다. 이런 경우는 나뿐 아니라 다른 체육교사가 있는 교무실에서도 쉽게 볼 수 있는 풍경이다. 이런 학생들을 나쁘게 볼 필요는 없다. 하지만 문제의식을 가지고 바라볼 필요는 있다.

체육 시간에 관심을 갖는다는 점에서 수업이 시작되기 전 지도교사를 찾아와 묻는 것은 상당히 바람직한 일이다. 그리고 그런 학생이 있다는 것은 수업에 대한 기대와 관심이 있다는 뜻이기 때문에 교사는 수업 전 큰 힘을 얻을 수 있다. 하지만 교사가 수업 시간에 무엇을 할 것인지에 대해 준비가 되어 있지 않을 때는 문제가 될 수 있다. 이럴 경우, 교사는 학생들과 수업을 두고 협상하거나 타협해야 하는 상황이 생길 수도 있다. 구체적인 수업 계획이 없어 갈팡질팡하는 교사를 학생들은 귀신같이 알아차린다. 이때 교사가 학생들의 부탁("자유시간 주세요", "축구 하게 해 주세요" 등)을 단호하게 거절하지 못하면 결국 수업의 주도권은 학생에게로 넘어갈 가능성이 크다. 더 큰 문제는 수업을 '흔드는' 학생들은 소수에 불과하다는 점이다. 다수의 학생들은 갈팡질팡하는 교사로 인해 제대로 된 수업을 받지 못할 것이라는 사실을 예감하면서도 편하게 수업 시간을 보낼 수 있을 거라고 예상하기 때문에 조용히 있는 경우가 많다. 그리고 이런 상황이 몇 차례 반복되면 학생들의 '체육수업 흔들기'는 수시로 노골적으로 나타나게 된다. 비가 오니까, 날씨가 더우니까, 오늘은 체육 하기 싫으니까 등등의 이유와 핑계를 대면서 말이다. 결국 체육 시간은 쉬는 시간, 노는 시간, 자유시간, 주지 교과만큼 중요하지 않은 시간, 협상이 가능한 시간 등으로 인식되고 말 것이다. 이것은 정말 큰 문제다.

학생들은 다 알고 있다. 교사의 수업 준비가 잘 되어 있는지 아닌지를 말이다. 모르는 척 태연하게 있는 것 같지만 말을 하지 않을 뿐 우리 체육 선생님이 어떻게 체육수업을 하는지 학생들은 다 안다.

교직 발령 1년 차 때 일이다. 근무하던 학교의 운동장은 굉장히 좁았다. 운동장에 축구 골대가 아니라 핸드볼 골대가 축구 골대 대신 있었다. 그만큼 좁은 운동장을 가진 학교였다.

핸드볼 수업을 운동장에서 가르치던 때다. 나는 운동장에서 수업하는 다른 선생님들에게 피해를 주지 않으려고 매번 운동장 양쪽 중앙(나름 중앙)에 있는 핸드볼 골대를 운동장 가장자리 쪽으로 옮겨 놓고 핸드볼 수업을 했다. 1교시 수업이 있는 날에는 학교에 일찍 출근해서 수업을 준비했다.

어느 날 운동장에서 수업 준비를 마치고 학생들을 기다리고 있는데 처음 보는 학생이 나에게 다가왔다. 난 그저 그 학생을 신기한 듯 바라보았다. 꽤 진지한 표정으로 나를 바라보며 오고 있었기 때문이다. 잠시 뒤 나에게 다가온 그 학생은 이렇게 물었다.

> "선생님은 왜 그렇게 열심히 수업을 준비하세요?"
> 난 순간 당황했다. 잠시 머뭇거리다가 그 학생에게 되물었다.
> "왜, 다른 선생님들은 안 그러시니?"
> 그 학생이 대답했다.
> "우리 선생님은 안 그러세요. 선생님처럼 열심히 하는 선생님은 처음 봐요."
> 그리고 내가 다시 그 학생에게 물었다.
> "선생님이 열심히 하는 것 같니?"
> 그 학생이 또 대답했다.

"네."
난 웃으며 그 학생에게 말했다.
"고마워."
그 학생은 그냥 고개를 끄덕이더니 가버렸다.

그때 나는 생각했다. 학생들이 수업에 대해 말을 하지는 않지만 다 아는구나, 라는 사실을 그때 알았다. 학생들은 자기를 가르치는 체육교사가 수업을 어떻게 생각하고, 어떻게 준비하는지, 무엇을 중요하게 생각하는지 몇 번의 수업만으로도 다 아는 것 같다. 무서운 점은 다 알면서 학생들은 말하지 않는다는 것이다. 열심히 노력하는 교사라면 다행이지만, 그렇지 않은 교사라면 문제가 될 수도 있을 것이다.

발령 1년 차 때나 12년이 지난 지금이나 내가 가장 중요하게 생각하는 교사의 자질은 솔선수범이다. 체육교사로서 솔선수범을 실천하는 가장 쉬운 방법 중의 하나가 수업 시간을 지키는 것이라고 생각한다. 수업 시작종이 치는 순간 수업을 시작할 수 있어야 하기 때문에 쉬는 시간 10분은 교사의 휴식을 위한 시간이 아니라 다음 수업을 준비하는 시간이어야 한다. 수업 후 10분간 휴식을 취한 후 다음 수업 시작종 소리를 듣고 수업을 하러 나간다면 그 수업은 제시간에 시작될 수 없다. 이런 생각은 나를 쉬는 시간에 수업 장소(운동장, 체육관, 기타 장소 등)에 미리 나가서 수업을 준비하게끔 했다. 그렇게 시간이 흘러 수업을 미리 준비하는 나의 행동은 습관이 되었고, 늘 수업 장소에 먼저 나가 수업을 하러 나오는 학생들을 맞이할 수 있게 해 주었다. 그 과정을 통해 '맞이하는 수업'[5]에 대한 개념도 생각해 냈다.

5) '맞이하는 수업'에 대한 개념은 2015년 어느 날 체육관에서 미리 수업을 준비해 놓고 학생들을 기다리면서 떠오른 생각이다. 서로 앞다투어 체육관으로 달려 들어오는 학생들, 너나 할 것 없이 큰 소리로 인사하고 곧바로 공을 들고 노는 학생들의 모습, 바닥에 뒹구는 모습, 장난치는 모습을 보고 떠오른 생각이다. 그런 학생들의 모습은 너무나 즐거워 보였고 교사인 내가 체육관에 있는데도 너무나 편해 보였다. 물론 나도 흐뭇하게 그들을 바라보고 있었다.
나는 늘 수업이 시작되기 전에 미리 수업 장소에 나가 수업을 준비한다. 준비가 끝난 뒤에는 학생들을 기다린다. 그러다 보면 수업 장소로 오는 학생들이 어떤 표정을 짓고 있는지 쉽게 확인할 수 있다. 학생들 대부분은 뛰어온다. 서로 경쟁하듯 뛰어온다. 모두 해맑은 표정이다. 가볍게 인사를 한 뒤 학생들은 준비된 수업 기자재(도구)를 가지고 자유롭게 놀기도 하고, 수업할 것을 미리 연습하기도 한다. 공을 차고, 던지고, 소리를 지르

가끔(1년에 2~3번) 어쩔 수 없는 사정 때문에 수업에 늦을 때가 있다. 그럴 때면 나 스스로 학생들에게 정말 미안하고 면목이 없다. 때론 수업 시간에 늦지 않더라도 수업 시작 1~2분 전에 급하게 수업 장소로 뛰어가는 일도 있다. 그런 나를 보고 미리 와서 기다리는 학생들이 장난스럽게 말한다.

> "선생님 지각이에요."
> 그럼 난 먼저 온 학생들에게 이렇게 말한다.
> "미안, 정말 미안해."

수업진행계획표는 수업에 대한 교사의 불성실로 인한 수업 결손을 막기 위해 매년 조금씩 수정되면서 만들어졌다. 이것을 학기 초 학생들에게 안내하는 것은 앞으로 수업을 성실히 진행하겠다는 교사의 다짐을 학생들에게 알리는 것과도 같다. 때에 따라서 수업 순서가 바뀌고, 계획된 것을 진행할 수 없는 경우도 생긴다. 하지만 한 학기 동안 수업이 어떻게 진행되는지, 무엇을 배우게 되는지, 어떻게 준비하면 되는지 등을 학생들에게 알려줄 의무와 책임이 교사에겐 있다. 그것을 성실히 실천해 나가는 것은 학생들과 한 가장 기본적인 약속이자 가장 중요한 약속을 지키는 일이기도 하다.

새 학기가 시작되기 전 나는 수업 진행 계획을 세울 때 아래와 같은 사항들을 고려한다.

고, 서로를 잡으려고 뛰어다니고 등의 자유로운 활동을 아무렇지 않게 한다. 나는 그들을 제지하지 않는다. 수업이 시작되기 전까지 말이다. 그런 날 잘 알기 때문에 쉬는 시간, 학생들의 행동은 무척이나 자연스럽다. 이들의 모습을 보면서 내가 학생들에게 어떤 믿음을 주고 있는 것은 아닐까, 하는 생각이 들었다.

'우리 선생님은 지금쯤 운동장에서 수업 준비를 끝내 놓고 우리를 기다리고 계실 거야.' '쉬는 시간에는 우리가 무엇을 하건 화내지 않으실 거야.'

오랜 시간 늘 한결같이 쉬는 시간에 수업 준비를 해 놓고 학생들을 기다렸기에 학생들에게는 당연한 것처럼 인식이 될 테고, 그런 것이 학생들에게 하나의 믿음으로 자리 잡을 때 학생들은 체육 시간을 위해 수업 장소로 나오는 것이 즐겁고 편하지 않을까, 하는 생각이 들었다. 마치 집에서 따뜻한 밥을 지어 놓고 돌아올 자녀를 기다리는 부모처럼, 수업 시간에 나올 학생들을 기다리는 교사. 이런 것이 어쩌면 맞이하는 수업이지 않을까, 하는 생각을 하게 된 것이다.

〈표 2-2-1〉 수업 계획 수립 시 고려되는 사항들

1차 고려사항(문서적, 이상적)	2차 고려사항(현실적)
• 체육과 교육과정 • 전년도 학생들의 수업 만족도 설문조사 결과 • 학생들에게 필요한 인성주제 • 인성주제에 맞는 신체활동 • 남 · 여학생이 함께 할 수 있는 신체활동 • 신체활동에 대한 학생들의 거부감 정도 • 수업 진행 방법 및 절차 • 이전 학년에서 배운 수업 내용 • 새 학년도 학사력(공휴일, 학교 행사 등) • 평가 방법 • 자유시간 유무 • 가장 이상적인 수업 장면	• 주당 체육수업 시수 • 체육관 사용 계획 • 수업 공간 확보 가능성 • 날씨(계절적, 지속적, 일시적 특성 등) • 계절적 특성에 적합한 신체활동 • 반당 학급 구성원(인원수, 성별) • 수업 기자재 확보 여부 • 수업 기자재가 없다면 구매 가능한 예산의 확보 여부 • 동료 교사의 수업 계획 • 체육과 예산 중 내 수업에 사용할 수 있는 예산 규모 • 실외 수업과 실내(교실) 수업의 비중 • 교실 영상 장비 상황 • 평가의 적용 가능성

위의 〈표 2-2-1〉은 수업 계획 수립 시 고려되는 사항들을 나타낸 것이다. 수업을 계획할 때 고려되는 사항은 크게 1차, 2차로 구분된다.

첫째, 1차 고려사항이다. 이것은 교사가 생각하는 이상적인 수업을 실현하기 위해 고려되어야 할 것들이다. 문서적이고 이상적인 고려사항들이기 때문에 미완성 단계의 수업 계획을 수립할 때 고려된다. 다시 말해 1차로 수업 계획을 세웠더라도 2차 고려사항에 의해 수정될 수 있다는 뜻이다. 1차 고려사항 중에서 어떤 것이 더 중요한 요소라고 말하기 힘들다. 모든 고려사항은 시간과 장소 그리고 시기와 상황에 따라 복합적으로 작용하기 때문이다. 그런데도 큰 틀을 만들기 위해서 다음의 〈표 2-2-2〉에 나와 있는 6가지 사항을 우선 고려한다.

둘째, 2차 고려사항이다. 1차 고려사항들을 바탕으로 수업 계획의 큰 틀이 마련되면 2차 고려사항들을 생각하면서 현실적으로 실현 가능한지를 점검한다. 1차 고려사항보다 2차 고려사항을 바탕으로 수업 계획을 완성하는 것이 더 힘들다. 2차 고려사항의 경우 예측은 가능하지만 언제든 바뀔 가능성을 내포하고 있기 때문이다. 그래서 처음 계획한 수업을 예상하지 못한 변수로 인해 진행하지 못하게 될 경우를 대비한 수업도 준비한다.

2차 고려사항도 1차 고려사항과 마찬가지로 어느 것이 더 중요하다고 말할 순 없지만, 그래도 우선적으로 고려되는 사항이 있다. 바로 아래의 〈표 2-2-2〉에 나타나 있는 3가지이다.

〈표 2-2-2〉 수업 계획 수립 시 우선적으로 고려되는 사항들

1차 우선 고려사항	2차 우선 고려사항
• 학생들에게 필요한 인성주제 • 인성주제에 맞는 신체활동 • 남 · 여학생이 함께 할 수 있는 신체활동 • 신체활동에 대한 학생들의 거부감 정도 • 이전 학년에서 배운 수업 내용 • 수업 진행 방법 및 절차	• 수업 공간 확보 가능성 • 날씨(계절적, 지속적, 일시적 특성 등) • 동료 교사의 수업 계획

위의 〈표 2-2-2〉는 수업 계획 수립 시 우선 고려되는 사항들을 나타낸 것이다.

이러한 1, 2차 고려사항을 바탕으로 새 학기가 시작되기 전에 수업 진행 계획이 완성된다. 하지만 완성된 수업 진행 계획을 100% 그대로 실행하기란 무척 어렵다. 고려할 수 없는 사항들도 있기 때문이다.

〈표 2-2-3〉 수업 계획 수립 시 고려될 수 없는 사항들

수업 계획 시 고려할 수 없는 사항들
• 반 특성(반 구성원들의 친밀감, 신뢰감, 관계 형성의 정도 등) • 남 · 여학생의 신체적 · 성격적 특성 • 학생 개인적 특성

위의 〈표 2-2-3〉은 수업 계획 수립 시 고려될 수 없는 사항들을 나타낸 것이다.

보통 새 학기가 시작되기 전 교과협의회를 통해 그해 지도하게 될 학년을 정하게 된다. 좀 더 노력한다면 가르치게 될 반의 학생 명단까지 확보할 수 있다. 하지만 그 정보만을 가지고 가르치게 될 학생들의 특성을 파악한다는 것은 무척 힘든 일이다. 설령 전년도에 2학년을 가르쳤고, 다음 해 그 학생들이 그대로 3학년으로 올라온다고 하더라도 예상하기 힘들다. 학생들의 특성은 늘 변하며 예측하기 힘들기 때문이다. 게다가 그 학생들이 어떤 학생들과 한 반이 되느냐에 따라 그 변수는 무궁무진해진다. 그래서 100% 완벽한 수업 진행 계획을 수립한다는 것은 불가능에 가깝다.

앞서 말한 적이 있지만, 전문지식을 갖춘 체육교사가 왜 필요한 것인지 그 이유가 여기에 있다. 이미 정해진 수업 진행 계획대로 수업 내용과 방법을 실천하더라도 똑같은 수업은 존재할 수 없다. 똑같은 수업 내용과 방법이라도 수업을 하는 시기, 장소, 시간 그리고 상황의 변화에 따라 학생들 역시 영향을 받기 때문이다. 다시 말해 때에 따라 달라지는 그들의 기분, 수업 분위기, 날씨의 변화, 가르치는 교사의 감정 상태, 점심시간 이전과 이후, 교사의 피로도, 운동장 그늘 상태 등으로 인해 수업 상황과 환경은 항상 변하기 때문에 같은 수업을 하더라도 늘 같은 결과를 기대할 순 없다. 그럼에도 불구하고 교사는 수업을 계획했을 때의 수업목표를 달성할 수 있어야 한다. 이것이 바로 전문적인 지식과 능력을 갖춘 교사가 필요한 이유다.

〈표 2-2-4〉 2013학년도 1학기 수업진행계획표

수 업 진 행 계 획 표																			
순서	진행										인성주제	중점사항	신체활동	수업진행	수업방법	장소	준비물	수행평가	과제
	1	2	3	4	5	6	7	8	9	10									
8	4/9	4/10	4/8	4/8	4/8	4/11	4/10	4/8	4/9	4/9	O.T.	사제지간 의견교환			1학기 수업 진행 정보 전달 설문지 내용에 대한 오해와 이해	교실	수업진행계획표 설문지 내용		
9	4/11	4/12	4/10	4/11	4/9	4/12	4/12	4/11	4/11	4/10	바른 관계 맺기	관계를 막는 장벽 없애기 개인 다짐 적기	놀이 수업	레크리에이션1	안대게임, 애벌레 릴레이 후 장벽을 없애기 위한 개인의 다짐을 포스트잇에 적기	다목적실	안대, 콘 포스트 잇, 펜		개인 다짐 적기
10	4/16	4/17	4/15	4/15	4/15	4/12	4/17	4/15	4/16	4/16	생명의 소중함	응급처치 및 구급법의 중요성 인식시키기		사고사례 소개(수업자료) 팀조직, 응급처치 소개	사고사례(여름철 물놀이, 심장마비 등), 팀 조직, 응급처치에 수행평가 설명	교실 도서실	수업자료 (사고사례)	수행평가 총 20점 심폐소생술 10점 구급처치법 10점	
11	4/18	4/19	4/17	4/18	4/16	4/18	4/19	4/18	4/18	4/17		작은 노력(응급처치)이 생명을 구할 수 있다는 점을 인식시킴(실천의 중요성)	응급처치	응급처치와 구급법 연습	응급처치와 구급법 설명 및 팀별 연습	운동장 수돗가	구급낭 ANNY 기타		
12	4/23	4/24	4/22	4/22	4/22	4/25	4/24	4/22	4/23	4/23				응급처치와 구급법 숙달	응급처치와 구급법 팀별 숙달				
13	4/25	4/26	4/24	4/25	4/23	4/26	4/26	4/25	4/25	4/24				수행평가	팀별 수행평가				
14	5/7	5/3	4/29	4/29	4/29	4/26	5/8	4/29	5/7	5/7		올바른 이성교제 필요성 생명 존중의 의미		'생명 존중' 감상수업	이성교제, 낙태, 생명존중과 관련된 영상 시청	교실 도서실	영상자료		

수업진행계획표																			
순서	진행										인성주제	중점사항	신체활동	수업진행	수업방법	장소	준비물	수행평가	과제
	1	2	3	4	5	6	7	8	9	10									
15-1	5/9	5/8	5/6	5/6	5/6	5/10	5/10	5/6	5/9	5/8		팀워크 체험을 통해 리더십, 팔로워십 이해하기	놀이수업	레크리에이션2	영화 「리멤버 타이탄」 편집 영상 시청 후 팀워크의 의미를 생각하게 하고 협력 기차를 통해 팀워크의 의미 체험하기		영상자료 안내 포스트 잇, 펜		팀워크는 ( )이다.
15	5/14	5/10	5/8	5/9	5/7	5/10	5/24	5/13	5/14	5/14									
16	5/16	5/22	5/13	5/13	5/13	5/16	5/24	5/16	5/16	5/21				킨볼1(팀조직, 기본기능)	킨볼 변형 게임을 통한 방법 숙지				
17	5/21	5/24	5/20	5/16	5/14	5/23	5/29	5/20	5/21	5/22	팀워크	경기 규칙(특히 호명) 존중을 통한 경기의 재미를 느끼고 그 속에서 협동의 필요성을 느끼기		킨볼2(연습 경기)		체육관			
18	5/23	5/29	5/22	5/20	5/20	5/30	5/31	5/23	5/23	5/28			킨볼	킨볼3(전술 익히기)	팀별 리그전		킨볼 경기 도구 볼, 점수판, 조끼 등		
19	5/28	5/31	5/27	5/23	5/27	5/31	x	5/27	5/28	5/29				킨볼4(왕중왕전)					
19+1	5/30	x	5/29	5/30	5/28	x	x	5/30	5/30	x		실험적 수업		자유시간 or 킨볼 배구	실험적 수업 및 자유시간을 통한 관찰				
20	7/9	7/12	7/15	7/8	7/8	7/11	7/12	7/8	7/9	7/9		나와 다른 타인에 대한 이해와 배려의 태도의 필요성		타인이해 감상수업	영화 「글러브」와 「리멤버 타이탄」을 통해 '차별'을 극복하고 '함께 사는 행복한 세상'을 만들기 위한 방안 토의 및 포트폴리오 구상하기	교실 도서실	영상자료 기타자료	수행평가 총 10점	
20+1	x	x	x	7/11	7/16	x	x	7/11	7/16	x									
21	x	x	x	x	x	x	x	x	x	x	타인 이해	자기와의 대화	트레킹	○○산 트레킹	트레킹 동안 금언(禁言)하면서 자기와의 의미 있는 대화 나누기 '나는 존중받길 원하는가?'	○○산	등산용 스틱	준비성 평가 20점 중 10점 반영	포트폴리오
22	x	x	x	x	x	x	x	x	x	x		나와 다름을 인정하는 것에서부터 행복은 시작된다		타인이해 발표수업	'함께 사는 행복한 세상'이란 주제로 포트폴리오 발표하기		개인 포트폴리오		
23-1	6/11	6/12	6/10	6/10	6/10	6/7	6/12	6/10	6/13	6/11		최선, 배려, 집중		티볼 기본 기능	'先가치 後기술'지도 최선: 베이스 러닝 게임 배려: 캐치볼 집중: 배팅				
23	6/13	6/14	6/12	6/13	6/11	6/13	6/14	6/13	6/13	6/12									
24	6/20	6/19	6/17	6/17	6/17	6/14	6/19	6/17	6/20	6/19		협력플레이를 통해 공동의 목표를 위해 노력하기		협력플레이	협력플레이를 통해 공동의 목표를 위한 노력				
25	6/25	6/21	6/19	6/20	6/21	6/14	6/21	6/20	6/25	6/26	팀워크		티볼	간이경기 A VS B	참여와 헌신: 팀 기량 향상을 위한 협동학습	운동장	티볼 경기 도구	수행평가 총 40점	
26	6/26	x	6/20	6/24	6/24	6/20	x	6/24	x	6/27		참여와 헌신		간이경기 B VS C	간이 경기, 경기를 하지 않는 팀은 경기 진행 및 팀 티칭을 통한 도움 주기활동				
27	x	x	6/24	x	x	x	x	x	x	x				간이경기 C VS A					
28	x	x	x	x	x	x	x	x	x	x		공동의 목표를 위한 노력		종합연습	수행평가 방법 정확히 숙지				
29	6/27	6/26	6/26	6/27	6/24	6/27	6/26	6/27	6/27	7/1		기록의 의미		팀워크 평가	수행평가				
30	x	x	x	x	x	x	x	x	x	x		감독이 없는 상태 조성 후 힘든 과제를 수행하면서 생길 수 있는 부정에 대한 유혹에 본인의 자세		만보기 보수 채우기1 최대심박수 측정	기준과 측정 방법 전달 후 자유롭게 실시 소요시간, 최대심박수, 정직, 통과여부 기록		만보계		
31	x	x	x	x	x	x	x	x	x	x	정직한 최선	정직한 방법으로 기록 도전에 대한 인내와 끈기 체험하기	체력 운동	만보계 보수 채우기2	전 시간보다 약한 기준을 설정, 동일 보수를˚1, 2차 측정, 시간의 단축 정도로 미션 수행 여부 판단	운동장 수돗가		수행평가 총 20점 50m 10점 셔틀런 10점	
32	x	x	x	x	x	6/28	x	x	x	x		마음가짐만으로도 자신의 체력 운동 기록을 향상시킬 수 있다는 가능성을 체험		50m, 왕복오래달리기	단순 기록 측정		라인기, MP3		
33	6/18	6/28	7/1	7/1	6/18	6/28	6/28	7/1	6/18	6/18				기말고사 이론수업		교실			

〈표 2-2-5〉 2013학년도 2학기 수업진행계획표

순서	진행 1	2	3	4	5	6	7	8	9	10	인성 주제	중점사항	신체 활동	수업진행	수업방법	장소	준비물	수행평가	과제
1	8/21	8/19	8/20	8/20	8/19	8/20	8/19	8/21	8/19	8/20	믿음·자기헌신	팀(팀원)에 대한 믿음과 자기헌신을 통해 규정동작과 창작동작을 만들어 갈 수 있음을 꾸미기체조를 통해서 느끼고 체험할 수 있도록 지도 인성피라미드 적용	꾸미기체조	오리엔테이션 꾸미기체조 진행 방법 설명 물구나무 서기	8명 1조 4개팀 구성(단일) 안전수칙 강조	유도장	MP3, 스피커폰 보기자료 (꾸미기체조) 학생 학습자료 팀 활동지 인성피라미드 현황판	수행평가 총 40점 믿음과 자기헌신을 바탕으로 한 노력 20점 자신감 20점	
2	8/22	8/22	8/23	8/23	8/22	8/21	8/22	8/23	8/22	8/30				2-3인 꾸미기체조	규정동작을 보고 학생 스스로 문제 해결 방법 찾기				
3	8/28	8/26	8/30	8/27	8/26	8/27	8/26	8/28	8/26	8/27				4-5인 꾸미기체조					
4	8/29	8/29	9/3	8/30	8/29	8/28	8/29	8/30	8/29	8/30				6인 꾸미기체조	순회 지도 및 피드백 부여				
5	x	x	x	x	x	x	x	x	x	x				창작 동작 구상 및 실행	꾸미기체조 창작 작품 주제 선정 후 구상 및 만들기				창작 작품 구상지
6	9/4	9/2	9/6	9/3	9/2	9/3	9/2	9/4	9/2	9/3	자신감	치어리딩의 목적이 잘 나타날 수 있도록 각자 자신의 역할에 최선을 다함으로써 자신감을 바탕으로 밝은 표정과 긍정적인 마음가짐을 가질 수 있도록 함 자신감은 노력에 의한 결과임을 인식시킴 인성피라미드 적용	치어리딩	치어리딩의 이해 치어리딩의 기본 동작	치어리딩의 목적과 방법 이해	유도장	MP3, 스피커폰 보기자료 (치어리딩) 학생 학습자료 팀 활동지		
7	9/5	9/5	9/10	9/6	9/5	9/4	9/5	9/6	9/5	9/10				치어리딩 작품 구상 및 연습1					
8	9/11	9/10	9/13	9/10	9/6	9/10	9/11	9/11	9/10	9/13				치어리딩 작품 구상 및 연습2	치어리딩과 꾸미기체조를 응용하여 창작 작품 만들기 (창작체조동작, 꾸미기체조, 구호, 발차기 등 포함)				
9	9/12	9/12	9/16	9/13	9/12	9/11	9/12	9/13	9/12	9/13				1차 리허설			치어리딩 구상지		치어리딩 작품 구상지
10	9/24	9/17	9/27	9/16	9/17	9/16	9/17	9/25	9/17	9/16				치어리딩 수행평가	발표	유도장 (운동장)	인성피라미드 현황판		
11	9/25	9/24	10/4	9/25	9/24	9/25	9/24	9/27	x	10/4	인·의·예·지	수업에 임하는 마음가짐(四德) 인(仁) 어진 마음 의(義) 멋진 행동 예(禮) 밝은 표정 지(智) 고운 말씨	놀이 수업	빙고런닝맨 게임 1	수업자료를 이용한 수업방법 및 이해 7명 4개 팀 구성(혼성) 교관학생 4명 선발	○○중	물총 32SET, 조끼, 스마트폰 무전기 8SET 캠코더		
12	x	x	x	10/4	x	x	x	x	x	x				빙고런닝맨 게임 2					
13	10/1	10/7	10/1	10/8	10/7	10/8	10/7	10/1	10/7	10/8	NEVER GIVE – UP	목표를 이루기 위해서 실패를 두려워 말고, 도전을 멈추지 마라(진취성). 포기하지 않고 최선을 다하는 것(끈기)이 성공의 열쇠이다. 인성피라미드 적용	육상 필드 경기	목표 설정 방법 달리기 향상 방법	4명 1조 8개팀 구성(혼성) 목표 달성을 향한 진취성과 끈기의 의미 강조 달리기 훈련방법 지도	운동장	사다리 4SET 물병 40SET 스타팅 블록 스톱워치 배턴 10개 허들 8SET 매트 8장 라인기 등	수행평가 총 40점 기록향상 위한 도전 20점 끈기 20점	
14	10/1	10/1	10/1	10/1	10/1	10/1	10/1	10/1	10/1	10/2				이어달리기	배턴 주고받기, 배턴 전달구역				
15	10/2	10/1	10/2	10/1	10/1	10/1	10/1	10/2	10/1	10/2				장애물달리기	발구르기, 공중동작				
16	10/2	10/1	10/2	10/2	10/1	10/2	10/1	10/2	10/1	10/2				중거리 달리기	페이스 조절				
17	10/2	10/2	10/2	10/2	10/2	10/2	10/2	10/3	10/2	11/1				종합연습	팀워크 향상				
18	x	x	x	x	x	x	x	x	x	x				수행평가1	종합 릴레이 경기				
19	10/2	10/2	11/1	10/2	10/2	10/2	10/2	11/1	10/2	11/5				수행평가2					
20	x	x	x	x	x	x	x	x	x	x	자기 이해	경험담을 통해 자신을 돌아보고, 그것을 통해 얻은 교훈을 강연	공감	박제훈 선생님의 인생 경험담 듣기, 자기 경험담 구상하기	강연 100도씨를 보고 수업방식 이해하기	교실 (도서실) (체육관)	PPT자료(강연 100도씨 중) 자기 수기 및 리포트	수행평가 총 10점	
21	x	x	x	x	x	x	x	x	x	x				자신의 인생 경험담 발표	경청 발표하기				

〈표 2-2-4〉, 〈표 2-2-5〉는 2013학년도 1년간 중학교 3학년 학생들을 대상으로 진행한 수업의 수업진행계획표를 나타내고 있다.

수업진행계획표 제일 좌측에 있는 '순서'는 수업 진행 순서를 말한다. 하지만 체육관[6]과 운동장 사용 계획, 수업 진행 상황, 날씨 등의 변수로 인해 인성주제 중심으로 수업 순서가 변경된 경우도 있다. 순서 다음의 '진행'에 나타나 있는 1~10까지의 숫자는 3학년 1반부터 10반을 나타낸다. 그 아래 날짜는 해당 반의 수업이 진행된 날이다. 그다음으로 가장 먼저 등장하는 것이 '인성주제'이다. 사실 이와 비슷한 수업진행계획표는 그 전년도에도 사용됐다. 하지만 2012학년도에 사용된 수업진행계획표에서는 2013학년도와 달리 '신체활동'이 가장 먼저 등장했다. 2012학년도와 2013학년도 수업의 차이는 간단하다. '인성주제'와 '신체활동'의 등장 순서를 단순히 바꾸는 것만큼 간단하다. 하지만 그 차이는 그동안 내가 해오던 수업에 대한 모든 것을 바꾸어 놓았다.

수업 진행 계획은 학기 전에 준비가 되지만 실제 모든 수업을 계획대로 다 진행할 수는 없었다. 진행에 '×'가 되어 있는 수업은 아쉽게도 진행하지 못했음을 뜻한다. 그 이유는 크게 3가지다.

첫째, 교사의 불성실로 인한 수업 결손을 최소화하기 위해 만들어진 것이 수업진행계획표지만 너무 쉴 틈 없이 계획을 짜다 보니 모든 계획을 진행하는 데 어려움을 겪었다. 특히 반별로 나타나는 특수성(참여가 좋지 않은 반, 다른 반에 비해 공휴일 및 기타 학교 행사로 인해 수업 결손이 생긴 반 등)으로 인해서 학기 말로 갈수록 수업 진행이 힘들었다.

둘째, 1학기 수업진행계획표의 가장 왼쪽 순서를 보면, 8번부터 수업이 진행된 것으로 나타나 있다. 처음 시작된 날짜는 4월 8일이다. 3월 초부터 수업이 진행되었더라도 이 수업의 성공을 장담할 수 없는 상황이었지만 한 달하고도 1주 뒤에야 수업을 시작할 수 있었다. 그 이유는 2013년 1월 중순쯤 배드민턴을 치다가 왼쪽 발목의 아킬레스건이 파열되는 사고를 당했기 때문이다. 그래서 그해는 새 학기가 시작되고 나서도 한 달하고 일주일 정도 병가를 냈다. 그 기간은 시간 강사가

6) 2013학년도 체육관 사용 계획

<table>
<tr><th colspan="12">2013학년도 체육관 사용 계획</th></tr>
<tr><td>3
MARCH</td><td>4
APRIL</td><td>5
MAY</td><td>6
JUNE</td><td>7
JULY</td><td>8
AUGUST</td><td>9
SEPTEMBER</td><td>10
OCTOBER</td><td>11
NOVEMBER</td><td>12
DECEMBER</td><td>2014. 1
JANUARY</td><td>2014. 2
FEBRUARY</td></tr>
<tr><td rowspan="2">1학년</td><td rowspan="2">2학년</td><td rowspan="2">3학년</td><td rowspan="2">1학년</td><td>2학년</td><td>2학년</td><td rowspan="2">3학년</td><td rowspan="2">1학년</td><td rowspan="2">2학년</td><td rowspan="2">3학년</td><td colspan="2" rowspan="2">겨울방학
종업식, 졸업식</td></tr>
<tr><td colspan="2">여름방학</td></tr>
</table>

대신 수업을 진행하게 되었고, 그 때문에 수업 진행 계획을 급히 수정해야 했다. 내가 아닌 다른 교사가 처음 시도해보는 이 수업을 진행할 수는 없었다. 그래서 1~7번까지의 수업은 내가 아니더라도 별다른 어려움 없이 진행할 수 있는 PAPS[7]와 관련된 수업으로 계획을 수정했다. 사실 체력 측정과 관련된 수업은 '정직한 최선'이란 수업주제와 연계해서 진행할 계획이었으나 이 수업은 진행할 수 없었다. 이런 경우는 전혀 예상치 못한 상황이다.

셋째, 그 당시 3학년 주당 체육수업 시수가 2시간이었고 2학기 때는 1, 2학년보다 기말고사를 보름 이상 일찍 실시했기 때문에 실제 체육수업을 할 수 있는 시간이 매우 부족했다. 게다가 예상하지 못한 상황으로 인해 반마다 수업 진행에 차이를 보이면서 기존에 계획했던 수업들을 모두 진행할 수가 없었다. 하지만 2학기 말 3학년 기말고사를 앞둔 시점에 수업 진행에 여유가 있는 다른 교과 수업 시간을 빌려서 수업을 진행할 수가 있었고, 그 덕분에 계획한 모든 수업은 아니지만 큰 문제 없이 수업을 마무리할 수 있었다.

언젠가부터 새 학기를 맞이하기 전 나는 종종 악몽에 시달리곤 했다. 이런 증상은 수업진행계획표가 준비되어 있지 않을 때 더 심했다. 수업을 진행하는데 무엇을 해야 할지 몰라서 학생들 앞에서 우왕좌왕하면서 얼굴이 달아오른 채 어쩔 줄 몰라 하는 꿈, 수업 시작종이 울렸는데 수업 준비를 못 해서 허겁지겁 달려나가는 꿈 그리고 그런 나를 차가운 시선으로 바라보며 수군거리고 있는 학생들의 꿈 등을 꿀 때면 늘 깨어나서 마음을 쓸어내렸다. 그럴 때면 수업 진행 계획을 완성하지 못한 것이 나에게 큰 스트레스로 작용하고 있음을 느낄 수 있었다. 완벽하게 수업을 준비하려는 생각이 날 힘들게 했다. 하지만 이렇게 해서라도 수업을 잘하고 싶었다. 체육수업에 대한 많은 고정관념과 편견을 깨고 싶었고, 수업을 잘 준비해서 학생들 앞에 떳떳하게 서고 싶었다.

인성주제 중심 체육수업에서는 교사의 말과 행동이 아주 중요하다. 수업을 통해 학생들의 바른 변화를 끌어내기 위해서는 교사 스스로가 학생들에게 모범을 보이고 신뢰를 얻을 수 있어야 하기 때문이다. 그런 면에서 수업진행계획표는

7) PAPS(Physical Activity Promotion System)는 학생들의 비만과 체력 저하를 방지하고자 개발된 건강 체력관리 프로그램이다.

학생들에게 모범을 보이고 신뢰를 얻을 수 있게 하는 하나의 장치로서 이 수업에서 아주 중요한 역할을 하게 된다.

지속성(수업주제)

인성주제 중심 체육수업에서 인성주제는 수업의 주제가 된다. 수업주제는 수업을 통해 학생들이 달성해야 할 수업의 목표이기도 하다.

〈표 2-3-1〉 중학교 3학년 학생들에게 가르친 인성주제

1학기		2학기	
수업주제(인성주제)	신체활동	수업주제(인성주제)	신체활동
바른 관계 맺기	놀이(레크리에이션)	믿음과 자기헌신	꾸미기체조
생명의 소중함	심폐소생술 구급처치법	자신감	치어리딩
팀워크	킨볼 티볼	인의예지	빙고런닝맨
타인이해	트레킹/감상수업	NEVER GIVE-UP (포기하지 마)	육상 트랙 경기

위의 〈표 2-3-1〉은 중학교 3학년 학생들이 갖춰야 할 인성주제와 그것을 가르치기 위한 신체활동을 나타내고 있다.

총 8가지의 인성주제를 선정하였다. 8가지 인성주제는 '바른 관계 맺기', '생명의 소중함', '팀워크', '타인이해', '믿음과 자기헌신', '자신감', '인 · 의 · 예 · 지(仁 · 義 · 禮 · 智)' 그리고 'NEVER GIVE-UP(포기하지 마)'이다.

지금부터 8가지 인성주제에 대한 수업이 어떤 의도를 가지고 계획되고 진행되었는지 수업이 이루어진 순서에 따라 간단히 소개하고자 한다.

1학기

바른 관계 맺기 수업이다. 수업주제는 '바른 관계 맺기'다.

이 수업은 학기 초 실시하는 오리엔테이션(학생과 교사와의 만남, 수업에 대한 전반적인 사항에 관한 내용 전달) 수업을 제외하고 반드시 가장 먼저 진행되어야 할 수업이다. 학기 초에 수업을 진행해야만 그 효과를 극대화할 수 있기 때문이다. 이 수업은 학생들이 올바른 교우관계를 맺고 즐겁게 학교생활을 시작할 수 있도록 돕는 데 그 목적이 있다.

이 수업을 학생들에게 가르치기 위한 신체활동으로는 놀이(레크리에이션)를 선택했다. 그 이유는 학기 초라는 시기상 중요성 때문이다. 학기 초는 학생뿐 아니라 교사 역시 수업 외의 새로운 업무에 적응하기 위해 시간이 필요하다. 놀이(레크리에이션)와 같은 신체활동은 교사 입장에서 수업을 준비하는 데 비교적 시간이 적게 들고 간단한 방법으로 수업의 목표를 달성하기 쉬우며 학생들 역시 부담 없이 수업에 참여할 수 있다는 장점이 있다. 또한 학기 초에는 학생들 간의 관계 형성이 이루어지기 전이라서 학생들이 교사에게 의지하는 경향이 강하기 때문에 교사가 수업을 잘 진행한다면 교사와 학생 간의 관계 맺기도 잘 끌어낼 수 있다.

이 수업이 비록 학기 초 한두 차시로 계획되고 실행되지만, 이 수업을 통해 학생들은 우리 체육 선생님이 어떤 사람인지를 충분히 파악할 수 있다. 함부로 해도 되는 사람인지 아닌지, 선생님이 수업을 어떻게 생각하며 준비하는지 그리고 우리가 체육수업에서 어떻게 행동해야 하는지 등을 말이다.

협력 기차 게임	꼬리잡기 게임	이름 외워 부르기 게임

〈활동사진 2-3-1〉 바른 관계 맺기 수업 활동사진

생명의 소중함 수업이다. 수업주제는 '생명의 소중함'이다.

이 수업은 바른 관계 맺기 수업 다음으로 이루어졌다. 이 수업을 학생들에게 가르치기 위해서 감상수업[8]과 건강 활동 가치에 속하는 두 가지(심폐소생술, 구급처치법) 신체활동으로 수업을 계획했다.

이 수업을 통해 학생들에게 자기 자신이 어떤 존재인지를 생각해 볼 수 있는 기회를 주고 싶었다. 그리고 생명이 위급한 타인(他人)을 돕겠다는 마음가짐은 타인에 대한 작은 관심과 노력에서 비롯된다는 사실도 알려주고 싶었다. 또한 그런 상황이 닥쳤을 때 필요한 능력도 갖출 수 있길 바랐고, 자기 자신과 타인의 생명 역시 소중히 생각할 수 있는 사람으로 성장하길 바랐다.

명동에서 생긴 일(영상자료)	심폐소생술 · 구급처치법	팀 활동

〈활동사진 2-3-2〉 생명의 소중함 수업 활동사진

팀워크 수업이다. 수업주제는 '팀워크'다.

요즘 청소년들은 여가 시간에 주로 게임을 하거나 휴대폰을 사용하면서 시간을 보내기 때문에 직접적으로 친구들과 교류하고 관계를 맺는 데 어려움을 겪기 쉽다. 또한 폭넓은 사고력과 다양한 문화적 감각뿐 아니라 다른 시각으로 문제를 바라보고 서로 협력해서 해결하는 능력을 지닌 인재를 필요로 하는 요즘 사회에서 팀워크라는 인성주제는 단순히 학창 시절에만 배워야 할 것이 아니라 성인이 되어서도 반드시 갖춰야 할 자질이라는 생각이 든다. 이런 이유로 팀워크는 인성

8) 감상수업은 주로 교실에서 진행되는 수업을 말한다. 동영상 학습자료 시청을 통해 교사가 학생들에게 전달하고자 하는 수업 내용(메시지)을 전달하는 방식으로 수업이 진행된다. 때에 따라선, 전체 수업을 위한 보조 수업의 성격을 띨 때도 있지만 감상수업 자체가 목적이 되는 수업도 있다.

주제 중심 체육수업에서 큰 비중을 차지하고 있다. 팀워크 수업은 다른 수업과 달리 경쟁 활동 가치에 속하는 신체활동 중 티볼과 킨볼이라는 2가지 신체활동으로 수업을 계획했다.

킨볼은 5월에 체육관에서 수업을 했다. 5월은 공휴일과 학교 행사가 많은 달이다. 그래서 수업을 연속해서 진행하기 어렵다. 이 말은 학생들의 흥미와 관심을 지속시키기 어렵다는 뜻도 된다. 자칫 잘못해서 수업을 계획적으로 진행하지 못하면 수업 시간을 허비할 수 있고 학생들의 수업 태도도 흐트러질 수 있었다. 수업목표도 달성하고 학생들의 흥미와 관심을 유지할 수 있는 수업이 필요했다. 게다가 체육관에서 할 수 있는 신체활동이어야 했다. 그 당시 근무했던 학교는 체육관이 있었고, 모든 학년이 공평하게 체육관을 사용할 수 있게 매달 체육관을 쓸 수 있는 학년을 정했다. 5월은 3학년 학생들이 체육관을 쓸 수 있는 달이었다. 그래서 킨볼을 선택했다.

티볼은 킨볼이 끝나고 6월에 운동장에서 수업을 진행했다. 6월은 5월과 달리 공휴일이 거의 없다. 수업을 연속해서 진행할 수 있다는 뜻이다. 이미 같은 수업주제로 체육관에서 수업을 했고, 킨볼보다는 좀 더 체계적으로 집중해서 할 수 있는 신체활동이 필요했다. 그게 바로 티볼이었다.

킨볼 간이게임	킨볼 왕중왕전	티볼 협력플레이	티볼 리그전

〈활동사진 2-3-3〉 팀워크 수업 활동사진

타인이해 수업이다. 수업주제는 '타인이해'다.

이 수업은 건강 활동 가치에 속하는 트레킹과 감상수업으로 계획됐다. 감상수업에서는 개별 보고서를 만드는 과제가 학생들에게 주어졌다. 보고서를 만들면서 나와 다르다고 해서 편견을 가지고 타인을 대할 것이 아니라 나와 다름의 차이를 인정하는 것에서부터 타인을 이해하고 배려할 수 있음을 깨닫게 하고 싶었다.

이 수업은 위와 같은 수업 목적 외에 또 다른 2가지 이유로 계획됐다.

첫째, 체육수업은 날씨의 영향을 많이 받는다. 특히 4~7월 사이에는 황사, 비 등으로 인해 외부에서 수업하지 못하는 경우가 종종 생긴다. 최근에는 미세먼지도 신경 써야 한다. 이런 이유로 인한 수업 결손을 최소화하기 위해서 교실에서 할 수 있는 수업이 필요했다. 이런 수업은 예상하지 못한 날씨의 변화로 교실에서 수업하게 되더라도 기존의 수업에 큰 영향을 미치지 않을 뿐 아니라 다른 수업(다른 인성주제)과도 조화를 이루면서 수업을 진행할 수 있어서 큰 문제 없이 전체적인 수업의 흐름을 이어나갈 수 있게 한다.

둘째, 팀워크라는 수업주제로 5월과 6월에 킨볼과 티볼을 계획했다. 여기서 킨볼이 끝나고 티볼을 진행하기 전에 한 번 쉬어간다는 의미도 포함되어 있다. 타인이해라는 주제의 수업이 팀워크라는 인성주제와 전혀 별개의 것도 아니고, 팀 활동하는 데 있어서 팀원들을 이해하고 팀을 더욱 단합할 수 있게 만들어 주는 효과도 있기 때문에 킨볼과 티볼 수업 사이에 이 수업을 진행하려고 했다.

영화「글러브」편집 자료(영상자료)

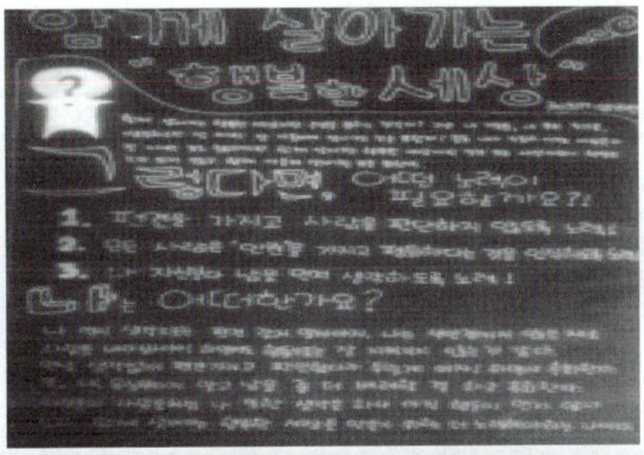

개별 보고서 주제(함께 살아가는 행복한 세상)

〈활동사진 2-3-4〉 타인이해 수업 영상자료와 개별 보고서

2학기

믿음과 자기헌신 수업이다. 수업주제는 '믿음과 자기헌신'이다.

이 수업은 2학기 개학 후 처음으로 진행한 수업으로 표현 활동 가치에 속하는 꾸미기체조를 신체활동으로 정했다. 그 이유는 2가지다.

첫 번째 이유는 수업이 진행되는 시기상의 중요성과 수업 환경 때문이다. 2학기 수업은 8월 중순이 좀 지난 시점에 시작됐다. 8월 중순이면 더위가 한창 기승을 부릴 때다. 3학년은 체육관을 사용할 수도 없었다. 여름방학을 마치고 돌아온 학생들이 예전과 같은 모습으로 수업에 참여할 거란 기대도 하기 힘들었다. 하지만 꾸미기체조라면 학생들의 흥미를 유발하고 관심을 끌 만하다고 생각했다.

두 번째 이유는 꾸미기체조의 표현 방식 때문이다. 꾸미기체조는 여러 명의 팀원이 자기 신체를 이용하고 협력해서 정해진 모양을 표현해내는 신체활동이다. 팀원들을 믿고 팀을 위해 자기 자신을 희생하려는 마음이 없으면 정해진 동작을 표현하기 힘들다. 다시 말해 팀원들을 믿고 자기 자신을 헌신해야만 정해진 동작을 완성할 수 있다. 게다가 이 수업은 자심감 수업과 연계되도록 수업을 계획해서 믿음과 자기헌신이라는 수업주제가 자심감 수업에서도 학생들에게 인식될 수 있게 수업을 진행했다.

꾸미기체조 2~3인 규정동작 연습	꾸미기체조 4인 규정동작	꾸미기체조 최종 미션 수행

〈활동사진 2-3-5〉 믿음과 자기헌신 수업 활동사진

자신감 수업이다. 수업주제는 '자신감'이다.

이 수업은 믿음과 자기헌신 수업이 끝남과 동시에 진행됐고, 신체활동은 표현

활동 가치에 속하는 치어리딩으로 정했다. 치어리딩 작품 구성 시 스턴트 동작[9]에 해당하는 부분은 꾸미기체조의 동작으로 대체함으로써 자연스럽게 수업이 연계될 수 있게 계획했다.

자신감 수업은 치어리딩 창작 작품을 만들어 발표하면서 수행평가를 진행했기 때문에 다른 수업에 비해서 수준이 높고 학생들의 부담이 큰 수업이었다. 이 수업은 작품을 만들고 발표하기까지의 과정을 통해 자신감이란, 완벽하게 모든 것(음악, 안무, 소품 등)이 준비되어 있지 않으면 생길 수 없다는 것과 힘든 과정을 이겨내고 노력해서 팀의 열정이 담긴 작품이 완성되었을 때 비로소 느끼게 되는 만족감 또는 성취감이 자신감이라는 사실을 깨닫게 해주고 싶었다.

다른 수업과 달리 이 수업은 실제 힘든 상황을 느끼게 해주고 싶었기 때문에 준비가 잘 되어 있지 않은 팀에게는 화를 내면서 더욱 몰아붙였던 수업이다. 힘든 상황을 만들어야겠다고 생각한 이유는 중학교 3학년이라는 특수성 때문이다. 다시 말해 중학교에서 느껴보지 못한 어려움이 고등학생이 돼서 큰 부담으로 다가올 수 있기 때문에 이를 이겨낼 수 있는 힘을 수업에서 길러내길 바랐다.

결과적으로는 짧은 시간에 좋은 작품이 많이 나왔고 이를 통해 만족감을 느끼는 학생들도 많았지만, 너무 몰아붙인 탓에 체육교사인 나와 체육수업에 대한 반감도 많이 샀던 수업이라서 아쉬움도 크게 남았다

영상 시청을 통한 치어리딩 동작 이해	작품 구상 및 연습	치어리딩 작품 발표(수행평가)

〈활동사진 2-3-6〉 자신감 수업 활동사진

9) 스턴트 동작은 치어리딩 기술 중 체조를 기반으로 한 텀블링, 점프, 피라미드 등과 같은 표현 방법을 말한다.

인 · 의 · 예 · 지(仁 · 義 · 禮 · 智) 수업이다. 수업주제는 '인 · 의 · 예 · 지'다.

이 수업은 자유시간에 대한 대안적 성격을 지닌 수업이다.

나는 자유시간을 학생들에게 주지 않는다. 하지만 그런 생각과 수업 방식이 학생들에게 많은 반감을 산다는 사실을 잘 안다. 그래서 자유시간 대신 자유시간 못지않게 학생들의 관심을 끌 수 있는 수업 내용을 찾다가 우연히 인근 학교 체육 선생님의 수업에서 본 '빙고런닝맨' 게임을 내 수업에 맞게 변형시켜서 적용했다.

그 선생님은 그 당시 인기 예능프로그램 중 하나인 '런닝맨'이라는 프로그램의 게임 방식에 빙고 게임 방식을 접목해서 수업을 진행했다. 나는 그것을 인성주제 중심 체육수업에 적합하도록 변형하고 싶었다. 그래서 '하나로 수업'[10]의 사덕(四德)에 해당하는 '인(仁) · 의(義) · 예(禮) · 지(智)'라는 덕목을 빙고런닝맨 게임에 맞게 적용했다.

이 수업을 통해 남학생과 여학생 모두가 즐겁게 수업에 참여하길 바랐고, 짧은 시간이지만 사덕(四德)의 의미도 생각해 볼 수 있는 기회가 되길 바랐다. 이 수업은 이후에 신(信)이라는 덕목을 더해 '인 · 의 · 예 · 지 · 신'이라는 오덕(五德)의 개념으로 인성주제 중심 체육수업에서 여러 가지 역할을 하게 된다.

작전 계획	활동	의미전달 및 마무리

〈활동사진 2-3-7〉 인 · 의 · 예 · 지(仁 · 義 · 禮 · 智) 수업 활동사진

NEVER GIVE-UP 수업이다. 수업주제는 'NEVER GIVE-UP(포기하지 마)'이다.

이 수업은 도전 활동 가치에 속하는 육상 트랙 경기로 계획됐다. 도전정신,

10) 「인문적 체육교육과 하나로 수업(통합적 체육수업의 이론과 실제)」, 최의창, 레인보우북스, 2010.

다시 말해 '아무리 힘들어도 포기하지 마'라는 의미가 담겨 있다. 실패하더라도 포기하지 말고 다시 도전해서 노력하지 않고선 느낄 수 없는 성취감을 통해 NEVER GIVE-UP의 의미를 깨닫길 바랐다.

쉬운 과제를 해내기 위해 포기하지 말라고 말하는 것은 앞뒤가 맞지 않는다. 그래서 수업주제에 맞게끔 학생들에게 다소 어려운 활동 과제가 필요했다. 그게 바로 육상 트랙 경기다. 정확히 말하자면, 신체활동은 육상 트랙 경기에 포함되는 단거리 달리기, 이어달리기, 장애물 달리기, 중·장거리 달리기(오래달리기)의 4가지 신체활동을 학교 환경에 맞게 변형시켰고, 이를 '종합 육상 트랙 경기'라는 이름으로 수업에 맞게 변형하여 적용했다. 개인적으로 NEVER GIVE-UP 수업은 겉으로는 화려하지 않지만 포기하지 않고 목표를 달성하기 위해 노력하는 학생들의 모습과 생각을 끌어낼 수 있었다는 점에서 그 어떤 수업보다 감동을 준 수업이었다.

파트별 수업 방법 설명과 시범	기능 연습	2차 기록 측정

〈활동사진 2-3-8〉 NEVER GIVE-UP 수업 활동사진

지속성(인성피라미드)

인성피라미드는 인성주제 중심 체육수업에서 빼놓을 수 없는 수업 내용이자 운영 방식이다. 아니 가장 중요하다고 해도 과언이 아니다. 왜냐하면 인성주제 중심 체육수업을 가능하게 해주기 때문이다.

인성피라미드는 UCLA 농구팀 88연승의 기록을 만든 농구 감독, 존 우든의

'성공피라미드'[11]에서 영감을 얻었다. 존 우든 감독은 성공에 대해 이렇게 말했다. "진정한 성공은 자기의 최고 역량을 발휘하기 위해 자기가 할 수 있는 모든 것을 다했다는 사실을 알 때 내면에서 우러나는 자기만족감이다." 그리고 성공하기 위한 요소로 근면성, 우정, 충성심, 협동심, 열정, 자제력, 기민함, 진취성, 집념, 컨디션, 기술, 팀 정신, 평정심, 자신감, 믿음, 인내심 그리고 위대한 경쟁력을 들고 있다. 다시 말해 성공하기 위해 갖춰야 할 것이 너무나 많으며 하루아침에 성공할 수 없다는 것이다. 무엇보다 중요한 것은 진정한 성공은 누군가를 밟고 올라서서 최고가 되는 것이 아니라 자기 안에 있는 자기만족감이라는 것을 말하고 있다.

〈그림 2-4-1〉 팀워크 인성피라미드

위의 〈그림 2-4-1〉은 2013학년도 1학기 팀워크 수업 때 사용한 인성피라미드를 나타내고 있다.

이때 신체활동은 경쟁 활동 가치 중 필드형 경쟁 활동에 속하는 티볼이었다. 티볼이라는 신체활동을 하면서 수업주제를 팀워크로 정했고, 위와 같은 인성피라

11) 성공피라미드: 「리더라면 우든처럼」, 존 우든 · 스티브 제이미슨, JN 지니넷, 2011.

미드를 수업 시간에 적용했다.

인성주제 중심 체육수업에서 인성교육은 2가지 중요한 핵심(조건)이 있다.

첫째, 인성주제는 단순히 하나의 의미로 존재할 수 없고 의도적으로 가르쳐야지만 그 효과를 기대할 수 있다.

둘째, 학생들이 수업하는 동안 지속적으로 인성주제를 인식하면서 참여할 수 있도록 해야 한다.

이것을 가능하게 해 준 것이 바로 인성피라미드다. 다시 말해 팀워크라는 인성주제는 단순히 하나의 의미로 존재할 수 없고, 수업을 통해 자연스럽게 팀워크가 길러지기를 바라서도 안 된다는 것이다.

이 수업에서 팀워크는 존 우든 감독이 성공피라미드를 통해 성공에 대해 말한 것처럼 인성피라미드를 통해 새롭게 재해석된다. 팀워크란 팀의 구성원이 공동의 목표를 달성하기 위하여 각자 역할에 따라 책임을 다하고 협력해서 행동하는 것을 이르는 말이다. 팀을 이루는 팀원들 속에는 팀을 이끄는 주장과 그를 따르는 팀원들이 존재하며, 팀워크를 잘 발휘하기 위해서 주장의 리더십과 팀원들의 팔로워십이 필요하다. 리더십과 팔로워십을 이해하지 않고선 팀워크를 제대로 이해할 수 없다는 의미다. 즉 수업에 참여하면서 주장은 리더십을 잘 발휘하여 팀을 이끌고 팀원들은 팔로워십을 잘 발휘하여 주장을 도울 때 좋은 결과(단순히 수행평가 점수만을 말하는 것은 아님)를 만들어 낼 수 있다. 그 결과 학생들은 수업을 통해 만족감을 느낄 수 있다. 이런 만족감이 팀워크임을 교사가 학생들에게 인식시켜 주어야 한다. 이와 같은 맥락에서 하나의 인성주제는 수업에 맞게 재해석되고 인성피라미드를 통해 수업에 적용되며, 학생들이 지속해서 그 의미를 이해하고 깨달을 수 있게 가르쳐진다.

인성피라미드를 통해 수업의 효과를 극대화하기 위해서는 4가지 구성요소가 필요하다. 4가지 구성요소는 인성요소, 인성요소별 실천사항, 인성피라미드 상징, 인성피라미드 현황판이다.

인성피라미드는 3년(2013~2015학년도) 동안 3단계의 발달 과정을 거치면서 교사 중심에서 학생 중심으로 그 내용을 구성하는 방법이 달라졌다. 그리고 운영 방식 역시 자연스럽게 교사 중심에서 학생 중심으로 변했다.

1단계

〈표 2-4-1〉 팀워크(티볼) 인성피라미드 인성요소와 인성요소별 실천사항

<table>
<tr><th>주제</th><th>인성피라미드 인성요소</th><th colspan="3">인성요소별 실천사항</th></tr>
<tr><td rowspan="9">팀워크</td><td rowspan="9">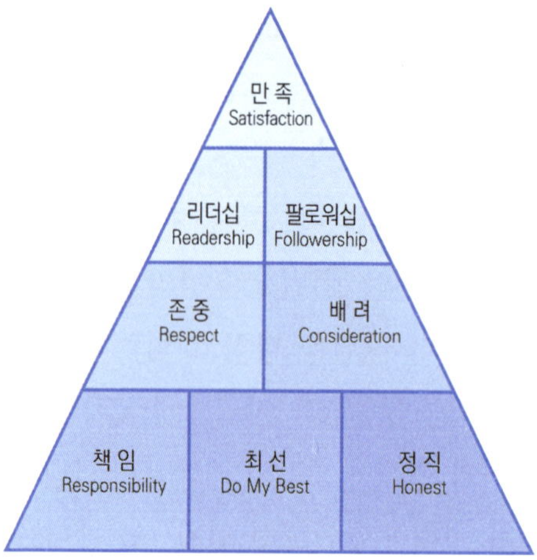</td><td>최고의 가치</td><td>만족</td><td>• 티볼을 통해 행복하기, 즐거워하기, 관계 좋아지기 등</td></tr>
<tr><td rowspan="5">공동의 가치</td><td>리더십</td><td>• 팀이 나아갈 방향에 대해 생각하고 행동으로 실천하기</td></tr>
<tr><td>팔로워십</td><td>• 리더를 믿고 잘 따라주기</td></tr>
<tr><td>존중</td><td>• 이해하기, 내가 원하는 것만큼 다른 사람에게 먼저 행하기</td></tr>
<tr><td>배려</td><td>• 욕하지 않기, 화내지 않기, 응원해주고 격려해주기 등</td></tr>
<tr><td>책임</td><td>• 자신의 역할을 알고 잘 하기</td></tr>
<tr><td rowspan="3">개인의 가치</td><td>최선</td><td>• 자신의 역할에 최선을 다해 수행하기</td></tr>
<tr><td>정직</td><td>• 경기 규칙을 잘 지키기</td></tr>
</table>

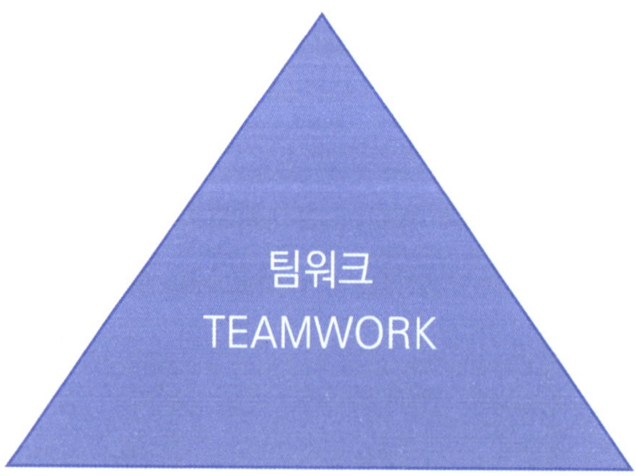

〈그림 2-4-2〉 팀워크 인성피라미드 상징

〈표 2-4-2〉 팀워크(티볼) 인성피라미드 현황판

팀워크(티볼) 인성피라미드 현황표									
	A팀	B팀	C팀	전체		A팀	B팀	C팀	전체
1 반	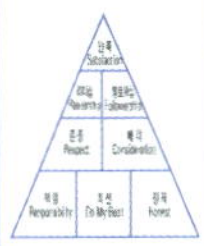	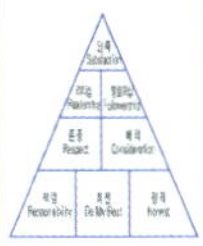	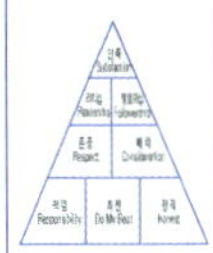		6 반	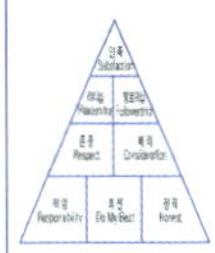	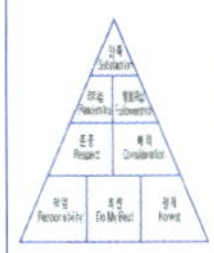	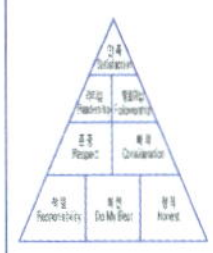	
	A팀	B팀	C팀	전체		A팀	B팀	C팀	전체
2 반	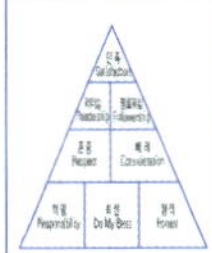	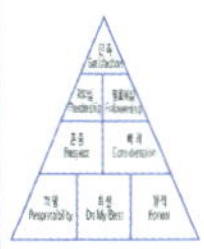	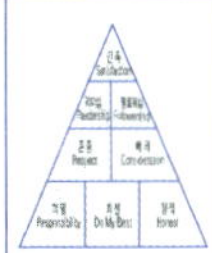		7 반	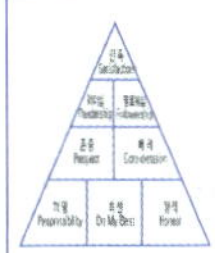	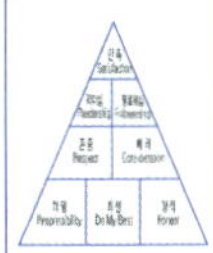	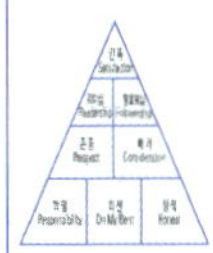	
	A팀	B팀	C팀	전체		A팀	B팀	C팀	전체
3 반					8 반	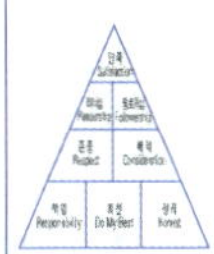	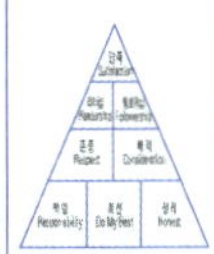	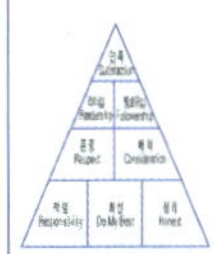	
	A팀	B팀	C팀	전체		A팀	B팀	C팀	전체
4 반					9 반			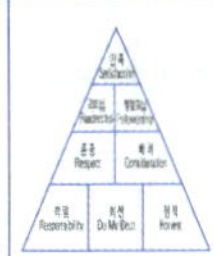	
	A팀	B팀	C팀	전체		A팀	B팀	C팀	전체
5 반					10 반				

〈표 2-4-1〉, 〈표 2-4-2〉 그리고 〈그림 2-4-2〉는 인성피라미드의 4가지 구성요소이자 2013학년도 3학년을 대상으로 실시한 인성주제 중심 체육수업에 처음으로 적용된 인성피라미드다.

팀워크 인성피라미드는 만족, 리더십, 팔로워십, 존중, 배려, 책임, 최선, 정직 등의 8가지 인성요소로 구성되었다. 8가지의 인성요소는 최고의 가치, 공동의 가치 그리고 개인의 가치로 나뉜다. 개인의 가치는 책임, 최선, 정직으로 팀을 구성하고 있는 팀원 모두가 가져야 할 인성요소(마음가짐)다. 공동의 가치는 존중,

배려, 리더십 그리고 팔로워십으로 개인의 가치를 바탕으로 서로 협동하고 소통하면서 목표를 달성하는 데 필요한 인성요소다. 최고의 가치는 개인의 가치와 공동의 가치에 해당하는 인성요소에 대한 실천사항을 모두 열심히 실천했을 때 느낄 수 있는 만족감이다. 이 만족감이 곧 팀워크가 되는 것이다. 다시 말해 팀워크라는 인성주제를 이해하고 신체활동을 통해 실천하면서 깨닫기 위해서는 8가지의 인성요소가 필요한 것이다.

인성피라미드 적용은 첫 수업 때 수업주제에 맞는 인성피라미드의 내용과 실천사항을 학생들에게 안내하는 것부터 시작된다. 이후 교사는 매 수업 시간 준비운동 후 그날의 수업 내용을 안내하면서 인성요소와 실천사항을 상기시킨다. 그리고 수업을 마무리하기 전 학생들이 인성요소의 실천사항을 잘 실천했는지 안 했는지 교사가 직접 판단해서 거기에 맞는 인성스티커를 해당 팀의 인성피라미드 현황판에 붙인다.

인성스티커는 인성피라미드의 개인의 가치부터 채워나가야 한다. 그래야만 인성피라미드를 쌓을 수 있다. 학생들의 수업 참여 정도에 따라 한 차시 수업에서 하나의 스티커를 붙이는 팀도 생기고 두 개 또는 세 개를 한 번에 붙이는 팀도 나타나게 된다.

인성피라미드 현황판은 인성주제 중심 체육수업을 하는 모든 반, 모든 팀의 인성피라미드를 확인할 수 있다. 매 수업 시간 수업 참여가 좋아서 인성스티커를 하나씩 차곡차곡 쌓아 나간 팀은 수업이 끝나는 마지막 시점(차시)에 최고의 가치를 달성하게 되고 그에 대한 보상으로 해당 주제의 인성피라미드를 상징하는 인성피라미드 상징스티커를 받게 되는 것이다.

〈표 2-4-1〉, 〈표 2-4-2〉 그리고 〈그림 2-4-2〉에 나타난 인성피라미드는 가장 처음 수업에 적용된 것으로 인성요소를 정하고 학생들의 실천 여부를 판단하는 것뿐 아니라 인성스티커를 붙이는 것까지 교사인 내가 직접 했다.

2단계

〈표 2-4-3〉 페어플레이(넷볼) 인성피라미드 인성요소와 인성요소별 실천사항

주제	인성피라미드 인성요소	인성요소별 실천사항		
페어플레이		공동의 가치	만족	
			정정당당	
			협동	
		개인의 가치	존중	
			정직	
			최선	

〈표 2-4-4〉 페어플레이 인성피라미드 상징

페어플레이 상징	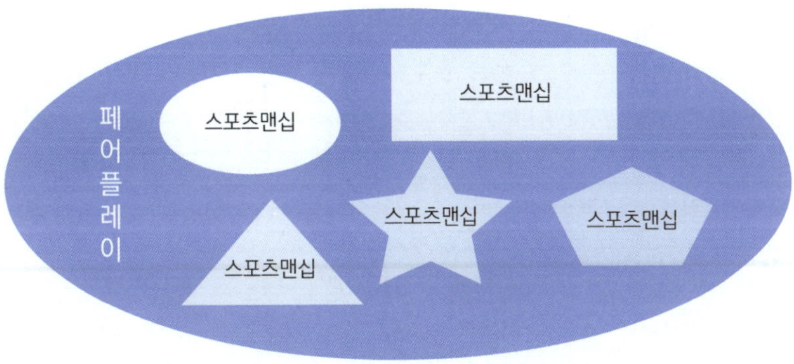
의미	페어플레이는 최선, 정직, 존중의 개인의 가치를 바탕으로 팀이 하나 될 수 있는 기반을 마련하게 한다. 그것을 기반으로 팀원들은 협동하고 정정당당하게 경기에 참여할 수 있다. 또한 경기 결과에 집착하지 않고 최선을 다함으로써 팀원들과 함께하는 과정의 소중함을 느낄 수 있을 때 이 수업을 통한 만족감을 느낄 수 있다.

〈표 2-4-5〉 페어플레이(넷볼) 인성피라미드 현황판

페어플레이(넷볼) 인성피라미드 현황표					
	인(仁) 팀	의(義) 팀	예(禮) 팀	지(智) 팀	전체
1반	만족 협동 정정당당 정직 존중 최선	만족 협동 정정당당 정직 존중 최선	만족 협동 정정당당 정직 존중 최선	만족 협동 정정당당 정직 존중 최선	
	인(仁) 팀	의(義) 팀	예(禮) 팀	지(智) 팀	전체
2반	만족 협동 정정당당 정직 존중 최선	만족 협동 정정당당 정직 존중 최선	만족 협동 정정당당 정직 존중 최선	만족 협동 정정당당 정직 존중 최선	
	인(仁) 팀	의(義) 팀	예(禮) 팀	지(智) 팀	전체
3반	만족 협동 정정당당 정직 존중 최선	만족 협동 정정당당 정직 존중 최선	만족 협동 정정당당 정직 존중 최선	만족 협동 정정당당 정직 존중 최선	
	인(仁) 팀	의(義) 팀	예(禮) 팀	지(智) 팀	전체
4반	만족 협동 정정당당 정직 존중 최선	만족 협동 정정당당 정직 존중 최선	만족 협동 정정당당 정직 존중 최선	만족 협동 정정당당 정직 존중 최선	
	인(仁) 팀	의(義) 팀	예(禮) 팀	지(智) 팀	전체
5반	만족 협동 정정당당 정직 존중 최선	만족 협동 정정당당 정직 존중 최선	만족 협동 정정당당 정직 존중 최선	만족 협동 정정당당 정직 존중 최선	

〈표 2-4-3〉, 〈표 2-4-4〉 그리고 〈표 2-4-5〉는 2015학년도 2학년을 대상으로 실시한 페어플레이 수업의 인성피라미드를 나타내고 있다.

페어플레이 인성피라미드는 만족, 정정당당, 협동, 존중, 정직, 최선 등의 6가지 인성요소로 만들어졌다. 6가지 인성요소는 공동의 가치와 개인의 가치로 나뉘는

데, 1단계 인성피라미드에서 말하는 최고의 가치는 공동의 가치에 포함되게 된다. 개인의 가치는 정직, 존중, 최선으로 팀을 구성하고 있는 팀원 모두가 가져야 할 마음가짐이자 팀원 각자의 스포츠맨십 발휘를 돕는 인성요소다. 공동의 가치는 만족, 정정당당, 협동으로 개인의 가치를 바탕으로 팀원 개개인의 능력과 마음을 한데 모아 팀의 목표를 달성하는 데 필요한 마음가짐이자 인성요소가 된다.

최고의 가치는 개인의 가치와 공동의 가치를 수업 시간에 실천하면서 얻은 결과에 대한 만족감이다. 이 만족감은 수행평가 점수 향상, 친구와의 관계 개선, 운동 기능 향상 등과 같은 것일 수 있다. 하지만 자신이 생각했던 것보다 결과가 좋지 않게 나오더라도 그것을 받아들이고 수업 시간에 최선을 다했다는 자기 자신에 대한 만족감이 될 수도 있다. 이 만족감이 곧 페어플레이가 되는 것이다.

1단계 인성피라미드와 달라진 점은 크게 2가지다.

첫째, 1단계 인성피라미드의 인성요소와 인성요소별 의미 및 실천사항은 교사가 직접 결정했다. 하지만 2단계 인성피라미드는 인성피라미드를 구성하고 있는 인성요소에 대한 의미와 실천사항을 팀을 구성하는 학생들이 직접 찾아보고 결정하게 했다. 인성요소에 대한 의미는 핸드폰 또는 사전 등을 활용하여 찾게 했고, 실천사항은 학생들의 수업 참여를 높이고 수업 진행이 잘 이루어질 수 있는 실제적 행동을 나타내는 내용으로 정하게 했다.

둘째, 1단계 인성피라미드는 수업 후 인성요소의 실천사항에 대한 실천 여부를 교사가 직접 판단해서 인성스티커를 인성피라미드에 붙였다. 하지만 2단계 인성피라미드는 수업을 마무리하기 5분 전, 팀 반성의 시간에 팀원들이 함께 상의해서 인성요소 실천 여부를 스스로 결정하게 했다. 수업 초반에 결정한 인성요소를 수업 중에 잘 실천했다고 팀원들의 합의가 이루어지면 주장 학생이 직접 나와서 교사에게 해당 인성스티커를 받고 팀원들이 보는 앞에서 자기 팀 인성피라미드에 그 스티커를 직접 붙였다.

운영 방식은 1단계와 마찬가지로 인성스티커는 인성피라미드의 개인의 가치부터 채워나가야 하고, 학생들의 수업 참여 정도에 따라 한 차시 수업에서 하나 또는 여러 개의 스티커를 붙일 수 있었다. 그리고 수업이 끝나는 마지막 시점(차시)에 인성피라미드를 다 쌓았을 때 인성피라미드 상징스티커를 주면서 인성피라미드 현황판에 붙이게 했다.

3단계

〈표 2-4-6〉 페어플레이(농구) 인성피라미드 인성요소, 인성요소별 실천사항, 상징

<table>
<tr><th>주제</th><th>인성피라미드 인성요소</th><th colspan="4">인성요소별 의미 및 실천사항</th></tr>
<tr><td rowspan="11">페어플레이</td><td rowspan="11">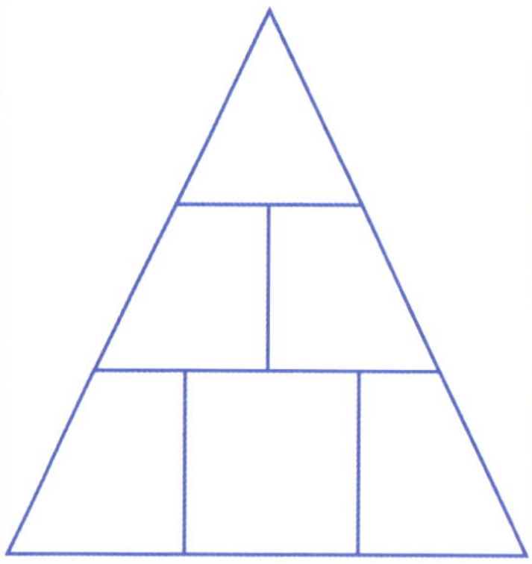
■ 아래 인성 모둠 표를 보고
인성피라미드를 만드세요. ^^</td><td>최고 가치</td><td></td><td>우리가 생각하는 ( )의 의미</td><td></td></tr>
<tr><td rowspan="4">공동의 가치</td><td rowspan="2"></td><td>사전적 의미</td><td></td></tr>
<tr><td>실천사항</td><td></td></tr>
<tr><td rowspan="2"></td><td>사전적 의미</td><td></td></tr>
<tr><td>실천사항</td><td></td></tr>
<tr><td rowspan="6">개인의 가치</td><td rowspan="2"></td><td>사전적 의미</td><td></td></tr>
<tr><td>실천사항</td><td></td></tr>
<tr><td rowspan="2"></td><td>사전적 의미</td><td></td></tr>
<tr><td>실천사항</td><td></td></tr>
<tr><td rowspan="2"></td><td>사전적 의미</td><td></td></tr>
<tr><td>실천사항</td><td></td></tr>
</table>

최고의 가치	만족	성공	행복	우정	추억	성취	기쁨			
공동의 가치	팀워크	리더십	팔로십	격려	매너	공감	관심	존중	배려	응원
개인의 가치 (스포츠맨십)	최선	노력	정직	끈기	용기	긍정	책임	도움 주고받기	정정당당	도전

페어플레이의 상징	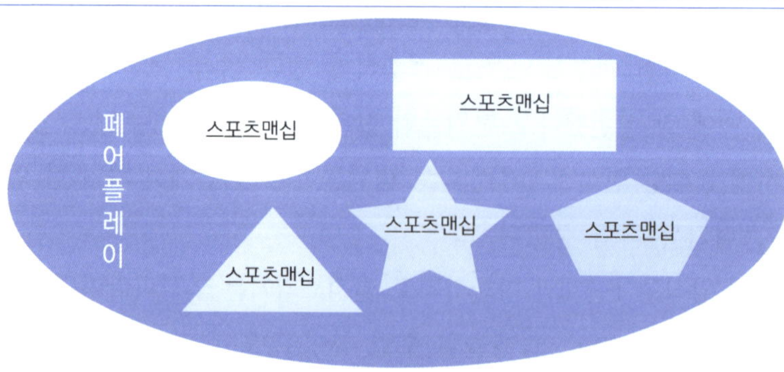
의미	페어플레이는 수많은 스포츠맨십이 모여 팀 경기에서 나타난다. 다시 말하자면, 팀을 이루고 있는 팀원 개개인은 서로 다른 생각과 특성 그리고 능력을 바탕으로 자기만의 스포츠맨십을 발휘하게 된다. 그러한 스포츠맨십은 팀 경기 속에서 팀의 목표를 달성하기 위해 서로 하나가 되었을 때 진정한 페어플레이가 되는 것이다.

〈표 2-4-7〉 페어플레이(농구) 인성피라미드 현황판

페어플레이(농구) 인성피라미드 현황표				
	인(仁) 팀	의(義) 팀	예(禮) 팀	전체
1반	만족 팀워크 격려 최선 노력 끈기	만족 팀워크 격려 최선 노력 정직	만족 공감 응원 최선 노력 긍정	
	인(仁) 팀	의(義) 팀	예(禮) 팀	전체
2반	만족 공감 격려 최선 노력 책임	만족 배려 존중 최선 노력 긍정	추억 매너 존중 노력 끈기 긍정	
	인(仁) 팀	의(義) 팀	예(禮) 팀	전체
3반	기쁨 리더십 팔로십 노력 도전 긍정	추억 팀워크 배려 노력 끈기 도전	만족 리더십 팀워크 최선 노력 정직	
	인(仁) 팀	의(義) 팀	예(禮) 팀	전체
4반	추억 팀워크 배려 끈기 노력 용기	만족 격려 존중 최선 긍정 정정당당	만족 팀워크 매너 최선 정직 도전	
	인(仁) 팀	의(義) 팀	예(禮) 팀	전체
5반	행복 존중 팀워크 최선 도움주고 도움받기 노력	만족 매너 존중 최선 노력 긍정	행복 매너 응원 끈기 도전 용기	

〈표 2-4-6〉과 〈표 2-4-7〉은 2015학년도 2학년을 대상으로 실시한 페어플레이라는 인성주제 중심 체육수업에 적용된 인성피라미드를 나타내고 있다.

2단계 인성피라미드를 설명하기 위해 사용한 〈표 2-4-3〉, 〈표 2-4-4〉, 〈표 2-4-5〉는 신체활동이 넷볼이지만 3단계 인성피라미드를 설명하기 위해 사용한 〈표 2-4-6〉과 〈표 2-4-7〉은 신체활동이 농구다.

3단계 인성피라미드는 페어플레이라는 인성주제만 교사가 정했을 뿐 그에 따른 인성요소와 실천사항 그리고 인성스티커를 붙일 것인지 말 것인지에 대한 모든 결정을 학생들이 할 수 있게 했다. 교사는 새롭게 시작하는 첫 수업 시간에 이 부분에 대해 설명한 후 〈표 2-4-6〉과 같은 학습자료를 학생들에게 나눠주고, 팀원들과 상의해서 직접 빈칸을 채워 넣도록 했다. 그런 다음 교사는 학습자료를 걷어 학생들이 정한 내용을 바탕으로 〈표 2-4-7〉의 빈칸을 채웠다. 이때 〈표 2-4-6〉에 있는 페어플레이 인성피라미드에 들어갈 인성요소는 모든 반의 팀들이 정한 인성요소의 득표율에 따라 대표 인성피라미드를 만들었다. 또한 〈표 2-4-7〉과 같이 인성피라미드 현황판에 붙일 각 팀의 고유한 인성피라미드를 만들어 개별적으로 현황판에 붙였다. 각 팀의 인성피라미드 인성요소가 다르다 보니 붙이게 될 인성스티커도 개별적으로 제작한 후에 수업 시간에 활용했다.

운영 방식은 2단계 인성피라미드 운영 방식과 같다.

〈표 2-4-8〉 학생들의 학습자료를 바탕으로 정리한 인성피라미드

주제	인성피라미드 인성요소	인성요소별 의미 및 실천사항			
페어플레이	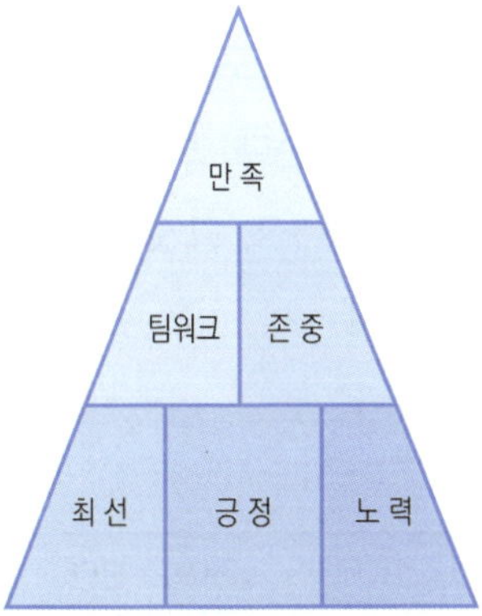 〈 페어플레이 대표 인성피라미드 〉	최고의 가치	만족	우리가 생각하는 (만족)의 의미	• 이기든 지든 결과에 만족하는 것 • 결과에 상관없이 팀원들의 조화가 이루어짐 • 나중에 돌아봤을 때 좋은 생각이 되도록 함 • 격려와 존중의 조화가 이루어짐
		공동의 가치	팀워크	사전적 의미	• 팀이 협동하여 행하는 일
				실천사항	• 남녀 구분 없이 뭐든 다 같이 하기
			존중	사전적 의미	• 높이어 귀중하게 대하다
				실천사항	• 못한다고 무시하지 말기 • 팀원 서로 존중해 주기
		개인의 가치	최선	사전적 의미	• 온 정성과 힘 • 가장 좋고 훌륭함
				실천사항	• 이기든 지든 끝까지 하는 것
			긍정	사전적 의미	• 그러하다고 생각하여 옳다고 인정함
				실천사항	• 좋은 생각하고 행동하기
			노력	사전적 의미	• 목적을 이루기 위하여 몸과 마음을 다해서 애를 씀
				실천사항	• 각자 자신의 실력을 최대한 발휘하기

최고의 가치	만족	성공	행복	우정	추억	성취	기쁨			
(선택한 팀 수)	8팀		1팀		3팀		1팀			
공동적 가치	팀워크	리더십	팔로십	격려	매너	공감	관심	존중	배려	응원
(선택한 팀 수)	7팀	2팀	1팀	4팀	4팀	2팀		5팀	3팀	2팀
개인적 가치	최선	노력	정직	끈기	용기	긍정	책임	도움 주고받기	정정당당	도전
(선택한 팀 수)	10팀	12팀	3팀	5팀	2팀	6팀	2팀	1팀	1팀	4팀

<표 2-4-8>은 학생들의 인성피라미드 학습자료를 바탕으로 정리한 대표 인성피라미드를 나타내고 있다.

5개 반, 15개 팀에서 가장 많이 선택한 인성요소는 만족, 팀워크, 존중, 최선, 노력, 긍정 등의 6가지 인성요소였다.

3단계 인성피라미드가 적용된 페어플레이 수업에서는 똑같은 수업 내용과 수업 방법이지만 학생들은 서로 다른 방식으로 그 수업의 주제를 이해하고 실천하려고 노력했다.

3단계 인성피라미드는 내용 선정과 운영 방식에 있어서 모든 결정권이 교사 중심에서 학생 중심으로 변화했다는 점에서 큰 의미를 갖는다. 또한 다양성 측면에서도 하나의 수업 속에서 학생들의 다양한 의견을 끌어내고, 그것을 존중함으로써 학생들의 적극적인 수업 참여를 유도할 수 있었다.

<표 2-4-9> 단계별 인성피라미드 분석표

구분	인성요소	의미	실천사항	현황판	실천정도 판단
1단계	교사 결정	교사 결정	교사 결정	모두 동일	교사의 판단으로 결정
2단계	교사 결정	학생 결정	학생 결정	모두 동일	학생 중심의 팀 토의로 결정
3단계	학생 결정	학생 결정	학생 결정	모두 다름	학생 중심의 팀 토의로 결정

위의 <표 2-4-9>는 단계별 인성피라미드 분석표를 나타내고 있다.

1단계에서 3단계로 이동할수록 운영 방식과 의사 결정 과정이 교사 중심에서 학생 중심으로 변한다. 하지만 이런 방식과 과정이 교사 중심에서 학생 중심으로 변한다고 해서 3단계 인성피라미드가 1, 2단계 인성피라미드보다 좋다는 의미는 아니다. 단지 학생 중심의 운영 방식과 의사 결정 과정이 교사 중심의 그것보다 조금 더 학생 주도적인 수업 참여와 학생들의 다양한 의견을 끌어낼 수 있다는 점을 말할 수 있을 뿐이다. 따라서 수업 상황과 학생들의 수업 참여 성숙도를 고려해서 적절한 단계별 인성피라미드를 적용하는 것이 무척 중요하다.

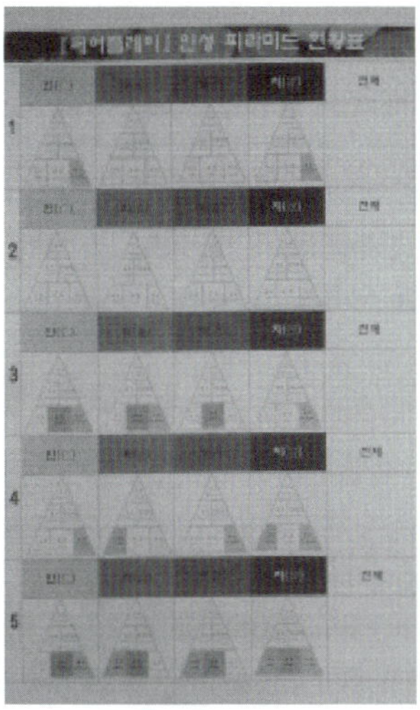	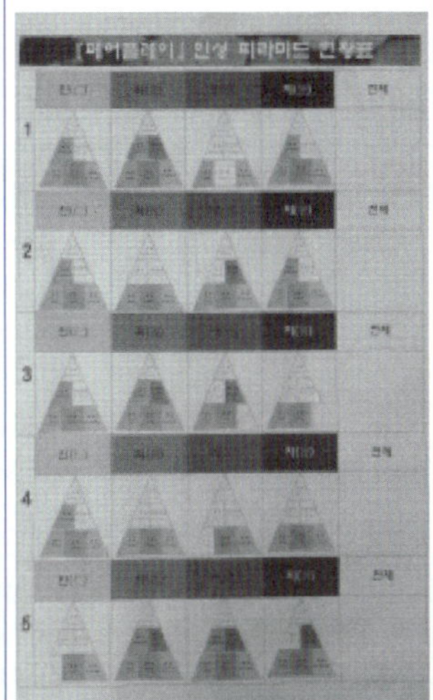	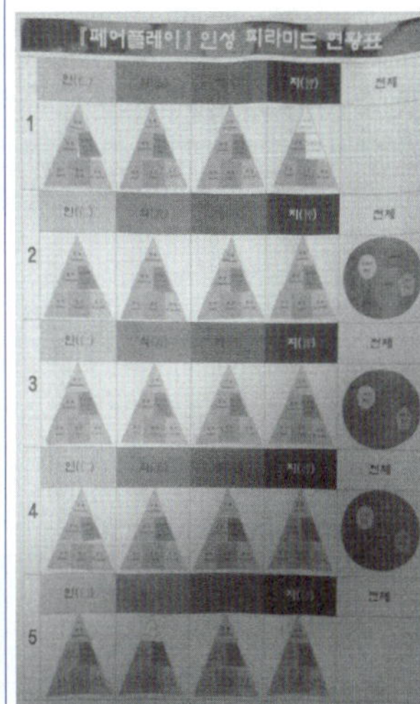
2~3차시 수업 후	4~5차시 수업 후	마지막 수업 후

〈사진 2-4-1〉 2015학년도 2학년을 대상으로 실시한 페어플레이(넷볼) 수업 인성피라미드

위의 〈사진 2-4-1〉은 2015학년도 2학년을 대상으로 실시한 페어플레이(넷볼) 수업 때 사용한 인성피라미드 현황판의 모습으로 수업이 진행됨에 따라 인성피라미드가 어떻게 변했는지를 나타내고 있다.

변형 1단계 인성피라미드

〈표 2-4-10〉 2014학년도 1학년을 대상으로 실시한 성공(음악줄넘기) 수업 인성피라미드

<table>
<tr><th>주제</th><th>인성피라미드 인성요소</th><th colspan="2">인성요소별 실천사항</th></tr>
<tr><td rowspan="4">성
공</td><td rowspan="4"></td><td>열정</td><td>• 작품 발표를 통해 관중들에게 큰 박수를 끌어낼 수 있다.</td></tr>
<tr><td>끈기</td><td>• 음악선정, 안무구성, 작품연습 등 작품 완성에 필요한 모든 준비를 마칠 수 있다.
• 2단계를 통과할 수 있다.</td></tr>
<tr><td>준비</td><td>• 역할 정하기(주장, 조끼담당, 안무담당, 음악담당, 영상담당 등).
• 음악줄넘기 기본 동작 통과하기.
• 1단계를 통과할 수 있다.</td></tr>
<tr><td>가능성</td><td>• 성공은 포기하지 않는 한 늘 우리 곁에 있는 가능성이다. 그리고 그 시작은 '할 수 있다'라는 마음을 갖는 것이다.</td></tr>
<tr><td>성공
공식</td><td colspan="3">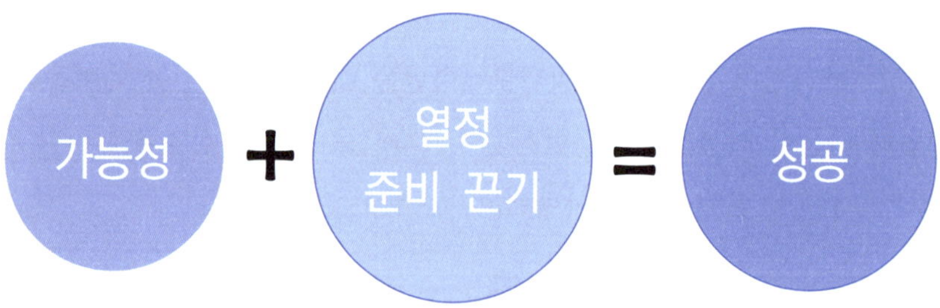</td></tr>
<tr><td colspan="4">가능성, '할 수 있다'란 마음을 갖는 순간 그 마음은 믿음이 되어 우리에게 가능성으로 다가올 것이다. 그리고 철저한 준비를 바탕으로 포기하지 않고 열정을 가지고 노력하였을 때, 비로소 그 가능성은 현실이 될 것이다. 목표를 달성했을 때 느낄 수 있는 성취감이 성공이라는 사실을 강조한다.</td></tr>
</table>

위의 〈표 2-4-10〉은 2014학년도 1학년을 대상으로 실시한 성공 수업에 대한 인성피라미드를 나타내고 있다.

이 수업의 신체활동은 음악줄넘기였다. 위의 경우 기존의 인성피라미드 모양과 다르다. 기존의 인성피라미드는 벽돌 모양의 인성요소를 쌓아 인성피라미드를 만들지만, 이 수업은 4개의 삼각형 모양 인성요소가 모여 인성피라미드를 완성하고 있다. 모양만 다를 뿐이지 나머지는 다른 인성피라미드와 동일하다.

변형 인성프로그램(희망 무지개)

〈표 2-4-11〉 '함께라서 ( )' 희망 무지개 프로젝트 현황판

〈희망 무지개 프로젝트〉
우리 모두를 위한 인성가치(관심, 책임, 겸손, 존중과 배려, 나눔, 우정, 사랑)

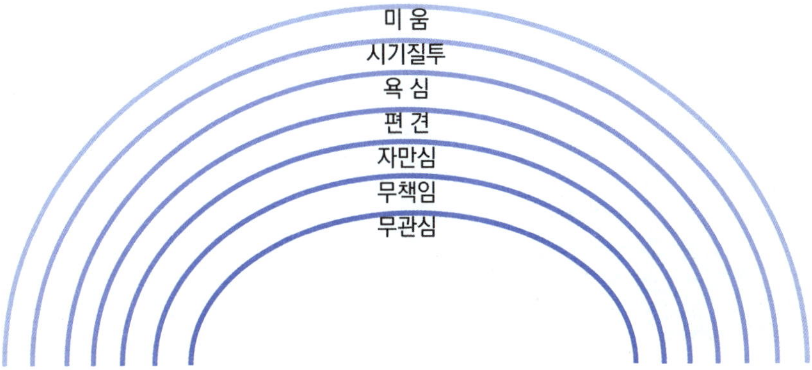

〈표 2-4-12〉 '함께라서 ( )' 인성요소 및 수행 방법

희망 무지개로 가는 7가지 관문

단계	관문 통과 방법	획득할 인성요소
7단계 미움	• 긴 줄넘기 뛰기 • 방법: 팀원 모두가 연속 20회를 뛸 수 있다.	사랑
6단계 시기질투	• ∞ 릴레이 뛰기 • 방법: 팀원 모두 ∞ 모양으로 연속 10바퀴를 뛸 수 있다.	우정
5단계 욕심	• 함께 뛰기 • 방법: 2명 1조, 2개 조 4명이 서로 마주 보고 함께 1분간 뛸 수 있다.	나눔
4단계 편견	• 엇걸어 뛰기 • 방법: 2명이 팔을 엇걸어 8자 모양으로 30초 동안 뛸 수 있다.	존중과 배려
3단계 자만심	• 뒤로 뛰기 • 방법: 팀원 중 3명, 모두 30초 동안 뛸 수 있다.	겸손
2단계 무책임	• 구보 뛰기 • 방법: 팀원 중 3명, 모두 1분간 뛸 수 있다.	책임
1단계 무관심	• 오래 뛰기 • 방법: 팀원 중 3명, 모두 1단 뛰기를 1분간 뛸 수 있다.	관심

함께라서 [ ]

네모 칸에 채워 넣어 수업과 어울리는 주제를 만들어 보세요.

미움을 사랑으로	마음을 바꿀 때	• 나 혼자만을 생각하는 이기적인 마음이 주위의 친구들을 생각하고 함께 하려는 마음으로 바뀔 수 있다. • 함께하려는 마음이야말로 나와 너, 우리를 즐겁고 행복하게 만들 수 있다. • '희망 무지개'는 우리의 마음속에 즐겁고 행복한 세상을 만들어 갈 수 있다는 작지만 소중한 메시지를 남긴다.
시기질투를 우정으로		
욕심을 나눔으로		
편견을 존중과 배려로		
자만심을 겸손으로		
무책임을 책임으로		
무관심을 관심으로		

〈표 2-4-13〉 함께라서 (   ) 수업 스토리텔링1

『전설의 희망 무지개』 스토리텔링1

그림출처: https://post.naver.com/viewer/postView.nhn?memberNo=344277&memberNo=30557

서기 2237년 지구는 환경파괴로 멸망 직전에 놓여 있다. 과학자들은 지구와 비슷한 환경을 찾기 위해 우주를 탐험했지만, 사람이 살기에 적합한 환경의 행성을 발견하지 못했다. 사람들은 이미 오래전부터 자기 자신만을 생각하고 주위를 돌아보지 못하는 심각한 이기주의에 빠져 있다. 푸른 하늘은 공장의 매연으로 회색빛을 띤 지 오래다. 더 이상 맑은 공기와 푸른 하늘을 기대할 수 없다. 더욱이 마실 물이 부족해 세계 곳곳에서는 물을 차지하기 위한 전쟁이 한창이다.

이때 한 예언자가 나타나 전설의 '희망 무지개'에 대해 이야기했다. 사람들 사이에서는 희망 무지개 이야기를 믿는 사람들이 늘어났으며, 지구를 살릴 수 있는 유일한 희망으로 생각하기 시작했다.

세계연합국에서는 전설의 희망 무지개가 지구의 중심부에 있다는 사실을 발견했다. 그리고 희망 무지개를 찾아올 줄넘기 전사 팀을 조직하고, 그것을 가지고 오라고 명령한다.

하지만 지구 중심부로 가기 위해서는 7개의 관문을 통과해야 한다. 7개의 관문은 무책임, 자만심, 무관심, 편견, 욕심, 시기질투 그리고 미움의 7가지다. 이 관문에 깃들어 있는 사악한 기운은 사람을 이기주의에 빠지게 만들었고 지구를 병들게 했다. 그 이기주의에 빠진 인간이 결국은 지구를 오염시키게 된 것이다. 이에 줄넘기 전사들은 7개의 관문을 통과하면서 얻은 7가지 인성요소를 가지고 희망 무지개를 찾아 가야 한다. 관심, 책임감, 겸손, 존중과 배려, 나눔, 우정 그리고 사랑의 7가지 인성요소는 전설의 희망 무지개를 찾는 중요한 단서가 될 것이다.

무관심을 관심으로, 무책임을 책임으로, 자만심을 겸손으로, 편견을 존중과 배려로, 욕심을 나눔으로, 시기질투를 우정으로 그리고 미움을 사랑으로 마음을 바꿀 때만이 이기적인 마음이 사라지고 주위의 친구들을 생각하고 함께하려는 마음이 생겨날 것이다.

결국 함께하려는 마음이 지구를 아름다운 푸른 별로 되살릴 것이다.

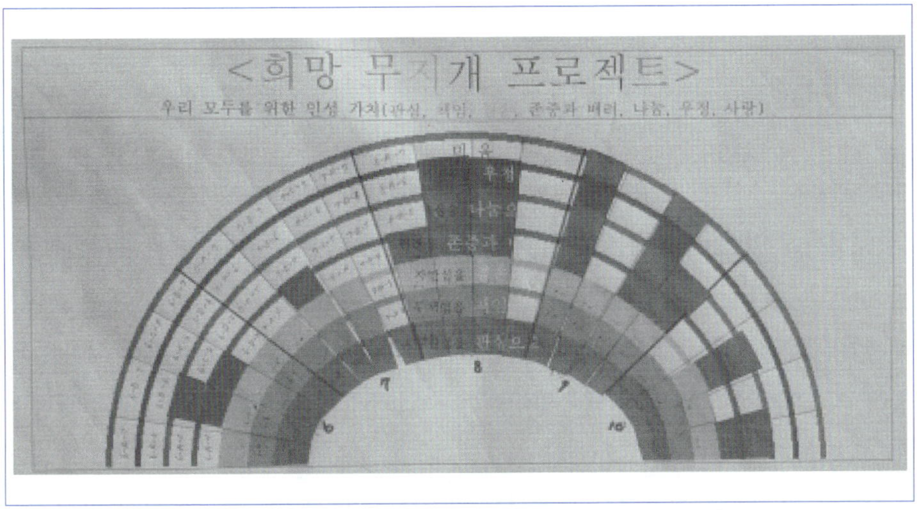

〈사진 2-4-2〉 희망 무지개 프로젝트 현황판

〈표 2-4-11〉, 〈표 2-4-12〉, 〈표 2-4-13〉 그리고 〈사진 2-4-2〉는 2014학년도 1학년을 대상으로 실시한 '함께라서 (　　　)' 수업 때 적용했던 인성프로그램을 나타내고 있다.

기존의 인성피라미드와는 전혀 다른 방식이지만 내용을 선정하고 실천 여부에 따른 스티커를 붙이는 방식은 다른 인성피라미드와 동일하다. 수업이 이루어지는 내내 인성요소와 관련된 내용을 지속해서 인식시키고 인성요소에 따른 실천사항을 유도한다는 점에서 인성주제 중심 체육수업을 가능하게 했다.

이 수업은 실험적인 수업이며, 수업과 수업 사이의 공백을 메우기 위해 생각해 낸 수업이기도 했다. 신체활동은 줄넘기였다. 짧은 시간(3~4차시)과 주어진 여건에서 가능한 신체활동이 줄넘기라고 생각했다. 물론 줄넘기에 대한 학생들의 관심과 흥미가 굉장히 낮다는 것이 문제이긴 했지만 말이다. 그래서 학생들의 관심과 흥미를 유도할 수 있도록 영화에서나 나올법한 이야기를 만들었다. 그리고 줄넘기로 할 수 있는 팀별 미션을 정해서 그 미션을 통과할 때마다 그 단계에 맞는 스티커를 희망 무지개에 붙일 수 있게 했다.

위의 〈사진 2-4-2〉가 그 당시 적용했던 희망 무지개 현황판을 나타내고 있다. 아쉽게도 모든 반의 팀들이 미션을 통과하지 못해 희망 무지개는 완성되지 못했다.

관계성(지속적인 관찰과 상담, 감사의 편지)

인성주제 중심 체육수업을 실천하기 위한 구성요소로 계획성, 지속성, 관계성 그리고 발전성을 들고 있다. 그중 앞에서 말한 계획성과 지속성은 수업을 구성하는 내용적인 면과 수업을 진행하는 방법적인 면에 깊은 관련이 있다. 게다가 평가의 방향과 내용 및 방법에도 큰 영향을 미치기 때문에 교육과정을 재구성하는데 있어서 실질적으로 영향을 미치는 중요한 요소들이다. 다시 말해 계획성과 지속성은 인성주제 중심 체육수업이라는 수업의 틀을 만드는데 필요한 하드웨어적 요소로 작용한다.

반면에 지금부터 이야기할 관계성과 발전성은 이 수업이 추구하는 전인교육을 통해 학생들의 바른 성장을 끌어내고, 교사가 성공적으로 수업을 진행할 수 있게 하는 데 중요한 역할을 하는 소프트웨어적 요소로 작용하게 된다.

관계성을 통해 이루고자 했던 것은 긍정적인 관계 형성과 유지 · 강화였다. 쉽게 말해 수업에서 함께하는 주체(교사와 학생, 학생과 학생) 간의 긍정적인 관계 형성을 이뤄냄으로써 수업의 목표를 달성하고 수업의 효과를 극대화하는 것이 관계성의 주된 목적이다.

관계성의 목적을 달성하기 위해서 가장 중요하게 생각했던 것은 소통이었다. 소통을 통해 체육수업에 참여하는 학생들을 이해하고 그들이 느끼는 감정에 대해 공감하려고 노력했다. 그러기 위해서 학생들에 대한 지속적인 관찰과 상담을 실시했고, '감사의 편지 쓰기'를 통해 교사가 느끼는 생각과 감정들을 학생들에게 알리려고 노력했다. 또한 팀 활동을 통해 학생과 학생 간의 관계 개선을 유도하였다. 하지만 이런 활동의 결과가 겉으로 쉽게 드러나지 않기 때문에 객관적으로 일반화시키기가 상당히 어렵다. 그럼에도 불구하고 그동안 진행했던 수업을 통해 얻은 경험과 결과를 바탕으로 지금부터 이야기해보고자 한다.

사실 관계성의 중요성을 깨닫게 된 지는 얼마 되지 않는다. 이 수업을 중학교 3학년 학생들에게 처음 적용할 당시만 해도 나는 관계성의 중요성을 깨닫지 못했다. 겉으로는 관계성의 중요성을 인식하고 있는 척했지만, 그 의미를 진정 깨닫지 못한 상태에서 흉내를 내기만 했다고 해야 옳은 표현일 것이다.

중학교 3학년 학생들에게 이 수업을 처음 적용했을 때, 학생들의 요구(자유시간, 축구하는 시간, 기타 자유롭게 체육수업을 하고 싶어 하는 바람 등)를 직접적으로 들어주지 않더라도 수업 만족도를 크게 높일 수 있을 것이라고 기대했다. 왜냐하면 학생들의 관심과 흥미를 끌 수 있는 수업 내용과 방법을 찾았다고 생각했고, 그렇게 수업을 준비했다고 자신했기 때문이다. 하지만 결과적으로는 절반의 성공만을 거둔 채 풀리지 않는 의문과 함께 수업을 마무리해야만 했다. 절반의 성공은 절반의 실패를 뜻하기도 했다.

물론 수업을 계획대로 준비하고 의욕적으로 진행했다. 그 과정에서 수업에 참여하는 학생들에 대한 지속적인 관찰과 상담이 이루어졌으며, 팀 활동을 통해 학생들 간의 관계 개선에도 중점을 두고 수업을 진행했다. 그 결과 1학기 말 여름방학을 앞두고 실시한 수업 만족도 설문조사에서 기대했던 것과 비슷한 결과를 얻기도 했다. 하지만 2학기 들어 학생들에게서 예상하지 못한 변화가 나타나기 시작했다. 나는 수업을 진행하면서 그 이유를 찾기 위해 무척 노력했지만, 그 원인을 찾지 못한 채 2학기 수업을 마무리했다. 그리고 또다시 수업 만족도 설문조사를 실시했다. 결과는 참담했다. 내가 기대했던 것과는 전혀 다른 결과가 나왔기 때문이다. 물론 새로운 방식에 대해 긍정적으로 평가하는 학생들도 상당수 있었다. 그러나 그 당시의 나는 긍정적인 평가보다 부정적인 평가에 더 집중했고 그런 부정적인 평가를 고쳐나감으로써 수업의 발전을 꾀하려고 노력했기 때문에 학생들이 적어낸 부정적인 설문 내용은 나에게 큰 상처로 다가왔다. 이해할 수가 없었다. 수업하는 내내 학생들은 즐거워 보였고 적극적으로 참여했으며, 긍정적인 변화(인성 함양 및 긍정적인 행동 변화 등)를 보인 학생들도 많다고 느꼈기 때문이다. 게다가 지속적인 관찰과 상담을 통해 그들의 긍정적인 성장도 확인할 수 있었다. 그래서 그 결과를 더더욱 받아들일 수 없었다. 더구나 나와 내 수업에 반감을 갖는 학생들이 더 늘어난 것에 대해서도 이해할 수 없었다. 하지만 나를 더 힘들게 하는 것은 이런 결과의 원인을 찾을 수 없다는 데 있었다.

그해 겨울방학 동안 내 머릿속엔 온통 '무엇이 문제였을까?', '내가 무엇을 잘못했을까?'란 생각뿐이었다. 그렇게 해답을 찾지 못한 채 그해 겨울방학 많은 시간을 보내야 했다. 그러다 어느 날 문득 내 머리를 스친 생각이 있었다.

과연, 정말, 나는 학생들을 위해 수업했던 것일까, 라는 의문이 들었다. 지금까지의 모든 수업이 학생들을 위한다는 생각으로 준비한 것인데 과연 그럴까, 학생들을 위한다고 했지만 실제로는 날 위한 수업은 아니었을까, 라는 생각이 들었다. 생각이 여기까지 미치자 망치로 뒤통수를 얻어맞은 것처럼 충격에 빠지고 말았다. 생각해보니 학생들을 위한 수업이라고 생각했지만 실제로는 체육수업에 대한 고집스러운 나의 생각이 맞다는 것을 증명해 보이기 위해 지금까지 수업해 오고 있었던 것이었다. 수업 한 시간 한 시간이 나에겐 굉장히 중요했었고, 그 시간이 계획대로 진행되지 않으면 조바심을 내기도 했고, 학생들에게 화를 내기도 했다. 이런 나의 모습들이 수업에 참여하는 학생들에게 알게 모르게 영향을 미쳤을 것이라는 생각이 들었다.

3학년 학생들에게 처음 적용한 인성주제 중심 체육수업이 모두 잘못된 것은 아니었다. 확실치는 않았지만, 수업 내용과 방법적인 면에서는 성공을 거두었다고 생각했다. 문제는 수업이 아닌 나에게 있는 것 같았다. 물론 이 생각이 맞는지 확신할 순 없었다. 하지만 다른 원인을 찾을 수 없었기 때문에 초점은 나 자신에게 맞춰졌다. 나는 이 생각이 맞는지 확인하고 싶었다. 확인할 수 있는 방법은 의외로 간단했다. 똑같은 방식의 수업을 다른 학년의 학생들에게 적용해보는 것이다. 그래서 다음 해인 2014학년도에 1학년을 대상으로 이 수업을 다시 한 번 더 적용하기로 결심했다. 대신 수업의 내용과 방식은 인성주제 중심 체육수업의 틀을 그대로 유지한 채, 수업을 진행하는 교사인 나를 조금 바꾸기로 했다. 나를 바꾸기 위한 방법은 좀 더 마음의 여유를 가지고 수업과 학생들을 바라보기로 한 것이다. 3학년 수업과 비교한다면 달라진 것은 겉으로 드러나지 않는 나의 마음가짐뿐이었다.

인성주제 중심 체육수업을 진행하되 여유를 가지고 수업을 진행하기로 마음먹고, 다음 해 1학년 학생들을 대상으로 이 수업을 진행했다. 결과는 만족스러웠다. 내가 생각한 것이 맞았다. 하지만 확신할 수 없었다. 왜냐하면 대상이 중학교 1학년 학생들이었기 때문이다. 중학교에서 1학년 학생들은 중학교 교사인 내가 봤을 때, 너무 어리고 순수(아직 초등학생 티를 벗지 못한 모습이 중학생 같지 않은)하며, 수업 내용과 방법을 떠나 교사와 관계만 좋으면 수업 만족도를 높일 수 있는 그런 학년이었다. 그 때문에 1학년을 가르친 후 나타난 결과만으로 내 생각이 옳았다고 확신할 수는 없었다. 1학년이라서 결과가 좋게 나온 것일 수도 있었기 때문이다. 그래서 그다음 해 중학교 2학년 학생들을 대상으로 다시 한

번 더 이 수업을 적용했다. 조금 달라진 것이 있다면 여유를 갖고 수업을 진행하되 학생들에게 감사하는 마음을 조금 더 표현하기로 한 것이다. 그 방법으로 '감사의 편지 쓰기'를 했다. 작은 종이에 감사의 편지를 쓴 뒤, 그것을 내가 있는 교무실 출입구에 붙이고 지나다니는 학생들이 자연스럽게 볼 수 있도록 했다. 이와 같은 방식은 감사의 편지로 내 생각과 감정들을 직접적으로 알리기보다는 간접적으로 알리는 방식에 가까웠다. 별다른 기대를 하지는 않았다. 하지만 한두 명씩 지나다니면서 감사의 편지를 보게 됐고, 입소문을 타기 시작했다. 나중에는 자신에 대한 감사의 편지는 없는지 찾아보러 오는 학생도 있었고, 자신에게도 써 달라고 말하는 학생도 생겨났다.

감사의 편지가 학생들의 바른 인성 변화에 영향을 미쳤는지 알 수는 없다. 하지만 분명한 점은 교사인 나를 바뀌게 만들었다는 점이다. 감사의 편지는 학생들의 작은 변화에도 감사하는 마음을 갖게 했다. 이는 전혀 기대하지 못한 또 다른 결과를 만들어 냈다. 그전까지는 학생들에 대한 나의 관심사가 수업이라는 특정한 시간과 장소 안에 한정되어 있었는데, 감사의 편지를 쓰면서 수업뿐 아니라 학교에서 생활하는 모든 시간과 장소에서 학생들의 변화에 관심을 가지게 된 것이다. 이런 변화는 자연스럽게 학생들에 대한 애정 어린 관심(관찰)으로 이어졌고, 긍정적인 관계 형성과 유지 · 강화를 통해 학생들의 속마음까지 들을 수 있는 상담이 가능하게 해 주었다.

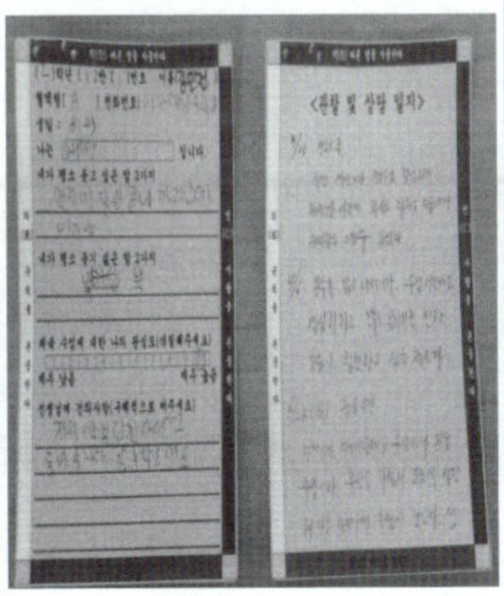

개별 기록카드 보관통과 개별 기록카드

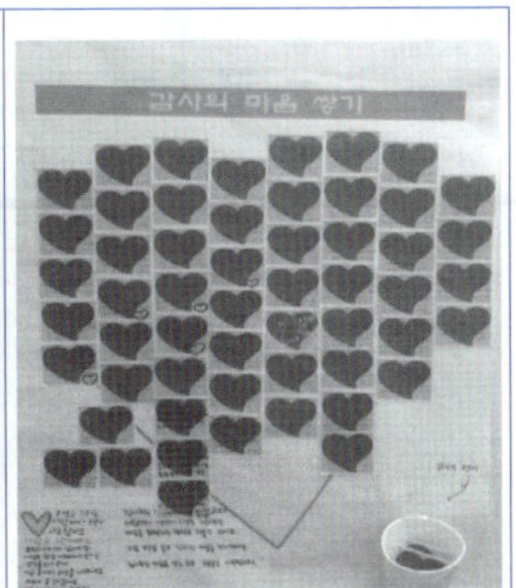

감사의 편지

〈사진 2-5-1〉 개인 기록카드와 감사하는 마음 쌓기

〈사례 2-5-1〉

2학년 ○반 이○○ 학생

이 학생은 올해 초 경기도에서 전입을 온 학생이다. 출석을 부르거나 내용을 전달할 때 ○○는 늘 날 경계하는 듯한 눈빛으로 바라보거나 시선을 피하던 학생이다. 심지어는 대답도 건성으로 하는 둥 마는 둥 했다. 사실 얘기하기가 꺼려지는 학생이었다. 그러다가 올해 2번째 주제인 '행복' 수업을 하게 되었다. 그리고 수업 후 느낀 점을 학생들에게 받았다. ○○는 느낀 점에 '후회된다'라고 적었다. 난 2가지로 의미를 해석했다.

첫째는, 첫인상이 너무 좋지 않았고 날 너무 경계하고 싫어하는 느낌을 강하게 받은 탓에, 이번 수업 자체가 후회될 만큼 재미가 없었다는 뜻으로 생각했다. 이렇게 생각하는 이유는 첫 수업 때 모든 학생들에게 개별 기록카드에 건의사항을 적게 했는데, 이 학생은 건의 사항에 '운동장에 자주 안 나갔으면 좋겠어요.'라고 썼기 때문에 체육수업에 대한 부정적인 이미지가 강하다고 생각했다.

둘째는, 경기도에서 전입 온 지 얼마 되지 않았고, 표정이 너무 어두웠기 때문에 무슨 사연이 있을 것 같았다. 그리고 '후회된다'는 것은 나의 행복 수업을 듣고 지난 시간을 되돌아보았을 때, 그 시간이 후회된다는 뜻으로 생각했다. 이렇게 생각하는 이유는 수업시간 동안 흥미를 가지고 집중하는 것을 보았기 때문이다.

아래는 이○○ 학생에 대한 관찰 및 상담 일지와 감사의 편지 내용이다.

2015년 3월 12일 목요일 5교시(행복 수업) 후 개별 기록카드 작성한 내용

○○는 출석을 확인할 때부터 무표정한 얼굴로 '이번 수업도 그렇고 그럴 거야'라고 얘기하는 것 같았다. 하지만 수업 멘트가 잘 풀리면서 수업 진행이 잘 되었고, ○○의 표정도 바뀌기 시작하면서 수업에 집중하는 것 같았다. 그런데 수업 후 느낀 점에 '후회된다'라고 적었다. 무슨 의미인지 궁금하다.

2015년 3월 13일 금요일 4교시(정직한 최선을 통한 자기관리 수업) 후 개별 기록카드 작성한 내용

셔틀런 1차 기록 측정 후 남는 시간을 이용해서 ○○와 잠시 이야기했다. 지난번 수업 느낀 점에 '후회된다'라고 적었는데, 그 의미가 무엇인지 물었다. 다행히 ○○는 나의 행복 수업을 듣고 전입 오기 전 학교에서 보낸 시간이 후회된다는 뜻이었다고 말했다.

나의 수업이 ○○에게 자신의 삶을 돌아볼 수 있는 기회를 준 것 같아서 기뻤다. 그리고 이번 시간은 전 시간에 비해 더욱 밝아진 모습으로 수업에 참여했다. 더욱 관심을 가져야 할 것 같다.

2015년 4월 27일 월요일 점심시간 후 개별 기록카드 작성한 내용

○○이가 부쩍 밝아졌다. 교무실로 불러 상담하는데도 환하게 미소 지으면서 나와 얘기를 나눴다. 밝아진 가장 큰 이유는 친구들과의 관계 형성이 잘 이루어졌기 때문이라고 했다. 나의 수업이 교우관계 형성에 많은 도움이 되었으면 좋겠다.

4월 초 어느 날 감사의 편지에 기록한 내용

○○아, 첫인상이 많이 차가워 보여서 학기 초 가까이 다가가기 힘들었는데, 교실로 찾아갔을 때 웃으면서 쌤한테 맛있는 과자를 줘서 고마워. 앞으로 자주 웃는 모습 보여 줄 거지. 고맙구나. ^^

2015년 4월 28일 화요일 감사의 편지에 기록한 내용

○○아, 너의 환한 미소가 쌤에게 힘이 되는구나. 밝게 인사해줘서 고마워. ^^

〈사례 2-5-2〉

2학년 ○반 박○○ 학생

○○는 작년 1학년 때 내가 체육수업을 지도했었다. 심성이 착하고 피아노를 잘 치는 여학생이다. 그런데 어릴 적 교통사고로 한쪽 다리를 심하게 다쳐 운동을 잘하지 못하고, 소극적인 성격으로 친구가 많지 않다. ○○는 작년에 인성주제 중심 체육수업을 접해봐서 나와 내 수업에 대해 잘 알고 있다.

올해 4월 중순부터 5월 말까지 '페어플레이'란 주제로 넷볼 수업을 진행했다. 그리고 ○○는 지(智)팀의 주장을 맡았다. 5월 중순까지 ○○는 수업 시간에 어두운 표정으로 힘들어했다.

2015년 4월 27일 월요일 1교시(페어플레이 수업) 시작 전 개별 기록카드에 작성한 내용

○○가 지난번 지각 체크 된 것을 지우려고 나에게 왔다. 지난 시간 몸이 아팠던 것이 기억나서 "몸은 괜찮니?"라고 물었다. ○○는 요즘 스트레스가 심해서 힘들다고 말했다. 그 이유는 이렇다. 요즘 중간고사 기간이라서 힘든 것도 있지만 친구 사귀는 것이 힘들다면서 교우관계로 인한 스트레스가 더 심한 것 같았다. 그러면서 장시간 고민을 들어줄 사람이 필요하다고 나에게 말했다. 내가 보기에도 많이 힘들어 보였다.

"○○야, 선생님은 어떠니?"라고 내가 묻자 ○○는 수줍게 웃었다. ○○아, 힘내렴. ^^

2015년 4월 28일 화요일 6교시(페어플레이 수업) 후 수업 일지에 쓴 내용

○○는 지 팀을 맡기에(주장으로서) 힘든 부분이 많다. 우선 적극적인 성격도 아니고 운동신경도 좋지 않다. 게다가 지 팀에 그 반의 장난이 심하고 함부로 말하고 행동하는 남학생들이 많이 몰렸다.

수업 초반 윤○○ 학생과 한○○ 학생이 팀으로 합류(사회 봉사 후 복귀)했다. 팀 회의를 가진 후 ○○는 상당히 어두운 얼굴로 내 곁을 지나갔다. 난 그런 ○○에게 "○○아, 결과가 좋지 않아도 돼, 네가 노력해서 만들어 나가는 과정도 중요하니까 힘내 보렴." 하고 격려했다. 그런데 실제 경기에서 지 팀의 윤○○ 학생과 한○○ 학생이 잘 해주었다. 그래서일까 수업 정리 때 팀 회의 후 ○○는 수업 초반의 어두운 얼굴 대신 조금 자신감을 찾은 얼굴로 '협동' 스티커를 붙였다.

○○가 나에게 쓴 감사의 편지

선생님 저 2-○ 박○○예요. 항상 선생님 수업을 들으면 왠지 사람이 따뜻해지는 것 같아요. 항상 웃는 얼굴로 대답해 주셔서 감사합니다. 쌤, 사랑합니다. 박○○

나의 답장(감사의 편지)

○○아! 쌤한테 감사의 편지를 써 줘서 너무 고마워. 지난 시간 아파서 수업에 빠졌을 때 너무 허전하고 걱정이 됐는데, 오늘 수업에서도 힘이 없어 보여 안타까웠어. 항상(작년부터) 쌤 체육 시간에 열심히 참여해줘서 정말 고마워.

2015년 5월 22일 금요일 2교시(페어플레이 수업) 후 수업 일지에 쓴 내용

지 팀의 ○○가 수업 초반 밝지 않은 표정으로 참여했다. 그런데 핸디캡을 잘 적용해서 경기를 가졌고, 그 덕분에 팀 분위기가 많이 좋아졌다. ○○이 역시 기분이 좋아보였다.

2015년 5월 22일 금요일 점심시간 ○○와의 상담 내용

최근 들어 ○○이의 표정이 많이 밝아졌다. 그래서 수업 후 불러 상담을 진행하였다.

"○○아, 예전에 지 팀 주장하면서 많이 힘들어했는데 요즘은 많이 밝아 보여. 오늘 수업 시간 때도 즐거워 보였고, 혹시 이렇게 변하게 된 계기가 있니?"라고 나는 ○○에게 물었다. ○○는 이런 상황(팀원은 막무가내, 주장의 리더십이 발휘되기 힘든 상황)에서 주장 경험을 언제 해 보겠냐면서 지금은 힘들지만 지금의 경험이 나중에 다른 팀을 만났을 때 더 잘 할 수 있도록 힘이 될 것 같다고 말했다. 페어플레이 수업 초반 부정적이었던 마음이 긍정적인 마음으로 변했던 것이다. 그리고 지금 팀에게 정을 느낄 정도로 애정을 갖고 있었다. 팀원들이 적극적이진 않아도 자신의 말에 귀 기울여 주고 나름 노력하는 모습이 눈에 보인다는 것이다. 그러면서 ○○는 나에게 물었다.

"선생님! 선생님은 왜 이렇게 인성을 강조하세요?"

난 순간 당황했다. 보통의 학생들은 상담을 하면 묻는 말에만 대답하는 게 다인데, ○○는 나에게 질문을 한 것이다. 난 "어~, ○○아, 그건 왜 묻니?"라고 다시 물었다.

○○는 지금까지 여러 체육 선생님을 겪었지만 나와 같은 체육 선생님은 처음이라고 말했다. 다른 선생님들은 자기에게 "너 왜 이렇게 못하니?"라는 말만 하는데 난 다르다는 것이다. 그래서 난 이렇게 답했다.

"선생님은 운동만 잘하고 예의 없는 사람은 싫어. 운동을 못해도 같이 활동하면서 파이팅 외쳐주고, 넘어진 친구가 있으면 일으켜 세워주고, 그렇게 하면서 체육 시간에 좋은 추억이 생겨야 친구와도 잘 지내고, 나중에 커서도 체육수업에 대한 좋은 이미지로 인해 여러 가지 생활 체육도 할 수 있지 않겠니."

상담 내내 ○○이는 나의 눈을 바라보며 진지하게 이야기했다. 그리고 날 이해해주는 ○○에게 진심으로 고맙다고 말하면서 페어플레이 수업이 얼마 남지 않았는데 끝까지 최선을 다하자고 격려했다.

2015년 5월 26일 화요일 6교시 후 ○○가 쓴 페어플레이 수업 후 느낀 점

1학년 때 자신감이 없어서 이렇게 나서지도 못하고 주장도 이번이 첨이라 긴장이 됐는데 잘 마무리 해서 안심이 됐고, 애들도 그럭저럭 잘한 것 같아서 만족한다.

〈사진 2-5-1〉은 개별 기록카드를 활용한 학생 개개인의 관찰 및 상담 기록과 감사의 편지를 써서 붙여둔 게시판을 나타내고 있다. 그리고 〈사례 2-5-1〉과 〈사례 2-5-2〉는 긍정적인 변화를 보인 학생들의 기록을 시간순으로 정리한 것으로 지속적인 관찰과 상담 그리고 감사의 편지 쓰기를 통한 기록이 학생들을 이해하고 공감하는 데 어떻게 활용되는지를 나타내고 있다.

인성주제 중심 체육수업의 구성요소 중 계획성과 지속성이 이 수업을 이루는 골격에 해당한다면, 관계성은 그 골격에 살을 붙이고 따뜻한 기운을 불어넣는 요소가 된다. 계획성과 지속성만으로는 학생들의 적극적인 수업 참여와 그들이 가진 가능성을 끌어내는 데 한계가 있다. 하지만 관계성이 함께한다면 얘기가 달라진다.

관계성의 중요성을 깨닫지 못한 채 수업을 진행했던 1년(3학년 수업)과 관계성의 중요성을 깨닫고 수업을 진행한 2년(1학년과 2학년 수업)은 겉으로 봤을 때, 전혀 다를 것이 없어 보일지도 모른다. 하지만 그 속을 들여다보면 확연한 차이를 느낄 수 있다. 그리고 그것을 가장 잘 느낄 수 있는 사람은 수업을 진행하는 교사와 수업에 참여한 학생이란 사실도 알게 된다.

2013학년도 중학교 3학년을 대상으로 수업을 진행했을 때, 나의 수업에는 관계성이란 요소가 빠져 있었다. 관계성의 중요성을 인식하고 있었고 겉으로 그 요소를 포함시키고 있었지만 진정 그 중요성을 깨닫지 못한 채 흉내 내기만 했기 때문에 결과적으로 없었던 것이나 다름이 없었다. 하지만 그 사실을 어렴풋이 깨닫고 중학교 1, 2학년을 대상으로 2년간 이 수업을 진행하면서 내가 찾고자 했던 해답을 찾을 수 있었다. 그 해답은 바로 관계성이다.

성공적인 수업을 만들어 내기 위해서는 학생들의 적극적인 수업 참여가 절대적으로 필요하다. 그들의 적극적인 수업 참여가 있어야 수업의 목표를 달성할 수 있고 학생들의 바른 성장도 기대할 수 있다. 하지만 이러한 참여는 학생들의 마음을 움직이지 못하면 기대하기 어렵다. 학생들의 마음을 움직인다는 것은 그들의 마음을 얻는 것과 같다. 교사는 학생들의 마음을 얻기 위해 수업을 계획하고 준비하는 데 많은 노력을 기울여야 한다. 그리고 수업을 통해 교사의 진심을 학생들이 느낄 수 있도록 다가가야 한다. 이게 바로 관계성의 핵심이다.

발전성(수업 노트, 수업 촬영, 만족도 설문조사)

인성주제 중심 체육수업의 구성요소 중 마지막은 바로 발전성이다. 발전성은 점검단계에서 이루어지는 요소이다. 이것은 수업 노트 작성, 수업 영상 촬영 및 분석 그리고 체육수업 만족도 설문조사를 통해 수업이 끝난 후 수업을 다시 되돌아볼 기회를 제공함으로써 자기반성 또는 수업에 대한 반성이 가능하게 해 준다. 이를 통해 교사는 더 좋은 수업과 더 좋은 교사가 되기 위해 지속적인 노력을 할 수 있게 된다.

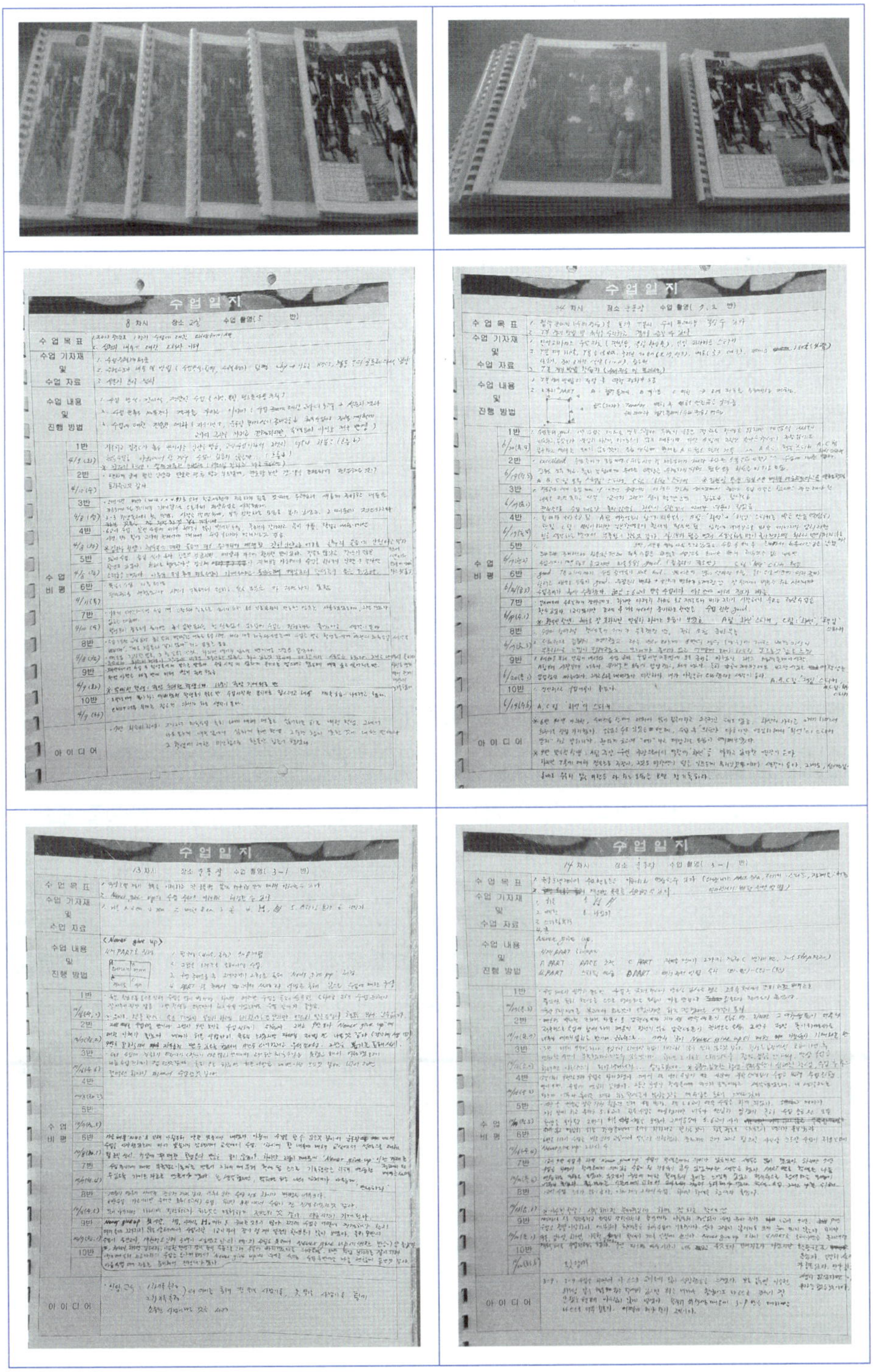

〈사진 2-6-1〉 수업 노트

앞의 〈사진 2-6-1〉은 지난 3년간 체육수업에 대해 기록한 수업 노트를 나타내고 있다.

사람의 기억력이 많은 것을 오랫동안 기억할 것 같지만 수업과 행정업무에 쫓기다 보면 바로 전 시간에 했던 수업에 대해서도 기억하지 못하는 경우가 종종 있다. 수업 노트는 수업을 진행한 후(때론 수업을 준비하면서) 수업과 관련된 내용을 기록하는 노트로서 수업 시간에 일어났던 모든 것에 대해 기록할 수 있다. 만약 수업 시간에 학생들이 집중하지 못하고 떠들었다면 왜 그랬는지, 그 이유가 교사에게 있는지 또는 점심시간 바로 뒤 5교시였기 때문인지, 아니면 그 반의 말썽꾸러기 때문이었는지 등 수업에 관련된 것이라면 모든 것을 기록한다. 그것을 통해서 교사는 수업을 다시 한번 되돌아보고 더 좋은 수업이 될 수 있게 체육수업을 개선하려는 노력을 할 수 있다. 그리고 수업하면서 학생들의 행동 변화 또는 사소한 사건 등과 같이 학생들을 관찰한 내용을 적을 수도 있고, 수업을 진행하면서 떠오른 생각, 교사 자신의 감정 변화 등도 적을 수 있다.

사실 처음 수업 노트를 적기 시작했을 당시, 수업 내용과 방식 그리고 수업 진행과 관련된 내용들만을 적으려고 노력했다. 왜냐하면 수업과 관련된 부족한 점을 발견하고 보완해서 더 좋은 수업을 하고 싶었기 때문이다. 하지만 수업 내용과 방식이 어느 정도 자리를 잡아가면서 나의 관심은 자연스럽게 학생들에게로 옮겨 갔다. 특히 친구들과 잘 어울리지 못하는 학생, 소극적이고 내성적인 성격 때문에 체육수업에 잘 적응하지 못하는 학생 등 친구들과 잘 어울리고 적극적으로 수업에 참여하는 학생들보다 그렇지 못한 학생들에게 더욱 관심이 갔고, 그들에 대해 수업 노트에 기록하면서 그들에 관한 관심을 지속할 수 있게 됐다. 게다가 수업을 바라보고 학생들을 대하는 나 자신에 대해서도 스스로 돌아보고 반성하면서 늘 노력하는 자세를 유지하기 위해 힘쓸 수 있었다.

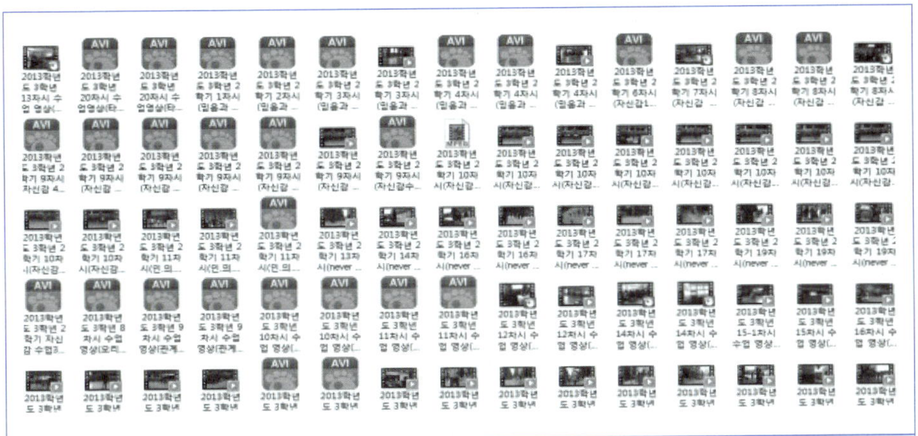

2013학년도 중학교 3학년, 총 80차시

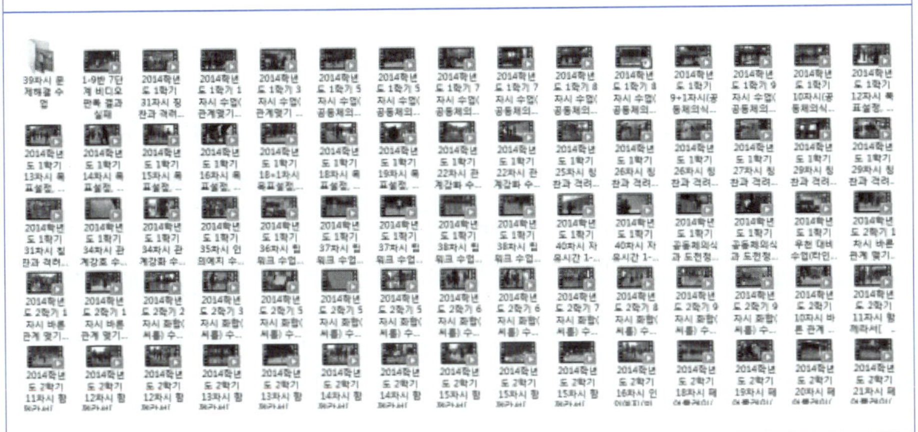

2014학년도 중학교 1학년, 총 104차시

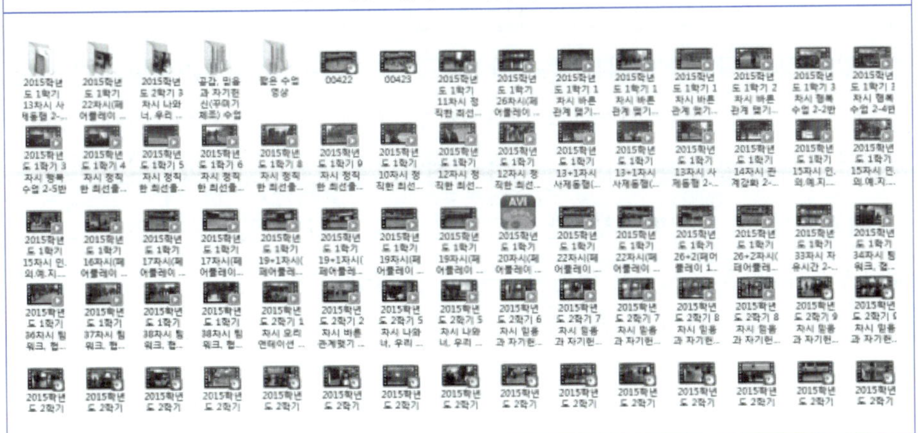

2015학년도 중학교 2학년, 총 125차시

〈사진 2-6-2〉 수업 촬영 영상 리스트

앞의 〈사진 2-6-2〉는 3년간 촬영한 수업 영상자료를 나타내고 있다.

처음 수업 영상을 촬영하기 시작한 해는 2012학년도부터였다. 물론 그 전부터 수업 영상을 찍긴 했었다. 하지만 수업 전체를 본격적으로 찍기 시작한 것은 이때부터다. 영상을 처음 찍을 당시, 누군가가 나를 보고 있다는 생각에 상당히 부담스러웠고 부자연스럽게 수업을 진행하기도 했다. 물론 학생들도 자신의 얼굴이 영상에 나올까 봐 거부감을 나타내기도 했다. 하지만 시간이 지나면서 수업을 촬영하는 지도교사의 모습이 학생들에겐 당연한 것처럼 받아들여지기 시작했고, 거부감보다는 오히려 카메라 앞으로 와서 이런저런 웃긴 표정과 말들을 하면서 장난치고 즐거워하는 학생들이 생겨나기도 했다. 물론 나 역시도 카메라를 의식하지 않을 정도로 자연스럽게 수업을 진행할 수 있게 됐다.

2012학년도, 그 당시 똑같은 차시의 수업이라도 여러 번(서로 다른 반) 영상을 찍어서 서로 비교해 보기도 했다. 똑같은 수업 내용과 방식이더라도 수업하는 반에 따라 수업 분위기와 수업 환경 그리고 수업에 참여하는 학생들이 달라서 수업 진행과 수업 결과 등이 달라질 수 있다고 생각했다. 물론 그런 점에서 똑같은 차시의 수업을 여러 번 촬영해서 비교해 보는 게 도움이 되기도 했다. 하지만 시간이 지나면서 수업 연구(반성)가 목적이 아닌 수업 영상 수집이 목적이 되는 것 같아서 2013학년도부터는 차시별로 한 반만 수업 영상을 촬영하려고 노력했다. 그렇게 해서 3년간(2013~2015학년도) 총 309차시 분량(중복 촬영 및 부분 촬영 포함)의 수업을 영상으로 찍을 수 있었다.

수업 영상을 촬영한 목적은 수업 반성을 통해 수업을 더 잘하기 위함이다. 수업을 내가 아닌 제 3자의 시선으로 객관적으로 바라보고 싶었다. 이를 통해 수업을 진행하는 나의 말과 행동이 수업 시간에 어떻게 들리고 보이는지, 수업을 계획대로 매끄럽게 잘 진행했는지, 만약 그렇지 않다면 그 원인은 무엇인지, 그리고 학생들의 수업 참여 모습은 어떤지 등을 수업 영상을 통해 알아보고 싶었다. 수업을 촬영한 영상은 그런 점에서 나에게 큰 도움이 되었다. 무엇보다 수업에 임하는 마음가짐을 늘 새롭게 다잡을 수 있었으며, 늘 좋은 수업에 대해 고민하게 해주었고 실천할 수 있는 용기를 주었다.

〈설문지 2-6-1〉 2014학년도 1학년 2학기 말 설문조사

체육수업 만족도 설문지

1. 성별은?
   ① 여 ② 남

2. 2014년 2학기 체육수업 만족도는?
   ① 매우만족 ② 만족 ③ 보통 ④ 불만족 ⑤ 매우불만족

3. 체육수업 만족도에 영향을 미친 요인은?
   ① 수업 내용이 좋아서 ② 수업 내용이 나빠서
   ③ 수업 방법이 좋아서 ④ 수업 방법이 나빠서
   ⑤ 지도교사가 좋아서 ⑥ 지도교사가 나빠서
   ⑦ 자유시간이 많아서 ⑧ 자유시간이 적어서
   ⑨ 교우관계가 좋아서 ⑩ 교우관계가 나빠서
   ⑪ 기타(이유를 간단히 적어주세요:)

4. 본인의 학교생활 만족도는?
   ① 매우만족 ② 만족 ③ 보통 ④ 불만족 ⑤ 매우불만족

5. 체육수업을 진행하는 교사 박제훈에 대해 좋은 점, 나쁜 점 또는 개인적으로 하고 싶은 말들을 솔직히 써 주세요.

6. 올해 여러분과 함께 한 수업은 인성을 강조한 체육수업이었습니다. 체육수업에 대해 느낀 점을 솔직히 써 주세요.

7. 2015학년도, 내년에 더 좋은 체육수업을 위해 건의하고 싶은 내용이 있다면 솔직히 써 주세요.

〈표 2-6-1〉 2013학년도 3학년 2학기 말 체육수업 만족도 설문조사 결과

2013학년도 3학년 2학기 말 체육수업 만족도 설문조사

수업 만족도

남학생(143명)

매우만족	만족	보통	불만족	매우불만족
32	56	46	6	3
약 22.37%	약 39.16%	약 32.16%	약 4.19%	약 2.09%

여학생(141명)

매우만족	만족	보통	불만족	매우불만족
7	64	55	12	3
약 4.96%	약 45.39%	약 39.00%	약 8.51%	약 2.12%

남녀 종합(총 284명)

매우만족	만족	보통	불만족	매우불만족
39	120	101	18	6
약13.73%	약42.25%	약35.56%	약6.33%	약2.11%

영향 요인 다수 선택

남학생

수업내용이 좋아서	97	수업내용이 나빠서	8
수업방법이 좋아서	73	수업방법이 나빠서	8
지도교사가 좋아서	63	지도교사가 나빠서	6
자유시간이 많아서	18	자유시간이 없어서	41
교우관계가 좋아서	54	교우관계가 나빠서	0
기타:			8

여학생

수업내용이 좋아서	95	수업내용이 나빠서	14
수업방법이 좋아서	67	수업방법이 나빠서	21
지도교사가 좋아서	32	지도교사가 나빠서	10
자유시간이 많아서	19	자유시간이 없어서	56
교우관계가 좋아서	56	교우관계가 나빠서	8
기타:			12

남녀 종합

수업내용이 좋아서	192	수업내용이 나빠서	22
수업방법이 좋아서	140	수업방법이 나빠서	29
지도교사가 좋아서	95	지도교사가 나빠서	16
자유시간이 많아서	37	자유시간이 없어서	97
교우관계가 좋아서	110	교우관계가 나빠서	8
기타:			20

〈표 2-6-2〉 2015학년도 2학년 2학기 말 체육수업 만족도 설문조사 결과

<table>
<tr><th colspan="11">2015학년도 2학년 2학기 말 체육수업 만족도 설문조사</th></tr>
<tr><td>구 분</td><td colspan="5">남학생(74명)</td><td colspan="5">여학생(64명)</td></tr>
<tr><td rowspan="7">수업 만족도</td><td>매우만족</td><td>만족</td><td>보통</td><td>불만족</td><td>매우불만족</td><td>매우만족</td><td>만족</td><td>보통</td><td>불만족</td><td>매우불만족</td></tr>
<tr><td>28</td><td>39</td><td>7</td><td>0</td><td>0</td><td>20</td><td>33</td><td>11</td><td>0</td><td>0</td></tr>
<tr><td>약37.83%</td><td>약52.70%</td><td>약9.45%</td><td>0%</td><td>0%</td><td>31.25%</td><td>약51.56%</td><td>약17.18%</td><td>0%</td><td>0%</td></tr>
<tr><td colspan="10">남녀 종합(총 138명)</td></tr>
<tr><td colspan="2">매우만족</td><td colspan="2">만족</td><td colspan="2">보통</td><td colspan="2">불만족</td><td colspan="2">매우불만족</td></tr>
<tr><td colspan="2">48</td><td colspan="2">72</td><td colspan="2">18</td><td colspan="2">0</td><td colspan="2">0</td></tr>
<tr><td colspan="2">약34.78%</td><td colspan="2">약52.17%</td><td colspan="2">약13.04%</td><td colspan="2">0%</td><td colspan="2">0%</td></tr>
</table>

<table>
<tr><td rowspan="16">영향 요인
다수 선택</td><td colspan="4">남학생</td><td colspan="4">여학생</td></tr>
<tr><td>수업내용이 좋아서</td><td>56</td><td>수업내용이 나빠서</td><td>2</td><td>수업내용이 좋아서</td><td>51</td><td>수업내용이 나빠서</td><td>0</td></tr>
<tr><td>수업방법이 좋아서</td><td>45</td><td>수업방법이 나빠서</td><td>2</td><td>수업방법이 좋아서</td><td>38</td><td>수업방법이 나빠서</td><td>2</td></tr>
<tr><td>지도교사가 좋아서</td><td>56</td><td>지도교사가 나빠서</td><td>0</td><td>지도교사가 좋아서</td><td>29</td><td>지도교사가 나빠서</td><td>0</td></tr>
<tr><td>자유시간이 많아서</td><td>7</td><td>자유시간이 없어서</td><td>10</td><td>자유시간이 많아서</td><td>12</td><td>자유시간이 없어서</td><td>9</td></tr>
<tr><td>교우관계가 좋아서</td><td>32</td><td>교우관계가 나빠서</td><td>0</td><td>교우관계가 좋아서</td><td>31</td><td>교우관계가 나빠서</td><td>1</td></tr>
<tr><td colspan="3">기타:</td><td>3</td><td colspan="3">기타:</td><td>8</td></tr>
<tr><td colspan="8">남녀 종합</td></tr>
<tr><td colspan="2">수업내용이 좋아서</td><td>107</td><td colspan="3">수업내용이 나빠서</td><td colspan="2">2</td></tr>
<tr><td colspan="2">수업방법이 좋아서</td><td>83</td><td colspan="3">수업방법이 나빠서</td><td colspan="2">4</td></tr>
<tr><td colspan="2">지도교사가 좋아서</td><td>85</td><td colspan="3">지도교사가 나빠서</td><td colspan="2">0</td></tr>
<tr><td colspan="2">자유시간이 많아서</td><td>19</td><td colspan="3">자유시간이 없어서</td><td colspan="2">19</td></tr>
<tr><td colspan="2">교우관계가 좋아서</td><td>63</td><td colspan="3">교우관계가 나빠서</td><td colspan="2">1</td></tr>
<tr><td colspan="6">기타:</td><td colspan="2">11</td></tr>
</table>

〈설문지 2-6-1〉은 2014학년도 2학기 말에 1학년을 대상으로 실시한 체육수업 만족도 설문지다. 그리고 〈표 2-6-1〉과 〈표 2-6-2〉는 2013학년도 3학년과 2015학년도 2학년 학생들의 2학기 말 체육수업 만족도 설문조사 결과를 나타내고 있다.

앞서 말했지만, 관계성의 중요성을 깨닫지 못한 채 인성주제 중심 체육수업을 진행한 1년(중학교 3학년)과 관계성의 중요성을 깨닫고 수업을 진행한 2년간(중학교 1, 2학년)의 수업을 학생들은 어떻게 받아들이고 있는지 수업 만족도 설문조사 결과를 통해 알아볼 수 있다.

관계성의 중요성을 깨닫지 못한 채 인성주제 중심 체육수업을 중학교 3학년 학생들에게 가르친 결과, 만족('매우 만족'과 '만족'으로 답한 학생)한다는 학생들이 60%를 넘지 못했다. 특히 만족도에 영향을 미친 요소 중 '지도교사가 나빠서'라고 답한 학생이 16명이나 된다는 사실이 너무나 가슴 아팠다. 열심히 가르치려고 노력했음에도 불구하고 학생들에게 그 마음이 온전히 전달되지 못한 것 같아 아쉬움이 컸다. 게다가 자유시간을 주지 않고도 체육수업에 대한 학생들의 수업 만족도를 높일 수 있을 거라는 생각으로 많은 시간과 공을 들여 수업 내용과 방법에 관해 연구하고 계획해서 실천했음에도 여전히 자유시간에 대한 학생들의 바람을 줄이지 못했다는 점도 큰 아쉬움으로 남았다.

반면에 관계성의 중요성을 깨닫고 인성주제 중심 체육수업을 2년 동안 학생들에게 가르친 결과를 보면, 그렇지 못한 1년의 결과와 확연한 차이를 확인할 수 있다. 가장 눈에 띄는 점은 체육수업에 대한 학생들의 만족도가 크게 향상되었다는 점이다. 무려 85% 이상의 학생들이 체육수업에 만족한다고 답했다. 또한 '체육교사가 나빠서' 수업 만족도에 부정적인 영향을 미친 학생이 한 명도 없다. 무엇보다 자유시간이 수업 만족도에 영향을 미치는 부분이 큰 폭으로 감소했다. 다시 말해 체육수업을 자유시간과 연관해서 생각하는 많은 학생들의 잘못된 고정관념과 편견을 이 수업이 추구하는 수업 내용과 방법을 통해 줄여나갈 수 있다는 가능성을 확인한 것이어서 그 의미가 나에겐 남다르게 느껴졌다.

나에게 체육수업 만족도 설문조사는 그해 체육수업을 얼마나 잘 진행했는지를 나타내는 성적표와도 같다. 이 설문조사 결과를 통해 그 학기 또는 그 학년의 수업에서 무엇이 부족했는지, 무엇이 잘못되었는지에 대해 스스로 반성할 수 있었다. 그리고 그런 점들을 조금씩 보완해 나가면서 새로운 한 해를 준비했었다. 그러면서 조금씩 수업 만족도를 높여나가려고 노력했다.

수업 노트 작성과 수업 영상 촬영 그리고 체육수업 만족도 설문조사는 체육교사로서 정말 잘하고 있는지에 대한 자기반성과 이 수업이 이루고자 하는 수업목표를 달성할 수 있도록 수업을 계획하고 준비하며 실행했는지를 되돌아보고 반성할 수 있도록 해 주었다.

제3장

수업 실천 사례

3장에서는 2013학년도 중학교 3학년 학생들에게 적용한 인성주제 중심 체육수업에 대한 구체적인 실천 사례(수업 영상 포함)를 중심으로 이야기해 보고자 합니다.

참고로, 그 당시 수업을 촬영하기 위해 학생들에게 수업 연구 목적임을 말하고 수업 촬영에 대한 동의를 구했지만, 출판을 통한 수업 영상 공개를 생각하지 못했기 때문에 우려되는 점도 있습니다. 그래서 수업 영상으로 인한 개인적인 피해를 막기 위해 수업 영상은 해당 수업을 이해할 수 있는 수준으로 최대한 화면의 크기를 줄이고 저화질로 편집하였습니다. 이점 양해 부탁드리며, 수업 영상 활용은 수업 연구를 위한 목적으로만 사용할 수 있음을 알립니다.

수업 실천 사례

인성주제 중심 체육수업의 시작은 기존 체육수업에 대한 반성적 사고와 비판적 시각에서 비롯되었고 그 해답을 찾아가는 과정에서 만들어졌다.

- 체육 교과는 심동적 영역, 인지적 영역, 정의적 영역을 통합해서 가르칠 수 있는데, 왜 심동적 영역(신체활동)이 가장 중요하게 생각되는가?
- 심동적 영역이 가장 중요한 것인가? 체육교육의 수업 도구[1)]가 신체활동이기 때문인가?
- 정의적 영역이 가장 중요하게 생각되는 건 안 되는가?
- 정의적 영역이 가장 우선시되면 신체활동은 체육수업의 도구로서 그 역할을 잃게 되는가?
- 체육수업에서 자유시간을 없앨 수는 없는가?
- 전인교육을 할 수 없는 체육수업의 존재 이유가 무엇인가?
- 체육수업을 통해 전인교육을 실천하지 못하는 체육교사의 존재 이유는 무엇인가?

위의 물음들로 인해 나는 이 수업을 생각해내기 전까지 무척 힘들고 괴로웠다. 왜냐하면 이 물음들에 대한 해답을 찾을 수 없었기 때문이다. 해답을 몰랐기 때문에 나는 체육교사로서 당당할 수 없었다. 학생들 앞에서 당당하지 못했고 체육수업과 체육교사에 대한 사회의 잘못된 고정관념과 편견 앞에서 당당할 수 없었다. 단지 당당한 척만 했을 뿐이다. 그렇게 7년을 보냈다. 그리고 어느 날 이 수업에 대한 개념을 생각해내게 됐고, 이것이 그동안 날 괴롭혔던 물음들에서 벗어나게 해 줄 것만 같은 느낌을 강하게 받았다. 그때부터 기존에 하던 체육수업과 다른 방식으로 교육과정을 재구성해서 수업을 준비했고, 2013학년도 중학교 3학년 학생들에게 이 수업을 처음 적용하게 됐다. 이것이 바로 인성주제 중심 체육수업의 시작이었고, 내가 찾은 해답이었다.

교육과정은 체육 교과가 심동적 · 인지적 · 정의적 영역을 통합적으로 가르쳐야 함을 말하는 것일 뿐 그 방법에 대해선 구체적으로 언급하고 있지 않다. 다시 말해 국가 수준의 체육과 교육과정을 교사 또는 단위학교 중심의 교육과정으로

1) 「체육수업비평」에서는 체육수업의 존재 이유를 이렇게 설명하고 있다. 국민공통기본교과가 존재하는 이유는 각 교과의 교육적 역할과 기능이 있기 때문이다. 즉 체육 교과의 존재 이유는 체육 교과 지식을 학생들에게 전수하기 위함이다. 다시 말하자면, 체육교육의 도구(신체활동)를 활용하여 체육의 탐구 대상을 분석함으로써 세상을 이해할 수 있는 능력을 학생들에게 교육하기 위해서 존재하는 것이다.

재구성할 때, 수업 내용을 정하고 수업 방법을 결정하면서 수많은 다양성(가능성)이 존재할 수 있다는 말이다. 이는 교육과정이 추구하는 교육 목적을 달성하기 위해 모두가 똑같은 방법을 사용할 필요는 없다는 뜻이다.

인성주제 중심 체육수업은 전인교육을 실현하면서 체육 교과의 교육 목적을 달성할 수 있는 수많은 가능성 중의 하나일 뿐이다. 그런 의미에서 기존의 체육수업과 큰 차이가 없을지도 모른다. 하지만 3년간 이 수업을 진행하면서 그동안 내가 갖고 있던 체육수업의 역할과 가능성에 대한 생각의 범위를 크게 확장할 수 있었다. 교사와 학생이 행복한 수업, 소통과 공감을 넘어 치유가 있는 수업, 예술적 행위로서의 수업, 수업 디자이너로서의 교사, 수업을 넘어 생활교육이 가능한 수업, 학생의 성장과 더불어 교사의 성장이 가능한 수업 등을 이 수업을 통해 생각할 수 있었고, 나 자신의 변화와 함께 학생들의 변화까지 확인할 수 있었다. 물론 이 과정에서 겪어야 했던 수많은 실패, 그로 인한 좌절감 그리고 학생들로부터 받은 마음의 상처 등과 같은 어려움도 많았다. 하지만 이 역시 교사가 성장하는 데 없어서는 안 될 요소임을 확신할 수 있었다.

2013학년도 새 학기를 준비하면서 혼자서 중학교 3학년 학생들을 맡아서 가르치고 싶었다. 혼자서 3학년 수업을 맡게 되면 기존의 내가 하던 행정적인 업무량에는 변함이 없는 상태에서 주당 수업시수가 늘어나는 것이기 때문에 육체적으로나 정신적으로 더 힘들어질 수 있다는 사실을 잘 알고 있었다. 하지만 이 수업을 적용해보기 위해서는 혼자서 한 학년 모두를 맡아서 가르치는 것이 좋을 것 같았다. 그래서 그해 3학년 10개 반, 주당 20시간의 수업을 하게 됐다.

그 당시 근무했던 학교는 서울에 있는 남녀 공학 중학교로 운동장이 굉장히 좁은 편에 속했다. 운동장의 형태도 직사각형이 아닌 불규칙한 6각형 또는 7각형의 형태를 하고 있었다. 가끔 학교를 처음 방문하는 사람들은 운동장을 주차장으로 착각하는 때도 있었다. 그 정도로 운동장이 좁았고, 2개 반이 수업하기 위해서 운동장으로 나올 경우 수업을 제대로 진행하기가 무척 힘들었다. 게다가 경기도와 인접해 있는 지역적 특성으로 주변의 학교들과 달리 한 반의 학생 수가 많았으며, 학급 수도 많은 편에 속했다. 그해 가르쳤던 3학년의 경우, 한 반에 남학생이 15~17명, 여학생이 15~17명으로 보통 32명으로 구성되어 있었다. 당연히 영역형 경쟁 활동, 특히 축구와 같은 종목의 경우 정식 축구 경기장 규격이 나오지도 않았지만, 운동장이 협소한 관계로 한 반이 축구를 하게 되면 다른 반은 운동장 옆으로 이동해서 수업해야 할 정도였다. 필드형 경쟁 활동(야구, 티볼, 발야구 등)도 마찬가지였다. 하지만 체육관이 있고 다목적실이 있었기 때문에 수업을 잘 계획한다면 다양한 활동을 할 수 있다는 장점도 있었다. 특히 다목적실은 2개의 공간으로 구분되어 있었다. 각각 1개 반이 수업하기에 충분했지만, 경쟁 활동과 같이 넓은 공간이 필요한 수업은 적합하지 않았다. 그 외의 활동을 하기에는 충분했으며 2개의 공간 중 한 곳은 바닥이 다다미(유도부가 있는 학교로 수업 시간에는 교과 활동을 할 수 있었음)로 되어 있고, 또 다른 한 곳은 바닥이 마루로 되어 있어서 계획을 잘 세운다면 날씨의 영향을 받지 않으면서 다양한 활동을 하기에 충분했다.

〈표 3-1-1〉 2013학년도 인성주제 중심 체육수업 계획

	시기	인성주제 (신체활동)	신체 활동 가치 (중영역)	수업 장소	비고
1 학 기	4월	오리엔테이션		교실	4/31~5/2 중간고사
		바른 관계 맺기(놀이수업)	여가활동 (사회와 여가)	다목적실(체육관)	
	5월	생명의 소중함(심폐소생술, 구급처치법, 올바른 이성교제)	건강활동 (건강과 체력, 건강과 안전)	교실과 다목적실	
		팀워크(킨볼)	경쟁활동 (필드형 경쟁)	체육관	
	6월	팀워크(티볼)		운동장	6/3~6/6 테마학습(수련회)
	7월	타인이해(감상수업)		교실	7/2~7/5 기말고사 7/19 여름방학식
2 학 기	8월	믿음과 자기헌신(꾸미기체조)	표현활동 (심미 표현)	다목적실	8/14 개학식
	9월	자신감(치어리딩)	표현활동 (심미 표현)	다목적실(체육관)	9/18~9/20 추석연휴
		인 · 의 · 예 · 지(빙고런닝맨)	여가활동 (사회와 여가)	운동장	
	10월	NEVER GIVE-UP(육상 트랙 경기)	도전활동 (기록 도전)	운동장	9/30~10/2 중간고사
	11월				11/6 수능예비소집일 11/7 대입 수능 11/12~11/15 3학년 기말고사

〈표 3-1-1〉은 2013학년도 체육수업 진행 계획을 간략하게 나타내고 있다.

지금부터 이 표에 나와 있는 시간순으로 수업 실천 사례를 소개하고자 한다. 앞서 말했지만, 소개될 수업이 모든 부분에서 잘된 수업 또는 좋은 수업이라고 말할 수는 없다. 다만 인성주제를 강조한 체육수업으로 어떻게 계획되었고 준비되었으며 실천되었는지를 구체적으로 전달하려고 노력할 뿐이다. 부족한 점이 있기에 완벽한 수업이라고 말할 수 없다. 아니 부족한 점이 있기에 좋은 수업이라고 말할 수 없을지도 모른다. 하지만 분명히 말할 수 있는 것은 이 수업을 통해 교사인 나 자신이 성장할 수 있었고 더 좋은 수업을 하기 위해 끊임없이 노력할 수 있었다는 점이다. 그로 인해 학생들의 수업 만족도를 높일 수 있었고 학생들의 바른 성장(인성 함양)도 끌어낼 수 있었다. 그리고 그동안 학생들이 가지고 있던 체육수업에 대한 잘못된 고정관념과 편견들 역시 줄여나갈 수 있었고, 체육교사로서 내가 왜 필요한지, 체육수업이 중학생들에게 왜 필요한지에 대해서도 나름의 해답을 찾고 확신을 가질 수 있었다.

2013학년도 수업진행계획표

3학년 1학기 수업진행계획표

순서	진행	인성 주제	중점사항	신체 활동	수업진행	수업방법	장소	준비물	수행평가	과제
8		O.T.	사제지간 의견교환			1학기 수업 진행 정보 전달 설문지 내용에 대한 오해와 이해	교실	수업진행계획표 설문지 내용		
9		바른 관계 맺기	관계를 막는 장벽 없애기 개인 다짐 적기	놀이 수업	레크리에이션1	안대게임, 애벌레 릴레이 후 장벽을 없애기 위한 개인의 다짐을 포스트잇에 적기	다목적실	안대, 콘 포스트 잇, 펜		개인 다짐 적기
10		생명의 소중함	응급처치 및 구급법의 중요성 인식시키기		사고사례 소개(수업자료) 팀조직, 응급처치 소개	사고사례(여름철 물놀이, 심장마비 등), 팀 조직, 응급처치에 수행평가 설명	교실 도서실	수업자료 (사고사례)	수행평가 총 20점	
11			작은 노력(응급처치)이 생명을 구할 수 있다는 점을 인식시킴(실천의 중요성)	응급 처치	응급처치와 구급법 연습	응급처치와 구급법 설명 및 팀별 연습	다목적실	구급낭 ANNY 기타	심폐소생술 10점	
12					응급처치와 구급법 숙달	응급처치와 구급법 팀별 숙달				
13					수행평가	팀별 수행평가			구급처치법 10점	
14			올바른 이성교제 필요성 생명 존중의 의미		생명 존중 감상수업	이성교제, 낙태, 생명존중과 관련된 영상 시청	교실 (도서실)	영상자료		
15-1		팀워크	팀워크 체험을 통해 리더십, 팔로워십 이해하기	놀이 수업	레크리에이션2	영화「리멤버 타이탄」 편집 영상 시청 후 팀워크의 의미를 생각하게 하고 협력 기차를 통해 팀워크의 의미 체험하기	체육관	영상자료 안대 포스트 잇, 펜		팀워크는 (　　)이다.
15										
16			경기 규칙(특히 호명) 존중을 통한 경기의 재미를 느끼고 그 속에서 협동의 필요성을 느끼기	킨볼	킨볼1(팀조직, 기본기능)	킨볼 변형 게임을 통한 방법 숙지		킨볼 경기 도구 볼, 점수판, 조끼 등		
17					킨볼2(연습 경기)	팀별 리그전				
18					킨볼3(전술 익히기)					
19					킨볼4(왕중왕전)					
19+1			실험적 수업		자유시간 or 킨볼 배구	실험적 수업 및 자유시간을 통한 관찰				
20		타인이해	나와 다른 타인에 대한 이해와 배려의 태도의 필요성		타인이해 감상수업	영화「글러브」와「리멤버 타이탄」 편집 영상 시청을 통해 '차별'을 극복하고 '함께 사는 행복한 세상'을 만들기 위한 방안 토의 및 포트폴리오 구상하기	교실 도서실	영상자료 기타자료	수행평가 총 10점 준비성 평가 20점 중 10점 반영	포트폴리오
20+1										
21			자기와의 대화	트레킹	○○산 트레킹	트레킹 동안 금언(禁言)하면서 자기와의 의미 있는 대화 나누기 '나는 존중받길 원하는가?'	○○산	등산용 스틱		
22			나와 다름을 인정하는 것에서부터 행복은 시작된다		타인이해 발표수업	'함께 사는 행복한 세상'이란 주제로 포트폴리오 발표하기		개인 포트폴리오		
23-1		팀워크 (인성 피라미드)	최선, 배려, 집중	티볼	티볼 기본 기능	'先가치 後기술'지도 최선: 베이스 러닝 게임 배려: 캐치볼 집중: 배팅	운동장	티볼 경기 도구	수행평가 총 40점	
23										
24			협력플레이를 통해 공동의 목표를 위해 노력하기		협력플레이	협력플레이를 통해 공동의 목표를 위한 노력				
25			참여와 헌신		간이경기 A VS B	참여와 헌신: 팀 기량 향상을 위한 협동학습				
26					간이경기 B VS C	간이 경기, 경기를 하지 않는 팀은 경기 진행 및 팀 티칭을 통한 도움주기활동				
27					간이경기 C VS A					
28			공동의 목표를 위한 노력		종합연습	수행평가 방법 정확히 숙지				
29			기록의 의미		팀워크 평가	수행평가				
30		정직한 최선	감독이 없는 상황에서 힘든 과제를 수행할 때 느낄 수 있는 '부정'에 대한 유혹 이겨내기	체력 운동	만보기 보수 채우기1 최대심박수 측정	기준과 측정 방법 전달 후 자유롭게 실시 소요시간, 최대심박수, 정직, 통과여부 기록	운동장 수돗가	만보계	수행평가 총 20점 50m 10점 셔틀런 10점	
31			정직한 방법으로 기록 도전에 대한 인내와 끈기 체험하기		만보계 보수 채우기2	전 시간보다 약한 기준을 설정, 동일 보수를 1, 2차 측정, 시간의 단축 정도로 미션 수행 여부 판단				
32			마음가짐만으로도 자기 체력 수준을 높일 수 있음을 경험하기		50m, 왕복오래달리기	단순 기록 측정		라인기, MP3		
33					기말고사 이론수업		교실			

3학년 2학기 수업진행계획표										
순서	진행	인성가치	중점사항	신체활동	수업진행	수업방법	장소	준비물	수행평가	과제
1		**믿음 · 자기헌신** (인성 피라미드)	팀(팀원)에 대한 믿음과 자기헌신을 통해 규정동작과 창작동작을 만들어 갈 수 있음을 꾸미기체조를 통해서 느끼고 체험할 수 있도록 지도	꾸미기체조	오리엔테이션 꾸미기체조 진행 방법 설명 물구나무 서기	8명 1조 4개팀 구성(단일) 안전수칙 강조 규정동작을 보고 학생 스스로 문제 해결 방법 찾기 순회 지도 및 피드백 부여	다목적실 (유도장)	MP3, 스피커폰 보기자료 (꾸미기체조) 학생 학습자료 팀 활동지 인성피라미드 현황판	수행평가 총 40점 믿음과 자기헌신을 바탕으로 한 노력 20점 자신감 20점	
2					2-3인 꾸미기체조					
3					4-5인 꾸미기체조					
4					6인 꾸미기체조					
5					창작 동작 구상 및 실행	꾸미기체조 창작 작품 주제 선정 후 구상 및 만들기				창작 작품 구상지
6		**자신감** (인성 피라미드)	치어리딩의 목적이 잘 나타날 수 있도록 각자 자신의 역할에 최선을 다함으로써 자신감을 바탕으로 밝은 표정과 긍정적인 마음가짐을 가질 수 있도록 함 자신감은 노력에 의한 결과임을 인식시킴	치어리딩	치어리딩의 이해 치어리딩의 기본 동작	치어리딩의 목적과 방법 이해	다목적실 (유도장) 체육관	MP3, 스피커폰 보기자료 (치어리딩) 학생 학습자료 팀 활동지 치어리딩 구상지 인성피라미드 현황판		
7					치어리딩 작품 구상 및 연습1					
8					치어리딩 작품 구상 및 연습2	치어리딩과 꾸미기체조를 응용하여 창작 작품 만들기 (창작체조동작, 꾸미기체조, 구호, 발차기 등 포함)				
9					1차 리허설					치어리딩 작품 구상지
10					치어리딩 수행평가	작품 발표	체육관			
11		**인 · 의 · 예 · 지**	수업에 임하는 마음가짐 (四德) 인(仁) 어진 마음 의(義) 멋진 행동 예(禮) 밝은 표정 지(智) 고운 말씨	놀이 수업	런닝맨 게임 1	수업자료를 이용한 수업방법 및 이해 7명 4개 팀 구성(혼성) 교관학생 4명 선발	○○중	물총 32SET, 조끼, 스마트폰 무전기 8SET 캠코더		
12					런닝맨 게임 2					
13		**NEVER GIVE -UP** (인성 피라미드)	목표를 이루기 위해서 실패를 두려워 말고, 도전을 멈추지 마라(진취성). 포기하지 않고 최선을 다하는 것(끈기)이 성공의 열쇠이다.	육상 필드 경기	목표 설정 방법 달리기 향상 방법	4명 1조 8개팀 구성(혼성) 목표 달성을 향한 진취성과 끈기의 의미 강조 달리기 훈련방법 지도	운동장	사다리 4SET 물병 40SET 스타팅 블록 스톱워치 배턴 10개 허들 8SET 매트 8장 라인기 등	수행평가 총 40점 기록향상 위한 도전 20점 끈기 20점	
14					이어달리기	배턴 주고받기, 배턴 전달 구역				
15					장애물달리기	발구르기, 공중동작				
16					중거리 달리기	페이스 조절				
17					종합연습	팀워크 향상				
18					수행평가1	종합 릴레이 경기				
19					수행평가2					
20		**자기 이해**	경험담을 통해 자신을 돌아보고, 그것을 통해 얻은 교훈을 강연	공감	박제훈 선생님의 인생 경험담 듣기 자기 경험담 구상하기	강연 100도씨를 보고 수업방식 이해하기	교실 (도서실) (체육관)	PPT자료(강연 100도씨 중) 자기 수기 및 리포트	수행평가 총 10점	
21					자신의 인생 경험담 발표	경청 발표하기				

바른 관계 맺기(놀이: 레크리에이션) 수업

수업 실천 사례

〈표 3-2-1〉 단원 수업 계획

<table>
<tr><td>인성주제</td><td>바른 관계 맺기</td><td>신체활동</td><td>놀이(레크리에이션)</td></tr>
<tr><td>신체활동 가치</td><td>여가 활동</td><td>중영역</td><td>사회와 여가</td></tr>
<tr><td>수업 장소</td><td>다목적실, 체육관</td><td>총 수업 차시</td><td>2차시</td></tr>
<tr><td>수업목표</td><td colspan="3">• 학기 초 긍정적인 상호작용과 자연스러운 신체접촉을 통해 팀원 간의 어색한 분위기를 없앨 수 있다.
• 각 게임의 의미를 이해하고 반 친구들과의 바른 관계 맺기를 할 수 있다.
• 바른 관계를 유지하고 강화하기 위한 다짐을 적고 실천을 약속할 수 있다.</td></tr>
<tr><td>중점 사항</td><td colspan="3">• 이 수업의 필요성을 이해시키고 바른 관계 맺기의 중요성을 일깨운다.
• 각 게임의 의미 전달 시 학생들의 주의집중이 중요하다.
• 수업 초반 학생들의 수업 참여에 대한 어색함을 적극 이용한다.</td></tr>
<tr><td>수업준비물</td><td colspan="3">바닥 표시 콘(大) 10개, 안대(학생 수 + 3~4개), 개별 기록지(다짐 적기), 펜(학생 수의 1/2)</td></tr>
</table>

단원 수업 계획

차시	수업 세부 주제	학습목표	교수-학습 내용
1	바른 관계 맺기	• 게임을 통해 어색한 반 분위기를 없애고, 팀이 되었을 때의 필요한 마음가짐을 이해할 수 있다. • '이름 외워 부르기'의 의미를 바탕으로 바른 관계 맺기(다짐 적기)를 할 수 있다.	• 애벌레 릴레이 게임 • 협력 기차 게임 • 이름 외워 부르기 미션 • 바른 관계를 맺기 위한 다짐 적기
2	바른 관계 유지 · 강화	• 게임을 통해 어색한 반 분위기를 없애고, 팀이 되었을 때 필요한 마음가짐을 이해할 수 있다. • '너는 내 운명'을 통해 '함께'의 의미를 깨닫고 바른 관계 유지 · 강화를 위한 다짐을 실천할 수 있다.	• 꼬리 잡기 게임 • 너는 내 운명 게임 • 바른 관계 유지 · 강화를 위한 다짐을 적고 실천 약속하기

〈표 3-2-2〉 수업 진행 순서 및 진행 방법

	1차시 수업 (장소: 다목적실/체육관)	2차시 수업 (장소: 다목적실/체육관)
도입	• 체육수업 규칙 3가지 안내 • 놀이수업 내용 및 목적 소개 • 팀 조직: 남·여 혼성팀 -남 2개 팀, 여 2개 팀 구성 후 남 1개 팀과 여 1개 팀을 묶어 한 팀으로 구성 -단, 게임 시 남학생 팀끼리, 여학생 팀끼리 참여 -이름 외워 부르기 미션은 남·여 혼성 2개 팀으로 진행	• 전시 학습 상기 • 이름 부르는 것에 대한 의미 재확인 • 팀 조직: 남·여 혼성팀 -남 2개 팀, 여 2개 팀 구성 후 남 1개 팀과 여 1개 팀을 합쳐 하나의 팀으로 구성 -단, 게임 시 남학생 팀끼리, 여학생 팀끼리 참여 -너는 내 운명 게임 시 남·여 혼성 2개 팀 또는 각각 2개 팀씩 총 4개 팀으로 진행
전개	• 게임 방법 설명 및 진행 -몸으로 하나 되기(애벌레 릴레이, 협력 기차) -맘으로 하나 되기(이름 외워 부르기)	• 게임 방법 설명 및 진행 -몸으로 하나 되기(꼬리 잡기) -맘으로 하나 되기(너는 내 운명)
마무리	• 게임에 대한 의미 전달 • 바른 관계 맺기 다짐 적기 • 차시예고	• 게임에 대한 의미 전달 • 바른 관계 유지·강화를 위한 다짐 적기 • 차시예고

5가지 놀이

〈표 3-2-3〉 5가지 놀이

	• 애벌레 릴레이 이 게임은 신체접촉을 통해서 긍정적인 상호작용을 끌어낼 수 있다. 단 신체접촉이 심할 수 있으므로 남학생과 여학생을 분리해 따로 놀이를 진행한다. 방법은 이렇다. 팀원이 한 줄로 선다. 뒷사람은 앞사람의 허리를 자신의 양손으로 깍지를 껴 잡는다. 자기 가슴이 앞사람의 등에 닿도록 한다. 깍지가 풀리거나 가슴이 앞사람의 등에서 떨어지면 반칙이다. 출발선(결승선)을 정한다. 출발선에서 20m 거리에 반환점을 설치한다. 출발 신호와 함께 출발선을 출발하여 반환점을 돌아 빨리 결승선에 도착하면 이긴다.

• 협력 기차(안대 사용)

이 게임은 팀으로 활동할 때 각자의 역할에 따라 어떤 마음가짐을 가지고 행동해야 하는지를 알려 줄 수 있다. 방법은 이렇다. 팀원이 한 줄로 선다. 뒷사람은 앞사람 어깨에 자신의 양손을 올려놓듯이 잡는다. 가장 뒤에 있는 사람은 기관사(주장)가 된다. 기관사를 제외한 모두는 열차(팀원)가 된다. 안대는 기관사를 제외한 모두가 착용한다. 출발선(결승선)을 정하고 20m 거리에 장애물 5개 정도를 설치한다. 출발선에서 가장 먼 장애물은 반환점이 된다. 출발 신호와 함께 주장은 앞의 장애물을 피할 수 있도록 팀원들에게 지시하면서 출발한다. 마지막 반환점 장애물을 돈 뒤에 다시 왔던 것처럼 설치된 장애물을 피해 결승선에 먼저 도착하면 이긴다. 이때 주장을 제외한 모든 팀원은 절대로 말을 할 수가 없다.

• 이름 외워 부르기

이 게임은 바른 관계 맺기 수업에서 가장 중요하다. 방법은 이렇다. 팀을 이루고 있는 모든 학생이 손을 잡을 수 있도록 간격을 유지한 채 원을 만들어 자리에 앉는다. 이름을 외울 수 있는 시간 1~2분을 준다. 시간이 지나면 교사는 해당 팀으로 가서 자신감이 없어 보이는 학생을 지목해서 세운다. 그 학생은 시계 방향으로 자기 팀원들의 이름을 큰소리로 차례대로 말한다. 이때 자기 이름이 정확하게 불린 학생은 박수를 쳐서 잘했다고 칭찬한다. 일어선 학생이 중간에 어느 팀원의 이름을 정확하게 말하지 못하면 기회는 다른 팀으로 넘어간다. 이렇게 해서 가장 먼저 모든 팀원의 이름을 정확하게 말하면 이기게 된다.

진행 전 안내 사항: 수업 시작 전 게임을 하면서 자기 팀의 이름을 모두 외우라고 말해야 한다.

• 꼬리잡기

이 게임은 신체접촉을 통해서 긍정적인 상호작용을 끌어낼 수 있다. 단 신체접촉이 심할 수 있으므로 남학생과 여학생을 분리해 따로 경기를 진행한다. 방법은 이렇다. 팀원이 한 줄로 선다. 뒷사람은 앞사람의 옆구리를 꽉 잡는다. 깍지를 껴서 잡아도 상관없다. 두 팀이 서로 마주 본 상태에서 각 팀의 준비가 끝나면 교사는 시작 신호를 알린다. 팀의 가장 앞사람이 다른 팀의 가장 뒤에 있는 학생을 건드리거나 잡으면 이긴다. 반대로 상대 팀의 앞사람이 자기 팀의 가장 뒷사람을 건드리거나 잡으면 진다.

• 너는 내 운명(안대 사용)

이 게임은 바른 관계 유지 · 강화를 위해 가장 중요한 게임이다. 그리고 이 게임을 통해 학생들은 '혼자'보다 '함께'가 중요한 이유를 느낄 수 있다. 방법은 이렇다. 팀원들 모두 손을 잡을 수 있는 간격을 유지한 채 원이 되도록 앉는다. 안대를 학생들에게 나눠준다. 이때부터 학생들은 절대 말을 할 수가 없다. 교사는 팀원 모두 손을 잡도록 지시한다. 그리고 소리가 나지 않는 수신호를 정하게 한다. 시간은 1분 정도 준다. 수신호가 정해지면 안대를 착용한 채 말을 하지 않고 오직 자기 팀만의 고유한 수신호를 가지고 흩어진 팀원을 모두 찾는 게임이다. 말을 하면 반칙이다. 교사는 학생들에게 안대 착용을 지시하고, 일으켜 세운 뒤 손을 놓게 한다. 제자리에서 5바퀴를 돌게 한다. 학생 모두는 조금씩 틀어진 방향으로 서게 되고, 이때 교사는 학생들에게 자기가 서 있는 방향으로 10걸음을 걷게 한다. 그 자리에서 다시 5바퀴를 돌게 한 뒤, 다시 그 방향으로 10걸음을 걷게 한다. 이와 같은 방법으로 같은 팀원들을 흩어놓게 된다. 시작 신호와 함께 학생들은 수신호만을 사용하여 자기 팀원을 모두 찾으면 된다.

주의사항: 앞을 볼 수 없으므로 손을 앞으로 뻗어 천천히 이동하게 한다. 교사는 남 · 여 학생 간의 과도한 신체접촉이 발생하지 않도록 주의 준다.

〈표 3-2-1〉, 〈표 3-2-2〉 그리고 〈표 3-2-3〉은 바른 관계 맺기 수업의 단원 수업 계획과 수업 진행 순서 및 방법 그리고 이 수업에서 할 수 있는 5가지 놀이에 대해 나타내고 있다.

바른 관계 맺기 수업의 목표는 학기 초 학생들이 학교생활에 빨리 적응할 수 있도록 기회를 만들어 주는 것뿐 아니라 학생들 간의 긍정적인 상호작용을 유도하면서 올바른 관계를 형성할 수 있도록 도와주는 것이다. 이를 위한 신체활동으로는 여가 활동에 속하는 놀이(게임)를 선택했다.

이 수업은 반드시 학기 초에 진행되어야 한다. 학생들이 나름의 관계를 맺기 전에 수업을 진행해야 하기 때문이다. 학기 초, 친한 친구가 같은 반에 있을 때는 서로 편하게 이야기를 나누면서 즐겁게 시간을 보낼 수 있다. 하지만 이들을 모르는 학생들은 이들의 무리에 끼기가 쉽지 않다. 친구가 없는 학생들은 다른 반으로 친구를 만나기 위해서 교실을 나가든지 아니면 혼자 자기 자리에 앉아서 핸드폰을 하면서 쉬는 시간을 보내는 학생들을 쉽게 볼 수 있다. 이 시기 서로 아는 학생들은 빠른 속도로 친해지지만 그렇지 못한 학생들은 새로운 교우관계를 형성하는 데 어려움을 겪는다. 특히 소극적이거나 내성적인 학생들은 친구를 사귀는 데 더 큰 어려움을 겪을 수 있다. 게다가 자신을 제대로 알릴 기회를 얻지 못한 상태에서 친구들과 어울리지 못할 경우, 심하게는 학교 폭력(왕따, 따돌림 등)으로 이어질 가능성도 생길 수 있다.

학기 초 학생들의 교우관계를 담임도 아닌 체육교사가 신경 쓸 필요가 있는가에 대한 의문을 가질 수도 있다. 물론 이와 같은 생각이 지나치다고 생각할 수도 있다. 하지만 체육수업을 잘하고 싶다면 이런 생각은 반드시 체육교사가 신경 써야 할 부분이다. 반 친구들과의 바른 교우관계는 친밀감으로 나타나고 이것은 수업 시간에 적극적으로 참여하고자 하는 학생들의 동기를 유발할 수 있기 때문이다. 그래서 학기 초 학생들이 올바른 교우관계를 잘 형성할 수 있도록 돕는 일은 굉장히 중요한 일이 될 수 있다.

학기 초는 학생들 못지않게 교사에게도 중요한 시간이다. 왜냐하면 새로운 업무와 환경에 적응해야 하기 때문이다. 학생들도 파악해야 한다. 또한 수업 준비도 해야 한다. 하지만 학기 초에는 수업을 준비하는 일에만 몰두할 수가 없다. 그래서 놀이라는 신체활동은 아래의 2가지 이유로 학기 초에 적절한 신체활동이 될 수 있다.

첫째, 놀이는 규칙이 간단하고 학생들이 부담 없이 참여할 수 있으며 의미를 부여하기가 쉽다.

둘째, 적은 시간으로 수업을 준비할 수 있으면서 수업 효과를 극대화할 수 있는 신체활동이기 때문에 학기 초 시간이 부족한 교사에게 적합하다.

이와 같은 이유로 바른 관계 맺기 수업은 학기 초 굉장히 중요하면서 적합한 수업이 될 수 있다.

2013학년도 중학교 3학년 학생들을 대상으로 실시한 바른 관계 맺기 수업은 다목적실과 체육관에서 진행됐다. 이 수업이 진행될 때 3학년이 체육관을 사용할 수 없었기 때문에 다목적실을 주로 이용했지만 체육관이 빌 때는 체육관을 사용하기도 했다. 실내에서 수업을 진행한 이유는 외부의 어떤 요인으로 인한 수업 방해를 사전에 차단함으로써 학생들의 집중력이 분산되는 것을 막을 수 있기 때문이다. 실외에서 가능한 놀이도 있지만, '너는 내 운명'과 같이 안대를 착용한 상태에서 해야 하는 놀이는 반드시 실내에서 진행해야만 그 효과를 기대할 수 있다.

이 수업은 총 2차시로 계획됐다. 하지만 개인적인 사정(아킬레스건 파열)으로 병가를 냈기 때문에, 계획한 두 개 차시의 수업을 진행하는 대신에 1차시 수업과 2차시 수업에서 중요하게 생각했던 수업 내용과 활동들을 묶어서 한 시간 수업으로 끝낼 수밖에 없었다. 여기서는 2개 차시 수업 모두 이야기하겠다.

1차시 수업은 오리엔테이션 수업을 제외하고 처음으로 학생들과 만나는 체육 수업이다. 그래서 이 수업을 시작하기 전에 체육수업을 하는 데 있어서 학생들이 지켜야 할 규칙 3가지를 먼저 안내했다.

3가지 규칙은 집합, 집중, 복장에 관한 규칙이다.

집합 규칙은 수업 중 교사가 짧고 강하게 휘슬을 두 번 불면 15~20초 안에 교사가 알려 준 방식으로 교사 앞에 모이는 것이다.

집중 규칙은 학생들이 집합 신호를 듣고 교사 앞에 모였을 때 교사가 "합죽이[2]가 됩시다. 합."이라고 말하면 학생들은 하던 말과 동작을 멈추고 교사에게 집중하는 것이다.

---

2) '합죽이'라는 말이 누군가를 낮잡아 이르는 말이라는 사실을 나중에 알게 됐다. 그 이후부터는 "집중하사, 집~"이라는 집중 규칙을 사용했다.

복장 규칙은 체육복을 잘 입고 나오라는 당부의 말로 대신했다.

이 3가지 규칙은 1년 동안 수업을 원활하게 진행하는 데 꼭 필요한 내용으로 학기 초 첫 수업 시간에 안내된다.

수업 규칙 안내가 끝난 후, 바른 관계 맺기 수업을 바로 진행했다. 이 수업은 학생들 간의 관계 형성이 제대로 이루어지지 않은 상태에서 수업을 진행하는 것이기 때문에 교사에게 집중할 수 있도록 분위기를 조성하는 것과 수업 도입 부분을 빨리 진행하는 것이 특징이다. 이때 교사가 재치 있게 수업을 진행하지 못할 경우, 자칫 잘못하면 팀을 결정하는 데에만 상당히 많은 시간이 걸릴 수 있다. 게다가 교사가 우유부단하게 수업을 진행하게 되면 학생들의 집중도가 떨어지면서 수업 분위기도 어수선해질 수 있다. 그래서 교사의 카리스마 있는 수업 진행 능력이 무척이나 중요하다. 이어서 놀이의 이름[3]에 관한 간략한 소개를 마친 뒤에 곧바로 팀을 구성했다.

1차시 수업에서는 학생들에게 팀을 구성할 수 있는 권한을 부여했고, 여학생 2개 팀과 남학생 2개 팀으로 구성했다. 시간은 1~2분 정도의 시간만 주었다. 여기서 중요한 점이 있다. 교사는 학생들이 팀을 구성하기 전에 소외되는 사람이 없도록 신경을 쓸 것에 대해 반드시 당부해야 한다. 그런 뒤 팀을 구성하도록 해야 한다. 그리고 팀을 구성하는 학생들을 눈여겨 지켜봐야 한다. 누가 적극적으로 팀 조직에 참여하는지, 또 누가 소극적으로 참여하는지를 봐야 한다. 적극적으로 팀 조직에 참여하는 학생이라면 큰 문제가 없겠지만 그렇지 않은 학생이라면 수업 시간뿐 아니라 그 외의 시간에도 관심을 가지고 지켜봐야 한다. 또한 그 학생에 관한 내용을 수업 노트에 기록해 두고 도움을 주어야 한다. 물론 그 학생이 눈치채지 못하도록 하는 것이 중요하다. 이렇게 팀이 결정되면 여학생 1개 팀과 남학생 1개 팀을 한 팀으로 묶어 총 혼성 2개 팀을 만든다.

이제부터 본격적인 놀이가 진행된다.

1차시 수업에서 진행한 놀이는 총 3가지로 애벌레 릴레이, 협력 기차 그리고 이름 외워 부르기였다.

---

3) 바른 관계 맺기 수업에서 진행된 신체활동, 놀이는 레크리에이션 또는 게임으로 생각해도 된다. 그리고 놀이에 대한 명칭은 예전부터 사용되어 오던 고유 명칭도 있을 수 있지만 수업 내용에 따라 명칭을 변경하여 사용한 것도 있다.

첫 번째 놀이는 애벌레 릴레이다.

이 놀이의 목적은 긍정적인 상호작용을 통해 학생들 간의 서먹한 분위기를 없애는 데 있다. 뒤에서 볼 때 한 몸에 많은 다리가 움직이는 것 같아서 '애벌레 릴레이'라는 이름을 붙였다. 이 놀이는 팀원의 허리와 상체를 밀착시켜야 해서 여학생과 남학생을 분리하여 진행했다.

놀이의 시작은 한 팀의 학생들이 한 줄로 서서 앞사람의 허리를 껴안아서 애벌레의 모습을 만드는 것부터 했다. 만약 서로 친하지 않은 학생들이 많은 반의 경우, 허리를 잡게 만드는 데도 시간이 오래 걸릴 수 있다. 하지만 놀이가 시작되고 학생들이 어정쩡하게 걷기 시작하면 한 번에 분위기를 전환할 수 있다.

방법은 교사의 출발 신호로 출발선을 출발한 뒤 20m 떨어진 거리에 있는 반환점을 돌아서 처음 출발한 지점으로 상대 팀보다 먼저 들어오면 이긴다. 놀이가 시작되면 교사는 앞사람의 허리를 꽉 잡고 상체를 붙일 수 있도록 다시 한번 더 주의를 주면 된다.

두 번째 놀이는 협력 기차다.

이 놀이는 애벌레 릴레이 놀이가 갖는 목적뿐 아니라 또 다른 의미가 숨겨져 있다. 시작은 애벌레 릴레이와 마찬가지로 한 팀의 학생들을 한 줄로 서게 만든다. 그중 가장 뒤에 서게 되는 학생은 기관사(주장)의 역할을 하게 되고 이 학생은 보는 능력과 말하는 능력을 갖게 된다. 그 외 학생들은 기차가 된다. 기관사 역할을 하는 맨 뒤의 학생과 달리 이 학생들은 모두 안대를 착용한다. 이들은 안대 착용으로 앞을 볼 수는 없지만 듣는 능력과 생각하는 능력을 갖게 된다. 이런 점을 학생들에게 설명하고 안대를 착용시킨 뒤 모두 앞사람 어깨 위에 손을 올리게 하면 준비가 끝난다. 교사는 출발선에서부터 불규칙적으로 5개의 장애물(콘)을 설치하여 놀이가 시작될 수 있도록 준비한다. 출발선에서 가장 멀리 위치한 장애물은 반환점이 된다. 교사의 출발 신호로 출발한 학생들은 5개의 장애물을 무사히 통과해서 마지막 반환점을 돌고 처음 출발한 지점으로 상대 팀보다 먼저 들어오면 이기게 된다.

이 놀이는 학생들에게 '혼자'가 아닌 '함께'의 의미를 생각할 수 있는 기회를 제공한다. 만약 이 놀이를 하면서 제일 뒤에 있는 학생(기관사 역할)이 자신이 본 장애물의 위치를 앞쪽의 팀원들에게 전달할 때, 그들의 능력과 처지를 고려하지 않고 일방적인 지시만 내린다면 이 기차는 장애물에 부딪히고 선로(가장 이상적인 진로)를 이탈해서 무사히 종착지점에 올 수가 없을 것이다.

기관사의 역할을 맡은 학생은 자신이 본 장애물의 위치를 팀원들에게 전달할 때, 그들의 특성을 고려하여 조심스럽게 세부적으로 전달해야 한다. 왜냐하면 똑같은 정보라고 하더라도 학생들은 그들의 위치(기차의 앞, 중간, 뒷부분 등)와 상황에 따라 서로 다르게 받아들일 수 있기 때문이다. 이 점을 제일 뒤에 있는 학생은 생각할 수 있어야 한다. 반면에 기차를 이루고 있는 학생들은 제일 뒤에서 지시하는 학생이 말하는 정보를 단순히 받아들이는 소극적인 입장에서 벗어나 능동적으로 정보를 활용할 수 있어야 한다. 이 점을 교사는 학생들에게 정확히 설명해 주어야 한다. 이 놀이는 자기 자신만을 생각하기보다 팀원들을 먼저 생각하고 배려하는 마음에 대해 생각해 볼 수 있게 한다. 또한 좋은 결과를 만들어내기 위해서 서로 다른 '개인'이 '우리'라는 팀으로 만나서 어떻게 소통하고 협력해야 하는지를 생각하게 해 주고, 그 과정을 통해서 '함께'의 의미가 무엇인지를 깨달을 수 있게 기회를 준다.

이어서 마지막 놀이는 이름 외워 부르기이다. 하지만 놀이라고 하기보다는 미션에 가깝다. 수업 초반, 놀이를 시작하기 전에 교사는 학생들에게 자기 팀원들의 이름을 수업 도중 자투리 시간을 이용해서 외우라는 미션을 부여한다. 물론 이렇게 말을 해도 놀이를 하다 보면 교사가 처음 말한 미션을 기억하고 실천하는 학생들은 많지 않다. 그래서 놀이 중간중간에 몇 차례 이 사실을 상기시켜 주어야 한다.

이름 외워 부르기를 가장 마지막에 하는 이유는 바른 관계 맺기 수업에서 가장 중요한 의미가 담겨 있기 때문이다.

놀이의 시작은 자기 팀의 남학생과 여학생이 손을 잡을 수 있을 만큼의 거리를 유지한 상태로 원을 만들어서 자리에 앉게 한다. 그리고 수업 초반에 말한 미션에 대해 다시 한번 상기시킨다. 이름을 다 외우지 못한 학생들 때문에 학생들 사이에서는 웅성거림이 생길 수도 있다. 아니, 대부분의 학생들이 이름을 외우기 위해 부랴부랴 팀원들의 이름을 물어보는 상황이 발생한다. 이런 상황을 살핀 뒤 교사는 선심 쓰듯 2~3분 정도의 시간을 더 주겠다고 말한다. 이때부터 학생들은 팀원들의 이름을 외우느라 정신이 없어진다. 교사는 팀 주변을 순회하면서 학생들의 참여 정도를 눈여겨봐야 한다.

방법은 한 팀을 정하고 그중에 한 명을 지목해서 일으켜 세운 뒤, 시계 방향으로 바로 자기 옆에 앉은 학생의 이름부터 큰 소리로 말하게 한다. 실수하지 않고 마지막 한 명의 이름까지 정확하게 말하면 이 놀이에서 이기게 된다. 만약 자기 팀원의 이름을 외우지 못해 부르지 못하거나 잘못 부르면 기회는 다른 팀으로 넘어간다. 앉아 있는 학생들은 자기 이름이 정확하게 불리면 박수로 이름을 말한 그 친구를 칭찬해 준다.

교사는 진행 과정에서 자신감이 없어 보이는 학생들(교사의 시선을 피하는 학생, 장난이 심해서 이름을 잘 기억 못 할 것 같은 학생 등)을 잘 가려내서 지목한다. 1~2번의 실수를 통해서 학생들은 이 놀이의 의미와 친구들의 이름을 정확하게 불러주는 것이 왜 중요한지 깊이 느낄 수 있기 때문이다. 교사는 놀이가 진행될 때 친구들의 이름을 몰라서 말하기를 어려워하는 학생과 자기 이름이 잘 불리길 기다렸는데 친구가 제대로 말하지 못해서 실망하는 학생이 누구인지를 잘 파악해야 한다. 그리고 수업을 정리할 때 그 학생들의 모습을 예로 들면서 이야기해야만 학생들이 이 놀이의 의미를 더 잘 받아들일 수 있다.

〈멘트 3-2-1〉 이름 외워 부르기 의미 전달 내용

교사: "얘들아, 이 놀이에는 어떤 의미가 담겨 있을까?"

학생들: "……."

교사: "선생님 이름이 뭔지 아니?"

학생들: "박제훈이요."

교사: "맞아요. 선생님 이름은 박제훈입니다. 선생님의 부모님이 지어주신 거예요. 이 이름에 어떤 의미가 있을까요?"
<이때 수업 참여가 좋고 적극성이 뛰어난 학생들이 많은 반의 학생들은 이런저런 걸 막 말한다. 하지만 그렇지 않은 학생이 많은 반의 경우는 별 반응이 없을 수 있다.>

교사: "선생님 이름은 큰 공을 세워 훌륭한 사람이 되라는 뜻으로 우리 부모님이 지어주신 거야. 선생님한테는 아주 소중한 의미가 되겠지요? 여러분들도 이름이 있나요?"

학생들: "네~."

교사: "그럼 그 이름을 누가 지어주셨나요?"

학생들: "아빠요.", "엄마가요." 기타 등등

교사: "그래요. 아마 부모님이나 집안의 어른께서 지어주셨을 거예요. 그럼 여러분들의 이름에도 좋은 의미가 담겨 있겠네요, 그렇죠? 누가 어떤 의미가 담겨 있는지 말해 볼 수 있는 사람 있나요?"
<학생들의 반응은 대체로 고개를 끄덕이면서 교사에게 집중한다. 수업 분위기나 반 분위기에 따라서 1~2명 정도 얘기할 수도 있지만, 보통은 그냥 넘어가는 것이 수업 진행을 더 매끄럽게 해 줄 수도 있다.>

교사: <학생들의 반응을 살핀 후> "아마 여러분 모두의 이름에는 다 소중한 뜻이 담겨 있을 겁니다. 사실 선생님은 요즘 학생들이 자기 친구를 부를 때, 이름을 부르지 않고 욕을 사용하거나 나쁜 말로 부르는 것을 볼 때가 많아요. 그런데 이상한 점은 자신의 이름 대신 좋지 않은 말로 친구가 자기를 부르는데도 정작 본인은 아무렇지 않게 생각한다는 겁니다. 잘 들어보세요. '이름 외워 부르기' 놀이를 할 때를 떠올려보세요. 선생님이 팀에서 한 명을 일으켜 세워서 자기 팀 친구들의 이름을 큰 소리로 말하게 했어요. 물론 일어난 학생은 친구들의 이름을 정확히 말하지 못하면 팀이 놀이에서 지니까 상당히 신중했을 겁니다. 그때 그 학생은 친구의 이름을 말하는 것이 얼마나 조심스럽고 신중해야 하는지를 느꼈을 겁니다. 반면에 앉아서 자신의 이름이 정확하게 불리기를 기다린 학생들은 자신의 이름을 듣고 안도의 한숨을 쉬었을 겁니다. 하지만 자기 이름을 외우지 못해 제대로 말하지 못하는 친구를 본 학생은 그 친구에게 실망했을지도 모릅니다. 이처럼 모두가 가지고 있는 이름은 본인에게 아주 소중한 의미가 담겨 있어서 함부로 불려서는 안 되는 거예요. 이번 놀이를 통해 선생님은 친구의 이름을 몰라 쩔쩔매는 학생도 보았고, 다른 친구의 이름은 잘 불러줬으면서 자기 이름은 제대로 말하지 못한 친구에게 인상을 쓰는 학생도 보았어요. 다시 말하자면, 여러분들은 자기 자신도 모르게 친구의 이름을 제대로 말하지 못하는 것에 대해 미안함을 느낀다는 겁니다. 또 자신의 이름이 제대로 불리지 않았을 때 서운함을 느낀다는 겁니다. 이처럼 여러분 모두가 가지고 있는 이름은 본인에게 아주 소중해서 아무렇게나 불려서는 안 됩니다. 친구들을 배려하고 존중한다면 친구의 이름을 바로 불러주세요. 그것이 바른 관계 맺기의 시작이 될 겁니다. 아셨죠?
오늘 3가지 놀이를 통해서 같은 반이 된 친구들과 가까워질 수 있는 기회를 가졌습니다. 무엇보다 아무렇지 않게 생각하고 불렀던 친구들의 이름이 그 친구들에게 소중한 의미가 담겨 있다는 사실을 깨달았을 겁니다. 앞으로 수업 시간에 친구를 부를 때 반드시 그 친구의 이름을 정확히 부를 수 있도록 노력해 주세요. 그리고 욕과 같은 나쁜 말 사용은 당연히 안 됩니다. 어때요? 그렇게 약속해 줄 거죠?"

위의 〈멘트 3-2-1〉은 이름 외워 부르기 놀이가 끝난 뒤 그 의미를 학생들에게 전달할 때 사용된 멘트를 나타내고 있다.

우리의 이름은 부모님 또는 집안의 어른이 지어주시는 경우가 대부분이다. 그리고 그렇게 지어졌을 때 대부분 좋은 의미가 담겨 있다. 다시 말해 부모님 또는 집안의 어른들이 자녀 또는 손주의 이름을 지을 때 그들이 잘 되길 바라는 마음이 이름 속에 담길 수 있게 만든다.

이름 외워 부르기 놀이의 의미는 이렇다. 일어서서 친구들의 이름을 말해야 하는 학생은 짧은 시간에 친구들의 이름을 모두 외우기가 쉽지 않을 것이다. 그래서 친구들의 이름을 부를 때 틀리지 않기 위해서 최대한 집중해서 조심스럽게 말하게 된다. 팀 경기에서 자신으로 인해 질 수도 있어서 조심스러워질 수밖에 없다. 반면에 앉아 있는 학생들은 다른 친구들의 이름과 달리 자기 이름만 정확히 기억하지 못해 제대로 불리지 않는 상황을 원치 않을 것이다. 왜냐하면 그 자체로 소외감을 느끼거나 기분 나쁜 경험을 할 수도 있기 때문이다. 이런 상황에서 교사의 의미 부여는 굉장히 중요하다. 교사의 의미 부여로 인해 일어서서 친구들의 이름을 말해야 하는 학생뿐 아니라 모든 학생이 친구들의 이름을 부르는 것이 얼마나 조심스러운 일인지 생각해 볼 수 있다. 그리고 앉아 있는 학생들은 자기 이름이 정확하게 불리는 것이 얼마나 다행스럽고 기쁜 일인지도 느껴 볼 수 있다.

교사는 이 놀이의 의미를 학생들에게 전달하면서 자기 이름이 얼마나 소중한지도 생각해보게 지도해야 한다. 바로 여기서 바른 관계 맺기가 시작된다. 친구들끼리 서로의 이름을 소중히 생각하면서 정확하게 불러주는 것이 얼마나 중요한 일인지를 이 놀이를 통해 인식시키는 것이다.

3가지 놀이가 모두 끝나고 〈멘트 3-2-1〉과 같이 이름 외워 부르기 놀이의 의미를 전달한 뒤 교사는 '바른 관계 맺기를 위한 나의 다짐'이란 작은 쪽지를 학생들에게 나눠주고 쓰게 한다. 시간은 1~2분 정도면 충분하다. 그리고 학생들의 쪽지를 걷고 차시예고를 한 다음 수업을 마친다.

2차시 수업은 바른 관계 맺기를 바탕으로 그 관계를 유지·강화하는 데 수업의 목표가 있다. 다시 말해 1차시 수업의 성공 여부가 2차시 수업에 영향을 미친다는 뜻이다.

2차시 수업은 1차시 수업 내용을 상기시키는 것부터 시작했다. 수업 규칙, 전 시간에 했던 놀이와 그 의미를 떠올리면서 이 수업 역시 열심히 참여해 줄 것을 학생들에게 당부했다.

놀이에 대한 간략한 소개 뒤 곧바로 팀을 구성했다. 1차시와 다른 점은 1차시 때 같이 팀을 안 해 본 학생들과 팀을 구성하게 한다는 점이다. 물론 100% 정확하게 이 점을 따르진 못하겠지만 그냥 학생들에게 맡겨 두어도 나름 새로운 친구들과 팀을 구성하려고 노력하는 모습들이 보였다.

2차시에는 2가지 놀이로 수업을 진행했다.

첫 번째 놀이는 꼬리잡기였다.

이 놀이의 목적은 애벌레 릴레이 놀이와 같다. 신체접촉을 통해 긍정적인 상호작용을 유도하여 학생들 간의 서먹한 분위기를 없애는 데 있다. 하지만 이 놀이를 성공적으로 진행하면서 긍정적인 상호작용을 유도하기 위해서는 2가지 주의해야 할 점이 있다.

첫째, 이 놀이가 시작되면 학생들의 몰입 정도가 크기 때문에 놀이가 과열될 수 있다는 점이다. 그래서 남학생과 여학생 팀을 분리해서 경기를 진행해야 하고, 경기 도중 넘어지면 부상으로 이어질 수 있다는 점을 학생들에게 상기시켜야 한다.

둘째, 바른 관계 맺기 수업은 학기 초에 이루어진다. 3월 초라고 하지만 여전히 쌀쌀하고 추운 날씨가 이어진다. 그래서 많은 학생들이 두꺼운 외투(파카와 같은 옷들)를 입고 오는 경우가 많다. 이 놀이를 하기 위해서 앞사람의 옆구리를 잡아야 하는데 놀이가 과열될 때 앞사람의 외투를 세게 잡아당기다 보면 옷을 찢어질 수도 있다는 점을 학생들에게 반드시 인식시켜야 한다. 이 점을 방지하기 위해 자신의 두 손으로 앞사람 옆구리를 잡을 때 옷을 잡지 말고 깍지를 껴서 잡을 수 있도록 강조하는 것도 하나의 방법이 될 수 있다.

놀이가 진행되면 이기기 위해서 친구들의 허리를 더 꽉 잡으려는 경향이 강해진다. 게다가 상당히 활동적인 놀이라서 학생들은 금방 놀이에 빠져든다. 놀이를 위해 앞사람의 허리를 꽉 잡으라고 했을 때는 주저하는 모습을 보이던 학생들이 경기가 진행되면서 자신도 모르게 앞사람의 허리를 더 꽉 잡으려고 하는 모습은 경기 전과 다른 모습이다. 이 점을 교사는 기억해 두었다가 수업이 끝날 때 의미부여와 함께 이와 같은 학생들의 모습을 얘기하면서 학생들이 좀 더 쉽게 놀이의 의미를 받아들일 수 있도록 해야 한다.

두 번째 놀이는 너는 내 운명이다.

이 놀이는 크게 2가지 의미가 있다. 사실 2013학년도 중학교 3학년 수업을 진행할 때는 '혼자'일 때보다 '함께'할 때 더 큰 위안을 느낄 수 있다는 점을 강조하면서 의미를 부여했다. 하지만 2015학년도에 2학년 학생들을 대상으로 진행했을 때 한 학생과 있었던 일로 인해 또 다른 의미가 있음을 깨달았다. 그것은 바로 안대를 착용함으로써 그동안 자신이 가지고 있던 선입견 또는 편견에서 벗어나 상대를 있는 그대로 대할 수 있다는 점이다.

중학교 3학년 학생들을 대상으로 진행한 바른 관계 맺기 수업에서는 전자의 의미를 가지고 이야기하겠다.

이 놀이를 진행하기 위해 남녀 각각 2개 팀씩, 총 4개 팀으로 구성을 하고 이 팀들의 거리를 서로 유지한 채 팀원들과 함께 원 모양으로 앉을 수 있게 자리를 정해준다. 이때 팀원들은 서로 손을 잡을 수 있을 만큼 거리를 좁혀 앉아야 한다. 그다음에 이 놀이의 가장 중요한 규칙을 알려 준다. 규칙은 놀이가 시작되면 절대 소리(말을 하거나 신체를 이용해 소리를 내는 행동 등)를 내서는 안 된다는 것이다. 학생들이 팀별로 자리를 잡고 앉으면 1분 정도 시간을 주고 손으로 확인할 수 있는 자기 팀만의 수신호를 정하게 한다. 이때의 1분이 마지막으로 친구들을 보면서 말할 수 있는 시간이 된다. 팀별 수신호가 완성되면 교사는 이를 확인한 뒤 안대를 나눠주고 착용하도록 지시한다. 안대를 착용하는 순간부터 학생들의 웅성거림이 시작된다. 이런 상황은 굉장히 바람직한 현상이다. 웅성거림이 클수록 나중에 이 놀이의 의미를 전달할 때 학생들이 더 잘 받아들일 수 있기 때문에 교사는 이 상황을 잘 기억해 둬야 한다. 커튼을 칠 수 있는 상황이라면 수업 장소를 좀 더 어둡게 만들어 주면 효과가 더 클 수 있다. 학생들이 잠잠해지면 교사는 팀원들과 손을 잡게 한 뒤 마지막으로 팀의 수신호를 확인할 수 있게 한다. 그리고 모든 팀의 학생들이 손을 잡은 상태에서 일어나게 한다.

진행 순서는 이렇다. 제자리에서 손을 놓게 한다. 작은 웅성거림이 들릴 것이다. 이때 한 번 더 소리를 낼 수 없음을 상기시킨다. 각자의 자리에서 5바퀴(또는 10바퀴)를 돌게 한 뒤 멈추게 한다. 멈춘 방향으로 각자 10걸음 가게 한다. 이동할 때는 안전을 위해 손을 앞으로 뻗고 조심스럽게 움직이고 만약 누군가와 부딪쳤을 때는 방향을 틀어 피해 가도록 지도하는 한편, 자기 팀 친구와 몰래 같이 가려고 하는 학생이 있는지 잘 살펴야 한다. 모두가 10걸음을 간 위치에 멈춰 서면 또다시 5바퀴를 돌게 한다. 다시 자기가 멈춰 선 방향으로 10걸음 가게 한다. 이런 방식을 2~3차례 반복하면서 같은 팀원들과 떨어트려 놓는다. 충분히 떨어졌다고 생각되면 놀이를 시작한다. 처음 정한 자기 팀 수신호만을 이용하여 자기 팀 친구들을 찾게 하는 것이다. 교사는 학생들이 손을 앞으로 뻗은 상태에서 천천히 이동할 것을 강조하면서 지나친 장난이 발생하지 않도록 신경을 쓰는 한편, 너무 혼자 떨어져 있는 학생이 있다면 방향을 유도하는 등의 도움을 줄 수 있다. 소리를 내지 않고 자기 팀의 모든 친구를 먼저 찾아서 원을 만들어 자리에 앉으면 이긴다. 소리를 내서는 안 되지만 상황을 봐서 모두 찾은 것 같은 팀에게는 교사가 조용히 다가가서 몇 명인지 알려 줄 수도 있고 때에 따라서는 조용히 소리를 내서 인원수를 세어보게 할 수도 있다.

이 놀이를 시작하기 전 많은 학생들은 수신호만으로 팀원 모두를 찾을 수 있을지에 대해 의문을 가지는 경우가 많다. 하지만 그러한 의문은 막상 수업을 진행하면서 팀원들을 찾을 수 있음을 확인한 뒤에는 모두 사라진다. 그리고 놀이가 끝나고 안대를 푸는 순간, 학생들의 끊임없는 재잘거림이 시작된다. 이때 그 상황을 교사는 잠시 지켜봐도 좋다. 수업을 시작할 때 느껴졌던 어색함은 이미 없어진지 오랠 것이다. 이런 변화를 교사는 잘 파악할 수 있어야 한다. 학생들은 자신의 변화를 교사가 일일이 알려 주기 전에는 인식하지 못하는 경우가 많기 때문이다. 학생들의 변화를 교사가 일깨워주지 못할 경우, 학생들에게 이 수업은 그냥 재밌게 웃고 넘어가는 수업으로 끝날 수 있다. 그래서 교사의 역할이 굉장히 중요하다.

〈멘트 3-2-2〉 꼬리잡기 의미 전달 내용

교사: "꼬리잡기 놀이를 시작하기에 앞서 서로의 허리를 잡으라고 선생님이 지시했었죠? 기억나나요?
<학생 중엔 '네'라고 대답하는 학생이 있을 수도 있고, 그저 고개를 끄덕이는 학생이 있을 수도 있다.>
그래요, 기억날 겁니다. 그럼 그 순간 앞사람의 허리를 잡으려던 여러분들의 표정이 어땠는지 기억하는 사람 있나요?
<잠시 학생들의 반응을 살핀다. 많은 학생들 중 자신의 표정까지 기억하는 학생들은 드물다. 그래서 답을 모르는 질문을 받았을 때처럼 행동할 수도 있다.>
선생님은 여러분들이 앞에 있는 친구의 허리를 잡을 때 어떤 표정을 지었는지 분명히 봤어요. 어땠는지 아세요?

<잠시 학생들의 표정을 살핀다.>
어땠냐면, 허리를 잡는데 머뭇거리는 친구도 있었고, 친하지 않으니까 살짝 옷만 잡는 친구도 있었죠. 그런데 신기한 점은 꼬리잡기 놀이를 하면서 그런 친구(친한 친구가 아니기 때문에 소극적으로 앞사람의 허리를 잡은 학생들)들이 완전히 변했다는 거예요. 어떻게 변했는

지는 여러분들이 잘 알죠?

<사실 꼬리잡기 놀이가 시작되면 대부분 학생들은 웃기도 하고 소리를 지르기도 한다. 앞 친구에게 끌려다니는 자신의 모습이 우스꽝스럽기도 하고 실제 재미도 있기 때문이다. 그러면서 앞 친구의 허리를 더욱 꼭 잡으려고 노력한다. 물론 소극적인 팀은 처음에는 어이없이 앞 사람의 허리를 놓치는 바람에 경기에서 질 수도 있다. 하지만 다시 한 번 더 기회를 주면 달라진다.>

막 소리 지르고, 웃고 하면서 앞사람의 허리를 더욱 꼭 잡으려고 했던 모습 기억나요? 그래요, 여러분들은 처음 이곳에 들어왔을 때 여전히 어색함이 감돌았죠. 하지만 꼬리잡기 놀이가 시작되고 나서는 자신도 모르게 서로 소리 지르고 웃고, 앞사람의 옷을 더욱 꼭 잡으려고 하면서 자연스럽게 긍정적인 상호작용이 이루어진 겁니다. 여러분들이 깨닫지 못했을 뿐이지 분명 여러분들은 서로 함께하면서 즐거워했다는 거예요. 이 점을 꼭 기억해 두기를 바랍니다. 알겠죠?"

〈멘트 3-2-3〉 너는 내 운명 의미 전달 내용

교사: "자, 우리 너는 내 운명 놀이에 관해 이야기해볼까요? 선생님의 지시에 따라 안대를 착용하고 일어선 다음 친구들과 손을 놓았을 때, 그 순간 기분이 어땠나요?

<학생들의 반응을 살펴 가면서 수업을 이어나가면 된다.>

아무것도 보이지 않는 상태에서 잡고 있던 친구의 손까지 놓게 되니까 기분이 묘했죠? 그 기분은 친구와 점점 더 떨어질 때도 느낄 수 있었을 거예요. 선생님은 여러분들이 친구들과 손을 놓았을 때의 그 표정들을 잊을 수가 없어요. 그리고 손을 놓지 않으려고 끝까지 잡고 있는 학생도 있었고, 자신도 모르게 불안한 듯 아쉬움의 소리를 내는 사람도 있었어요. 그게 누구인지는 본인들이 제일 잘 알 거예요.

<학생들의 주의집중 정도를 확인하면서 수업을 이어나가면 된다.>

그리고 자기 팀의 친구들을 찾기 시작했을 때 여러분들은 상당히 조심스럽게 행동하기 시작했어요. 시작 전에 있었던 어색함을 찾아보기 힘들 정도로 서로를 간절히 찾고 있었어요. 그러다 우연히 자기 팀의 친구를 찾으면 굉장히 기뻐했습니다. 그리고 다시 그 친구를 놓치지 않기 위해 손을 꼭 잡고 다녔죠. 자기가 어땠는지 기억나나요? 실제로 선생님이 여러분들을 지켜보니까 반가워서 어쩔 줄 몰라 하는 학생도 있었어요. 사실 그게 친한 친구인지 아닌지 모르잖아요. 그냥 같은 팀이라는 사실 하나만으로도 여러분들은 굉장히 기뻐했어요. 여러분, 이 놀이의 의미는 여기에 있습니다. 서로를 만난 지 얼마 되지 않아서 서로 어색한 점이 많겠지만 여러분들은 혼자일 때보다 함께일 때 더 큰 마음의 안정을 느낀다는 거예요. 이 점을 반드시 기억해 두길 바랍니다. 마지막으로 선생님과의 수업은 늘 친구들과 함께 할 거예요. 친구들과 팀을 이뤄서 함께할 때, 혹시 친하지 않은 친구와 한 팀이 되었거나 또는 의견과 성격 차이로 인해 함께하는 것이 어렵다고 느낄 때, 오늘의 이 놀이를 통해 배운 의미를 잘 되새겨 볼 수 있길 바랍니다."

〈멘트 3-2-2〉와 〈멘트 3-2-3〉은 놀이가 모두 끝난 뒤 그 의미를 전달할 때 사용한 멘트를 나타내고 있다.

놀이가 모두 끝나면 〈멘트 3-2-2〉, 〈멘트 3-2-3〉과 같이 놀이의 숨은 의미를 학생들에게 전달한다. 물론 위의 멘트들은 상황에 따라 조금씩 변할 수 있다. 왜냐하면 수업은 늘 유동적으로 변할 수 있는 상황 속에서 이루어지기 때문이다. 그런 상황 속에서 교사는 같은 수업목표를 달성하기 위해서 항상 수업의 분위기와 흐름을 파악하고 능동적으로 대처할 수 있어야 한다.

놀이에 대한 의미 부여가 끝나면 '바른 관계 유지 · 강화를 위한 나의 다짐'을 쓸 수 있도록 수업을 진행하면 된다. 그리고 학생들이 다 적은 쪽지를 걷고, 다음 차시 수업 예고를 한 뒤 수업을 마무리하면 된다.

인성주제 중심 체육수업에서 얼마 안 되는 차시의 수업이지만 바른 관계 맺기 수업은 학기 초 그 어떤 수업보다 중요하다. 옷을 입을 때 첫 단추부터 잘못 채우게 되면 그 옷을 제대로 입을 수가 없는 것처럼 바른 관계 맺기 수업은 인성주제 중심 체육수업을 하는 데 있어서 첫 단추를 채우는 것과 같다. 다시 말해 이 수업을 1년간 제대로 진행하기 위해서는 학기 초에 학생들과 함께 하는 이 수업이 굉장히 중요하다는 뜻이다. 단순히 몇 가지 놀이에 학생들이 참여했다고 해서 처음 만난 학생들이 자연스럽게 친해질 걸로 생각해서는 절대 안 된다. 앞에서도 말한 내용이지만, 교사는 수업이 시작되면서부터 끝날 때까지 그 어떤 수업보다도 주의를 기울여 학생들의 말과 행동 그리고 표정 변화에 관심을 가져야 한다. 그리고 학생들이 자신의 행동에 대해 미처 깨닫지 못한 점들을 수업에서 일깨워줘야 한다. 이런 과정에서 학생들은 이 수업에 대해 다시 한번 생각해보게 되고, 이런 수업을 진행하는 교사에 대해서도 진지하게 생각해볼 수 있게 되는 것이다.

〈표 3-2-4〉 바른 관계 유지 · 강화를 위한 나의 다짐 기록 쪽지(3학년 2개 반)

바른 관계 유지 · 강화를 위한 나의 다짐(3학년 2개 반)					
3학년 3반 강○○	3학년 3반 강○○	3학년 3반 김○○	3학년 3반 김○○	3학년 3반 김○○	3학년 3반 김○○
대화를 자주 한다.	친구들하고 친하게 지내겠습니다.	수업시간에 열심히 참여하겠습니다.	사이좋게 지내고 이름을 자주 불러야겠다.	욕을 하지 않도록 노력하겠습니다.	개인 활동을 안 하겠습니다.
3학년 3반 김○○	3학년 3반 김○○	3학년 3반 박○○	3학년 3반 박○○	3학년 3반 성○○	3학년 3반 윤○○
같이 놀아본다.	저는 친구와 돈독한 관계를 위해 대화를 많이 하겠습니다.	다짐: 싸우지 않겠습니다.	친구한테 욕을 하지 않겠다.	수업시간에 집중하겠습니다.	앞으로 저는 수업시간에 친구들과 장난치지 않고 규칙을 준수하겠습니다.
3학년 3반 이○○	3학년 3반 장○○	3학년 3반 조○○	3학년 3반 최○○	3학년 3반 홍○○	
저는 앞으로 더 좋은 관계를 갖기 위해 같이 놀 것입니다.	자주 아무 말이라도 걸어보고 싶다.	이름을 많이 말해준다.	이름을 많이 불러준다.	이름을 부르면서 대화한다. 그리고 같이 논다.	
3학년 3반 강○○	3학년 3반 김○○	3학년 3반 김○○	3학년 3반 김○○	3학년 3반 박○○	3학년 3반 박○○
이름을 잘 부른다. 같이 다니며 대화를 한다. 배려해준다.	싸우지 않고, 나쁜 말도 하지 말구 친하게 지낼 거당~~	대화를 많이 하고 좋은 말 고운 말 쓴다.	대화를 많이 하고 서로 이해한다.	상대를 더 배려하겠습니다.	이름을 잘 불러주고 말을 많이 해야겠다.
3학년 3반 양○○	3학년 3반 양○○	3학년 3반 이○○	3학년 3반 정○○	3학년 3반 진○○	3학년 3반 최○○
체육시간에 하는 수업에 불평 없이 즐기도록 노력할 것입니다.	이름을 많이 불러서 관계를 돈독히 해야겠다.	합동게임을 많이 하며 서로 얘기도 많이 하고 같이 웃다 보면 친해진다.	얘기를 열심히 하겠습니다.	친구들과 일상생활 대화를 많이 하겠습니다.	나는 앞으로 친구와 친해지기 위해 대화를 많이 하겠습니다.
3학년 3반 탁○○	3학년 3반 한○○	3학년 3반 황○○			

팀별 활동 할 때 열심히 하겠습니다.	친구에게 상냥하게 인사할게요.	남녀 상관없이 인사를 하고 대화도 같이하면서 체육 때 따로 이야기한다.			
3학년 5반 김○○	3학년 5반 남○○	3학년 5반 변○○	3학년 5반 김○○	3학년 5반 홍○○	3학년 5반 김○○
앞으로 친하지 않은 친구들과도 서로 잘 어울리도록 노력 할 것이다.	정말 재미있고 협동심을 많이 기른 것 같다.	체육수업을 열심히 해야겠다.	친구들과 더 친하게 지낸다.	체육수업 열심히 하며 친구들과 잘 놀겠습니당.	더 열심히 할 것…^^
3학년 5반 윤○○	3학년 5반 진○○	3학년 5반 김○○	3학년 5반 이○○	3학년 5반 남○○	3학년 5반 박○○
앞으로 체육 열심히 하고 친구들과 잘 지내겠습니다.	체육을 열심히 하고 재밌게 하겠습니다.	어색한 친구들한테 이름 불러주기.	열심히 노력을 해보겠다.	아직 친하지 않은 친구들과도 친하게 지내야겠다.	운동이 재미지다. ^^
3학년 5반 김○○	3학년 5반 이○○	3학년 5반 권○○	3학년 5반 홍○○	3학년 5반 백○○	3학년 5반 문○○
앞으로 친구들의 이름을 많이 불러줘야겠다.	반 애들이랑 인사를 많이 해서 많이 친해질 거다.	친구들의 이름을 많이 부를 것이다.	반 친구들과 친하게 지낼 것이다.	애들에게 먼저 다가갈 거다.	체육 시간에 애들하고 협동심을 기르고 서로 이름 부르고, 인사도 해야겠다.
3학년 5반 김○○	3학년 5반 허○○	3학년 5반 남○○	3학년 5반 신○○	3학년 5반 임○○	3학년 5반 이○○
좋든 싫든 반 애들에게 다가갈 것이다.^^	애들이랑 더 재밌게 놀아야겠다.^^	앞으로 열심히 하겠습니다.	앞으로 서로 이름을 불러주고 친하게 지낼 것이다.	친구들과 서먹함 없애기.	아이들과 열심히 체육수업을 하겠다.
3학년 5반 안○○	3학년 5반 김○○	3학년 5반 최○○	3학년 5반 임○○		
정말 보람 있는 시간이었다. 친구의 이름을 외울 수 있어 좋았다. 앞으로도 재밌음 좋겠다.	팀워크가 잘 맞는 것 같다.	체육복을 잘 입고 오겠다.	열심히 하고 친구들과 협동한다.		

〈표 3-2-4〉는 바른 관계 맺기 수업을 하고 3학년 2개 반 학생들이 적은 바른 관계 유지 · 강화를 위한 다짐들을 나타내고 있다.

다짐을 길게 적었다고 좋고 짧게 적었다고 나쁘다고 말할 수는 없지만, 작은 종이에 정성을 들여 자신의 다짐을 쓴 학생들이 많을수록 그 수업은 잘 진행되었다고 봐도 무방하다. 실제로 수업이 잘 이루어지고 학생들의 참여가 좋은 반일수록 자신의 다짐을 정성스럽게 쓴 학생들이 많았다.

〈수업 노트 기록 3-2-1〉 바른 관계 맺기 수업에 대한 수업 노트 기록

2013년 4월 9일 화요일, 3학년 5반 수업

- 수업시간표가 변동된 것을 모르고 부랴부랴 수업을 준비했다. 하지만 5반 학생들이 잘 따라 주었고, 예상했던 만큼 효과가 있었던 것 같다. 그 이유는 5반 학생들 간의 관계가 좋고 적극성이 있었기 때문이다.

※ 이○○ 학생: 수업 내내 무표정하던 학생인데 수업 후반에 밝은 표정을 보임.

2013년 4월 10일 수요일, 3학년 3반 수업

- 똑같은 수업에 똑같은 반응을 바랐었나? 바보 같은 기대였다. 나쁜 학생은 없는데 장난기가 상당히 심한 반이다. 사소한 장난이지만 장난에 빠져 수업에 집중을 못 하는 학생들이 있었다(김○○, 김○○, 이○○). 나 스스로 사소한 것에 인상이 굳고, 목소리 톤이 낮아지면서 분위기를 싸~ 하게 만들었다. 항상 경계하던 것인데 또다시 무너져버린 기분이다. 좀 더 여유를 가지고 부드럽게 진행할 수 있는 내공이 필요한 것 같다. ㅋㅋ

2013년 4월 10일 수요일, 3학년 10반 수업

- 3반 수업에 대한 충격에서 완전히 벗어남. 맘을 놓고 편하게 수업을 진행했다. 10반 학생들의 적극적인 참여로 인해 모두 즐거웠다. 특히 박○○ 학생의 새로운 면(긍정적인 에너지, 밝은 미소, 적극성)을 발견했다.

※ 신○○, 서○○ 학생: 소극적이나 잘 따라옴. 마음씨 착한 반 친구들이 잘 챙겨주는 느낌을 받음. 서서히 밝아지고 긍정적으로 변할 것이라는 기대가 듦.

2013년 4월 11일 목요일, 3학년 1반 수업

- 수업 변동된 것을 모르고 뒤늦게 수업 장소로 이동(수업변동 사실 미전달). 45분 중 25분간 수업 진행. 오리엔테이션 후 체육 시간에 대한 학생들의 기대가 큰 반이었는데, 수업 변동 사실이 교사와 학생 모두에게 전달되지 않아서 학생들뿐 아니라 나 역시 실망과 아쉬움이 컸다. 수업 규칙 전달 후 놀이 2가지만 실시했다.
- 중요한 것은 '바른 관계 맺기'의 의미전달과 유지 · 강화에 다짐을 적었어야 했는데 그러지 못해서 아쉬움이 많이 남는다. 지난 시간 집중도가 높았으나 반응이 적었던 반이라 이번 시간에 걱정을 좀 했었는데 오늘 수업을 보니 장난기가 많은 반인 것 같다.

2013년 4월 12일 금요일, 3학년 7반 수업

• 눈빛이 살아 있는 반이다. 즐겁게 수업을 진행하였다. 수업 중 피드백을 부여할 때 사소한 장난들이 조금 있었다. 바른 관계 맺기 수업 9번째 진행 반이다. 수업 진행이 좀 더 자연스럽게 이루어진 것 같다. '관계'에 대한 의미 부여를 강조하며 말했다.

위의 〈수업 노트 기록 3-2-1〉은 바른 관계 맺기 수업을 하면서 기록한 수업 노트의 내용을 나타내고 있다.

이 수업을 하면서 부족한 점, 관심을 가져야 할 학생들에 대한 점, 수업 시간이 바뀌어 수업 준비가 서툴렀던 점, 수업 진행에 대한 점 등을 자유롭게 쓴 것을 알 수 있다. 수업이 끝나고 쉬는 시간 10분 동안 몇 줄 되지 않는 글을 쓴 것이지만 이 기록들은 내가 다시금 수업을 되돌아볼 수 있게 해 주었다.

수업 진행 및 활동사진

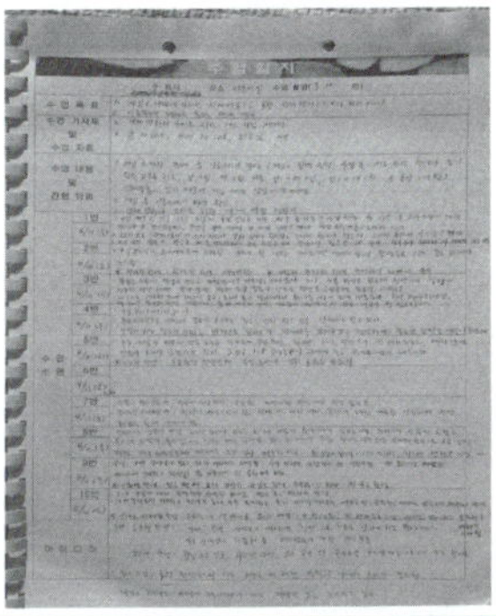

수업 노트 기록

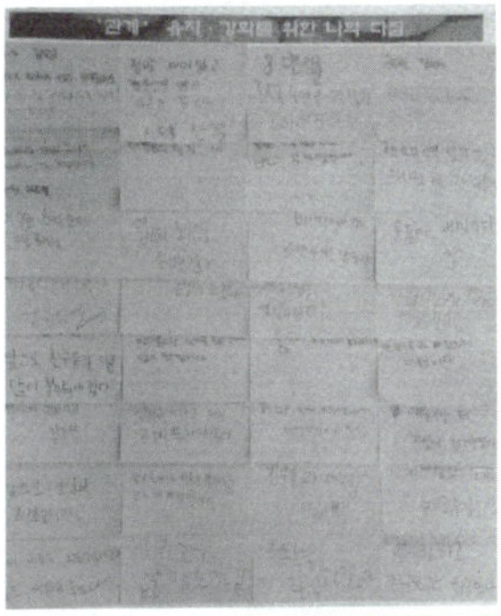
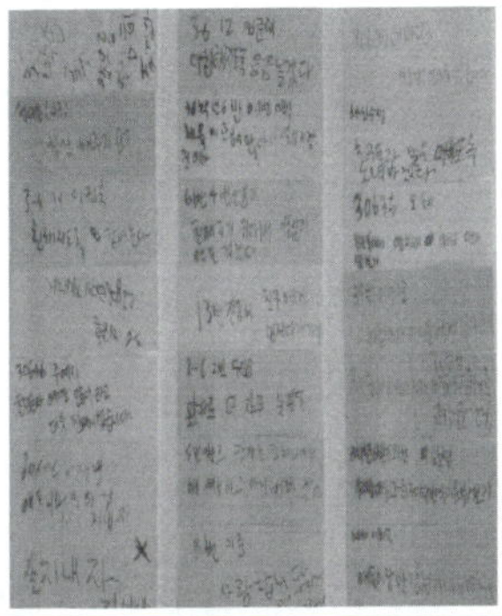

바른 관계 유지 · 강화를 위한 나의 다짐

<table>
<tr><th>구분</th><th colspan="3">활동사진</th></tr>
<tr><td rowspan="8">1차시</td><td></td><td></td><td></td></tr>
<tr><td>수업 규칙 안내</td><td>팀 조직</td><td>애벌레 릴레이 방법 설명</td></tr>
<tr><td></td><td></td><td></td></tr>
<tr><td colspan="2">애벌레 릴레이 놀이 장면</td><td>협력 기차 방법 설명</td></tr>
<tr><td></td><td></td><td></td></tr>
<tr><td colspan="2">협력 기차 놀이 장면</td><td>이름 외워 부르기 준비</td></tr>
<tr><td></td><td></td><td></td></tr>
<tr><td>이름 외워 부르기 장면</td><td>의미 전달</td><td>관계 유지 · 강화를 위한 다짐 쓰기</td></tr>
</table>

수업지도안

대 상	3학년	대영역	여가 활동	중영역	사회와 여가	일시	학기 초
장 소	다목적실	인성주제	바른 관계 맺기			차시	1/2
학습목표	• 게임을 통해 어색한 반 분위기를 없애고 팀이 되었을 때 필요한 마음가짐을 이해할 수 있다. • '이름 외워 부르기'의 의미를 이해하고 바른 관계 맺기(다짐 적기)를 할 수 있다.						
수업자료	바닥 표시 콘(大) 10개, 안대(학생 수 + 3~4개), 개별 기록지(다짐 적기), 펜(학생 수의 1/2)						

단 계	학습내용	교수-학습활동	시간	지도상 유의점
준비하기		• 수업 준비 -수업 환경 조성	-3분	
생각하고 떠올리기	• 학생 확인 • 오리엔테이션 • 학습목표 제시 • 수업내용 제시	• 출석확인, 건강상태 확인, 수업 준비 상태 확인 등 • 체육수업 규칙 3가지 전달 집중 신호, 집합 신호, 복장 규정 • 학습목표 제시 후 확인 • 수업내용(애벌레 릴레이, 협력 기차, 이름 외워 부르기)	7분	주의집중
이해하고 활동하기	• 팀 조직	• 팀 조직 남학생, 여학생 각각 인원수 맞게 2개 팀씩 조직 이후 남학생 1개 팀 + 여학생 1개 팀을 팀으로 구성 (총 혼성 2개 팀으로 구성)	3분 (10분)	팀 조직 시 수업 참여하는 태도 및 성격 등 학생 특성에 대한 모니터링
	• 몸으로 하나 되기	• 몸으로 하나 되기 애벌레 릴레이, 협력 기차 방법 설명 후 진행  	20분 (30분)	적극적인 참여 유도와 게임 중 발생하는 순간 상황 포착
	• 맘으로 하나 되기	• 맘으로 하나 되기 이름 외워 부르기 진행 및 게임의 의미 전달 	10분 (40분)	진행에 주의집중 교사 지도 시 학생이 이름을 말할 때 경청
정리하고 반성하기	• 수업 정리 • 차시예고	• 수업 정리 게임의 의미 전달을 통해 친구 간의 바른 관계의 의미를 강조한 후 바른 관계 맺기를 위한 '나의 다짐' 적기 • 차시예고 -장 소: 다목적실(체육관) -수업주제: 바른 관계 유지 · 강화 -신체활동: 놀이수업	5분 (45분)	주의집중

대상	3학년	대영역	여가 활동	중영역	사회와 여가	일시	학기 초
장소	다목적실	인성주제	바른 관계 유지 · 강화			차시	2/2
학습목표	• 게임을 통해 어색한 반 분위기를 없애고 팀이 되었을 때 필요한 마음가짐을 이해할 수 있다. • '너는 내 운명'을 통해 '함께'의 의미를 깨닫고 바른 관계 유지 · 강화를 위한 다짐을 실천할 수 있다.						
수업자료	바닥 표시 콘(大) 10개, 안대(학생 수 + 3~4개), 개별 기록지(다짐 적기), 펜(학생 수의 1/2)						

단계	학습내용	교수-학습활동	시간	지도상 유의점
준비하기		• 수업 준비 -수업 환경 조성	-3분	
생각하고 떠올리기	• 학생 확인 • 전시학습 상기 • 학습목표 제시 • 수업내용 제시	• 출석확인, 건강상태 확인, 수업 준비 상태 확인 • 전시학습 상기 -수업규칙 3가지 -전 시간 게임의 의미 재확인 • 학습목표 제시 후 확인 • 수업내용(꼬리잡기, 너는 내 운명)	5분	주의집중
이해하고 행동하기	• 팀 조직 • 몸으로 하나 되기 • 맘으로 하나 되기 • 나의 다짐 적기	• 팀 조직 남학생, 여학생 각각 인원수 맞게 2개 팀씩 조직 이후 남학생 1개 팀 + 여학생 1개 팀을 팀으로 구성 (총 혼성 2개 팀으로 구성) • 몸으로 하나 되기 꼬리잡기 방법 설명 후 진행  • 맘으로 하나 되기 너는 내 운명 게임 방법 설명 후 진행 게임의 의미 전달  • 바른 관계 유지 · 강화를 위한 나의 다짐 적기	3분 (8분) 10분 (18분) 17분 (35분) 5분 (40분)	팀 조직 시 수업 참여하는 태도 및 성격 등 학생 특성에 대한 모니터링 적극적인 참여 유도와 게임 중 발생하는 순간 상황 포착 진행에 주의집중 환경 조성 규칙 강조하기 주의집중
정리하고 반성하기	• 수업 정리 • 차시예고	• 수업 정리 게임의 의미 재전달을 통해 친구 간의 관계 형성 후 관계를 유지 · 강화하기 위한 개인과 공동의 노력이 필요함을 강조 • 차시예고 -장 소: 교실 -수업주제: 생명의 소중함 -신체활동: 감상수업 후 심폐소생술, 구급처치법	5분 (45분)	분위기 조성 경청하기

생명의 소중함(심폐소생술, 구급처치법) 수업

수업 실천 사례

〈표 3-3-1〉 단원 수업 계획

인성주제	생명의 소중함	신체활동	심폐소생술, 구급처치법
신체활동 가치	건강 활동	중영역	건강과 체력
수업 장소	다목적실/교실	총 수업 차시	5차시
수업목표	• 응급 상황에서 생명을 구할 수 있는 것은 작은 관심과 노력에서부터 시작됨을 이해할 수 있다. • 심폐소생술과 구급처치법에 대한 이론적 지식을 이해하고 그 방법을 숙달할 수 있다. • 감상수업을 통해 생명의 소중함을 깨달을 수 있다.		
중점 사항	• 감상수업을 통해 이 수업의 필요성을 충분히 느낄 수 있게 한다. • 진지하게 수업이 진행될 수 있도록 분위기를 조성한다.		
수업준비물	영상자료(명동에서 생긴 일, 기적의 4분, 이성교제, 미혼모 영아유기, 낙태, 루카스 이야기), PPT 자료, 심폐소생술 수업 기구 4세트, 구급처치 수업 자료 4세트, 학습자료, 개별 기록지(느낀 점)		

단원 수업 계획

차시	수업 세부 주제	학습목표	교수-학습 내용
1	생명의 소중함	• 응급 상황에서 작은 관심과 노력이 생명을 살릴 수 있음을 이해할 수 있다. • 심폐소생술과 구급처치법의 필요성을 인식할 수 있다.	• '명동에서 생긴 일' 시청 후 생각하기 -만약 당신이 그 자리에 있었다면… -만약 여러분의 가족이 쓰러졌다면… -만약 당신이 쓰러졌다면… • '기적의 4분' 시청 후 생각하기 -똑같은 사고지만, 다른 결과가 나온 이유는? • 심폐소생술 · 구급처치법 소개 및 설명
2		• 심폐소생술과 구급처치법에 대한 지식을 이해하고 방법을 익힐 수 있다.	• 4개 파트별 로테이션 수업 진행 A파트: 심폐소생술 B파트: 구급처치법 C파트: 응급 · 구급처치법 학습자료 숙지 D파트: 상황극을 통한 대처능력 숙달
3		• 심폐소생술과 구급처치법에 대한 능력을 숙달시킬 수 있다.	• 2개 파트별 로테이션 수업 진행 A파트: 심폐소생술 B파트: 구급처치법 • 중간 점검 테스트
4	수행평가	• 심폐소생술과 구급처치법에 대해 정확히 설명하고 실시할 수 있다.	• 팀별 수행평가
5	생명의 소중함 (올바른 이성 교제)	• 중학생의 올바른 이성 교제에 대한 바른 인식을 갖출 수 있다. • 생명의 소중함 수업을 통해 느낀 점을 기록할 수 있다.	• 감상수업 -이성 교제, 미혼모 영아 유기, 낙태 영상, 루카스 이야기 순으로 영상 보고 생각해보기 • 생명의 소중함 수업 후 느낀 점 적기

〈표 3-3-2〉 수업 진행 순서 및 방법

	1차시 (장소: 교실)	2~3차시 (장소: 다목적실)	4차시 (장소: 다목적실)	5차시 (장소: 교실)
도입	• 바른 관계 맺기 수업 상기 • 생명의 소중함 수업 목표 및 내용 소개	• 전시학습 상기 -작은 관심과 노력의 중요성(2차시) -생명을 살리겠다는 진지함과 강한 의지(3차시) • 출석확인 · 준비운동 • 파트별 로테이션 방법 및 수업 진행 방법 설명	• 전시학습 상기 • 수행평가 진행 방법 설명	• 전시학습 상기 -작은 관심과 노력은 심폐소생술과 구급처치에 대한 올바른 이해와 사용으로부터란 것을 인식 • 생명의 소중함 수업 내용 및 목적 소개
전개	• 사례 2가지를 통한 분위기 조성 및 관심과 흥미 유발 • 영상 시청 -명동에서 생긴 일 -기적의 4분 • 심폐소생술, 구급처치법 소개 및 설명	〈2차시〉 • 팀 조직 -남녀 각각 4개 팀, 총 8개 팀으로 조직 • 4개 파트 로테이션 -A파트(심폐소생술) -B파트(구급처치법) -C파트(응급 · 구급처치법의 이해) -D파트(상황극) 〈3차시〉 • 2개 파트 로테이션 -A파트(심폐소생술) -B파트(구급처치법)	• 최종 점검 및 연습 • 수행평가 -팀별 수행평가 -팀원 중 무작위 뽑기로 뽑힌 학생이 대표로 실시	• 감상수업 -이성 교제 영상 -미혼모 영아 유기 -낙태 영상 -루카스 이야기 순으로 영상 시청하고 생각하기 및 발표를 통한 수업 진행 • 작은 관심이란?
마무리	• 생각거리 -만약 ~ 라면? • 차시예고	• 중간테스트 -심폐소생술, 구급처치법 실시 및 숙달 여부 • 차시예고	• 수업 정리 • 차시예고	• 생명의 소중함 수업 후 느낀 점 적기 • 차시예고

〈표 3-3-3〉 수행평가 내용 및 방법

<table>
<tr><th>구 분</th><th>수행평가 내용 및 방법</th></tr>
<tr><td>수업주제</td><td>생명의 소중함</td></tr>
<tr><td>평가 내용</td><td>이 수업은 '생명의 소중함'이라는 수업주제의 의미를 바탕으로 우리 주변에서 일어날 수 있는 사고에 대한 대처 방법을 익히고 실제 사고 상황에 맞는 응급처치 및 구급처치 능력을 평가한다. 평가의 내용은 심폐소생술과 골절 시 시행되는 구급처치법이고 대상은 팀으로 한다.</td></tr>
<tr><td>평가 방법</td><td>
<table>
<tr><th colspan="3">상황별 구급처치</th><th>심폐소생술</th></tr>
<tr><td rowspan="2">타박상
염좌
(RICE)</td><td></td><td></td><td rowspan="8">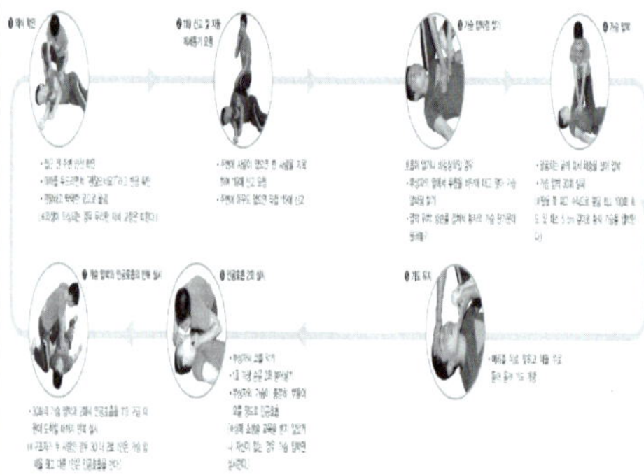</td></tr>
<tr><td>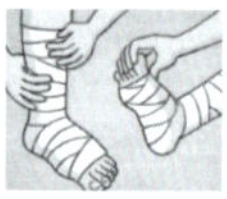</td><td>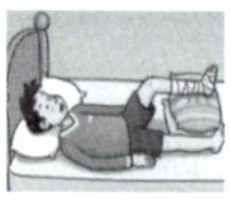</td></tr>
<tr><td>출혈
(직접 · 간접)</td><td></td><td>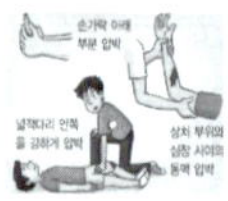</td></tr>
<tr><td rowspan="2">골절</td><td>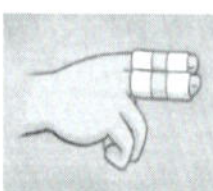</td><td>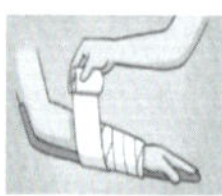</td></tr>
<tr><td></td><td>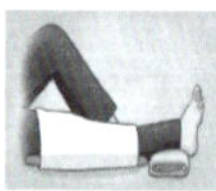</td></tr>
</table>
<table>
<tr><th rowspan="2">성취기준</th><th colspan="3">평 가 기 준</th></tr>
<tr><th>상</th><th>중</th><th>하</th></tr>
<tr><td>일상생활 사고 발생 시 구급처치법과 대처 행동을 이해하고 적용할 수 있다.</td><td>일상생활에서 발생할 수 있는 여러 가지 사고에 따른 구급처치법과 대처 행동을 능숙하게 수행할 수 있다.</td><td>일상생활에서 발생할 수 있는 여러 가지 사고에 따른 구급처치법과 대처 행동을 적절하게 수행할 수 있다.</td><td>일상생활에서 발생할 수 있는 여러 가지 사고에 따른 구급처치법과 대처 행동을 수행하는 데 어려움이 따른다.</td></tr>
</table>
<table>
<tr><th>심폐소생술</th><td colspan="3">• 심폐소생술 과정을 정확히 숙지하며 말할 수 있다.
• 환자에게 심폐소생술을 능숙하게 수행할 수 있다.
• 자동 제세동기(AED)를 능숙하게 사용할 수 있다.</td></tr>
<tr><th rowspan="2">채점기준</th><th>상(10점)</th><th>중(8점)</th><th>하(6점)</th></tr>
<tr><td>위 내용을 모두 능숙하게 수행할 수 있다.</td><td>위 내용 중 일부만 적절히 수행할 수 있다.</td><td>위 내용 모두 수행하는 데 어려움이 따른다.</td></tr>
</table>
</td></tr>
</table>

<table>
<tr><td rowspan="4"></td><td>구급처치법</td><td colspan="3">• 골절 시 확인 사항을 정확히 숙지하여 말할 수 있다.
• 골절 부위에 따라 정확한 부목 방법을 수행할 수 있다.
• 타박상, 염좌 구급처치법(RICE)을 정확히 숙지하여 적용할 수 있다.</td></tr>
<tr><td rowspan="2">채점기준</td><td>상(10점)</td><td>중(8점)</td><td>하(6점)</td></tr>
<tr><td>위 내용을 모두 능숙하게 수행할 수 있다.</td><td>위 내용 중 일부만 적절히 수행할 수 있다.</td><td>위 내용 모두 수행하는데 어려움이 따른다.</td></tr>
<tr><td colspan="4">-응급처치(구급처치법)는 심폐소생술과 구급처치법 2가지를 수행평가로 한다.
-각 평가당 10점을 총점으로 2가지 수행평가의 합(총 20점)을 평가에 반영한다.
-평가 방법은 팀 평가로 진행하며, 모둠원의 점수는 동일하게 부여한다.
-팀 평가 시, 팀원 모두 평가를 보는 것이 아니라 팀원 중 뽑기를 통해 선발된 인원이 대표로 평가를 받는다.
-평가 점수에 이의가 있거나 재시험을 원하는 팀에 한하여 재평가의 기회를 부여한다.</td></tr>
<tr><td>준비 물품</td><td colspan="4">1. 사고 상황에 대한 보기자료
2. 자동 제세동기 1SET
3. 심폐소생술 실습 기구
4. 구급처치 용품: 붕대, 얼음팩, 부목 등</td></tr>
<tr><td>반영 비율</td><td colspan="4">총 20점(심폐소생술 10점, 구급처치법 10점)</td></tr>
</table>

〈표 3-3-1〉, 〈표 3-3-2〉 그리고 〈표 3-3-3〉은 생명의 소중함 수업의 단원 수업 계획과 수업 진행 순서 및 방법 그리고 수행평가 내용과 방법을 나타내고 있다.

생명의 소중함 수업은 바른 관계 맺기 수업 다음으로 진행된 수업이다.

이 수업의 목표는 생명이 위급한 상황에 놓인 누군가를 발견했을 때, 관심을 가지고 도와줄 수 있는 마음과 능력을 갖출 수 있게 하는 것이다. 이를 위해 영상 자료를 활용한 감상수업과 건강 활동 가치에 속하는 심폐소생술과 구급처치법을 신체활동으로 계획했다.

이 수업은 총 5차시로 계획됐다. 5차시 중 1개 차시는 수행평가를 진행하였고, 2개 차시는 교실에서 감상수업으로 진행하였기 때문에 실질적으로 신체활동이 이루어진 시간은 2시간에 불과했다. 하지만 심폐소생술과 구급처치법을 익히는 것 못지않게 생명의 소중함에 대해 깨닫는 것도 중요했기 때문에 신체활동 위주로만 수업을 진행할 수 없었다. 사실 이 점이 이 수업을 계획할 때 상당히 걱정스러웠다. 보통 중학생들이 생각하는 체육수업은 실외(운동장 또는 체육관 등 교실이 아닌 곳)에서 수업하는 것을 당연하게 생각할 만큼 밖으로 나가 신나게 활동하는 것을 기대하고 좋아하기 마련이다. 그런데 학기 초 오리엔테이션을 시작으로 바른 관계 맺기 수업과 생명의 소중함 수업까지 총 7차시(수행평가로 사용된 수업 시간은 제외) 수업 중 3개 차시의 수업을 교실에서 진행한다는 것은 큰 모험이 아닐 수 없었다. 학생들에게 인성주제 중심 체육수업이 반감을 살 수도 있는 문제였다. 하지만 이 수업이 갖는 의미가 무척 중요하다고 생각해서 수업을 계획대로 진행하기로 했다. 그리고 교실에서 이루어지는 감상수업을 잘 준비한다면 학생들의 반감을 줄일 수 있다고 확신했고, 무엇보다 학기 초에 이루어지는 수업이기 때문에 가능할 것으로 생각했다.

1차시 수업의 목표는 생명이 위급한 상황에 놓인 누군가를 살리는 데 작은 관심과 노력이 그 무엇보다 중요하다는 사실을 일깨우는 데 있다. 이를 위해 2가지 영상자료를 준비했다. 그리고 분위기 조성을 위해 영상과 관련된 2가지 생각거리도 준비했다.

상황설정	생각거리 1
체육수업 도중 한 학생이 운동장에서 넘어져 무릎에 피가 났습니다. 그 학생은 치료를 받으러 가기 위해 선생님에게 양호실을 가도 되겠냐고 물었습니다. 그런데 선생님은 "별거 아니네. 물로 씻어. 그리고 앞으론 조심해."라고 말했습니다. 선생님의 말을 들은 그 학생은 인사도 하지 않은 채 그냥 돌아서 가버렸습니다.	• 여러분이 만약 이 학생이라면, 어떤 기분이 들었을까요?

첫 번째 이야기는 체육수업 중에 많이 발생할 수 있는 상황이다. 비록 큰 상처는 아니지만 도움을 요청한 학생에겐 교사의 말과 행동이 굉장히 중요하게 작용할 수 있다. 이때 교사가 차갑게 대하거나 대수롭지 않게 생각하고 학생을 그냥 돌려보낸다면 학생의 감정은 심하게 상할 수 있을 것이다. 반대로 넘어져서 피가 난 것에 대해 별다른 조치를 취할 순 없더라도, "넘어져서 아팠겠구나, 얼른 양호실로 가서 치료를 받고 나오렴." 또는 "넘어져서 아팠겠구나. 그런데 큰 상처는 아닌 것 같아. 수돗물로 씻으면 소독 효과가 있으니까 먼저 씻으렴. 그리고 수업 끝나고 양호실로 가보는 건 어떨까?"와 같이 말한다면 이 학생은 오히려 "아니요, 괜찮아요. 수업 끝나면 양호실 갈게요." 하고 수업에 바로 참여

할 수도 있을 것이다.

첫 번째 이야기를 할 땐, 도움을 요청한 학생에게 차갑게 대하는 교사의 모습을 좀 과장되게 설정하여 학생들에게 말했다. 왜냐하면 도움이 필요한 사람에게 도움을 주진 못할지라도 작은 관심과 따뜻한 말 한마디가 그 사람에게 얼마나 중요하게 작용하는지를 생각해 볼 수 있게 수업 분위기를 조성하고 싶었기 때문이다.

상황설정	생각거리 2
사람들이 많은 거리에서 어떤 남자가 갑자기 쓰러졌습니다. 그 사람은 가족들을 만나기 위해 급하게 집으로 향하던 길이었습니다. 그런데 갑자기 심장에 통증을 느끼며 쓰러졌습니다. "살려주세요. 도와주세요."라고 말하고 싶었지만, 심한 통증 때문에 말이 나오지 않았습니다.	• 쓰러진 남자의 심정은 어땠을까요?
그렇게 그 남자는 많은 사람들이 지나다니는 길에서 쓰러졌지만, 아무런 도움을 받지 못한 채 결국 심장마비로 죽었습니다.	• 그 남자에게 필요했던 건 무엇이었을까요?

두 번째 이야기는 영상자료 「명동에서 생긴 일」의 내용을 조금 각색해서 상황을 설정했다. 왜냐하면 첫 번째 상황과 두 번째 상황이 서로 다르지만 작은 관심이라는 핵심 주제에 초점을 맞춰 이야기를 이어가고 싶었기 때문이다. 그리고 쓰러진 사람에 대한 동정심과 많은 사람들이 있었는데도 도움을 받지 못한 상황에 대한 문제의식도 갖게 하고 싶었다.

실제로 수업 도입부의 2가지 이야기는 수업에 대한 학생들의 흥미와 관심을 불러일으켰으며, 영상을 시청하는 데 있어서 학생들이 집중할 수 있게 분위기 조성하는 데 큰 도움을 주었다.

처음으로 시청한 영상은 「명동에서 생긴 일」이다.

이 영상은 명동 거리 한가운데서 지나가던 행인이 갑자기 심장발작을 일으키며 쓰러지는 것으로 시작이 된다. 수많은 사람들이 거리에 쓰러진 사람을 보고도 도와줄 생각을 하지 않고 쳐다만 보고 지나치는 모습을 통해 생명 경시 풍조가 얼마나 무서운 것인지를 생각해 볼 수 있게 하는 영상이다.

영상 시청이 끝난 후 다음과 같은 3가지 질문을 통해 학생들의 반응을 끌어냈다.

1. 명동에서 쇼핑하다가 위와 같이 가슴을 잡고 쓰러져 고통스러워하는 사람을 보았을 때 도와주려고 노력할 것인가?
2. 만약 가족 중에 한 명이 쓰러졌다면 어떻게 행동할 것인가?
3. 만약 내가 그 자리에 쓰러졌다고 할 때, 도움을 요청하고 싶은데 너무나 고통스러워 말이 나오지 않는 상황에서 그냥 쳐다보면서 지나가는 행인들을 볼 때 어떤 기분이 들까?

학생들에게 1번의 질문을 한 뒤 '예' 또는 '아니오'의 2가지 경우만으로 손을 들게 했다. 자신 있게 도와주겠다는 의미로 '예'라고 손을 드는 학생보다 '아니오'라고 손을 드는 학생들이 많을 것이라고 예상했다. 실제로 '아니오'라고 손을 드는 학생들이 많았다. 우선은 '예', '아니오'로 손을 든 학생들의 비율만 알아두고 아래의 추가 질문으로 넘어갔다.

추가 질문: 도와주지 않겠다고 대답한 학생들은 무엇 때문인가요?

추가 질문 후 학생들의 반응은 반 분위기에 따라 조금씩 달랐다. 하지만 대체로 추가 질문을 한 뒤부터 학생들의 반응이 적극적으로 나타나기 시작했다. 나는 학생들의 의견에 부정적으로 대처하지 않으려고 노력했다. 부정적으로 대처하게 되면 학생들의 자유로운 의견을 막을 수 있다는 생각 때문이었다. 그래서 다소 소란스럽더라도 많은 학생들이 자유롭게 대답할 수 있게 수업 분위기를 조성하려고 노력했다.

대체로 학생들은 아래와 같은 대답을 많이 했다.

대답 1: 내가 도와줬다가 오히려 잘못될까 봐…
대답 2: 다른 사람이 도와주겠지 하는 생각 때문에…
대답 3: 다른 약속 때문에 시간이 없어서…

학생들의 대답이 어느 정도 나왔을 때 두 번째 질문을 했다.

쓰러진 사람이 자기 가족 중 한 명이라고 가정하고 질문을 했을 때, 학생들 대부분 그 사람을 살리기 위해 나서겠다고 손을 들었다. 이유는 간단했다. 내 가족이니까.

이어서 세 번째 질문을 했다. 이 질문은 어떤 반응을 원하고 한 것이 아니었다. 앞의 2가지 질문을 통해 학생들의 반응을 어느 정도 끌어낼 수 있었고, 이미 영상과 질문을 통해 학생들은 수업에 적극적으로 참여하고 있었기 때문이다.

첫 번째 영상과 관련된 질문을 하고 학생들의 생각과 반응을 확인한 뒤 두 번째 영상에 관해 간략히 설명했다.

두 번째 영상은 야구와 축구 경기에서 심장마비로 쓰러진 임수혁 선수와 신영록 선수에 대한 내용을 담고 있었다. 같은 증상으로 쓰러진 상황이지만 전혀 다른 결과로 야구 선수 임수혁은 초기 응급처치를 받지 못해 결국 의식을 회복하지 못하고 식물인간으로 지내다가 사망했고, 축구 선수 신영록은 초기 응급처치를 받으면서 신속히 병원으로 옮겨져 치료를 받은 덕분에 의식을 회복할 수 있었다는 내용이다.

이 영상은 학생들에게 응급처치의 시기와 응급처치로서 심폐소생술이 생명을 살리는 데 얼마나 중요한 역할을 하는지 생각해 보게 했다.

영상 시청이 모두 끝난 후 나는 심폐소생술의 중요성에 대해 영상을 근거로 이야기했고, 심폐소생술이 무엇이며 어떻게 하는 것인지 직접 교구를 가지고 시범을 보이면서 설명했다. 그리고 차시예고를 하고 수업을 마쳤다.

2차시 수업의 목표는 심폐소생술과 구급처치법에 대한 방법을 이해하고 익히는 것이다. 수업은 다목적실에서 이루어졌다. 수업 방식은 학생들의 흥미와 관심을 지속하기 위해 4개 파트를 돌면서 심폐소생술과 구급처치법에 대한 내용을 배우고 익히게 했다.

A 파트는 사람의 상반신 모양으로 되어 있는 심폐소생술 실습기구를 이용하여 심폐소생술을 연습할 수 있게 했다. 이것은 인공호흡을 할 때 가슴이 오르락내리락하면서 산소가 기도를 통해 잘 주입되고 있는지 아닌지를 바로 알 수 있었기 때문에, 실습이 잘못하고 있을 때 즉각적인 피드백을 부여할 수 있었다.

B 파트는 구급처치법을 연습하는 곳으로 팔과 다리의 골절 상황을 가정해서 부목을 대고 압박붕대를 감는 연습을 하게 했다.

C 파트는 응급 사고의 유형과 그에 따른 대처 방법에 대한 이론적 내용을 학습하는 파트로 주로 팀원들과 서로 질문을 주고받으면서 수업 내용을 숙지할 수 있게 했다.

D 파트는 실제 상황을 가정하여 119에 신고하는 것부터 구급차가 올 때까지 심폐소생술 전 과정을 학생들이 직접 해보게 했다.

수업 시작을 위해 전 시간에 학습한 내용을 상기시킨 후 팀을 구성했다. 이 수업부터는 무작위로 학생들을 뽑아서 팀을 구성했다. 남학생과 여학생을 분리해서 각각 한 팀당 4~5명이 되도록 하여 4개 팀씩 총 8개 팀을 만들었다. 팀 구성 때 단일(남학생 팀 또는 여학생 팀)팀으로 조직한 이유는 심폐소생술과 구급처치법을 익히는 과정에서 신체접촉이 있을 수 있었고, 그것을 불쾌하게 생각하는 학생이 있을 수 있다는 생각 때문이다. 또한 한 팀의 팀원이 5명 이상 넘어가면 실습 기회가 적어져서 실습을 못 하는 학생들이 장난을 치거나 수업에 집중하지 못할 경우를 사전에 막기 위해서 실습 도구를 넉넉히 준비하고 팀의 인원수를 줄이는 방법을 선택했다.

본격적으로 다목적실에서 수업을 진행할 때, 반 분위기에 따라 학생들의 수업 참여도가 좌우되는 것을 느낄 수 있었다. 어떤 반의 경우 적극적으로 질문을 하면서 잘하고 있는지 계속해서 확인받으려고 하는 팀이 많은 반이 있는 반면에, 대충 몇 번 해보고 할 수 있다는 것처럼 시간을 허비하는 팀이 있는 반도 있었다. 무엇보다 상황극을 하는 파트에서는 내가 적극적으로 관심을 가지고 지도하지 않았을 경우 장난으로 이어지는 경우가 많았다. 하지만 이 수업을 계획할 때 가졌던 우려와는 달리 몇몇 장난기가 많은 학생들이 모인 팀을 제외하고는 대부분 진지하게 수업에 참여하는 모습을 볼 수 있었다.

10개 반의 수업을 진행하면서 느낀 점이지만, 수업 참여를 높이고 수업을 성공적으로 진행하기 위해선 학생들이 생명을 살리겠다는 진지한 마음을 가질 수 있게 수업 내용을 구성하고 진행하는 것 못지않게 수업 분위기도 그렇게 만드는 것이 중요하다는 사실을 깨달았다.

실제로 수업 초반에 진지함에 대해 언급한 반과 그렇지 않은 반을 비교해 보았을 때, 진지함에 대해 언급을 하고 수업을 진행한 반의 학생들이 그렇지 않은 반의 학생들에 비해 적극적으로 수업에 참여하려는 열의가 높았다. 물론 수업 태도도 더 좋았다.

3차시 수업은 심폐소생술과 구급처치법에 대한 방법을 정확하게 숙달하는 시간으로 수행평가를 대비한다는 성격이 강했던 수업이다. 이 시간에는 전 시간에 진행했던 4개 파트 중 심폐소생술과 구급처치법을 익히는 2개 파트만으로 수업을 진행했다. 왜냐하면 좀 더 심폐소생술과 구급처치법을 집중해서 숙달할 수 있게 여건을 만들어 주고 싶었기 때문이다. 수행평가 때문인지 많은 학생들이 전 시간에 비해 더 집중해서 수업에 참여하는 모습을 보였다. 나는 팀을 이루는 모든 학생이 적극적으로 수업에 참여할 수 있게 각 팀을 순회하면서 질문을 하거나 특정 학생을 지목하여 실제로 심폐소생술과 구급처치법을 해보게 하는 등 열심히 수업에 참여할 수 있게 지도했다.

4차시 수업은 수행평가를 위한 시간이다. 3학년 들어서 처음으로 갖는 수행평가였다. 수행평가를 진행하기에 앞서 수행평가 방식을 설명한 뒤 마지막으로 연습할 수 있는 시간을 5~10분 정도 주었다.

수행평가 방식은 모든 학생들이 노력할 수 있도록 팀 평가 방식으로 계획했다. 이 방식은 팀의 모든 학생이 평가를 직접 받지 않는다. 팀원 중 한 명을 무작위 뽑기 방식으로 뽑아 팀을 대표해서 평가를 받게 하는 방식이다. 그리고 그 결과는 그 팀 전체의 결과가 된다. 이런 방식은 팀원 중 누가 수행평가를 보게 될지 모르기 때문에 팀원 모두 열심히 할 수밖에 없는 평가 방식이라고 생각했다. 물론 부작용도 예상했다. 만약 뽑힌 학생이 잘하지 못해서 좋지 못한 평가를 받으면 팀원들에게 미움을 살 수도 있었다. 하지만 이 점에 대해서는 대비책을 마련해 두었다.

사실 이 방법은 팀원 중 열심히 하지 않은 학생으로 인해 성실하게 수업에 참여한 학생이 피해를 볼 수도 있는 평가 방식이다. 하지만 열심히 수업에 참여한 학생이라고 해서 모두가 평가를 잘 받는 것도 아니다. 잘하는 학생이라도 긴장하거나 실수해서 평가를 망치는 경우도 종종 발생한다. 그래서 만약 평가 결과에 만족하지 못할 때 그 팀이 원한다면 계속해서 평가 기회를 주기로 했고, 그러한 사실을 수행평가를 보기 전에 학생들에게 미리 안내했다. 물론 팀원들이 모두 열심히 했고 모두가 만족할 만한 결과를 얻는다면 다행한 일이다. 하지만 그렇지 못했더라도 재시험의 기회가 있어서 포기하지 않고 계속해서 연습할 수 있다. 그 과정을 통해 팀원들이 더 많은 시간을 함께하길 바랐고 자신들이 원하는 목표를 달성함으로써 모두 함께 성취감을 느낄 수 있길 바랐다.

수행평가는 팀별로 평가 순서를 정한 뒤 2개 파트로 나눠서 진행했다.

A파트에서는 심폐소생술을 정해진 순서에 따라 정확히 실시할 수 있는지를 평가했다. B파트에서는 구급처치에 대한 이론적 내용을 숙지하고 있는지를 확인하고 상황에 맞게 구급처치법을 정확히 할 수 있는지를 평가했다.

이론적 내용으로는 출혈 시 압박법의 종류 및 방법, 화상의 정도 및 응급처치, 골절의 종류 및 응급처치 중에서 하나를 골라 물어보고 정확히 숙지하고 있는지를 확인했다. 만약 정확하게 대답하지 못하면 다시 팀으로 돌아가 관련 내용을 숙지하고 다시 자기 팀 차례가 되었을 때 평가를 받게 했다. 하지만 막상 수행평가를 해보니 한 차시 수업으로는 시간이 너무 부족했다. 그래서 평가를 먼저 진행한 반의 경우 수업 초반 5~10분 정도 마지막으로 점검할 수 있는 시간을 주었다면, 후반부에 평가를 진행한 반의 경우 상황에 따라서는 평가 전 점검할 시간을 주지 않을 때도 있었다.

평가는 예상한 대로 활기를 띠었다. 좀 더 구체적으로 말하자면, 평가를 준비하는 과정에서 팀원들이 서로 함께하려는 모습을 자주 보였다. 특히 팀원 중 수행 능력이 낮은 학생의 수행 능력을 높이기 위해 서로 도와주고 도움을 받으면서 수행평가에 대비하는 모습들이 인상적이었다. 사실 평가 내용과 방법을 계획할 때, 팀 평가로 인해 불만을 나타내는 학생이 많지는 않을까 걱정했었는데 그런 학생들은 거의 없었다.

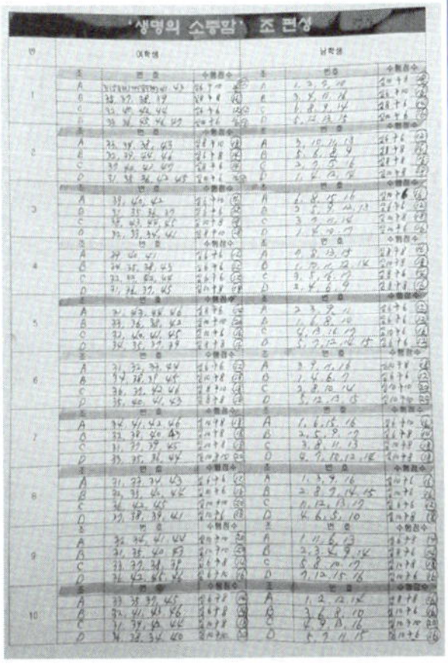	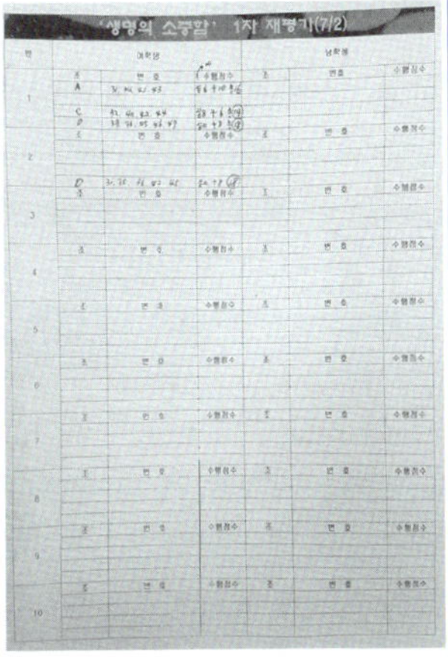	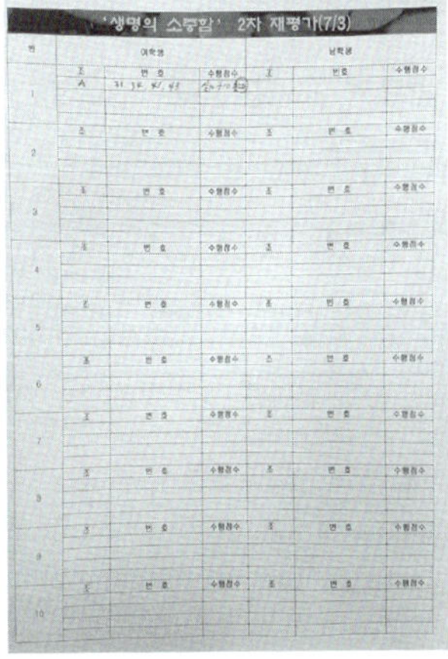
수행평가	재평가(1차)	재평가(2차)

〈사진 3-3-1〉 수행평가 기록지

위의 〈사진 3-3-1〉은 생명의 소중함 수업의 수행평가 기록지를 나타내고 있다.

실제 수행평가가 끝나고 1차 재평가 때 참여한 팀은 모두 4개 팀이다. 이 중 3개 팀은 처음보다 좋은 점수를 얻었다. 하지만 1개 팀은 점수 변화가 없었다.

2차 재평가 때는 1개 팀이 참여했다. 그 팀은 바로 1차 재평가 때 점수 변화가 없었던 팀이었는데, 이 팀은 2차 재평가 때 결국 20점(만점)을 획득했다. 그리고 더는 재평가를 원하는 팀이 없었다. 생각보다 적은 팀이 재평가에 참여해서 다소 아쉬웠지만, 재평가에 참여한 팀들 모두 만족하는 결과를 얻었고 기뻐하는 모습도 보였다.

5차시 수업의 목표는 교실에서 4가지 영상을 시청함으로써 생명의 소중함에 대해 다시 한번 더 생각해 볼 수 있게 하는 것이다. 4가지 영상은 청소년 시기 이성 교제, 영아 유기, 낙태에 관한 영상과 '루카스 이야기'다.

이 수업에서 사용된 영상과 수업 진행 방식은 인천에서 근무하는 어느 선생님의 수업 사례를 그대로 적용한 것이다. 대신 다른 점이 있다면 그 선생님의 경우 청소년들의 올바른 이성 교제에 초점을 맞춰서 수업을 진행했다면, 나는 '생명의 소중함'이라는 수업주제에 초점을 맞춰서 수업을 진행했다는 점이다.

앞의 3가지 영상은 청소년 시기의 이성 교제, 특히 성관계로 인한 임신 그리고 낙태로 이어지는 잘못된 선택이 얼마나 끔찍한 결과를 만들어 낼 수 있는지를 가정하게 함으로써 올바른 이성 교제에 대한 필요성을 역설적으로 강조하는 내용을 담고 있다.

영상을 보는 동안 학생들은 미혼모의 영아 유기 영상과 낙태 영상에 큰 충격을 받는 듯했다. 낙태 영상은 실제 수술 장면이 나오는 영상이었기 때문에 다 보지 못하고 초반 30초 정도밖에 볼 수 없었다.

나는 낙태 영상까지 보고 나서 학생들에게 아래와 같이 말했다.

"만약 여러분이 배 속의 아기라고 생각해 봅시다. 엄마의 뱃속에서 엄마의 체온을 느끼면서 편안함에 빠져 있을 때 갑자기 뱃속으로 차가운 칼날이 불쑥 들어와 여러분의 몸을 갈기갈기 찢는다고 생각해 보세요. 어떨 것 같나요?"

위의 말을 들은 학생들은 생각조차 하기 싫다는 듯 얼굴을 찌푸렸다. 하지만 나는 아래와 같이 계속 말했다.

"여러분은 엄마의 뱃속에서 오랜 시간을 보낸 뒤 이 세상으로 나왔을 겁니다. 그리고 가족의 사랑을 듬뿍 받으면서 지금까지 컸을 거예요. 여기 앉아 있는 누구 하나 귀하지 않고 소중하지 않은 사람은 없습니다. 그렇죠? 누구나 잘못된 선택을 할 순 있어요. 물론 위와 같은 상황에 처할 수도 있겠죠. 하지만 그렇더라도 우리가 봤던 영상과 같은 선택을 해선 안 됩니다. 왜냐하면 여러분들의 생명이 소중한 것처럼 다른 사람들의 생명 역시 소중하기 때문입니다. 설령 뱃속의 태아일지라도 말이죠."

위와 같이 말해서일까, 수업이 끝나고 학생들이 적어낸 느낀 점에는 전혀 예상치 못한 뜻밖의 반응을 보인 학생들이 많았다. 예상치 못한 반응은 바로 부모님에 대한 고마움을 느끼는 학생들이 의외로 많았다는 점이다. 낙태로 인해 세상으로 나오지 못하고 죽는 생명도 많은데 자신들은 그런 끔찍한 일을 겪지 않았다는 것만으로도 부모님께 감사하는 마음을 갖는 학생들이 많았기 때문이다. 게다가 부모님께 투정 부리고 철없이 행동한 자기 자신을 반성하는 학생도 있었다.

이어서 마지막 영상인 '루카스 이야기'를 보았다.

앞의 3가지 영상이 모두 나쁜 쪽으로 결과를 유도했다면, 루카스 이야기는 그와는 정반대로 마음 따뜻해지는 감동을 전하는 이야기를 담고 있다. 특히 자식을 사랑하는 부모의 마음을 다시 한번 생각해 볼 수 있게 해 주었다. 그리고 수업을 마무리 짓기 위해 아래와 같은 사진을 학생들에게 보여주면서 이야기했다.

〈사진 3-3-2〉 담벼락 사진

위의 〈사진 3-3-2〉는 그 당시 근무했던 학교의 수돗가 뒤쪽의 담벼락 사진이다.

이곳은 쉬는 시간만 되면 늘 학생들이 나와 장난을 치거나 주변에서 공놀이하는 곳이다.

평소보다 일찍 출근한 어느 날 아침, 학교는 아직 학생들이 등교하지 않아서 조용했다. 나는 이른 아침의 여유를 즐기기 위해 혼자서 걸었다. 그러다가 우연히 담벼락에 핀 꽃을 발견했다. 사실 오랫동안 근무했기 때문에 그와 같은 꽃을 여러 번 볼 수도 있었겠지만, 그 꽃은 정말 처음 보는 꽃이었다. 아마 평소에 이와 비슷한 꽃을 보았더라도 별 관심을 두지 않았기 때문에 기억하지 못했을 수도 있었다. 하지만 그날만큼은 달랐다. 담벼락에 피어있는 꽃이 내 마음속 깊숙이 다가왔다.

그때가 생명의 소중함 수업을 하고 있던 때다. 사실 처음으로 시도하는 주제의 수업을 어떻게 마무리 지으면 좋을까 고민하고 있었는데, 그 꽃을 본 순간 '작은 관심'을 핵심 키워드로 해서 수업을 마무리하면 좋겠다는 생각이 들었다. 우연히 담벼락에서 위태롭게 뿌리를 내려 꽃을 피운 식물을 발견했고 관심을 가지고 보았기 때문에 그 꽃이 아주 예쁘다고 생각할 수 있었다. 그리고 위태롭게 뿌리 내려 꽃을 피운 그 식물의 생명이 무척이나 소중하게 여겨졌다.

생명의 소중함도 마찬가지다. 나의 생명이 소중하고 값지다면 다른 사람 역시 소중하고 값진 생명을 가지고 있다. 이 점을 이해하고 깨닫기 위해서는 먼저 타인에 대해 작은 관심을 갖는 것부터 필요하단 사실을 우연히 발견한 꽃을 통해 깨달았다. '나'와 '너'가 아닌 '우리'가 함께 하기 위해 너무나 당연하지만 너무나 중요한 가치, 그것이 바로 작은 관심에서부터 시작된다는 사실을 학생들에게 전달하면서 생명의 소중함 수업을 마무리 지을 수 있었다.

〈표 3-3-4〉 생명의 소중함 수업 후 느낀 점(3학년 2개 반)

생명의 소중함 수업 후 느낀 점(2개 반)					
생명은 정말 소중하다는 것을 깨달았고 생명은 보호받아야, 또 존중받아야 한다는 걸 알 수 있었다.	명동 거리에 쓰러진 사람이 있으면 구하고, 다목적실은 응급처치를 배워, 위급한 상황에서 쓸 수 있어서 잘 배운 것 같다. 그리고 루카스 이야기는 정말 감동적인 이야기였다.	아무리 조그마한 생명이라 할지라도 소중하다는 것을 느꼈다. 생명은 그 어떤 것도 하찮지 않다.	생명의 소중함을 깨달을 수 있는 시간이었다.	생명에 대한 소중함을 더욱 더 알게 되었다.	생명은 정말 소중한 것 같다. 앞으로 다친 사람이 보이면 도와줘야겠다.
나도 엄마, 아빠의 사랑을 받아 태어난 거에 대해 감사하고 내 주변에 있는 사람들도 다 소중한 사람이란 걸 다시 한 번 깨달았다.	심폐소생술을 연습했지만 실제로는 잘 못할 것 같다.	모든 사람의 생명을 존중해야 하고 모두의 생명이 다 소중하다는 것을 느꼈다.	내 앞에서 누군가가 쓰러져서 나의 도움을 필요로 한다면 도와주어야겠다는 생각이 더 확실해졌고, 심폐소생술을 배워서 조금 더 자신 있게 더 확실하게 도와줄 수 있을 것 같다.	생명이 얼마나 소중한지 그리고 그것을 존중하는 방법을 배웠기 때문에 뜻깊은 시간이었다. 언젠간 지금 배우고 느낀 것들이 다시 생각날 것 같다.	생명이 얼마나 소중한 건지 다시 한 번 알게 되었습니다. 루카스의 이야기를 보고 정말 감동받았습니다.

우리 모두 소중하다고 생각해서 친구들이나 모든 사람들에게 친절히 대해주고 도와줘야겠다.	임신 영상을 보면서 생각난 것이 있는데요, 동생이랑 저랑 (그때 제가 6살, 3월 쯤이었습니다.) 아무것도 모르고 장난으로 막냇동생을 임신해서 배가 어느 정도 나온 엄마의 배에 확 올라탄 경험이 있었는데...	생명의 소중함을 깨닫게 되었다. 특히 마지막에 본 '루카스 이야기'가 가장 인상적이었다. 소중하게 태어난 우리들이 충분히 남을 살릴 수 있음에도 노력조차 하지 않는 건 그 사람을 낳은 그 사람 부모에 대한 죽임보다 더 가혹한 일이다.	처음엔 내가 과연 사람을 살릴 수 있을까? 사람을 살리려고 한 건데 죽으면 어떡하지 하는 생각을 가지고 있었는데 나 같은 사람도 생명의 소중함을 알고 최선을 다해 '이 생명이 내 생명이라고 생각하고 살리면 살릴 수 있구나'라고 생각했습니다.^^	생명이 얼마나 소중한지 알게 되었고, 적당한 이성교제는 좋지만 무리하게 교제하지는 말아야겠다는 생각이 들었다.	'내 가족이든 아니든 사람이 쓰러져 있으면 무조건 구해야 되겠다'라는 생각이 든다. 쓰러진 사람이 그 누구의 아버지이고 어머니이고 가족일 수 있으니까.
생명을 함부로 생각하지 않고 소중하게 생각해야겠다.	안타깝기도 했지만 아름다웠다.	생명은 대단하고 정말 소중하단 걸 느끼게 해주는 시간이었다.	생명이 소중하다는 걸 느꼈다. 그래서 생명을 소중히 해야겠다.	아주 작은 생명이라도 소중하게 생각해야겠다.	다시 한 번 생명의 소중함에 대해서 깨닫게 되었다.
생명의 소중함을 몇 시간 동안 배우면서 생명의 소중함을 알게 되었다.	순간의 작은 실수가 평생의 인생을 좌우할 수 있다는 것을 느꼈다.	생명을 가진 누구나 모두 소중하다.	루카스 이야기를 보고, 생명의 소중함을 더 절실하게 느끼는 것 같다.	'심폐소생술을 통해 나도 한 사람을 살릴 수 있겠구나' 라고 느꼈다.	꼭 내가 아는 사람이라서 구해주는 것이 아니라 모르는 사람이라도 도와줘야겠다고 생각했다.
생명이 소중하다는 것을 느꼈다.	생명을 죽일 수 없다고 말한 루카스 부모가 정말 대단하다고 생각된다. 현재 거의 다수에 사람들은 인공 낙태시킬 텐데, 낳고 키워주는 것이 대단하다고 생각한다.	낳아 주신 걸 고마워합니다.	생명이 엄청나게 중요하다는 것을 알고 응급처치라도 배워서 좋았다.	내가 생명을 좀 더 진지하고 소중하게 생각해야겠다고 느끼게 되는 계기가 되어서 보람도 있었고 즐겁기도 했습니다.	이번 시간을 통해 생명의 소중함을 다시 한 번 배웠고, 응급처치법도 잘 배워서 누군가 다치더라도 잘 할 수 있을 것 같습니다.
생명이 정말 소중한 걸 느꼈다. 이제부터 생명을 함부로 생각하지 않고 함부로 대하지 않겠다.	생명이 얼마나 소중한지 느꼈고 루카스의 부모가 멋있었다. 그리고 슬펐다.	아무리 어린 생명이라도 존중해야겠다.	생명이 소중하다는 것을 다시 한 번 느꼈다. 낳아주신 부모님께 감사한다.	살아가면서 많은 생명을 볼 것이고, 많은 죽음을 볼 것이며 그 죽어가는 생명을 살릴 것이다.	어떤 아기는 세상을 보지 못하고 죽었지만 어떤 아이는 세상 밖을 보는 것을 보고 감동적이었다.

다시 한 번 생명에 대해 알게 되었고 생명은 소중하다. 이번 수업은 재미는 별로 없었지만 우리가 살아가는 데 정말 필요한 것을 배워서 좋다.	부모님 사랑합니다.	부모님께 효도해야겠다.	부모님에게 감사하는 마음이 커진다. 부모님에게 성질내고 화낸 것이 죄송스럽다.	생명의 소중함에 대해 더 많이 느끼게 되었다. 나중에 루카스의 부모님처럼 나도 자식에게 사랑을 많이 주는 사람이 되고 싶다.	생명의 소중함을 배우고 어떤지 알게 돼서 좋았고 루카스의 이야기가 감동적이었다.
자기의 실수로 한 생명을 죽이면 안 된다고 생각한다.	다시 한 번 생명의 소중함을 느꼈다. 나도 나중에 커서 꼭 아기를 버리지 않고 키울 것이다.	엄마하고 아빠한테 화내고 짜증 냈던 게 후회되고 적어도 엄마아빠는 나를 사랑한다는 것을 알았다.	아기나 어른이나 나이만 다르지 생명의 가치와 소중함은 모두 똑같다.	생명은 귀하고 천한 게 없고 모든 생명이 소중하다 생각한다.	내가 태어났을 때도 저랬을까 하는 생각이 들었다. 저렇게 부모님의 사랑을 받으며 태어난 것 같아서 기쁘다. 그리고 남을 다시 한 번 생각하게 됐고, 모르는 사람이라도 생명을 소중히 여겨야겠다.

위의 〈표 3-3-4〉는 생명의 소중함 수업 후 3학년 2개 반의 학생들이 쓴 느낀 점을 나타내고 있다.

처음 이 수업을 계획할 때, 과연 내가 의도한 인성주제를 학생들에게 잘 전달할 수 있을까, 라는 걱정을 많이 했다. 하지만 학생들이 쓴 느낀 점을 보고 걱정할 필요가 없음을 알았다. 학생들이 적은 느낀 점은 무척 놀라웠다. 생명의 소중함이라는 인성주제를 넘어 자신을 더 소중하게 생각하는 학생부터 부모님께 고마움을 느끼는 학생들까지 예상치 못했던 학생들의 모습도 볼 수 있었기 때문이다. 어쩌면 생명의 소중함 수업은 가장 어설프게 계획하고 준비했던 수업이었을지 모른다. 하지만 학생들이 적은 느낀 점을 보고 다시 한번 더 인성주제 중심 체육수업에 대한 확신을 가질 수 있게 됐다.

〈수업 노트 기록 3-3-1〉 생명의 소중함 수업에 대한 수업 노트 기록

2013년 4월 15일 월요일, 3학년 4반 수업(1차시)

- 수업 시작 3분 전, 교실로 들어가 빔프로젝터를 준비했다. 쉬는 시간 교실은 혼잡 그 자체다. 교실에서 수업을 진행할 때 수업 초반 분위기를 잡는 것이 중요하다. 그렇기 때문에 수업 시작 전부터 교실에 들어가 수업을 준비하면서 수업 분위기를 조성하는 것도 필요하다.

- 전체적인 수업 진행이 좋았다. 특히 '생명의 소중함'이란 다소 무거운 주제를 끌어내기 위해 '작은 관심'이라는 것에 포커스를 맞춘 점이 좋았던 것 같다.

1차시 수업을 진행하면서 생각난 아이디어

1. '생명의 소중함'이란 인성주제 중심의 수업에 앞서 분위기를 조성하기 위해서 생각거리 1, 2를 준비. 생각거리를 통해서 학생들의 반응을 끌어낼 수 있도록 준비. 특히 생각거리 2의 상황은 영상 1과 동일한 상황으로 영상을 보여주기 전에 상황을 먼저 설명함으로 인해 영상에 집중할 수 있도록 수업을 유도함.
2. 영상 1을 통해 생명을 살리는 데 가장 필요한 것은 작은 관심이라는 것을 학생들에게 이끌어 낼 수 있어야 함.
3. 영상 2를 통해 생명을 살리는 데 가장 필요한 것은 간단하면서도 정확한 응급처치라는 것을 전달해야 함.

2013년 4월 17일 수요일, 3학년 10반(2차시)

- 생명의 소중함 1차시 수업의 효과 때문인지는 몰라도 수업에 임하는 모습이 상당히 진지해 보였음. 심폐소생술, 구급처치법을 연습하는 학생들의 실력이 능숙하지는 않았지만 하려는 의지가 보였음. 그리고 나의 간단한 시범에 놀라는 학생들을 보고 심폐소생술과 관련된 응급처치에 대한 교육의 필요성을 다시 한번 더 느낌.
  ※ 이○○ 학생, 차○○ 학생: 평소 장난치는 모습을 자주 보였던 학생들인데 수업 시간에 상당히 진지하게 참여하는 모습이 인상적이었음.

2013년 4월 22일 월요일, 3학년 3반(2차시)

- 생명의 소중함 수업에서 진행하는 신체활동은 실제 상황에 대처할 수 있는 능력을 기르는 것이 목적이다. 생명의 소중함을 바탕으로 진지하게 수업에 임해야 하지만 '그냥 수업이니까'라는 생각에 수동적으로 참여하는 학생들이 많다. 원래 장난기가 많고 집중력이 부족한 반이긴 하지만 수업 태도를 보니 '이건 아닌데'라는 생각이 든다.
- 월요일 1교시 수업이라서 그럴까? 아니면 나 스스로 너무 예민해진 걸까? 아무튼 진지함을 강조하면서 학생들을 차갑게 대한 것이 아닌가 하는 아쉬움이 남는다.

2013년 4월 22일 월요일, 3학년 4반(3차시)

- 6교시 수업. 힘들다. 교사가 힘들 때 수업 진행이 힘들다는 것을 새삼 깨달았다. 날카로운 신경 때문에 별거 아닌 일에 과민 반응한 게 아닌가 싶다. 물론 4반 학생들의 수업 중 장난이 없었던 것은 아니지만 좀 더 유연하게 대처했었더라면 하는 아쉬움이 남는다.

2~3차시 수업을 진행하면서 생각난 아이디어

1. '하트세이버' 마크를 만들어서 심폐소생술 & 구급처치를 잘하는 팀 또는 학생에게 수여하여 자부심을 심어주는 것도 좋을 듯하다.
2. 작은 밀폐 팩을 이용하여 구급처치 용구를 정리하는 것.
3. 수업 장소에 플래카드, 포스터를 이용하여 '생명의 소중함'에 대한 간접 지식이 전달될 수 있도록 하는 것.

〈수업 노트 기록 3-3-2〉 생명의 소중함 수업에 대한 수업 노트 기록

2013년 4월 26일 금요일, 3학년 6반(5차시)

- 학생들의 반응에 집중하며 수업 진행. 이성 교제 영상 시청 땐 장난기 많은 학생 1~2명(정○○ 학생, 김○○ 학생)이 툭툭 던지는 말로 학생들을 웃기는 경우가 있었지만, 영아 유기 때부터는 진지해지면서 집중하는 모습을 보였다. 낙태 영상은 30초 정도만 시청. 귀를 막고 눈을 감는 여학생(오○○ 학생)이 있었음. 30초 정도만 보았지만 충분히 메시지 전달이 되었음. 루카스 이야기 때는 1~2명을 제외하고 모두 몰입하는 것 같았음. 정○○ 학생 눈물을 보임.

2013년 4월 29일 월요일, 3학년 3반(5차시)

- 상당히 진지한 태도로 수업에 집중함. 학생들이 적은 느낀 점을 봤을 때, 수업을 통해 전달하고자 한 것보다 더 많은 것을 전달한 것 같아서 좋았음.

2013년 4월 29일 월요일, 3학년 8반(5차시)

- 반응이 좋았던 반. '루카스 이야기'를 보면서 눈시울이 붉어지는 학생들이 많았음. 학생들이 느낀 점을 보면서 체육교사로서 보람을 느꼈음.

4~5차시 수업을 진행하면서 생각난 아이디어

1. '담벼락 사진'과 '그 속에 핀 꽃' 사진으로 수업 정리: 학교 수돗가 뒤쪽의 담벼락. 늘 학생들이 주변에서 공놀이를 하거나 어울리는 장소. 늘 보는 곳이지만 그곳에 핀 작은 꽃을 볼 수 있는 학생은 극히 드물 것이다. 관심을 가지고 담벼락을 봐야만 그 속에 핀 작고 예쁜 꽃을 볼 수 있다. 생명의 소중함이 작은 관심에서 시작됨을 학생들에게 전달할 수 있는 좋은 자료인 것 같다.
2. 바른 관계 맺기 수업과 생명의 소중함 수업이 연결됨. 작은 관심이 관계를 더욱 유지・강화하듯이 타인의 생명이 위기에 처해 있을 때, 생명을 살릴 수 있는 기회는 작은 관심에서 시작된다는 것을 명심.
3. 인성주제 중심 체육수업은 각각의 주제가 따로 존재하는 것이 아니라 1학기 또는 1년 동안 상호보완적으로 연결되어 있는 것 같다.

〈수업 노트 기록 3-3-1〉, 〈수업 노트 기록 3-3-2〉는 생명의 소중함 수업을 하면서 수업 노트에 기록한 내용이다.

이 수업을 진행하면서 어떤 점이 어려웠고, 어떤 생각들을 했으며, 무엇에 관심을 가졌는지 등을 수업 노트에 기록하면서 수업을 되돌아볼 수 있었다. 특히 생명의 소중함이라는 다소 생소한 인성주제로 수업을 진행하면서 부족한 점들을 많이 느꼈고, 이를 보완하려는 생각들을 아이디어로 많이 기록한 점이 다른 수업과는 차이를 보이는 것 같다.

수업 진행 및 활동사진

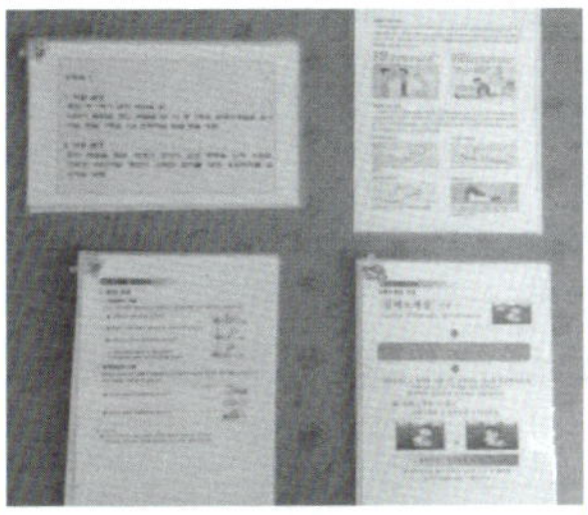

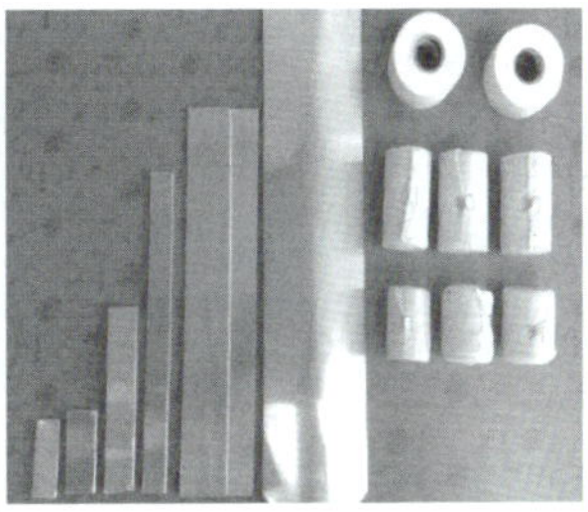

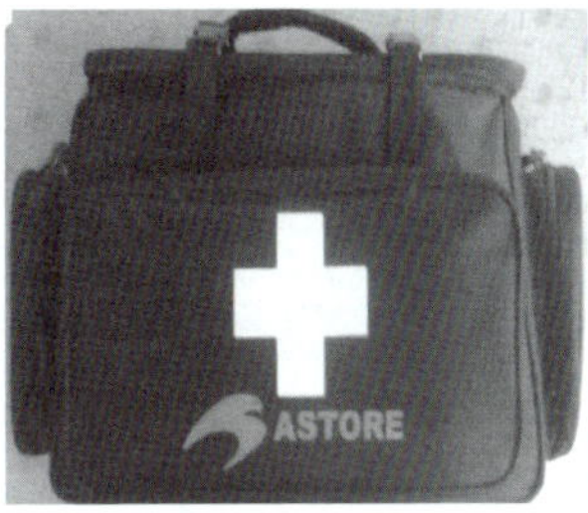

생명의 소중함 학습자료 | 구급처치법 도구 | 구급처치용 가방

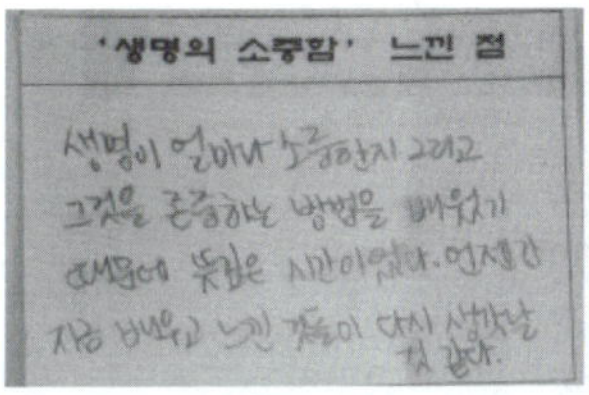

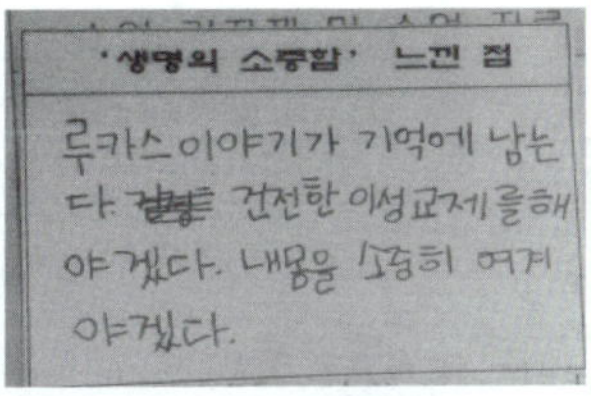

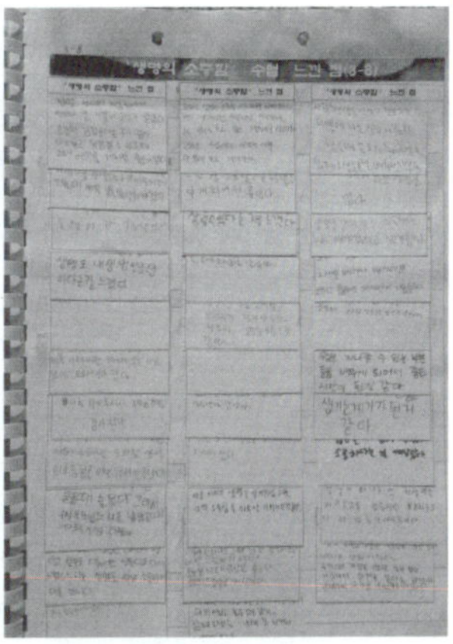

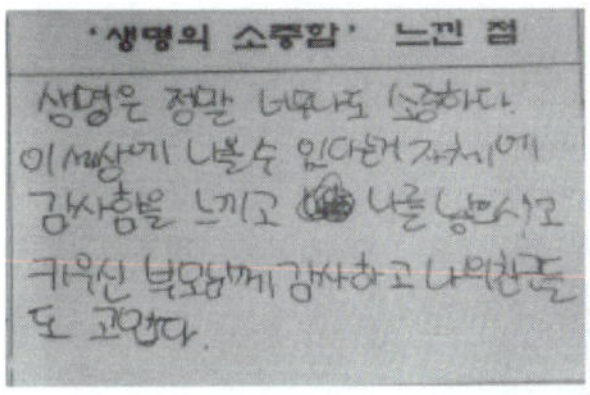

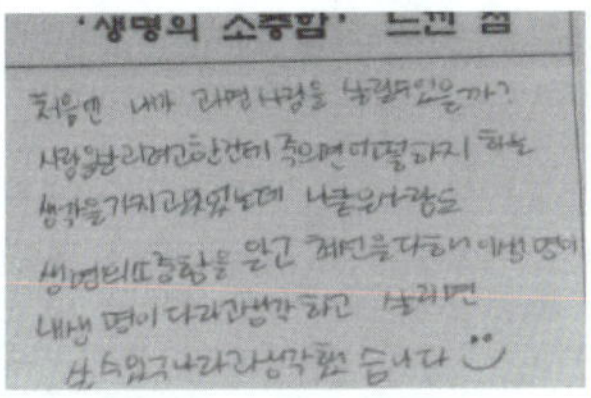

생명의 소중함 수업 후 느낀 점

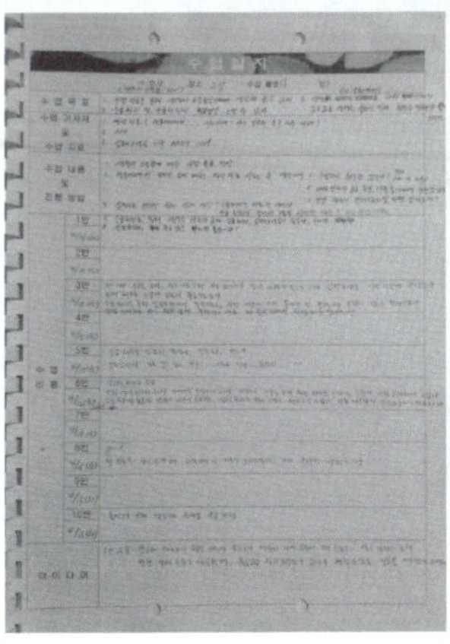

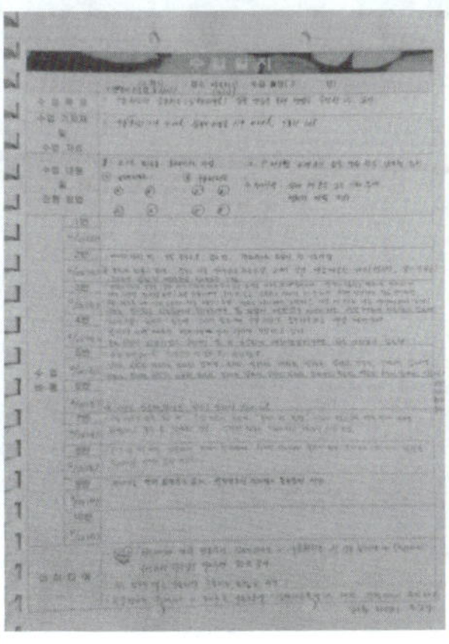

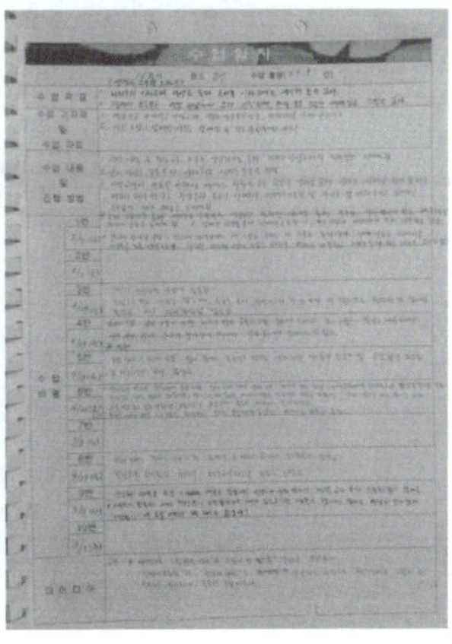

수업 노트 기록

<table>
<tr><th>구분</th><th colspan="4">활동사진</th></tr>
<tr><td rowspan="2">1차시</td><td></td><td></td><td></td><td></td></tr>
<tr><td>전시학습 상기</td><td>「명동에서 생긴 일」
영상 시청</td><td>만약 쓰러진 사람이
내 가족이라면…</td><td>심폐소생술 설명 및 시범</td></tr>
<tr><td rowspan="4">2~3
차시</td><td></td><td colspan="2">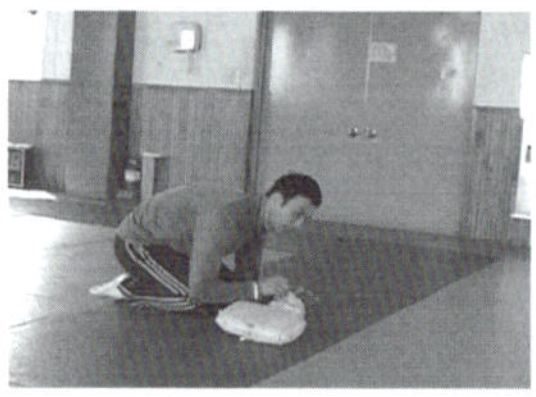</td><td></td></tr>
<tr><td>준비운동</td><td colspan="2">파트별 진행 방법 설명(A파트)</td><td>파트별 수업 진행</td></tr>
<tr><td></td><td>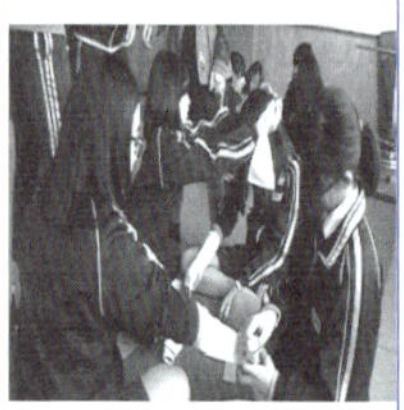</td><td></td><td></td></tr>
<tr><td>A파트(심폐소생술)</td><td>B파트(구급처치법)</td><td>C파트
(응급 · 구급처치의 이해)</td><td>D파트(상황극)</td></tr>
<tr><td rowspan="2">4~5
차시</td><td></td><td colspan="2"></td><td></td></tr>
<tr><td colspan="3">수행평가 전 최종 점검</td><td>5차시 감상수업</td></tr>
</table>

수업지도안

대 상	3학년	대영역	건강 활동	중영역	건강과 체력	일시	3~4월
장 소	교실	인성주제	생명의 소중함			차시	1/5
학습목표	• 응급 상황에서 작은 관심과 노력이 생명을 살릴 수 있음을 이해할 수 있다. • 심폐소생술과 구급처치법의 필요성을 인식할 수 있다.						
수업자료	영상자료 2편(명동에서 생긴 일, 기적의 4분), 심폐소생술 기구 1set, 구급처치 기구 1set, PPT자료						

단 계	학습내용	교수-학습활동	시간	지도상 유의점
준비하기		• 수업 준비 -수업 환경 조성(빔프로젝터 확인)	-3분	
생각하고 떠올리기	• 인원점검 및 환자파악 • 학습목표 제시	• 출석확인, 건강상태 확인, 수업 준비 상태 확인 • 전시학습 상기 -바른 관계 맺기 -친구의 이름 부르기의 의미 -관계 강화·유지를 위한 나의 다짐 • 학습목표 제시 후 확인	5분	정숙 유지
이해하고 활동하기	• 생명의 소중함 수업 소개 • 영상 시청 • 생각하기 • 응급처치법 소개 및 설명	• 생명의 소중함 수업 소개 -총 5차시 수업(1, 5교시 감상수업으로 교실수업) -2, 3차시 심폐소생술과 구급처치법(다목적실 수업) -4차시 수행평가 -5차시 생명의 소중함 수업의 의미 • 영상 시청  명동에서 생긴 일 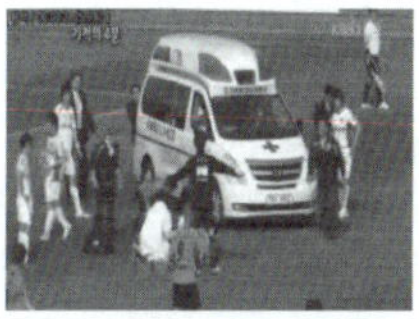 기적의 4분 • 생각하기(명동에서 생긴 일/기적의 4분) Q1: 만약 당신이 그 자리에 있었다면…? Q2: 만약 여러분의 가족이 쓰러졌다면 어떻게 행동할 것인가? Q3: 만약 당신이 쓰러진다면, 어떤 심정일까? Q4: 똑같은 사고지만, 다른 결과가 나온 이유는? • 응급처치법 소개 및 설명	3분 (8분) 25분 (33분) 7분 (40분)	주의집중 주의집중 적극적인 참여 유도 다양한 의견에 적극적인 반응 주의집중
정리하고 반성하기	• 수업 정리 • 차시예고	• 수업 정리 만약 ~ 라면? 생명은 누구에게나 소중하다. 그리고 작은 관심과 노력으로 생명을 살릴 수도 있다. 하지만 나와의 관계를 따지고, 주변의 시선을 신경 쓰는 동안 응급처치를 하지 못한다면… • 차시예고 -장 소: 다목적실 -수업내용: 심폐소생술, 구급처치법	5분 (45분)	분위기 조성 경청하기

대 상	3학년	대영역	건강 활동	중영역	건강과 체력	일시	3~4월
장 소	다목적실	인성주제	생명의 소중함			차시	2/5
학습목표	• 심폐소생술과 구급처치법을 이해하고 방법을 익힐 수 있다.						
수업자료	• 심폐소생술 기구 2set, 구급처치 기구 2set 학습자료(이론자료, 상황극 자료)						

단 계	학습내용	교수-학습활동	시간	지도상 유의점
준비하기		• 수업 준비 -수업 환경 조성(다목적실 정리 및 환기) A(심폐소생술) | B(구급처치법) C(응급 · 구급처치의 이해) | D(상황극)	-3분	
생각하고 떠올리기	• 인원점검 및 환자파악 • 학습목표 제시	• 출석확인, 건강상태 확인, 수업 준비 상태 확인 • 전시학습 상기 -생명의 소중함 -같은 상황이지만 응급처치를 하느냐 마느냐에 따라 결과는 크게 달라질 수 있다는 사실 강조 -작은 관심과 노력의 중요성 인식 • 학습목표 제시 후 확인	3분	정숙 유지
이해하고 활동하기	• 팀 조직	• 팀 조직 -남학생, 여학생 각각 4개 팀씩 조직 -같은 성별, 2개 팀씩 총 4개 팀으로 수업 진행	3분 (6분)	
	• 수업 진행 설명	• 수업 진행 설명 -4개 파트 로테이션 수업 진행 -각 파트에 해당 수업 자료 및 수업 방법 설명 -A 파트: 심폐소생술(전체를 대상으로 시범 및 설명) -B 파트: 구급처치법(전체를 대상으로 시범 및 설명) -C 파트: 응급 · 구급처치법 학습자료 이해 및 숙지 -D 파트: 상황극(주어진 대본을 바탕으로 실제 상황재현, 단 너무 소란스럽지 않도록 지도)	4분 (10분)	적극적인 참여 교사 순회 지도
	• 수업 진행	• 수업 진행: 8분마다 파트 순환	32분 (42분)	주의집중
정리하고 반성하기	• 수업 정리 • 차시예고	• 수업 정리 위기 상황에서 가장 필요한 것은 생명을 구하겠다는 강한 의지임을 강조 • 차시예고 -장 소: 다목적실 -수업내용: 심폐소생술, 구급처치법 숙달	3분 (45분)	분위기 조성 경청하기

<table>
<tr><td>대 상</td><td>3학년</td><td>대영역</td><td>건강 활동</td><td>중영역</td><td>건강과 체력</td><td>일시</td><td>3~4월</td></tr>
<tr><td>장 소</td><td>다목적실</td><td>인성주제</td><td colspan="3">생명의 소중함</td><td>차시</td><td>3/5</td></tr>
<tr><td>학습목표</td><td colspan="7">• 상황에 맞게 심폐소생술과 구급처치법에 대한 실행 능력을 숙달시킬 수 있다.</td></tr>
<tr><td>수업자료</td><td colspan="7">• 심폐소생술 기구 4set+여분 2set, 구급처치 기구 4set+여분 2set, 학습자료</td></tr>
<tr><td>단 계</td><td>학습내용</td><td colspan="4">교수-학습활동</td><td>시간</td><td>지도상 유의점</td></tr>
<tr><td>준비하기</td><td></td><td colspan="4">• 수업 준비
-수업 환경 조성(다목적실 정리 및 환기)
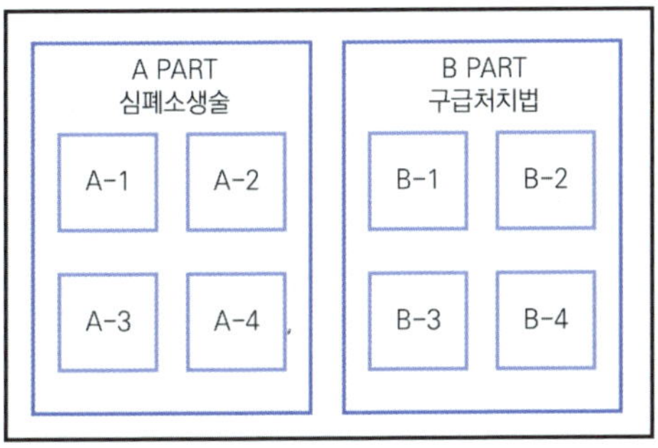
</td><td>-3분</td><td></td></tr>
<tr><td>생각하고 떠올리기</td><td>• 인원점검 및 환자파악

• 학습목표 제시</td><td colspan="4">• 출석확인, 건강상태 확인, 수업 준비 상태 확인
• 전시학습 상기
-생명을 살리겠다는 진지함과 강한 의지

• 학습목표 제시 후 확인</td><td>3분</td><td>정숙 유지</td></tr>
<tr><td>이해하고 활동하기</td><td>• 수업 진행 설명

• 수업 진행</td><td colspan="4">• 수업 진행 설명 및 시범
-2개 파트 로테이션 수업 진행
-각 파트에 해당 수업 자료 및 수업 방법 설명
-A 파트: 심폐소생술 숙달
-B 파트: 응급처치 이론적 지식 습득 및 구급처치 숙달

• 수업 진행
-15분 후 다른 파트로 이동</td><td>5분
(8분)

30분
(38분)</td><td>적극적인 참여
적극적인 피드백 부여

순회지도를 통해 숙달 여부 점검</td></tr>
<tr><td>정리하고 반성하기</td><td>• 수업 정리

• 차시예고</td><td colspan="4">• 수업 정리
임의로 2개 팀 선정 후 심폐소생술과 구급처치법 점검

• 차시예고
-장　소: 다목적실
-수업내용: 수행평가</td><td>5분
(43분)

2분
(45분)</td><td>분위기 조성

경청하기</td></tr>
</table>

대 상	3학년	대영역	건강 활동	중영역	건강과 체력	일시	3~4월
장 소	다목적실	인성주제	생명의 소중함			차시	4/5
학습목표	• 심폐소생술과 구급처치법을 정확히 설명하고 실시할 수 있다.						
수업자료	• 심폐소생술 기구 4set+여분 2set, 구급처치 기구 4set+여분 2set, 학습자료						

단 계	학습내용	교수-학습활동	시간	지도상 유의점
준비하기		• 수업 준비 -수업 환경 조성(다목적실 정리 및 환기) 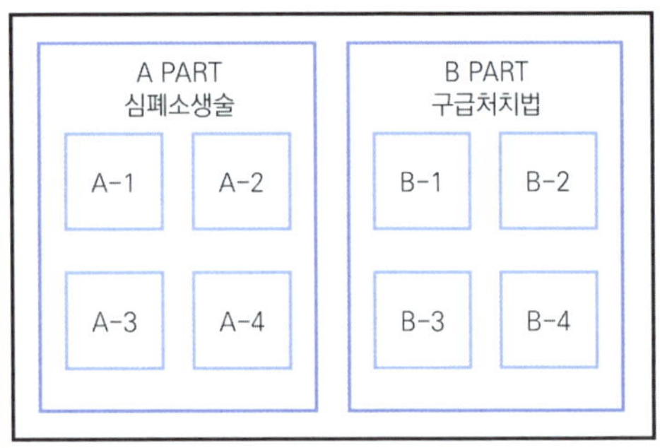 	-3분	
생각하고 떠올리기	• 인원점검 및 환자파악 • 학습목표 제시	• 출석확인, 건강상태 확인, 수업 준비 상태 확인 • 전시학습 상기 -생명을 살리겠다는 진지함과 강한 의지 • 학습목표 제시 후 확인	3분	정숙 유지
이해하고 활동하기	• 수행평가 방식 설명 후 점검 • 수행평가	• 수행평가 방식 설명 후 점검 -수업 환경은 3차시와 동일 -수행평가를 앞두고 10분간 마지막 점검 및 연습 -수행평가는 팀 평가(팀원 중 실습 대상은 뽑기로 선정되기 때문에 모두가 최선을 다할 수 있도록 진행) • 수행평가	12분 (15분) 25분 (40분)	적극적인 참여 순회지도를 통해 숙달 여부 점검 평가팀 진지하게 미평가 팀 평가 연습
정리하고 반성하기	• 수업 정리 • 차시예고	• 수업 정리 구급처치의 경우 일상생활에서 자주 사용할 수 있는 유익한 방법임을 인식시키고 강조 심폐소생술은 생명을 살리는 데 있어서 가장 쉬우면서도 중요한 응급처치가 될 수 있음을 강조 • 차시예고 -장 소: 교실 -수업내용: 올바른 이성 교제를 통한 생명의 소중함 느끼기	5분 (43분) 2분 (45분)	분위기 조성 경청하기

<table>
<tr><td>대 상</td><td>3학년</td><td>대영역</td><td>건강 활동</td><td>중영역</td><td>건강과 체력</td><td>일시</td><td>3~4월</td></tr>
<tr><td>장 소</td><td>교실</td><td>인성주제</td><td colspan="3">생명의 소중함(올바른 이성교제)</td><td>차시</td><td>5/5</td></tr>
<tr><td>학습목표</td><td colspan="7">• 중학생으로서 올바른 이성 교제에 대한 바른 인식을 갖출 수 있다.
• 생명의 소중함 수업을 통해 느낀 점을 기록할 수 있다.</td></tr>
<tr><td>수업자료</td><td colspan="7">영상자료 4편(이성 교제, 미혼모 영아유기, 낙태, 루카스 이야기), PPT 자료, 개별기록지(느낀 점)</td></tr>
<tr><td>단 계</td><td>학습내용</td><td colspan="4">교수-학습활동</td><td>시간</td><td>지도상 유의점</td></tr>
<tr><td>준비하기</td><td></td><td colspan="4">• 수업 준비
-수업 환경 조성(빔프로젝터 확인)</td><td>-3분</td><td></td></tr>
<tr><td>생각하고 떠올리기</td><td>• 인원점검 및 환자파악

• 학습목표 제시</td><td colspan="4">• 출석확인, 건강상태 확인, 수업 준비 상태 확인
• 전시학습 상기
-작은 관심과 노력은 심폐소생술과 구급처치에 대한 올바른 이해와 사용으로부터란 것을 인식
• 학습목표 제시 후 확인</td><td>3분</td><td>정숙 유지</td></tr>
<tr><td rowspan="2">이해하고 활동하기</td><td>• 수업 소개 (올바른 이성 교제)
• 영상 시청</td><td colspan="4">• 수업 소개
-올바른 이성 교제에 대한 바른 인식의 필요성 강조
-수업 진행 및 영상 소개
• 영상 시청
 1. 이성 교제
 2. 미혼모 영아 유기
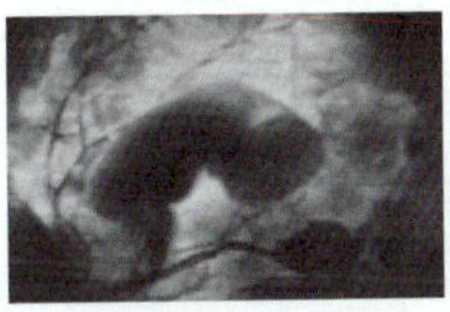 3. 낙태 영상
 4. 루카스 이야기 순으로 시청</td><td>32분
(35분)</td><td>주의집중

주의집중</td></tr>
<tr><td>• 작은 관심이란?</td><td colspan="4">• 작은 관심이란?

학교 주변에서 늘 보던 담장, 하지만 담장 속의 꽃을 보는 사람은 드물다. 작은 관심은 늘 보던 담장 속의 꽃을 볼 수 있게 만든다.</td><td>5분
(40분)</td><td>경청

생각하기</td></tr>
<tr><td>정리하고 반성하기</td><td>• 수업 정리
• 차시예고</td><td colspan="4">• 수업 정리
생명의 소중함 수업 후 느낀 점 적기
• 차시예고
-장 소: 체육관
-수업주제: 팀워크
-신체활동: NEW SPORTS(킨볼)</td><td>5분
(45분)</td><td>분위기 조성

경청하기</td></tr>
</table>

수업자료(영상자료)

영상자료		
	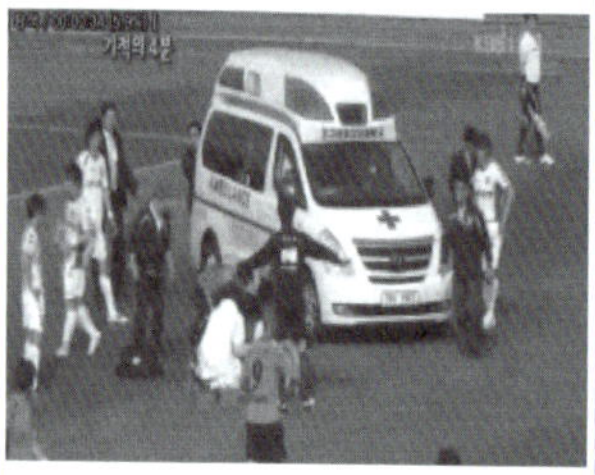	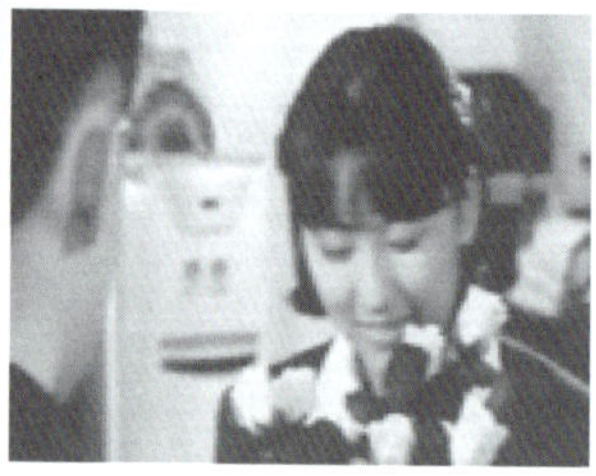
명동에서 생긴 일	기적의 4분	이성교제
	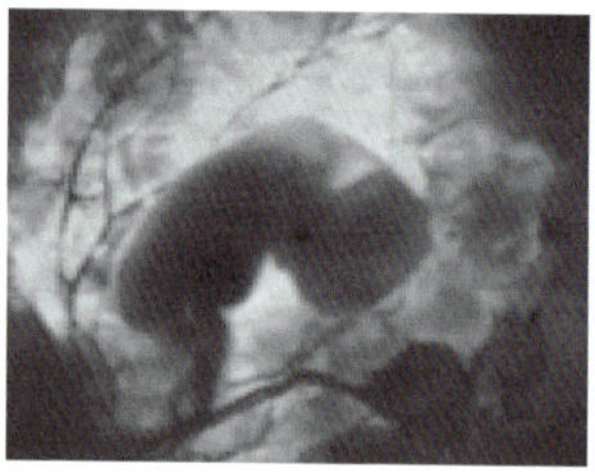	
영아 유기	낙태	루카스 이야기

수업자료(이론자료)

심폐소생술

	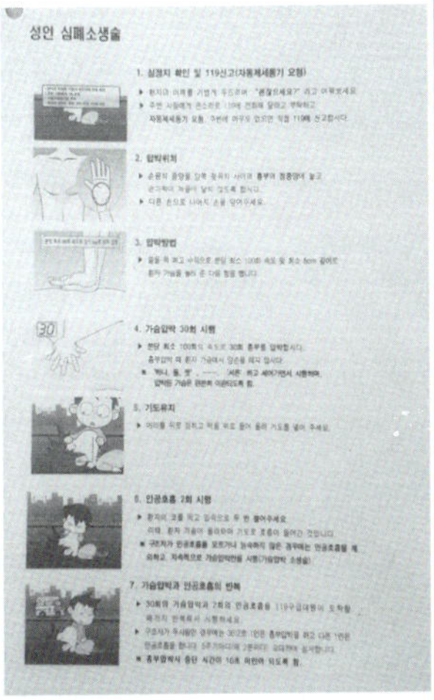	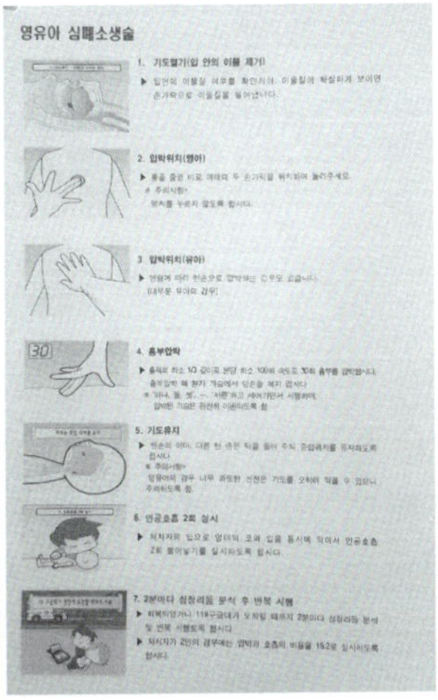
심폐소생술 정의	성인 심폐소생술	영유아 심폐소생술

응급 및 구급처치법

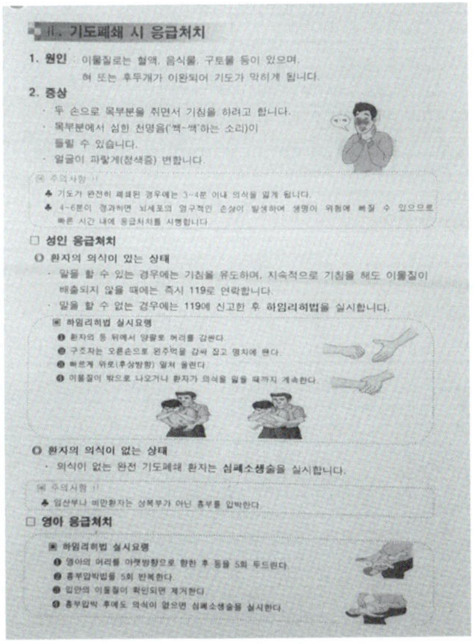	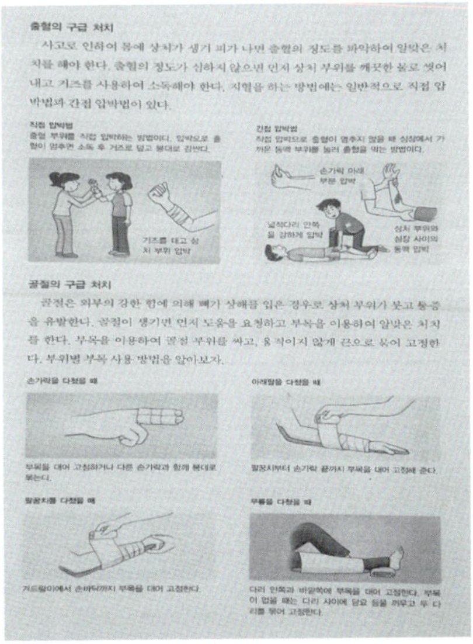
기도 폐쇄 시 응급처치	출혈 시 구급처치

생활 응급처치법

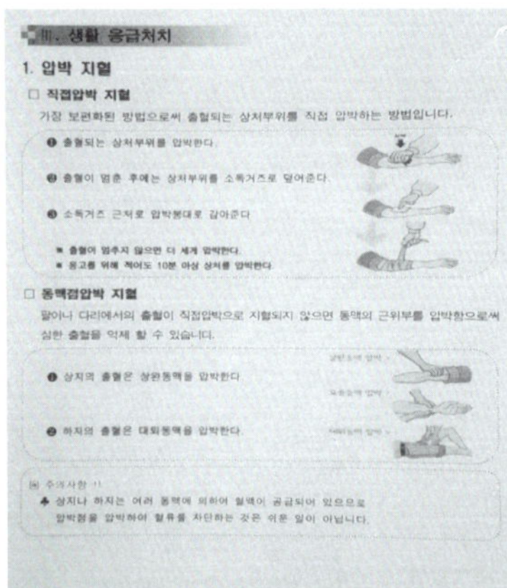

압박 지혈

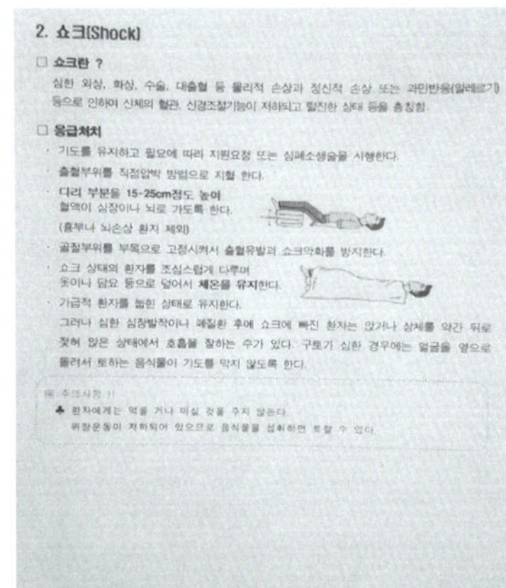

쇼크

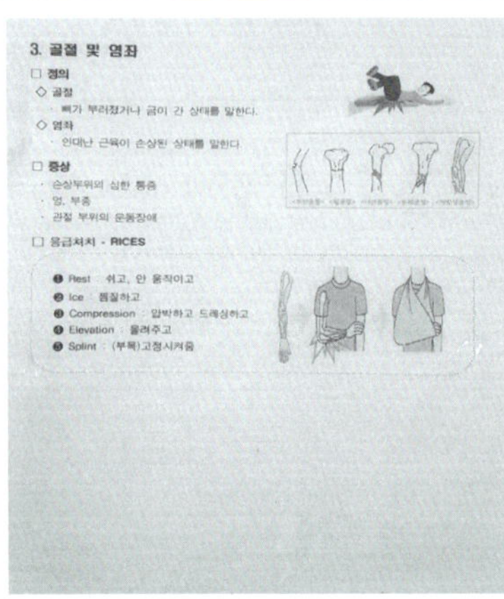

골절 및 염좌

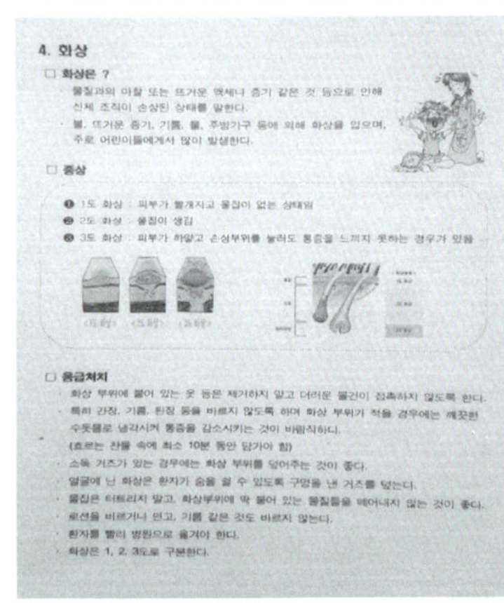

화상

상황극

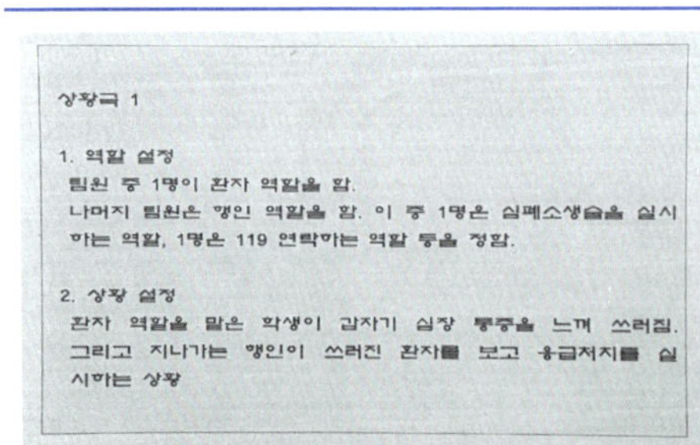

상황극 1

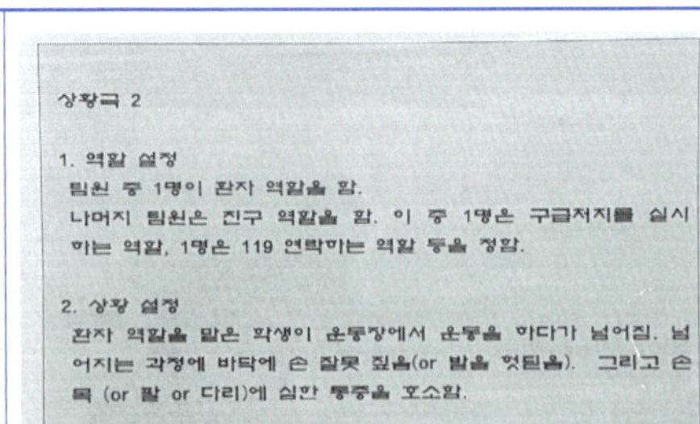

상황극 2

팀워크(킨볼) 수업

수업 실천 사례

〈표 3-4-1〉 단원 수업 계획

인성주제	팀워크	신체활동	킨볼
신체활동 가치	경쟁 활동	중영역	필드형 경쟁 활동
수업 장소	체육관	총 수업 차시	6차시
수업목표	• 수업을 통해 팀워크의 의미를 이해하고 실천하면서 깨달을 수 있다. • 킨볼 경기 규칙과 방법을 이해하고 연습을 통해 숙달할 수 있다.		
중점 사항	• 킨볼의 발생 배경과 경기 규칙에 대한 이해를 바탕으로 경기 결과보다 과정의 중요성을 강조하여 수업을 진행한다. • 다양한 행사로 인해 흐트러지기 쉬운 학생들의 수업 참여도를 유지하기 위하여 수업에 대한 흥미와 관심을 유지할 수 있도록 수업을 진행한다. • 팀으로서 모두가 함께 참여할 수 있도록 지도한다.		
수업준비물	킨볼 경기 방법 및 규칙에 대한 영상자료, 빔프로젝터, 컴퓨터, 표시 콘(大) 10개, 킨볼 2set, 팀 조끼(4가지 색상), 타이머		

단원 수업 계획

차시	수업 세부 주제	학습목표	교수-학습 내용
1	킨볼을 통한 팀원들과의 관계 맺기	• 킨볼(도구)을 이용한 게임을 통해 팀원과 관계를 맺고 단합을 도모할 수 있다. • 게임을 통해 킨볼(도구)에 대한 적응력을 높일 수 있다.	• 킨볼 소개 • 팀 구성 -8~9명 남 · 여 혼성 팀, 총 4개 팀 구성 (무작위 뽑기) • 게임(킨볼 피하기, 킨볼 릴레이, 구름 위 킨볼 순으로 진행)
2	팀 워 크	• 킨볼 발생 배경과 경기 규칙을 이해할 수 있다. • 간이 경기를 통해 킨볼 경기의 방법을 익히고, 팀워크의 필요성을 느낄 수 있다.	• 킨볼이란 무엇인가? -킨볼 소개 영상 시청 • 경기에 담긴 '함께'의 의미 생각해 보기 • 간이 경기
3		• 정식 경기를 통해 킨볼의 경기 방법을 익히고 숙달할 수 있다. • 경기 진행 방법을 익히고 숙달할 수 있다.	• 경기 진행 방법과 점수 환산 방법 설명 • 킨볼 경기 • 경기 진행(주심, 부심, 점수 및 시간 기록자 등) 방법 익히기
4			
5		• 경기를 통해 소외되는 팀이 없이 모두가 즐겁게 경기를 즐길 수 있다. • 수업에 대한 만족감이 팀워크임을 깨달을 수 있다.	• 팀 반성 -호명 반칙을 줄일 수 있는 방법 생각하기, 실천 다짐하기 • 킨볼 왕중왕전
6			

〈표 3-4-2〉 수업 진행 순서 및 진행 방법

	1차시 (장소: 체육관)	2차시 (장소: 체육관)	3~4차시 (장소: 체육관)	5~6차시 (장소: 체육관)
도입	• 생명의 소중함 수업 상기 • 학습목표 제시 • 준비운동	• 전시학습 상기 -팀원들과의 관계를 강화하기 위해서 어떤 마음가짐이 필요한가? • 학습목표 제시 • 준비운동	• 전시학습 상기 -킨볼 경기를 하기 위해 팀워크가 필요한 이유는? -팀별 서버의 순서를 모두 정한 이유는? • 학습목표 제시 • 준비운동	• 전시학습 상기 -호명 반칙이 많을 경우 경기가 어떻게 되는지 생각해 보기 • 학습목표 제시 • 준비운동
전개	• 킨볼 소개(간략히) • 팀 구성 -8~9명(혼성), 총 4개 팀 선정(무작위 뽑기) • 킨볼(도구)을 이용한 게임 -킨볼 피하기 -킨볼 릴레이 -구름 위 킨볼	• 킨볼 영상 시청과 설명 -서브란 무엇인가? -킨볼 조끼의 의미는? -서브할 때 주의사항 -소외된 학생을 없애기 위한 규칙? • 간이 경기 -체육관을 2개 공간으로 분리 -2개의 공간에서 각각 2개 팀씩 간이 경기	• 수업 진행 방식 설명 -팀을 2개 조(혼성)로 나눔 -팀당 4번의 경기 중 3번의 경기에 참여 -점수 기록 및 경기 운영에 참여 -점수 기록 방법 설명 -점수 환산 방법 설명 • 킨볼 경기 -경기하면서 경기 방법 숙달 -경기 진행 방법 숙달시키기	• 팀 반성 -호명 반칙 줄일 방법 찾기 • 킨볼 왕중왕전 〈5차시〉 -1차전 〈6차시〉 -2차전
마무리	• 수업 정리 -팀워크란? • 차시예고	• 수업 정리 -경기에 참여한 팀원 모두에게 1~4번의 순서를 정해 서브를 할 수 있게 한 의미는? • 차시예고	• 수업 정리 -팀 스피릿 포인트와 공격에 이은 점수 획득 방법 -호명 반칙이 많을 경우 경기가 어떻게 되는가? • 차시예고	• 수업 정리 -팀으로 하나의 목표를 달성하기 위한 노력은 호명 반칙을 없애려고 노력했던 것과 같을 수 있다. • 차시예고

〈표 3-4-1〉과 〈표 3-4-2〉는 팀워크(킨볼) 수업의 단원 수업 계획과 수업 진행 순서 및 방법을 나타내고 있다.

팀워크 수업의 목표는 팀워크의 의미를 이해하고 신체활동을 통해 그 의미를 실천하며 깨닫는 것이다. 신체활동은 뉴스포츠 중 하나인 킨볼이다. 이것은 경쟁 활동 중 필드형 경쟁 활동에 속한다.

킨볼을 신체활동으로 정한 이유는 크게 3가지다.

첫 번째는 이 스포츠가 갖는 의미와 경기 방식을 통해 '팀워크'라는 인성주제를 잘 나타낼 수 있을 것 같았기 때문이다.

두 번째는 자유시간이 생각나지 않을 만큼 재미있고 즐거운 스포츠가 있다는 사실을 알려 주고 싶었다.

나는 늘 매 학기 수업이 마무리되는 시점에 체육수업 만족도 설문조사를 학생들을 대상으로 한다. 왜냐하면 내 수업이 학생들에게 어떻게 생각되고 있는지를 알고 싶기 때문이다. 그런데 이때까지 해 온 설문조사의 결과를 쭉 살펴보면 전체 학생 중의 약 1/3 정도가 만족도를 '보통'이라고 체크했다. 이 학생들의 설문지를 좀 더 들여다보면, 이들은 수업 내용과 방법 심지어 지도교사까지 좋다고 말하면서도 자유시간이 없어서 '보통'을 선택하는 경우가 많았다.

2013학년도 중학생 3학년 학생들을 가르칠 당시, 나는 체육 시간이 학생들에게 자유시간으로 생각되고 쓰이는 것을 병적으로 싫어했다. 하지만 자유시간을 원하는 학생들의 요구를 쉽게 무시할 수가 없었다. 학생들이 체육수업 만족도를 결정하는 데 있어서 자유시간의 유무가 크게 작용하고 있다는 사실을 잘 알았기 때문이다. 그런데도 자유시간을 가지고 학생들과 적당히 타협하는 것은 옳지 않다고 생각했기 때문에 자유시간을 주지 않기 위해 무지 애를 썼다. 대신에 더 좋은 수업 내용과 방법으로 수업을 계획하고 진행한다면 이것에 대한 그들의 바람을 줄여나갈 수 있을 것으로 생각했고, 자유시간을 주지 않아도 수업 만족도를 높일 수 있을 걸로 생각했다. 그래서 킨볼을 선택했다. 게다가 킨볼은 뉴스포츠로 학교에서 한 번도 가르쳐진 적이 없었기 때문에 학생들의 흥미와 관심을 끌 수 있을 것 같았다.

세 번째는 5월이라는 시기적 특수성 때문이다.

5월은 가정의 달로 보통 학교에서는 수련회, 현장 체험 활동, 학급 행사의 날 등과 같은 학교 행사뿐 아니라 석가탄신일, 어린이날 등의 공휴일도 많은 달이라서 수업을 지속해서 진행하기 힘든 달이다. 그래서 수업의 흐름이 쉽게 끊어진다. 게다가 각종 행사로 인해 학생들의 마음이 많이 들떠있는 상태이기 때문에 그전처럼 수업을 진행하기가 무척 힘들다. 하지만 킨볼은 경기 방식과 수업 도구(경기에 사용되는 큰 공)가 짧은 시간에도 학생들의 관심과 집중도를 끌어 올리면서 수업 참여도 역시 높여 줄 것으로 생각했다.

이 수업은 총 6차시로 진행됐다.

1차시 수업은 킨볼(수업에 사용되는 큰 공)을 사용한 게임을 통해 팀워크의 의미를 이해하고 그것을 다루는 방법을 익히는 데 중점을 두고 이루어졌다.

2차시 수업은 영상 시청 후 간이 경기를 통해 경기 방식을 익힐 수 있게 했다.

3~4차시 수업부터 본격적으로 킨볼 경기를 진행했다. 그리고 심판법과 경기 기록 방법을 학생들에게 알려 주고 경기 기록을 맡김으로써 경기 운영 능력도 기를 수 있게 했다.

5~6차시 수업은 왕중왕전이라는 시합을 통해 그동안 배운 킨볼 실력을 겨룰 수 있게 수업을 계획하고 진행했다.

사실 이 수업을 처음 계획할 당시, 1차시 수업 때 관련 영상을 먼저 시청하고 수업을 진행하려고 했는데 그러지 못했다. 왜냐하면 영상을 보기 위한 장비를 설치하지 못했기 때문이다.

3학년 수업에서 스포츠에 해당하는 신체활동을 하기 위한 실외 수업은 팀워크 수업이 처음이었다. 게다가 그동안 시도해보지 않은 신체활동이다 보니 걱정만 많이 했지, 수업 준비를 제대로 하지 못했다. 결과적으로 관련 영상을 1차시에 학생들에게 보여주고 킨볼에 대한 이해를 도운 뒤 수업을 진행하려고 했던 계획은 2차시로 밀리게 됐다.

1차시 수업은 팀을 구성하는 것부터 시작되었고, 팀 구성 방식은 무작위 뽑기 방식이었다.

팀 구성은 한 팀을 8~9명, 남녀 혼성 4개 팀으로 구성했다. 보통의 경우 한 반의 학생이 32명이었고, 남녀 학생 수의 비율이 거의 같았기 때문에 한 개 팀을 여학생과 남학생 각각 4명씩 8명으로 구성할 수 있었다. 하지만 반에 따라서는

1~2개 팀에서 9명으로 팀이 구성되기도 했다.

스포츠 활동에 참여하기 위해 남녀 혼성팀을 구성하는 것이 처음이라서 팀을 구성하면서도 걱정이 됐다. 학생 중에는 분명 친하지 않은 친구들과 한 팀을 이루는 경우도 생길 텐데 그럴 때 학생들이 어떤 반응을 보일지 몰랐기 때문이다.

킨볼 경기는 한 경기에 3개 팀이 동시에 참여해야 한다. 하지만 그렇다고 해서 한 반의 학생들을 3개 팀으로 구성할 수는 없었다. 3개 팀으로 구성할 경우, 한 팀을 이루는 학생들의 수가 많아지기 때문에 전체적으로 학생들의 수업 참여 기회가 줄어들 수 있었다. 그래서 한 반을 4개 팀으로 구성했다. 4개 팀으로 구성하면 3개 팀이 경기에 참여할 때 나머지 1개 팀은 경기 운영을 맡을 수 있었기 때문에 3개 팀보다 4개 팀으로 수업을 진행하는 것이 더 효율적이라 생각했다.

1차시 수업의 목표는 간단한 게임을 통해 팀원들과의 협동심과 킨볼(공)에 대한 적응력을 기르고 킨볼(공)을 다루는 능력을 익히는 것이다. 이를 위해 준비한 게임은 3가지다.

첫 번째 게임은 '킨볼 피하기'다.

이 게임에서는 같은 팀의 남녀 학생 2명을 1개 조로 4개 조를 만들게 했고, 1명이 더 많은 경우는 마지막 조에서 3명이 한 조가 되게 했다. 게임 중에는 반드시 남·여 학생이 손을 잡고 움직이게 했다. 사실 남학생과 여학생이 손을 잡아야 할 이유는 없었지만, 남녀 혼성으로 팀을 구성했기 때문에 남녀 학생 간의 신체접촉에 대한 거부감을 이 게임을 통해 없애버리고 싶었다.

방법은 간단하다. 우선 술래 2개 조를 뽑는다. 술래는 정해진 시작 신호와 함께 정해진 시간 동안(3~5분 정도, 수업 상황에 맞게 조절 가능) 킨볼을 굴리면서 다른 팀의 학생들을 맞추면 된다. 이때 손으로 밀어도 되고 발로 차도 된다. 술래는 반드시 다른 팀의 학생들을 맞추어야 한다. 술래가 굴린 킨볼을 맞은 학생들은 술래가 되어 똑같은 방식으로 다른 팀의 학생들을 맞추면 된다. 승패는 게임 시간이 끝났을 때 어떤 팀이 술래로 남아있는지를 확인하여 결정하게 된다.

손을 잡는 것 때문에 게임을 시작하기 어려운 반도 있었지만, 게임을 시작하고 나면 학생들은 정신을 차리지 못할 정도로 빨리 게임에 빠져들었다. 이와 같은 방법으로 1~2번 게임을 하고 나면 언제 그랬냐는 듯 자기들끼리 방금 한 게임에 대해 이야기하기 바빴다. 그 흐름을 그대로 이어서 2번째 게임을 시작했다.

두 번째 게임은 '킨볼 릴레이'다.

킨볼을 들고 출발선에서 시작해서 반환점을 돌아 최대한 빨리 원래의 출발선으로 돌아오면 이기는 게임이다.

방법은 팀에서 2명씩 짝을 지어 킨볼을 들고 뛰는 릴레이 방식이다. 반환점을 돌고 돌아온 학생들은 출발선에서 대기하고 있는 같은 팀의 다른 학생들에게 신체 터치 대신 킨볼을 넘겨주면 된다. 만약 이동 중 킨볼을 떨어뜨리면 그 자리에서 킨볼을 다시 들어 올려 시작하면 된다.

세 번째 게임은 '구름 위의 킨볼'이다.

이 게임은 2개 팀을 하나의 연합 팀으로 만들어야 한다. 예를 들면 A, B, C, D의 4개 팀을 AB팀과 CD팀으로 연합하는 방식이다.

연합 팀이 구성되면 출발선(결승선)과 반환점 사이에 팀원들을 길게 한 줄로 세운다. 그리고 킨볼(공)을 출발선에 있는 한 명의 학생에게 준다. 교사의 시작 신호와 함께 출발선에 있는 학생이 킨볼(공)을 들어 올린 뒤 한 줄로 길게 늘어서 있는 팀원들에게 넘긴다. 팀원들은 킨볼(공)을 계속해서 자기 뒤쪽에 있는 학생들에게 넘겨주면서 반환점에 서 있는 학생에게로 보낸다. 반환점의 학생은 자신에게 온 킨볼(공)을 다시 왔던 방향으로 되돌려 보내고 이것을 팀원들은 자기 앞쪽에 있는 학생들에게 넘겨주면서 출발선에 서 있는 처음 시작한 그 학생에게로 안전하게 보내면 게임이 끝이 나게 된다. 이때 마지막으로 출발선에 서 있는 학생은 킨볼(공)을 바닥에 떨어뜨리지 않고 잘 잡고 있어야 한다. 만약 게임 중 또는 게임이 완전히 끝나기 전에 킨볼(공)을 바닥에 떨어뜨리게 되면 경기는 출발선에서부터 다시 시작해야 한다.

킨볼 피하기	킨볼 릴레이	구름 위 킨볼

〈사진 3-4-1〉 킨볼을 이용한 게임 장면

위의 〈사진 3-4-1〉은 킨볼(공)을 사용한 3가지 게임을 나타내고 있다.

세 가지 게임은 학생들을 수업에 몰입시키기에 충분했다. 모든 게임이 끝났을 때, 나는 수업이 진행되면서 학생들이 어떻게 변해가는지를 보고 느낀 대로 학생들에게 말했다. 팀을 구성했을 때, 첫 번째 게임을 위해 손을 잡으라고 했을 때, 어색해하던 학생들의 모습이 수업을 통해 어떻게 변했는지를 말이다. 그리고 마지막으로 수업의 주제를 다시 한번 상기시키기 위해 아래와 같이 말했다.

"팀워크라는 주제로 수업을 진행하지만 처음부터 팀워크가 좋은 팀은 많지 않아요. 처음부터 팀워크가 좋다면 이 수업을 할 필요가 없겠죠? 킨볼이라는 신체활동을 통해 우리가 팀워크를 만들어 나가는 겁니다. 물론 처음엔 힘들겠지만 조금씩 나아질 거라고 생각해요. 바른 관계 맺기 수업, 생명의 소중함 수업을 통해 내가 아닌 누군가를 이해하고 함께하기 위해서는 작은 관심이 필요하다는 것을 배우고 느꼈을 겁니다. 킨볼은 팀워크가 좋아야만 더 재미있게 즐길 수 있는 스포츠예요. 팀워크라는 수업 주제를 잊지 말고 노력해 주세요. 여러분들이 팀워크를 통해 친구들과 함께 킨볼이라는 스포츠를 더 많이 즐길 수 있도록 말입니다. 그럴 수 있죠?"

수업을 진행하면서 느낀 점이지만 인성주제 중심 체육수업은 각각의 주제(수업)들이 별개의 것이 아니라 서로 연관을 맺고 있다는 생각이 강하게 들었다. 그리고 이런 점이 이 수업의 중요한 목적을 달성하기 위해 여러 주제의 수업을 하나로 묶어주고 있는 것 같았다. 다시 말해 팀워크 수업이지만, 그전에 배웠던 가치(인성주제)들이 팀워크를 이해하고 실천하게 하는 데 도움을 주고 있는 것 같았다.

2차시 수업은 킨볼이라는 스포츠를 하기 위해 굉장히 중요한 시간이다. 킨볼에 대한 영상을 시청하면서 경기 방법과 규칙을 이해하고 간이 경기를 통해서 경기 방식을 익히는 시간이기 때문이다.

영상을 시청한 뒤에는 학생들의 도움을 받아 서브 자세와 히팅 방법에 대한 주의 사항을 강조하면서 시범을 보이고 설명했다. 그리고 모두가 연습할 수 있도록 한 팀당 혼성 2개 조로 나눠서 정해진 시간에 따라 교대로 연습할 수 있도록 체육관을 2개의 공간으로 나누었다.

이 시간에 중점적으로 지도해야 할 규칙은 서브 자세, 히팅 방법, 10초 룰, 5초 룰, 호명 방법 등 총 5가지에 대한 것이다. 팀으로 킨볼을 시작할 때, 학생들은 경기 규칙을 적용하는 데 다소 어색해 보였으나 금방 흥미를 느끼면서 규칙과 방법을 익혀 나가는 모습을 볼 수 있었다. 다만 몇 가지 문제점이 눈에 띄었다.

첫 번째는 서브와 히팅하는 과정에서 나타나는 문제점이다.

킨볼은 운동을 잘하는 소수의 학생을 위한 경기가 아니다. 하지만 막상 수업해 보니 서브 자세를 취하는 학생과 히팅하는 학생이 나뉘어 있다는 것을 알 수 있었다. 히팅하는 학생은 주로 팀 내에서 영향력(팀 내에서 운동 신경이 좋거나 힘이 있는 학생 또는 성격이 활달하고 적극적인 학생)이 있는 학생으로 주로 남학생이 전담하는 모습을 보였고, 나머지 학생들은 주로 서브 자세를 취하는 모습이 보였다. 물론 나쁜 의도를 가지고 그렇게 했다고 생각되진 않았다. 하지만 모두가 공평하게 참여해야 한다고 생각했다. 그래서 순번을 정해서 차례대로 히팅을 하게 했고, 잘하지 못하는 팀원이 있더라도 모두가 함께 기회를 가질 수 있게 관심을 가지고 도와줄 것을 강조했다.

두 번째는 호명할 때 나타나는 문제점이다.

호명은 히팅하기 전 공격할 팀에게 미리 알림으로써 수비하는 팀의 입장에서 방어 준비를 할 수 있도록 하는 역할을 한다. 다시 말해 이번에 우리 팀이 너희 팀을 공격할 테니까 준비 잘해, 라고 말하는 것과 같다. 그래서 호명은 히팅하기 전에 반드시 이루어져야 했다. 하지만 경기가 진행되면서 이기고 싶다는 승부욕 때문인지는 몰라도 미리 호명하지 않고 히팅하는 순간에 짧게 호명을 한다거나 또는 상대가 알아듣지 못할 만큼 작은 소리로 호명함으로써 상대팀에게 준비할 시간을 주지 않으려는 모습이 자주 나타났다. 호명하는 방법은 간단했지만, 학생들의 잘못된 호명 방식을 고치는 데에는 상당한 시간이 필요했다. 문제는 잘못된 호명으로 인한 호명 반칙이 자주 일어날 경우, 경기의 흐름이 끊어지면서 경기가 지루해진다는 점과 호명 반칙을 어느 한 팀에서 지속해서 범할 경우, 경기에 참여하는 나머지 두 개 팀은 계속 득점하기 때문에 점수 차가 커진다는 점에 있었다. 킨볼은 공격하는 팀이 수비하는 2개 팀 중 점수가 높은 팀을 호명해야 하는데 어느 한 팀의 점수가 다른 두 개 팀보다 아주 낮게 되면 결과적으로 그 팀은 호명되지 않기 때문에 경기에서 소외되는 현상이 나타나게 된다. 나중에 이 문제는 '호명 어시스트'[4]라는 방법을 통해 해결할 수 있었지만, 학생들의 호명 반칙을

4) 호명 어시스트는 수업 중 어느 한 팀의 팀원들이 한 행동을 보고 생각해 낸 개념이다. 말

막는 것이 생각 외로 상당히 힘들었다.

3~4차시 수업은 정식 경기를 통해 관련 기능을 숙달하고 경기 방식과 운영 능력을 익히는 것에 초점을 맞춰 진행됐다.

보통 대부분의 스포츠는 2개 팀이 승부를 겨루는 방식으로 진행이 되지만 킨볼은 3개 팀이 경기에 참여한다는 점에서 이색 스포츠임이 틀림없다. 또한 점수 획득 방식도 기존의 스포츠와 비교했을 때 크게 2가지 차이가 있다.

첫 번째, A, B, C팀이 경기를 하는 상황이라고 가정하자.

만약 A팀이 C팀을 호명해서 공격을 했고 그 공격이 성공했다면, A팀과 B팀이 각각 1점씩 획득한다. 다시 말해 B팀은 아무것도 하지 않고 1점을 얻을 수 있다는 뜻이다. 경기를 재기할 때는 공격을 당한 팀인 C팀에서 서브를 하고 공격할 팀을 호명한 뒤 히팅을 해서 경기를 이어나간다. 여기서 중요한 점은 2팀 중 한 팀을 호명할 땐 반드시 점수가 높은 팀은 호명해야 한다는 것이다.

1번 상황			
팀 이름	A	B	C
팀 점수	4	5	3

2번 상황			
팀 이름	A	B	C
팀 점수	5	5	4

위의 표처럼 1번 상황에 A팀이 공격을 할 차례가 된다면, A팀은 B팀과 C팀 중 점수가 높은 B팀을 호명해야만 한다. 만약 A팀의 공격이 성공하면 2번 상황과 같이 A팀과 C팀이 각각 1점씩 얻어 점수는 5:5:4가 된다. 그리고 경기를 재기하면서 B팀이 공격을 할 때는 A팀과 C팀 중 점수가 높은 A팀을 호명해서 공격하는 것이다. 만약 B팀이 공격을 할 때 A팀과 C팀의 점수가 동일하다면 B팀은 A팀을 공격할지 C팀을 공격할지를 결정해서 호명하고 히팅하면 된다.

그대로 호명을 잘 할 수 있도록 도와주는 것을 말한다. 호명 어시스트의 내용은 3가지로 나눌 수 있다. 첫째, 히팅하기 전 어느 팀의 점수가 높은지를 파악한 뒤 호명할 팀을 미리 알려 주는 것이다. 둘째, 큰 목소리로 호명할 수 있도록 주의 주는 것이다. 마지막으로, 호명과 동시에 히팅하는 것을 막기 위해 히팅할 학생이 호명하면 서브하는 학생들이 '하나, 둘, 셋'을 큰 소리로 세어주는 것이다.

위와 같은 방식으로 경기를 진행하다 보면 점수가 낮은 팀은 경기 룰에 의해 일정 시간 보호받게 되고 자연스럽게 점수를 쌓아가면서 점수가 높았던 팀들과 대등하게 경기에 참여할 수 있게 된다. 결국 3개 팀의 점수 차가 크지 않기 때문에 3개 팀 모두 경기가 끝날 때까지 즐겁게 참여할 수 있는 것이다.

두 번째는 바로 '팀 스피릿 포인트'다.

킨볼은 각 팀이 팀 스피릿 포인트로 5점을 가지고 시작한다는 점에서 다른 스포츠와 차이가 있다. 다시 말해 각 팀은 경기 시작 때부터 5점의 점수를 가지고 시작하는데 이 점수는 스포츠맨십과 관련된 반칙을 했을 경우 차감되게 된다. 스포츠맨십과 관련된 반칙을 1번 했을 때 기존의 점수에 -1이 합산되며, 2번째부터는 -5점이 합산된다. 결국 2번의 스포츠맨십 반칙으로 인해 팀이 가지고 있던 팀 스피릿 포인트를 모두 잃게 되는 것이다. 경기 중 스포츠맨십과 관련된 반칙을 하지 않았다면 그 팀은 5점을 온전히 확보하게 된다.

〈표 3-4-3〉 5월 29일 1교시 3학년 7반의 킨볼 경기 기록지

3-7반/ 수요일 5월 29일 1교시	BLACK		YELLOW		BLUE		RED	
	게임 점수	팀 스피릿	게임 점수	팀 스피릿	게임 점수	팀 스피릿	게임 점수	팀 스피릿
1set	6	4	경기 진행		6	5	8	5
	0 + 4 = 4				0 + 5 = 5		1 + 5 = 6	
2set	5	5	6	4	경기 진행		5	5
	0 + 5 = 5		1 + 4 = 5				0 + 5 = 5	
3set	7	4	7	5	6	4	경기 진행	
	1 + 4 = 5		1 + 5 = 6		0 + 4 = 4			
4set	경기 진행		5	4	7	5	6	4
			0 + 4 = 4		1 + 5 = 6		0 + 4 = 4	
총 점	14		15		15		15	

위의 〈표 3-4-3〉은 5월 29일에 진행한 3학년 7반의 킨볼 경기 기록지를 나타내고 있다.

1세트 경기 결과를 보면, YELLOW팀이 경기 진행을 맡았다. RED팀은 경기에서 8점을 획득해 게임 점수가 가장 높다. 이것을 환산해보면 경기에 참여했던 3개 팀 중 가장 게임 점수가 높은 한 팀만 기존의 경기에서 획득한 점수를 1점(만약 3개 팀 중 게임 점수가 가장 높은 팀이 동점으로 두 개 팀이라면 2개 팀의 게임 점수가 각각 1점으로 환산됨)으로 환산하게 되고, 나머지 2개 팀은 경기 중에 얻은 게임 점수가 0점으로 환산된다. 다시 말해 경기에서 아무리 많은 점수를 얻는다고 해도 결국엔 1점밖에 얻지 못한다. 그리고 환산된 게임 점수와 기존의 가지고 있던 팀 스피릿 포인트를 더해서 나온 점수가 진짜 팀 점수가 되는 것이다.

위의 표를 바탕으로 1세트 최종 점수를 확인해 보면, BLACK팀은 게임 점수 0점(경기 점수가 가장 높지 않기 때문에)과 팀 스피릿 포인트 4점(경기 중 스포츠맨십 반칙 1회를 했기 때문에 최초 5점에 -1점을 더해 4점이 됨)을 더해 최종적으로 4점을 획득하게 된다. 이와 같은 방법으로 각 팀 점수를 환산해보면, BLUE팀은 0점(게임 점수)+5점(팀 스피릿 포인트)을 더해서 최종적으로 5점을 획득, RED팀은 경기 점수가 가장 높아서 경기에서 얻은 8점이 1점으로 환산되고, 스포츠맨십 반칙을 하지 않았기 때문에 최초의 5점을 그대로 지키게 됨으로써 1점(게임 점수)+5점(팀 스피릿 포인트)을 더해서 총 6점을 얻게 되는 것이다. 1세트 경기 결과는 RED팀의 승리이다.

결과적으로 경기에서 가장 높은 점수를 얻어 게임 점수 1점을 얻었다 하더라도 경기 중 스포츠맨십 반칙을 많이 해서 팀 스피릿 포인트 5점을 다 잃게 된다면 경기에서 지게 된다. 결국 킨볼의 점수 환산 방식은 스포츠맨십을 발휘해서 정정당당한 경기를 해야 한다는 것을 가르쳐주고 있다.

〈표 3-4-3〉의 최종 점수는 14, 15, 15, 15점으로 각 팀에서 게임 중 2번 이상 호명 반칙[5]을 하지 않았기 때문에 가능한 점수였다. 경기 내내 막상막하의 상황이 계속 연출되었고 그 어느 때보다 킨볼 경기가 박진감 있게 진행되었다. 무엇보다

5) 수업을 준비하는 과정에서 킨볼 협회의 경기 규칙을 많이 참고했다. 하지만 킨볼을 정식으로 배우지 않은 상태에서 경기 규칙을 완전히 이해하는 것이 쉽지 않았다. 그래서 킨볼 경기 규칙과 방법 그리고 경기 운영 방식을 수업 환경에 맞게 변형해서 사용한 점이 많다. 이 수업에서 호명 반칙을 스포츠맨십과 관련된 반칙으로 생각했고, 호명 반칙을 범했을 때 해당 팀의 팀 스피릿 포인트를 감점하는 동시에 나머지 두 개 팀은 1점씩 경기 점수를 얻는 것으로 했다.

위의 점수는 수업을 거듭하면서 학생들이 만들어 낸 결과였다. 사실 3, 4차시 수업은 호명 반칙(스포츠맨십 반칙)이 워낙 많이 발생했고, 그러다 보니 팀 점수 차이가 크게 나면서 경기에서 소외되는 팀이 많이 나왔다. 호명은 히팅 전 우리 팀이 너희를 공격하겠다는 선전포고와 같다. 다시 말해 3개 팀이 참여하는 경기에서 호명을 큰소리로 정확하게 하지 않으면 공격에 대비해야 하는 2개 팀은 준비도 하지 못하고 당황할 수밖에 없다. 정정당당한 승부를 위해서는 호명이 절대적으로 중요한 역할을 했다. 그래서 나는 수업 전에 늘 호명에 대한 중요성을 학생들에게 강조했다. 하지만 막상 경기를 시작하면 상대가 준비되기 전에 빨리 공격하겠다는 조급함 때문에 학생들은 호명 반칙을 많이 범했다. 앞에서 말했지만, 호명 반칙은 자기 팀의 팀 스피릿 포인트를 깎고 상대의 점수를 높여주기 때문에, 결국 그 팀은 경기에서 소외될 수밖에 없다.

〈표 3-4-3〉은 5차시 정도 수업이 진행되고 나서 나온 결과다. 세 팀의 점수 차가 1~3점밖에 나지 않았다는 것은 그만큼 박진감 넘치는 경기가 진행되었다는 것을 말해주고 있다. 수업을 진행하면서 알게 된 사실이지만, 킨볼 경기는 경기 결과(점수)만 보고도 경기 내용이 어떠했는지 대략 짐작할 수 있다. 점수 차가 많이 났다는 것은 어느 한 팀에서 반칙을 많이 했다는 뜻이 되고 결국 경기가 재미없게 진행되었다는 뜻과도 같다.

3, 4차시 동안은 호명 반칙을 하지 않으려는 노력을 팀워크를 가늠하는 기준으로 삼아 수업을 진행했다. 그리고 팀에서 호명 반칙을 범하지 않기 위해 팀원으로서 어떻게 해야 할지 생각하면서 수업에 참여하게 지도했다.

호명 반칙을 막는 방법으로는 서브를 해주는 학생들이 히팅하는 학생에게 계속 주의를 주는 방법과 미리 상대 팀의 점수를 확인해서 호명해야 할 팀을 알려주는 방법이 있다. 이 방법들은 4명의 학생이 순서(소외되는 학생을 없애기 위해서 차례를 정해 팀원들이 히팅하게 한 것)에 따라 히팅해야 했기 때문에 결국 모두가 경기의 흐름과 히팅하는 팀원을 생각하면서 도움을 주도록 만들었다. 다시 말해 호명 반칙을 하지 않았다는 것은 경기 내내 4명의 선수가 서로를 위해 지속적인 관심을 가지고 도왔다는 뜻이 되고, 그것이 결국은 팀원들 각자가 해야 하는 역할이 되며, 그 역할을 자기 자신보다 팀을 위해 잘 해냈을 때 팀워크도 자연스럽게 끌어 올릴 수 있었다. 게다가 이러한 방법은 경기 중 팀원들 간의 활발한 의사소통도 이루어지게 해 주었다.

5, 6차시 수업은 킨볼 왕중왕전이라는 리그전으로 진행됐다.

아쉬운 점이 있었다면 3, 4차시에 심판법과 경기 기록 방법을 학생들에게 알려주고 경기 운영을 맡기려고 했었는데 생각대로 되지 않았다는 점이다. 막상 학생들에게 경기 운영을 맡겼을 때, 생각하지 못했던 미숙한 점들이 많이 나타났다. 특히 학생 심판들은 경기 중에 발생 되는 반칙을 잡아내지 못했고, 그 결과 호명 반칙이 증가하였으며 소외되는 팀이 나타나는 등 경기의 흐름이 끊어지기 일쑤였다. 그 때문에 경기가 지루해졌고 학생들의 주의가 흐트러지면서 수업 분위기가 산만해지는 결과도 낳았다. 물론 이런 문제를 모두 학생들 탓으로만 돌릴 수는 없다. 처음부터 6차시로 짧게 계획된 수업이었고, 경기 운영을 맡아 본 경험이 없는 학생들에게 단 몇 번의 지도로 능숙하게 경기 운영을 잘 해낼 거라고 기대한 나에게 더 큰 문제가 있었다. 결국 경기 운영은 내가 맡아서 하고 경기 기록만 학생들에게 맡기면서 5, 6차시 수업을 진행했다.

5, 6차시 수업에서는 호명 반칙이 3, 4차시에 비해 적게 나타났다. 물론 그러기 위해서 학생들은 호명 어시스트를 경기 내내 해야만 했다.

처음 해본 신체활동이다 보니 킨볼에 관한 연구가 부족했던 것도 사실이다. 하지만 킨볼의 발생 배경과 의미 그리고 경기 규칙과 방법은 팀워크라는 인성주제를 가르치는 데 있어 정말 좋은 소재인 것만은 확실했다.

〈수업 노트 기록 3-4-1〉 팀워크(킨볼) 수업에 대한 수업 노트 기록

2013년 5월 8일 수요일, 3학년 1반(1차시)

- 킨볼(도구)을 이용한 게임 수업에 대부분 모든 학생이 즐겁게 참여했다. 게임을 통해 새롭게 구성된 팀의 팀원들과 더욱 가까워진 것 같다.

※ 오○○ 여학생, 나○○ 남학생. 팀 구성을 하는데 오○○ 여학생의 표정이 굉장히 어두워 보였다. 게다가 첫 게임에서 남학생과 여학생이 손을 잡아야 하는데 나○○와 짝이 되어 손을 잡게 된 것이다. 그런데 너무나 손잡기를 싫어해서 일단은 옷을 잡고 수업에 참여하라고 말하고 게임을 진행했다. 수업이 끝난 후 오○○를 불러서 왜 그랬는지 물었다. 오○○이가 말하길 나○○는 평소 교실에서 자기 얘기를 다른 애들한테 안 좋게 말해서 서로 너무 싫어한다고 했다. 우선은 알겠다고 말하고 수업 시간에 잘 지낼 방법을 고민해 보자고 했다.

2013년 5월 24일 금요일 1교시, 3학년 7반(2차시)

- 졸업 사진 촬영, 스승의 날, 석가탄신일 등으로 인해 다른 반에 비해 진도가 엄청 느린 반. 하지만 다른 반 수업을 하면서 호명 반칙을 줄일 수 있는 방법을 생각해 냈고, 그것을 7반에 적용하였다. 그것은 수업 초반에 호명 반칙에 대한 강한 주의를 주는 것이다. 수업해 보니 확실히 호명 반칙이 다른 반에 비해 적었다.
- 교사의 지도력이 학생들의 호명 반칙을 줄일 수 있는 한 가지 방법인 것 같다. 그리고 지금까지 호명 반칙이 많이 나온 이유는 아마 킨볼이라는 신체활동을 처음 해서 나타나는 경기 운영에 대한 미숙함일 수도 있다.

2013년 5월 22일 수요일, 3학년 2반(3차시)

- 지난주 스승의 날, 휴일 등으로 인해 다른 반에 비해 수업 진도가 많이 늦다. 특히 수업 중 호명 반칙이 많이 나와서 킨볼 게임을 제대로 즐기지 못함.

2013년 5월 13일 월요일, 3학년 5반(3차시)

- 킨볼 경기 진행 및 수업 운영을 학생들에게 맡김. 킨볼 경기에서 주심의 역할이 굉장히 중요한데, 학생들에게 주심의 역할을 맡길 경우, 경기 진행이 잘되지 않아서 경기가 지루해졌음.
- 학생들이 경기 주심의 역할을 감당하기엔 경험 부족, 능력 부족, 준비 시간 부족으로 인해 제 역할을 제대로 못 함. 학생에게 경기 주심을 맡기는 것에 대해 의문이 생김.

2013년 5월 24일 금요일 3교시, 3학년 7반(3차시)

- 최고의 반 + excellent, 킨볼 3차시. 경기장의 활력이 넘치는 플레이. 대기 중의 학생들의 호응도 최고. 게다가 수업 차시가 얼마 되지 않았는데도 불구하고 호명 반칙에 대한 주의집중이 높은 반. 원래 좋은 반일까? 아니면 호명 반칙에 대한 해결책이 수업에 늦게 참여한 7반에 적용됐기 때문일까? 아마 둘 다인 것 같다. ^^

〈수업 노트 기록 3-4-2〉 팀워크(킨볼) 수업에 대한 수업 노트 기록

3차시 수업 중 7반의 수업을 진행하면서 생각난 아이디어

- 7반 plus: 호명 반칙에 대한 주의 or 각성은 인성적인 부분에 작용하기 때문에 기능 중심보다는 인성과 연관된 부분에 관한 연구와 준비가 더욱 필요하다는 것을 생각하게 해 준 반이다.

2013년 5월 24일 금요일, 3학년 2반(4차시)

- 호명 반칙에 대한 주의를 주고 수업을 시작하였음에도 불구하고 계속되는 호명 반칙으로 짜증이 났다. 순간 욱했다. 경기를 중단시키고 분위기 잡고 호명 반칙에 대한 부분을 다시 전달했다. 마지막 경기가 되어서야 겨우 호명 반칙 없이 킨볼다운 경기를 한 것 같다.
- 욱하는 것도 예전과 비교해 많이 좋아진 것 같다. 감정을 담아서 말하지 않고 잘못된 부분에 대해서만 지적했다. 나의 성장이 느껴진다.

2013년 5월 23일 목요일, 3학년 1반(5차시)

- excellent. 최고의 수업을 본 것 같다. 강○○ 학생의 '호명 어시스트' 호명 후 1, 2, 3초를 세어주는 센스, 강○○ 학생의 사례를 매 경기 얘기했더니 거의 모든 경기에서 호명 반칙이 없었다. 호명 반칙이 없으니까 점수도 1점씩 차곡차곡 쌓여서 경기가 진행됐기 때문에 소외되는 팀이 없었다.

2013년 5월 23일 목요일, 3학년 8반(5차시)

- GOOD. 수업 시간 전 호명 반칙에 대한 주의 줌. 호명 반칙은 혼자의 잘못이 아닌 모두의 잘못임을 강조. 미리 순서를 정하고 공격할 팀을 서브하는 학생들이 신경 써 주고, 호명 뒤 1, 2, 3초 카운트까지, 서브맨과 히팅맨이 상호협력 관계라는 사실을 주지시키니까 호명 반칙이 거의 줄어들었다.

2013년 5월 28일 화요일, 3학년 10반(5차시)

- 지난 시간 호명 반칙을 거의 하지 않고 수업을 해서 BEST반으로 선정. 그래서 이번 시간에도 잘하겠지 생각하고 호명 반칙에 대한 주의를 주지 않고 수업을 시작했다. 그래서일까? 지난 시간보다 많은 호명 반칙이 나왔다. 지난 시간과 달라진 점은 서브맨들이 '호명 어시스트'를 해 주지 않았다는 점뿐이다. 이것이 호명 어시스트의 힘이란 말인가…

2013년 5월 27일 월요일, 3학년 3반(6차시)

- 무더운 5월 말. 1교시 수업. 아침부터 비오는 날씨, 후텁지근해서 수업하기 힘든 상황 속에서 나름 열심히 경기에 임해 줌.
  - ※ 김○○ 학생 삭발(학기 초, 바른 관계 맺기 수업 시간에 반항기 어린 눈빛과 말투 때문에 주의를 준 학생이었지만 지금은 많이 달라진 모습이다.^^)

2013년 5월 27일 월요일, 3학년 5반(6차시)

- GOOD. 킨볼 마지막 수업. 호명 반칙 적음. 수업에 대한 참여 및 경기 진행 GOOD. 하지만 2, 4경기에서 한 팀이 연속으로 호명 반칙을 하는 바람에 경기 끝부분 소외되는 모습이 아쉬웠음.
  - ※ 박○○ 학생: 출석을 부를 때 남학생부터 부르는 것에 대해 이의를 제기함. 다음 시간부터는 여학생 먼저… ^^

〈수업 노트 기록 3-4-1〉과 〈수업 노트 기록 3-4-2〉는 팀워크(킨볼) 수업을 진행하면서 수업 노트에 쓴 기록들이다.

내용을 보면 호명 반칙을 줄이기 위해서 얼마나 노력했는지 그리고 고민했는지 알 수 있다. 게다가 각종 행사와 공휴일로 인해 같은 반이라도 연속해서 수업을 진행할 수 없었음을 알 수 있다.

한 가지 예를 들어보면, 3학년 7반의 경우 5월 10일(금)에 1차시 수업을 한 뒤 5월 24일이 되어서야 겨우 2차시 수업을 진행할 수 있었다. 게다가 다른 반과 수업 진도를 맞추기 위해서 1교시에 2차시 수업을 진행하고 같은 날 3교시에 3차시 수업을 진행했다. 다른 반과 비교해 보면 3학년 1반과 8반은 5월 23일에 이미 5차시 수업을 끝낸 상황이었다. 이렇듯 5월은 각종 행사와 공휴일로 인해 연속해서 수업을 진행하기 힘들 뿐 아니라 수업 진도를 맞추기도 힘든 달이었다. 하지만 킨볼이었기 때문에 학생들이 수업에 적극적으로 참여할 수 있었던 것 같다.

수업 진행 및 활동사진

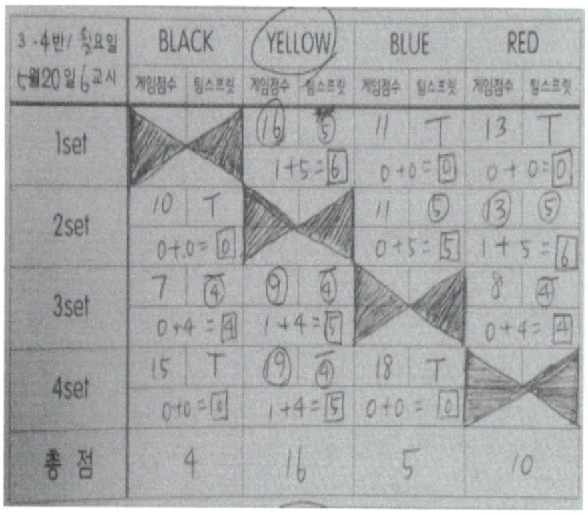

교사의 경기 운영 + 학생의 경기 기록

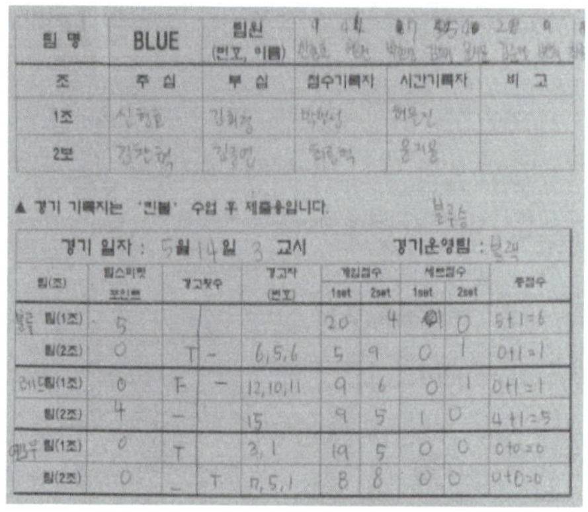

학생 주도의 경기 운영과 경기 기록

<table>
<tr><th>구분</th><th colspan="4">활동사진</th></tr>
<tr><td rowspan="2">1차시</td><td></td><td></td><td></td><td></td></tr>
<tr><td>팀 조직(남여 혼성)</td><td colspan="2">킨볼(공)을 이용한 게임</td><td>수업 정리 및 차시예고</td></tr>
<tr><td rowspan="2">2차시</td><td></td><td></td><td></td><td></td></tr>
<tr><td>수업 전 준비</td><td>킨볼 영상 시청</td><td>경기 규칙 시범 및 설명</td><td>간이 경기</td></tr>
<tr><td rowspan="4">3~4
차시</td><td></td><td colspan="2"></td><td></td></tr>
<tr><td>정식 경기 진행 방식 안내</td><td colspan="3">준비운동(킨볼 주고받기)</td></tr>
<tr><td></td><td colspan="2"></td><td></td></tr>
<tr><td colspan="3">정식 경기</td><td>경기 운영 및 기록(학생)</td></tr>
<tr><td rowspan="2">5~6
차시</td><td></td><td colspan="2"></td><td></td></tr>
<tr><td colspan="3">킨볼 왕중왕전</td><td>실험적 수업(킨볼 배구)</td></tr>
</table>

수업지도안

<table>
<tr><td>대 상</td><td>3학년</td><td>대영역</td><td>경쟁 활동</td><td>중영역</td><td>필드형 경쟁 활동</td><td>일시</td><td>5월</td></tr>
<tr><td>장 소</td><td>체육관</td><td>인성주제</td><td colspan="3">팀워크(킨볼을 통한 팀원과의 관계 맺기)</td><td>차시</td><td>1/6</td></tr>
<tr><td>학습목표</td><td colspan="7">• 킨볼(도구)을 이용한 게임을 통해 팀원과의 긍정적인 관계를 맺을 수 있다.
• 게임을 통해 킨볼(도구)에 대한 적응력을 높일 수 있다.</td></tr>
<tr><td>수업자료</td><td colspan="7">표시 콘(大) 2~4개, 킨볼 2set, 팀 조끼(4가지 색상)</td></tr>
<tr><td>단 계</td><td>학습내용</td><td colspan="4">교수-학습활동</td><td>시간</td><td>지도상 유의점</td></tr>
<tr><td>준비하기</td><td></td><td colspan="4">• 수업 준비
-수업 환경 조성(체육관 환기 및 청결 상태)
-킨볼 기구 준비</td><td>-5분</td><td></td></tr>
<tr><td>생각하고 떠올리기</td><td>• 인원점검 및 환자파악

• 학습목표 제시
• 준비운동</td><td colspan="4">• 출석확인, 건강상태 확인, 수업 준비 상태 확인
• 전시학습 상기
-생명의 소중함 수업 상기
-생명의 소중함, 관계, 작은 관심의 의미 전달
• 학습목표 제시 후 확인
• 준비운동</td><td>5분</td><td>정숙 유지</td></tr>
<tr><td>이해하고 활동하기</td><td>• 킨볼 소개

• 팀 구성

• 게임</td><td colspan="4">• 킨볼 소개
-1986년 캐나다의 체육교사 마리오디머에 의해 고안
-킨볼 다루는 법 등 수업과 직접적인 간략한 내용만 소개
• 팀 구성
-8~9명 남 · 여 혼성 팀, 총 4개 팀(무작위 뽑기)
• 게임

킨볼 피하기

킨볼 릴레이

구름 위 킨볼
-킨볼 피하기, 킨볼 릴레이, 구름 위 킨볼 순으로 진행</td><td>2분
(7분)

3분
(10분)

30분
(40분)</td><td>분위기 조성

무작위 뽑기로 팀을 구성할 때 학생들의 반응 주의 깊게 확인

첫 게임 때 남 · 여 학생의 손을 잡게 하는 것이 무엇보다 중요함</td></tr>
<tr><td>정리하고 반성하기</td><td>• 수업 정리

• 차시예고</td><td colspan="4">• 수업 정리
무작위로 팀을 뽑고 자기 팀을 확인했을 때 여러분의 반응을 생각해 보자. 그리고 남 · 여 학생의 손을 잡으라고 했을 때도…
명심할 것은 바른 관계 맺기를 통해 결심했던 여러분들의 다짐, 생명의 소중함을 통해 느낀 '작은 관심'들이 이번 수업 시간에 나타날 수 있도록 행동하는 것이 여러분들의 몫이라는 것을 명심하길 바라요.
팀워크 수업을 통해 하나의 목표를 가지고 팀원들과 함께 잘해 줄 수 있지? ^^
• 차시예고
-장　　소: 체육관
-수업내용: 킨볼 경기 방법 및 규칙 이해하기</td><td>5분
(45분)</td><td>분위기 조성

주의집중</td></tr>
</table>

대 상	3학년	대영역	경쟁 활동	중영역	필드형 경쟁 활동	일시	5월
장 소	체육관	인성주제	팀워크			차시	2/6
학습목표	• 킨볼 발생 배경과 경기 규칙을 이해할 수 있다. • 간이 경기를 통해 킨볼 경기의 방법을 익히고 팀워크의 필요성을 느낄 수 있다.						
수업자료	킨볼 경기 방법 및 규칙에 대한 영상자료, 빔프로젝터, 컴퓨터, 표시 콘(大) 10개, 킨볼 2set, 팀 조끼(4가지 색상), 타이머						

단 계	학습내용	교수-학습활동	시간	지도상 유의점
준비하기		• 수업 준비 -수업 환경 조성(체육관 환기 및 청결 상태) -킨볼 기구 준비 -빔프로젝터 확인	-5분	체육관을 2개의 공간으로 분리할 것
생각하고 떠올리기	• 인원점검 및 환자파악 • 학습목표 제시 • 준비운동	• 출석확인, 건강상태 확인, 수업 준비 상태 확인 • 전시학습 상기 -팀을 구성하는 팀원들과의 관계를 강화하기 위해 어떤 마음가짐으로 수업에 임해야 할까요? • 학습목표 제시 후 확인 • 준비운동	5분	정숙 유지
이해하고 활동하기	• 영상 시청과 설명	• 영상 시청과 설명  영상 시청  시범 및 설명 -영상 시청 후 서브란 무엇인가? -'옴니킨'은 무엇인가? -킨볼 조끼의 의미는 무엇인가? -서브할 때의 주의사항 -소외된 학생을 없애기 위한 규칙 (팀원 돌아가면서 모두가 서브하기)	10분 (15분)	주의집중
	• 간이 경기	• 간이 경기  킨볼 원형 패스 연습  간이 경기	25분 (40분)	적극적인 참여 유도
정리하고 반성하기	• 수업 정리 • 차시예고	• 수업 정리 킨볼은 모든 팀원이 한마음으로 참여해야만 재미를 느낄 수 있는 경기입니다. 특히 경기에 참여하는 팀원 모두 1~4번의 순서를 정해 히팅할 수 있게 한 의미를 잘 생각해 보기 바랍니다. • 차시예고 -장　　소: 체육관 -수업내용: 킨볼 경기, 경기 운영 익히기	5분 (45분)	분위기 조성 경청하기

대 상	3학년	대영역	경쟁 활동	중영역	필드형 경쟁 활동	일시	5월
장 소	체육관	인성주제	팀워크			차시	3~4/6
학습목표	• 정식 경기를 통해 킨볼의 경기 방법을 익히고 숙달할 수 있다. • 경기 진행 방법을 익히고 숙달할 수 있다.						
수업자료	킨볼 2set, 팀 조끼(4가지 색상), 경기 기록지, 타이머						

단 계	학습내용	교수-학습활동	시간	지도상 유의점
준비하기		• 수업 준비 -수업 환경 조성(체육관 환기 및 청결 상태) -킨볼 기구 준비	-5분	
생각하고 떠올리기	• 인원점검 및 환자파악 • 학습목표 제시 • 준비운동	• 출석확인, 건강상태 확인, 수업 준비 상태 확인 • 전시학습 상기 -킨볼 경기를 하기 위해 팀워크가 필요한 이유는 무엇인가요? -팀별로 경기를 진행할 때 모든 팀원이 돌아가면서 히팅할 수 있게 한 이유는 무엇인가요? • 학습목표 제시 후 확인 • 준비운동	5분	정숙 유지
이해하고 활동하기	• 수업 진행 방식 설명 • 킨볼 경기	• 수업 진행 방식 설명 -팀은 8~9명으로 구성, 팀에서 2개 조로 나눔 -수업 시간에 팀당 3번의 경기에 참여하도록 진행 -4개 팀 중 3개 팀이 경기, 나머지 1개 팀은 경기 점수 기록 및 경기 운영에 참여 -점수 기록 방법 설명 (팀 스피릿 포인트, 점수 획득 방식) • 킨볼 경기 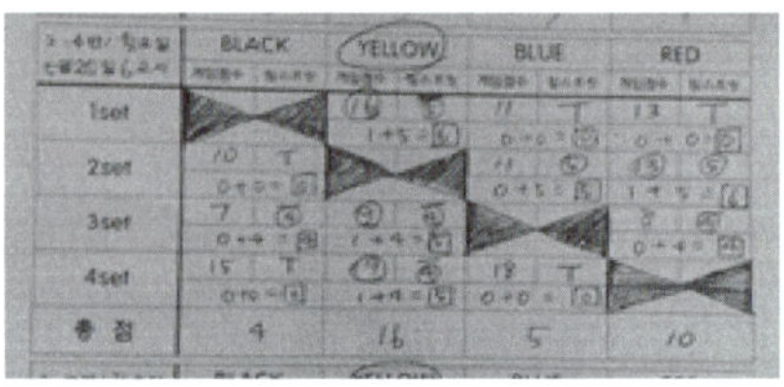 -BLACK, YELLOW, BLUE, RED 팀 -경기 방식(세트당 7분 경기) BLACK팀이 경기 운영을 맡으면 나머지 3개 팀 경기 팀은 2개 조로 나뉘고, 3번의 경기에 번갈아 참여하기 팀의 2개 조 구성 시 남·여 혼성으로 구성하기	5분 (10분) 30분 (40분)	주의집중 경기 운영 방식 점수 채점방식 설명 및 숙지 〈3차시〉 경기 방식과 규칙을 숙달시키기 〈4차시〉 호명 반칙이 생기지 않도록 강조하면서 진행하기
정리하고 반성하기	• 수업 정리 • 차시예고	• 수업 정리 -팀 스피릿 포인트와 공격에 이은 점수 획득 방법 -호명 반칙이 많을 때 경기가 어떻게 되는지… -호명 반칙은 팀워크로 충분히 예방할 수 있다. 방법은? • 차시예고 -장　　소: 체육관 -수업내용: 킨볼 왕중왕전	5분 (45분)	분위기 조성 경청하기

<table>
<tr><th>대 상</th><td>3학년</td><th>대영역</th><td>경쟁 활동</td><th>중영역</th><td>필드형 경쟁 활동</td><th>일시</th><td>5월</td></tr>
<tr><th>장 소</th><td>체육관</td><th>인성주제</th><td colspan="3">팀워크</td><th>차시</th><td>5~6/6</td></tr>
<tr><th>학습목표</th><td colspan="7">• 경기 중 호명 반칙을 없앨 수 있다.
• 호명 반칙을 없애려는 노력은 팀워크를 만들어가는 과정임을 깨달을 수 있다.</td></tr>
<tr><th>수업자료</th><td colspan="7">킨볼 2set, 팀 조끼(4가지 색상), 경기 기록지, 타이머</td></tr>
<tr><th>단 계</th><th>학습내용</th><th colspan="4">교수-학습활동</th><th>시간</th><th>지도상 유의점</th></tr>
<tr><td>준비하기</td><td></td><td colspan="4">• 수업 준비
-수업 환경 조성(체육관 환기 및 청결 상태)
-킨볼 기구 준비</td><td>-5분</td><td></td></tr>
<tr><td>생각하고 떠올리기</td><td>• 인원점검 및 환자파악

• 학습목표 제시
• 준비운동</td><td colspan="4">• 출석확인, 건강상태 확인, 수업 준비 상태 확인
• 전시학습 상기
-호명 반칙을 줄일 수 있는 팀의 방법은 무엇인가?

• 학습목표 제시 후 확인
• 준비운동</td><td>5분</td><td>정숙 유지</td></tr>
<tr><td>이해하고 활동하기</td><td>• 팀 반성

• 킨볼 왕중왕전</td><td colspan="4">• 팀 반성
-호명 반칙을 줄일 방법 찾기

• 킨볼 왕중왕전
<table>
<tr><th rowspan="2">SET</th><th colspan="2">1차전(5차시)</th><th colspan="2">2차전(6차시)</th></tr>
<tr><th>진행</th><th>경기 참여</th><th>진행</th><th>경기 참여</th></tr>
<tr><td>1</td><td>BLACK</td><td>나머지 3개 팀</td><td>YELLOW</td><td>나머지 3개 팀</td></tr>
<tr><td>2</td><td>YELLOW</td><td>나머지 3개 팀</td><td>BLUE</td><td>나머지 3개 팀</td></tr>
<tr><td>3</td><td>BLUE</td><td>나머지 3개 팀</td><td>RED</td><td>나머지 3개 팀</td></tr>
<tr><td>4</td><td>RED</td><td>나머지 3개 팀</td><td>BLACK</td><td>나머지 3개 팀</td></tr>
</table>
</td><td>5분
(10분)

30분
(40분)</td><td>분위기 조성

경기 중 호명 반칙에 대한 주의

적극적인 참여 유도</td></tr>
<tr><td>정리하고 반성하기</td><td>• 수업 정리

• 차시예고</td><td colspan="4">• 수업 정리
-팀으로 하나의 목표를 갖고 이를 해결하기 위한 노력은 호명 반칙을 없애려고 노력했던 것과 같을 수 있다.

• 차시예고
-장 소: 교실
-수업내용: 팀워크란 무엇인가? 티볼 오리엔테이션</td><td>5분
(45분)</td><td>분위기 조성

경청하기</td></tr>
</table>

수업자료(영상자료)

영상자료	영상 내용
	〈킨볼 심판법〉 킨볼 심판법 영상을 통해 킨볼 경기의 경기 규칙과 경기 방법에 대한 이론적 지식을 습득할 수 있다. 또한 킨볼의 발생 배경과 그 속에 담겨 있는 여러 가지 의미들을 통해 'TEAM-WORK'의 의미를 생각해 볼 수 있다.

수업자료(이론자료)

한국킨볼협회 Kin-Ball Association of Korea	킨볼 경기 룰에 관한 지침서
수업 전 교사가 알아두어야 할 자료	

킨볼 경기 진행 방법	
주심 역할	심판은 경기를 전반적으로 진행하며, 다음과 같은 상황에 대하여 대처할 수 있어야 한다. 다음과 같은 상황에 대하여 반칙을 지적할 수 있어야 한다. 1. 경기 중 반칙 상황 -욕을 사용 -경기 중 다른 팀원과 고의적인 신체접촉 -심판의 판정에 불복 -팀 구성원, 상대팀원, 코치, 관객에 대한 존중 부족 반칙 -호명되지 않은 수비 팀의 선수가 킨볼에 접촉하였을 경우
부심 역할	1. 경기 중 일어나는 경고에 대해 '누가', '몇 번의 선수'인지 점수 기록원에게 정확히 전달 2. 부심은 경기장 밖에서 라인아웃이나 경기장 벽에 킨볼이 터치되는 행위 등을 주심에게 알림 3. 경기 중 선수의 라인 아웃을 알림
시간 기록자	1. 시간 기록자는 한 SET당 7분으로 경기가 진행됨을 알고, 경기 종료 1분 전 종을 울려 경기 중 팀에게 알림 2. 중간에 경기가 중단될 경우 타이머를 멈추고 시작하여 경기 시간이 정확히 7분이 될 수 있도록 함 3. 점수 기록원과 함께 점수판을 넘김
점수 기록자	1. 점수 기록자는 경기 중 일어나는 반칙 또는 공격에 대한 포인트를 정확하게 각 팀의 경기 기록지에 기록 후 전달 2. 킨볼의 점수 기록 방식을 숙지하여 경기 후 점수 계산법을 활용한 점수 현황을 기록할 수 있어야 함

경기 기록지

〈학생이 경기 진행 및 운영을 할 때 사용한 경기 기록지〉

팀 명	BLACK	팀원 (번호, 이름)			
조	주 심	부 심	점수기록자	시간기록자	비 고
1조					
2조					

경기 일자: 월 일 교시 경기운영팀:

(해당)팀(조)	팀 스피릿 포인트	경고 횟수	경고자 (번호)	게임 점수		세트 점수		총 점수
				1set	2set	1set	2set	
( )팀(1조)								
( )팀(2조)								
( )팀(1조)								
( )팀(2조)								
( )팀(1조)								
( )팀(2조)								

〈교사와 학생이 경기 진행 및 운영을 할 때 사용한 기록지〉

3 - 반/ 요일 월 일 교시	BLACK		YELLOW		BLUE		RED	
	게임 점수	팀 스피릿	게임 점수	팀 스피릿	게임 점수	팀 스피릿	게임 점수	팀 스피릿
1set								
2set								
3set								
4set								
총 점								

팀워크(티볼) 수업

수업 실천 사례

〈표 3-5-1〉 단원 수업 계획

<table>
<tr><th>인성주제</th><td>팀워크</td><th>신체활동</th><td>티볼</td></tr>
<tr><th>신체활동 가치</th><td>경쟁 활동</td><th>중영역</th><td>필드형 경쟁 활동</td></tr>
<tr><th>수업 장소</th><td>운동장</td><th>총 수업 차시</th><td>8차시</td></tr>
<tr><th>수업목표</th><td colspan="3">• 팀워크의 의미를 생각해보고 정의를 내릴 수 있다.
• 인성피라미드 쌓기를 통해 팀워크의 인성요소를 이해하고 실천할 수 있다.
• 티볼 경기 규칙과 방법을 이해하고 경기 참여를 통해 경기 기능을 향상할 수 있다.
• 수업에서 얻은 만족감이 팀워크임을 깨달을 수 있다.</td></tr>
<tr><th>중점 사항</th><td colspan="3">• 팀워크에 대한 인성요소가 수업하는 동안 지속해서 인식될 수 있도록 수업을 계획하고 진행한다.
• 티볼의 기초 기능을 지도하기 전 기능과 관련된 가치를 먼저 설명한다.
• 인성피라미드의 활용 목적과 방안에 대한 이해와 함께 수업에 잘 적용될 수 있도록 준비를 철저히 한다.
• 팀별 수행평가의 의미를 학생들이 충분히 이해할 수 있도록 설명한다.</td></tr>
<tr><th>수업준비물</th><td colspan="3">영상자료(「리멤버 타이탄」 영상 일부), 팀 뽑기 통, 인성피라미드 현황판 및 스티커, 티볼 장비세트(방망이 4자루, 글러브 25EA, 베이스, 티볼 기둥), 라인기, 팀 조끼, PPT자료</td></tr>
</table>

<table>
<tr><th colspan="4">단원 수업 계획</th></tr>
<tr><th>차시</th><th>수업 세부 주제</th><th>학습목표</th><th>교수-학습 내용</th></tr>
<tr><td>1</td><td>'팀워크'란
(　　　)이다.</td><td>• 영상 시청을 통해서 팀워크에 대해 생각해보고 그 의미를 정의할 수 있다.
• 팀워크 인성피라미드의 구성요소와 활용 방법을 이해할 수 있다.</td><td>• 영상 시청
-영화 「리멤버 타이탄」 편집 영상
-영상에 대한 생각거리 1, 2
• 팀워크에 대한 자기만의 정의 내리기
• 팀 구성: 10~11명(혼성) 3개 팀
• 인성피라미드 소개 및 설명</td></tr>
<tr><td>2</td><td rowspan="6">팀 워 크</td><td>• 수업 준비를 위한 팀별 역할을 익힐 수 있다.
• 최선, 배려, 집중의 가치를 통해 티볼의 기초 기능을 익힐 수 있다.
• 팀워크 인성피라미드 활용 방법을 이해하고 인성피라미드 쌓기(2~8차시)를 할 수 있다.</td><td>• 수업 준비에 관한 팀별 역할 익히기
• 선(先) 가치 후(後) 기술 지도
-최선: 베이스 러닝 게임
-배려: 캐치볼
-집중: 배팅
• 인성피라미드 쌓기 방법 설명 및 실천</td></tr>
<tr><td>3</td><td>• 티볼 협력플레이를 통해 수비 전술을 익힐 수 있다.</td><td>• 협력플레이(수비 전술)
• 인성피라미드 쌓기(2~8차시)</td></tr>
<tr><td>4</td><td rowspan="3">• 간이 경기를 통해 티볼 경기 기능을 향상하고, 경기 운영 방식을 익힐 수 있다.
• 간이 경기를 통해 팀워크를 향상할 수 있다.</td><td rowspan="3">• 간이 경기
-4차시: A VS B, 승자 VS C
-5차시: B VS C, 승자 VS A
-6차시: C VS A, 승자 VS B</td></tr>
<tr><td>5</td></tr>
<tr><td>6</td></tr>
<tr><td>7</td><td>• 종합 연습을 통해 수행평가 방식을 익히고, 팀워크를 향상시킬 수 있다.</td><td>• 종합 연습</td></tr>
<tr><td>8</td><td>수행평가</td><td>• 수업을 통한 만족감이 팀워크임을 깨달을 수 있다.
• 팀워크 인성피라미드를 완성할 수 있다.</td><td>• 수행평가</td></tr>
</table>

〈표 3-5-2〉 수업 진행 순서 및 진행 방법

	1차시 (장소: 교실)	2~3차시 (장소: 운동장)	4~7차시 (장소: 운동장)	8차시 (장소: 운동장)
도입	• 전시학습 상기 -팀워크(킨볼) 수업 • 학습목표 제시	• 전시학습 상기 -팀워크를 구성하는 인성주제는? • 학습목표 제시 • 준비운동 〈3차시〉 • 포지션 정하기	• 전시학습 상기 -협력플레이는 팀 모두가 한마음이 되어야 함을 강조 • 학급목표 제시 • 준비운동 • 인성피라미드 인성 요소 강조	• 전시학습 상기 • 학습목표 제시 • 준비운동
전개	• 킨볼을 통해 느낀 팀워크는 무엇인가? • 영상 시청 -영화 「리멤버 타이탄」 편집 영상 -생각거리 1, 2 • 팀워크 정의 내리기 • 팀 구성 -10~11명(혼성) 3개 팀 구성(무작위 뽑기 방식) • 인성피라미드 소개 및 설명	〈2차시〉 • 인성피라미드 실천 방법 설명 -인성피라미드 쌓기 • 수업 준비를 위한 팀별 역할 익히기 • 기초 기능 익히기 -A파트: 최선(베이스 러닝) -B파트: 배려(캐치볼) -C파트: 집중(배팅) 〈3차시〉 • 협력플레이 (수비 전술) • 기초 기능	〈4~6차시〉 • 수업 진행 설명 -4차시: A VS B 승자 VS C -5차시: B VS C 승자 VS A -6차시: C VS A 승자 VS B • 간이 경기 진행 -경기를 안 하는 팀은 팀별 보강 연습 〈7차시〉 • 수행평가 방법 설명 • 종합 연습	• 수행평가 방법 설명 • 수행평가
마무리	• 팀워크란? • 차시예고	• 수업 반성 -2차시: 최선, 배려, 집중 -3차시: 협력플레이 • 인성피라미드 쌓기 • 차시예고	• 수업 반성 • 인성피라미드 쌓기 • 차시예고	• 수업 반성 • 인성피라미드 쌓기 • 차시예고

〈표 3-5-3〉 수행평가 내용 및 방법

<table>
<tr><th>구 분</th><th>수행평가 내용 및 방법</th></tr>
<tr><td>수업주제</td><td>팀워크</td></tr>
<tr><td>평가 내용</td><td>• 이 수업은 '팀워크'라는 수업주제의 의미를 바탕으로 티볼 경기의 기초 기능을 응용한 종합 능력(타격과 수비력)을 개인이 아닌 팀으로 평가한다.</td></tr>
<tr><td>평가 방법</td><td>
<table>
<tr><th rowspan="2">성취기준</th><th colspan="3">평 가 기 준</th></tr>
<tr><th>상</th><th>중</th><th>하</th></tr>
<tr><td>티볼의 경기 방법과 유형별 경기 기능을 이해하고 경기 상황에 적용할 수 있다.</td><td>티볼의 경기방법과 유형별 경기 기능에 필요한 스포츠가치에 대해 이해하며, 경기 상황에서 적절하게 적용하여 수행할 수 있다.</td><td>티볼의 경기방법과 유형별 경기 기능에 필요한 스포츠가치에 대해 이해하며, 경기 상황에서 적용해 수행할 수 있다.</td><td>티볼의 경기방법과 유형별 경기 기능에 필요한 스포츠가치에 대해 이해하지만, 경기 상황에서 수행하는 데 어려움이 따른다.</td></tr>
</table>
<table>
<tr><td colspan="2">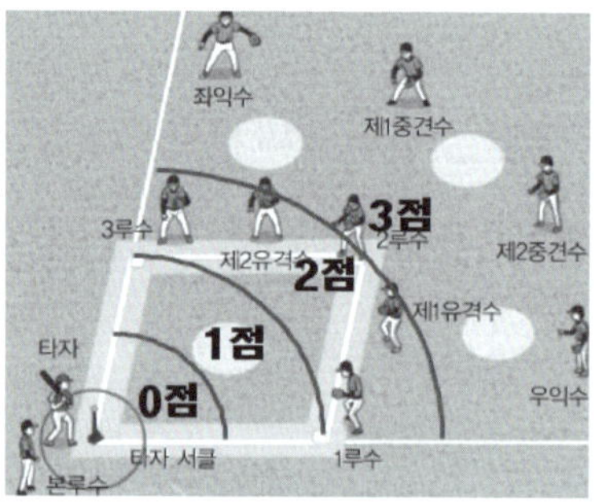
</td><td colspan="2">• 평가는 팀으로 진행함(학급당 3개 팀)
• 팀에서 남학생 3명, 여학생 2명을 선발하여 3번씩 배팅 기회를 부여함(총 15회)
• 수행평가 시 뜬 공만 회수로 인정함
• 배팅한 공은 떨어진 위치에 따라 옆의 그림과 같이 점수를 부여함.
• 단, 해당 지역에 있는 수비수가 공을 바닥에 떨어뜨리지 않고 공중에서 바로 잡을 경우 해당 지역의 점수에 +1점을 추가하여 부여함
• 위의 방법으로 5명의 타자가 총 15번의 배팅으로 얻은 점수를 평가에 반영함</td></tr>
<tr><th rowspan="2">채점기준</th><th>상(40점)</th><th>중(32점)</th><th>하(24점)</th></tr>
<tr><td>37~45점</td><td>28~36점</td><td>0~27점</td></tr>
</table>
-평가는 2번의 기회를 부여하여 좋은 기록을 평가에 반영한다.
-단 평가 기록에 이의가 있거나 재평가를 희망할 경우, 계속해서 평가 기회를 부여한다.
</td></tr>
<tr><td>준비 물품</td><td>1. 티볼 장비 세트
-배트는 짧은 것과 긴 것을 준비함
-글러브는 오른손잡이용과 왼손잡이용을 여유 있게 준비함
2. 라인기 및 기타 물품</td></tr>
<tr><td>반영 비율</td><td>총 40점</td></tr>
</table>

〈표 3-5-1〉, 〈표 3-5-2〉 그리고 〈표 3-5-3〉은 팀워크(티볼) 수업의 단원 수업 계획과 수업 진행 순서 및 방법 그리고 수행평가 내용과 방법을 나타내고 있다.

이 수업은 두 번째로 진행한 팀워크 수업으로 수업의 목표는 5월에 진행한 팀워크(킨볼) 수업과 같다. 신체활동은 경쟁 활동 중 필드형 경쟁 활동에 속하는 티볼이다. 수업은 총 8차시로 계획되었고 인성피라미드를 처음 적용한 수업이기도 했다.

그 당시 내가 근무하던 학교는 운동장이 굉장히 좁았다. 티볼이라는 신체활동을 하기에 너무나 부족함이 많은 수업 환경이었다. 하게 된다면 분명 다른 학년의 수업에 방해가 될 것이 불 보듯 뻔했다. 그래서 많이 망설였다. 하지만 한번 해보고 싶었다. 비록 운동장이 작아서 필드형 경쟁 활동과 같이 넓은 장소가 필요한 신체활동을 하기엔 부족함이 많지만, 처한 환경 때문에 수업 내용을 바꾸고 싶지 않았다. 힘들더라도 한번 도전해 보고 싶었다. 그래서 결국 6월에 운동장에서 같이 수업하게 될 다른 학년의 선생님께 양해를 구하고 수업을 시작하게 됐다.

이 수업은 인성피라미드가 적용된 첫 수업이다. 사실 인성피라미드는 첫 번째 팀워크 수업(킨볼)부터 적용하려고 했다. 하지만 그럴 수가 없었다. 왜냐하면 인성피라미드에 대한 개념과 적용 방식을 생각해냈지만, 그 실체를 만들어 내기가 힘들었기 때문이다.

팀워크라는 인성주제를 구성하는 요소들도 정하고 그것을 피라미드 모양으로 나타내야 했으며 스티커도 만들어야 했다. 이 모든 게 처음이라 두렵기도 했고 과연 성공해 낼 수 있을까, 라는 생각 때문에 망설여지기도 했다. 그러다 보니 6월이 되어서야 인성피라미드를 수업에 적용하게 된 것이다.

나는 2007년 개정된 체육과 교육과정이 나오기 전부터 체육수업을 통한 인성교육에 관심이 많았고, 체육수업 속에서 인성교육을 실천하기 위한 하나의 방법으로 영상매체를 활용한 정의적 영역에 대한 수업을 진행하고 있었다. 하지만 그때의 인성교육은 일시적이고 단편적이라는 생각을 떨쳐 낼 수가 없었다. 이런 점은 체육수업을 통해 전인교육을 실천하고 싶었던 나에게 늘 부족함으로 남았다.

그러다가 2013년 겨울, 아킬레스건 파열로 병원에 입원해 있을 때 존 우든 감독의 책을 보게 됐고, 그 책에 나온 '성공피라미드'에 영감을 받아서 인성피라미드를 생각해내게 되었다.

팀워크 두 번째 수업(티볼)은 인성피라미드가 처음으로 적용되었다는 점에서 나에게 상당히 의미 있는 수업이다.

1차시 수업은 교실에서 영상자료를 활용한 감상수업으로 진행됐다. 이 수업은 영상 시청을 통해 팀워크에 대해 생각해 보고 자기 나름의 정의를 내림으로써 팀워크란 무엇이며, 팀을 이루고 있는 주장과 팀원들은 어떤 마음가짐을 가지고 수업에 참여해야 하는지에 대해 생각해 보게 하는 데 중점을 두고 수업을 진행했다. 그리고 인성피라미드가 무엇이며, 이번 수업에서 어떻게 활용될지도 설명했다.

수업은 영상을 시청하는 것부터 시작됐다.

수업에 사용된 영상자료는 영화 「리멤버 타이탄」을 편집하여 약 16분 분량으로 만든 영상이다.

이 영상은 '1970년대 미국의 버지니아에서는 백인학교와 흑인학교 통합법이 만들어지면서 백인학교였던 T.C. 윌리암스 고교에 흑인과 백인 학생들로 구성된 풋볼팀이 결성된다. 하지만 풋볼팀 학생들은 피부색이 다르다는 이유로 한 팀이지만 한 팀이 되지 못한 채 서로를 미워하고 증오하면서 갈등만 키워간다. 이때 이들은 새로 부임한 흑인 감독의 지휘 아래 힘든 여름 합숙 훈련을 받게 되고, 이 과정을 통해 조금씩 서로를 알아나가게 되면서 이해하게 된다. 그리고 결국엔 피부색을 떠나 진정한 하나의 팀이 된다.'라는 내용을 담고 있다.

나는 이 영상을 통해 서로 달라서 갖게 되는 보이지 않는 편견과 오해들이 얼마나 무서운 것인지를 학생들에게 알려 주고 싶었고 그러한 것들로 인해 팀이 망가질 수도 있음을 보여주고 싶었다. 하지만 또 한편으로는 영상을 통해 이런 상황을 이겨낼 수 있는 방법도 알려 주고 싶었다. 다시 말해 이 영상을 통해 팀워크란 무엇이며, 팀을 이루는 팀원들이 서로를 어떻게 바라보고 대해야만 강한 팀을 만들 수 있는지 학생들에게 알려 주고 싶었다.

영상을 시청한 뒤에는 영상에 나오는 내용을 바탕으로 2가지 생각거리를 준비했다.

생각거리 1: "이 숭고한 땅에 두 발을 딛고 서 있으면서도 마음을 합치지 못한다면, 우리 역시 망가질 것이다."의 의미는 무엇인가?

생각거리 2: 팀을 이루는 주장과 팀원 간의 관계는 어떠해야 하는가?

영화 속 풋볼팀은 전지 훈련을 떠나게 된다. 전지 훈련 기간 동안 감독은 선수들이 피부색과 상관없이 서로를 이해하고 하나가 되기를 바랐다. 하지만 선수들은 감독의 뜻대로 되지 않았다. 결국 감독은 어느 날 새벽, 자고 있던 선수들을 모두 깨운 뒤 자신을 따라오게 했고 몇 시간을 뛰어 어느 공동묘지에 도착했다. 그곳에는 자욱한 안개 속에 수많은 묘비와 비석들이 있었다. 선수들은 당황했고 새벽부터 몇 시간을 뛴 것에 대해 불만을 터트리려고 할 때, 감독은 조용히 그러면서도 단호하게 아래와 같이 얘기한다.

"이 숭고한 땅에 두 발을 딛고 서 있으면서도 마음을 합치지 못한다면, 우리 역시 망가질 것이다."

감독이 선수들을 끌고 간 곳은 공동묘지였다. 그곳은 남북전쟁 당시 게티스버그 전투가 있었던 곳이기도 했다. 이 전투는 북부군에 승리를 안겨주면서 남북전쟁의 종지부를 찍을 수 있게 했던 중요한 전투 중의 하나다. 그곳에 있는 수많은 묘비와 비석들은 그 옛날 노예제 폐지를 위해 싸우다 목숨을 잃은 수많은 군인들의 것이었다.

감독은 노예제 폐지를 위해 목숨 바쳐 싸웠던 선조들의 싸움이 끝났음에도 불구하고 지금 우리 팀에 그와 같은 끔찍한 싸움이 계속되고 있다는 것을 선수들이 깨닫길 바랐다. 그리고 그 싸움을 멈추지 않는다면 그곳에 있는 묘비와 비석의 주인들처럼 우리 역시 쓰러질 수밖에 없다는 것을 말하고 싶었던 것이다.

두 번째 생각거리는 팀을 이루고 있는 구성원들의 관계와 그들의 역할에 대해 생각해 보기 위해 준비했다.

팀을 이루고 있는 구성원은 크게 두 종류다. 하나는 주장(리더)이고 또 다른 하나는 팀원(팔로워)이다. 다시 말해 팀이 되기 위해서는 주장과 팀원이라는 구성원이 최소 2명 이상 있어야 한다. 그리고 이들은 팀의 목표를 달성하기 위해서 주장의 역할과 팀원의 역할에 최선을 다해야 한다.

영상에서는 풋볼이라는 경기 특성상 공격팀과 수비팀의 주장이 각각 한 명씩 있었다. 공격팀의 주장은 백인 학생이었고, 수비팀의 주장은 흑인 학생이었다. 공격과 수비팀의 팀원들은 흑인과 백인 학생들로 구성되어 있었다. 그런데 영화에서는 흑인 주장이기 때문에 백인 팀원들을 신경 쓰지 않았고, 백인 주장이기 때문에 흑인 팀원들을 신경 쓰지 않았다. 피부색이 다르다는 이유로 말이다.

영상 시청 후 2가지 생각거리에 관한 이야기를 나누면서 영상을 통해 전하고자 했던 메시지를 학생들이 이해할 수 있게 했다. 다행히 학생들은 상당히 진지한 태도로 수업에 참여해 주었다.

이어서 '팀워크란 (   )이다'라는 팀워크에 대한 정의를 내려 보는 시간을 가졌다. 정의를 내릴 때는 간단한 단어로 쓰지 말고 문장으로 쓰게 했다. 그렇게 해야 학생들의 생각을 더 많이 끌어낼 수 있을 것 같았다.

〈표 3-5-4〉 팀워크(티볼) 수업 중 학생들이 쓴 팀워크의 정의

팀워크란 ( )이다. (1개 반)					
팀워크는 같은 팀원과 함께 노력하고 함께 어려운 것이 있으면 헤쳐 나가는 것이다.	별(하늘에는 별이 항상 떠있고 아침에는 보이지 않지만 밤에는 보인다.) 팀은 항상 어디서나 존재하지만 팀워크는 보일 때도 있고 안 보일 때도 있다. 하지만 보일 때는 굉장히 아름답다.	모두 의견이 다르더라도 하나로 생각을 맞춰서 모두 하나가 되는 것	모두가 한마음 한 뜻으로 협동하고 도우며 함께하는 공동체 활동	같이 협력하고 서로 믿는 것	팀워크는 오케스트라이다. 오케스트라에서 하나의 악기도 빠지면 안 되듯이 한 명의 팀원도 빠지면 안 되기 때문이다. 그리고 다 같이 소리를 내기 때문이다.
팀이 하는 주어진 일에 누구 하나도 빠지지 않고 최선을 다해 협동하는 것	믿고 따라주는 것	팀워크란 서로 간의 믿음, 팀원들 간의 믿음이다.	한마음으로 움직이고 행동하는 것	모두가 한 몸처럼 한마음으로 움직이는 것	서로 함께하고, 한마음이 되는 것

팀워크란 ( )이다. (1개 반)					
차별 없이 조장의 말을 잘 듣고 잘 행동하여 실천하는 것	많은 사람들이 한 마음으로 하는 것	협동하면서 팀을 이루는 것	작은 부품 중에 하나. 그 부품이 없으면 기계가 잘 작동하지 않을 수도 있기 때문이다.	서로 이해, 배려해 주면서 팀끼리 협동하면서 활동하는 것	모든 팀원들이 다 같이 협동하여 일을 하는 것
플러스	팀끼리 서로 도우면서 협동하는 것	서로서로 도와가면서 협동하는 것	조원이 주장의 말을 잘 따르는 것	팀워크는 특출난 사람이 즐기는 게 아님	팀의 리더가 팀원들을 잘 이끌고 팀원들은 서로 도우며 노력하는 것
팀워크는 도미노 같다. 도미노 하나가 쓰러지면 모든 게 다 쓰러지기 때문이다.	내가 생각하는 팀워크란 팀원 하나 하나의 마음을 울리는 '종'이다.	팀의 협동심, 서로 다른 사람들이 모여 이해하는 것	팀워크는 비빔밥이다.	열두 명이 서로 하나가 된 것처럼 힘을 모으고 의견을 공유하며 화합이 잘 되는 것이 진정한 팀워크다.	내가 싫어도 팀의 목표를 향해 서로 이해해주고 맞춰가는 것

위의 〈표 3-5-4〉는 팀워크(티볼) 수업 중 영상을 시청한 뒤 학생들이 쓴 팀워크에 대한 정의를 나타내고 있다.

이것을 보면 학생들이 팀워크에 대해 어떻게 생각하고 있는지를 알 수 있다. 나는 학생들이 팀워크에 대한 정의를 내릴 때 정해진 정답은 없다고 말했다. 각자의 생각이 다르고 그것을 표현하는 방법도 당연히 다를 수 있기 때문에 학생들이 그 누구의 눈치도 보지 않고 당당히 자기 생각을 표현할 수 있길 바랐다. 팀워크에 대한 정의 내리기를 끝내고 남녀 혼성으로 3개 팀을 구성했다. 팀 구성 방식은 무작위 뽑기 방식이었고 팀이 정해진 뒤에는 곧바로 주장을 선출했다. 주장 선출까지 마치고 마지막으로 팀워크 인성피라미드에 관해 설명했다. 인성피라미드가 무엇이며, 수업 시간에 어떤 방식으로 활용될 것인지 그리고 팀워크를 기르기 위한 인성요소들의 실천사항은 무엇인지 등을 간단하게 설명했다.

〈표 3-5-5〉 팀워크 인성피라미드

인성 주제	인성피라미드	인성요소 및 실천사항		
팀워크	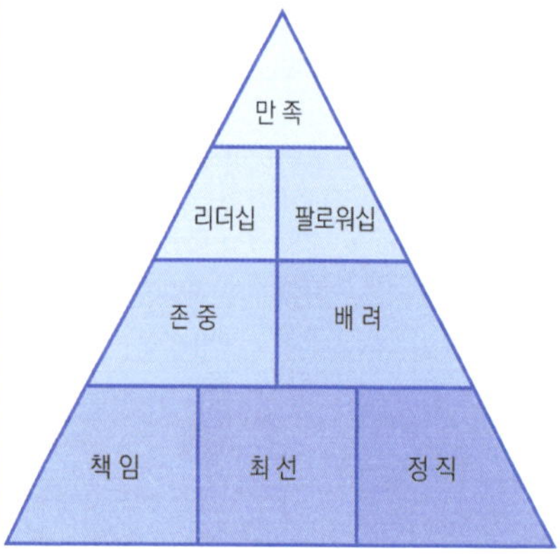	공동의 가치	만족	• 티볼을 통해 즐거움 찾기, 결과에 만족하기 • 팀원 간의 관계 좋아지기
			리더십	• 수업 전: 수업 준비를 잘 마칠 수 있다. • 수업 중: 질서를 잘 지킬 수 있도록 할 수 있다.
			팔로워십	• 리더를 잘 따르고 도와준다.
			존중	• 상대팀에게 예의 지키기
			배려	• 욕하지 않기, 화내지 않기, 응원하고 격려해 주기
		개인의 가치	책임	• 자신의 역할을 잘 알고 실천하기
			최선	• 공격과 수비 때 기초 기능을 정확히 익혀 경기에 임할 수 있다.
			정직	• 경기 규칙을 잘 지킬 수 있다.

위의 〈표 3-5-5〉는 팀워크(티볼) 수업에 사용된 팀워크 인성피라미드로 팀워크를 구성하는 8가지 인성요소와 그에 해당하는 실천사항을 나타내고 있다.

팀워크를 구성하는 인성요소는 책임, 최선, 정직, 존중, 배려, 리더십, 팔로워십 그리고 만족이다. 주장을 비롯한 모든 팀원은 자신이 맡은 역할에 책임을 지고 최선을 다해 정직한 플레이를 해야 한다. 이를 바탕으로 주장과 팀원들은 서로를 존중하고 배려함으로써 리더십과 팔로워십을 발휘하여 팀의 목표를 달성해 나갈 수 있게 힘쓰는 것이다. 그리고 목표를 이루었을 때 느낄 수 있는 만족감이 결국은 팀워크라는 점을 〈표 3-5-5〉를 이용하여 학생들에게 설명했다. 또한 8가지 인성요소로 인성피라미드 쌓기를 할 거란 것도 설명했다.

사실 인성피라미드에 관한 내용을 설명했을 때 학생들이 잘 이해하고 있는지 확인할 수가 없었다. 실제로 이상한 표정을 짓는 학생들도 많았다. 하지만 그렇다고 해서 길게 설명할 수가 없었다. 이 시간에 간단히 소개하는 것만으로도 잘했다 싶었다. 어쨌거나 인성피라미드는 학생들에게나 나에게나 모두 처음인데 첫 시간부터 수업에 무리하게 사용할 필요가 없다고 생각했다.

2차시 수업부터는 운동장에서 수업을 진행했다.

이 수업을 본격적으로 시작하기에 앞서 전 시간에 소개한 팀워크 인성피라미드에 대해서 다시 한번 더 설명하는 시간을 가졌다. 특히 팀워크를 구성하는 인성요소에 대한 실천사항과 실천 여부를 바탕으로 인성피라미드를 어떻게 쌓는지에 대해 중점적으로 설명했다.

이 수업의 목표는 인성가치(인성피라미드와는 별개의 요소)에 대한 이해를 바탕으로 티볼의 기초 기능을 익히는 데 있다. 이를 위해서 수업은 3개 파트에서 진행됐다. 게다가 이것 말고도 수업 외적으로 중요하게 다루어진 활동이 있었다. 바로 수업 환경 조성 방법을 학생들에게 알려 주는 일이다.

운동장에서 티볼을 하기 위해서는 미리 갖춰야 할 것들이 있었다. 우선 운동장에 경기장 라인을 그리고 각 베이스를 설치해서 경기장의 외형을 갖추어야 했다. 그리고 티볼 경기에 필요한 장비를 사용하기 쉽게 운동장에 정리해 놓아야 했고, 마지막으로는 팀을 구별하기 위해 미리 팀 조끼도 입어야 했다. 이 모든 활동이 수업 전에 이루어져야 했다. 나는 이를 위해 각 팀에게 하나씩 역할을 정해주고 그 방법을 알려줬다. 그렇게 2차시 수업은 수업 환경 조성 방법을 학생들에게 알려 주는 것부터 시작됐다.

수업 준비 방법을 알려 준 뒤에는 팀별로 정해진 3개 파트를 차례대로 돌면서 수업에 참여하게 했다. 각 파트는 최선, 배려, 집중이라는 인성가치에 대한 의미를 생각해 볼 수 있게 하려고 티볼 기초 기능인 베이스 러닝, 캐치볼 그리고 배팅의 3가지가 수업 내용으로 정해져 있었다.

A파트는 최선의 의미를 베이스 러닝 게임에 접목함으로써 그 의미에 대해서 생각해 볼 수 있게 하는 한편, 베이스 러닝 방법도 익힐 수 있게 했다.

베이스 러닝은 홈 베이스를 포함해 총 4개의 루를 차례대로 밟고 돌아 뛰는 것을 말한다.

방법은 홈 베이스에서 출발하여 1루, 2루, 3루 베이스를 차례대로 밟고 마지막으로 홈 베이스에 들어오면 된다. 이런 방법으로 한 팀을 2개 조로 나누어 베이스러닝 기록을 비교하는 게임을 했다.

한 팀의 팀원은 보통 10~11명으로 구성되어 있었다. 이를 2개 조로 나눌 때 11명으로 구성된 팀은 한 개 조가 5~6명으로 되기 때문에 똑같은 인원으로 나눌 수 없는 상황도 생겼다. 이럴 때는 학생 수가 적은 조에서 1명을 선발해 두 번 뛰게 했다. 물론 다른 조의 성별에 맞게 하려고 선발된 학생은 여학생도 될 수 있고 남학생도 될 수 있었다. 한 개 팀을 2개 조로 나눈 뒤에는 조별로 뛰는 순서를 정하게 했다.

게임 방법은 5명을 한 조라고 가정했을 때, 1번 선수가 홈 베이스에서 출발하여 1루를 밟고 돌아 뛸 때 2번 선수가 홈 베이스에서 1루를 향해 곧바로 출발한다. 이런 방식으로 5명의 학생은 앞에서 뛰는 학생이 1루 베이스를 밟는 순간 홈 베이스에서 출발했고, 마지막 학생이 홈 베이스로 들어온 시간을 기록으로 측정했다. 그리고 그렇게 나온 2개 조의 기록을 비교했다. 하지만 이 게임의 목적은 기록을 비교해서 우열을 가리는 것이 아니다. 기록은 그저 학생들이 최선을 다해서 뛰게 하기 위한 속임수에 불과했다.

사실 기록 측정 전에 기록이 느린 조는 운동장을 뛰는 벌칙이 있다고 말하고 시작했다. 그래서인지 모두가 열심히 뛰었다. 기록을 확인하고 기록이 느린 팀에게 다시 한번 더 기회를 주는 것처럼 말하고 두 번째 기록을 측정했다. 다만 두 번째 기록 측정에서는 2개 조 모두에게 첫 번째 기록보다 시간을 단축하지 않으면 모두에게 벌칙을 주겠다고 말했다. 학생들의 눈빛은 매섭게 변했다. 홈 베이스에 선 1번 주자들은 출발 자세부터 처음과는 달랐다. 첫 번째 학생이 1루를 밟고 2루로 뛰는 순간 또 다른 학생이 쏜살같이 홈 베이스를 뛰쳐나갔다. 이런 학생들의 모습은 내가 지도한 거의 모든 반, 모든 팀에게서 볼 수 있었다. 그리고 거의 모든 팀이 첫 번째보다 두 번째 기록이 더 좋았다.

두 번의 기록 측정이 끝난 뒤에 나는 학생들을 한 곳에 앉혀 놓고 아래와 같이 '최선'이라는 인성가치에 대해 말했다.

〈멘트 3-5-1〉 '최선' 가치에 대한 내용

교사: "얘들아, 잘 들어봐. 처음 뛰었을 때보다 두 번째 뛰었을 때가 기록이 더 좋았지? 그런데 처음 뛸 때 최선을 다하지 않았니?"

학생: "아니요."

(대부분의 학생들은 고개를 가로젓거나 아니라고 대답한다.)

교사: "그럼 왜 두 번째 기록이 처음보다 좋았을까?"

학생: "……."

교사: "물론 선생님이 벌칙을 준다고 말했기 때문에 다들 열심히 뛰었을 거야. 하지만 두 번째도 마찬가지였어, 그치? 방법이나 너희들의 체력적인 부분에서 달라진 것은 하나도 없었어. 그런데 빨라질 수 있었던 이유는 뭘까? (학생들이 생각할 수 있는 시간을 잠시 준다.) 선생님 생각에는 너희들의 마음가짐이 달라졌기 때문이라고 생각해. 다시 말하자면, 이유야 어찌 되었든 간에 벌칙을 당하지 않기 위해서 두 번 다 열심히 뛰었을 거야. 두 번의 기록을 측정하는 동안 너희들의 달리기 실력이나 체력이 늘거나 좋아지진 않았을 거야, 다만 처음보다 더 잘해야 되겠다는 마음가짐이 달라졌을 뿐이지. 그렇지 않을까? 선생님은 그런 마음가짐이 바로 '최선'이라고 생각해. 그리고 두 번째 기록은 마음가짐이 바뀌면서 행동으로 나타났고 기록이 단축되는 결과로 나타난 거지. 너희들 혹시 다른 조의 친구들이 뛸 때 정말 열심히 뛰고 있다는 걸 느꼈니?"

학생: "네."

(또는 대부분 고개를 끄덕인다.)

교사: "너희들도 보였니? 선생님도 너희들이 최선을 다해 뛰는 게 보였어. 흔히 인성, 즉 마음가짐은 눈에 보이지 않는다고 많은 사람들이 생각하지만 실제로 우리는 지금 이 게임을 통해 친구들이 뛰는 걸 보면서 느낄 수 있었어. 다시 말하자면, 우리의 행동을 통해 그 사람의 마음가짐을 알 수 있다는 뜻이야. 다만 주의 깊게 보지 않으면 모를 뿐이지. 체육 시간은 너희들의 마음가짐이 행동으로 나타나기 때문에 선생님 눈에는 잘 보여. 너희가 어떤 마음으로 체육수업에 참여하는지 또는 어떤 마음으로 친구들과 함께하는지 말이야. 눈에 보이지 않을 것 같지만 다 보인다는 뜻이야. 팀워크 인성피라미드에 있는 인성요소들도 이와 같은 방법으로 확인할 수 있어. 선생님은 앞으로 너희들의 수업 참여 정도를 보고 인성피라미드 쌓기를 할 거야. 지금까지 선생님이 얘기한 걸 이해할 수 있겠니? (학생들의 반응을 확인한다.) 그럼, 앞으로도 팀워크라는 인성주제를 수업 시간에 잘 나타낼 수 있도록 최선을 다해 줄 수 있지?"

위의 〈멘트 3-5-1〉은 '최선'이라는 인성가치를 학생들에게 설명하기 위해 말한 내용을 나타내고 있다.

사실 거짓 벌칙에 대한 것을 가지고 나에게 이의를 제기할 법도 한데 그런 학생은 한 명도 없었다. 이상하리만치 학생들은 내가 하는 말에 집중했다. 위와 같이 말하면서도 사실 수업을 준비할 땐 걱정이 많았다. 과연 이 방법이 학생들에게 효과가 있을까, 하고 말이다. 하지만 수업하면서 학생들의 참여와 반응을 보고 효과가 있음을 확신할 수 있었다.

B파트는 배려의 의미를 캐치볼에 접목함으로써 그 의미에 대해 생각해 볼 수 있게 했다.

캐치볼은 남학생과 여학생의 실력 차이가 크게 날 것으로 예상했지만 그래도 남학생과 여학생이 한 조가 되도록 팀 내에서 정하게 했다. 캐치볼을 하기 전에 학생들에게 다음과 같이 말했다.

〈멘트 3-5-2〉 '배려' 가치에 대한 내용

"캐치볼은 공을 던지고 받는 활동이야. 물론 공을 잘 던지고 잘 받는 것 모두 잘해야겠지만, 그 중에서도 공을 던지는 사람이 더 잘해야 된다고 생각해. 왜냐하면 서로 캐치볼을 잘 하기 위해서는 공 받을 사람이 잘 받을 수 있도록 던지는 것이 중요하기 때문이야.

만약 내 파트너가 공을 잘 못 잡는다고 해보자. 그럼 공을 던질 때 파트너가 잘 잡을 수 있도록 약하게 던진다든가 또는 가까이에서 던져줘야 해. 그렇게 연습해서 파트너의 실력이 향상되면 좀 더 먼 거리에서 던진다든가 또는 강하게 공을 던질 수 있겠지? 선생님은 이것이 바로 상대를 생각하는 배려의 마음이라고 생각해. 다시 말하자면, 공을 던졌는데 파트너가 잡지 못했다면 답답해하거나 화를 낼 것이 아니라 내가 잘못 던진 것은 아닐까, 하고 생각할 수 있는 마음, 그게 바로 내 파트너에 대한 배려심이 아닐까 생각해.

B파트는 캐치볼을 연습하는 곳이기도 하지만 나보다는 파트너 또는 우리 팀을 먼저 생각할 수 있는 마음을 기르는 곳이란 걸 명심하길 바라. 그리고 캐치볼을 잘하지 못하는 사람들도 자기 스스로 잘할 수 있게 노력해야 한다는 걸 잊어서는 안 되겠지! 자, 그럼 파트너와 함께 캐치볼을 연습해 보자."

위의 〈멘트 3-5-2〉는 '배려'라는 인성가치를 학생들에게 설명하기 위해 말한 내용을 나타내고 있다.

C파트는 집중의 의미를 배팅에 접목함으로써 그 의미에 대해 생각해 볼 수 있게 했다.

티볼은 필드형 경쟁 활동에 속하지만, 야구와 같이 공을 던져주는 투수가 없다. 대신 'T' 자 형태의 받침대 위에 공을 올려놓고 타자가 칠 수 있는 경기다. 그래서 여학생들도 쉽게 배팅의 재미를 느낄 수 있다.

이 파트에서는 배트를 잡는 법과 스윙하는 방법을 시범 보이면서 설명했다. 그리고 받침대 위에 공이 놓여 있다고 쉽게 칠 수 있는 것이 아님을 강조하면서 공을 정확히 보고 집중해야만 칠 수 있다는 점을 알려 주었다. 다른 파트와 달리 이렇게만 말하고 집중에 대한 의미 전달을 마쳤다. 그리고 이번 시간에는 배트를 정확히 잡고 스윙하는 데 중점을 두고 연습할 수 있게 지도했다.

각 파트별로 연습할 수 있는 시간은 7분 정도에 불과했다. 이동하는 시간은 1분으로 잡았다. 총 23분 동안 3개 팀이 3개 파트를 돌면서 인성가치와 기초 기능을 익힐 수 있게 했다. 하지만 막상 수업을 진행해보니까 무리하게 수업 계획을 잡은 탓에 시간이 너무 촉박했다. 게다가 수업 초반에 수업 환경을 준비하는 방법까지 일일이 설명해야 했기 때문에, 나에게는 너무 힘든 시간이었다. 그러다 보니 인성피라미드 쌓기는 아예 할 수조차 없었다. 그래도 학생들의 참여가 좋았다는 점에서 조금이나마 위안을 얻을 수 있었다.

3차시 수업의 목표는 수비 전술을 통해 협력플레이를 익히고 팀워크를 구성하는 인성요소를 실천하는 것이다. 진행 방식은 2차시와 마찬가지로 3개 파트로 나눠서 팀별로 수업에 참여할 수 있게 하였다. 다만 달라진 점은 A파트의 활동 내용이 베이스 러닝 게임에서 수비 전술을 통한 협력플레이를 익히는 것으로 바뀌었다는 점이다. 나는 A파트에서 직접 학생들이 팀으로 수비 전술을 익힐 수 있게 지도했다. 나머지 2개 파트에서는 팀 활동을 통해 티볼 기초 기능을 익힐 수 있게 했다.

전술 훈련은 수비 전술만 연습했다. 왜냐하면 티볼 경기를 하기 위해서 학생들이 갖춰야 할 최소한의 전술 훈련이 필요했고, 그것이 바로 수비 전술이라고 생각했기 때문이다. 그리고 공격 전술은 실제 팀 간 경기를 통해 자연스럽게 익히도록 유도하는 것이 수업 진행에 더 좋을 것으로 생각했다.

전 시간에 수업 환경 준비 방법에 대해 다 설명해서인지 이번 시간에는 수업 환경 준비와 관련된 활동을 수업 전에 다 마무리할 수 있었다. 물론 나는 쉬는 시간부터 밖으로 나와서 학생들이 수업 준비를 좀 더 편하게 할 수 있게 필요한 도구와 장비들을 미리 밖에 꺼내 놓았다.

수업은 수업 시작종이 울림과 동시에 출석을 부르고 학생들의 건강 상태를 확인하는 것부터 시작했다. 그리고 수업의 목표와 활동 내용에 대해 간략히 설명한 후 준비운동으로 들어갔다.

준비운동을 끝낸 뒤 학생들을 다시 모이게 했고, 인성피라미드를 보고 수업 시간에 실천할 인성요소를 선택하고 어떻게 실천할 것인지에 대해 팀원들과 상의하는 시간을 갖게 했다. 그러면서 티볼 보기자료를 주고 팀에서 각자 수비 역할을 정할 수 있게 했다. 물론 한번 역할이 정해졌다고 수업이 끝날 때까지 반드시 그 역할만 해야 하는 것은 아니었다. 수업을 통해 자기에게 가장 적합한 역할을 찾을 수 있게 역할 변경이 수시로 가능하다는 사실도 알려줬다.

〈표 3-5-6〉 수비 포지션 및 경기 방법

<table>
<tr><th colspan="2">수비 포지션 및 경기 방법</th></tr>
<tr><td>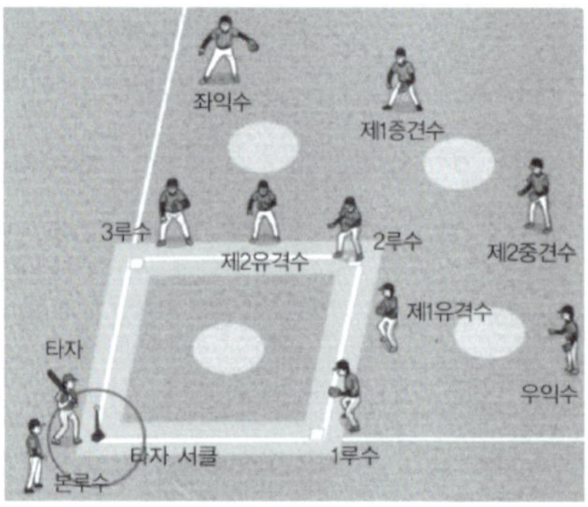
</td><td>1. 포지션은 수비 위치에 따라 왼쪽 그림과 같이 부른다.
2. 본 루수 외의 각 수비자는 타자가 타격할 때 페어 지역 안에 있어야 한다.
3. 본 루수는 타자가 타격을 완료할 때까지 타자 서클 밖에 있어야 한다.
4. 선수교체는 주장 또는 주심에게 신청해야만 교체할 수 있다.</td></tr>
</table>

위의 〈표 3-5-6〉은 수비 포지션 및 경기 방법을 나타내고 있다.

이것은 수비할 때 필요한 포지션의 명칭과 위치 그리고 경기 방법에 대한 간략한 정보만을 담고 있다. 이것을 가지고 팀 스스로 팀원들에게 맞는 역할을 정하게 했다. 다만 팀원들이 가지고 있는 개인적인 능력을 충분히 고려하되 실력이 부족하다는 이유로 소외되거나 무시당하는 일이 없게 할 것을 당부했다. 또한 팀워크를 구성하고 있는 인성요소와 그것에 대한 실천사항에 대해서도 다시 한번 더 강조했다.

실제로 학생들은 보기자료 하나만 가지고도 활발하게 대화를 이어나갔다. 비록 시간이 많지 않았지만, 적극적으로 의사소통을 하면서 자신들의 역할을 하나씩 정해가는 모습이 아주 인상적이었다. 게다가 학생들의 표정이 살아있음도 느낄 수 있었다. 나는 학생들의 이런 모습들을 보면서 만족스러웠다. 왜냐하면 이 수업을 계획하면서 머릿속으로 그렸던 이상적인 수업의 모습들과 너무나 닮아있다고 생각했기 때문이다.

포지션을 정한 뒤에는 팀별로 정해진 파트를 돌면서 준비된 활동에 10분씩 참여하도록 했다. 특히 수비 전술(A파트)을 통해 깨닫게 된 팀의 부족한 점에 대해서는 다른 파트에서 집중적으로 연습할 수 있게 했다. 대부분의 수업은 학생들의 적극적인 참여로 잘 이루어졌다. 비록 기초 기능 면에서 매우 부족했지만 그래도 서로를 도와주는 모습이 보기 좋았다.

파트별 수업 활동이 끝난 뒤, 나는 팀별로 모여 앉은 학생들 앞에서 각 팀의 수업 참여도를 직접 판단하여 해당 인성요소 스티커를 인성피라미드 현황판에 붙였다. 그러면서 스티커를 받은 팀에게는 박수를 보냈고 그러지 못한 팀에게는 조금 더 열심히 해 달라고 부탁했다.

4~6차시 수업의 목표는 팀 간 티볼 경기를 통해 팀워크를 키움과 동시에 경기 운영 능력을 기르고 기초 기능을 숙달하는 데 있다.

〈표 3-5-7〉 경기 진행 순서

차 시	경기 진행 순서
4차시	A팀 VS B팀, 승자 VS C팀
5차시	B팀 VS C팀, 승자 VS A팀
6차시	C팀 VS A팀, 승자 VS B팀

위의 〈표 3-5-7〉은 4차시부터 6차시까지의 경기 진행 순서를 나타내고 있다.

처음 계획은 5회까지 경기를 진행하려고 했다. 하지만 처음 몇 개 반 수업을 진행해보니 5회까지 경기를 진행하는 게 현실적으로 어렵다는 걸 알았다. 그래서 3회까지 경기를 진행하는 것으로 계획을 수정해서 수업을 진행했음에도 가끔은 시간이 부족해서 경기를 다 하지 못할 때도 있었다.

공격 타순은 남학생과 여학생이 번갈아 나올 수 있게 정하도록 했고, 경기하지 않는 팀은 다음 경기를 대비하면서 부족한 기초 기능을 연습하거나 상대 팀의 경기를 보면서 전력 분석 및 전술을 짤 수 있게 했다.

경기는 생각 이상으로 열기를 띠었다. 학생들은 팀 간의 경기를 통해 세부적인 공격 전술 및 수비 전술을 익혀 나갔다. 그리고 경기가 진행될수록 기초 기능이 향상되었으며 경기 운영 능력도 좋아졌다. 무엇보다 티볼 경기를 통해 팀워크를 만들어나가려는 모습들이 곳곳에서 보였다. 하지만 경기가 거듭될수록 경쟁이 심해졌고 좋지 않은 모습도 나타났다.

대표적으로 공을 친 후 빨리 출루해야 한다는 생각 때문에 배트를 아무렇게나 던지고 달려 나가는 모습이 자주 보였다. 이런 행동은 주변에 있는 학생들이 배트에 맞아 다치는 사고로 이어질 수 있어서 굉장히 위험한 행동이다. 하지만 이런 행동은 쉽게 고쳐지지 않았다. 그래서 결국은 홈 베이스와 1루 사이에 커다란 바구니를 하나 놓아두고 그곳에 배트를 넣으면서 달려 나가게 했다. 만약 타자가 안타를 기록했더라도 배트를 바구니에 넣지 않고 그냥 던졌을 때는 아웃으로 간주했다. 이렇게까지 하고서야 배트를 마구 던지는 문제를 해결할 수 있었다.

7~8차시 수업의 목표는 수행평가 방법을 익히고 의미를 이해함으로써 팀워크를 완성해 나가는 것이다.

〈표 3-5-8〉 수행평가 방법

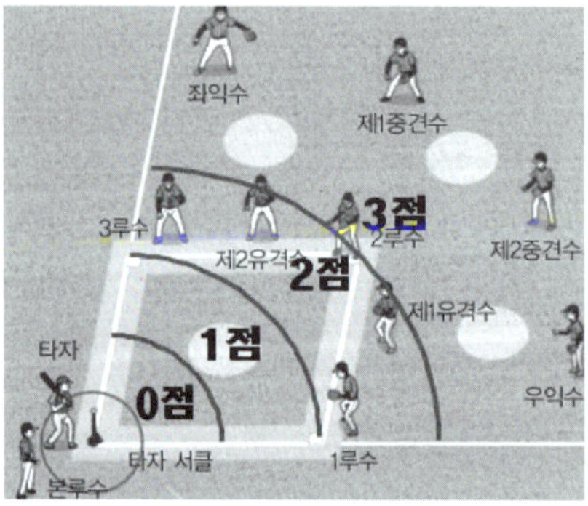

- 평가는 팀으로 진행함(학급당 3개 팀)
- 팀에서 남학생 3명, 여학생 2명을 선발하여 3번씩 배팅 기회를 부여함(총 15회)
- 수행평가 시 뜬 공만 회수로 인정함
- 배팅한 공은 떨어진 위치에 따라 옆의 그림과 같이 점수를 부여함
- 단 해당 지역에 있는 수비수가 공을 바닥에 떨어뜨리지 않고 공중에서 바로 잡을 경우 해당 지역의 점수에 +1점을 추가하여 부여함
- 위의 방법으로 5명의 타자가 총 15번의 배팅으로 얻은 점수를 평가에 반영함

채점기준	상(40점)	중(32점)	하(24점)
	37~45점	28~36점	0~27점

〈표 3-5-8〉은 팀워크(티볼) 수업의 수행평가 방법을 나타내고 있다.

이 수업의 수행평가 방식은 팀 평가 방식이다. 다시 말해 팀원이 모두 참여하여 수행평가를 보기 때문에 팀원 모두 똑같은 점수를 얻는 방식이다. 물론 이런 평가 방식이 어느 특정한 개인에게는 불이익으로 작용할 수 있다는 점을 잘 알고 있었다. 그래도 나는 이 방법을 고집했다. 이 평가 방식은 티볼 경기에 필요한 기능들을 종합적으로 평가할 수 있고 팀워크라는 인성주제를 가시적으로 확인할 수 있는 좋은 방법이라고 생각했다.

수행평가를 진행하기 위해 각 팀에서 남학생 3명, 여학생 2명, 총 5명의 타자를 학생들에게 선발하게 했다. 선발된 학생들은 순번을 정해 차례대로 타자가 돼서 공을 3번 칠 수 있는 기회를 얻었다. 나머지 4명은 자기 차례가 올 때까지 다른 팀원들과 같이 수비해야 했다. 결국 수행평가는 1명의 타자와 9~10명의 수비수가 한 팀이 되어 위와 같은 방법으로 진행됐다.

타자가 된 학생들은 공을 정확히 맞춰서 높게 멀리 보내야만 높은 점수를 얻을 수 있었고, 수비하는 학생들은 날아오는 공을 떨어뜨리지 않고 잡았을 때 해당 지역 점수에 +1점을 더 얻을 수 있기 때문에 공을 잘 치고 잘 잡는 능력뿐만 아니라 위치 선정에 필요한 수비 전술에 대해서도 잘 알고 있어야 했다. 물론 이런 수행평가 방법은 누군가의 실수로 인해 점수가 낮게 나올 수도 있고, 그로 인해 해당 학생이 친구들의 눈총을 받을 수도 있었다. 하지만 그런 일이 발생하지 않게 하려고 지금까지 팀워크를 강조하면서 수업을 진행했고, 팀이 원한다면 방과 후 재도전의 기회를 줌으로써 수업이 끝난 후에도 팀원들과 다 같이 연습할 수 있게 수업을 계획했다. 그리고 그들이 원하는 점수를 얻어서 모두가 만족할 만한 결과를 얻길 바랐다. 더 나아가 그러한 만족감이 어느 한 학생으로 인한 것이 아니라 모두가 포기하지 않고 노력했기 때문에 가능했음을 인식할 수 있길 바랐다. 다시 말해 포기하지 않고 계속 노력해서 끝내는 좋은 결과를 얻길 바랐고, 그로 인한 만족감이 팀워크로 인한 것임을 이 수업을 통해 알려 주고 싶었다.

실제로 수업을 진행하면서 무척 즐거웠고 행복했다. 수업을 계획할 때 머릿속으로 그렸던 이상적인 수업 장면들이 학생들에게서 나타났기 때문이다. 팀에서 잘하는 학생들은 못 하는 친구들을 열심히 가르쳐 주었다. 비록 자신이 잘하지 못해도 자기보다 더 못하는 친구에게 관심을 보였고 함께 하자고 먼저 말을 걸었다. 그리고 자기가 실수를 하면 모두에게 미안해했고, 그런 모습을 보는 친구들은 오히려 괜찮다며 격려해 주었다. 무엇보다 서로를 격려하고 응원하면서 적극적으로 수업에 참여하는 학생들의 모습이 너무 보기 좋았다.

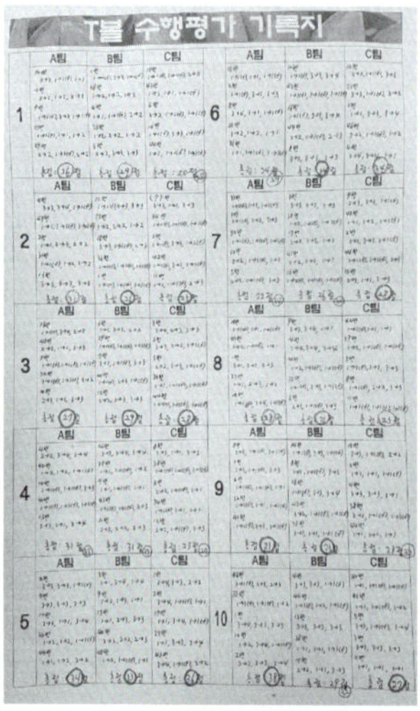

8차시 수행평가 기록

1차 재평가 기록

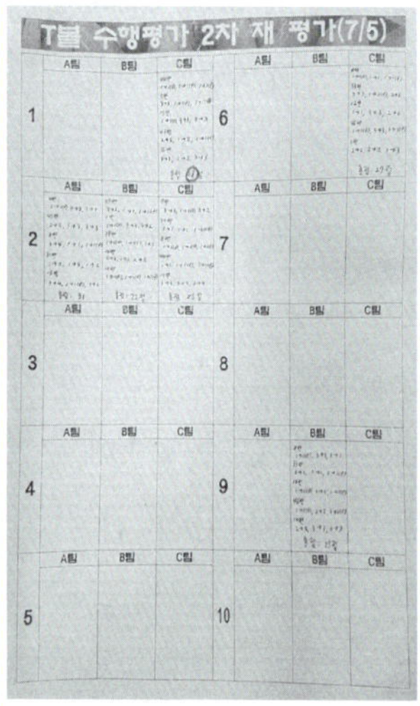

2차 재평가 기록

〈사진 3-5-1〉 팀워크(티볼) 수업 수행평가 기록지

위의 〈사진 3-5-1〉은 팀워크(티볼) 수업 수행평가 기록지를 나타내고 있다. 왼쪽에서 첫 번째 수행평가 기록은 수업 시간에 수행평가한 것을 기록한 것이다. 가운데 수행평가 기록은 7월 1일 방과 후에 가진 1차 재평가 팀들의 기록이다. 이때 총 5개 반 11팀이 참여했다. 그리고 동그라미로 표시된 8개 팀의 수행평가 기록이 향상되었다. 그리고 마지막 재평가는 오른쪽 첫 번째 수행평가 기록지로 4개 반 6개 팀이 참여했고 1개 팀만 기록이 향상되었다. 나머지 팀들은 더 이상 기록이 좋아지진 않았다.

〈수업 노트 기록 3-5-1〉 팀워크(티볼) 수업을 진행하면서 기록한 수업 노트 내용

2013년 6월 12일 수요일 1교시, 3학년 7반(1차시)

• 비 오는 날씨지만 교실은 덥고 습함. 전날 영어 듣기 평가가 있어서인지 시험 대형으로 책상이 놓여 있었음. 책상 대형과 교실을 정리하는 데 어려울 것 같았는데, 막상 수업이 시작되고 학생들이 다 같이 빨리 움직여줘서 정리로 인한 수업 방해는 없었음. 더운데도 잘 참는 집중력을 보여준 반이었음. 역시 수업 태도가 좋은 반임. 다음 시간이 기대됨.^^

2013년 6월 13일 목요일 2차시, 3학년 9반(1차시)

• 중국어 수업을 빌려서 수업을 진행함. 솔직히 나 스스로 너무 많이 지쳐있는 것 같다. 이번 주 너무 많은 수업과 업무를 진행하고 처리하면서 신경이 날카로워진 것 같다. 수업이며 업무며 아슬아슬하게 해내고 있는 느낌이다. 그래서인진 몰라도 수업 시작하면서부터 수업 분위기를 잡기 시작했다. 수업 계획을 너무 무리하게 세운 것 같다. 계획대로 진행하기 위해 없는 수업까지 만들어서 하고 있으니 신경이 날카로워질 만도 하다. 그래도 나의 감정으로 인해 수업에 영향을 주는 건 아닌 것 같다.

1차시 수업 중 2반의 수업을 진행하면서 생각난 아이디어

• 수업 진행 시나리오
  1. 수업 시작 전 진행 변동 이유, 그리고 영상에 대한 소개로 시작
  2. 팀은 리더와 팀원이 모인 하나의 집단, 교실도 일종의 하나의 팀이다. 오늘은 팀을 이루고 있는 리더와 팔로워의 역할에 대해서 중점적으로 이야기해보고자 합니다.
  3. 영상의 첫 부분부터 마지막 장면을 언급
  4. 질문: 이 숭고한 땅에~ → 팀이 망가진다? → 경기에서 진다는 뜻 → 서로 탓하고 → 결국 팀 해체 → 누구의 책임일까요?
  5. 오늘 팀을 정하기에 앞서 팀을 구성한 뒤 주장을 뽑을 때 신중하게 뽑길 바랍니다.

2013년 6월 11일 화요일 4교시, 3학년 5반(2차시)

• 쉬는 시간, 주장 학생 3명이 나를 찾아옴(지난 시간 수업 후에 다음 시간 쉬는 시간에 먼저 찾아오라고 한 것이 떠올랐음. 기특한 녀석들^^). 각 팀의 역할을 먼저 알려 줌. 수업 변동으로 인해 심적 부담이 컸지만, 학생들이 잘 따라와 주었음. 각 팀의 역할을 알려 주는 것까지 20분 정도 소요되었음. 예상한 것보다 힘들고 시간이 많이 들었음. 하지만 부드럽게 로테이션이 이루어졌음. 다음 시간이 기대됨. 주장 학생들이 믿음직스러움. 티볼 공 1개 분실.

※ 남○○ 학생: 팀워크 정의 최우수 학생 선정, '팀워크는 농사다.' ^^

2013년 6월 13일 목요일 6교시, 3학년 8반(2차시)

• 수업 진행 GOOD. 본교는 운동장이 좁아서 필드형 경쟁 활동을 하기가 힘듦. 특히 이번 수업처럼 운동장에 1학년 2개 반과 함께 3개 반이 동시에 운동장에서 수업하는 상황에서는 더욱 그렇다. 수업 초반 1학년 지도 선생님께서 수업을 좀 양보할 수 없겠냐고 물으셨다. 솔직히 수업을 양보하고 싶지 않았다. 왜냐하면 양보하게 되면 결국은 수업을 못 하게 되는데, 그러기 싫었기 때문이다. 결

국 운동장을 반씩 쓰기로 했다. 내가 수업을 양보했어야 했나란 후회가 남는다.

2013년 6월 14일 금요일 2교시, 3학년 2반(2차시)

- EXCELLENT. 수업 참여도 최고. 준비성 최고, 학생들의 경청 최고. 정말 기대되는 반임. 킨볼을 할 때는 장난기가 많고 호명 반칙이 많았던 반인데 티볼에서는 전혀 다른 모습을 보여주고 있음. 특히 3명의 주장들의 리더십과 팀원들의 팔로워십이 몸으로 느껴졌음.

〈수업 노트 기록 3-5-2〉 팀워크(티볼) 수업을 진행하면서 기록한 수업 노트 내용

2차시 수업을 진행하면서 생긴 일과 생각난 아이디어

1. 최선의 의미, 베이스 러닝 게임을 하면서 뛰다 넘어진 학생이 생겼다. 무척이나 아프게 넘어졌는데도 이 학생은 곧바로 일어나 계속 달렸다. 베이스 러닝이 끝나고 아래와 같이 학생들에게 말했다.

   교사: "너희가 봐도 열심히 하는 것 같지 않니?"

   학생들: "네."

   교사: "이게 최선을 다하는 거야. 이런 모습이 너희 눈에도 보이는데 선생님 눈에는 얼마나 더 잘 보이겠니? 선생님은 수업에 참여하는 이와 같은 너희들의 모습을 보고 인성피라미드 쌓기를 할 거야."

2. 학생들에게 인성가치를 지도할 때, 너무나 당연한 것도 모르는 학생이 많다는 사실을 깨달았다. 교사인 내가 생각하기에 이런 것쯤은 학생들이 당연히 알 거라고 생각되는 것들도 학생들에게 하나하나 차근차근 가르쳐 줄 필요가 있는 것 같다.

2013년 6월 20일 목요일 4교시, 3학년 1반(3차시)

- 수업 준비 GOOD. 1반 수업은 대체로 만족스럽다. 특별히 운동을 잘하는 학생은 없지만 대부분 실력이 비슷하고 무엇보다 열심히 하려고 노력하는 학생들이 많기 때문이다. 다만 B팀 주장인 권○○ 학생이 주장임에도 불구하고 열의를 보이지 않는 것이 조금 아쉽다. 반대로 A, C팀은 열의로 가득하다. ^^
- A, B, C 팀 모두 인성피라미드 '책임' 스티커 부여, 게다가 A, C팀은 '최선' 스티커까지 획득.

2013년 6월 19일 수요일 3교시, 3학년 2반(3차시)

- excellent. 쉬는 시간부터 수업을 준비하기 시작.^^ 수업에 대한 열의와 집중도가 모두 최고. 특히 각 팀에 주어진 역할(수업 준비)에 최선을 다하는 모습이 보기 좋은 반.
- A, B, C팀 모두 인성피라미드 '책임' 스티커. 게다가 C팀은 '최선' 스티커까지 획득.

※ 김○○ 학생: 점심시간 캐치볼을 연습하겠다고 글러브와 공을 빌리러 오는 열혈 여학생(운동을 잘해서가 아니라 못하기 때문에 연습하는 학생).

2013년 6월 14일 금요일 5교시, 3학년 6반(3차시)

- GOOD. 2차시까지 수업 태도가 별로였는데 이번 시간에 많이 달라진 모습을 보였다. 특히 쉬는 시

간에 미리 준비하려고 애쓰는 모습이 좋아 보였다.

- 주장들의 변화: 약간의 긍정적인 변화가 느껴짐. 각 팀에게 수업 준비 역할을 분담해 주니까 수업하기가 훨씬 수월하다.

※ 이○○ 학생: 협력플레이를 할 때 더워서 많이 힘들어하고 소극적인 태도로 수업에 임했다. '최선'의 가치를 이야기하면서 이 학생을 직접 지도했다. 싫을 수도 있었을 텐데, 수업 후 "○○아, 다음 시간에 열심히 해서 '최선' 스티커 받자"라고 말하니까 환하게 웃으면서 "네"라고 대답해 주는 모습이 예뻐 보였다.

2013년 6월 20일 목요일 1교시, 3학년 9반(3차시)

- 8시 50분부터 각 팀이 내려와 수업을 준비함. 수업 시작 2분 전 수업 준비를 모두 마침. 그리고 협력플레이 시작.
  A팀부터 시작인데 너무나 무기력한 모습에 답답했고 화가 났다. 특히 공이 옆으로 지나가는데도 보고만 서 있는 여학생들. 그 때문에 결국 화를 내버렸다. 미안했다. 아침부터 내가 너무 심했다는 생각이 들었다. 그리고 늘 경계하던 나의 모습인데, 아직도 교사로서 갈 길이 멀구나, 라는 생각도 들었다.
- A, B, C팀 '책임' 스티커, B, C팀 '최선' 스티커 획득.

※ 박○○ 학생: A팀 주장. 우선 주장으로서 자신의 역할에 최선을 다하고 있다는 생각이 든다. 하지만 티볼에 대해 잘 모르는 주장, 그것도 여학생이라서 더 힘들겠다는 생각이 들었다. 하지만 묵묵히 맡은 역할을 다하기 위해 노력하는 모습이 참 기특해 보였다.

〈수업 노트 기록 3-5-3〉 팀워크(티볼) 수업을 진행하면서 기록한 수업 노트 내용

2013년 6월 14일 금요일 6교시, 3학년 6반(4차시)

- excellent. 내가 생각한 수업의 모습이 실제 그려진 시간. A, B팀 학생들의 호응, 참여가 특히 돋보였다. 주의할 점, 배팅 후 방망이를 던지는 학생들이 많았다. '배려통'을 준비(배팅 후 바구니에 배트를 넣고 출발하기)해서 배팅 후 방망이를 던지지 못하게 해야 할 것 같다.

2013년 6월 21일 금요일 3교시, 3학년 7반(4차시)

- 결과 A(1) VS B(0) → A(0) VS C(2), 준비성과 수업 참여가 좋은 반, 게다가 활기찬 반.
- 수업을 보면서 느낀 점: 평소 남학생들 사이에서는 축구, 농구를 잘하면 주목을 받거나 영향력을 많이 행사하는 경향이 있다. 학교에서 축구, 농구 등의 구기 종목을 많이 하기 때문에 그 외의 스포츠를 잘하고 좋아하는 학생들은 자연스럽게 두각을 나타낼 수 있는 기회가 없는 것이다. 하지만 티볼 경기를 하면서 기존에 두각을 보이지 않던 학생들이 두각을 나타내면서 학생들 사이에서 주목을 받는 모습이 제법 보였다. 이런 점이 다양한 신체활동을 학교에서 해야 하는 이유 중의 하나가 아닐까 싶다.

※ 김○○ 학생: 팀워크(티볼) 수업 사상 첫 홈런. 열광의 도가니.^^

2013년 6월 25일 화요일 4교시, 3학년 9반(4차시)

- 결과 A(0) VS C(17) → C(5) VS B(8), 티볼 경기를 하면서 인성피라미드 적용. 지난 시간에 수업 태도가 많이 좋지 않았다. 이번 시간 경기 진행. 성취도 평가로 인해 60분 수업 진행. A팀과 C팀이 경기를 하는데 A팀의 너무나 무기력한 모습이 보였다. 팀워크는 전혀 찾아볼 수가 없었고 서로에 대한 배려도 없었다. 팀워크 수업으로 티볼을 하면서 이토록 보기 싫었던 팀은 처음이다. C팀 역시 비매너. 9반 왜 그랬을까? 평소 잘하진 못했지만 그래도 나름 수업 태도가 괜찮았는데. A팀에 무슨 일이 있었던 것일까? 성실하진 않지만 나름 잘 따라와 준 ○○이가 재미를 느끼고 열심히 하려는 모습도 보여줬는데. 나의 기대치가 컸을까? 분명 팀이었지만 마음은 팀이 아닌 걸 수업을 통해 느낄 수 있었다. 만약 내 느낌이 틀렸다면 체육교사로서 자격이 없는 것과 마찬가지란 생각이 든다. 내 느낌은 틀림없다. 무엇이 잘못되었을까? 말을 막 하는 학생들, 글쎄… 아무튼 너무 몰아붙인 것 같아 후회가 남는다.

4차시 수업을 진행하면서 생각난 아이디어

1. 인성피라미드 현황판 제작의 필요성을 느낌. 스티커를 학생들에게 하나하나 주는 것이 무리인 것 같다. 인성피라미드 현황판을 수업 노트에 기록하고는 있지만, 그것보다 현황판을 만들어서 학생들이 한눈에 직접 확인할 수 있게 만드는 것이 더욱 효과가 있을 것 같다.

2013년 6월 25일 수요일 5교시, 3학년 1반(5차시)

- 김○○ 선생님의 수업을 빌려서 수업을 진행했다. excellent. 항상 기대되는 반. 1반 학생들은 수업 초 인성피라미드에 큰 관심을 보였다. 그리고 인성피라미드에 붙여져 있는 스티커를 보고 매 시간 더 잘하려고 신경 쓰면서 노력했다. 수업태도 역시 good. 10개 반 중 최초로 모든 팀이 인성피라미드 쌓기에 성공할 가능성이 큰 반임.
- A, B, C팀 모두 '리더십'과 '팔로워십' 스티커 획득, 남은 것은 수행평가를 통한 '만족감' 스티커뿐.

2013년 6월 24일 월요일 5교시, 3학년 4반(5차시)

- 결과 B(2) VS C(0) → B(6) VS A(2), B팀의 경우 지난 시간 1승도 하지 못했는데 이번 시간엔 강팀인 A팀에게 역전승을 하면서 너무나 기뻐했다. 나는 그 모습을 보고 승리로 인한 쾌감이 학생들에게 엄청나게 큰 영향을 미치는구나, 라는 사실에 새삼 놀랐다.
- A, B, C팀 모두 '책임'과 '정직' 게다가 B팀 '존중'과 '배려' 스티커까지 획득.

〈수업 노트 기록 3-5-4〉 팀워크(티볼) 수업을 진행하면서 기록한 수업 노트 내용

2013년 6월 20일 목요일 3교시, 3학년 6반(5차시)

- 결과 B(12) VS C(2), 6반의 경우 수업 진도가 빠르다. 다른 반에 비해서 경기도 많이 했다. 에너지 넘치는 학생들이 많아서 다른 교과 시간엔 문제가 되는 반인데, 체육 시간에는 장점으로 작용할 때가 많다. 오늘이 그렇다. 그리고 인성피라미드가 그렇게 되게끔 한몫을 하는 것 같다는 생각이 든다.

5차시 수업 중 3학년 6반 수업 중 생각난 아이디어

1. 6반 수업 경기 중 공격과 수비가 전환될 때, 학생들이 글러브를 막 던지는 모습이 보였다. 예전 같으면 소리를 지르거나 바로 주의 주었을 것이다. 하지만 학생들을 조용히 불러 인성피라미드의 '존중'과 '배려'에 대해 이야기하면서 잘못된 행동임을 인식시켰다. 그 뒤로 학생들의 행동이 바뀌기 시작했다. 인성피라미드의 힘이란 말인가? ^^

2013년 6월 24일 월요일 1교시, 3학년 3반(6차시)

- 결과 A(9) VS B(2) → A(4) VS C(6), 첫 경기 때 A팀의 공격 시간이 많았다. 당연히 B팀이 고전하고 있었다. 이런 상황에서 팀원들끼리 팀워크를 발휘해 더 열심히 해야 하는데도 불구하고 B팀 여학생들이 "바보", "그것도 못 쳐" 등의 말을 해서 경기를 중간에 멈췄다.
- A팀 '정직'과 '존중'과 '배려' C팀 '정직' 스티커 획득.

2013년 6월 27일 목요일 4교시, 3학년 1반(8차시)

- 인성피라미드 현황판 최고의 반. 하지만 수행평가 결과는 좋지 않았다. 수행평가 점수를 낮게 받았으면서도 서로를 격려하면서 다독여주는 모습이 인상적이었다. 10개 반 중 최초로 인성피라미드를 3개 팀 모두가 다 쌓았다. 박수를 보낸다.
- A, B, C팀 '만족' 스티커

2013년 6월 26일 수요일 4차시, 3학년 3반(8차시)

- 시작부터 참 어수선했다. 하지만 수행평가를 진행하면서 3반에게서 찾아보기 힘들었던 타인에 대한 배려가 느껴졌다. 타자로 나온 학생이 잘 치지 못해서 팀원들에게 "미안해"라고 말하자 수비하는 학생들이 "괜찮아"라고 말하는 등 진심을 담은 표현과 행동 들 그리고 수행평가가 끝나고 서로를 위로하는 모습들을 보면서 3반 참 많이 달라졌구나, 라는 생각을 하게 되었다. 3개 팀 중 A팀이 가장 먼저 인성피라미드를 다 쌓았다. 3반이 해낼 줄이야.^^

2013년 6월 27일 목요일 6교시, 3학년 8반(8차시)

- GOOD. 수행평가를 보면서 타자가 잘 못 쳤을 때 "미안해"라고 말하고, 수비가 "괜찮아"라고 말하는 것들이 수업을 통해 달라진 작은 변화들이라고 생각한다. C팀 이○○ 학생, 기초 기능이 부족한 학생. 그런데도 C팀은 이○○ 학생을 1번 타자로 내세웠다. 주장을 불러서 그 이유를 물어보았다. 주장의 대답은 이랬다. "○○는 실력도 부족하고 나가서 치면 점수도 낮겠지만 하고자 하는 의욕이 강해서 믿고 1번 타자로 정했어요." 이 팀 학생들의 팀워크를 엿볼 수 있는 대목인 것 같다.
- A, B, C팀 모두 '리더십'과 '팔로워십' 스티커 획득.

2013년 7월 1일 월요일 2교시, 3학년 10반(8차시)

- 하○○ 선생님 수업을 빌렸다. A팀 최고의 실력과 팀워크를 보여주었다.
- B팀: 수행평가 때 타자로 나온 여학생이 잘 치지 못해서 수비를 보는 팀원들에게 "미안해"라고 말했다. 그것을 들은 차○○ 학생이 "아냐 오히려 내가 더 미안해"라고 말하는 것이다. 수업이 끝나고 차○○ 학생의 이야기를 학생들에게 해주었다. 여학생들은 "우와! 멋있다"라고 이구동성으로 말했다.

〈수업 노트 기록 3-5-5〉 팀워크(티볼) 수업을 진행하면서 기록한 수업 노트 내용

2013년 6월 26일 수요일 1교시, 3학년 7반(8차시)

- 수업 태도가 거의 매번 좋았던 반. 그런데 3팀 모두 평균 이하의 기록을 얻었는데도 서로들 괜찮다고 미소 짓고 있는 모습이 왠지 모르게 측은하게 느껴졌다. 수업을 그렇게 열심히 참여했는데 성적이 나쁘다면… 다른 반에 비해서 수업 시수가 적어서일까? 점수를 잘 줄 수도 없고… 재평가를 통해 다시 평가 볼 수 있다는 것을 알려 주고 더 열심히 연습하라고 전했다.

8차시 수업을 진행하면서 느낀 점

1. 인성피라미드를 수업에 적용하면서 많은 것을 느끼고 있다. 우선 체육수업에 대한 나의 마음가짐이 바뀌었다. 그전에는 체육수업에서 신체활동을 중요하게 생각하면서도 인성에 대한 부분을 어떻게 하면 지속적으로 수업 시간에 가르칠 수 있을까, 라는 고민을 많이 했었는데 이번 수업을 통해서 신체활동을 하면서도 지속적인 인성교육이 가능한 방법을 찾은 것 같다.
2. 티볼 경기를 하면서 수업 시수가 적어서 티볼에 대한 흥미를 학생들이 느낄 수 있을까? 기본기는 제대로 배울 수 있을까? 등의 고민이 많았는데, 결과는 대만족이었다. 우선 이번 시간을 통해 학생들에게 기초 기능을 잘 가르친 것 같진 않다. 어쩜 보통 이하일지도 모른다. 하지만 학생들의 참여도와 흥미는 실력 이상이었다고 생각한다.
3. 인성피라미드를 적용하는 4~5번의 수업 시간 동안 학생들의 말과 행동 그리고 마음가짐이 조금씩 긍정적으로 바뀌어 가는 것을 느낄 수 있었다. 6/27 현재 1반과 6반의 학생들이 수업을 통해 보여 준 참여와 변화는 나에게 큰 감동으로 다가왔다. 반면 9반의 경우는 팀원들끼리 사이가 좋지 않으면 이렇게 될 수도 있구나, 라는 것을 보여주면서 새로운 숙제로 다가왔다.

〈수업 노트 기록 3-5-1〉부터 〈수업 노트 기록 3-5-5〉까지는 팀워크(티볼) 수업을 진행하면서 기록한 수업 노트 내용을 나타내고 있다.

이 수업은 1학기 마지막 수업이었기 때문에 기말고사 전에 어떻게든지 수업을 마무리 지어야 했다. 그러다 보니 수업 시간이 부족해서 다른 선생님들의 수업을 빌려서 쓰기도 했다. 그 결과 기존의 내가 하던 업무에 수업 시간까지 늘어나면서 육체적으로나 정신적으로나 매우 힘들었다. 그래서 학생들에게 짜증을 내기도 했고 수업을 진행하면서 나의 나쁜 감정이 수업에 작용했던 부분도 있다. 물론 모든 반의 학생들이 다 같이 열심히 참여했다고 말할 수도 없다. 하지만 새로운 수업 방식과 수행평가가 적용되었고, 무엇보다 인성피라미드를 처음으로 사용했다는 점에서 나에겐 상당히 의미 있는 수업이었다. 또한 짧은 차시의 수업 계획으로 수업 진행에 어려움이 많았음에도 불구하고 수업을 통해 학생들이 보여준 적극적인 참여와 시간이 지날수록 나타나는 그들의 긍정적인 변화는 체육수업에 대한 새로운 가능성을 느끼게 해주었다.

수업 진행 및 활동사진

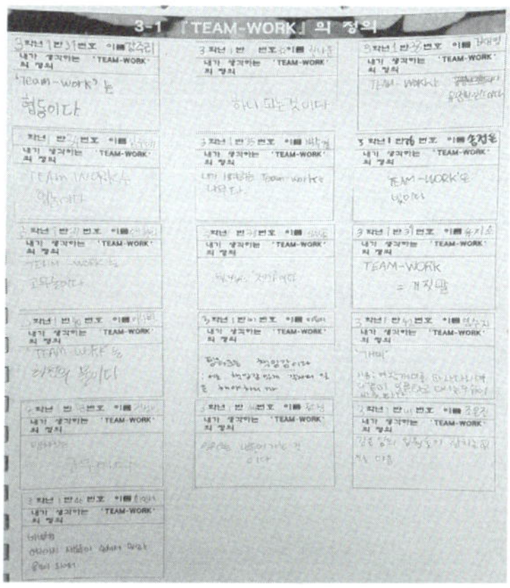

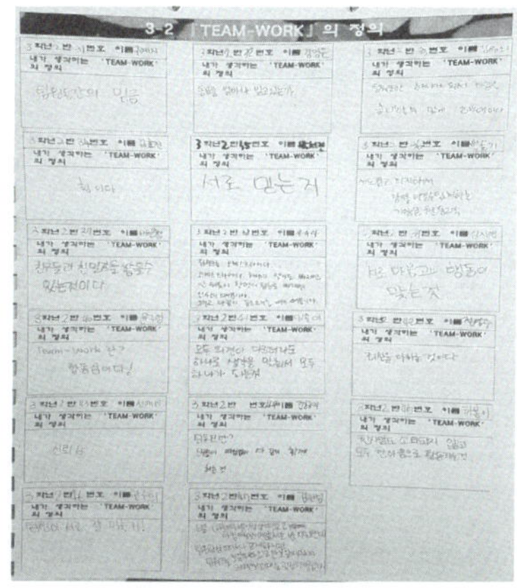

3학년 1반 팀워크 정의

3학년 2반 팀워크 정의

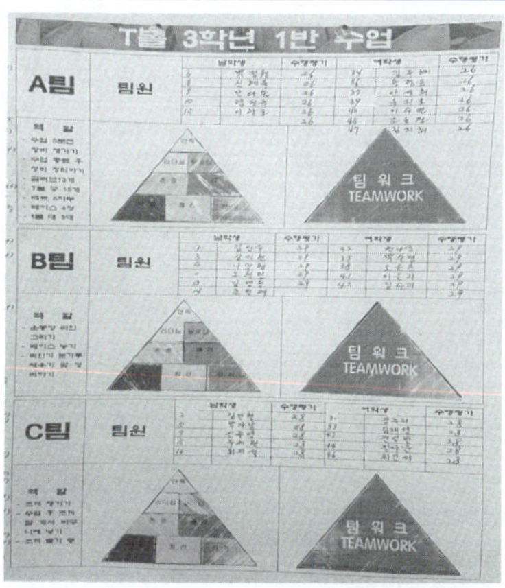

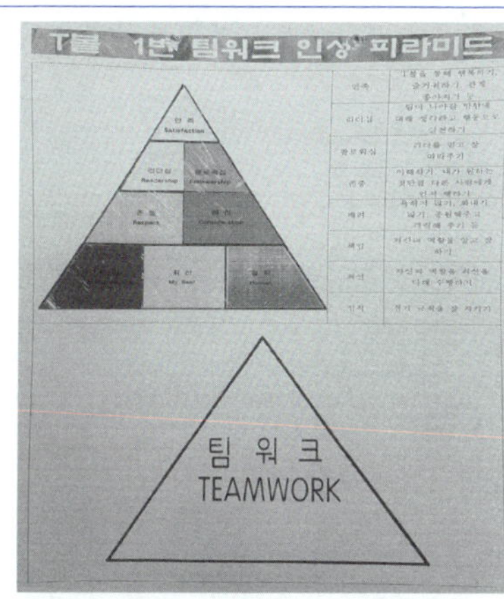

3학년 1반 팀워크 인성피라미드 개별 및 종합 현황판

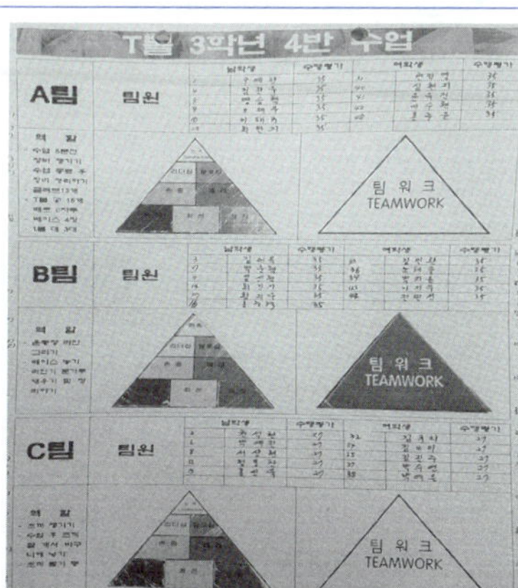

3학년 4반 팀워크 인성피라미드 개별 및 종합 현황판

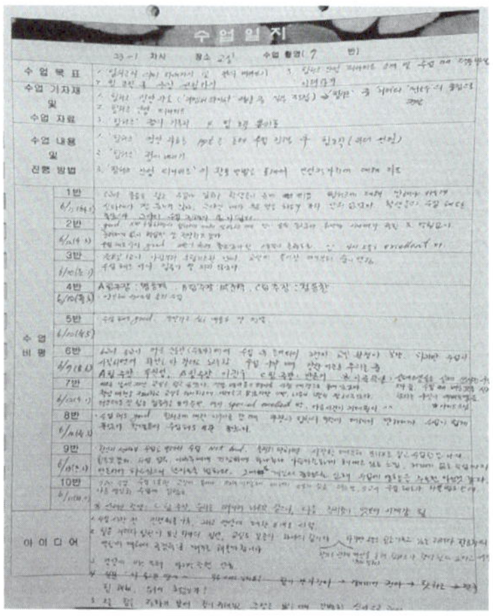

1차시 수업 노트

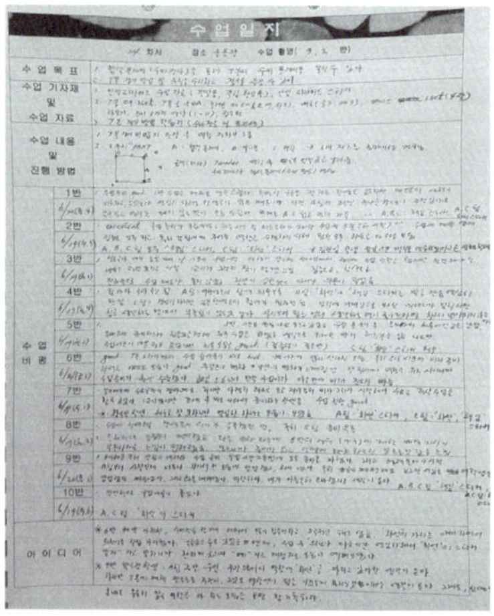

3차시 수업 노트

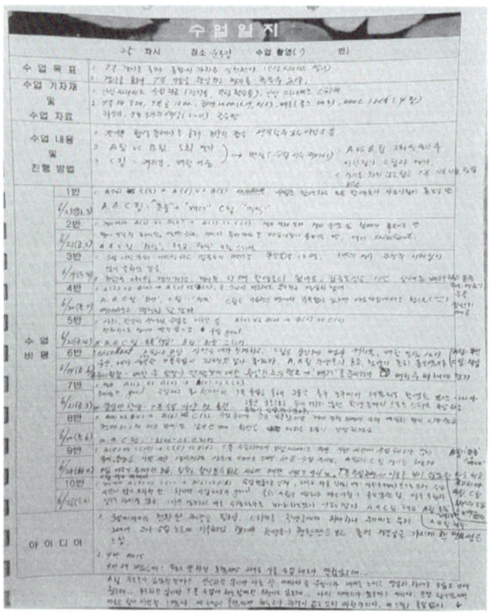

4차시 수업 노트

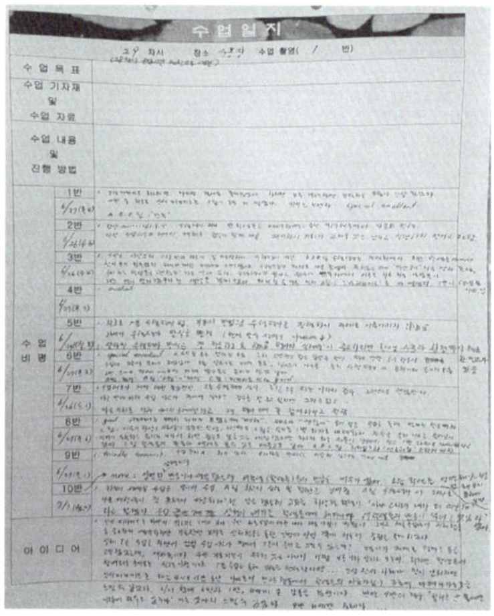

8차시 수업 노트

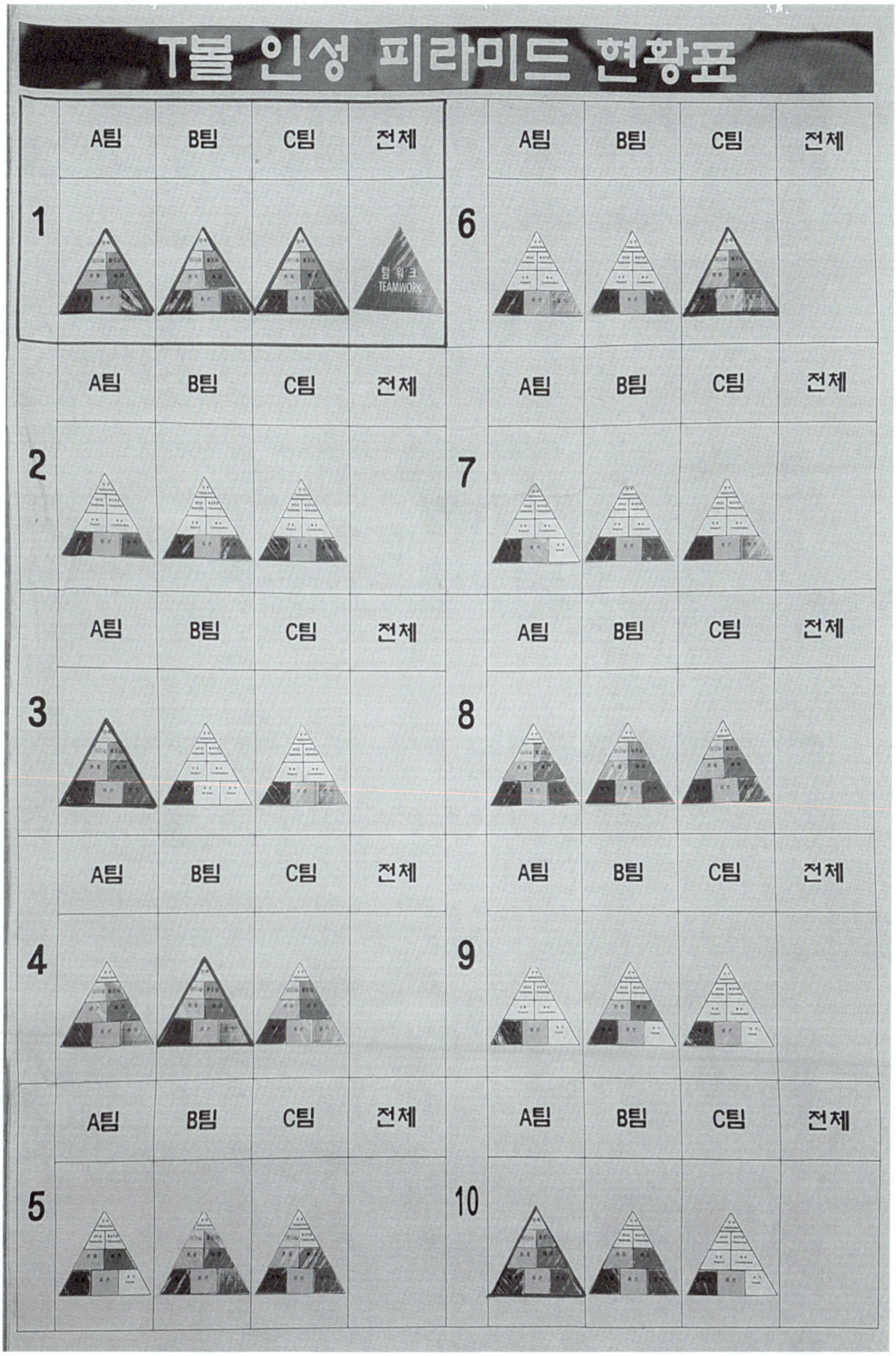

팀워크 인성피라미드 전체 현황판

구분	활동사진			
1차시				
	팀워크 수업 진행 설명 및 영상 시청		팀 구성하기	인성피라미드 설명
2차시				
	수업 진행 설명	팀 역할 수행 지도	'최선'의 가치 의미 전달(베이스 러닝 게임)	
3차시				
	팀원 역할 선정		수비 전술 훈련	

	팀 연습(캐치볼과 배팅)	수업 정리(팀별 수업 도구 및 장비 정리)		
4~6 차시				
	티볼 리그 경기(2개 팀 경기, 1개 팀 자율 연습 및 전술 수립)			인성피라미드 현황 확인
8차시				
	팀별 수행평가			

수업지도안

대 상	3학년	대영역	경쟁 활동	중영역	필드형 경쟁 활동	일시	6월
장 소	교실	인성주제	팀워크란 (　　　　　　)이다.			차시	1/8
학습목표	• 영상 시청을 통해서 팀워크에 대해 생각해 보고 그 의미를 정의할 수 있다. • 팀워크 인성피라미드의 구성요소와 활용 방법을 이해할 수 있다.						
수업자료	영상자료(「리멤버 타이탄」 영상 일부), 팀 뽑기통, 인성피라미드, PPT자료						

<table>
<tr><th>단 계</th><th>학습내용</th><th>교수-학습활동</th><th>시간</th><th>지도상 유의점</th></tr>
<tr><td>준비하기</td><td></td><td>• 수업 준비
-수업 환경 조성(교실 환기 및 청결 상태)
-빔프로젝터 확인</td><td>-5분</td><td></td></tr>
<tr><td>생각하고 떠올리기</td><td>• 인원점검 및 환자파악

• 학습목표 제시</td><td>• 출석확인, 건강상태 확인, 수업 준비 상태 확인
• 전시학습 상기
-킨볼 경기에서 ‘호명 반칙’을 줄이기 위한 시도는 개인이 아닌 모두의 관심과 노력에서 시작되었다는 것
• 학습목표 제시 후 확인</td><td>3분</td><td>정숙 유지</td></tr>
<tr><td>이해하고 활동하기</td><td>• 팀워크란?
• 영상 시청

• 팀 구성하기

• 정의 내리기

• 인성피라미드</td><td>• 팀워크란?
Q. 킨볼을 통해 느낀 팀워크는 무엇인가요?
• 영상 시청
 영화 「리멤버 타이탄」을 팀워크 주제에 맞게 편집한 영상
-생각거리1: ‘이 숭고한 땅에 두 발을 딛고 있으면서도 마음을 합치지 못한다면 우리 역시 망가질 것이다’의 의미는 무엇인가?
-생각거리2: 팀을 이루는 주장과 팀원 간의 관계는?
• 팀 구성
-방법: 무작위 뽑기 방식
-구성: 10~11명(혼성) 3개 팀으로 구성
• 팀워크 정의 내리기
-팀워크란 (　　　　　　　　) 이다.
• 인성피라미드 소개와 설명
주제: 팀워크 / 인성피라미드
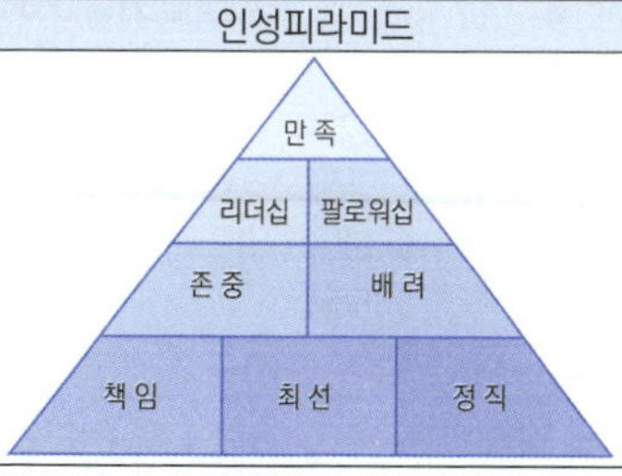

-팀워크 인성피라미드 설명(취지 및 구성요소)
-인성피라미드 수업 적용 방법</td><td>2분
(5분)

20분
(25분)

5분
(30분)

5분
(35분)

7분
(42분)</td><td>분위기 조성

생각거리에 대한 부연 설명을 통해 영상이 전하고자 하는 의미를 전달

무작위 뽑기 때 소란스럽지 않도록 지도

주의집중

설명은 간단히

강조할 부분은 정확히</td></tr>
<tr><td>정리하고 반성하기</td><td>• 팀워크란?

• 차시예고</td><td>• 팀워크란?
-팀을 이루는 2종류의 사람은?
-팀워크를 통해 만족감을 얻을 수 있는 방법은?
• 차시예고
-장　　소: 운동장
-수업내용: 3가지 인성 + 티볼 기초 기능 익히기</td><td>3분
(45분)</td><td>분위기 조성

경청</td></tr>
</table>

대 상	3학년	대영역	경쟁 활동	중영역	필드형 경쟁 활동	일시	6월
장 소	운동장	인성주제	팀워크			차시	2/8
학습목표	• 수업 준비를 위한 팀별 역할을 익힐 수 있다. • 최선, 배려, 집중의 가치를 통해 티볼의 기초 기능을 익힐 수 있다. • 팀워크 인성피라미드 활용 방법을 이해하고 '인성피라미드 쌓기(2~8차시)'를 할 수 있다.						
수업자료	티볼 경기 SET(방망이 4자루, 글러브 25EA, 베이스, 티볼 기둥), 라인기, 팀 조끼, 인성피라미드 현황판 및 스티커						

단 계	학습내용	교수-학습활동	시간	지도상 유의점
준비하기		• 수업 준비 -수업 환경 조성(운동장 수업 도구 정렬) -운동장 상태 및 상황 확인	-5분	
생각하고 떠올리기	• 인원점검 및 환자파악 • 전시학습 상기 • 학습목표 제시 • 준비운동	• 출석확인, 건강상태 확인, 수업 준비 상태 확인 • 전시학습 상기 -팀워크란? -팀워크를 구성하는 인성주제들은? • 학습목표 제시 후 확인 • 준비운동	5분	분위기 조성
이해하고 활동하기	• 인성피라미드 강조하기 • 수업 진행 설명 • 수업 진행	• 인성피라미드 강조하기 -인성피라미드의 인성주제 실천 방법 -인성피라미드 쌓기 [팀워크를 바탕으로 한 티볼 경기를 진행하면서 성취감을 느낄 수 있도록 수업에 참여해야 한다. 그러기 위해서는 개인으로는 책임, 최선, 정직을, 공동으로 존중과 배려를 바탕으로 한 리더십과 팔로워십을 실천하도록 노력해야 한다.] • 수업 진행 방법 설명 및 익히기 팀별 역할 정하기(수업을 위한 3가지 사전 준비 사항) -티볼 경기장 그리기(라인기 이용) -티볼 장비 수업 전 운동자에 정렬시키기 -팀별 조끼 준비 및 입히기 • 수업 진행 (선〈先〉가치 후〈後〉기술) A, B, C 파트로 진행(파트별 7분 간격으로 순환) A 파트: 최선(베이스 러닝) B 파트: 배려(캐치볼) C 파트: 집중(배팅)	5분 (10분) 7분 (17분) 23분 (40분)	주의집중 팀 역할 정하기 앞으로의 수업을 위해 굉장히 중요한 사항임 파트 중 A파트의 중요성 강조 배팅 때 배트를 던지지 않도록 주의 주기
정리하고 반성하기	• 수업 정리 • 인성피라미드 쌓기 • 차시예고	• 수업 정리(최선, 배려, 집중의 의미 강조) -베이스 러닝 게임을 통해 '최선'이라는 가치가 어떻게 눈에 보이는지 재강조함으로써 인성피라미드를 활용한 팀워크 수업을 다시 강조하여 인식시킴 • 인성피라미드 쌓기 -인성요소의 실천사항을 실천한 팀에게 스티커 부여 • 차시예고 -장　　소: 운동장 -수업내용: 협력플레이	5분 (45분)	분위기 조성 경청

대 상	3학년	대영역	경쟁 활동	중영역	필드형 경쟁 활동	일시	6월
장 소	운동장	인성주제	팀워크			차시	3/8
학습목표	• 협력플레이를 통해 수비 전술을 익힐 수 있다. • 인성요소에 해당하는 실천사항을 실천함으로써 '인성피라미드 쌓기'를 할 수 있다.						
수업자료	티볼 경기 SET(방망이 4자루, 글러브 25EA, 베이스, 티볼 기둥), 라인기, 팀 조끼, 인성피라미드 현황판 및 스티커						

단 계	학습내용	교수-학습활동	시간	지도상 유의점
준비하기		• 수업 준비 -수업 환경 조성(운동장 수업 도구 정렬) -운동장 상태 및 상황 확인	-5분	
생각하고 떠올리기	• 인원점검 및 환자파악 • 전시학습 상기 • 학습목표 제시 • 준비운동	• 출석확인, 건강상태 확인, 수업 준비 상태 확인 • 전시학습 상기 -최선, 배려, 집중 -팀 역할 확인 • 학습목표 제시 후 확인 • 준비운동	5분	정숙 유지
이해하고 활동하기	• 수업 진행 설명	• 수업 진행 설명 A, B, C 파트로 진행(파트별 10분 간격으로 순환) A 파트: 협력플레이(수비 전술) B 파트: 캐치볼 C 파트: 배팅	5분 (10분)	주의집중
	• 수업 진행	• 수업 진행 협력플레이(수비 전술)를 중점으로 수업을 진행 B, C 파트에서는 주장을 중심으로 수업을 진행  협력플레이  캐치볼, 배팅	30분 (40분)	A 파트 교사 직접 지도 B, C 파트는 주장 중심 진행
정리하고 반성하기	• 수업 정리 • 인성피라미드 쌓기 • 차시예고	• 수업 정리 -협력플레이는 수비 능력을 향상하기 위함이다. 필드에 나가 있는 모든 팀원이 공을 잡아 상대를 아웃시키겠다는 하나의 목표를 가지고 협동해야 함을 강조 • 인성피라미드 쌓기 -인성요소의 실천사항을 실천한 팀에게 스티커 부여 • 차시예고 -장 소: 운동장 -수업내용: 티볼 경기	5분 (45분)	분위기 조성 경청

대 상	3학년	대영역	경쟁 활동	중영역	필드형 경쟁 활동	일시	6월
장 소	운동장	인성주제	팀워크			차시	4~6/8
학습목표	• 티볼 경기를 통해서 경기 운영 능력과 기초 기능을 향상할 수 있다. • 인성요소에 해당하는 실천사항을 실천함으로써 '인성피라미드 쌓기'를 할 수 있다.						
수업자료	티볼 경기 SET(방망이 4자루, 글러브 25EA, 베이스, 티볼 기둥), 라인기, 팀 조끼, 인성피라미드 현황판 및 스티커						

단 계	학습내용	교수-학습활동	시간	지도상 유의점
준비하기		• 수업 준비 -수업 환경 조성(운동장 수업 도구 정렬) -운동장 상태 및 상황 확인	-5분	
생각하고 떠올리기	• 인원점검 및 환자파악 • 전시학습 상기 • 학습목표 제시 • 준비운동	• 출석확인, 건강상태 확인, 수업 준비 상태 확인 • 전시학습 상기 -협력플레이는 팀 모두가 한마음이 되어야 함을 강조 • 학습목표 제시 후 확인 • 준비운동	5분	분위기 조성
이해하고 활동하기	• 수업 진행 설명 • 티볼 경기 진행	• 수업 진행 설명 -4차시: A VS B, 승자 VS C -5차시: B VS C, 승자 VS A -6차시: C VS A, 승자 VS B -경기하지 않는 팀은 팀별 자율 연습을 통해 팀 경기 운영 능력 및 개인 능력 향상 • 티볼 경기 진행 -경기 중 응용 규칙 적용하기 (배팅 후 배트 바구니에 넣기) -경기당 3회 경기 진행 -타선은 남·여학생이 번갈아 나올 수 있도록 지정  티볼 경기  팀 자율 연습	5분 (10분) 30분 (40분)	주의집중 적극적인 참여 유도 경기 중 응용 규칙에 대한 강조
정리하고 반성하기	• 수업 정리 • 인성피라미드 쌓기 • 차시예고	• 수업 정리 -경기에서는 팀워크를 향상하려는 개인의 노력이 무엇보다 중요함. • 인성피라미드 쌓기 -인성요소의 실천사항을 실천한 팀에게 스티커 부여 • 차시예고 -장　　소: 운동장 -수업내용: 티볼 종합 연습	5분 (45분)	분위기 조성 경청하기

<table>
<tr><td>대 상</td><td>3학년</td><td>대영역</td><td>경쟁 활동</td><td>중영역</td><td>필드형 경쟁 활동</td><td>일시</td><td>6월</td></tr>
<tr><td>장 소</td><td>운동장</td><td>인성주제</td><td colspan="3">팀워크</td><td>차시</td><td>7~8/8</td></tr>
<tr><td>학습목표</td><td colspan="7">• 수행평가를 위한 종합연습을 통해 팀워크를 향상할 수 있다.
• 수행평가 기록의 의미를 이해하고 결과에 만족할 수 있다.
• 인성요소에 대한 실천사항을 실천함으로써 '인성피라미드 쌓기'를 할 수 있다.</td></tr>
<tr><td>수업자료</td><td colspan="7">티볼 경기 SET(방망이 4자루, 글러브 25EA, 베이스, 티볼 기둥), 라인기, 팀 조끼, 인성피라미드 현황판 및 스티커</td></tr>
<tr><td>단 계</td><td>학습내용</td><td colspan="4">교수-학습활동</td><td>시간</td><td>지도상 유의점</td></tr>
<tr><td>준비하기</td><td></td><td colspan="4">• 수업 준비
-수업 환경 조성(운동장 수업 도구 정렬)
-운동장 상태 및 상황 확인</td><td>-5분</td><td></td></tr>
<tr><td>생각하고
떠올리기</td><td>• 인원점검 및 환자파악
• 전시학습 상기

• 학습목표 제시
• 준비운동</td><td colspan="4">• 출석확인, 건강상태 확인, 수업 준비 상태 확인
• 전시학습 상기
-경기 중 나타난 팀워크 생각해 보기
-혹시 나쯤이야, 하는 생각을 하지는 않았나? 생각해 보기
• 학습목표 제시 후 확인
• 준비운동</td><td>5분</td><td>분위기 조성</td></tr>
<tr><td>이해하고
활동하기</td><td>• 수업 진행과 수행평가 방법 설명

• 수업 진행</td><td colspan="4">• 수업 진행과 수행평가 방법 설명
-7차시: 수행평가 대비 종합 연습
-8차시: 수행평가
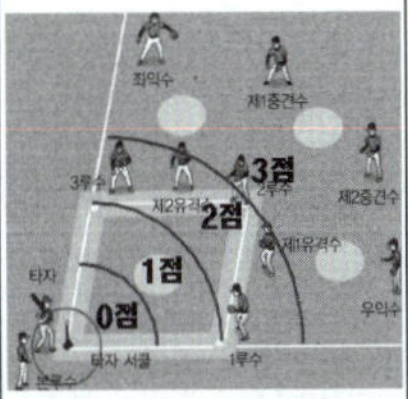

• 평가는 팀으로 진행, 학급당 3개 팀 조직
• 팀에서 남자 3명, 여자 2명을 선발하여 3번씩의 배팅 기회를 부여
• 수행평가 시 뜬 공만 회수로 인정, 배팅 볼을 옆의 그림과 같이 해당 점수 지역에서 떨어뜨리지 않고 공중에서 바로 잡을 경우 해당 점수에 +1점 부여, 떨어뜨린 후 잡을 경우 해당 지역의 점수만을 부여
• 위의 방법으로 5명의 타자기 개인당 3번씩 총 15번의 배팅을 해서 얻은 점수로 채점함

| 상 | 중 | 하 |
| 37~45점 | 28~36점 | 0~27점 |

• 수업 진행
-7차시: 수업 환경을 조성해 주고 자유롭게 팀별로 연습할 수 있도록 기회 부여
-8차시: 수행평가</td><td>5분
(10분)

30분
(40분)</td><td>정확하게 전달
(학기 초 전달된 사항 재강조)

〈7차시〉
적극적인 피드백 부여

〈8차시〉
분위기 조성</td></tr>
<tr><td>정리하고
반성하기</td><td>• 수업 정리

• 인성피라미드 쌓기
• 차시예고</td><td colspan="4">• 수업 정리
-티볼이라는 신체활동을 통해 팀워크라는 인성주제를 향상하기 위한 그동안의 노력에 대한 칭찬
• 인성피라미드 쌓기
-인성요소의 실천사항을 실천한 팀에게 스티커 부여
• 차시예고
-장　소: 교실
-수업내용: 타인이해</td><td>5분
(45분)</td><td>분위기 조성

경청하기</td></tr>
</table>

수업자료(영상자료)

영상자료	영상 내용
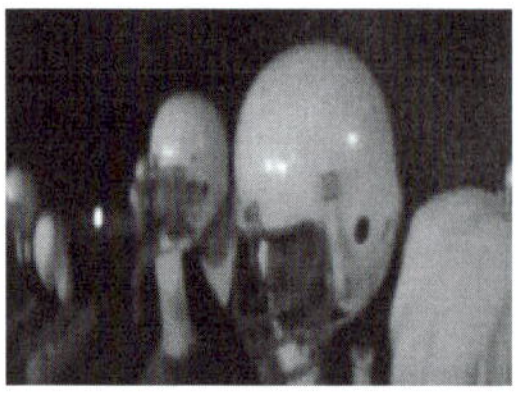	영화「리멤버 타이탄」영상의 일부분 편집. 이 영화의 시대 배경은 백인과 흑인 간의 인종 갈등이 일어나고 있는 1970년대를 배경으로 버지니아주의 고등학교 풋볼팀의 이야기를 다루고 있다. 이 팀은 흑인과 백인으로 구성된 팀으로 영화 초반 서로에 대한 증오와 미움이 가득한 팀이었으나 영화 후반으로 갈수록 서로를 이해하고 알아나가면서 진정으로 한 팀이 되는 과정을 그린 영화이다.

수업자료(이론자료)

티볼 경기 방법	
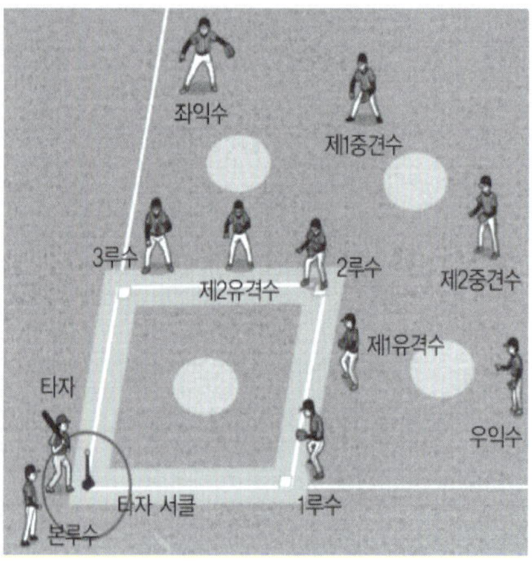	1. 포지션은 수비 위치에 따라 왼쪽 그림과 같이 부른다. 2. 본 루수 외의 각 수비자는 타자가 타격할 때 페어 지역 안에 있어야 한다. 3. 본 루수는 타자가 타격을 완료할 때까지 타자 서클 밖에 있어야 한다. 4. 선수교체는 주장 또는 주심에게 신청해야만 교체할 수 있다.

인성피라미드

인성 주제	인성피라미드	인성요소 및 실천사항		
팀워크	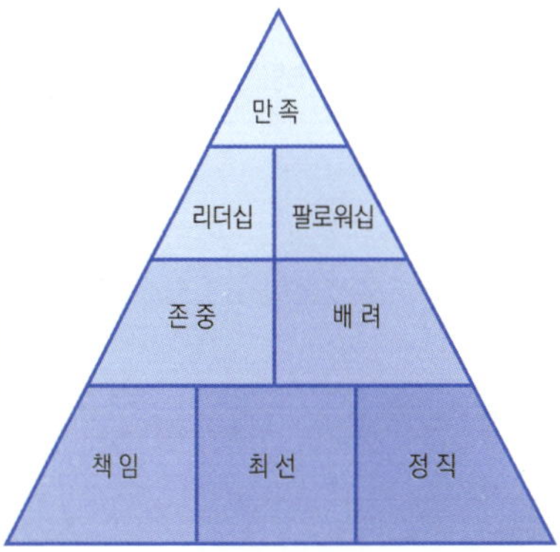	공동의 가치	만족	• 티볼을 통해 즐거움 찾기, 결과에 만족하기 • 팀원 간의 관계 좋아지기
			리더십	• 수업 전: 수업 준비를 잘 마칠 수 있다. • 수업 중: 질서를 잘 지킬 수 있도록 할 수 있다.
			팔로워십	• 리더를 잘 따르고 도와준다.
			존중	• 상대팀에게 예의 지키기
			배려	• 욕하지 않기, 화내지 않기, 응원하고 격려해 주기
		개인의 가치	책임	• 자신의 역할을 잘 알고 실천하기
			최선	• 공격과 수비 때 기초 기능을 정확히 익혀 경기에 임할 수 있다.
			정직	• 경기 규칙을 잘 지킬 수 있다.

〈그림 3-5-1〉 팀워크 인성피라미드 상징

팀워크(티볼) 인성피라미드 현황표

	A팀	B팀	C팀	전체		A팀	B팀	C팀	전체
1반					6반		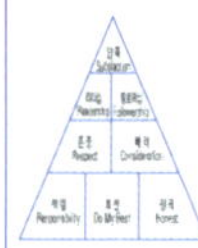	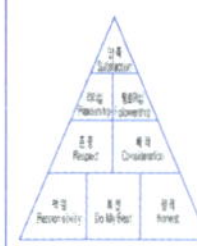	
	A팀	B팀	C팀	전체		A팀	B팀	C팀	전체
2반	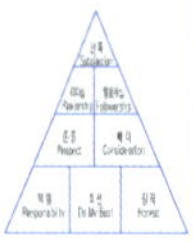				7반				
	A팀	B팀	C팀	전체		A팀	B팀	C팀	전체
3반					8반		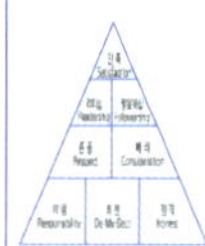		
	A팀	B팀	C팀	전체		A팀	B팀	C팀	전체
4반	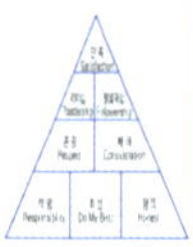				9반		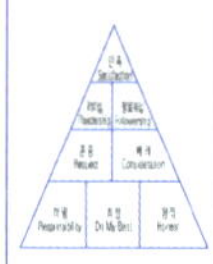	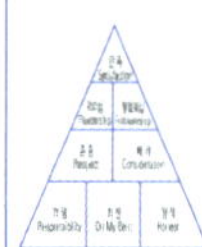	
	A팀	B팀	C팀	전체		A팀	B팀	C팀	전체
5반					10반	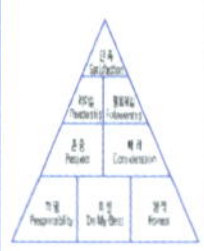	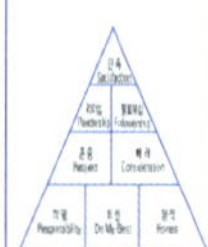	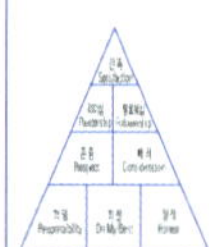	

타인이해(감상수업, 트레킹) 수업

수업 실천 사례

〈표 3-6-1〉 단원 수업 계획

인성주제	타인이해	신체활동	트레킹
신체활동 가치	건강 활동	중영역	건강과 활동
수업 장소	교실/학교 뒷산	총 수업 차시	3차시
수업목표	• 감상수업을 통해 타인(他人)을 이해하고 배려하는 마음가짐의 필요성을 느낄 수 있다. • '함께 사는 행복한 세상'이란 주제의 리포트 제작 방법 및 내용을 이해할 수 있다. • 뒷산 트레킹을 통해 '나는 존중받길 원하는가?'란 주제로 자신과 대화할 수 있다. • '함께 사는 행복한 세상'이란 주제의 리포트를 만들어 발표할 수 있다.		
중점 사항	• 영상 시청 시 분위기를 조성하여 집중해서 영상을 시청할 수 있게 한다. • '함께 사는 행복한 세상'이란 주제에 대한 리포트 과제를 쉽게 이해할 수 있게 예시 리포트를 통해 설명한다. • 트레킹 동안 서로 대화하지 않고 혼자 생각할 수 있게 분위기를 조성한 뒤 수업을 진행한다.		
수업준비물	• 영상자료(영화 「글러브」 편집 영상, 「편견의 장벽을 넘어서」 영상), 리포트 예시 자료, 등산용 스틱, 리포트		

단원 수업 계획			
차시	수업 세부 주제	학습목표	교수-학습 내용
1	타인이해	• 감상수업을 통해 타인(他人)을 이해하고 배려하는 마음가짐의 필요성을 느낄 수 있다. • '함께 사는 행복한 세상'이란 주제의 리포트 제작 방법 및 내용을 이해할 수 있다.	• 영상 시청 -영화 「글러브」 편집 영상 -영상 「편견의 장애를 넘어서」 • 리포트 과제 설명
2	타인이해 (나는 존중받길 원하는가?)	• 학교 뒷산 트레킹을 안전하게 완주할 수 있다. • 트레킹을 하면서 '나는 존중받길 원하는가?'에 대해 생각해 보고 답을 찾을 수 있다.	• 트레킹 코스 안내 및 안전사고 주의 사항 전달 • 자신과의 대화: 나는 존중받길 원하는가?
3	타인이해	• '함께 사는 행복한 세상'이란 주제의 리포트를 만들어 발표할 수 있다. • 리포트 발표를 통해 우리 주변에서 일어나는 편견의 사례들을 알아보고, 이를 없애기 위한 우리의 노력에 대해 생각해 볼 수 있다.	• 모둠 편성(남여 혼성 8개 모둠) -모둠별 발표 -우수 리포트 선정 • 전체 발표 -모둠에서 선정된 우수 리포트 발표 • 가수 인순이 「거위의 꿈」 노래 듣기

〈표 3-6-2〉 수업 진행 순서 및 진행 방법

	1차시 (장소: 교실)	2차시 (장소: 학교 뒷산)	3차시 (장소: 교실)
도입	• 전시학습 상기 -팀워크(티볼) 수업 • 학습목표 제시	• 전시학습 상기 -타인을 이해하기 위해 갖추어야 할 마음가짐은 무엇인가? • 학습목표 제시 • 준비운동 -학교 뒷산으로 이동	• 전시학습 상기 -나는 존중받길 원하는가? • 학습목표 제시
전개	• 타인이해 수업 배경 설명 • 영상 시청 -영화 「글러브」 편집 영상 -생각거리 1, 2 -영상 「편견의 장애를 넘어서」 -생각거리 3 • 리포트 과제 설명	• 자신과의 대화 -나는 존중받길 원하는가? • 트레킹 코스 및 방법 설명 • 트레킹(정상으로) -인원 파악 • 트레킹(학교로) -인원 파악	• 수업 진행 방식 설명 -남녀 혼성 8개 팀 구성 -모둠별 발표를 통해 우수 작품 선정하기 -전체 발표
마무리	• 타인이해란? -타인을 이해하기 위해서는 타인과 나와의 차이를 인정하고 받아들임으로써 내가 알게 모르게 가지고 있던 편견의 장벽을 허무는 것부터 시작해야 함 • 차시예고	• 수업 반성 -자기 자신과의 대화 • 차시예고	• 수업 정리 -가수 인순이 「거위의 꿈」 듣기 • 차시예고

〈표 3-6-3〉 수행평가 내용 및 방법

<table>
<tr><th>구 분</th><th>수행평가 내용 및 방법</th></tr>
<tr><td>수업주제</td><td>타인이해</td></tr>
<tr><td>평가 내용</td><td>• 서로 다른 사람들이 함께 어울려 살아가기 위해 어떤 마음과 노력이 필요한지 조사해서 리포트를 작성하고, 그 리포트의 내용을 바탕으로 평가한다.</td></tr>
<tr><td>평가 방법</td><td>
<table>
<tr><th rowspan="2">성취기준</th><th colspan="3">평 가 기 준</th></tr>
<tr><th>상</th><th>중</th><th>하</th></tr>
<tr><td>타인을 이해하지 못하고 배려하지 못함으로 인해 발생하는 부당한 대우나 상황을 똑바로 직시하고 이를 해결하기 위한 노력을 일상생활 속에서 실천할 수 있다.</td><td>타인과 나와의 차이를 인정하고 받아들임으로써 평소 가지고 있던 편견을 없애기 위한 실질적인 노력을 일상생활 속에서 적극적으로 실천할 수 있다.</td><td>타인과 나와의 차이를 인정하고 받아들임으로써 평소 가지고 있던 편견을 없애기 위한 실질적 노력을 일상생활 속에서 실천할 수 있다.</td><td>타인과 나와의 차이를 인정하고 받아들임으로써 평소 가지고 있던 편견을 없애기 위한 실질적인 노력을 일상생활 속에서 실천하는 데 어려움이 따른다.</td></tr>
</table>
<table>
<tr><td>리포트</td><td colspan="3">주제: 함께 사는 행복한 세상
내용
-우리 주변에서 일어나는 편견의 사례를 조사할 수 있다.
-평소 내가 가지고 있던 편견들에 대해 생각해 보고 기록할 수 있다.
-내가 가진 편견을 없애기 위해 구체적인 실천사항을 정하고 이를 실천하기 위한 다짐을 기록할 수 있다.</td></tr>
<tr><td rowspan="2">채점기준</td><td>상(10점)</td><td>중(8점)</td><td>하(6점)</td></tr>
<tr><td>위의 내용을 모두(3가지 내용) 담아 과제를 완성하고 제출할 수 있다.</td><td>위의 내용 중 일부만(2가지)을 담아 과제를 완성하고 제출할 수 있다.</td><td>위의 내용 중 일부만(0~2가지)을 가지고 과제를 완성하거나 제출하는 데 어려움이 있다.</td></tr>
</table>
-평가는 개별 평가로 진행한다.</td></tr>
<tr><td>제출 과제</td><td>개별 리포트(주제: 함께 사는 행복한 세상)</td></tr>
<tr><td>반영 비율</td><td>총 10점</td></tr>
</table>

〈표 3-6-1〉, 〈표 3-6-2〉 그리고 〈표 3-6-3〉은 타인이해 수업의 단원 수업 계획과 수업 진행 순서 및 방법 그리고 수행평가 내용과 방법을 나타내고 있다.

이 수업의 목표는 크게 2가지다.

첫 번째 목표는 '타인이해'라는 수업주제에 관한 교육적 내용을 가르치는 것이다. 타인과 나의 차이를 인정하고 받아들임으로써 평소 자기 자신이 인식하지 못한 사이 갖게 된 고정관념과 편견 등으로 해왔던 잘못된 말과 행동들이 무엇인지를 생각해 보고 고쳐나갈 기회를 주고 싶었다. 이를 바탕으로 '타인을 이해한다는 것'이 어떤 것인지, 함께 사는 행복한 세상을 위해 어떤 마음과 노력이 필요한지 깨닫게 하는 데 그 목적이 있다.

두 번째는 수업 환경의 변화, 특히 날씨의 변화로 인한 수업 결손을 막기 위한 것이다. 체육수업은 예상하지 못한 날씨의 변화로 계획된 수업을 진행할 수 없는 경우가 종종 발생한다. 예를 들면 운동장(실외)에서 수업해야 하는데 갑자기 비가 오는 경우다. 4월부터 6월 사이는 비가 자주 올 수 있는 시기라서 이에 대한 대비책이 필요했다. 이 수업은 이런 상황이 발생해도 수업을 진행할 수 있다. 다른 주제의 수업이 진행되는 상황에서도 말이다.

이 수업은 총 3차시로 계획됐다. 그중 1차시와 3차시는 교실에서 감상수업과 발표수업으로 진행할 계획이었고, 2차시는 트레킹이라는 신체활동을 통해 학교 뒷산을 오를 계획이었다. 하지만 계획대로 진행할 수 없었다. 1학기 수업을 진행하다 보니 수업을 계획할 당시에는 생각하지 못했던 여러 가지 변수가 생기면서 계획대로 수업을 진행할 시간이 부족했다. 결국 3차시로 계획된 이 수업은 1차시 감상수업을 중심으로 계획을 수정해서 1학기 말에야 겨우 진행할 수 있었다. 당연히 학교 뒷산 트레킹도 하지 못했다. 발표수업도 과제를 제출하는 것으로 대신했다.

이 수업은 팀워크(티볼) 수업 다음으로 1학기 가장 마지막에 진행했던 수업이다. 수업은 감상수업 중심으로 진행됐다. 사용된 감상 자료는 관련 영상 2편과 가수 인순이가 「거위의 꿈」을 부르는 영상이다.

첫 번째 영상으로 사용한 것은 영화 「글러브」를 수업주제에 맞게 17~18분 분량으로 직접 편집한 것이고, 두 번째 영상으로 사용한 것은 「편견의 장벽을 넘어서」라는 제목의 영상으로 체육수업과 관련된 영상 연구회에서 만든 것을 사용했다.

수업은 수업의 주제와 목적을 알리는 것부터 진행됐다. 그리고 다음과 같이 학생들에게 질문하면서 수업주제에 맞게 수업 분위기를 끌어나가려고 했다.

질문 1: 사람은 혼자서 살아갈 수 있을까?
질문 2: 나와 다른 누군가와 함께 살아가기 위해 우리는 어떤 마음가짐을 가져야 할까?

위의 첫 번째 질문에 반별로 반응은 조금씩 달랐지만 '사람은 혼자서 살아갈 수 없다'라는 데에 대부분 동의했다. 그리고 이 수업주제에 대해 좀 더 깊게 생각해 볼 수 있게 두 번째 질문을 학생들에게 던졌다.

질문을 하고 학생들의 반응을 확인한 뒤 첫 번째 영상을 시청했다.

영화 「글러브」는 충주 성심학교 야구부 학생들이 야구를 통해 자신들을 향한 세상의 편견과 따가운 시선을 극복해 나가는 이야기를 영화로 만든 것이다. 이 야구부는 청각장애가 있는 학생들로 구성됐고 영화가 나오기 전에 다큐멘터리를 통해 그들의 이야기가 먼저 세상에 알려지기도 했다.

영상 시청이 끝난 후 나는 학생들에게 아래와 같은 2가지 질문을 했다.

질문 1: 청각장애가 있는 사람들에게 야구란 어떤 스포츠일까?
질문 2: 영화 속 주인공들이 주변의 차가운 시선에도 불구하고 이렇게까지 야구를 하는 이유는 무엇일까?

첫 번째 질문에 대한 대답은 간단하다. 청각장애가 있는 사람들에게 야구는 매우 하기 힘든 스포츠다. 왜냐하면 귀로 소리를 들을 수 없기 때문이다. 흔히 우리는 공을 잡을 때 눈으로 먼저 보고 잡으면 그만이지, 라고 생각할 수 있지만, 야구와 같은 경기에서 높게 날아오는 공을 잡기 위해 우리 몸에서 가장 먼저 반응하는 기관이 바로 소리를 들을 수 있는 귀다. 다시 말해 방망이로 공을 치는 순간 발생하는 타격음을 통해 공의 방향, 강도 그리고 속도 등을 파악한 다음 눈으로 확인하고 공을 쫓을 수 있다. 하지만 청각장애가 있는 사람들은 그럴 수가 없다. 게다가 이들은 말을 정확히 할 수 없고 들을 수 없어서 경기 중 의사소통도 매우 어렵다. 그래서 일반 선수들이 하는 협력플레이는 따라 할 엄두도 내지 못한다.

두 번째는 "그렇다면 청각장애가 있는 선수들이 하기에는 힘든 야구를, 그것도 상대방의 멸시와 조롱을 받으면서까지 이처럼 하려는 이유가 무엇일까?"라고 학생들에게 물었다. 이 질문에 대한 나의 대답은 아래와 같다.

"영화에 나오는, 아니 실제 충주 성심학교 야구부 학생들은 이렇게 말하고 있는 게 아닐까! 너희(장애가 없는 사람)가 하는 야구를 우리도 너희들처럼 할 수 있다고 말하고 있는 것 같애. 물론 소리가 들리지 않기 때문에 힘들지만, 우리도 야구를 할 수 있어, 라고 말이야. 그리고 장애가 있긴 하지만 우리도 너희와 똑같은 사람이야 라는 것을 야구를 통해서 보여주고 있는 게 아닐까 싶어."

첫 번째 영상을 보고 위와 같이 말을 하고 난 뒤에 교실 분위기가 진지해지는 것을 느낄 수 있었다. 이어서 두 번째 영상을 보여줬다.

두 번째 영상은 우리가 가지고 있는 잘못된 편견에 대해 생각해 볼 수 있게 하는 영상이다. 영상의 전반부에서는 사진 일부분만을 보여줌으로써 우리가 일반적으로 생각하는 운동선수들이 각종 경기에 참여하고 있는 듯한 착각을 하게 만든다. 하지만 영상의 중반부부터 이들의 전체 모습이 담긴 사진이 나오면서 스포츠에 참여한 선수들이 장애가 있는 사람들이란 사실을 알려 준다. 결국 이 영상은 학생들이 평소 자기도 모르게 가지고 있던 잘못된 인식과 편견에 대해 다시 한번 생각해 볼 수 있는 기회를 제공한다.

영상 시청 후 나는 학생들에게 다음과 같이 말했다.

"영상 어때요? 지금까지 본 두 편의 영상이 모두 장애가 있는 사람들의 이야기였죠? 이 두 영상 때문에 선생님이 말하는 편견이 단순히 장애가 있는 사람에 대한 편견만을 의미한다고 생각할지도 모릅니다. 하지만 장애라는 특수한 상황이 아니더라도 우리 주변에서 편견 때문에 이루어지는 수많은 말과 행동 들이 많다는 것을 알아야 해요. 여러분, 그동안 나와 다르다고 해서 편견을 가지고 누군가를 대한 적은 없는지 한번 생각해 볼까요? 예를 들어, 나와 다른 생각을 갖고 있다고 해서, 나는 날씬한데 누구는 몸이 뚱뚱하다고 해서, 내가 생각하기에 누구는 얼굴이 못생겼다고 해서 또는 나와 친하지 않다고 해서 등과 같이 나와 다르다는 이유로 친구를 멀리하고 상처를 주진 않았는지 생각해 보세요.

타인을 이해하기 위해서는 타인과 나의 차이를 인정하고 받아들이는 것부터 시작해야 한다고 생각해요. 나와 다르다고 해서 자신도 모르게 편견을 가지고 그 사람과 나와의 사이에 담을 쌓았다면 지금, 이 순간 자신을 되돌아보고 그 담을 먼저 무너트려야 되지 않을까요?"

이와 같은 이야기가 마무리될 때, 학생들 대부분 상당히 진지한 태도로 수업에 임하고 있음을 느낄 수 있었다.

나는 여세를 몰아서 과제를 안내했다. 과제는 우리 주변에서 흔히 일어나거나 접할 수 있는 누군가에 대한 편견의 사례들을 조사해서 '함께 사는 행복한 세상'이라는 주제로 레포트를 작성하는 것이다.

과제 안내를 마지막으로 수업 정리에 들어갔다. 이때 사용한 영상은 가수 인순이가 「거위의 꿈」을 부르는 모습이 담긴 영상이다. 이 영상을 틀어 놓고 학생들에게 〈멘트 3-6-1〉과 같이 말하면서 수업을 마무리했다.

〈멘트 3-6-1〉 가수 인순이에 대한 내용

(음악을 들으면서…)

교사: "너희들, 혹시 이 노래 아니?"

학생: "네."

(여기저기서 "거위의 꿈이요"라고 말하는 학생들이 많았다.)

교사: "이 노래 누가 불렀니?

(나는 당연히 가수 인순이라는 대답이 나올 것으로 생각했는데, 워낙 리메이크가 많이 된 노래다 보니 내가 모르는 가수의 이름을 얘기하는 경우도 많았다.)

가수 인순이 알고 있니?"

학생: "네."

교사: "인순이는 후배 가수들에게 존경받는 선배 가수 중 한 명이야, 그치? 자, 그럼 가수 인순이의 모습을 한번 떠올려볼래. (잠시 시간을 준다. 음악을 계속 흐르면서 클라이맥스를 향해 가고 있다.) 인순이는 피부색도 검고, 여자인데도 불구하고 곱슬머리야. 생각해 봐. 지금도 피부색이 다르다는 이유로, 다문화 가정의 자녀라는 이유로 어려움을 겪고 있는 사람(학생)들이 많은데 인순이가 태어났을 그 예전엔 어땠겠니? 그 옛날 검은 피부, 곱슬머리 그리고 우리와 다른 모습을 하고 있었다면 학교에서 어떻게 지냈을까? 아마 무척 힘들었겠지! 만약 그때 인순이가 자신의 꿈을 포기하고 좌절했다면, 우리가 지금 이 노래를 들을 수 있을까? 인순이가 후배 가수들의 존경을 받는 선배 가수가 될 수 있었을까? (잠시 생각할 시간을 준다. 음악은 계속해서 흐르고 있다.) 그래 맞아. 가수 인순이는 우리와 같지 않은 모습 때문에 무척 힘들었을 거야. 하지만 포기하지 않았기 때문에 우리가 지금 이 노래를 들을 수 있는 거야. 하지만 지금도 우리 주변에는 차가운 시선과 편견 때문에 힘들어하는 사람들이 많다는 것을 기억해야 해. 사람은 혼자서 살아갈 수 없어. 그래서 함께 살아가려고 노력을 해야 해. 그 시작이 바로 다른 사람과 나의 차이를 인정하고 이해하려고 노력을 하는 거야. 그리고 그것이 바로 타인이해의 시작이 아닐까 생각해!"

(음악 소리를 조금씩 줄이면서 수업을 마무리한다.)

〈수업 노트 기록 3-6-1〉 타인이해 수업을 진행하면서 기록한 수업 노트 내용

2013년 7월 9일 화요일 5교시, 3학년 1반

• 장마 기간. 5교시 수업. 교실은 덥고 습한 날씨, 게다가 에어컨을 작동시키지 않아서 교실에 들어서는 순간부터 불쾌 지수가 확 오르는 듯한 기분이었음. 하지만 평소 워낙 수업 참여가 좋은 반이라 편하게 수업을 진행할 수 있었음. 수업이 진행되면서 조는 학생들이 한두 명씩 생기기 시작했음. 졸음이 막 밀려오는 눈치였음. 교사인 내가 앞에서 영상 시청을 잘하는지 매서운 눈초리로 쳐다보니까 못 자고 버틸 뿐 학생들의 집중도가 많이 떨어지는 것 같았음. 두 번째 영상 후 의미 전달을 하면서 말이 엉켰음. 리포트 예시 자료를 챙기는 것을 잊어버리고 수업에 들어갔음. 이 수업을 통해 수업 환경의 중요성을 새삼 느낄 수 있었음.

2013년 7월 11일 목요일 3교시, 3학년 6반

• 수업 집중도 높았음. 평소 장난기가 많은 반이었지만 할 때 하는 반이라 그런지 수업 참여도가 좋았음. 첫 번째 영상을 시청하면서 빔 프로젝터 작동 오류로 영상이 끊기는 위기 상황 발생했음. 예전 같으면 식은땀을 흘리면서 어떻게 할지 몰라 당황했을 텐데, 차분하게 영상을 다시 켜고 수업을 진행하였음. 수업을 마무리하면서 가수 인순이의 노래인 '거위의 꿈'을 틀어 놓고, 인순이의 사례를 얘기했음. 타인이해 주제와도 잘 어울리고 수업을 마무리하기에도 좋은 것 같음.

2013년 7월 8일 월요일 3교시, 3학년 8반

• 장마로 인해 수업 순서가 변경됨. 후텁지근한 날씨. 타인이해 수업을 진행한 첫 번째 반. 학생들의 관심과 주의를 집중시킬 수 있는 두 편의 영상(영화 『글러브』는 청각장애가 있는 고등학교 학생들이 야구를 통해 자신들을 향한 세상의 편견과 따가운 시선을 극복하기 위한 실화를 극화한 영화임. 이어서 『편견의 장애를 넘어서』는 장애가 있는 운동선수들의 영상.)을 보여주면서 주의할 점, 타인이해라는 주제는 꼭 장애가 있는 사람들에게만 국한된 주제가 아니라는 점을 분명히 인식시켜야 함.

2013년 7월 9일 화요일 2교시, 3학년 9반

• 월요일부터 장마. 덥진 않지만 습한 날씨. 교실은 들어설 때부터 어수선했다. 출석을 부르고 호흡을 가다듬었다. 9반은 참 어려운 반이다. 먼저 타인이해 수업을 하게 된 배경을 설명 후 수업을 시작했다. 월요일 수업 때 수업 시나리오가 완성되지 않아 수업을 매끄럽게 진행하는 데 어려움을 겪었는데, 시나리오가 정해지고 그것대로 수업을 진행하니까 잘 진행되었다. 9반의 경우 팀워크란 주제로 티볼 수업을 할 때 몇몇 학생들로 인해 팀워크가 좋지 않았다. 그래서 더욱 긴장하고 교실에 들어갔고 혹시나 하는 마음에 목소리 톤을 약간 강하게 해서 수업을 진행한 것이 학생들의 주의를 집중시킬 수 있었던 요인인 것 같다.

2013년 7월 9일 화요일 7교시, 3학년 10반

• 장마 기간. 7교시 수업. 그런데 의외로 교실은 산뜻했다. 1반 수업 때 느꼈던 부족한 점에 대해 나름의 해답을 찾아서일까, 10반은 부드럽게 수업을 시작했다. 리포트 보고서 작성 방법을 전달할 때도, 가수 인순이의 노래를 들으면서 사례를 전달할 때도 쉽게 진행할 수 있었다. 수업 후 협력

교사 선생님께서 1반 수업 때 느꼈던 부족한 점에 관해 얘기했다. 요점은 이렇다. 어른에게도 타인 이해라는 주제는 어려운 내용인데, 하물며 중학생들에게 한 시간의 수업으로 이 주제를 이해시킨다는 것은 무척 힘든 일이다.

수업을 진행하면서 느낀 점

-타인이해 시나리오: 성심학교 야구부 학생들이 일반인도 하기 힘든 운동을 열심히 하는 이유는 야구를 통해 일반인과 다르지 않다는 것을 보여주기 위한 것이다. 타인을 이해하는 건 자신이 가지고 있는 작은 편견을 깨는 것부터 시작해야 한다. 그리고 타인이 가지고 있는 나와 다른 점에 대한 차이를 인정하는 것에서부터 타인을 이해할 수 있는 마음이 생기는 것이다.

-두 번째 영상 후 리포트 제작 방법 설명 때: '함께 사는 행복한 세상'이란 주제로 편견이라는 힘든 상황 속에서 힘들어하는 사례 또는 이를 극복한 사례를 조사 등 리포트 조사하고 만드는 과정을 통해서 함께 사는 행복한 세상을 만들기 위해 해야 할 것들이 많음을 깨달을 수 있어야 한다. 그리고 그중의 하나가 타인을 이해하려는 마음을 갖는 것이라는 것과 그를 위한 구체적인 실천사항을 생각해 낼 수 있어야 한다.

위의 〈수업 노트 기록 3-6-1〉은 타인이해 수업을 진행하면서 쓴 수업 노트 내용을 나타내고 있다.

이 수업의 원래 계획은 5월과 6월 사이에 진행하는 것이었는데, 3학년 수업을 오랜만에 하다 보니 주당 2시간 수업이 얼마나 짧은 시간인지를 정확히 예측하지 못했다. 그로 인해 1학기 말이 되어서야 겨우 수업을 진행할 수 있었지만, 장마 기간과 겹치면서 시기적으로나 환경적으로 어려움이 많았다.

수업 진행 및 활동사진

정문(출발)

입산 계단

오르막길 1

오르막길 2

오르막길 3

평탄길 1

오르막길 4

평탄길 2

내리막길 1

오르막길 5

정상(팔각정)

학교 뒷산 트레킹 코스

높이 해발 125m
왕복 이동 거리 약 2km

20차시
(타인이해 1차시 수업)

20+1차시(KBS 『태양을 향해 쏴라』
다큐멘터리 시청

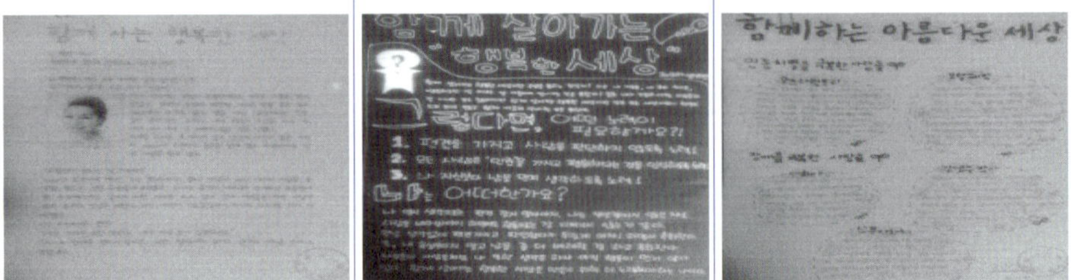

『함께 사는 행복한 세상』 리포트

수업지도안

대 상	3학년	대영역	건강 활동	중영역	건강과 활동	일시	7월
장 소	교실	인성주제	타인이해			차시	1/3
학습목표	• 감상수업을 통해 타인(他人)을 이해하고 배려하는 마음의 필요성을 느낄 수 있다. • '함께 사는 행복한 세상'이란 주제의 리포트 제작 방법 및 내용을 이해할 수 있다.						
수업자료	• 영상자료(영화 「글러브」 편집 영상, 영상 「편견의 장애를 넘어서」), 리포트 예시 자료						

단 계	학습내용	교수-학습활동	시간	지도상 유의점
준비하기		• 수업 준비 -수업 환경 조성(교실 환기 및 청결 상태) -빔프로젝터 확인	-5분	
생각하고 떠올리기	• 인원점검 및 환자파악 • 학습목표 제시	• 출석확인, 건강상태 확인, 수업 준비 상태 확인 • 전시학습 상기 -팀워크 수업 • 학습목표 제시	3분	주의집중
이해하고 활동하기	• 타인이해 수업 배경	• 타인이해 수업 배경 -사람은 혼자서 살아갈 수 없는 동물 -나와 다른 누군가와 함께 살아가기 위해 우리가 갖추어야 할 마음가짐은 무엇일까? -영화 『글러브』에 대한 소개	3분 (6분)	경청
	• 영상 시청	• 영상 시청1  영화 「글러브」 편집 영상 -생각거리1: 청각장애인에게 야구란 스포츠는 어떤 의미일까요? -생각거리2: 청각장애인들이 야구를 하는 이유는 무엇일까요?	24분 (30분)	영상 시청 시 주의집중 생각거리를 통해 영상이 전하고자 하는 의미를 전달
		• 영상 시청2  영상 「편견의 장애를 넘어서」 -생각거리3: 나와 다르다고 해서 고의로 또는 자신도 모르게 주변의 친구들에게 편견을 갖고 함부로 대하거나 무시하거나 괴롭힌 적은 없나요?	8분 (38분)	영상 시청 시 주의집중 생각거리를 통해 본 수업의 필요성 강조하기
	• 과제 설명하기	• 과제 설명하기 -형식: 리포트(쓰기 과제) -주제: 함께 사는 행복한 세상	2분 (40분)	주의집중
정리하고 반성하기	• 수업 정리 • 차시예고	• 수업 정리 -타인을 이해하기 위해선 나와 다름을 먼저 인정해야 함. 나와 다름을 차별하지 않고 차이를 인정할 때 편견의 장벽을 깨트릴 수 있으며, 서로 이해하고 함께할 수 있는 마음의 준비를 하게 됨 • 차시예고 -장　　소: 학교 뒷산(집합 장소는 운동장) -수업내용: 트레킹(자기 자신과의 대화를 통해 '나는 존중받길 원하는가?'에 대해 진지하게 생각해보기)	5분 (45분)	분위기 조성 경청

대 상	3학년	대영역	건강활동	중영역	건강과 활동	일시	7월
장 소	학교 뒷산	인성주제	타인이해(나는 존중받길 원하는가?)			차시	2/3
학습목표	• 학교 뒷산 트레킹을 완주할 수 있다. • 트레킹을 하면서 '나는 존중받길 원하는가?'라는 주제로 자기 자신과 대화를 통해 그동안의 자신의 말과 행동을 되돌아볼 수 있다.						
수업자료	등산용 스틱						

단 계	학습내용	교수-학습활동	시간	지도상 유의점
준비하기		• 수업 준비 -수업 환경 조성(운동장 정리 상태 및 환경 정리)	-3분	
생각하고 떠올리기	• 인원점검 및 환자파악 • 전시학습 상기 • 학습목표 제시 • 준비운동	• 출석확인, 건강상태 확인, 수업 준비 상태 확인 • 전시학습 상기 -타인을 이해하기 위해 어떤 마음을 가져야 하는가? • 학습목표 제시 • 준비운동	5분	주의집중
이해하고 활동하기	• 자신과의 대화 • 트레킹 코스 및 방법 설명	• 자신과의 대화 -트레킹을 하면서 '나는 존중받길 원하는가?'에 대해 생각하면서 자신은 다른 사람에게 편견을 가지고 대하지는 않았는지에 대해 자신의 말과 행동을 되돌아보기 • 트레킹 코스 및 방법 설명 -트레킹 동안 다른 사람과 말하지 않기 -정상(팔각정): 인원 파악 -하산 시 안전사고 주의 사항 전달 -도착지점(학교 운동장): 인원 파악  정문(출발) → 입산 계단 → 오르막길 1 → 오르막길 2 오르막길 3 → 평탄길 1 → 오르막길 4 → 평탄길 2 내리막길 1 → 오르막길 5 → 정상(팔각정) 높이 해발 125m 왕복 이동거리 약 2km	35분 (40분)	주의집중 트레킹 시 안전 대책 강구 이동 경로 강조 〈주의사항〉 내리막길 이동 시 절대 뛰지 말 것
정리하고 반성하기	• 수업 정리 • 차시예고	• 수업 정리 -본인이 존중받길 원한다면 다른 사람 역시 마찬가지란 사실을 명심해야 함. 그동안의 자신의 말과 행복에 대해 생각해 보고 느낀 점이 리포트에 잘 반영될 수 있도록 진지하게 조사해서 작성하기 • 차시예고 -장　　소: 교실 -수업내용: 『함께 사는 행복한 세상』 리포트 발표하기	5분 (45분)	분위기 조성 경청

대 상	3학년	대영역	건강 활동	중영역	건강과 활동	일시	7월
장 소	교실	인성주제	타인이해			차시	3/3
학습목표	• '함께 사는 행복한 세상'이란 주제의 리포트를 만들어 발표할 수 있다. • 리포트 발표를 통해 우리 주변에서 일어나는 편견의 사례들을 알아보고, 이를 없애기 위한 우리의 노력에 대해 생각해 볼 수 있다.						
수업자료	개별 과제: 리포트						

단 계	학습내용	교수-학습활동	시간	지도상 유의점
준비하기		• 수업 준비 -수업 환경 조성(교실 환기 및 청결 상태)	-3분	
생각하고 떠올리기	• 인원점검 및 환자파악 • 전시학습 상기 • 학습목표 제시	• 출석확인, 건강상태 확인, 수업 준비 상태 확인 • 전시학습 상기 -'나는 존중받길 원하는가?'에 대한 자기 자신과의 대화 • 학습목표 제시 후 확인	5분	주의집중
이해하고 활동하기	• 수업 진행 방식 설명	• 수업 진행 방식 설명 -남 · 여 구분 없이 8개 조 구성 -책걸상 8개 모둠으로 이동 배치 -10분간 각 모둠 내에서 리포트 발표 후 우수 작품 1점 정하기 -각 조별로 우수작품 총 8개 작품 발표하기	3분 (8분)	분위기 조성
	• 조별 발표	• 조별 발표 -'함께 사는 행복한 세상'이라는 주제로 가장 잘 구성된 작품 1점 선정하기	10분 (18분)	경청 및 박수
	• 전체 발표	• 전체 발표 -각 조에서 선정된 8점의 우수 작품 발표하기	20분 (38분)	
정리하고 반성하기	• 생각해 보기 • 차시예고	• 생각해 보기 -가수 인순이의 「거위의 꿈」 듣기 -가수 인순이의 삶 자체가 편견의 장벽을 극복한 사례 • 차시예고	7분 (45분)	분위기 조성 경청

수업자료(영상자료)

영상자료	영상 내용
	영화 「글러브」 편집 영상 영화 「글러브」는 청각장애가 있는 학생들로 구성된 야구부의 이야기를 다룬 영화이다. 이 영상은 귀가 들리진 않지만 '우리도 야구를 할 수 있다', '너희와 다르지 않다'란 메시지를 학생들이 생각해 볼 수 있도록 영화를 편집함. 이 영상을 통해 우리 주변에 존재하는 편견에 대해 생각해 볼 수 있도록 한 영상
	영상 「편견의 장애를 넘어서」 장애가 있는 운동선수들의 영상을 통해 우리가 평소 알게 모르게 가지고 있던 편견이 무엇이었는지에 대해 다시 한번 생각해 볼 수 있도록 한 영상
	KBS 특집 다큐멘터리 「태양을 향해 쏴라」 (청각장애인 야구부 4년간의 기록) 영화 「글러브」의 실제 주인공인 충주 성심학교 청각장애인 야구부 학생들의 이야기를 담은 4년간의 기록물. 장애가 있는 야구부 학생들의 현실적인 어려움을 이해하고, 그들의 이유 있는 노력에 대해 공감할 수 있는 영상

믿음과 자기헌신(꾸미기체조) 그리고 자신감(치어리딩) 수업

수업 실천 사례

〈표 3-7-1〉 단원 수업 계획

인성주제		믿음 · 자기헌신, 자신감	신체활동	꾸미기체조, 치어리딩
신체활동 가치		표현 활동	중영역	심미표현
수업 장소		다목적실/체육관	총 수업 차시	9차시
수업목표	• 꾸미기체조를 통해 믿음과 자기헌신의 의미를 이해하고 그 필요성을 깨달을 수 있다. • 치어리딩을 통해 자신감이 어떻게 형성되는지 깨달을 수 있다. • 인성피라미드를 통해 믿음과 자기헌신 그리고 자신감의 구성요소를 이해하고 실천할 수 있다. • 꾸미기체조와 치어리딩을 접목하여 창작작품을 만들고 발표할 수 있다.			
중점 사항	• 꾸미기체조를 통해 긍정적인 신체접촉과 상호작용이 이루어질 수 있도록 수업을 진행한다. • 안전사고 예방을 위해 준비운동을 철저히 진행한다. • 꾸미기체조의 규정동작을 표현하기 위해 팀원들의 마음가짐이 신체적인 능력 못지않게 중요함을 깨달을 수 있게 수업을 진행한다. • 자신감이란 준비를 철저히 하고 열정을 담아 노력해야만 얻을 수 있고, 그것이 성취감 또는 만족감으로 이어질 수 있다는 사실을 깨달을 수 있게 지도한다.			
수업준비물	인성피라미드 현황판 및 스티커, 체육수업 노트, 꾸미기체조 규정동작 안내판, 치어리딩 작품 계획서, 치어리딩 작품 음악(MP3 파일), 스마트폰, 기타 발표용 소품			

단원 수업 계획			
차시	수업 세부 주제	학습목표	교수-학습 내용
1	믿음과 자기헌신	• 수업주제와 인성피라미드 구성요소의 의미를 이해할 수 있다. • 물구나무서기 방법 및 연습법을 알고 익힐 수 있다.	• 스트레칭 • 물구나무서기 시범 및 설명 • 믿음과 자기헌신의 의미 생각해 보기
2		• 꾸미기체조 2인 규정동작을 할 수 있다. • 2인 규정동작을 통해 믿음의 의미를 이해하고 깨달을 수 있다.	• 준비운동 • 2인 규정동작 • 인성피라미드 쌓기
3		• 꾸미기체조 3~4인 규정동작을 할 수 있다. • 인성피라미드 쌓기를 할 수 있다.	• 준비운동 • 3~4인 규정동작 • 인성피라미드 쌓기
4		• 꾸미기체조 5~6인 규정동작을 할 수 있다. • 믿음과 자기헌신 인성피라미드 쌓기를 통해 성취감을 느낄 수 있다.	• 스트레칭, 물구나무서기 • 5~6인 규정동작 • 인성피라미드 쌓기 • 과제제시
5	자 신 감	• 치어리딩 작품 구성에 필요한 곡 선정, 안무, 기타 소품에 대한 준비를 할 수 있다. • 수업주제와 인성요소를 이해하고 실천사항을 숙지할 수 있다.	• 치어리딩 작품 준비 및 연습 -곡 선정, 안무 구상, 역할 정하기, 작품계획서 작성, 소품 정하기 -인성피라미드 쌓기
6		• 치어리딩 안무를 구성할 수 있다. • 인성피라미드 쌓기를 할 수 있다.	
7		• 치어리딩 작품 구성에 대한 준비를 끝낼 수 있다. • 인성피라미드 쌓기를 할 수 있다.	
8		• 리허설을 통해 작품 발표 최종 점검을 할 수 있다.	• 리허설 전 최종 연습 • 리허설
9		• 자신감 있게 치어리딩 작품을 발표할 수 있다. • 치어리딩 작품 발표를 통해 성취감을 느낄 수 있다.	• 최종 발표 연습 • 최종 발표회(수행평가)

〈표 3-7-2〉 수업 진행 순서 및 진행 방법

	1차시 (장소: 다목적실)	2~4차시 (장소: 다목적실)	5~7차시 (장소: 다목적실)	8~9차시 (장소: 체육관)
도입	• 전시학습 상기 -1학기 수업 • 2학기 오리엔테이션 • 학습목표 제시	• 전시학습 상기 -믿음과 자기헌신 의미 되새기기 • 학습목표 제시 • 준비운동 -스트레칭 -물구나무서기	• 전시학습 상기 -꾸미기체조에 대한 인성주제 • 학습목표 제시 • 준비운동	• 전시학습 상기 -자신감이란? • 학습목표 제시 • 준비운동
전개	• 수업주제 안내 -믿음과 자기헌신 -규정동작을 통해 설명 • 꾸미기체조란? • 팀 구성(단일) -8~9명 • 준비운동 방법 설명 -스트레칭 프로그램 • 물구나무서기 시범 및 설명	〈2차시〉 • 2인 규정동작 〈3차시〉 • 3~4인 규정동작 〈4차시〉 • 5~6인 규정동작 • 5차시 자신감 수업에 대한 설명	〈5차시〉 • 수업주제 안내 및 설명 -자신감 수업이란? -치어리딩에 대하여 • 팀별 수업 준비도 점검 • 치어리딩 작품 만들기 안내 -3가지 규정동작 -치어리딩 작품의 3요소 〈6~7차시〉 • 치어리딩 작품 구상 및 연습	〈8차시: 리허설〉 • 리허설 전 연습 • 리허설(최종 점검) 〈9차시: 작품 발표〉 • 최종 연습 • 최종 발표
마무리	• 수업 정리 • 차시예고	• 수업 반성 -문제 해결 능력이란? -집중이란? • 인성피라미드 쌓기 • 차시예고	• 수업 반성 -자신감 구성요소 • 인성피라미드 쌓기 • 차시예고	• 수업 정리 -힘든 과정을 포기하지 않고 끝까지 해낸 것에 대한 박수와 칭찬 • 인성피라미드 쌓기 • 수업 후 느낀 점 • 차시예고

〈표 3-7-3〉 수행평가 내용 및 방법

구 분	수행평가 내용 및 방법
수업주제	믿음과 자기헌신, 자신감
평가 내용	이 수업은 꾸미기체조와 치어리딩의 2가지 신체활동을 치어리딩 작품 발표를 통해 종합적으로 평가한다. 믿음과 자기헌신 수업에 대한 평가는 교사가 요구하는 꾸미기체조 3가지 규정동작을 치어리딩 작품 발표 중에 성공적으로 수행할 수 있는지에 대한 능력을 평가한다. 자신감 수업에 대한 평가는 작품 발표를 통해 치어리딩 작품의 완성도를 평가한다.

평가 방법

성취기준	평 가 기 준		
	상	중	하
치어리딩 특성(치어리딩 작품의 3요소, 스턴트 치어리딩 동작: 꾸미기체조 규정동작)이 반영된 창작작품을 구성하고 발표할 수 있다.	치어리딩 특성이 적절하게 반영된 창작작품을 구성하고 팀원들의 일치된 동작으로 자신감 있게 발표(표현)할 수 있다.	치어리딩 특성이 반영된 창작작품을 구성하고 팀원들이 발표(표현)할 수 있다.	치어리딩의 특성이 반영된 창작작품을 구성하고 발표(표현)하는 데 어려움이 따른다.

꾸미기체조 규정동작(스턴트 치어리딩)			치어리딩 작품의 3요소		
			응원마인드	시선처리	표정관리
믿음과 자기헌신			자신감		

믿음과 자기헌신 (꾸미기체조)	• 위 3가지 꾸미기체조 규정동작을 정확하게 표현할 수 있다. • 꾸미기체조 동작 완성 후 3초 이상 동작을 유지할 수 있다.		
채점기준	상(20점)	중(16점)	하(12점)
	위 내용을 만족하면서 3가지 동작을 표현할 수 있다.	위 내용을 만족하면서 2가지 동작을 표현할 수 있다.	위 내용을 만족하면서 0~1가지 동작을 표현할 수 있다.

자신감 (치어리딩 작품 완성도)	• 음악에 맞는 치어리딩 작품을 구성할 수 있다(1). • 팀원 모두 일치된 동작으로 치어리딩 작품을 표현할 수 있다(2).		
채점기준	상(20점)	중(16점)	하(12점)
	위 내용 모두를 만족시키면서 치어리딩 작품을 발표(표현)할 수 있다.	위 내용 중 (1)의 내용을 만족시키지만, 팀원들의 일치된 동작으로 작품 발표(표현)하는 데 어려움이 따른다.	위 내용 모두를 만족시키는 데 어려움이 있다.

구 분	수행평가 내용 및 방법
준비 물품	1. 교사: 인성피라미드 현황판, 인성피라미드 스티커, 캠코더, 스피커, 체육수업 노트 2. 학생: 치어리딩 음악(MP3), 치어리딩 작품 계획서, 기타 소품
반영 비율	총 40점

〈표 3-7-1〉, 〈표 3-7-2〉 그리고 〈표 3-7-3〉은 이 수업의 단원 수업 계획과 수업 진행 순서 및 방법 그리고 수행평가 내용과 방법을 나타내고 있다.

이 수업의 목표는 꾸미기체조를 통해 팀원 간의 믿음과 자기헌신의 마음가짐이 얼마나 중요한지를 깨닫고 이를 실천할 수 있는 능력을 기르는 데 있다. 또한 이를 바탕으로 치어리딩 작품 발표를 위해 함께 준비하고 노력하는 과정에서 열정이 담긴 작품을 완성함으로써 자신감이 무엇인지를 깨닫게 하는 데 있다.

이 수업은 총 9차시로 계획된 수업으로 '믿음과 자기헌신'과 '자신감'이라는 2가지 인성주제가 하나의 수업을 이루고 있다. 신체활동은 표현 활동 중 심미표현에 해당하는 꾸미기체조와 치어리딩을 선택했다. 2가지 신체활동을 하나의 수업으로 재구성한 이유는 크게 2가지다.

첫 번째는 이 수업이 2학기 첫 수업이기 때문이다.

그해 2학기 첫 수업은 개학과 동시에 8월 19일에 시작됐다. 날씨는 무척 더웠다. 그 당시 수업 노트의 기록에는 아래와 같이 기록되어 있다.

2013년 8월 19일 월요일 1교시, 3학년 9반(1차시)

• 개학 후 첫 시간. 너무 덥다. 교사인 나 역시 지치는 날씨다. 정신을 차리고 차근차근 수업을 진행하려고 노력했다.

보통 학생들은 새 학기가 시작되면 어느 정도 학교생활에 적응할 시간적 여유가 필요하다. 여름방학 동안 나름 자유롭게 생활한 학생들이 개학했다고 해서 곧바로 수업에 집중하고 적극적으로 참여할 것이라고 기대하기 힘들기 때문이다. 게다가 8월 중순은 무더위가 예상되는 시기였다. 개학 후에도 무더위가 기승을 부릴 테고 학생들은 수업에 참여할 준비가 되어 있지 않을 것이 뻔했다. 하지만 이런 상황 속에서도 학생들의 흥미와 관심을 불러일으키고 수업에 집중시킬 수 있는 신체활동이 필요했다. 그리고 무엇보다 '믿음과 자기헌신'이라는 수업주제에 맞는 신체활동이 필요했다. 그래서 선택한 것이 꾸미기체조다.

두 번째는 체육과 교육과정의 내용을 반영해야 했기 때문이다.

2009 개정 체육과 교육과정에 의하면 5가지 신체활동 가치(건강, 도전, 경쟁, 표현, 여가활동)의 중영역에 해당하는 신체활동을 적어도 1번 이상 가르치게 되어 있다. 다시 말해 표현활동에 해당하는 신체활동을 적어도 한 번은 지도해야 했다. 나는 표현활동 중 심미표현에 해당하는 치어리딩이 자신감이라는 수업주제와 가장 잘 어울린다고 생각했다.

치어리딩의 경우 방송댄스와 달리 치어리딩만의 정교하면서 강렬한 동작과 체조를 기반으로 한 덤블링, 점프, 피라미드 등의 스턴트 동작이 필요했다. 하지만 치어리딩을 해본 경험이 없는 학생들이 짧은 수업 시간 동안 스턴트 동작을 해내기란 사실상 어려웠다. 그래서 스턴트 동작을 대신할 수 있는 신체활동을 찾다가 꾸미기체조가 적당하다고 생각하게 됐고, 여러 가지 면에서 수업주제와 잘 맞으면서도 하나의 수업으로 재구성하기에 적합하다고 생각했다.

1차시 수업은 2학기 개학과 동시에 시작했다. 2학기의 경우 3학년은 수업 시간이 많지 않기 때문에 오리엔테이션만을 위한 시간을 내기가 어려웠다. 그래서 1차시 수업 초반에 2학기 수업 진행에 대한 오리엔테이션을 간략하게 진행했다. 2학기 전반에 걸친 수업 진행에 대한 간략한 설명을 마치고 곧바로 수업주제와 꾸미기체조가 무엇인지를 설명했다. 모든 수업이 마찬가지이지만, 새롭게 시작하는 수업의 첫 시간은 수업의 목표와 주제 선정 이유 그리고 수업 진행에 대한 안내가 필요했기 때문에 그 이후의 수업들에 비해 전달할 내용이 많았다. 특히 그중에서도 인성피라미드에 대한 설명과 실천 방법은 빼놓을 수 없는 중요한 내용이었다.

전반적인 수업 진행과 그에 따른 설명을 마치고 곧바로 팀 조직에 들어갔다. 이 수업은 직접적인 신체접촉이 많은 활동이라서 남학생과 여학생을 분리해 각각 2개 팀씩으로 조직했다. 하지만 팀 구성 방식은 무작위 뽑기 방식이 아닌 학생들에게 자율적으로 맡겼다. 팀 조직을 마치고 본격적인 수업을 진행하기 위한 준비운동을 실시했다.

이 수업의 준비운동은 2가지로 구성이 되어 있다. 한 가지는 부상 방지를 위해 강도 높은 스트레칭을 하는 것이다. 또 다른 한 가지는 꾸미기체조에서 절대 빼놓을 수 없는 물구나무서기 동작을 모두가 할 수 있게 함께 연습하는 시간을 준비운동으로 포함했다. 그래서 준비운동에 관해 설명하고 시범을 보이는 것 역시 첫 수업 시간에 학생들에게 정확히 알릴 필요가 있었다.

이 수업은 45분 중 절반 이상을 안내와 설명 그리고 시범으로 시작해야 하는 수업이라서 학생들이 상당히 지루해할 수 있는 수업이었지만 꾸미기체조의 규정 동작을 보여주고 물구나무서기의 방법을 설명하고 시범을 보임으로써 학생들의 관심과 수업에 대한 집중력을 유지할 수 있었다. 그 이후 남은 15~20분 동안은 팀별로 물구나무서기를 연습하고 준비된 2인 규정동작[6]을 실시하는 데 시간을 썼다.

긴 시간은 아니었지만, 학생들은 금세 꾸미기체조에 빠져들었다. 자신의 몸을 이용해서 누군가를 들어 올리고, 누군가의 위로 올라서야 했으며, 그 과정에서 넘어지고, 무너지고 또는 친구와 함께 바닥에 뒹구는 등의 모든 활동이 낯설었지만 이러한 자극이 싫지만은 않아 보였다. 실제로 꾸미기체조가 시작되면서 수업 장소는 학생들의 이야기 소리와 웃음소리로 가득 찼다. 이 수업을 제대로 이해하지 못하고 수업을 보는 사람은 이 수업이 상당히 장난스럽고 소란스러우며 위험하다고 생각했을지도 모른다.

수업 시간은 금방 끝난 것처럼 느껴졌다. 학생들은 2인 규정동작 중 〈표 3-7-4〉과 같이 서로 마주 보며 손을 잡고 균형을 잃지 않은 상태에서 한 사람을 올리는 동작(굵은 테두리 안의 동작)을 가장 힘들어했다. 대부분의 학생들은 이 동작을 해내지 못하고 수업을 마쳐야 했다. 난 이들에게 이 동작의 비밀(성공 방법)에 대해 다음 시간까지 알아 오라는 과제를 내어주고 수업을 마무리했다.

수업을 진행하기 위해 준비된 규정동작은 〈표 3-7-4〉과 같이 총 9가지다. 2인 규정동작에서 6인 규정동작으로 구성되어 있고, 사람 수가 많을수록 난이도가 높아졌다. 학생들은 제시된 규정동작들을 자신의 신체를 이용해서 똑같은 모양으로 표현해야 했다. 그리고 낮은 단계의 동작을 통과해야만 다음 단계로 넘어갈 수 있었다. 물론 그 동작을 어떻게 해야 하는지 방법을 찾는 것은 학생들의 몫이었다.

---

6) 규정동작이란 수업 진행을 위해 미리 준비된 동작을 말한다. 그리고 해당 규정동작을 만드는 데 필요한 인원수를 앞에 붙여 2인 규정동작, 3인 규정동작과 같이 지칭했다.

〈표 3-7-4〉 믿음과 자기헌신 수업 규정동작

규정동작									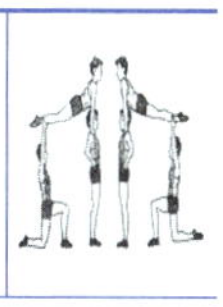
	2인			3인		4인	5인	6인	

2차시 수업부터는 진행이 훨씬 수월했다. 수업 시작과 함께 학생들의 출석과 수업 준비 상태를 확인했다. 곧이어 앞 시간에 했던 수업을 한번 떠올려보고 곧바로 준비운동으로 들어갔다. 학생들은 나와 같이 스트레칭을 했다. 그리고 물구나무서기 연습을 하기 전에 지난 시간에 강조한 내용을 다시 한번 더 전달했다.

이 수업은 자칫 잘못하면 큰 부상으로 이어질 수 있어서 수업과 상관없는 말과 행동으로 친구들의 연습을 방해하거나 장난으로 위험한 상황을 초래할 경우, '타임아웃(Time out)'이라는 벌이 준비되어 있다는 것을 분명히 전달했다. 이후 학생들은 5분간 팀원들과 함께 물구나무서기 연습을 했다.

준비운동이 끝남과 동시에 본격적으로 규정동작을 해내기 위해 팀별 활동에 들어갔다. 규정동작이 성공하려면 〈표 3-7-4〉과 같이 완성된 동작을 한 상태에서 3초간 동작을 유지해야 했다. 그리고 교사인 내가 직접 3초간 카운트를 세고 '통과'라고 선언해야만 다음 단계로 넘어갈 수 있었다.

〈표 3-7-4〉에서 2인 규정동작 중 가운데 있는 동작을 해내는 팀은 거의 없었다. 비슷하게 해내는 팀들은 있었다. 하지만 처음부터 정확하게 표현할 것을 강조했다. 그래서인지 학생들은 2인 규정동작에서부터 어려움을 많이 느꼈다. 하지만 그렇다고 해서 의기소침해지거나 포기하는 학생들은 없었다. 오히려 실패하면 할수록 해내고자 하는 강한 의지 같은 것이 느껴졌다.

전체적으로 수업을 진행하면서 학생들이 2인 규정동작부터 어려움을 많이 겪지만, 이 동작부터 정확한 동작으로 표현하게 해야만 그다음 단계의 동작들도 정확하게 해내기 위해 노력한다는 사실을 알고 있었다. 그래서 시작부터 진도가 잘 나가지 않더라도 조급해하지 않았다. 오히려 그럴수록 학생들이 의욕을 잃지 않게 그들을 격려하고 사기를 북돋으려고 노력했다.

규정동작을 시작하면서부터 여기저기에서 다급하게 "선생님"하고 나를 부르는 소리가 들렸다. 학생들은 불안한 상태로 규정동작을 유지하면서 나에게 빨리 성공을 확인받고 싶어 하는 것 같았다. 하지만 나의 3초 카운트는 빠르지 않았다. 학생들은 이러한 나의 손짓과 느린 카운트에 초조해했다. 때론 장난스럽게 빨리 숫자를 세라고 조르는 학생들도 있었다. 하지만 정확하지 않은 동작을 통과시키면 그 동작에 담긴 의미와 방법 역시 쉽게 생각하거나 중요하게 여기지 않을 수 있었다. 그래서 나는 더욱더 정확한 자세를 요구했다. 학생들은 그런 나에게 통과시켜달라는 간절한 눈빛을 보이곤 했다.

학생들이 실마리를 찾지 못하고 힘들어할 때쯤 학생들을 잠시 모이게 한 뒤, 아래의 수업자료와 같이 2인 규정동작에 담긴 의미를 설명함과 동시에 동작을 완성할 수 있는 실마리를 제공했다.

〈2인 규정동작 수업자료(인성교육 자료)〉

2차시	 옆의 동작을 안정적으로 완성하는 방법의 하나는 동작을 만들기 시작할 때 두 사람이 팔을 잡는 방법에 있다. 처음부터 팔을 편 상태로 손목 쪽을 잡게 되면 두 사람의 거리가 멀어지기 때문에 실패할 가능성이 매우 크다. 그리고 대부분의 학생들이 팔을 바로 펴지 못한 상태에서 동작 유지에 급급한 경우가 많은데 이는 팔을 바로 펼 때 동작 실패가 두렵기 때문이다. 결국 실패할 것이라는 두려움을 이겨내고 서로 믿고 팔을 바로 펼 때, 동작을 완성할 수 있음을 인식시킨다. 즉 서로 팔꿈치를 펼 수 있다는 것은 서로에 대한 믿음을 나타내는 것이다.

물론 시범과 설명이 병행되어야 했기 때문에 학생 1명의 도움이 필요했다. 나와 한 명의 학생이 한 팀이 되어 2인 규정동작을 표현했다. 이때 난 밑에서 학생을 받쳤고 학생은 나의 허벅지를 밟고 올라섰다. 난 의도적으로 나보다 체격이 크고 몸무게가 많이 나가는 학생을 선택했다. 왜냐하면 불가능할 것 같은 상대와 함께 해서 성공하는 모습을 보였을 때 믿음의 의미와 동작 완성의 방법이 학생들에게 더 깊이 인식될 수 있다고 생각했기 때문이다. 게다가 수업을 지도하는 교사의 능력과 전문성을 보여줌으로써 교사에 대한 학생들의 신뢰를 높일 수 있다는 점에서 상징적인 의미도 담고 있다.

〈수업 노트 기록 3-7-1〉 2013. 8. 22. 목요일 6교시 3-5 수업

• 대부분의 학생들이 꾸미기체조를 재미있게 참여했다. 하지만 막상 시작하고 나니 2인 규정동작을 모두 힘들어했다. 그래서 왜 그런지 유심히 살펴보았다. 학생들은 두 명이 함께 균형을 잡는 동작에서 어려움을 겪고 있었다. 그리고 균형을 잡기 힘든 이유는 성공 방법을 찾으려 하기보다는 단순히 그림을 따라 하려고 하는 학생들의 접근 방식에 있었다. 나는 학생들이 잘 인식하지 못하는 접근 방식과 인성주제를 전달하기 위해서 학생들을 모이게 한 뒤 설명했다. 학생 중 100kg이 넘는 박○○ 학생과 함께 2인 꾸미기체조 시범을 보여주면서 말이다.

옆의 동작을 하는데 68kg인 나는 아래에서 그리고 100kg이 넘는 박○○ 학생은 위로 올라갔다. 동작을 완성할 수 있는 힌트와 함께 팔을 펼 수 있다는 것은 서로 간의 믿음이 필요하다는 사실을 알려 주었다. 나와 시범을 보이는 학생은 처음에 나의 무릎 위로 올라가길 꺼려 했지만 성공하고 나서는 스스로도 신기했는지 환호했다. 그리고 나에게 이렇게 말했다. "선생님, 평생 잊지 못할 추억이 될 거예요." 그리고 다시 학생들은 팀별로 연습하기 시작했고 그 뒤부터 많은 학생들이 옆의 동작을 성공했다.

위의 〈수업 노트 기록 3-7-1〉은 2013년 8월 22일 목요일 6교시에 진행한 3학년 5반 수업에 대한 수업 노트 기록을 나타내고 있다.

이때 나와 함께 시범을 보인 학생은 3학년 5반 학생 중 가장 체구가 큰 학생이었다. 나와는 한 번도 호흡을 맞춰 본 적이 없었다. 나는 그 학생과 시범을 보이기 전에 성공 방법을 한 차례 설명한 뒤 곧바로 시범을 보였고, 한 번에 성공했다. 학생들은 '우와' 하면서 놀라워했고 박수쳤다. 무엇보다 나와 직접 시범을 보인 학생의 반응이 더 놀라웠다. 덩치가 산만 해 보이는 학생이 마치 어린아이처럼 환호했고, 나에게 "선생님, 평생 잊지 못할 추억이 될 거예요."라고 말했다. 학생들은 다시 팀 활동에 들어갔다. 여기저기서 다급하게 날 부르는 소리들이 들렸다. 하지만 처음과 달리 안정된 자세로 3초간 여유 있게 버티는 팀들이 많았다. 그리고 나의 통과 신호가 끝남과 동시에 서로를 껴안으면서 기뻐하는 모습도 보였다. 겨우 2인 규정동작 한 동작을 성공했을 뿐인데 말이다. 학생들은 나의 시범을 보고 설명을 들은 이후로 규정동작을 해내기 위해 다양한 방법들을 생각해냈고 시도했다. 실패하는 학생들이 여전히 많았지만, 그 이후의 동작들은 좀 더 빨리해내는 모습을 보였다. 무엇보다 단순히 그림에 나타난 규정동작을 그저 따라 하기 급급했던 학생들이 방법뿐 아니라 믿음과 자기헌신이라는 수업주제에 맞게끔 마음가짐에 대해서도 서로 진지하게 생각하기 시작했다.

2차시 수업은 2인 규정동작을 다 성공해 내는 것이 수업목표였는데, 진도가 빠른 팀은 4인 규정동작까지 끝내는 팀들도 나타났다.

수업 시간 5분 정도를 남겨 놓고 수업을 마무리하기 위해서 학생들을 집합시켰다. 한자리에 모인 학생들 대부분은 자신들이 한 동작에 대해서 이야기하기 바빴고, 수업 시간이 짧은 것 같다며 시간을 더 달라고 말하는 학생도 있었다. 난 이들을 주의 집중시킨 뒤, 수업 시간이 짧은 것 같다는 생각이 들고 수업에 대해 할 이야기가 많은 것은 그만큼 수업에 적극적으로 참여했기 때문이라고 말했다.

〈표 3-7-5〉 믿음과 자기헌신 인성피라미드

주제	인성피라미드	인성요소 및 실천사항		
믿음·자기헌신	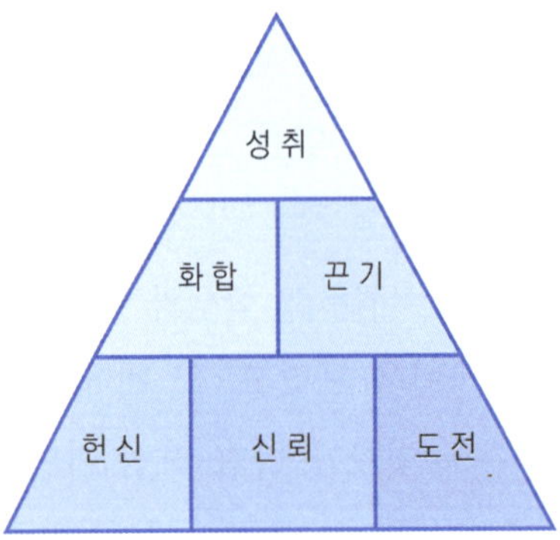	공동의 가치	성취	• 꾸미기체조 6인 규정동작을 안정적으로 할 수 있다.
			화합	• 꾸미기체조 동작이 전체적으로 균형과 조화를 이룰 수 있다. • 6인 규정동작 피라미드 해체를 할 수 있다.
			끈기	• 실패를 두려워하지 않고 끝까지 포기하지 않는다.
		개인의 가치	도전	• 어떻게 해? 우린 못 해! 너무 어려워! 등의 부정적인 말을 하지 않고 "할 수 있어", "다시 해보자" 등의 말을 한다.
			신뢰	• 꾸미기체조 시 밑에서 받쳐주는 팀원을 믿고 올라설 수 있다.
			헌신	• 힘든 역할을 자진해서 할 수 있다. • 개인보다 팀을 먼저 생각할 수 있다.

위의 〈표 3-7-5〉는 믿음과 자기헌신 인성피라미드와 그에 대한 인성요소 및 실천사항을 나타내고 있다.

1학기 마지막 수업, 팀워크 수업 때 티볼을 하면서 적용했던 인성피라미드의 경우 학생들의 수업 참여를 보고 교사인 내가 직접 실천 여부를 판단하여 인성피라미드의 인성요소에 해당하는 스티커를 붙였다. 하지만 이 수업은 학생들 스스로 자신들의 수업 참여를 되돌아보면서 인성요소에 따른 실천사항의 실천 여부를 상의했고, 잘 실천했다고 팀원 모두의 동의를 구한 뒤 해당 인성요소의 스티커를 붙일 수 있었다. 다만 무분별하게 붙이는 것을 막기 위해 공동의 가치 중 '화합'과 '성취'에 대해선 구체적인 실천사항을 제시했다. 이와 같은 내용을 다시 한번 강조하면서 인성피라미드 쌓기를 한 뒤 수업을 마무리했다.

전체적으로 2학기 개학과 동시에 시작된 수업이었지만, 꾸미기체조라는 신체 활동은 학생들의 주의와 관심을 끌기에 충분했다. 그런데도 함께하는 것을 주저하는 학생들이 눈에 띄었다. 이들에 대한 고민 그리고 그에 관한 해결방안은 수업 노트 기록에 잘 나타나 있다.

〈수업 노트 기록 3-7-2〉 믿음과 자기헌신 2차시 수업 진행 중 쓴 수업 노트 내용

믿음과 자기헌신 수업(2차시)을 진행하면서 생각난 아이디어

- 꾸미기체조는 대부분의 학생들이 적극적으로 참여하는 수업이다. 하지만 그중에서도 소극적이고 교우관계가 좋지 못한 학생들은 들러리처럼 그냥 보고만 있는 경우가 가끔 있다. 이 학생들에게 필요한 것이 친구들의 관심이라는 사실을 잘 안다. 하지만 너무 소극적인 성격인 탓에 자기가 먼저 나머지 학생들과 함께할 생각을 하지 못하는 것 같다. 하지만 그렇다고 해서 그냥 놔둘 수는 없다. 왜냐하면 수업에 대한 흥미가 없다기보다는 함께하고는 싶지만 함께하자고 말할 용기가 없는 학생들이기 때문이다. 그러다 보니 물구나무서기 연습을 할 때도 거의 보고만 있는 경우가 많다. 이런 학생들을 위해 방법이 필요할 것 같다. 예를 들면, 물구나무서기 미션 같은 것 말이다.

2013년 8월 22일 목요일 1교시 3학년 9반 수업

- 여전히 더운 날씨. 수업 참여 및 태도 good.

※ 이○○ 학생: 지난 시간 팀 조직할 때, 혼자서 어쩔 줄 몰라 했던 것이 기억났다. 다른 학생들은 서로 친한 친구들과 한 팀이 되려고 서로 이름을 부르거나 여러 가지 제스처를 보였는데, 이○○에게는 관심을 보이지 않았다. 이○○는 수업 중에도 혼자 팀원들이 활동하는 것을 지켜보는 게 다였다. 팀원 중 누구 하나 같이 하자고 말하는 학생이 없었다. 그래서 그 팀에게 이○○와 함께 해야만 하는 물구나무서기 미션을 부여했다. 그때부터 친구들이 ○○에게 물구나무서기를 시키고 도와주기 시작했다. 물론 미션 때문이겠지만 ○○도 싫지 않은 표정이었다.

이미 수업 진행 방식에 대해 학생들이 잘 알고 있었기 때문에 3차시 수업부터는 수업 진행이 훨씬 수월했다. 수업 시작 전부터 다목적실은 학생들의 소리로 가득했다. 먼저 올라온 학생 중 일부는 지난 시간에 성공하지 못했던 동작들을 연습하기도 했고, 또 다른 일부는 이번 시간에 배울 동작들을 먼저 시도해 보기도 했다. 또는 바닥에 뒹굴면서 레슬링 비슷한 몸싸움을 하는 학생들도 있었다. 시기적으로

8월 말에서 9월 초, 늦은 장마로 인해 몹시 무덥고 습한 날씨임에도 불구하고 수업 시작 전부터 학생들의 움직임에 대한 욕구는 대단한 듯 보였다.

수업 시작종이 울린 뒤 출석을 확인하고 환자를 파악했다. 매 시간 몸이 좋지 않아 수업에 참여할 수 없다는 학생들이 1~2명씩 나타났다. 주로 여학생들이었다. 난 이들에게 몸이 좋지 않으면 쉬라고 말했다. 다만 팀원들이 활동하는 장소에서 적극적인 참여는 아니더라도 그들의 활동을 지켜보면서 함께할 것을 당부했다. 이어서 전 시간에 수업했던 내용을 떠올리면서 중요한 내용을 상기시켰다. 물론 인성피라미드에 관한 내용도 다시 한번 더 강조했다.

준비운동이 끝나고 본격적으로 3~4인 규정동작에 들어갔다.

이 수업부터는 반마다 또는 팀마다 진행 정도에서 차이를 보이기 시작했다. 2인 규정동작을 다 통과하지 못한 팀은 2인 규정동작부터 해야 했으며, 4인 규정동작을 다 통과한 팀은 다음 시간에 해야 할 5인 규정동작을 먼저 하기도 했다. 그래서 수업 진행이 어느 한쪽으로 치우치지 않게 하는 것이 중요했다. 게다가 이 차시에서는 꾸미기체조 동작 만들기와 해체 방법을 설명하고 이해시키는 것이 중요한 수업목표 중의 하나이기도 했다.

꾸미기체조 동작 만들기와 해체 방법에 대한 설명은 군더더기 없는 깔끔한 동작과 안정된 동작을 위해 이 수업에서 꼭 필요한 수업 내용이었다. 게다가 자신감 수업에서 치어리딩 작품 발표를 위한 작품 구상 및 표현을 위해서도 빠놓을 수 없는 중요한 내용이었다. 이것을 학생들에게 설명하기 위해 규정동작 진도가 빠른 한 개 팀을 선정해 먼저 설명하고 연습시켰다. 그리고 전체적으로 3인 규정동작을 통과하고 4인 규정동작을 시작할 시점에 학생들을 모이게 한 뒤, 미리 준비된 학생들의 시범을 보여주면서 설명했다. 2~3인 규정동작까지는 규정동작과 같은 모양의 완성된 동작만을 보고 통과 여부를 결정했다. 하지만 4인 규정동작부터는 동작을 만드는 과정과 완성하고 나서 해체하는 과정까지 깔끔하게 해내게 했다. 왜냐하면 규정동작을 만드는 과정이 짧으면 짧을수록 동작을 만드는 시간이 줄어들고 동작을 더 깔끔하게 표현할 수 있기 때문이다. 게다가 4인 규정동작부터 사람을 들어 올리는 동작과 물구나무서기 동작을 복합적으로 표현해야 했기 때문에 안전사고를 예방하기 위해서도 동작을 만들고 해체하는 과정이 중요했다.

이후부터는 나의 지도 방식도 조금 달라졌다. 그전까지는 학생들의 참여를 높이기 위해 흥미와 관심을 유도하는 쪽에서 격려하고 칭찬했다면, 4인 규정동작부터는 단순한 흥미와 관심에서 벗어나 정확한 동작을 짧은 과정으로 만드는 데 집중하게 하면서 더 정확한 자세를 요구하는 쪽으로 수업을 진행했다. 그리고 계속 실패하는 학생들에게 인성피라미드의 인성요소인 '도전'과 '끈기'를 강조하면서 좌절하거나 포기하지 말고 끝까지 최선을 다할 수 있게 격려하고 응원했다.

이 수업에서는 3~4인 규정동작까지 하는 것이 수업목표였지만 4인 규정동작을 빨리 통과한 팀은 5인 규정동작과 6인 규정동작까지 시도하는 팀이 생기기도 했다.

수업 종료 5분 전 수업을 마무리하기 위해 모두 모이게 했다. 그리고 인성피라미드 쌓기를 하기 위해 수업 시간에 팀 활동을 되돌아보고 인성 스티커를 붙일지 말지를 결정하게 했다.

인성피라미드 쌓기가 끝난 뒤 나는 학생들에게 인성피라미드를 구성하는 인성요소 중 도전과 끈기에 관한 내용을 다시 한번 더 강조했고 힘들더라도 포기하지 말 것을 당부하면서 수업을 마무리했다.

4차시 수업이 이 수업의 마지막 시간이다. 그래서 이 수업 안에 9가지 규정동작을 모두 해내는 것이 처음 이 수업을 계획했을 때의 목표였다. 하지만 4차시만에 9가지 규정동작을 모두 해내는 팀은 많지 않았다. 반별로 본다면 1~2개 팀만 6인 규정동작까지 모두 성공하면서 인성피라미드 최고의 가치인 '성취' 스티커를 붙일 수 있었다. 이 시간에 다 성공하지 못한 팀들은 자신감 수업을 하면서 틈틈이 연습해야 했다. 준비운동이 끝나고 본격적으로 수업에 들어가기에 앞서 이번 시간에 실천할 인성피라미드의 인성요소를 선택하게 했고, 학생들이 선택한 인성요소와 그에 따른 실천사항을 어느 정도 숙지하고 있는지 질문을 통해 확인했다. 이런 과정은 나의 수업에서 굉장히 중요하다. 자신이 실천할 인성요소를 인식하면서 수업에 참여하는 학생들과 그렇지 못한 채 그저 정해진 신체활동을 해내려고만 하는 학생들 사이에는 분명한 차이점이 발생하기 때문이다. 인성요소의 의미와 실천사항을 잘 알고 수업에 참여하는 학생들은 그렇지 못한 학생들에 비해 더 진지했고 더 적극적이었으며 무엇보다 팀원들과 함께하려는 마음이 강했다.

또한 신체적인 능력보다 수업에 참여하는 학생들의 마음가짐을 더 중요하게 생각하고 지도하는 나의 지도 방식을 더 잘 이해하고 받아들였다. 실제로 인성요소의 의미를 인식하고 실천사항을 잘 실천하려고 한 팀일수록 6인 규정동작을 빨리 완성해 냈다.

이 차시 수업에서는 5인 규정동작 1가지와 6인 규정동작 2가지를 해내는 것이 수업의 목표다. 이 중 6인 규정동작 2가지는 '화합'과 '성취' 스티커를 붙이는 데 결정적인 역할을 하는 동작이기 때문에 그 사실을 아래와 같이 다시 한번 더 강조한 뒤 본격적인 수업에 들어갔다.

〈6인 규정동작 수업자료(인성교육 자료)〉

4차시		옆의 동작은 피라미드를 만드는 것이 목적이 아니라 피라미드를 고통 없이 해체하는 것이 목적이다. 피라미드 해체 동작은 피라미드를 구성하는 모든 팀원이 동시에 한 치의 망설임과 두려움 없이 같은 자세를 취했을 때 고통과 아픔보다는 즐거움과 팀원들이 하나 되었다는 것을 느낄 수 있다. 결국 해체 순간 서로를 믿고 해체 동작을 해낼 때 팀원 모두의 화합이 이루어졌다고 볼 수 있다.
		옆의 동작은 본 수업을 위해 준비된 동작 가운데 가장 어려운 동작이기 때문에 수많은 실패를 거듭하게 된다. 하지만 성공할 때까지 포기하지 않는 것이 끈기이고, 힘들게 노력해서 성공했을 때 해냈다는 마음이 곧 성취감일을 느낄 수 있다.

반마다 그리고 팀마다 규정동작 진행 상황이 조금씩 달랐지만, 대부분의 팀들이 수업 초반에 5인 규정동작부터 시작할 수 있었다. 나는 5인 규정동작이 어느 정도 끝난 시점에 학생들을 모이게 한 뒤 6인 규정동작 중 피라미드의 해체 방법에 대해 시범을 보이면서 설명했다.

피라미드 동작은 모든 구성원이 똑같은 자세로 만드는 동작이기 때문에 해체 역시 모두 똑같은 자세가 되어야 한다. 그러기 위해서 타이밍이 정말 중요하다. 해체 동작은 손끝부터 발끝까지 자기 몸을 나무젓가락처럼 펴야 한다. 그리고 모든 팀원의 시선은 오른쪽 또는 왼쪽으로 방향을 정하고 일제히 고개를 돌려야 한다. 단순한 동작이지만 실패했을 때 그에 따른 고통과 두려움에 대해 짐작할 수 있어서 학생들은 이 동작을 쉽게 해내지 못했다. 하지만 학생들은 포기하지 않았고 망설이지 않았다. 오히려 계속 실패하면서도 계속 도전했다. 그 과정에서 정확한 타이밍을 맞추려고 노력했고, 모두가 똑같은 동작을 해내는 것이 한마음이 되는 순간이라고 생각하는 것 같았다. 여기저기서 고통의 신음이 들려왔다. 하지만 그보다 더 큰 웃음소리가 터져 나왔다. 학생들은 계속된 실패 속에서도 자신들만의 화합을 이뤄내려고 노력했다. 다른 동작들과 달리 이 동작의 성공 여부는 학생들이 직접 결정하게 했다.

6인 규정동작 중 마지막 동작은 가장 높은 난이도의 동작으로 많은 팀들이 어려워했다. 물론 4차시 안에 끝을 내지 못하고 자신감 수업 때 시간을 내서 뒤늦게 성공하는 팀들도 많았다.

사실 꾸미기체조라는 신체활동은 남학생들이 여학생들보다 규정동작들을 더 빨리해내기 때문에 여학생보다 남학생에게 더 유리하다고 생각할 수도 있다. 하지만 포기하지 않고 긴 시간을 계속해서 연습함으로써 여학생들도 자신들만의 방식으로 성공해 낼 수 있었다. 무엇보다 치어리딩 작품 속에서 이루어지는 꾸미기체조의 동작들은 표현력과 완성도 면에서 남학생들보다 여학생들이 더 뛰어난 경우가 많았다.

수업을 마무리하기 위해 학생들을 모이게 한 뒤 인성피라미드 쌓기를 했을 때, '성취' 스티커까지 붙인 팀들은 많지 않았다. 그렇다고 해서 수업 시간을 더 연장해서 수업을 진행할 수는 없었다. 정해진 시간 안에 수업목표를 달성하는 것도 학생들이 감당해 내야 할 몫이라고 생각했다. 게다가 믿음과 자기헌신 수업 내용이 자신감 수업과도 연계가 되어 있었기 때문에 이번 시간에 모든 규정동작을 해내지 못했더라도 큰 문제는 되지 않았다. 다만 규정동작을 다 통과한 팀은 치어리딩 작품을 구상하고 계획하는 것에 몰두할 수 있었지만, 그렇지 못한 팀은 꾸미기체조와 치어리딩을 같이 해야 했기 때문에 더 부담감을 안고 시작해야 했다.

이 차시의 수업은 다른 차시의 수업과 달리 수업을 마무리할 때 다음 차시 수업에 대한 안내가 무척 중요했다. 왜냐하면 5차시 수업부터는 다른 주제의 수업이 시작되는데 수업 준비가 제대로 되지 않으면 계획대로 수업을 진행하기가 어렵기 때문이다. 특히 자신감 수업은 치어리딩이라는 신체활동으로 작품을 만들어서 발표하는 수업인데, 음악선정과 기본 안무 계획이 사전에 준비되지 않으면 치어리딩 작품을 시간 안에 완성하기가 매우 어려워질 수 있었다.

5차시 수업부터는 5시간으로 계획된 자신감 수업이 처음으로 시작되는 시간이다. 자신감 수업은 다른 수업과 달리 실제로 힘든 상황을 느끼게 해주고 싶었기 때문에 준비가 제대로 되어 있지 않은 팀에게는 화를 내면서 무섭게 몰아붙였던 수업이다.

힘든 상황을 만들어야겠다고 생각한 이유는 중학교 3학년이라는 시기상의 특수성에 있다. 중학교 3학년 학생들은 고등학교 진학을 앞둔 학생들이다. 다시 말해 중학교에서 느껴보지 못한 어려움을 고등학교에서 겪게 될 테고, 그것이 학생들에게 큰 부담이 될 수 있다고 생각했기 때문에 이를 이겨낼 수 있는 힘을 이 수업을 통해 길러내길 바랐다.

5차시 수업부터는 준비운동으로 스트레칭만 하고 최대한 학생들이 작품을 구상해서 계획하고 연습하는 데 많은 시간을 쓸 수 있게 했다. 그리고 준비운동이 끝난 후 다음과 같이 자신감 인성피라미드에 관해 설명했다.

〈표 3-7-6〉 자신감 인성피라미드

<table>
<tr><th>주제</th><th>인성피라미드</th><th colspan="2">인성요소 및 실천사항</th></tr>
<tr><td rowspan="3">자신감</td><td rowspan="3">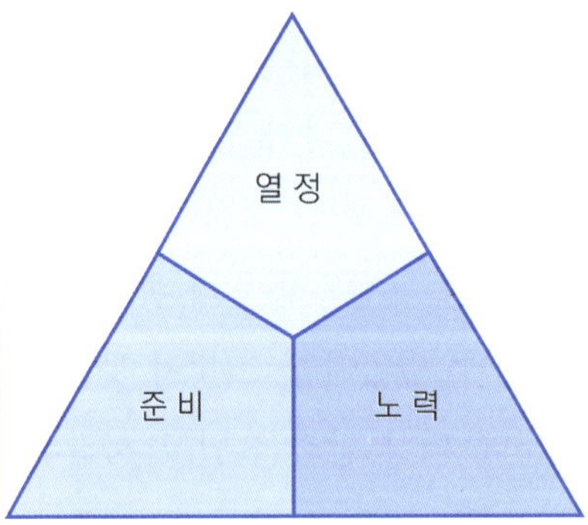
</td><td>열정</td><td>작품 발표 후 관중들에게서 큰 박수를 끌어낼 수 있다.</td></tr>
<tr><td>노력</td><td>치어리딩 작품 발표 시 팀원 모두 동작을 완벽하게 맞출 수 있다.</td></tr>
<tr><td>준비</td><td>치어리딩 작품 완성에 필요한 모든 준비를 다 한다.
예) 음악 선곡, 안무 구성, 꾸미기체조 동작 구성, 소품 담당, 역할 분담 등</td></tr>
</table>

위의 〈표 3-7-6〉은 자신감 인성피라미드와 그에 대한 인성요소 및 실천사항을 나타내고 있다.

위의 자신감 인성피라미드는 '준비', '노력', '열정'의 3가지 인성요소로 구성되어 있다. 즉 자신감이란 완벽하게 모든 것이 준비되어 있지 않으면 생길 수 없다는 것과 힘든 과정을 이겨내고 노력해서 팀원 모두의 열정이 담긴 작품이 완성되었을 때 비로소 느끼게 되는 만족감 또는 성취감이 '자신감'이라는 사실을 이 수업을 통해 깨닫길 바랐다.

자신감 인성피라미드에 대한 설명을 마치고 곧바로 전 시간에 전달한 팀별 준비사항을 점검했다. 점검하기 전 준비가 잘되어 있지 않을 것이란 예상을 했지만, 막상 점검해 보니 생각했던 것보다 더 많은 팀들이 제대로 준비되어 있지 않았다. 전체적으로는 여학생 팀들과 비교해 남학생 팀들의 준비가 더 부족했다.

점검이 끝난 뒤 준비가 부족한 팀의 학생들은 함께 모여 대책을 상의하기 시작했고, 뒤늦게 음악을 들으면서 음악 선정에 관해 이야기하거나 역할을 분담하는 등 준비하지 못한 것들을 수업 시간을 이용해서 하려고 했다. 팀에 따라서는 믿음과 자기헌신 수업 때 성공하지 못한 꾸미기체조를 하는 팀들도 있었다. 나는 팀별로 준비된 정도를 점검하면서 제대로 준비되지 않은 팀에게는 화를 내면서 더욱 힘든 상황으로 몰고 갔다. 이런 지도 방식이 의도된 것이었지만 과연 이런 나의 지도 방식이 옳은 방식인지를 계속해서 고민했다. 다행인 점은 수업 준비 상태를 점검하면서 수업을 무거운 분위기로 시작했지만, 그 이후 학생들은 빠르게 활력을 찾아가기 시작했고 평상시와 다름없이 수업을 마무리할 수 있었다는 점이다. 다만 자신감 인성피라미드에 인성요소 스티커를 붙이는 팀은 한 팀도 없었다.

6차시 수업은 5차시와 같은 방식으로 수업을 시작했다. 본격적으로 수업을 시작하기 전에 앞 시간에 수업 준비가 제대로 되어있지 않았던 팀을 중심으로 점검이 이루어졌다. 부족한 점이 전혀 없는 것은 아니었지만 대부분의 팀들이 전 시간에 비해 좀 더 많은 준비를 해 왔다.

수업이 본격적으로 시작되면서 학생들은 팀별로 서로 다른 활동들을 하기 시작했다. 어떤 팀은 핸드폰으로 음악을 틀어 놓고 준비된 치어리딩 안무를 연습하기도 했고, 또 어떤 팀들은 6인 규정동작을 성공시키기 위해 규정동작을 연습하기도 했다. 수업 중간에 6인 규정동작을 성공한 팀은 곧바로 믿음과 자기헌신 인성피라미드에 '성취' 스티커를 붙였다. 때론 치어리딩과 관련된 준비가 다 되어 있었지만 6인 규정동작을 성공하지 못했기 때문에 자신감 인성피라미드에 '준비' 스티커를 붙이지 못한 팀들은 6인 규정동작을 성공함과 동시에 '성취' 스티커와 '준비' 스티커를 함께 붙이는 경우도 있었다.

학생들은 치어리딩 안무를 연습하면서도 꾸미기체조의 3가지 동작들을 함께 연습해야 했다. 왜냐하면 치어리딩 안무에 포함될 스턴트 치어리딩 동작을 대신해서 꾸미기체조 동작 3가지를 포함시키는 것이 치어리딩 작품 구성의 조건이었기 때문이다. 스턴트 치어리딩 동작을 대체할 3가지 꾸미기체조 동작은 다음과 같다.

치어리딩 작품에 포함되어야 하는 규정동작 3가지			

자신감 수업에 대한 팀별 준비 상태 점검이 대체로 끝이 난 뒤부터는 학생들이 자유롭게 시간을 사용할 수 있게 했다. 그리고 나는 수업 노트에 학생들의 모습을 기록하거나 규정동작을 힘들어하는 팀에게 피드백을 부여하면서 도움을 주었다. 또한 치어리딩 작품 연습이 한창인 팀에게는 작품 발표에 중요한 3가지 사항(시선처리, 응원마인드, 표정관리)을 강조하면서 자신감 수업의 목표와 방향을 잊지 않도록 지도했다.

수업은 활기 그 자체였다. 모두가 함께했고 작품 완성을 위해 노력했다. 하지만 다른 수업과 달리 자신감 수업에서는 각 인성요소에 대한 인성피라미드 쌓기가 잘 이루어지지 않았다. 학생들은 스스로 팀 활동을 반성하면서 자신들의 실천에 대해 부족함이 많다고 느끼는 것 같았다. 이런 학생들의 모습을 보면서 인성피라미드라는 수업 내용과 지도 방식이 학생들의 인성 함양을 위한 하나의 방법으로 효과가 있겠구나, 라는 확신이 들었다. 학생들은 수업 시간 동안 인성피라미드를 빨리 쌓는 것에 목적을 두지 않았다. 그들은 인성피라미드를 구성하는 인성요소

하나하나를 실천하는 과정에 더 큰 의미를 두었고, 팀원 중 한 사람이라도 자신의 수업 참여 및 인성요소에 대한 실천이 부족했다고 느끼면 스티커를 붙이지 않기로 했다. 무엇보다 이러한 팀의 결정은 팀원들에 의해 존중받았으며, 그러한 결정이 학생 개개인의 양심적 판단에 따라 결정되는 것을 보고 무척 놀랐다. 물론 모든 팀에게서 이런 식의 진지한 모습이 나타난 것은 아니었지만 인성요소 실천에 대해 진지하게 고민하고 이야기가 이루어지는 팀일수록 수업 참여가 높다는 것은 확실했다.

이 수업은 인성피라미드가 적용된 3번째 수업이다. 수업이 거듭될수록 학생들은 이 수업 방식에 빠르게 적응하는 것 같았다. 또한 체육수업에서 단순히 신체활동을 잘 해내는 것에 목적을 두던 학생들이 인성 함양이라는 새로운 목적이 있을 수 있다는 사실에 눈을 뜨기 시작했고, 그러한 목적을 달성하기 위해 신체활동이 이루어질 수 있다는 사실을 조금씩 받아들이기 시작하는 것 같았다. 다음의 〈수업 노트 기록 3-7-3〉은 2013년 9월 10일 화요일 6교시에 수업을 진행한 3학년 3반 학생들에 대해 기록한 수업 노트 내용을 나타내고 있다.

〈수업 노트 기록 3-7-3〉 2013. 9. 10. 화요일 6교시 3-3 수업

2013년 9월 10일 화요일 6교시 3학년 3반 수업 자신감 수업 6차시

- B팀이 수업 막바지에 6인 규정동작을 성공했다. 난 성공의 의미로 박수를 쳤다. B팀은 나의 박수 소리에 모두 환호했다. 팀원 모두 '성취' 스티커를 붙이기 위해 인성피라미드 현황판으로 모였고, 스티커를 붙인 뒤 감격하는 모습을 보였다. 난 그런 B팀에게 6인 규정동작을 성공한 그 순간이, 너희들이 환호했던 그 순간이 성취감을 느낀 순간이며, 힘든 과정을 포기하지 않고 끝까지 해냈기 때문에 맛볼 수 있는 순간이란 사실을 알려 주었다. 즉 '성취'라는 결과는 '끈기'와 '화합'의 과정이 있었기 때문임을 강조했다. 내 얘기를 듣던 B팀 학생 모두는 수긍하는 듯 고개를 끄덕였다.

※ 정○○ 학생: 상당히 소극적인 학생. 하지만 오늘 수업에서는 웃으면서 팀원들과 함께 치어리딩 안무를 연습하는 모습이 영상에 찍혔다.

7차시 수업부터는 체육관에서 수업을 진행했다. 나는 수업 시작 전에 빔프로젝터를 준비했고, 본격적인 수업에 앞서 치어리딩 안무에 대한 2편의 영상을 봤다. 영상의 목적은 치어리딩 안무에 대한 특징을 이해하고, 팀이 준비한 안무를 한 번 더 점검하기 위함이다. 영상을 보고 난 후에는 학생들에게 치어리딩 안무의 특징과 작품 발표 시 중점사항에 대해 안내했다. 그리고 다음 시간 이루어질 리허설에 대해 안내하면서 그 목적과 진행 방법을 설명했다. 학생들은 리허설에 큰 부담을 느꼈다. 무엇보다 리허설이 치어리딩 작품 발표 준비가 모두 끝난 상황에서 최종 점검을 목적으로 하는 것이기 때문에 어떻게든 다음 시간까지 치어리딩 작품 발표 준비를 끝내야 한다는 사실을 학생들은 알고 있는 것 같았다.

사실 이 수업은 꾸미기체조와 치어리딩이라는 2가지 신체활동을 함께 하면서도 수업 시간이 굉장히 짧았다. 9차시로 계획되었기 때문에 학생들에게 상당히 큰 부담으로 작용했을 것이다. 또한 이 수업을 진행하는 나 역시도 의도적으로 힘든 상황을 연출하기 위해 학생들을 몰아붙였기 때문에 학생들이 생각하는 압박감은 내가 생각하는 그 이상이었을지 모른다. 하지만 나는 이 수업을 통해 그동안 갖고 있던 의문에 대한 해답을 찾고 싶었다.

그 당시까지 내가 해 왔고 보아 온 표현 활동 수업은 대부분이 음악을 선정하고 거기에 맞춰 방송댄스와 비슷한 안무로 작품을 만들어 발표하는 방식으로 수업과 평가가 이루어져 왔다. 수업 차시도 10차시 이상으로 계획되어 진행되는 경우가 많았다. 그리고 수업 명칭도 거의 창작체조나 창작무용이라는 이름이 많았다. 무엇보다 적지 않은 수업 시간이 보장되어 있는데도 발표되는 학생들의 작품 수준이 높지 않다고 생각했다. 왜 그럴까? 적지 않은 수업 시간 동안 한 가지 신체활동으로 작품을 만들면서 자유롭게 시간을 사용했을 텐데도 왜 학생들의 작품 수준이 높지 않을까? 이런 의문이 늘 있었다.

실제 그런 수업을 자세히 살펴보면, 학생들은 수업 시간을 효율적으로 사용하지 못했고 팀으로 활동해도 소수의 학생에 의해 수업이 이루어졌다. 게다가 표현 활동에 소질이 없거나 관심이 없는 학생들의 소극적인 수업 참여가 팀 활동과 작품 수준에 좋지 않은 영향을 미치는 것 같았다. 다시 말해 학생들의 작품 수준은 수업 시간이 길고 짧음의 문제가 아니라 수업에 참여하는 학생들의 참여 의지에 달려있다는 결론에 도달했다. 물론 이런 생각은 가정일 뿐이었다. 하지만 나는 이번 수업을 통해 내 생각이 옳은지 확인해 보고 싶었다. 그래서 2가지 신체활동을 하나의 수업으로 계획했고 수업 시간도 9차시로 짧게 계획한 것이다.

학생들은 다음 시간 리허설을 준비하기 위해서 그 어느 때보다 집중해서 수업에 참여하는 모습을 보였다.

8차시 수업은 리허설 시간이다. 학생들은 수업 전부터 체육관에 올라와서 연습했다. 하지만 리허설 준비가 제대로 된 팀이 거의 없다는 것을 금방 알 수 있었다.

8차시 수업은 출석 확인과 준비운동을 생략했다. 대부분의 학생들이 쉬는 시간부터 체육관에 와서 열심히 연습했고, 출석 확인과 준비운동을 하기 위해 학생들을 모이게 하는 것이 오히려 연습에 방해가 된다고 판단했다. 나는 학생들이 연습을 계속하게 했다. 그리고 수업 시작종 소리를 듣고 전체 학생들에게 20분 뒤에 리허설을 본다고 말했다. 학생들은 리허설 준비에 여념이 없었다.

20분 뒤 학생들을 모이게 했고 마지막으로 자신감 인성피라미드의 인성요소에 대해 강조하면서 실제로 발표하는 것처럼 자신감 있게 발표할 것을 당부했다. 특히 규정동작 3가지와 시선처리, 표정관리 그리고 응원마인드에 대해 다시 한번 더 강조했다.

발표는 순조롭게 이루어졌다. 하지만 대부분의 팀들이 발표를 제대로 마치지 못했다. 그 이유는 작품 발표를 위한 준비와 연습이 부족했기 때문이다. 이런 모습은 여학생 팀들보다 남학생 팀들에게서 더 심하게 나타났다. 대부분의 팀들이 리허설 후 그 자리에 앉아 나의 매서운 질책을 받았다. 많은 학생들 중 일부는 의기소침해했고 하고자 하는 의욕도 잃은 것 같았다. 반면에 또 다른 일부는 마지막 발표 때까지 더 열심히 하자며 의욕을 불태우기도 했다. 나는 수업을 마무리할 때 학생들에게 힘들겠지만 포기하지 말고 마지막까지 최선을 다할 것을 당부하면서도 왠지 걱정스러웠다. 왜냐하면 처음부터 너무 짧은 수업 계획과 심하게 몰아붙인 지도 방식 탓에 자신감이 아니라 좌절감만 느끼고 이 수업이 끝나진 않을까, 하는 생각이 들었기 때문이다.

9차시 수업은 자신감이란 주제의 5번째 수업이자 최종 발표가 있는 수업이다. 반마다 조금씩 차이가 있었지만 대부분 8차시 수업 후 하루에서 이틀 뒤에 9차시 수업을 하게 됐다. 리허설 때 부족함이 많던 팀에겐 그 부족함을 채울 시간적 여유가 없었다.

이 수업 역시 8차시 수업과 마찬가지로 수업 전부터 최종 발표를 위해 막바지 연습을 하러 올라온 학생들로 체육관이 가득 찼다. 수업의 시작은 8차시와 같았다. 나는 수업 시작종 소리를 듣고 20분 뒤에 최종 발표회를 갖겠다고만 전달했다. 학생들은 연습하던 것을 멈추지 않았다. 전에 보이지 않던 반짝이 소품도 준비해 왔고 발표 의상도 맞춰 입고 연습했다. 난 작품 발표를 촬영하기 위한 장비를 설치하는 한편 마지막으로 수업 진행과 평가 방식을 확인했다.

20분이 지난 후 최종 발표를 위해 모두 모이게 했다. 그리고 지금까지의 수업을 되돌아볼 수 있게 하면서 자신감이란 것이 무엇이며 어떻게 해야 생겨나는지 이번 발표를 통해 깨달을 수 있는 기회가 되길 바란다고 말하며 발표 순서를 정했다. 더불어 수행평가 채점 기준에 대해 다시 한번 더 안내했다.

학생들은 발표 순서에 따라 작품을 선보였다. 전체적으로 리허설 때보다 훨씬 더 완성도 높은 작품 발표가 이어졌다. 작품 발표를 잘한 팀에 대해선 박수갈채가 터져 나오기도 했다. 한 팀당 발표 시간은 대략 5~6분 정도 소요됐다. 모든 팀의 작품 발표가 끝났을 때, 발표하면서 실수했거나 아쉬움이 남는 팀에게는 다시 발표할 수 있는 기회를 주었다. 반마다 1~2개 팀이 재도전 기회를 얻었다. 재도전 기회까지 다 주고 나서 수행평가 점수를 발표했다. 수행평가 점수가 발표되자 여기저기서 환호성이 들려왔다. 점수가 높은 팀의 팀원들은 서로를 바라보며 그동안의 힘들었던 시간에 대한 보상이라도 받은 듯 기뻐했다. 상대적으로 잘못한 것 같다고 느낀 팀들도 생각보다 좋은 점수를 받은 것에 대해 대체로 만족하는 듯했다.

마지막으로 수업을 마무리하기 위해 인성피라미드 쌓기를 했다. 팀별로 스티커를 붙일지 말지 결정하기 위해 이야기를 나누었다. 자신감 인성피라미드를 다 쌓은 팀은 많지 않았다. 하지만 '열정' 스티커를 붙임으로써 자신감 인성피라미드를 다 쌓은 팀은 이 수업에 대해 굉장히 만족하는 듯했다. 물론 그런 팀은 수행평가도 만점을 받은 팀이 많았다. 나중에 안 사실이지만 학생들은 리허설이 끝난 뒤 최종 발표를 위해 밤늦게까지 아파트 단지 내 놀이터나 친구 집에 모여 연습을 했고, 최종 발표 당일에도 이른 아침부터 학교에 와서 친구들과 연습을 했던 것이다. 그 결과 리허설이 끝나고 하루 또는 이틀밖에 안 되는 짧은 시간 동안 학생들은 작품의 수준을 많이 끌어올릴 수 있었다.

자신감 수업을 마치면서 표현 활동과 같이 작품을 만들어 발표하는 방식의 수업은 수업 시간이 길다고 해서 좋은 작품이 나오는 것은 아니라는 사실을 확인할 수 있었다. 다시 말해 학생들의 적극적인 수업 참여와 효율적인 시간 사용을 유도할 수 있다면 수업 시간이 짧아도 작품의 완성도를 높이는 데에 큰 문제가 없다는 사실을 확인했다. 하지만 의도적으로 힘든 상황을 조성하면서까지 학생들을 힘들게 하고 부담을 줘어야 했나, 라는 의문은 여전히 남았다.

〈수업 노트 기록 3-7-4〉 믿음과 자기헌신 & 자신감 수업을 진행하면서 기록한 수업 노트 내용

2013년 8월 19일 월요일 1교시, 3학년 9반(1차시)

- 개학 후 첫 시간. 너무 덥다. 교사인 나 역시 지치는 날씨다. 정신을 차리고 차근차근 수업을 진행하려고 노력했다. 다목적실(유도장)에서 수업을 시작했다. 덥지만 학생들의 집중력이 좋았다. 물구나무서기 시범과 설명 후 학생들에게 연습 시간을 주었다.
- 무더위가 계속되는 가운데 개학. 본격적인 수업이 시작되었다. 하지만 여전히 덥다. 그래서 이번 주는 수업 내용을 적당히 조절하면서 수업을 진행하기로 했다. 복장과 지각에 대한 부분도 1주일 정도 학교에 적응할 시간을 주기 위해서 다음 주부터 체크하기로 했다. 오리엔테이션을 간단히 하고 첫 시간 수업주제, 꾸미기체조, 물구나무서기에 대한 시범과 설명이 주를 이루었다.

※ 최○○ 학생: 박○○ 학생과 짝을 지어 연습하던 도중 물구나무서기를 할 때 최○○ 학생이 장난으로 박○○ 학생의 다리를 놓았다. 꾸미기체조가 사람의 신체를 이용해 동작을 만드는 체조의 일종이라서 사소한 장난이 심각한 부상으로 이어질 수 있다. 그래서 처음이지만 고의적으로 장난을 친 최○○ 학생에게 심하게 주의 주고 TIME OUT 시켰다.

2013년 8월 22일 목요일 3교시, 3학년 1반(2차시)

- 1학기 때 수업 태도가 굉장히 좋았던 반. 하지만 2학기 수업 시작 때 집중력이 많이 떨어진 것 같아 걱정했는데 이번 시간엔 제법 분위기가 진지해진 것 같다. 다들 잘하는데 신○○ 학생이 잘 참여하지 못하고 있다. 그래서 신○○ 학생에게 개별 미션을 부여했다.

※ 신○○ 학생: 한 번 하면 말없이 열심히 하는 학생인데, 워낙 내성적인 학생이라 신체접촉이 많은 본 수업에 잘 끼지 못하는 것 같다. 물론 신체적으로 물구나무서기를 잘할 수 있는 체형은 아니지만, 팀원들을 모두 불러 개별 과제이자 팀 과제라고 말하면서 신○○ 학생이 물구나무서기 미션(팀원의 도움을 받으면서 양팔 물구나무서기 30초간 버티기)을 통과할 수 있도록 관심 갖고 도움주기를 부탁했다.

2013년 8월 22일 목요일 6교시, 3학년 5반(2차시)

- 대부분의 학생들이 꾸미기체조를 재미있게 참여했다. 하지만 막상 시작하고 나니 2인 규정동작 모두를 잘 통과하지 못했다. 그래서 왜 그런지 유심히 살펴보았다. 그 결과 두 사람이서 함께 균형을 잡는 동작에서 많은 학생들이 힘들어했다. 수업 도중 학생들이 인식하지 못하는 인성주제를 전달하기 위해서 중간중간 학생들을 모아두고 Tip을 주었다. 학생 중 100kg이 넘는 박○○ 학생과 함께 2인 꾸미기체조 시범을 보여주면서 설명했다.

옆의 동작을 하는데 68kg인 나는 아래에서, 100kg이 넘는 박○○ 학생은 위로 올라갔다. 그리고 동작을 완성할 수 있는 힌트와 함께 팔을 펼 수 있다는 것은 서로 간의 믿음이 있기 때문이란 사실을 알려 주었다. 나와 시범을 보이는 학생은 처음에 나의 무릎 위를 올라가길 꺼려했지만 성공하고 나서는 환호했다. 그리고 나에게 이렇게 말했다. "선생님, 평생 잊지 못할 추억이 될 거예요." 그리고 다시 학생들은 팀별로 연습하기 시작했고 그 뒤부터 많은 학생들이 옆의 동작을 성공했다.

2013년 8월 23일 금요일 1교시, 3학년 8반(2차시)

- 새벽에 전국적으로 비가 내렸다. 신선한 공기가 느껴지는 아침. 하지만 학생들은 많이 지쳐 보였다. 어제(지난 시간)와 같은 활기는 없었지만 나름으로 열심히 수업에 참여했다. 특히 남학생들은 물구나무서기에 열을 올렸다.

※ 이○○ 학생: 물구나무서기 및 규정동작을 이○○ 학생과 같이해서 성공하면 수업 후 다른 팀들보다 교실에 먼저 보내주기로 약속했다. 평소 열심히 하지만 수업에 대한 적응력이 다소 부족한 학생이다. 팀원들이 잘 챙겨주지만 규정동작을 하는 데 자꾸 소외되는 것 같아서 내건 약속이다.

〈수업 노트 기록 3-7-5〉 믿음과 자기헌신 & 자신감 수업을 진행하면서 기록한 수업 노트 내용

2차시 수업 중 생각난 아이디어

1. 꾸미기체조는 대부분의 학생들이 적극적으로 참여하는 수업이다. 하지만 그중에서도 소극적이고 친한 친구가 많지 않은 학생들은 수업 중 들러리로 그냥 보고만 있는 경우가 가끔 있다. 이 학생들에게 필요한 것이 친구들의 관심이라는 것을 잘 안다. 이런 학생들은 너무 소극적인 나머지 주류의 학생들 사이에 적극적으로 끼지 못하고 있다. 그래서 이런 학생들이 팀원으로 있는 팀에게는 물구나무서기와 같은 미션이 필요할 것 같다.

2013년 8월 30일 금요일 2교시, 3학년 3반(3차시)

- 이번 주 화요일 학급 정·부회장 선거로 인해 수업 한 시간을 빠졌던 반이다. 3반 학생들을 수업에 집중시키는 것은 힘든 일이다. 잦은 장난, 잡담이 끊이질 않았다. 하지만 나름으로 열심히 하는 모습이 예쁜 반이다. 특히 여학생 B팀은 3인 규정동작을 수업 끝날 무렵에 겨우 성공했다. 성공 정도를 떠나 B팀의 노력은 아마 모든 팀 중에서 최고일 듯하다.

2013년 8월 27일 화요일 1교시, 3학년 6반(3차시)

- 수업 시작 때부터 태도 불량으로 김○○ 학생, 이○○ 학생, 이○○ 학생, 정○○ 학생을 3분 정도 TIME OUT 시켰다. 솔직히 집중하지 않고 잡담하는 모습이 너무 싫었다. 하지만 기회를 다시 주었다. 이후 6반의 수업 참여도는 좋았다. 6반의 경우 4인 규정동작을 4개 팀 모두 성공하였다. 그만큼 실력이 있는 반이다. 초반 시작이 좋지 않았지만, 전체적으로 목표 달성 정도는 좋았다.

2013년 8월 26일 월요일 1교시, 3학년 9반(3차시)

- excellent. 월요일 아침 몸이 덜 풀렸을 법한데 모두들 적극적으로 수업에 참여했다. 4개 팀 모두 3, 4인 규정동작을 성공했다. 5인 규정동작도 제법 흉내 낼 정도였다.

※ 전○○ 학생: 잦은 결석으로 팀 활동에 부정적인 영향을 미치는 학생. 수업에 빠지지 말라고 당부했다.

2013년 8월 27일 화요일 3교시, 3학년 10반(3차시)

- 수업 참여도가 좋았다. 특히 남학생들의 참여도와 실력이 다른 반에 비해서 월등히 높았다. 최종 목표는 5인 규정동작이었는데 다음 시간에 할 피라미드까지 연습했다. 남학생들의 열기가 대단하다. 상대적으로 여학생들의 참여가 저조해 보이지만 여학생들 역시 잘 따라오는 편이다. 그런데 A팀의 컨디션이 나빴던 것일까, 오늘 잘 해내지 못한 것에 대해 모두가 실망하는 듯했다.

3차시 수업 중 생각난 아이디어

1. '믿음과 자기헌신'이라는 주제로 꾸미기체조 수업을 진행하고 있다. 3, 4, 5인 규정동작을 진행하다 보니 매 시간 목표한 것을 못 해내는 팀이 조금씩 생기기 시작했다. 그런데 그런 팀들이 하는 말을 들어보면 대개 "우린 안 돼", "못하겠어" 등 몇 번 시도해 보지도 않고 포기하겠다는 식의 말들을 많이 했다. 이런 상황에서 학생들을 이해시키고 설득시킬 수 있는 수업 내용이 있다. 예를 들어서 규정동작을 하는 데 있어서 물구나무서기 역할을 맡은 학생이 있다고 하자. 물구나무서기는 이 학생에게 힘든 역할이지만 팀을 위해 연습해서 물구나무서기를 해냈을 때, 이것이 바로 '자기헌신'이라는 사실을 인식시켜야 한다. 연습하지 않고 바로바로 규정동작들을 해낼 수 없단 사실도 인식시켜야 한다. 힘들지만 모두가 성공하기 위해 자기를 희생하면서 자신이 맡은 역할을 해내기 위해 포기하지 않고 노력하는 것임을 인식시켜야 한다. 그렇게 해서 성공해 냈을 때 팀원들에게 신뢰를 얻을 수 있으며, 그것을 바탕으로 팀원들을 믿을 수 있는 것이다.
2. 꾸미기체조는 정해진 규정동작을 표현하기 위해 방법을 찾아나가는 문제 해결의 과정이 중요하다. 그 과정이 신체를 이용하다 보니 대부분의 학생들이 수업 시간에 즐겁게 참여한다. 하지만 점점 어려운 동작을 해내야 하기 때문에 중간에 포기하는 학생 또는 팀들이 생기기 마련이다. 이럴 때 위와 같은 이야기를 해줄 수 있다면 학생들에게 많은 것을 느낄 수 있게 할 수 있을 것이다.

〈수업 노트 기록 3-7-6〉 믿음과 자기헌신 & 자신감 수업을 진행하면서 기록한 수업 노트 내용

2013년 8월 29일 목요일 3교시, 3학년 1반(4차시)

- 전체적으로 수업 참여가 좋다. 하지만 B팀의 진도가 무척 느리다. 다른 팀이 6인 규정동작을 시도할 때, 3인 규정동작을 연습하고 있으니 말이다. 물론 수업 참여가 나빠서 그런 것은 아니다. 열심히는 하지만 중요한 무엇이 빠진 것 같은 느낌이 든다. 집중이 더욱 필요할 것 같다.

※ 김○○ 학생: 참여 부족

2013년 9월 3일 화요일 6교시, 3학년 2반(4차시)

- 어제 비가 와서 너무 습하고 더운 날씨인데도 불구하고 모두 최선을 다해 주었다. 하지만 모든 팀이 5인 규정동작을 늦게 통과하는 바람에 피라미드 해체에 대한 비밀을 알려 주지 못해 아쉬움이 남는다.

2013년 8월 30일 금요일 4교시, 3학년 4반(4차시)

- 매 수업 시간 출석을 부를 때, 나는 학생들과 눈을 마주친다. 눈을 마주치는 짧은 시간에 그 학생의 컨디션이나 수업에 어떤 마음가짐을 가지고 임할지에 대해 알 수 있다. 4반 여학생들 중 일부가 무표정한 시선으로 나를 응시했다. 그 학생들은 B팀에 속해 있었다. 실제 B팀이 가장 진도가 느리다. 하지만 포기하지 않고 나름으로 열심히 수업에 임해주었다. 고마운 생각이 든다. 반면 남학생들의 에너지 넘치는 파이팅이 정말 좋다. 하지만 머리를 쓰지 않는 것이 문제다. ^^

2013년 8월 29일 목요일 1교시, 3학년 9반(4차시)

- 전국적으로 비가 내리고 있다. 상당히 습한 날씨다. 1교시라 그런지 수업을 시작할 때 학생들의 컨디션이 좋지 않아 보였다. 하지만 피라미드 규정동작을 하면서 수업에 활력이 생기기 시작했다. 특히 연합팀을 구성해 4층 피라미드에 도전하는 등 나름대로 의미 있는 시간이었다.

※ 최○○ 학생: 특유의 반항적인 표정과 행동을 가진 학생. 하지만 수업 시간에 묵묵히 팀원들과 수업에 참여하고 있다.

꾸미기체조 진행상황					
	A팀: 6인 규정동작× **(헌신, 신뢰, 도전까지)** B팀: 6인 규정동작× **(헌신, 신뢰, 도전까지)** C팀: 6인 규정동작○ **(성취까지)** D팀: 6인 규정동작○ **(성취까지)**	A팀: 6인 규정동작× **(헌신, 신뢰, 도전까지)** B팀: 6인 규정동작○ **(성취까지)** C팀: 6인 규정동작○ **(성취까지)** D팀: 6인 규정동작× **(헌신, 신뢰, 도전까지)**	A팀: 6인 규정동작○ **(성취까지)** B팀: 6인 규정동작× **(헌신, 신뢰, 도전까지)** C팀: 6인 규정동작× **(헌신, 신뢰, 도전까지)** D팀: 6인 규정동작○ **(성취까지)**	A팀: 6인 규정동작× **(헌신, 신뢰, 도전까지)** B팀: 6인 규정동작× **(헌신, 신뢰, 도전까지)** C팀: 6인 규정동작○ **(성취까지)** D팀: 6인 규정동작× **(헌신, 신뢰, 도전까지)**	A팀: 6인 규정동작× **(헌신, 신뢰, 도전까지)** B팀: 6인 규정동작× **(헌신, 신뢰, 도전까지)** C팀: 6인 규정동작○ **(성취까지)** D팀: 6인 규정동작○ **(성취까지)**
	1반	2반	3반	4반	5반
	A팀: 6인 규정동작× **(헌신, 신뢰, 도전까지)** B팀: 6인 규정동작× **(헌신, 신뢰, 도전까지)** C팀: 6인 규정동작× **(헌신, 신뢰, 도전까지)** D팀: 6인 규정동작○ **(성취까지)**	A팀: 6인 규정동작× **(헌신, 신뢰, 도전까지)** B팀: 6인 규정동작○ **(성취까지)** C팀: 6인 규정동작○ **(성취까지)** D팀: 6인 규정동작○ **(성취까지)**	A팀: 6인 규정동작× **(헌신, 신뢰, 도전까지)** B팀: 6인 규정동작× **(헌신, 신뢰, 도전까지)** C팀: 6인 규정동작× **(헌신, 신뢰, 도전까지)** D팀: 6인 규정동작× **(헌신, 신뢰, 도전까지)**	A팀: 6인 규정동작× **(헌신, 신뢰, 도전까지)** B팀: 6인 규정동작× **(헌신, 신뢰, 도전까지)** C팀: 6인 규정동작○ **(성취까지)** D팀: 6인 규정동작○ **(성취까지)**	A팀: 6인 규정동작× **(헌신, 신뢰, 도전까지)** B팀: 6인 규정동작× **(헌신, 신뢰, 도전까지)** C팀: 6인 규정동작○ **(성취까지)** D팀: 6인 규정동작○ **(성취까지)**
	6반	7반	8반	9반	10반

〈수업 노트 기록 3-7-7〉 믿음과 자기헌신 & 자신감 수업을 진행하면서 기록한 수업 노트 내용

2013년 9월 2일 월요일 2교시, 3학년 2반(5차시)

- 자신감 인성피라미드 안내 및 설명. 여학생 팀은 수업에 대한 열의가 돋보였으나, 남학생 팀은 여학생과 완전 반대. 나에게 혼나는 시간만 5분 정도 걸린 것 같다. 하지만 6인 규정동작을 하는데 상당히 진지하게 임했다.

2013년 9월 6일 금요일 3교시, 3학년 3반(5차시)

- 자신감 인성피라미드 안내 및 설명. 치어리딩에 대한 여학생들의 준비는 제법 잘 되어 있었지만 남학생들은 거의 준비를 하지 않았다. 원래 개성이 강하고 장난기 많은 남학생들이지만 이렇게까지 준비가 안 되어 있을 줄이야. 우선 다음 시간까지 준비해야 할 것에 대해 전달하였다.

2013년 9월 3일 화요일 3교시, 3학년 4반(5차시)

- 자신감 인성피라미드 안내 및 설명. 다른 반과 별 차이가 없었다. 전체적으로 치어리딩에 대한 수업 준비가 엉망이었다. 혼을 많이 냈다. 귀담아들었다면 다음 시간에 더 좋은 모습을 보일 것이지만 그렇지 않다면 더 큰 실망을 할 것 같다.

2013년 9월 2일 월요일 4교시, 3학년 7반(5차시)

- 자신감 인성피라미드 안내 및 설명. 남학생들의 수업 준비가 안 되어 있었다. 자신감 수업은 1차시 수업에서 자극을 줄 필요가 있다고 생각했기 때문에 일부러 수업 준비가 안 되어 있는 부분에 대해서 혼을 냈다. 다행히 모두 나의 뜻을 오해하지 않고 귀담아듣는 것 같아서 다행인 것 같다.

2013년 9월 4일 수요일 5교시, 3학년 8반(5차시)

- 자신감 인성피라미드 안내 및 설명. 믿음과 자기헌신 수업을 할 때 굉장히 뛰어났던 반. 하지만 다른 반과 마찬가지로 자신감 수업에 대한 준비가 부족했다.

2013년 9월 3일 화요일 4교시, 3학년 10반(5차시) <실험적 수업>

- 수업 준비가 부족한 것에 대해 학생들에게 화를 내는 것은 의도적인 행동이다. 자신감이란 철저한 준비를 바탕으로 열정을 담아 노력한 결과로 나타날 수 있는 것인데 준비가 되어 있지 않고 노력하지 않는데 자신감이 생기길 바라는 것은 요행을 바라는 것과 같다는 생각을 했다. 그래서 의도적으로 혼을 냈다. 하지만 수업 준비를 못한 것에 화를 낸다고 해서 다 좋은 결과가 나오란 법은 없다. 그래서 10반에겐 화를 내지 않고 부족한 점에 대해선 준비의 필요성만을 강조하는 선에서 말을 그쳤다.

5차시 수업 중 생각난 아이디어

1. 자신감이란 준비, 노력, 열정의 인성요소가 함께할 때 나타나는 가치임을 인식시킨다. 자신감을 갖기 위해 가장 먼저 갖춰야 할 것은 철저한 준비이다.
2. 준비가 안 된 팀들에게 혼을 내는 이유는 자극을 주기 위함이고, 또 멋진 작품을 기대하기 때문이다. 그런데 과연 혼을 내야 할 필요가 있을까, 하는 의문은 항상 있다. 더 좋은 방법은 없을까, 하고 말이다.

3. 꾸미기체조는 신체를 이용해 다양한 모양을 만들어야 해서 힘들더라도 학생들이 즐겁게 참여할 수 있었다. 하지만 치어리딩은 다르다. 하나의 작품을 만들기 위해서는 역할 분담이 필수적이고 모든 팀원이 최선을 다해야 한다. 물론 수업 시간이 아니더라도 학생들은 작품을 만드는 것에 대한 부담을 느껴야 한다. 이 점에서 나타나는 어려움을 학생들은 이겨나가야 한다. 그러기 위해 더욱더 다그치고 있다. 하지만 그 방법이 옳은 것인가, 하는 의문은 늘 있다. 이번 수업을 통해 나름의 해답을 찾길 바란다.

〈수업 노트 기록 3-7-8〉 믿음과 자기헌신 & 자신감 수업을 진행하면서 기록한 수업 노트 내용

2013년 9월 5일 목요일 3교시, 3학년 1반(6차시)

- 가장 하려는 의지가 강한 반이다. 여학생 A팀은 6인 규정동작을 성공했다. A팀은 이 동작을 성공하기 위해 이틀 동안 연습했다고 한다. 정말 열심히 하고 있다는 느낌이 들었다. A팀은 이로써 '준비' 스티커를 획득했다. 여학생 B팀은 열심히 하고 있지만, 이번 시간까지도 6인 규정동작을 성공하지 못했다. 남학생들 역시 다른 반에 비해 열심히 준비하고 있어서 그 어느 반보다 기대되는 반이다.

※ 김○○ 학생, 오○○ 학생: 허리디스크와 척추측만증으로 인해 꾸미기체조 할 때 드는 역할에서 제외함.

2013년 9월 5일 목요일 4교시, 3학년 5반(6차시)

- 보통의 경우 지난 시간 많이 혼이 난 반은 수업 때 주눅 들어있거나 의기소침해하는 경우가 많은데, 5반은 그와 달리 준비가 다 된 것처럼 자신감 넘쳐 보였다. 확실히 지난 시간보다 준비가 잘 되어 있었다. 지난 시간 나의 강한 자극이 학생들의 수업 준비에 나름 긍정적인 영향을 미친 것 같아서 기분이 좋았다. 다른 반에 비해 남학생들의 참여가 굉장히 좋은 반이다. 여학생 A팀은 굉장히 열심히 하지만 6인 규정동작에서 어려움을 겪고 있다.

※ 소○○ 학생: 잦은 결석으로 팀 활동에서 제외했다. 대신 개별 과제를 부여했다.

2013년 9월 4일 수요일 4교시, 3학년 6반(6차시)

- 모든 팀이 6인 규정동작을 성공했다. 6반은 지난 시간에 비해 수업에 참여하는 태도가 180도 달라졌다. 지난 시간에 화를 낸 것이 효과가 있었던 것 같다. 미안하기도 했지만 대견스러웠다. 4교시여서 보통 수업이 끝나면 점심을 먹기 위해 뒤도 안 돌아보고 교실로 가는 것이 보통인데 남학생 C팀은 좀 더 연습하겠다며 남았다.

2013년 9월 5일 목요일 6교시, 3학년 7반(6차시)

- 지난 시간에 비해 치어리딩 작품 구성에 필요한 준비가 잘 되어 있었다. 그리고 모든 학생들에게서 진지함을 느낄 수 있었다. 여학생 A팀은 6인 규정동작을 조건부로 합격시켰다. 왜냐하면 내가 성공하는 것을 보았지만 카운트를 세지 않았기 때문에 처음에는 실패로 간주했는데 너무나 열심히 하는 모습이 좋아 보여서 합격시켰다. 비로소 모든 팀이 6인 규정동작을 성공하게 되었다. 아직까지 실질적인 안무 연습보다는 작품을 구성하는 것(음악을 정하고 안무를 계획하는 것)에 많은 시간을 할애하는 것 같다. 하지만 진지한 학생들의 태도가 다음 시간을 더욱 기대하게 만들었다.

2013년 9월 5일 목요일 1교시, 3학년 9반(6차시)

- 지난 시간에 비해 수업 준비가 잘 되어 있었다. 특히 남학생 D팀의 준비성이 뛰어났다('준비' 스티커 획득). 하지만 D팀의 경우 치어리딩 안무에 대부분 꾸미기체조의 규정동작을 나열하는 식이어서 안무 수정을 지시했다.
- 9반의 경우 대체적으로 준비성이 돋보였다. 하지만 남학생 C팀은 심각한 문제가 있었다. 최○○ 학생, 임○○ 학생, 임○○ 학생들은 모두 남학생 C팀의 팀원들이다. 수업에 너무나 소극적으로 참여하고 있다. 거의 연습을 안 하고 있다고 보면 된다. 게다가 C팀의 주장인 이○○ 학생은 팀원들을 이끌기에 부족함이 다소 있는 것 같다(수업 중 작성). 수업 후 C팀에서 열심히 하려고 하는 학생 두 명과 상담했다. 내용은 이렇다. 팀 활동에 잘 참여하지 않는 학생들 때문에 힘들다는 것이었다. 난 그들의 애로사항을 충분히 이해했다. 솔직히 위의 3명은 상당히 힘든 학생들이었고 특히 임○○ 학생은 2학기 들어서 급격하게 행동이 변한 학생이기도 했다. 이유를 알아내기 위해 무척 노력했지만 원인을 알 수 없었다. 아무튼 내가 봐도 심하다고 생각이 들 정도였다. 난 그들의 애로사항을 듣고 최후의 수단으로 그들을 팀에서 제외시키는 방법을 얘기했다. 대신 그럴 경우 팀 전체에도 피해가 있을 수 있음을 말해주었다. 그리고 힘들겠지만 팀을 하나로 뭉칠 수 있는 방법을 찾아보라고 조언했다. 정말 심각한 문제가 있지만, 열심히 하려는 학생들도 있는 팀이어서 이들이 이 문제를 어떻게 풀어나갈지 궁금하면서도 기대가 되기도 했다.

〈수업 노트 기록 3-7-9〉 믿음과 자기헌신 & 자신감 수업을 진행하면서 기록한 수업 노트 내용

2013년 9월 11일 수요일 1교시, 3학년 1반(7차시)

- 1반의 수업을 보면서 많은 생각이 들었다. 첫째, 수업목표 달성을 위해 학생들을 재촉해야 하는가? 둘째, 화를 내야 하는가? 이런 생각들이 드는 이유는 의도적이긴 했지만 학생들을 강하게 자극함으로써 수업에 임하는 학생들의 태도가 많이 바뀌었기 때문이다. 이 반은 전체적으로 의욕이 넘치는 반이다. B팀의 여학생 3명이 교복 치마를 입고 수업에 참여했지만 팀원들과 함께하기 위해 친구의 체육복을 빌려서 치마바지로 만든 다음 수업에 참여했다.

2013년 9월 10일 화요일 7교시, 3학년 2반(7차시)

- 모든 팀이 수업에 적극적으로 참여했다. 그중에서 특히 여학생 A팀의 수업 준비가 가장 좋았다.
  ※ 정○○ 학생: 평소 상당히 소극적인 학생이지만 믿음과 자기헌신 그리고 자신감 수업을 하면서 나름 팀 활동에 최선을 다하고 있다. 보통 이런 학생의 경우 평소에 다양한 감정 표현이 서툴다. 그래서인지 모르지만 치어리딩에서 중요하게 생각하는 표정관리와 시선처리가 잘되지 않았다. 어쩜 이 학생에겐 관중들 앞에서 자신감 있게 응원하는 것 자체가 힘든 과정일지 모른다는 생각이 들었다. 하지만 그렇기 때문에 이 학생에게는 이런 수업이 꼭 필요한 것이 아닌가, 하는 생각도 함께 들었다.

2013년 9월 6일 금요일 1교시, 3학년 5반(7차시)

- 다음 주 월요일 출장으로 인해 수업이 변동되었다. 원래 체육관에서 수업할 계획이었지만 유도장과

다목적실에서 수업을 진행했다. 꾸미기체조 규정동작 완성이 덜 된 팀은 유도장에서, 치어리딩 안무 연습 팀은 다목적실에서 수업을 진행했다. B팀을 제외하고 다른 팀들의 작품계획서 작성이 미흡했다. 자신감 수업 3차시를 진행하고 있는데 치어리딩 작품 완성도도 매우 낮았다. 하지만 다음 시간이 리허설이기 때문에 집중력 있게 연습하리란 생각이 든다.

2013년 9월 10일 화요일 4교시, 3학년 9반(7차시)

- C팀: 지난 시간 수업 후 주장인 이○○ 학생과 최○○ 학생이 자신의 팀에 대한 팀워크의 어려움에 대해 토로했다. 이번 시간 결국 C팀에서 임○○ 학생, 최○○ 학생, 임○○ 학생 3명을 C팀에서 방출했다. 최악의 결과다. 문제는 최○○ 학생과 임○○ 학생 둘 다 전혀 의욕이 없다는 점이었다. 임○○ 학생은 끝까지 팀과 함께하려고 했지만 동화되지 못하고 결국 포기했다. 임○○ 학생에겐 치어리딩 리포트를 개별 과제로 부여했다. 하지만 정말 더 큰 문제는 3명의 학생들이 자신의 잘못은 생각하지 않은 채 최○○ 학생에게 화풀이(험담, 왕따 시도)를 한다는 것이었다. 그것 때문에 최○○ 학생은 무척 힘들어하고 있었다. 교사로서 이런 결과를 초래한 것 같아서 마음이 무척 무거웠다. 9반의 경우 전체적으론 수업에 적극적으로 참여하였지만 C팀의 문제로 인해 수업 흐름에 나쁜 영향을 미친 것 같아서 아쉬움이 많이 남는다.

2013년 9월 13일 금요일 5교시, 3학년 10반(7차시)

- 다른 반들과 다른 진행. 수업 시작 때 영상을 보지 않고 수업 중간에 영상을 시청했다. 그리고 10반의 경우 주장에게 자기 팀원들의 안무 연습을 보게 하면서 즉각적으로 부족한 점에 대해 피드백을 주었다. 물론 팀 전체가 아닌 주장에게만 말했다. 팀 전체의 연습을 교사인 내가 보고 팀 전체에게 피드백을 부여하는 것보다 주장 학생과 내가 함께 팀원들의 안무를 보면서 부족한 점을 찾아내고 인식을 같이 한 것이다. 이후 주장 학생은 팀원들에게 팀의 부족한 점에 대해 안내하면서 구체적인 해결방안에 대해 팀원들과 이야기하기 시작했다. 그리고 팀원들은 다시 연습에 들어갔다. 이와 같은 지도 방식이 겉으로 보기엔 다른 반과 차이가 없을 수도 있을 것이다. 하지만 이런 시도들이 좀 더 나은 결과를 도출해 낼 수 있다면 의미 있는 시도란 생각이 든다.

〈수업 노트 기록 3-7-10〉 믿음과 자기헌신 & 자신감 수업을 진행하면서 기록한 수업 노트 내용

2013년 9월 12일 목요일 3교시, 3학년 1반(8차시)

- 너무나 부족함이 많이 나타났다. 리허설을 통해 작품 완성에 대한 학생들의 노력과 열정을 보려 했지만 전혀 찾아볼 수 없었다. 동작 일치는 찾아볼 수 없었고 더군다나 자신감 없는 표정과 움직임들뿐이었다.

2013년 9월 13일 금요일 4교시, 3학년 4반(8차시)

- 노력의 흔적이 보이지 않았다. 학생들의 준비, 노력, 열정 모두 찾아볼 수 없는 시간이었다. 너무 화가 났다. 아쉽기도 했다. 그런데도 학생들은 웃고 장난쳤다. 더욱 더 화가 났다. 이번 차시 대부분의 반에 화를 냈다. 화라고 표현해도 될까? 화를 내는 이유는 무엇일까? 그건 아마 부족한 부분

을 학생들이 깨닫고 열심히 하길 바라기 때문일 것이다.

화를 내면서도 이런 지도 방식이 과연 옳은 것인가란 의문이 계속 든다. 왜냐하면 학생들의 잘못된 행동에 대해 지적하는 것이 아니라 학생들에게 화를 내고 있다는 생각이 강하게 들기 때문이다.

2013년 9월 12일 목요일 6교시, 3학년 7반(8차시)

- A팀의 작품 발표 후 나의 등 뒤에서 박수가 터져 나왔다. 이 모습을 보고 학생들도 노력의 흔적이 보이고 완성도가 높은 팀을 알아볼 수 있구나, 라는 생각이 들었다. 친구들의 작품 발표를 보는 내내 '우와~' 하는 감탄사와 박수가 자연스럽게 나오다니. 수업을 마무리하면서 인성피라미드를 통해 자신감이 무엇인지를 다시 한번 더 강조했다.

2013년 9월 13일 금요일 6교시, 3학년 10반(8차시)

- 무척 열심히 했지만 리허설 수준은 다른 반과 큰 차이가 없었다. 하나의 작품을 완성한다는 것, 단순한 노력만으로는 힘든 것 같다. 좀 더 구체적인 수업 방법이 필요하다는 생각이 든다. 예를 들면 교사의 교수법 말이다.

<리허설 발표 결과>

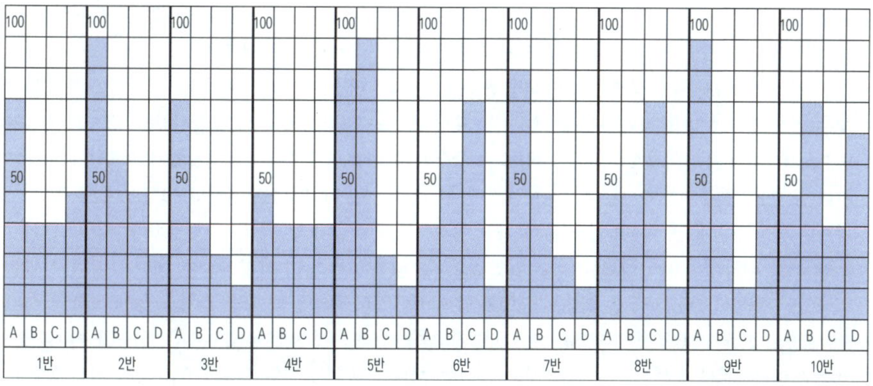

2013년 9월 24일 화요일 3교시, 3학년 1반(9차시)

- A팀: 40점(20 + 20), B팀: 24점(12 + 12), C팀: 28점(16 + 12), D팀: 28점(16 + 12)
- 추석 연휴가 중간에 끼어서 수업의 흐름이 유지될 수 있을까 걱정했었다. 전체적인 결과는 좋지 않다. 다만 A팀이 40점을 획득하면서 자신감 인성피라미드를 다 쌓을 수 있었다.

2013년 9월 17일 화요일 5교시, 3학년 5반(9차시)

- A팀: 40점(20 + 20), B팀: 40점(20 + 20), C팀: 28점(16 + 12), D팀: 28점(16 + 12)
- 남학생과 여학생의 실력 차이가 엄청 많은 반이었다. 아니 실력 차이가 아니라 노력의 차이라고 해야 할 것이다. 왜냐하면 꾸미기체조의 6인 규정동작을 처음 접했을 때 대부분의 여학생들은 이걸 어떻게 여학생이 할 수 있을까, 하는 반응이었다. 그런데 남학생은 못 하고 여학생은 모두 해냈다는 점에서 체격이나 힘의 차이가 아니라 하고자 하는 마음가짐의 차이임을 알 수 있었다.

〈수업 노트 기록 3-7-11〉 믿음과 자기헌신 & 자신감 수업을 진행하면서 기록한 수업 노트 내용

2013년 9월 16일 월요일 1교시, 3학년 6반(9차시)

- A팀: 24점(12 + 12), B팀: 36점(16 + 20), C팀: 32점(16 + 16), D팀: 24점(12 + 12)
- A팀과 D팀의 작품 발표를 보고 실망했다. A팀의 주장 김○○ 학생은 작품계획서를 분실했다. 난 그 사실을 알고 주장 학생에게 점심시간에 작품계획서를 새로 뽑아주겠다며 받으러 오라고 했다. 하지만 오지 않았다. 팀으로 하나 되는 마음가짐 없이 작품을 만들어 발표한다는 것이 너무나 힘든 일인 것 같다는 생각이 든다. 그런 의미에서 자신감 수업에서 가장 중요한 것은 치어리딩에 대한 안무를 직접 가르치는 것이 아니라 하고자 하는 마음을 갖게 만드는 것이 가장 중요한 일이 아닐까란 생각이 든다.

2013년 9월 17일 화요일 1교시, 3학년 9반(9차시)

- A팀: 40점(20 + 20), B팀: 40점(20 + 20), C팀: 40점(20 + 20), D팀: 40점(20 + 20)
- 사실 9반은 자신감 수업뿐 아니라 팀워크 수업 때부터 특정 학생들 때문에 팀의 불화가 있었고, 수업이 힘들었던 반이었다. 물론 특정 팀에 한정되어 있었다. 그리고 자신감 수업 역시 팀원들의 불화와 방출사건 등 너무 걱정이 많이 됐던 반이었다. 추석 연휴를 하루 앞두고 학생들이 많이 들떠 있는 것 같다. 게다가 1교시 수업이었다. 수업에 들어가기 전 9반이라서 무척 긴장했다. 그런데 결과는 정반대였다. 1교시 9반 수업을 하면서 감동을 받았다. 모든 팀이 만점을 받았다. 리허설 순간까지만 해도 정말 형편없었는데 말이다. A팀은 최고의 무대를 선보였다.
- 수업 전 오늘 아침 출근길에 B팀의 여학생들을 보았다. B팀의 주장을 포함해서 몇 명의 학생들이 잦은 결석으로 수업 참여가 저조한 전○○ 학생을 데리고 학교로 오는 모습이었다. 그리고 B팀의 발표, 사실 전○○ 학생의 실력은 B팀의 수행평가에 나쁜 영향을 미칠 정도였지만 B팀의 노력이 눈에 보였고, 발표 때 제시한 평가 조건을 만족시켰기 때문에 만점을 주었다. B팀의 주장 박○○ 학생은 올해 1년 동안 체육수업을 통해 가장 긍정적인 변화를 보인 학생 중 한명이다. 팀워크(티볼) 수업 때도 여학생이면서 팀의 주장을 맡았었고, 잘 따라주지 않는 남학생들을 데리고 끝까지 팀을 이끌었던 학생이었다. 아무튼 B팀은 팀으로 함께하는 것이 무엇인지 이번 수업을 통해 느꼈을 것이고, 그들의 노력이 수행평가 만점이라는 결과를 만들어 내면서 이번 수업주제인 '믿음과 자기헌신' 그리고 '자신감'이 무엇인지 느꼈을 것이라고 생각한다. 남학생 팀인 C팀과 D팀 역시 리허설과 달리 180도 달라진 모습을 보여주면서 만점을 얻을 수 있었다.

9차시 수업 중 생각난 아이디어

1. 이런 식의 수업(작품을 만들어 발표하는 팀 활동)에서 리허설은 엄청 중요하단 생각이 든다. 사실 자신감 수업에서는 의도적으로 학생들을 힘들게 했다. 그 이유는 자신감이란 주제에 맞게 힘든 상황을 연출하기 위해서였고, 그런 상황에서 서로 똘똘 뭉쳐 어려움을 극복해내면서 나름의 성취를 이루길 바랐다. 수업을 진행하면서 그동안의 체육수업에 대한 좋은 이미지가 나빠지는 것을 느낄 수 있었다. 그리고 이렇게 수업을 진행하는 것이 과연 옳은 일인가라는 자기반성에 계속 시달렸다. 과연 내가 화를 내지 않고 날카로운 지적을 하지 않았다면 이런 수준의 작품이 나올 수 있었을까? 사실 아직까지 자신이 없다. 학생들을 몰아붙이고 압박을 가했던 것이 이번 수업을 통해 나름의 효과가 있었다는 것이 증명되었다. 하지만 방법의 변화가 필요한 것 같다.

〈수업 노트 기록 3-7-4〉부터 〈수업 노트 기록 3-7-11〉까지는 믿음과 자기헌신 수업과 자신감 수업을 진행하면서 수업 노트에 기록한 내용을 나타내고 있다.

위의 기록을 통해 그 당시 수업 환경과 상황, 수업에 참여하는 학생들의 모습, 수업 진행 방식 그리고 교사가 무엇을 중요하게 생각하고 고민하고 있는지 등에 대해 엿볼 수 있다.

이 수업은 2학기 개학과 동시에 시작됐다. 학생들은 방학을 마치고 학교에 적응할 시간적 여유를 갖지 못한 채 곧바로 수업에 참여해야 했다. 시기적으로도 8월 중순 더위가 채 가시지 않은 상태에서 꾸미기체조와 치어리딩이라는 2가지 신체활동을 이용해서 9차시밖에 되지 않는 시간 동안 하나의 작품을 만들어 발표해야 했다. 게다가 교사의 지도 방식도 학생들에게 그다지 호의적이지 않았을 것이다. 이 모든 상황이 학생들에게 부담으로 작용했을 것이다. 하지만 이런 상황은 이 수업을 처음 계획할 때부터 어느 정도 예상했다. 그리고 무모한 도전일 수도 있겠구나, 라는 생각도 했다. 심지어 치어리딩을 한 번도 가르쳐 본 적 없는 내가 자신감이라는 주제와 가장 어울리는 신체활동이란 이유 하나만으로 수업을 계획하고 실행했으니 말이다.

결과적으로 본다면, 이 수업은 그동안 내가 가지고 있던 표현 활동에 대한 여러 가지 고민들을 해결하는 데 적지 않은 실마리를 제공해 주었다. 또한 힘든 상황이었지만 대부분 포기하지 않고 이 수업을 무사히 마쳐낸 학생들을 보면서 이 수업의 주제이자 목표인 '믿음과 자기헌신' 그리고 '자신감'이 무엇인지 학생들이 깨달았을 것이란 확신이 들었다. 하지만 조심스러웠다. 왜냐하면 학생들의 생각을 확인하지 못했기 때문이다. 그래서 수업 후에 쓰는 학생들의 느낀 점이 궁금했다.

사실 자신감 수업을 하면서 너무 몰아붙인 탓에 부정적인 의견이 많지는 않을까, 하고 걱정했었는데 다행히 학생들이 쓴 느낀 점에는 긍정적인 의견이 훨씬 많았다.

〈표 3-7-7〉 믿음과 자기헌신 & 자신감 수업 후 학생들이 쓴 느낀 점

믿음과 자기헌신 그리고 자신감 수업 후 느낀 점(2개 반)					
옥상에서 밤늦게까지 연습하고 아침 7시 반까지 모여서 연습하는 것이 매우 힘들기는 했지만 작품이 완성되고 나니 굉장히 뿌듯하고 기뻤다.	처음에는 좀 힘들고 짜증 나고 막막했는데 맨날 저녁까지 연습하고 하다 보니 재미있고 애들이랑도 친해져서 조금 좋았다. 뿌듯하기도 하고 쉬웠다.	이제 좀 있으면 치어리딩 수행평가를 보는데 너무 떨린다. 하지만 우리 팀이 제일 잘할 것 같고 마지막 시간인 만큼 아쉬움도 남지만 뿌듯하다.	힘들고 오랫동안 열심히 해서 치어리딩 연습하는 동안 포기하고 싶을 때도 한두 번 있었지만 이렇게 끝내고 같이 치어리딩을 하면서 서로 믿을 수 있고 좀 더 가까워진 것 같아서 좋다.	아침 7시부터 나오느라 힘들었지만 다 같이 열심히 해서 참 좋았다. 다들 되게 열심히 하니까 나까지 뿌듯했다. 팀워크를 제대로 배운 것 같다.	많이 모이고 아침 일찍 와서 연습하고 힘들었지만 연습하면서 즐거웠고 안무를 맞춰가는 모습이 신기했고 뿌듯했다. 아쉽지만 마지막까지 열심히 할 수 있어 좋았다.
연습이 힘들고 꾸미기체조도 어려웠지만 그래도 재미있었고 우리끼리 작품 하나를 만든 것이 뿌듯하고 자랑스럽다. 꾸미기체조를 하면서 서로 믿음이 생긴 것 같다.	함께 밤늦게까지 과외, 학원 빠져가며 열심히 연습했더니 서로서로 더 친해진 것 같기도 하고, 작품이 완성되어서 뿌듯했다. 마지막이라고 하니 조금 아쉬운 것 같기도 하다.	중간에 노래를 바꿔서 연습할 시간이 부족했지만 팀원들이 열심히 해줘서 28점이라도 받은 것 같다.	치어리딩은 자신감과 믿음이 없으면 안 되는 것이었다. 수행평가를 준비하면서 즐거웠고 무엇보다 '자기헌신'을 배웠다. 과정은 힘들었지만 그 안에서 많이 배웠다.	이번 수행평가를 준비하면서 친구들과의 사이가 증진된 것 같다. 매우 보람찼던…	치어리딩을 하면서 애들과 학교 끝나고 모이고, 따로 시간을 내서 주말에도 모여서 연습하면서 즐거웠다. 틀리기도 했지만 웃으면서 넘기고, 같이 맞춰가면서 좋은 추억으로 기억에 남을 것 같다.
빠른 시간 안에 연습한 것이 힘들었지만 자기헌신의 뜻을 이해하고 준비가 안 되면 자신감이 없어진다는 것을 알았다.	자신감, 팀워크, 패기만 있으면 모든 것이 된다는 것을 알았고, 우리 팀은 팀워크를 키워야 된다는 것을 깊이 깨달았다.	이 수업을 통해 많은 것을 배운 것 같다. 친구 간의 믿음과 자신을 희생하는 자기헌신, 자신감을 얻은 것 같아 의미 있는 수업이었다.	우리 반 애들의 단합이 좋다는 것을 알았다. 그리고 친구를 믿어야 하고 자신감이 있으면 모든 것을 할 수 있다는 것을 알았다.	중간에 노래를 바꿔서 시간도 없고 힘들었지만 재미있었다.	치어리딩을 하며 팀 전체의 합동과 개개인의 자신감을 모두 얻은 것 같다.
친구들과 같이 치어리딩을 하면서 협동이란 것을 배울 수 있었고 이것 또한 추억이 돼서 재밌었다.	애들이랑 같이 치어리딩 하면서 더 친해질 수 있는 시간도 가지고 좋았다. 다 같이 학교 남아서 안무도 맞추고 연습할 때 재미있었다.	시간도 안 맞고 추석 연휴까지 있어서 힘들었지만 모두 열심히 해서 후회는 없다.	처음에는 되게 막막했는데 막상 애들끼리 모여서 연습하고 하는 게 즐거웠다. 힘들지만 동작이 딱딱 맞고 체조 성공할 때는 진짜 기분이 좋았다.	치어리딩으로 애들과 함께하는 시간이 재미있었다. 학교 끝나고 주말에 모여서 치어리딩을 함께 하며 협동하는 것이 멋지다.	치어리딩을 하면서 학교 수업 이외의 시간에 만나면서 합동하여 할 수 있어 너무 좋았고 서로 한마음으로 할 수 있어 기뻤다.
생각한 대로 잘 안 돼서 재미없었고 힘들었다.	힘들었는데도 재미있었다.	재미있었고 애들과 더 친해질 수 있는 계기가 되었다.	힘들긴 했지만 맞춰졌을 땐 기분 좋았다.	많이 어렵고 힘들어서 싫었다.	같이 만나서 연습하기 힘들었다. 하고 싶지 않았다. 안무 짜기 힘들었다.

치어리딩 하면서 힘들었지만 재미있었고 아쉽다.	요번에 너무 아파서 애들한테 미안하다. 입술 터지고 열나고.	이번 수업을 통해서 친구들과 친해진 것 같다.	뿌듯하고 설레었다.	자신감이 생긴 것 같다.	열심히 한 것 같다. 뿌듯.
처음에 치어리딩이라고 할 때 막막했다. 이걸 왜 하나? 라는 생각이 들었다. 시험기간이라 애들이 모이는 것도 힘들었기 때문이다. 하지만 좋은 시간이 된 것 같다.	우리 팀은 팀워크가 잘 안 맞아서 단합이 안 됐다. 볼 때는 쉬워 보였는데 직접 하니까 많이 어려웠다(주장이 역할을 안 함).	처음에는 서로 안 맞아서 못할 줄 알았는데 서로 믿고 하다 보니 못할 것이 없다고 느꼈다. 우리 조 40점 만점!	저희 팀은 처음부터 잘 맞았고 그래서 계속 즐겁게 연습할 수 있었던 것 같아요.	많이 부족한 주장이었는데도 팀원들이 잘 따라 준 것 같아서 애들한테 고마워요. 연습도 즐겁고 재미있었고 서로서로 믿고 하면 못할 게 없다는 것을 느끼게 되었어요. 만점 받았지만 조금 아쉽기도 하고요.	처음에는 진짜 시험기간 때 해서 정말 짜증이 났지만… 계속 연습하면서 뿌듯하고 마지막에 좀 아쉬웠다.
치어리딩 수행이 시험기간이었던 건 매우 매우 안타까웠지만 짧은 3분이란 시간 안에 7명이 협동해서 한 곡을 완성하는 게 매우 뿌듯했고 좋았다. 부족한 면이 있었지만 최선을 다했다.	처음엔 하기 싫었는데 하다 보니까 재미있었고 끝나니 아쉽다.	처음에는 잘할 수 있을까 했는데 만나서 연습할 때마다 점점 나아지고 재미있었다.	치어리딩이 처음엔 안무 짜고, 꾸미기체조를 하는 것들이 어렵고 힘들어서 포기하고 싶었지만 하면 할수록 애들을 만나고 안무 짜는 일들이 재미있어졌다. 확실히 자신감도 얻고 친구들과 더 친해진 것 같다.	치어리딩을 하면서 애들하고 막 상의하고 웃고 열심히 했던 게 너무 재밌었다. 친한 애들이랑 밖에서 더 자주 모일 수 있어서 좋았고 안무 짜고 하는 것도 흥미롭고 좋았다.	팀원들이 모두 믿고 헌신하고 하니까 체조가 안 될 수가 없던 것 같았다. 우리 팀은 항상 웃으면서 즐겁게 해서 그런지 신나게 마칠 수 있었다. 재밌었다.
애들끼리 협동하고 더 즐거워진 것 같다.	직접 안무 짜고 열심히 일해서 좋았다.	치어리딩을 처음 접하면서 재미도 있었고, 즐거웠다.	자주는 못 만났지만 시간 날 때마다 안무 짜고 상의하고 해서 재미있었다.	친한 애들끼리 자주 모여서 상의할 수 있어서 좋았다.	비록 높은 점수를 받지 못했지만 그래도 끝나니 홀가분하고 재미있었다.
다 같이 웃으면서 연습하고 그러니까 너무 재밌었다. 처음에는 체조가 안 돼서 속상했지만 나중엔 되고 이래서 좋았다. 정말 재밌었다.	팀원들의 팀워크를 느낄 수 있는 기회였고, 보람찬 치어리딩이었다.	서로 모르던 모습을 알 수 있어서 좋았다.	정말 좋은 추억이었다. 자신감을 더 높일 수 있는 기회였고, 친구들이 있어서 힘을 낼 수 있었다.	조원들끼리 화합을 맞춰서 같이 해서 좋았고 마지막에 서로를 믿으면서 6인 체조도 성공해서 뿌듯하다.	자신감을 찾을 수 있었고 친구들과 함께해서 재밌었다.

〈표 3-7-7〉은 믿음과 자기헌신과 자신감 수업 후 3학년 2개 반 학생들이 쓴 느낀 점을 나타내고 있다.

학생들이 적어낸 느낀 점을 보면서 이 수업에 문제점이 전혀 없었던 것은 아니지만 그래도 나름 성공적으로 수업을 마무리했구나, 라는 생각이 들었다.

수업 진행 및 활동사진

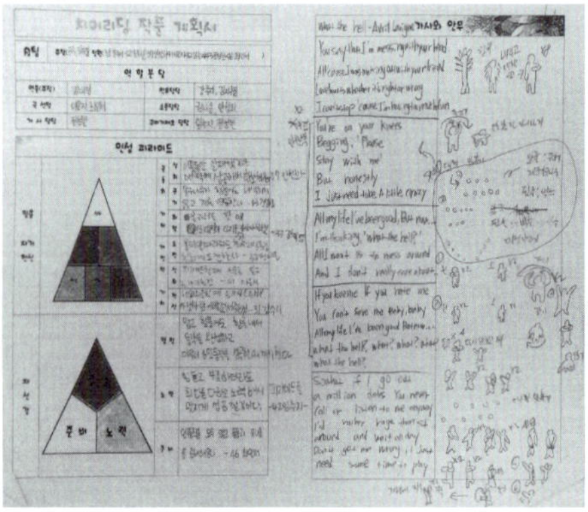

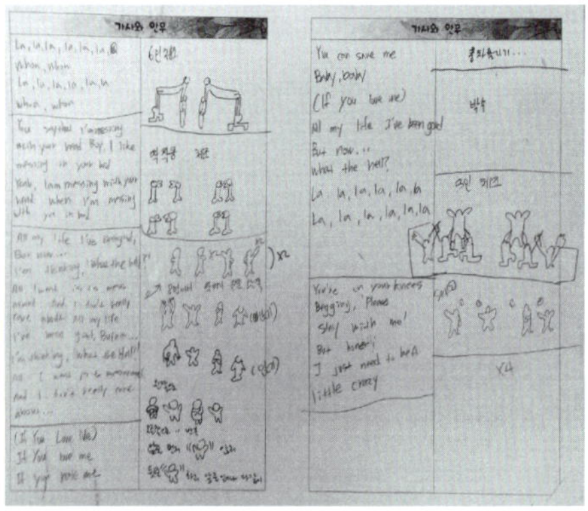

치어리딩 작품 계획서

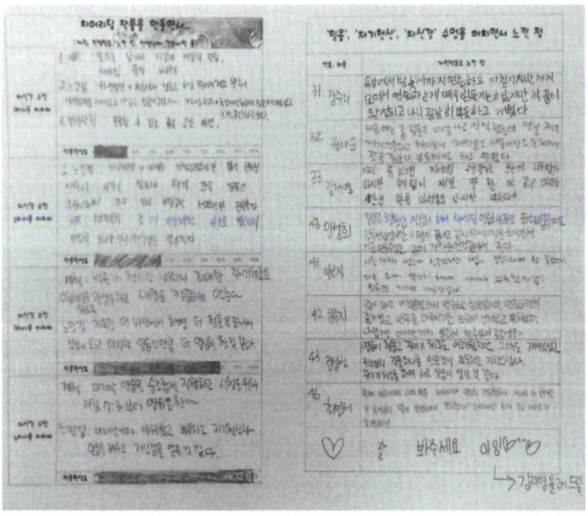

수업 후 느낀 점

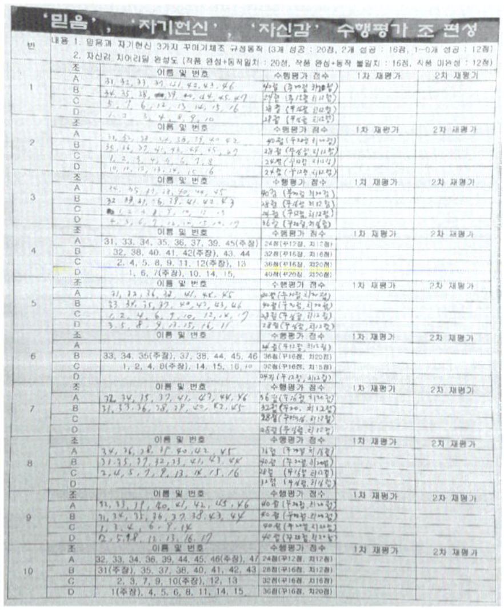

수행평가 조 편성

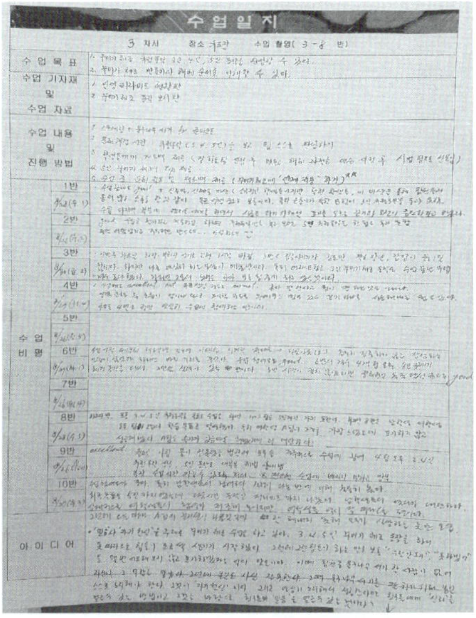

3차시 수업 노트(믿음과 자기헌신)

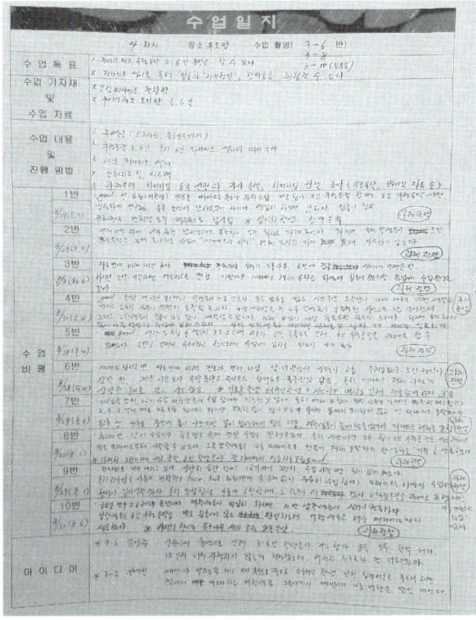

4차시 수업 노트(믿음과 자기헌신)

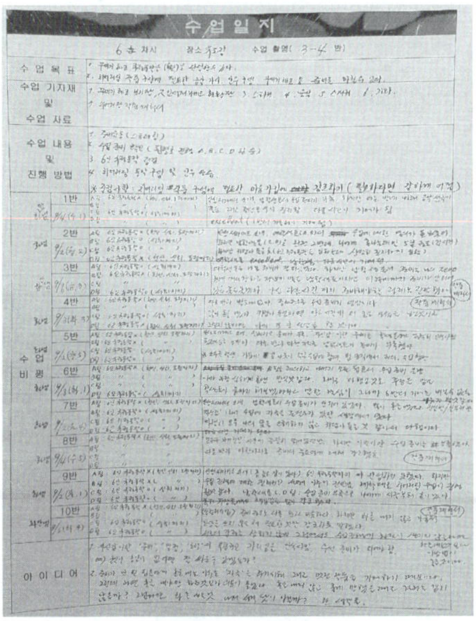

6차시 수업노트(자신감)

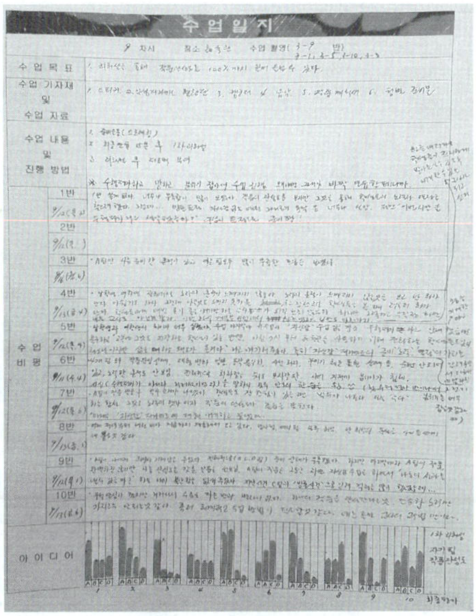

9차시 수업 노트(자신감)

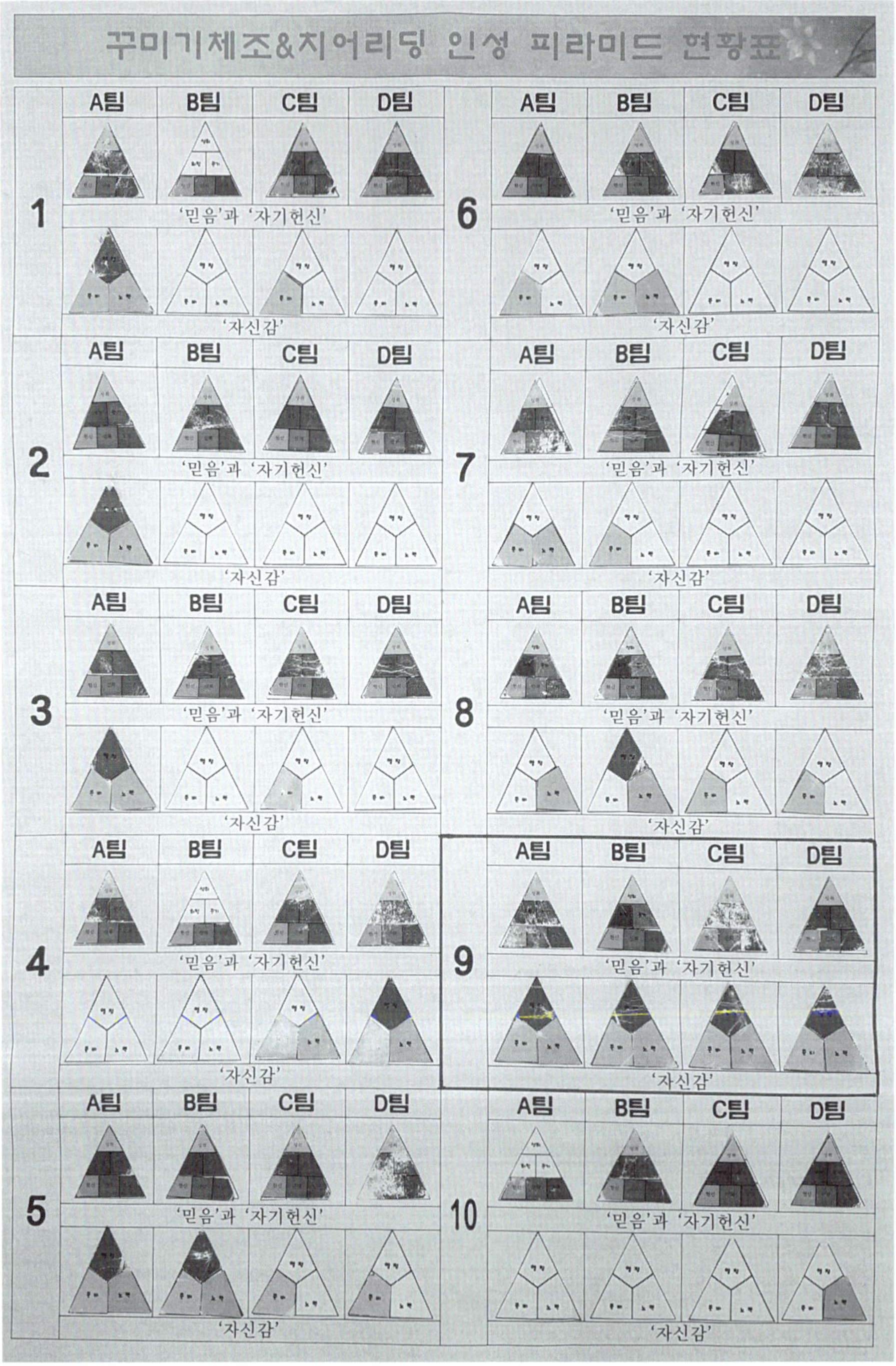

믿음과 자기헌신 그리고 자신감 인성피라미드 전체 현황판

구분		활동사진			
믿음과 자기헌신	1차시 (다목적실)				
		준비운동(스트레칭)	물구나무서기 설명 및 시범		팀별 물구나무서기 연습
	2~4 차시 (다목적실)				
		준비운동(스트레칭)	2~3인 규정동작		

		4~6인 규정동작			
자신감	5~6 차시 (다목적실)	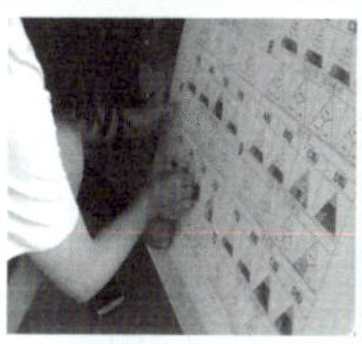		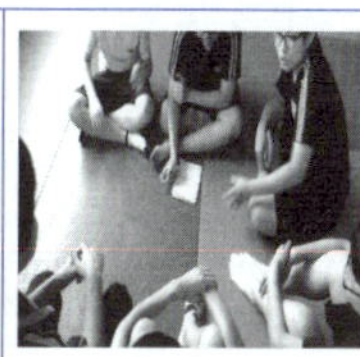	
		규정동작 통과 후 인성피라미드 현황판 스티커 붙이기 및 치어리딩 작품 구성을 위한 준비 상황 점검		팀 회의 및 치어리딩 안무 연습	
	7~9 차시 (체육관)				
		영상을 통한 치어리딩에 대한 이해 및 팀별 연습			

		리허설 전 수업주제에 대한 마음가짐 강조	리허설 후 최종 점검	최종 작품 발표	

수업지도안

<table>
<tr><td>대 상</td><td>3학년</td><td>대영역</td><td>표현 활동</td><td>중영역</td><td>심미표현</td><td>일시</td><td>8월</td></tr>
<tr><td>장 소</td><td>다목적실</td><td>인성주제</td><td colspan="3">믿음과 자기헌신</td><td>차시</td><td>1/9</td></tr>
<tr><td>학습목표</td><td colspan="7">• 수업주제와 인성피라미드 구성요소의 의미를 이해할 수 있다.
• 물구나무서기 방법 및 연습법을 이해하고 연습할 수 있다.</td></tr>
<tr><td>수업자료</td><td colspan="7">인성피라미드 현황판, 인성피라미드 스티커, 캠코더, 체육수업 노트, 규정동작 안내판, 팀 뽑기통</td></tr>
</table>

<table>
<tr><th>단 계</th><th>학습내용</th><th>교수-학습활동</th><th>시간</th><th>지도상 유의점</th></tr>
<tr><td>준비하기</td><td></td><td>• 수업 준비
-다목적실 수업 환경 조성, 선풍기 작동, 환기 및 주변 정리</td><td>-5분</td><td>사전 준비 철저</td></tr>
<tr><td>생각하고 떠올리기</td><td>• 인원점검 및 환자파악
• 인사
• 오리엔테이션</td><td>• 출석확인, 건강상태 확인, 수업 준비 상태 확인
• 2학기 개학 후 첫 수업
-방학 동안의 지냈던 얘기를 하면서 수업 분위기 조성
• 2학기 오리엔테이션
-1학기 말 수업 만족도 설문조사의 내용을 바탕으로 한 2학기 수업의 변화
-수업 진행 안내(수업진행계획표, 수행평가 방법)</td><td>10분</td><td>주의집중 여건 마련</td></tr>
<tr><td rowspan="4">이해하고 활동하기</td><td>• 수업주제</td><td>• 수업주제 안내
-'믿음과 자기헌신'에 대한 안내
-'믿음과 자기헌신' 적용 사례를 통한 이해시키기
<table>
<tr><td>믿음</td><td>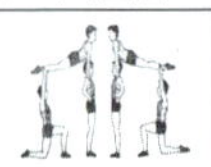</td><td>6명의 팀원 간에 믿음이라는 연결고리가 완성되었을 때 안정적으로 동작을 표현할 수 있다.</td></tr>
<tr><td>자기 헌신</td><td></td><td>피라미드를 성공하려면 밑에서 받쳐주는 역할의 학생들은 위에 있는 친구들이 누르는 무게와 손과 무릎으로 찍는 아픔을 참고 견뎌야만 한다.</td></tr>
</table></td><td>10분
(20분)</td><td>수업분위기 조성</td></tr>
<tr><td>• 꾸미기체조란?</td><td>• 꾸미기체조란?
-꾸미기체조 규정동작을 통해 이해하기
-차시별 도달 목표 안내
<table>
<tr><td>2차시</td><td></td><td></td><td></td></tr>
<tr><td>3차시</td><td></td><td></td><td></td></tr>
<tr><td>4차시</td><td></td><td></td><td></td></tr>
</table></td><td></td><td>주의집중</td></tr>
<tr><td>• 팀 구성</td><td>• 팀 구성하기: 남 · 여 단일 팀(8~9명)</td><td>10분
(30분)</td><td>주의집중</td></tr>
<tr><td>• 준비운동
• 물구나무서기</td><td>• 준비운동
-꾸미기체조에 알맞은 스트레칭 프로그램으로 실시
-물구나무서기 시범 및 연습 방법 설명
• 팀별 물구나무서기 연습(팀별 2명 1조)</td><td>10분
(40분)</td><td>안전사고 주의</td></tr>
<tr><td>정리하고 반성하기</td><td>• 수업 정리
• 인성주제
• 차시예고</td><td>• 수업 정리
-수업진행계획표를 학급 회장에게 전달 후 교실 게시판에 게시할 것을 지시
• 인성주제
-혼자서 할 수 없는 것이 꾸미기체조
-1학기 '팀워크' 수업을 떠올리기
• 차시예고
-장 소: 다목적실
-준비물 안내</td><td>5분
(45분)</td><td>분위기 조성</td></tr>
</table>

대 상	3학년	대영역	표현 활동	중영역	심미표현	일시	8월
장 소	다목적실	인성주제	믿음과 자기헌신			차시	2/9
학습목표	• 믿음과 자기헌신 수업(꾸미기체조)에 필요한 준비운동과 물구나무서기를 익힐 수 있다. • 2인 규정동작을 표현할 수 있다.						
수업자료	인성피라미드 현황판, 인성피라미드 스티커, 캠코더, 체육수업 노트, 규정동작 안내판						

단 계	학습내용	교수-학습활동	시간	지도상 유의점
준비하기		• 수업 준비 -다목적실 수업 환경 조성, 선풍기 작동, 환기 및 주변 정리	-5분	사전 준비 철저
생각하고 떠올리기	• 인원점검 및 환자파악 • 전시학습 상기 • 학습목표 제시 • 준비운동	• 출석확인, 건강상태 확인, 수업 준비 상태 확인 • 전시학습 상기 -'믿음과 자기헌신'의 의미 되새기기 • 학습목표 제시 후 확인 • 준비운동 -스트레칭(특히 '발끝' 방법의 중요성 강조) -팀별 물구나무서기 연습	10분	주의집중 여건 마련
이해하고 활동하기	• 3가지 목표 달성 방법 안내	• 목표 동작 달성 방법 안내 목표 동작  ① ② ③ -1팀당 4개 조 구성(2인 1조) -①②③ 동작을 완성할 수 있는 방법 찾기(문제해결능력 향상) -②, ③, ① 순으로 피드백 부여 -피드백 부여 시 지원 학생과 시범	30분 (40분)	신체접촉을 통한 긍정적인 상호작용을 위해 분위기 조성 소외된 학생에 대한 지도 방법 강구 규정동작을 표현할 수 있는 해결방안을 찾을 수 있도록 유도 안전사고 주의
정리하고 반성하기	• 수업 정리 • 인성피라미드 쌓기 • 차시예고	• 수업 정리 -문제해결력이란 무엇인가? -목표 달성 동작을 단순히 힘으로 완성하는 것이 아니라 다양한 방법을 동원하여 최적의 방법을 찾는 것이 문제해결 과정임을 주지시킴 • 인성피라미드 쌓기 -위 ②의 동작 피드백 부여(팔의 펴짐)를 통해 믿음의 가치 전달 -인성피라미드의 인성요소를 실천한 팀에게 스티커 부여 • 차시예고 -장 소: 다목적실 -수업내용: 3~4인 규정동작	5분 (45분)	분위기 조성

<table>
<tr><th>대 상</th><td>3학년</td><th>대영역</th><td>표현 활동</td><th>중영역</th><td>심미표현</td><th>일시</th><td>8월</td></tr>
<tr><th>장 소</th><td>다목적실</td><th>인성주제</th><td colspan="3">믿음과 자기헌신</td><th>차시</th><td>3/9</td></tr>
<tr><th>학습목표</th><td colspan="7">• 꾸미기체조 동작 만들기와 해체 방법을 이해하고 실천할 수 있다.
• 꾸미기체조 3~4인 규정동작을 표현할 수 있다.</td></tr>
<tr><th>수업자료</th><td colspan="7">인성피라미드 현황판, 인성피라미드 스티커, 캠코더, 체육수업 노트, 규정동작 안내판</td></tr>
<tr><th>단 계</th><th>학습내용</th><th colspan="4">교수-학습활동</th><th>시간</th><th>지도상 유의점</th></tr>
<tr><td>준비하기</td><td></td><td colspan="4">• 수업 준비
-다목적실 수업 환경 조성, 선풍기 작동, 환기 및 주변 정리</td><td>-5분</td><td>사전 준비 철저</td></tr>
<tr><td>생각하고 떠올리기</td><td>• 인원점검 및 환자파악
• 전시학습 상기
• 학습목표 제시
• 준비운동</td><td colspan="4">• 출석확인, 건강상태 확인, 수업 준비 상태 확인
• 전시학습 상기
-꾸미기체조 2인 동작에 대한 피드백과 인성주제
• 학습목표 제시 후 확인
• 준비운동 및 물구나무 서기
-스트레칭(특히 '발끝' 방법의 중요성 강조)
-팀별 물구나무서기 연습
-소외 학생이 있는 팀에게 과제 부여를 통해 소외 학생들이 팀 활동에 자연스럽게 참여할 수 있도록 지도</td><td>10분</td><td>주의집중 여건 마련</td></tr>
<tr><td>이해하고 활동하기</td><td>• 3가지 동작 목표 달성 방법 안내</td><td colspan="4">• 목표 동작 달성 방법 안내
목표 동작

① ② ③
-팀당 3가지 동작을 완성
-②의 동작 시 팔을 펴고 하는 물구나무서기와 머리를 대고 하는 물구나무서기 중 임의로 선택
-③의 동작 시 안전사고 주의
-피드백 부여 시 지원 학생과 시범</td><td>30분
(40분)</td><td>신체접촉을 통한 긍정적인 상호작용을 위해 분위기 조성

소외된 학생에 대한 지도 방법 강구

규정동작을 표현할 수 있는 해결 방안을 찾을 수 있도록 유도

안전사고 주의</td></tr>
<tr><td>정리하고 반성하기</td><td>• 수업 정리

• 인성피라미드 쌓기

• 차시예고</td><td colspan="4">• 수업 정리
-집중이란 무엇인가?
-동작 완성에 대한 신체적 조건을 갖추었다면 그다음부터는 만들고자 하는 마음가짐, 그것이 집중임
• 인성피라미드 쌓기
-인성피라미드의 개인의 가치와 공동의 가치에 대한 안내
-인성피라미드의 인성요소를 실천한 팀에게 스티커 부여
• 차시예고
-장 소: 다목적실
-수업내용: 5~6인 규정동작</td><td>5분
(45분)</td><td>분위기 조성</td></tr>
</table>

대 상	3학년	대영역	표현 활동	중영역	심미표현	일시	8월
장 소	다목적실	인성주제	믿음과 자기헌신			차시	4/9
학습목표	• 믿음과 자기헌신 수업(꾸미기체조)에 필요한 준비운동과 물구나무서기를 익힐 수 있다. • 꾸미기체조 5~6인 규정동작을 표현할 수 있다.						
수업자료	인성피라미드 현황판, 인성피라미드 스티커, 캠코더, 체육수업 노트, 규정동작 안내판, 치어리딩 작품 계획서						

단 계	학습내용	교수-학습활동	시간	지도상 유의점
준비하기		• 수업 준비 -다목적실 수업 환경 조성, 선풍기 작동, 환기 및 주변 정리	-5분	사전 준비 철저
생각하고 떠올리기	• 인원점검 및 환자파악 • 전시학습 상기 • 학습목표 제시 • 준비운동	• 출석확인, 건강상태 확인, 수업 준비 상태 확인 • 전시학습 상기 -꾸미기체조 3~4인 동작에 대한 피드백과 인성주제 • 학습목표 제시 후 확인 • 준비운동 -스트레칭(특히 '발끝' 방법의 중요성 강조) -팀별 물구나무서기 연습 -소외학생이 있는 팀에게 과제부여를 통해 소외학생들이 팀 활동에 자연스럽게 참여할 수 있도록 지도	10분	주의집중 여건 마련
이해하고 활동하기	• 3가지 동작 목표 달성 방법 안내	• 목표 동작 달성 방법 안내 목표 동작  ① ② ③ -팀당 3가지 동작을 완성 -모든 팀이 ① 동작을 완성하면 ② 동작의 비밀, 피라미드의 비밀을 알려주고, 피라미드의 비밀을 체험해 볼 수 있도록 지도(피라미드 해체하기) -③의 동작 시 안전사고 주의 -피드백 부여 시 지원 학생과 시범	30분 (40분)	신체접촉을 통한 긍정적인 상호작용을 위해 분위기 조성 소외된 학생에 대한 지도 방법 강구 규정동작을 표현할 수 있는 해결방안을 찾을 수 있도록 유도 안전사고 주의
정리하고 반성하기	• 수업 정리 • 인성피라미드 쌓기 • 차시예고	• 수업 정리 -②의 동작을 통해 '화합'의 가치를 설명함 -③의 동작을 통해 '끈기'와 '성취'의 가치를 설명함 • 인성피라미드 쌓기 -인성피라미드의 인성요소를 실천한 팀에게 스티커 부여 • 차시예고 -자신감 수업에 대한 안내 -과제: 치어리딩 작품 계획서 작성, 음악 선정, 대략적인 안무 구성, 치어리딩 작품 조사(인터넷을 통해 치어리딩 작품 보기)	5분 (45분)	분위기 조성

<table>
<tr><td>대 상</td><td>3학년</td><td>대영역</td><td>표현 활동</td><td>중영역</td><td>심미표현</td><td>일시</td><td>8월</td></tr>
<tr><td>장 소</td><td>다목적실</td><td>인성주제</td><td colspan="3">자신감</td><td>차시</td><td>5/9</td></tr>
<tr><td>학습목표</td><td colspan="7">• 치어리딩 작품 속에 들어가야 할 3가지 꾸미기체조 동작을 표현할 수 있다.
• 자신감에 대한 이해를 바탕으로 인성피라미드의 활용 방법을 이해할 수 있다.
• 치어리딩 작품 구성에 필요한 음악과 안무 구상 계획을 마련할 수 있다.</td></tr>
<tr><td>수업자료</td><td colspan="7">인성피라미드 현황판, 인성피라미드 스티커, 캠코더, 체육수업 노트, 컴퓨터, 빔프로젝터, 치어리딩 작품 영상</td></tr>
</table>

<table>
<tr><th>단 계</th><th>학습내용</th><th>교수-학습활동</th><th>시간</th><th>지도상 유의점</th></tr>
<tr><td>준비하기</td><td></td><td>• 수업 준비
-다목적실 수업 환경 조성, 선풍기 작동, 환기 및 주변 정리</td><td>-5분</td><td>사전 준비 철저</td></tr>
<tr><td>생각하고 떠올리기</td><td>• 인원점검 및 환자파악
• 전시학습 상기
• 학습목표 제시
• 준비운동</td><td>• 출석확인, 건강상태 확인, 수업 준비 상태 확인
• 전시학습 상기
-꾸미기체조에 대한 인성주제
• 학습목표 제시 후 확인
• 준비운동
-스트레칭(특히 '발끝' 방법의 중요성 강조)</td><td>7분</td><td>분위기 조성</td></tr>
<tr><td>이해하고 활동하기</td><td>• 수업주제 안내 및 설명
• 준비도 점검
• 치어리딩 영상 시청
• 치어리딩 작품 구상 및 연습</td><td>• 수업주제 안내 및 설명
<table><tr><td rowspan="3"></td><td>열정</td><td>작품 발표 후 관중들에게 큰 박수를 이끌어 낼 수 있다.</td></tr><tr><td>노력</td><td>치어리딩 작품 발표 시 팀원 모두 동작을 완벽하게 맞출 수 있다.</td></tr><tr><td>준비</td><td>치어리딩 작품 완성에 필요한 모든 준비를 다 한다.</td></tr></table>• 팀별 준비도 점검
-치어리딩 작품 계획서 점검
• 치어리딩 영상 시청
-고등학생 작품 영상
• 치어리딩 작품 구상 및 연습
-꾸미기체조 3가지 규정동작 안내 및 연습
<table><tr><td>규정 동작</td><td colspan="3"></td></tr></table>-치어리딩 작품 구상 및 연습
-치어리딩 작품 3요소(응원마인드, 시선처리, 표정관리)와 치어리딩 동작에 대한 설명을 통해 방송댄스와 치어리딩 구분하기
-치어리딩 작품 구상 및 연습</td><td>33분
(40분)</td><td>분위기 조성

주의집중

치어리딩과 방송댄스의 차이점 강조</td></tr>
<tr><td>정리하고 반성하기</td><td>• 수업 정리
• 인성피라미드 쌓기
• 차시예고</td><td>• 수업 정리
-자신감이란?
• 인성피라미드 쌓기
-인성피라미드의 인성요소를 실천한 팀에게 스티커 부여
• 차시예고
-치어리딩 작품 계획서 작성
-장 소: 다목적실
-수업내용: 치어리딩 작품 구상 및 연습</td><td>5분
(45분)</td><td>분위기 조성</td></tr>
</table>

<table>
<tr><th>대 상</th><td>3학년</td><th>대영역</th><td>표현 활동</td><th>중영역</th><td>심미표현</td><th>일시</th><td>8월</td></tr>
<tr><th>장 소</th><td>다목적실</td><th>인성주제</th><td colspan="3">자신감</td><th>차시</th><td>6/9</td></tr>
<tr><th>학습목표</th><td colspan="7">• 치어리딩 작품 속에 들어가야 할 3가지 꾸미기체조 동작을 표현할 수 있다.
• 치어리딩 작품 구성에 필요한 음악을 준비하고 안무(약 70%)를 구성할 수 있다.</td></tr>
<tr><th>수업자료</th><td colspan="7">• 교사: 인성피라미드 현황판, 인성피라미드 스티커, 캠코더, 체육수업 노트
• 학생: 체육복, 치어리딩 음악(MP3), 치어리딩 작품 계획서, 기타 소품</td></tr>
</table>

<table>
<tr><th>단 계</th><th>학습내용</th><th>교수-학습활동</th><th>시간</th><th>지도상 유의점</th></tr>
<tr><td>준비하기</td><td></td><td>• 수업 준비
-다목적실 수업 환경 조성, 선풍기 작동, 환기 및 주변 정리</td><td>-5분</td><td>사전 준비 철저</td></tr>
<tr><td>생각하고 떠올리기</td><td>• 인원점검 및 환자파악
• 전시학습 상기
• 학습목표 제시
• 준비운동</td><td>• 출석확인, 건강상태 확인, 수업 준비 상태 확인
• 전시학습 상기
-치어리딩에 대한 인성주제: 준비
• 학습목표 제시 후 확인
• 준비운동
-스트레칭(특히 '발끝' 방법의 중요성 강조)</td><td>7분</td><td>분위기 조성</td></tr>
<tr><td>이해하고 활동하기</td><td>• 준비도 점검
• 치어리딩 작품 구상 및 연습</td><td>• 팀별 준비도 점검
-치어리딩 작품 계획서 점검
• 치어리딩 작품 구상 및 연습
-꾸미기체조 3가지 규정동작 안내 및 연습
규정 동작 
-치어리딩 작품 구상 및 연습
-치어리딩 작품 3요소(응원마인드, 시선처리, 표정관리)와 치어리딩 동작에 대한 설명을 통해 방송댄스와 치어리딩 구분하기
-치어리딩 작품 구상 및 연습</td><td>33분
(40분)</td><td>주의집중
지속적인 관찰 및 피드백 부여</td></tr>
<tr><td>정리하고 반성하기</td><td>• 수업 정리
• 인성피라미드 쌓기
• 차시예고</td><td>• 수업 정리
-자신감을 구성하는 인성주제 중 가장 기본은 '준비'라는 것을 인식시킴
• 인성피라미드 쌓기
-인성피라미드의 인성요소를 실천한 팀에게 스티커 부여
• 차시예고
-장 소: 다목적실
-수업내용: 치어리딩 작품 구상 및 연습</td><td>5분
(45분)</td><td>분위기 조성</td></tr>
</table>

대 상	3학년	대영역	표현 활동	중영역	심미표현	일시	8월
장 소	다목적실	인성주제	자신감			차시	7/9
학습목표	• 치어리딩 작품 구성에 필요한 안무 동작을 큰 동작으로 표현할 수 있다. • 치어리딩 작품 구성에 필요한 음악을 준비하고 안무(약 100%)를 구성할 수 있다.						
수업자료	• 교사: 인성피라미드 현황판, 인성피라미드 스티커, 캠코더, 체육수업 노트 • 학생: 체육복, 치어리딩 음악(MP3), 치어리딩 작품 계획서, 기타 소품						

단 계	학습내용	교수-학습활동	시간	지도상 유의점
준비하기		• 수업 준비 -다목적실 수업 환경 조성, 선풍기 작동, 환기 및 주변 정리	-5분	사전 준비 철저
생각하고 떠올리기	• 인원점검 및 환자파악 • 전시학습 상기 • 학습목표 제시 • 준비운동	• 출석확인, 건강상태 확인, 수업 준비 상태 확인 • 전시학습 상기 -주장과 팀원들의 역할 • 학습목표 제시 후 확인 • 준비운동 -스트레칭(특히 '발끝' 방법의 중요성 강조)	7분	분위기 조성
이해하고 활동하기	• 진행 상황 점검 • 치어리딩 작품 구상 및 연습	• 팀별 수업 진행 상황 점검 -치어리딩 작품 계획서 점검 • 치어리딩 작품 구상 및 연습 -꾸미기체조 3가지 규정동작 안내 및 연습 규정 동작  -치어리딩 작품 구상 및 연습 -치어리딩 작품 3요소(응원마인드, 시선처리, 표정관리)와 치어리딩 동작에 대한 설명을 통해 방송댄스와 치어리딩 구분하기 -치어리딩 작품 구상 및 연습	33분 (40분)	주의집중 지속적인 관찰 및 피드백부여
정리하고 반성하기	• 수업 정리 • 인성피라미드 쌓기 • 차시예고	• 수업 정리 -동작을 크게, 힘 있게, 얼굴엔 밝은 미소, 시선은 관중을 향해, 무엇보다 치어리딩의 목적을 생각하면서 안무 연습하기 • 인성피라미드 쌓기 -인성피라미드의 인성요소를 실천한 팀에게 스티커 부여 • 차시예고 -장 소: 체육관 -수업내용: 1차 리허설	5분 (45분)	분위기 조성

대 상	3학년	대영역	표현 활동	중영역	심미표현	일시	8월
장 소	체육관	인성주제	자신감			차시	8/9
학습목표	• 리허설을 통해 자신감 있게 치어리딩 작품을 발표할 수 있다. • 치어리딩 작품 발표를 통해 팀 작품의 부족한 점을 알고 수정 · 보완할 수 있다.						
수업자료	• 교사: 인성피라미드 현황판, 인성피라미드 스티커, 캠코더, 체육수업 노트 • 학생: 체육복, 치어리딩 음악(MP3), 치어리딩 작품 계획서, 기타 소품						

단 계	학습내용	교수-학습활동	시간	지도상 유의점
준비하기		• 수업 준비 -다목적실 수업 환경 조성, 선풍기 작동, 환기 및 주변 정리	-5분	사전 준비 철저
생각하고 떠올리기	• 인원점검 및 환자파악 • 전시학습 상기 • 학습목표 제시 • 준비운동	• 출석확인, 건강상태 확인, 수업 준비 상태 확인 • 전시학습 상기 -쉽게 얻는 것은 쉽게 없어지기 마련이다. • 학습목표 제시 후 확인 • 준비운동 -스트레칭(특히 '발끝' 방법의 중요성 강조)	7분	분위기 조성
이해하고 활동하기	• 진행 상황 점검 • 리허설 전 최종 연습 • 리허설	• 팀별 수업 진행 상황 점검 -치어리딩 작품 계획서 점검 • 리허설 전 최종 연습 -팀의 주장 또는 안무 담당자와 팀의 연습 장면을 보면서 고칠 부분에 대한 피드백을 전달 • 리허설 -수행평가 기준 안내 -발표 순서 정하기 -자신감 인성피라미드의 가치 강조 -리허설 후 피드백 부여(진지하게 때론 엄하게)	30분 (37분)	주의집중 지속적인 관찰 및 피드백부여 진지하게
정리하고 반성하기	• 수업 정리 • 인성피라미드 쌓기 • 차시예고	• 수업 정리 -연습의 양이 곧 자신감의 척도가 될 수 있다. -자기 평가(팀의 완성도를 직접 정해봄으로써 팀의 부족한 점을 스스로 찾을 수 있도록 유도) • 인성피라미드 쌓기 -인성피라미드의 인성요소를 실천한 팀에게 스티커 부여 • 차시예고 -장　　소: 체육관 -수업내용: 작품 발표(수행평가)	8분 (45분)	분위기 조성

<table>
<tr><th>대 상</th><td>3학년</td><th>대영역</th><td>표현 활동</td><th>중영역</th><td>심미표현</td><th>일시</th><td>8월</td></tr>
<tr><th>장 소</th><td>체육관</td><th>인성주제</th><td colspan="3">자신감</td><th>차시</th><td>9/9</td></tr>
<tr><th>학습목표</th><td colspan="7">• 한 곡의 음악에 맞추어 치어리딩 작품을 팀원 모두 일치된 동작으로 표현할 수 있다.
• 치어리딩 작품 발표를 통해 응원마인드, 시선처리, 표정관리를 자신감 있게 표현할 수 있다.</td></tr>
<tr><th>수업자료</th><td colspan="7">• 교사: 인성피라미드 현황판, 인성피라미드 스티커, 캠코더, 체육수업 노트
• 학생: 체육복, 치어리딩 음악(MP3), 치어리딩 작품 계획서, 기타 소품</td></tr>
<tr><th>단 계</th><th>학습내용</th><th colspan="4">교수-학습활동</th><th>시간</th><th>지도상 유의점</th></tr>
<tr><td>준비하기</td><td></td><td colspan="4">• 수업 준비
-체육관 수업 환경 조성, 발표 준비(캠코더 설치, 인성피라미드 현황판 설치, 기타)</td><td>-5분</td><td>사전 준비 철저</td></tr>
<tr><td>생각하고 떠올리기</td><td>• 인원점검 및 환자파악
• 학습목표 제시
• 준비운동
• 작품 발표에 임하는 태도에 대한 조언</td><td colspan="4">• 출석확인, 건강상태 확인, 수업 준비 상태 확인
• 학습목표 제시 후 확인
• 준비운동
• 팀원들이 생각하는 작품의 완성도가 100%가 아니더라도 부족한 부분은 자신감으로 채우면 된다.</td><td>5분</td><td>분위기 조성</td></tr>
<tr><td>이해하고 활동하기</td><td>• 최종 연습
• 치어리딩 작품 발표</td><td colspan="4">• 최종 연습
-연습할 수 있는 공간 배정
• 치어리딩 작품 발표
-팀별 치어리딩 작품 계획서 회수
-팀별 발표 순서 정하기
-자신감 인성피라미드의 인성요소 성취 목표 전달
-발표하기 및 수행평가
<table>
<tr><th>꾸미기 체조</th><td colspan="3">• 3가지 꾸미기체조 동작을 정확하게 표현할 수 있다.
• 꾸미기체조 동작 완성 후 3초 이상 동작을 유지할 수 있다.</td></tr>
<tr><th rowspan="2">채점 기준</th><th>상(20점)</th><th>중(16점)</th><th>하(12점)</th></tr>
<tr><td>위 내용을 만족하면서 3가지 꾸미기체조 동작을 표현할 수 있다.</td><td>위 내용을 만족하면서 2가지 꾸미기체조 동작을 표현할 수 있다.</td><td>위 내용을 만족하면서 0~1가지 꾸미기체조 동작을 표현할 수 있다.</td></tr>
</table>
<table>
<tr><th>치어리딩</th><td colspan="3">• 음악 한 곡에 맞는 치어리딩 안무를 구성할 수 있다.(1)
• 팀원 모두가 일치된 동작으로 치어리딩 안무를 표현할 수 있다.(2)</td></tr>
<tr><th rowspan="2">채점 기준</th><th>상(20점)</th><th>중(16점)</th><th>하(12점)</th></tr>
<tr><td>위 내용 중 2가지를 모두 만족시키면서 치어리딩 작품을 발표할 수 있다.</td><td>위 내용 중(1)을 만족시키지만 치어리딩 작품 발표 시 팀원들의 동작이 일치하지 않는다.</td><td>위 내용 중 2가지를 만족시키는 데 어려움이 있다.</td></tr>
</table></td><td>15분
(20분)

20분
(40분)</td><td>분위기 조성

격려와 칭찬</td></tr>
<tr><td>정리하고 반성하기</td><td>• 작품 평가
• 인성피라미드 쌓기
• 차시예고</td><td colspan="4">• 치어리딩 작품 평가
• 인성피라미드 쌓기
-꾸미기체조를 통해 믿음과 자기헌신
-치어리딩을 통해 자신감
• 차시예고
-장　소: 운동장
-수업내용: 인 · 의 · 예 · 지(빙고런닝맨)</td><td>5분
(45분)</td><td>주의집중</td></tr>
</table>

수업자료(영상자료)

영상자료	영상 내용
	치어리딩 영상 고등학교 남학생들의 치어리딩 영상. 이 영상을 통해서 치어리딩의 동작, 음악에 대해 이해할 수 있는 참고 자료로 이용 가능

수업자료(이론자료)

치어리딩의 종류(기법적 분류에 따른)

-단장응원형

단장 한 명이 응원 전체를 이끄는 것으로 박수, 함성, 구호 등을 적절하게 사용하여 전체를 움직인다. 한국 프로야구 응원을 보면 쉽게 알 수 있으며, 전 세계 어느 나라를 봐도 없는 한국만의 독특한 응원의 형태라 말할 수 있다.

-공연형

응원단원이 음악과 함께 동작과 안무, 대형 이동을 통해 응원을 하는 것을 말한다.
응원 대회는 일반적으로 공연형 응원의 대회를 말하며 현재 많은 중 · 고등학교, 대학교 응원단들이 공연형 응원을 하고 있다.

-서포터즈형

쉽게 따라 할 수 있는 구호와 노래들을 사전에 공지하여 특정한 응원단장이 없어도 할 수 있는 응원을 말한다. 예를 들어 '붉은 악마'의 응원 방식이 서포터즈형에 속한다.

치어리딩 매뉴얼 - 응원마인드에 대해서

-응원마인드

응원, 그러니까 치어리딩이라는 것은 자기만 즐기는 댄스도 아니며 남에게 그저 보이기 위한 율동도 아니다. 응원은 그 동작을 따라 하는 사람들에게 더 잘 따라 할 수 있게 하고, 많은 사람들이 한 동작을 함으로써 나오는 일치단결됨과 파워를 낼 수 있게 하는 것이다. 결국에는 관중들에게 설명할 수 없는 가슴 벅찬 감격을 느낄 수 있도록 하는 데 있다. 한마디로 치어리딩의 가장 중요한 마인드는 함께한다는 생각을 가지는 것이다.

-시선처리

응원동작에서 잊지 말아야 할 것 중에 하나는 관중들의 시선을 한순간도 놓쳐서는 안 된다는 것이다. 이 말은 즉 관중들로부터 얼굴을 돌려 외면하는 순간이 있어서는 안 된다는 말과도 같다. 어떤 동작을 할 때, 가령 팔을 사선으로 위로 뻗을 때 자기 손끝을 보라는 것은 이미 응원이 아니라 춤이 되어버리는 것이다.

-표정관리

치어리딩은 관중들에게 힘을 불어넣어 줄 수 있는 강력하면서도 활기찬 표정을 지어야 한다. 치어리딩 자체가 신체동작과 구호(함성) 그리고 얼굴에서 전달하고자 하는 에너지가 표출되기 때문에 우울한 표정을 짓거나 무표정한 표정은 자칫 보는 이들로 하여금 불쾌감을 줄 수 있기 때문에 항상 밝으면서 에너지 넘치는 표정을 짓는 것이 중요하다.

믿음과 자기헌신, 자신감 인성피라미드

<table>
<tr><th>주제</th><th>인성피라미드</th><th colspan="3">인성요소 및 실천사항</th></tr>
<tr><td rowspan="6">믿음
·
자기
헌신</td><td rowspan="6">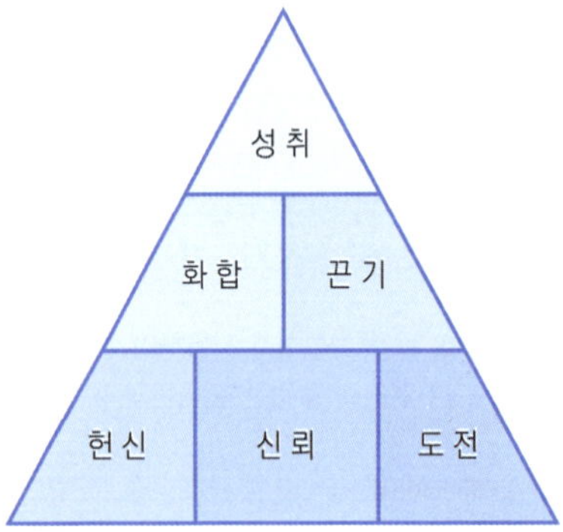</td><td rowspan="3">공동의 가치</td><td>성취</td><td>• 꾸미기체조 6인 규정동작을 안정적으로 할 수 있다.</td></tr>
<tr><td>화합</td><td>• 꾸미기체조 동작이 전체적으로 균형과 조화를 이룰 수 있다.
• 6인 규정동작 피라미드 해체를 할 수 있다.</td></tr>
<tr><td>끈기</td><td>• 실패를 두려워하지 않고 끝까지 포기하지 않는다.</td></tr>
<tr><td rowspan="3">개인의 가치</td><td>도전</td><td>• 어떻게 해? 우린 못해! 너무 어려워! 등의 부정적인 말을 하지 않고 “할 수 있어”, “다시 해보자” 등의 말을 한다.</td></tr>
<tr><td>신뢰</td><td>• 꾸미기체조 시 밑에서 받쳐주는 팀원을 믿고 올라설 수 있다.</td></tr>
<tr><td>헌신</td><td>• 힘든 역할을 자처해서 할 수 있다.
• 개인보다 팀을 먼저 생각할 수 있다.</td></tr>
<tr><td rowspan="3">자신감</td><td rowspan="3">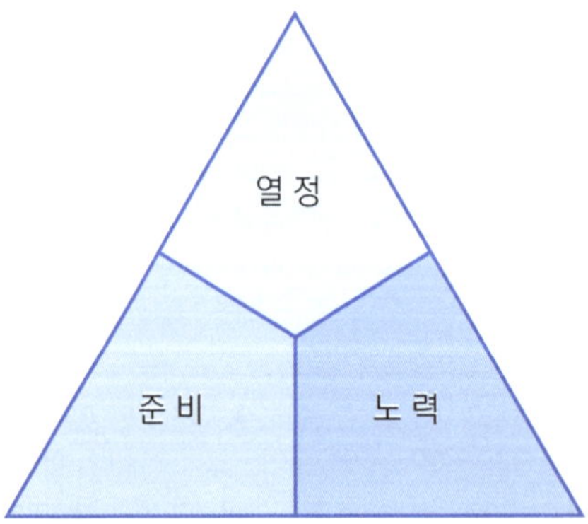</td><td colspan="2">열정</td><td>• 작품 발표 후 관중들에게 큰 박수를 끌어낼 수 있다.</td></tr>
<tr><td colspan="2">노력</td><td>• 치어리딩 작품 발표 시 팀원 모두 동작을 완벽하게 맞출 수 있다.</td></tr>
<tr><td colspan="2">준비</td><td>• 치어리딩 작품 완성에 필요한 모든 준비를 다 한다.
예) 음악 선곡, 안무 구성, 꾸미기체조 동작 구성, 소품 담당, 역할 분담 등</td></tr>
</table>

- 믿음과 자기헌신을 바탕으로 꾸미기체조 6인 규정동작을 성공함으로써 성취감을 느낄 수 있다.
- 자신감은 철저한 준비를 바탕으로 팀원들이 느꼈던 믿음과 자기헌신의 마음을 갖고 서로 열정을 쏟아 노력해야만 느낄 수 있는 성취감과 같다.

믿음과 자기헌신, 자신감 인성피라미드 현황표

	A팀	B팀	C팀	D팀
1	성취 화합 끈기 헌신 신뢰 도전	성취 화합 끈기 헌신 신뢰 도전	성취 화합 끈기 헌신 신뢰 도전	성취 화합 끈기 헌신 신뢰 도전
	믿음과 자기헌신			
	열정 준비 노력	열정 준비 노력	열정 준비 노력	열정 준비 노력
	자신감			
2	성취 화합 끈기 헌신 신뢰 도전	성취 화합 끈기 헌신 신뢰 도전	성취 화합 끈기 헌신 신뢰 도전	성취 화합 끈기 헌신 신뢰 도전
	믿음과 자기헌신			
	열정 준비 노력	열정 준비 노력	열정 준비 노력	열정 준비 노력
	자신감			
3	성취 화합 끈기 헌신 신뢰 도전	성취 화합 끈기 헌신 신뢰 도전	성취 화합 끈기 헌신 신뢰 도전	성취 화합 끈기 헌신 신뢰 도전
	믿음과 자기헌신			
	열정 준비 노력	열정 준비 노력	열정 준비 노력	열정 준비 노력
	자신감			
4	성취 화합 끈기 헌신 신뢰 도전	성취 화합 끈기 헌신 신뢰 도전	성취 화합 끈기 헌신 신뢰 도전	성취 화합 끈기 헌신 신뢰 도전
	믿음과 자기헌신			
	열정 준비 노력	열정 준비 노력	열정 준비 노력	열정 준비 노력
	자신감			
5	성취 화합 끈기 헌신 신뢰 도전	성취 화합 끈기 헌신 신뢰 도전	성취 화합 끈기 헌신 신뢰 도전	성취 화합 끈기 헌신 신뢰 도전
	믿음과 자기헌신			
	열정 준비 노력	열정 준비 노력	열정 준비 노력	열정 준비 노력
	자신감			

	A팀	B팀	C팀	D팀
6	성취 화합 끈기 헌신 신뢰 도전	성취 화합 끈기 헌신 신뢰 도전	성취 화합 끈기 헌신 신뢰 도전	성취 화합 끈기 헌신 신뢰 도전
	믿음과 자기헌신			
	열정 준비 노력	열정 준비 노력	열정 준비 노력	열정 준비 노력
	자신감			
7	성취 화합 끈기 헌신 신뢰 도전	성취 화합 끈기 헌신 신뢰 도전	성취 화합 끈기 헌신 신뢰 도전	성취 화합 끈기 헌신 신뢰 도전
	믿음과 자기헌신			
	열정 준비 노력	열정 준비 노력	열정 준비 노력	열정 준비 노력
	자신감			
8	성취 화합 끈기 헌신 신뢰 도전	성취 화합 끈기 헌신 신뢰 도전	성취 화합 끈기 헌신 신뢰 도전	성취 화합 끈기 헌신 신뢰 도전
	믿음과 자기헌신			
	열정 준비 노력	열정 준비 노력	열정 준비 노력	열정 준비 노력
	자신감			
9	성취 화합 끈기 헌신 신뢰 도전	성취 화합 끈기 헌신 신뢰 도전	성취 화합 끈기 헌신 신뢰 도전	성취 화합 끈기 헌신 신뢰 도전
	믿음과 자기헌신			
	열정 준비 노력	열정 준비 노력	열정 준비 노력	열정 준비 노력
	자신감			
10	성취 화합 끈기 헌신 신뢰 도전	성취 화합 끈기 헌신 신뢰 도전	성취 화합 끈기 헌신 신뢰 도전	성취 화합 끈기 헌신 신뢰 도전
	믿음과 자기헌신			
	열정 준비 노력	열정 준비 노력	열정 준비 노력	열정 준비 노력
	자신감			

치어리딩 작품 계획서

A팀	주장( ) 팀원( )		
역 할 분 담			
연출(주장)		안무 담당	
곡 선정		소품 담당	
가사 담당		꾸미기체조 담당	

가사와 안무	

<table>
<tr><th colspan="12">치어리딩 작품을 만들면서...
(계획, 진행 정도, 느낀 점, 선생님께 건의사항 등)</th></tr>
<tr><td rowspan="2">자신감
수업
1차시를
마치며</td><td colspan="11"></td></tr>
<tr><td>작품완성도</td><td>10%</td><td>20%</td><td>30%</td><td>40%</td><td>50%</td><td>60%</td><td>70%</td><td>80%</td><td>90%</td><td>100%</td></tr>
<tr><td rowspan="2">자신감
수업
2차시를
마치며</td><td colspan="11"></td></tr>
<tr><td>작품완성도</td><td>10%</td><td>20%</td><td>30%</td><td>40%</td><td>50%</td><td>60%</td><td>70%</td><td>80%</td><td>90%</td><td>100%</td></tr>
<tr><td rowspan="2">자신감
수업
3차시를
마치며</td><td colspan="11"></td></tr>
<tr><td>작품완성도</td><td>10%</td><td>20%</td><td>30%</td><td>40%</td><td>50%</td><td>60%</td><td>70%</td><td>80%</td><td>90%</td><td>100%</td></tr>
<tr><td rowspan="2">자신감
수업
4차시를
마치며</td><td colspan="11"></td></tr>
<tr><td>작품완성도</td><td>10%</td><td>20%</td><td>30%</td><td>40%</td><td>50%</td><td>60%</td><td>70%</td><td>80%</td><td>90%</td><td>100%</td></tr>
</table>

믿음과 자기헌신 그리고 자신감 수업을 마치면서 느낀 점	
번호, 이름	개인적으로 느낀 점

수업자료(차시별 인성교육 자료)

구분	인성교육 자료
1차시	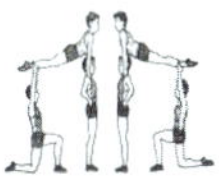 옆의 동작을 표현할 때 팀원들 간에 믿음이 없다면 위에 올라가는 학생은 안정적으로 동작을 취할 수 없을 것이다. 팀원들 간의 믿음은 순간적으로 나타나는 것이 아니라 수많은 연습과정을 통해 자기에게 주어진 역할에 최선을 다할 때 팀원들로부터 얻게 되는 신뢰와 같다. 결국 옆의 동작은 6명의 팀원 간에 믿음이라는 연결고리가 완성되었을 때 안정적으로 동작을 표현할 수 있다.
	 옆의 동작은 위로 올라갈수록 편해지고 멋있어 보이는 특성이 있다. 하지만 아래에서 묵묵히 자신의 역할을 해주는 친구가 없다면 절대 피라미드가 완성되지 않는다. 밑에서 받쳐주는 역할의 학생들은 위에 있는 친구들이 누르는 무게와 손과 무릎으로 찍는 아픔을 참고 견뎌야만 한다. 결국 가장 힘든 자리에서 자기 자신을 희생하려는 팀원이 없고 모두가 위로만 올라가려 한다면 피라미드는 존재할 수 없다.
2차시	 옆의 동작을 안정적으로 완성할 수 있는 방법 중의 하나는 동작을 만들기 위해 시작할 때 두 사람이 팔을 잡는 방법에 있다. 처음부터 팔을 편 상태로 손목 쪽을 잡게 되면 두 사람의 거리가 멀어지기 때문에 실패할 가능성이 매우 크다. 그리고 대부분의 학생들이 팔을 바로 펴지 못한 상태에서 동작 유지에 급급한 경우가 많은데 이는 팔을 바로 펼 때 동작 실패가 두렵기 때문이다. 결국 실패할 것이라는 두려움을 이겨내고, 서로 믿고 팔을 바로 펼 때 동작을 완성할 수 있음을 인식시킨다. 즉 서로 팔꿈치를 펼 수 있다는 것은 서로에 대한 믿음을 나타내는 것이다.
3차시	꾸미기체조는 혼자서는 할 수 없다. 하지만 수업 중 팀별 활동을 지켜보면 소외되는 학생들이 반별로 한두 명씩 있다. 그 학생들은 하고자 하는 의욕이 없는 것이 아니라 소극적이고 표현이 서툰 학생들이 대부분이다. 이런 학생이 있는 팀에게 해당 학생의 물구나무서서 버티기 미션을 부여함으로써 팀원들과의 상호작용 기회를 부여하고 나름의 도전 과제를 줌으로써 팀 활동에 좀 더 적극적으로 참여할 수 있도록 지도한다.
4차시	 옆의 동작은 피라미드를 만드는 것이 목적이 아니라 피라미드를 고통 없이 해체하는 것이 목적이다. 피라미드 해체 동작은 피라미드를 구성하는 모든 팀원이 동시에 한 치의 망설임과 두려움 없이 같은 자세를 취했을 때 고통과 아픔보다는 즐거움과 팀원들이 하나 되었다는 것을 느낄 수 있다. 결국 해체 순간 서로를 믿고 해체 동작을 해낼 때 팀원 모두의 화합이 이루어졌다고 볼 수 있다.
	 옆의 동작은 본 수업을 위해 준비된 동작 가운데 가장 어려운 동작이기 때문에 수많은 실패를 거듭하게 된다. 하지만 성공할 때까지 포기하지 않는 것이 끈기이고, 힘들게 노력해서 성공했을 때 학생들이 느끼는 기쁨이 하나의 성취임을 인식할 수 있도록 지도한다.
5차시	자신감은 철저한 준비에서부터 나온다는 것을 강조한다. 무형의 가치를 체험하기 위해서는 주장과 팀원 간의 상호협력이 꼭 필요하다. 치어리딩 작품을 완성하는 데 있어 소극적인 자세보다는 적극적인 자세로 임해야 한다.
6차시	치어리딩은 무모한 뻔뻔함이 아니라 노력과 열정을 바탕으로 한 준비된 자신감을 나타낸다. 그러기 위해서 주장 학생은 팀이 나아가야 할 방향과 목표를 확실히 해야 하고 그것을 팀원들에게 알릴 의무가 있다. 또한 팀원들은 팀의 목표 달성을 위해 최선을 다할 의무가 있다. 주장이라고 해서 모든 것을 혼자 하는 것이 아니라 팀원들의 관심과 격려를 바탕으로 모두가 팀의 작품 완성을 위해 노력해야 한다.
7차시	힘들고 어렵더라도 절대 포기하지 마라. 포기하는 그 순간, 지금까지의 노력은 물거품처럼 사라질 것이다.
8차시	지금의 과정이 힘들고 어려운 것은 그만큼 값진 열매를 얻기 위함이다.
9차시	치어리딩을 통해 자신감을 느끼고 체득하는 것이 본 수업의 목표이다. 팀원 모두 한마음이 되어 노력했다면 발표 후 팀원들과 서로 "수고했어", "고마워" 등의 덕담을 주고받을 수 있을 것이다. 하지만 그렇지 않다면 서로에게 떳떳하지 못할 것이다. 그것은 본인만 알 수 있다. 꾸미기체조부터 지금까지 힘든 점이 많았음에도 불구하고 팀을 이 자리까지 잘 이끌어 온 주장 학생들에게 고마움을 전하고 싶고, 주장을 믿고 끝까지 최선을 다한 팀원들에게도 박수를 보내고 싶다. 자신감이란 하루아침에 만들어지는 것이 아니라 준비하고 노력한 만큼 갖춰지는 것임을 알고, 앞으로 어디에서 무슨 일을 하든지 항상 떳떳하게 자신감 있게 행동하는 학생들이 되길 바란다.

인仁 · 의義 · 예禮 · 지智(빙고런닝맨) 수업

수업 실천 사례

〈표 3-8-1〉 단원 수업 계획

인성주제	인 · 의 · 예 · 지	신체활동	놀이 (빙고런닝맨)
신체활동 가치	여가 활동	중영역	사회와 여가
수업 장소	학교 전체	총 수업 차시	1차시
수업목표	• 빙고런닝맨 게임을 통해 모두가 즐겁게 시간을 보낼 수 있다. • 빙고런닝맨 게임을 통해 수업에 임하는 마음가짐(인의예지)의 의미를 생각해 볼 수 있다.		
중점 사항	• 인의예지에 대한 의미가 잘 전달될 수 있도록 수업 분위기를 조성한다. • 지나친 승부욕이 작용하지 않도록 사전에 주의사항을 전달한다. • 다른 교과 수업에 방해되지 않도록 하며, 학교 주변의 위험 요소를 사전에 파악하여 안전사고에 대한 예방책을 세운다.		
수업준비물	팀 조끼, 옆구리 조끼, 인의예지 의미판		

단원 수업 계획

차시	수업 세부 주제	학습목표	교수-학습 내용
1	인 · 의 · 예 · 지 (仁 · 義 · 禮 · 智)	• 빙고런닝맨 게임을 통해 모두가 즐겁게 시간을 보낼 수 있다. • 빙고런닝맨 게임을 통해 수업에 임하는 마음가짐(인의예지)의 의미를 생각해 볼 수 있다.	• 팀 조직(8~9명 혼성 4개 팀) • 인의예지의 마음가짐 안내 • 빙고런닝맨 게임 방법 및 주의사항 전달 그리고 실시 • 인의예지의 숨은 의미 확인

〈표 3-8-2〉 수업 진행 순서 및 진행 방법

	1차시 (장소: 운동장)
도입	• 전시학습 상기 -믿음과 자기헌신(꾸미기체조) & 자신감(치어리딩) 수업 • 학습목표 제시 • 준비운동
전개	• 팀 구성(8~9명 남녀 혼성 4개 팀) • 빙고런닝맨 방법 및 주의사항 전달 • 수업에 임하는 마음가짐(인의예지) 전달 • 팀별 작전회의 • 빙고런닝맨 게임
마무리	• 인의예지 숨은 의미 확인 및 우승팀 발표 • 차시예고

〈표 3-8-1〉과 〈표 3-8-2〉는 이 수업의 단원 수업 계획과 수업 진행 순서 및 방법을 나타내고 있다.

이 수업은 한 차시 수업으로 자유시간을 대체하기 위한 목적으로 계획됐다.

체육수업을 이야기할 때 흔히 말하는 '자유시간'이란, 학생들이 교사의 간섭을 받지 않으면서 수업 시간을 자유롭게 사용할 수 있는 시간을 말한다. 이 시간에는 학생들이 여러 가지를 할 수 있다. 자기가 좋아하는 공놀이도 할 수 있고, 친구들과 끼리끼리 모여 앉아 잡담을 나눌 수도 있다. 또 최근에는 핸드폰을 사용하거나 음악을 들으면서 교사의 눈을 피해 신체활동과는 전혀 상관없는 것을 하는 경우도 있다. 물론 학교에 따라 자유시간의 모습이 조금씩 다를 순 있지만, 체육 시간이 자유시간으로 사용되는 현장에서는 어김없이 나타나는 모습들이다. 이런 시간은 교사의 간섭을 받지 않거나 최소화된다는 점에서 학생들이 자유로움(?)을 느낄 수 있는 시간이다. 그래서 움직임에 대한 욕구가 강한 청소년들에게 자유롭게 활동할 수 있는 정규 교과인 체육 시간은 상당히 매력적일 수밖에 없다. 하지만 나는 체육 시간이 자유시간으로 사용 또는 이용되는 것을 무척이나 싫어한다. 왜냐하면 이런 시간은 체육 교과의 본질적인 교육 목적을 달성하는 데 걸림돌로 작용할 뿐 아니라 체육수업은 자유시간이 가능한 시간이고 주지 교과보다 중요하지 않은 교과이며, 학업으로 인해 생긴 학생들의 스트레스를 풀어주기 위한 시간이라는 등의 잘못된 생각과 사회적 편견을 낳을 수 있기 때문이다. 그리고 무엇보다 이런 시간이 생겨난 이유가 교사의 편의주의적 사고방식과 수업에 대한 불성실로 인한 것이라고 생각했기 때문에 더욱더 문제가 될 수 있다고 생각했다. 이런 이유로 나는 수업 시간에 학생들에게 자유시간을 주지 않기 위해 수업 진행 계획 세울 때부터 최대한 수업 공백이 생기지 않도록 신경을 많이 쓴다. 물론 수업 내용과 방법을 정할 때도 자유시간이 생각나지 않을 만큼 학생들의 흥미와 관심을 불러일으킬 수 있는 것들이 무엇인지 고민한다. 그리고 그렇게 완성된 수업 진행 계획에 따라 수업을 진행한다. 그런데도 학생들의 자유시간에 대한 바람 또는 희망을 완전히 없앨 수는 없었다.

〈표 3-8-3〉 체육수업 만족도 결과

체육수업 만족도							
남학생		여학생		남학생		여학생	
- 매우만족	13명	- 매우만족	9명	- 매우만족	32명	- 매우만족	13명
- 만족	43명	- 만족	35명	- 만족	55명	- 만족	65명
- 보통	**23명**	**- 보통**	**28명**	**- 보통**	**33명**	**- 보통**	**39명**
- 불만족	3명	- 불만족	3명	- 불만족	1명	- 불만족	7명
- 매우불만족	2명	- 매우불만족	0명	- 매우불만족	2명	- 매우불만족	2명
수업 만족도에 영향을 미치는 요인(다수 선택: 3가지)							
수업내용이 좋아서	44명	수업내용이 싫어서	6명	수업내용이 좋아서	166명	수업내용이 싫어서	16명
수업방법이 좋아서	46명	수업방법이 싫어서	7명	수업방법이 좋아서	126명	수업방법이 싫어서	23명
지도교사가 좋아서	27명	지도교사가 싫어서	1명	지도교사가 좋아서	95명	지도교사가 싫어서	7명
자유시간이 많아서	8명	**자유시간이 없어서**	**36명**	자유시간이 많아서	19명	**자유시간이 없어서**	**87명**
교우관계가 좋아서	20명	교우관계가 나빠서	3명	교우관계가 좋아서	98명	교우관계가 나빠서	6명
기타의견	19명			기타의견	21명		
2012년 학년 말 2학년 학생 대상 설문조사 총 159명(남: 84명, 여: 75명)				2013년 1학기 말 3학년 학생 대상 설문조사 총 249명(남: 123명, 여: 126명)			

위의 〈표 3-8-3〉은 2012학년도 학년말에 2학년을 대상으로 실시한 체육수업 만족도 설문조사와 2013학년도 1학기 말 3학년을 대상으로 실시한 체육수업 만족도 설문조사의 결과 중 일부분을 나타내고 있다.

나는 매 년, 매 학기 수업이 끝날 때마다 학생들에게 체육수업에 대한 만족도 설문조사를 실시한다. 수업 만족도 설문조사는 내가 수업을 얼마나 잘하고 있는지를 수치로 알 수 있을 뿐 아니라 체육수업에 대한 학생들의 생각을 알 수 있게 해준다.

〈표 3-8-3〉에 나와 있는 설문조사 결과를 보면, 수업 내용과 방법 그리고 지도교사에 대해서 긍정적으로 답한 학생들이 많다. 그런데도 '매우 만족'과 '만족'을 선택한 학생들의 비율이 70%를 넘지 못했다. 이러한 수치는 매 년 비슷했다. 사실 2012학년도와 2013학년도는 수업 만족도에 대한 기대가 무척 컸다. 왜냐하면 수업 내용과 수업 방법에 있어서 그 어느 때보다 열심히 준비했고 수업도 계획대로 진행했기 때문이다. 사실 만족도가 90% 이상이 되길 기대했었다. 하지만 만족도 수치는 거의 변화가 없었다.

〈표 3-8-3〉을 보면 '불만족'과 '매우 불만족'은 상당히 적은 수치에 지나지 않는다. 그런데도 수업 만족도에서 만족(매우 만족과 만족을 합한 수치)도가 70%도 넘지 못하는 이유가 무엇일까? 난 그 이유가 '보통'으로 체크한 학생들에게 있다고 생각했다. '보통'으로 체크한 학생들의 만족도 설문지를 보면 교사, 수업 내용과 방법에서 긍정적으로 답한 학생들이 많다. 그런데도 그들이 '보통'이라고 체크한 가장 큰 이유는 자유시간 때문이다. 사실 수업 만족도를 더 쉽게 높이는 방법을 잘 알고 있다. 학생들이 원하는 수업을 많이 하면 된다. 학생들이 원하는 수업은 자유시간 또는 자유롭게 원하는 것을 할 수 있는 수업이다. 하지만 나는 그렇게 하고 싶지 않았다. 자유시간을 간절히 원하고 그 누구의 간섭도 받지 않으면서 편하게 수업 시간을 보내고 싶어 하는 학생들의 마음을 나도 이해는 한다. 하지만 그런 수업은 수업이 아니라고 생각했다. 의미 없이 수업 시간을 낭비하는 것에 불과하다고 생각했다.

이런 생각 때문에 나는 매번 자유시간을 대체할 수 있는 수업 내용과 방법은 없을까, 하고 고민했다. 그러다가 우연히 빙고런닝맨 게임을 수업에 적용해서 가르치는 인근 학교 체육교사의 수업을 보게 됐다.

빙고런닝맨 게임은 TV 예능 프로그램 중 하나인 '런닝맨'의 프로그램 진행 방식에 빙고 게임을 접목해 게임화한 것이다. 난 이 수업이 학생들의 흥미와 관심을 끌면서도 남녀 학생, 모두가 즐겁게 참여할 수 있는, 즉 자유시간을 대체할 수 있는 수업이라고 생각했다. 다만 이 게임으로 인해 나타날 수 있는 부정적인 요소를 없애고 인성을 강조하는 내 수업에 적용하기 위해서 그 당시 '하나로 수업'에서 사용한 '4덕(仁義禮智)'의 의미와 내용을 접목해 인성 함양을 강조하는 빙고 런닝맨 게임으로 변형시켰다. 이렇게 만들어진 게 바로 '인의예지(仁義禮智)'란 주제의 한 시간을 위한 수업이다.

이 수업은 2학기 믿음과 자기헌신 그리고 자신감 수업을 마치고 추석 연휴를 보낸 뒤 잠시 쉬어 간다는 의미에서 NEVER GIVE-UP 수업이 시작되기 전에 실시했다. 보통 중학생들은 중간고사 후 또는 긴 차시의 수업(특히 수행평가가 반영되는 수업)이 끝나면 자유시간을 원했다. 하지만 나는 이런 시점에 이 수업을 진행함으로써 학생들이 그런 생각을 하지 못하게 하고 싶었다. 그런 점에서 이 수업은 자유시간을 대체하기 위한 수업으로 적합했던 것 같다.

이 수업의 목표는 남녀 모든 학생이 함께 참여할 수 있는 게임을 통해 친구들 간의 긍정적인 관계를 형성하는 한편, '인(仁)·의(義)·예(禮)·지(智)'라는 인성 요소에 대해 한번은 생각해 볼 수 있는 기회를 갖는 것이다. 물론 한 번의 수업으로 이와 같은 목표를 달성할 수 있을 거라고 쉽게 생각하진 않았다. 하지만 인의예지란 인성요소는 이 수업에 처음으로 나온 개념이 아니다. 학기 초부터 '수업에 임하는 마음가짐'이란 내용으로 늘 학생들에게 인식시키면서 수업을 진행했기 때문에 새삼스러울 건 없었지만, 수업주제가 아닌 만큼 학생들이 눈여겨보지 않았을 인성요소를 이 수업을 통해 다시 한번 강조하고 싶었다.

이 수업은 1차시 분량의 수업이었지만 긴 차시의 수업 못지않게 많은 준비가 필요했다. 우선 게임 규칙을 만들어야 했다. 런닝맨이라는 TV 프로그램의 진행 방식이 주된 게임 방식이 되었지만, 단순히 즐기기 위한 시간이 아니었기 때문에 인성 함양을 강조하는 나의 수업 방식에 맞게 게임 방식도 바꾸어야 했다.

첫 번째로 준비한 것은 인성요소를 강조하기 위한 의미판 제작이었다.

학기 초 이 수업을 소개할 때부터 런닝맨과 비슷한 방식으로 진행될 거라는 사실에 학생들의 기대가 컸고 반응도 뜨거웠다. 단순히 즐기기 위한 수업이 아니었지만, 학생들은 게임 그 이상으로 생각하지 않는 듯했다. 나는 이 점을 가장 걱정했다. 그래서 인의예지와 관련된 의미를 담은 의미판을 아래의 〈표 3-8-4〉와 같이 만들었다. 또한 이 수업을 먼저 진행한 반 학생을 통해 의미판의 내용이 다른 반에 알려질 것을 염려해서 서로 다른 의미가 담긴 4개의 의미판을 만들어 번갈아 가면서 사용했다. 의미판은 한 수업에 2개의 의미판이 같이 사용됐다. 왜냐하면 그 당시 한 개 반을 4개 팀으로 나눌 경우, 한 팀을 구성하는 학생 수가 8~9명이 되기 때문에 의미판의 숨은 글자도 최소 8개가 필요했다.

〈표 3-8-4〉 인의예지 의미판

仁·義·禮·智 의미판				
인(仁)	사	람	존	중
의(義)	규	칙	존	중
예(禮)	예	의	범	절
지(智)	바	른	언	행
수업에 임하는 마음가짐[7]				
인(仁)	사람을 존중한다(자신과 동료와 상대편에 대한 사랑과 존중의 마음가짐을 지니고 이를 표현하려고 노력한다).			
의(義)	규칙을 존중한다(매너 있는 플레이, 정직한 플레이를 통해서 정정당당한 태도를 가질 수 있도록 노력한다).			
예(禮)	예의를 지킨다(공손한 표정과 환하게 미소 짓는 얼굴로 밝은 분위기의 수업이 될 수 있도록 노력한다).			
지(智)	바른 말을 사용한다(비난하거나 욕하기보다 칭찬과 격려를 통해서 자신의 마음이 잘 표현될 수 있도록 노력한다).			

두 번째로 준비한 것은 이름표를 대신할 '무엇'이었다.

TV 프로그램에서는 출연자가 자기 등에 자신의 이름표를 붙이는데 이것이 다른 출연자에 의해 떼어지게 되면 아웃이 된다. 학교에서는 이런 이름표를 준비할 수가 없었다. 그래서 이름표를 대신할 풍선을 준비했다. 수업 전에 직접 풍선을 불었고 풍선 꼭지에 가는 줄을 달았다. 그리고 그 줄을 학생들의 허리에 묶게

7) 수업에 임하는 마음가짐: '하나로 수업' 운동 실천의 '사덕칠행도' 중 '사덕'에 대한 내용을 적용한 것이다.

한 다음 다른 팀의 학생에 의해 그 풍선이 터지게 되면 아웃이 되게 하려 했다. 하지만 이런 계획은 시작도 못 해보고 실패로 돌아갔다. 왜냐하면 막 수업을 시작하려던 시점에 준비해 둔 약 32개의 풍선이 미리 묶어둔 줄 때문에 서로 엉키면서 사용할 수 없게 된 것이다. 수업 진행을 해야 했기 때문에 무척 당황했고 마음이 급했다. 식은땀을 흘렸을 정도였으니 말이다. 하지만 그 순간 '엉덩이 조끼'가 생각났다. 팀 조끼 말고 다른 조끼를 학생 수만큼 준비한 뒤 학생들의 바지 뒤에 걸게 했다. 그래서 이름이 엉덩이 조끼가 됐다. 학생들은 이름표 대신 상대 학생의 엉덩이 조끼를 먼저 뺏으면 상대 학생을 아웃시킬 수 있었다.

세 번째로 준비한 것은 의미판의 글자를 가릴 '무엇'이었다.

게임 방식은 각 팀의 8글자를 가림판으로 가린 뒤, 해당 팀의 팀원이 한 명씩 아웃 될 때 차례대로 가림판을 하나씩 떼어 내는 것이다. 결국 모든 팀원이 아웃되어 자기 팀의 숨은 의미가 다 노출되면 그 팀은 경기에서 지게 된다. 그래서 각 팀의 숨은 의미를 가릴 가림판이 32개 필요했다.

엉덩이 조끼

숨은 의미 가림판

<사진 3-8-1> 엉덩이 조끼와 숨은 의미 가림판

마지막으로 준비한 것은 이 수업의 주의사항이었다.

이 수업은 운동장이 좁았던 그 당시 근무했던 학교에 아주 적합한 수업이란 생각이 들었다. 운동장은 좁았지만, 건물들 사이로 몸을 숨길 곳이 많았으며 오르막길과 내리막길이 있고, 좁은 통로가 많았기 때문에 서로 쫓고 쫓길 때 더욱 긴장감을 느낄 수 있었다. 하지만 그렇기 때문에 더욱 안전에 유의해야 했다.

쫓고 쫓기는 과정에서 넘어져 다치거나 사고를 당할 수도 있었다. 그래서 아래와 같은 유의사항을 정했다.

유의사항 첫째, 체육수업을 위해 다른 수업에 방해되는 일을 막아야 했다. 그래서 비명을 지르거나 심하게 소리 지르는 것을 삼가게 했다.

유의사항 둘째, 지나치게 상대를 쫓거나 도망치려 할 때 넘어져서 다칠 우려가 있어서 계단과 내리막길에서는 못 뛰게 했고, 그런 곳에서 경기하지 못하게 했다. 그리고 주차된 차량 뒤도 숨지 못하게 했다.

유의사항 셋째, 학교 전체 공간을 다 사용할 순 있지만, 건물 안에 숨거나 들어가지 못하게 했다.

유의사항 넷째, 남학생과 여학생이 함께 하는 경기여서 경기 도중 이성 간에는 지나친 신체접촉을 삼가게 했다.

유의사항 다섯째, 엉덩이 조끼를 지키기 위해 벽에 등을 기대거나 바닥에 눕지 못하게 했다.

유의사항 마지막으로, 엉덩이 조끼를 빼앗겨 아웃이 되면 엉덩이 조끼를 상대에게 되돌려 받고 의미판이 있는 곳으로 이동해 가림판을 뗀 다음 아웃된 사람들이 모여 있는 곳으로 이동할 것을 강조해서 전달했다.

이와 같은 준비를 마치고 수업을 진행했다. 팀은 그 자리에서 남녀 혼성으로 4개 팀 되게 팀을 정하라고 학생들에게 말했다. 이럴 경우 교우관계가 좋지 못한 학생들은 소외되거나 끝까지 남아서 눈에 띄는 경우 스스로 주눅들 수 있었지만, 지금까지 인성을 강조한 수업을 했기 때문에 그런 모습을 보이지 않을 것이라고 확신했다. 실제로 그런 학생이 반에 있으면 학생들은 그런 상황이 발생하지 않게 어떻게 행동해야 하는지 잘 알고 있었다. 준비운동은 따로 시키지 않았고, 경기를 준비하는 시간 동안 팀별로 준비운동을 시켰다. 이후 조끼 착용법, 경기 방법, 인의예지 의미판 사용법, 주의사항 등을 전달하면서 경기 준비에 들어갔다. 모든 준비가 끝이 났을 때 다시 한번 인의예지에 담긴 의미를 함께 확인하면서 수업의 목표가 단순히 즐거움만을 추구하기 위한 것이 아님을 강조했다.

모든 준비가 끝난 뒤 4개 팀은 미리 정해둔 각자의 장소로 이동해서 최종 팀 작전을 짜게 했다. 이후 휘슬로 시작 신호를 알렸고 그때부터 본격적인 빙고런닝맨이 시작됐다. 반마다, 팀마다 경기에 참여하는 방식이 달랐다. 어떤 팀은 팀원들과 상의하고 서로를 챙기면서 조심스럽게 경기에 임하는 팀이 있는가 하면, 팀으로 활동하면서도 팀을 생각하지 않고 개인의 즐거움을 위해 단독으로 행동하는 학생들이 있는 팀도 있었다. 그리고 다른 팀과 협력 관계를 맺으면서 세력을 확장하는 팀이 있는가 하면, 교묘하게 협력하는 것처럼 하면서 배신하는 팀들도 있었다. 반에 따라서는 너무 빨리 끝나버리는 반도 있었고, 너무 신중해서 수업 시간이 부족한 반도 나타났다.

학생들이 보여준 서로 다른 모습의 수업 참여는 그들의 생각과 행동의 다양성을 나타냈으며, 결국 다양한 결과를 만들어 냈다. 이러한 모습은 똑같은 주제의 수업을 계획하고 준비하더라도 반에 따라, 학생들에 따라, 심지어는 상황과 환경에 따라 서로 다른 결과로 나타날 수 있음을 깨닫게 해주었다. 그리고 최종적으로 수업을 만들어나가는 주체는 결국엔 학생들임을 알게 해주었다. 무엇보다 교사의 전문성이라는 것이 어떻게 변하고 나타날지 모르는 수업 상황 속에서도 흔들리지 않고 원래의 수업목표를 달성해 나갈 수 있게 학생들을 지도하고 안내하는 것이란 생각도 하게 됐다.

경기가 오랫동안 지속될 경우, 아웃 되지 않은 학생들을 운동장에 모두 모이게 한 다음 활동 장소를 운동장으로 제한하고 마지막 결전을 치르게 했다. 이렇게 하면 대부분 우승팀이 정해졌다. 무엇보다 이렇게 했을 때 먼저 아웃당했던 학생들도 그들의 경기를 지켜볼 수 있었기 때문에 경기장 밖에서 자신의 팀을 응원하거나 코치하면서 끝까지 함께 참여할 수 있었다.

경기가 끝나면 먼저 아웃된 팀 순서대로 의미판의 숨은 의미를 확인한 뒤 최종 우승팀을 축하했다. 그리고 마지막까지 가림판으로 가려져 있던 우승팀의 숨은 의미를 확인하면서 수업을 정리했다.

〈수업 노트 기록 3-8-1〉 인의예지 수업을 진행하면서 쓴 수업 노트 기록

2013년 9월 24일 화요일 4교시, 3학년 5반

- 인의예지 첫 수업. 인의예지란 주제로 빙고런닝맨 게임을 했다. 기대와 설렘 반, 잘 될 수 있을까하는 두려움 반으로 등에서 이름표를 떼는 스티커 대신에 끈에 풍선을 매달아 터트리는 방식으로 수업을 진행하려고 준비했다. 그런데 줄이 엉켜서 사용도 못 하고 그냥 다 터트려 버렸다. 하지만 바로 엉덩이 조끼(엉덩이 쪽 바지에 끼워 넣는 조끼)를 생각해내서 수업에 급하게 적용했다. 약한 빗줄기가 내리는 상황이라 어려움이 있었지만, 학생들의 반응은 대만족이었다.
- 인의예지 수업은 기존의 자유시간을 대체할 수 있는 프로그램이란 생각이 든다. 반 모두가 함께 즐길 수 있는 수업이다. 물론 수정할 부분이 있긴 하지만. 또 좋은 점이 있다. 수업이 끝난 후 게임에 관한 얘기들로 학생들이 이야기꽃을 피운다는 점이다.

2013년 9월 24일 화요일 6교시, 3학년 7반

- 지도 방법 변경. 학생들이 인의예지란 수업주제에 더 집중해야 하는데 단순히 빙고런닝맨 게임에 너무 집중하는 것 같아서 수업 마무리 때 인의예지 의미를 같이 읽었다. 비가 조금씩 내리는 흐린 날이었지만 수업을 강행했다. 바닥이 비에 젖어 있는 상태여서 더 조심스러웠다. 그래서 수업 전 주의사항을 더 강조해서 전달했다. 수업 초반 게임 방식을 설명할 때 좀 어수선했지만, 게임이 시작되니 금방 몰입하는 학생들을 볼 수 있었다.

2013년 9월 27일 금요일 1교시, 3학년 8반

- 다른 반과 마찬가지로 참여도와 학생들의 몰입도가 높았다. 특히 마지막엔 인 팀 1명, 예 팀 2명, 지 팀 1명, 총 4명이 살아남았을 때 운동장에서 최종 대결을 하게 했다. 비록 4명밖에 살아남지 않았지만, 나머지 모든 학생을 수업 속으로 끌어들일 만큼 박진감 넘치는 최종 승부가 이루어졌다.

2013년 10월 4일 금요일 6교시, 3학년 10반

- 전체적으로 인의예지란 의미보다 런닝맨이란 게임에 더 몰입하는 것 같아서 이 수업을 다듬을 필요가 있지만, 인성 쪽으로 중점을 둔다면 더 의미 있는 수업이 될 것 같다.

위의 〈수업 노트 기록 3-8-1〉은 인의예지 수업을 진행하면서 기록한 수업 노트의 내용을 나타내고 있다.

위의 기록을 통해 그 당시 수업 환경과 상황, 수업에 참여한 학생들의 모습 그리고 수업 진행 등을 엿볼 수 있다.

이 수업은 전체적으로 많은 학생들이 만족스러워했다. 학생들 중 대부분은 수업이 끝나도 교실로 들어가지 않았다. 그들은 친구들과 함께 이 수업에 관해 이야기하기 바빴다. 자신이 어떤 활약을 했는지, 어떻게 아웃 되었는지, 무엇이 즐거웠고 아쉬웠는지 등에 대해 말했다. 마치 유원지에서 스릴 넘치는 놀이기구를 막

타고 나온 학생들처럼 들뜬 표정으로 말이다. 이들의 모습을 보면서 이 수업에 대한 여운이 이토록 학생들을 생기 넘치게 만들고 많은 학생들과 교류하게 만들 수 있다는 점에서 이 수업의 또 다른 매력을 발견한 듯했다. 하지만 아쉬운 점도 있었다.

예를 들면 경기 중에 친구와 사소한 문제가 발생할 때도 있었고, 너무 일찍 아웃 돼서 오랫동안 팀원들과 함께하지 못함에 불만을 드러내는 학생도 있었다. 그리고 예상외로 게임이 너무 빨리 끝나는 반도 있었다. 무엇보다 수업주제를 많이 강조하려 했음에도 빙고런닝맨이란 게임에 너무 몰입하는 현상이 나타나기도 했다. 이런 점들은 더 연구해서 보완해야 할 점으로 남았다.

결과적으로 본다면, 이 수업은 자유시간에 대한 나의 고민을 어느 정도 해소해 준 수업이다. 우선 모두가 함께 참여하면서 자유시간보다 즐겁게 수업 시간을 보낼 수 있다는 측면에서 이 수업은 분명 자유시간을 대체하기에 충분한 수업이었다. 하지만 인성주제를 최우선으로 강조하고 그것을 깨닫고 실천하는 것이 인성주제 중심 체육수업의 목적이고 이를 달성하기 위해 신체활동이 정해진다고 봤을 때, 이 수업은 수업주제보다 신체활동이 갖는 매력이 너무 컸기 때문에 수업주제가 잘 드러나지 않는다는 아쉬움이 크게 남았다. 이런 점은 나에게 또 하나의 과제로 남았다.

수업 진행 및 활동사진

게임 방법 설명 및 준비

수업주제 및 의미 전달

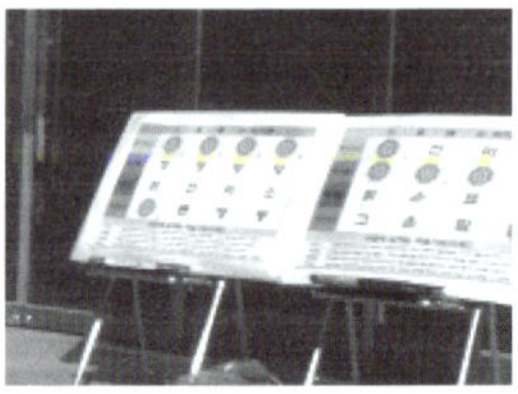

인의예지 의미판

빙고런닝맨 게임

인의예지 숨은 의미 전달 및 마무리

수업지도안

대 상	3학년	대영역	여가 활동	중영역	사회와 여가	일시	9월
장 소	운동장	인성주제	인의예지			차시	1/1
학습목표	• 빙고런닝맨 게임을 통하여 모두가 즐겁게 시간을 보낼 수 있다. • 빙고런닝맨 게임을 통해 수업에 임하는 마음가짐(인의예지)의 의미를 생각해 볼 수 있다.						
수업자료	팀 조끼, 옆구리 조끼, 인의예지 의미판, 가림판						

단 계	학습내용	교수-학습활동	시간	지도상 유의점
준비하기		• 수업 준비 -수업 환경 조성(수업 자료 준비, 수업 장소 정리)	-5분	
생각하고 떠올리기	• 인원점검 및 환자파악 • 전시학습 상기 • 학습목표 제시 • 팀 조직	• 출석확인, 건강상태 확인, 수업 준비 상태 확인 • 전시학습 상기 • 학습목표 제시 -수업주제 및 진행 방식 설명 • 팀 조직 -남녀 혼성팀(8~9명) 학생 자율 조직	7분	주의집중 소외되는 학생이 발생하지 않도록 당부
이해하고 활동하기	• 게임 설명 및 준비 • 주의사항 안내 • 최종 팀 회의 • 빙고런닝맨	• 게임 설명 및 준비 -게임 진행 방식 설명 -팀 조끼 및 엉덩이 조끼 착용 • 주의사항 안내 -수업 방해×, 계단/내리막길 추격전×, 주차 공간 사용×, 지나친 신체접촉× 등 • 최종 팀 회의 -팀 지정 장소로 이동 -게임 작전 구상하기 -준비운동 하기 • 빙고런닝맨	3분 (10분) 2분 (12분) 5분 (17분) 23분 (40분)	조끼 착용 여부 확인 수업주제를 강조하면서 분위기 조성 각 팀을 순회하며 질서 있게 준비될 수 있도록 지도 안전사고 예방 철저 게임이 과열되지 않도록 순회 지도
정리하고 반성하기	• 수업 정리 • 차시예고	• 수업 정리 -인의예지 숨은 의미 확인 -우승팀 발표 • 차시예고 -장　소: 운동장 -수업내용: NEVER GIVE-UP(육상 트랙 경기)	5분 (45분)	분위기 조성 경청

수업자료

仁 · 義 · 禮 · 智 의미판				
인(仁)	사	람	존	중
의(義)	규	칙	존	중
예(禮)	예	의	범	절
지(智)	바	른	언	행

수업에 임하는 마음가짐	
인(仁)	사람을 존중한다(자신과 동료와 상대편에 대한 사랑과 존중의 마음가짐을 지니고 이를 표현하려고 노력한다).
의(義)	규칙을 존중한다(매너 있는 플레이, 정직한 플레이를 통해서 정정당당한 태도를 가질 수 있도록 노력한다).
예(禮)	예의를 지킨다(공손한 표정과 환하게 미소 짓는 얼굴로 밝은 분위기의 수업이 될 수 있도록 노력한다).
지(智)	바른 말을 사용한다(비난하거나 욕하기보다 칭찬과 격려를 통해서 자신의 마음이 잘 표현될 수 있도록 노력한다).

仁 · 義 · 禮 · 智 의미판				
인(仁)	어	진	마	음
의(義)	멋	진	행	동
예(禮)	밝	은	표	정
지(智)	고	운	말	씨

수업에 임하는 마음가짐	
인(仁)	사람을 존중한다(자신과 동료와 상대편에 대한 사랑과 존중의 마음가짐을 지니고 이를 표현하려고 노력한다).
의(義)	규칙을 존중한다(매너 있는 플레이, 정직한 플레이를 통해서 정정당당한 태도를 가질 수 있도록 노력한다).
예(禮)	예의를 지킨다(공손한 표정과 환하게 미소 짓는 얼굴로 밝은 분위기의 수업이 될 수 있도록 노력한다).
지(智)	바른 말을 사용한다(비난하거나 욕하기보다 칭찬과 격려를 통해서 자신의 마음이 잘 표현될 수 있도록 노력한다).

仁 · 義 · 禮 · 智 의미판				
인(仁)	상	호	이	해
의(義)	정	정	당	당
예(禮)	환	한	미	소
지(智)	바	른	행	동

수업에 임하는 마음가짐	
인(仁)	사람을 존중한다(자신과 동료와 상대편에 대한 사랑과 존중의 마음가짐을 지니고 이를 표현하려고 노력한다).
의(義)	규칙을 존중한다(매너 있는 플레이, 정직한 플레이를 통해서 정정당당한 태도를 가질 수 있도록 노력한다).
예(禮)	예의를 지킨다(공손한 표정과 환하게 미소 짓는 얼굴로 밝은 분위기의 수업이 될 수 있도록 노력한다).
지(智)	바른 말을 사용한다(비난하거나 욕하기보다 칭찬과 격려를 통해서 자신의 마음이 잘 표현될 수 있도록 노력한다).

仁 · 義 · 禮 · 智 의미판				
인(仁)	타	인	배	려
의(義)	자	기	헌	신
예(禮)	바	른	인	사
지(智)	칭	찬	격	려

수업에 임하는 마음가짐	
인(仁)	사람을 존중한다(자신과 동료와 상대편에 대한 사랑과 존중의 마음가짐을 지니고 이를 표현하려고 노력한다).
의(義)	규칙을 존중한다(매너 있는 플레이, 정직한 플레이를 통해서 정정당당한 태도를 가질 수 있도록 노력한다).
예(禮)	예의를 지킨다(공손한 표정과 환하게 미소 짓는 얼굴로 밝은 분위기의 수업이 될 수 있도록 노력한다).
지(智)	바른 말을 사용한다(비난하거나 욕하기보다 칭찬과 격려를 통해서 자신의 마음이 잘 표현될 수 있도록 노력한다).

NEVER GIVE-UP(육상 트랙 경기) 수업

수업 실천 사례

〈표 3-9-1〉 단원 수업 계획

인성주제	NEVER GIVE-UP	신체활동	육상 트랙 경기
신체활동 가치	도전 활동	중영역	기록 도전
수업 장소	운동장	총 수업 차시	7차시
수업목표	• 육상 트랙 경기를 통해 Never give-up의 의미를 깨닫고 실천할 수 있다. • 육상 트랙 경기를 통해 단거리 달리기, 중거리 달리기, 이어달리기, 장애물 달리기의 방법과 특성을 이해하고 실천할 수 있다. • 인성피라미드 쌓기를 통해 Never give-up 인성피라미드의 인성요소를 이해하고 실천할 수 있다. • 수업을 통한 성취감이 Never give-up임을 알 수 있다.		
중점 사항	• Never give-up의 인성요소에 대한 이해와 실천이 수업 동안 지속될 수 있게 계획하고 진행한다. • 각 종목의 방법과 특성이 잘 나타나도록 파트별 수업 환경을 조성한다. • 1, 2차 기록 측정 방법을 잘 숙지시켜 기록을 단축할 수 있는 다양한 방법을 생각하게 하고 팀이 하나 될 수 있게 분위기를 조성한다. • 종합 트랙 경기 방법을 잘 이해할 수 있게 설명한다.		
수업준비물	초시계 2개(교사용, 학생용), 배턴 8개, 스타팅 블록 2set, 허들 6개, 사다리(훈련용) 1set, 훈련용 점프대 6set, 라인기, 캠코더, 수업 노트, 학습자료		

단원 수업 계획

차시	수업 세부 주제	학습목표	교수-학습 내용
1	Never give-up	• Never give-up 인성피라미드의 인성요소와 실천 방안을 이해할 수 있다. • 육상 트랙 경기에 필요한 파트별 활동 내용을 이해할 수 있다.	• 준비운동 후 중거리 달리기를 통해 Never give-up 체험하기 • 팀 구성: 4~5명 혼성팀, 7~8개 팀 • 파트별 운동 방법 설명 후 2개 팀을 한 조로 로테이션 진행
2		• 육상 트랙 경기를 위한 파트별 활동을 통해 각 종목별 운동 방법과 특성을 이해하고 실천할 수 있다. • Never give-up 인성피라미드 활용 방법을 이해하고 인성피라미드 쌓기(2~7차시)를 할 수 있다.	• 파트별 활동 A파트: 이어달리기(배턴 전달) B파트: 단거리달리기(스타트, 자세교정) C파트: 장애물달리기(허들 통과) D파트: 중 · 장거리달리기(페이스조절) • 수행평가 의미와 방법 설명
3		• 육상 트랙 경기를 위한 파트별 활동을 통해 각 종목별 운동 방법과 특성을 이해하고 숙달할 수 있다. • 수행평가 의미와 방법을 이해하고 팀의 목표를 달성하기 위해 1차 기록 측정을 준비할 수 있다.	
4	수행평가 (1차 기록 측정)	• 수행평가 의미와 방법을 이해하고 1차 기록 측정을 할 수 있다. • 수행평가를 통해 팀원 각자의 능력과 주자 배치의 중요성을 깨달을 수 있다.	• 1차 기록 측정의 의미와 방법 강조 • 팀별 준비 시간 • 1차 기록 측정
5	Never give-up	• 팀원들의 능력에 맞는 주자 배치를 통해 2차 기록 측정을 위한 종목별 맞춤 연습을 할 수 있다.	• 2차 기록 측정의 의미와 방법 설명 • 팀별 종합 연습
6			
7	수행평가 (2차 기록 측정)	• 수행평가의 의미와 방법을 이해하고 실시할 수 있다. • Never give-up 수업을 통해 느낀 점을 작성할 수 있다.	• 2차 기록 측정의 의미와 방법 강조 • 팀별 준비 시간 • 2차 기록 측정

수업 진행 순서 및 방법

〈표 3-9-2〉 수업 진행 순서 및 진행 방법

	1차시 (장소: 운동장)	2~3차시 (장소: 운동장)	5~6차시 (장소: 운동장)	4, 7차시 (장소: 운동장)
도입	• 전시학습 상기 • 학습목표 제시 • 준비운동 -스트레칭 -종합 트랙 경기 중 중거리 달리기 코스를 달리면서 Never give-up의 의미 이해하기	• 전시학습 상기 -파트별 운동 방법 -인성피라미드 인성 요소 및 실천 방안 • 학습목표 제시 • 준비운동 -스트레칭 -학교 달리기	• 전시학습 상기 -파트별 운동 방법 -NEVER GIVE-UP의 자세 • 학습목표 제시 • 준비운동 -스트레칭 -학교 달리기	• 전시학습 상기 -1~4번 주자의 특성 및 역할 -수행평가의 의미 및 방법 강조 • 학습목표 제시 • 준비운동 -스트레칭 -학교 달리기
전개	• Never give-up의 의미와 육상 트랙 경기와의 관계 설명 • Never give-up 인성피라미드 소개 및 적용 방법 안내 • 팀 구성 -4~5명 혼성팀 구성 -총 7~8개 팀 • 파트별 운동 방법 설명 및 시범	〈2~3차시〉 • 파트별 활동 -A파트: 이어달리기(배턴 전달) -B파트: 단거리달리기(스타트, 자세 교정) -C파트: 장애물달리기(허들 통과) -D파트: 중·장거리 달리기(페이스조절) 〈3차시〉 • 수행평가 의미와 방법 설명	〈5~6차시〉 • 종합 연습 -2차 기록 측정을 위한 종합 연습	〈4차시〉 • 1차 기록 측정 -팀 간의 경쟁 -1~4번 주자 선정 및 기록 측정 〈7차시〉 • 2차 기록 측정 -팀원 간의 협력 및 노력 -1~4번 주자 재선정 및 기록 측정
마무리	• 수업을 통한 목표 설정 • 학습자료 전달 및 사용 방법 안내 • 차시예고	• 수업 반성 -수업에 임하는 마음가짐 -파트별 핵심 사항 피드백 전달(팀별 주자의 역할, 배턴 전달 방법 및 배턴 전달 구역 활용, 허들 스텝 등) • 인성피라미드 쌓기 • 차시예고	• 수업 반성 -팀원으로서의 역할 및 자세 -기록 단축을 위한 주자별 역할 • 인성피라미드 쌓기 • 차시예고	• 수업 반성 -4차시: 기록 측정 후 보완점 -7차시: 기록 측정 후 평가 및 느낀 점 작성 • 인성피라미드 쌓기 • 차시예고

〈표 3-9-3〉 수행평가 내용 및 방법

<table>
<tr><th>구 분</th><th>수행평가 내용 및 방법</th></tr>
<tr><td>수업주제</td><td>NEVER GIVE-UP(절대 포기하지 마)</td></tr>
<tr><td>평가 내용</td><td>경기 기능은 허들 통과 여부와 배턴 전달 과정을 통해 평가한다. 그리고 오래달리기, 단거리 달리기, 장애물 달리기, 이어달리기 경기의 특성을 살려 만든 종합 트랙 경기의 기록(1차 기록 측정과 2차 기록 측정)을 바탕으로 수업주제를 얼마나 잘 이해하고 실천했는지를 팀으로 평가한다.</td></tr>
<tr><td>평가 방법</td><td>

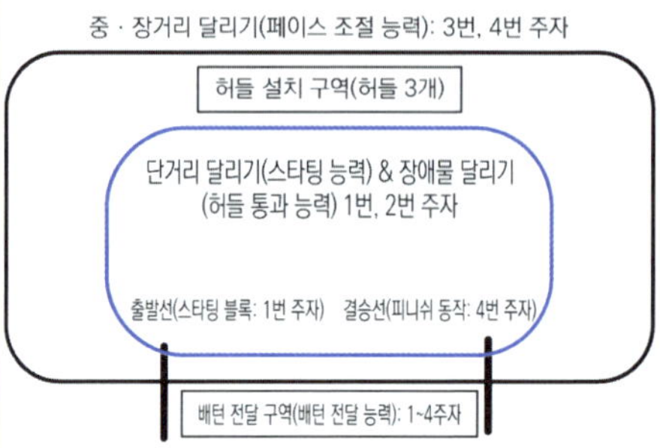

- 1번 주자: 가장 먼저 출발선에서 출발하여 단거리 달리기 코스를 뛰는 동안 3번의 허들을 통과하고 한 번의 배턴을 전달함.
- 2번 주자: 1번 주자와 동일
(총 1,2번 주자가 허들 6개를 통과하고 2번의 배턴을 전달함)
- 3번 주자: 2번 주자에게 배턴을 전달 받은 뒤 단거리 달리기 코스를 한 바퀴 뛴 뒤 곧바로 중 · 장거리 달리기 코스를 한 바퀴 뛰고 들어와 4번 주자에게 배턴을 전달한다. 이때 허들은 통과하지 않는다.
- 4번 주자: 3번 주자와 동일

<table>
<tr><th rowspan="2">성취기준</th><th colspan="3">평 가 기 준</th></tr>
<tr><th>상</th><th>중</th><th>하</th></tr>
<tr><td>육상 트랙 기록도전 스포츠의 경기 방법과 유형별 경기 기능을 이해하고 경기 상황에 적용할 수 있다.</td><td>육상 트랙 경기의 경기 방법과 유형별 경기 기능을 경기 상황에서 적절하게 적용해 수행할 수 있다.</td><td>육상 트랙 경기의 경기 방법과 유형별 경기 기능을 경기 상황에서 수행할 수 있다.</td><td>육상 트랙 경기의 경기 방법과 유형별 경기 기능을 경기 상황에서 수행하는 데 어려움이 따른다.</td></tr>
</table>

<table>
<tr><th>기 능</th><td colspan="3">▪ 배턴 전달 구역에서 3회의 배턴 전달을 적절히 수행할 수 있다.
▪ 허들 설치 구역에서 총 6회의 허들 통과를 적절히 수행할 수 있다.
▪ 총 9회의 경기 기능을 적절히 수행할 수 있다.</td></tr>
<tr><th rowspan="2">채점기준</th><th>상(20점)</th><th>중(16점)</th><th>하(12점)</th></tr>
<tr><td>총 9번의 기능 평가 중 9~8회를 적절히 수행할 수 있다.</td><td>총 9번의 기능 평가 중 7~5회를 적절히 수행할 수 있다.</td><td>총 9번의 기능 평가 중 4~0회를 적절히 수행할 수 있다.</td></tr>
</table>

<table>
<tr><th>가 치(1)
NEVER GIVE-UP</th><td colspan="3">• 육상 트랙 경기 방법과 유형별 경기 기능을 이해하고 경기 상황에 적용하여 완주할 수 있다.</td></tr>
<tr><th rowspan="2">채점기준
(기회 2회)</th><th>상(10점)</th><th>중(8점)</th><th>하(6점)</th></tr>
<tr><td>8개 팀 중 기록순으로 1~2위를 차지할 수 있다.</td><td>8개 팀 중 기록순으로 3~4위를 차지할 수 있다.</td><td>8개 팀 중 기록순으로 5~8위를 차지할 수 있다.</td></tr>
</table>

<table>
<tr><th>가 치(2)
기록향상을 위한 도전</th><td colspan="3">• 육상 트랙 경기 방법과 유형별 경기 기능을 이해하고 경기 상황에 적용하여 경기 기록을 단축시킬 수 있다.</td></tr>
<tr><th rowspan="2">채점기준</th><th>상(10점)</th><th>중(8점)</th><th>하(6점)</th></tr>
<tr><td>1차 · 2차 기록을 비교하여 8개 팀 중 기록 향상도에서 1~2위를 차지할 수 있다.</td><td>1차 · 2차 기록을 비교하여 8개 팀 중 기록 향상도에서 3~4위를 차지할 수 있다.</td><td>1차 · 2차 기록을 비교하여 8개 팀 중 기록 향상도에서 5~8위를 차지할 수 있다.</td></tr>
</table>

</td></tr>
<tr><td>준비 물품</td><td>1. 육상 트랙 경기 물품
-허들 큰 것 3개, 작은 것 3개, 배턴 8개, 콘, 스타팅 블록 2세트, 초시계
2. 라인기 및 기타 물품</td></tr>
<tr><td>반영 비율</td><td>총 40점</td></tr>
</table>

〈표 3-9-1〉, 〈표 3-9-2〉 그리고 〈표 3-9-3〉은 NEVER GIVE-UP 수업의 단원 수업 계획과 수업 진행 순서 및 방법 그리고 수행평가 내용과 방법을 나타내고 있다.

이 수업은 인의예지 수업 후 진행된 수업으로 2학기 마지막 수업이자 3학년 마지막 주제의 수업이다. 그리고 10월 초부터 시작해서 3학년 기말고사 전(10월 말)에 이 수업은 마무리될 계획이었다.

이 수업의 주제는 'NEVER GIVE-UP(포기하지 마)'이다. 이 주제는 힘든 일 또는 그러한 상황이 닥쳤을 때, 포기하지 않고 최선을 다하라는 의미로 도전정신을 강조하고 있다. 나는 이 수업을 통해 더 나은 무언가를 위해 포기하지 않고 최선을 다한다는 것이 어떤 것인지를 학생들에게 일깨워주고 싶었다. 그리고 그로 인한 만족감 및 성취감을 느끼게 해주고 싶었다. 무엇보다 중학교를 졸업하고 고등학생이 될 지금의 중학교 3학년 학생들이 고등학교라는 낯선 환경 속에서 어려워하고 힘들어할 때, 이 수업을 통해 기른 도전정신을 바탕으로 새로운 환경에 잘 적응할 수 있는 힘을 길러주고 싶었다. 그래서 수업주제가 NEVER GIVE-UP이 된 것이다.

이를 위한 신체활동은 육상 트랙 경기에 속하는 단거리 달리기, 이어달리기, 장애물 달리기 그리고 중·장거리달리기(오래달리기)다. 육상 종목을 선택한 이유는 크게 2가지다.

첫 번째 이유는 육상이라는 신체활동을 많은 학생들이 다른 신체활동에 비해 좋아하지 않는다는 점이다. 이러한 점이 수업에 대한 학생들의 흥미와 관심을 떨어뜨리고 심지어 수업하고자 하는 학생들의 의지를 쉽게 꺾을 수 있을 것 같았다. 수업주제가 NEVER GIVE-UP인데, 학생들이 좋아하고 즐겨할 수 있는 신체활동을 계획한다는 것이 왠지 앞뒤가 맞지 않는 것 같았다. 그래서 어렵고 힘든 상황을 만들기 위해 육상 트랙 경기에 속하는 종목을 신체활동으로 정했다.

두 번째 이유는 앞에서도 이야기한 적이 있지만, 그 당시 근무하던 학교는 체육수업을 하기엔 좋지 않은 환경과 상황을 갖고 있었다. 특히 육상과 같은 종목을 하기엔 더욱 그랬다. 운동장은 굉장히 좁았고 매일 서로 다른 학년의 체육수업이 함께 이루어졌다. 한 개 반만 수업한다고 해도 수업 환경을 조성하기 쉽지 않은 공간인데 같은 학년도 아닌 서로 다른 학년의 학생들이 서로 다른 수업을 한다는 것 자체가 2개 학년 모두의 수업을 온전히 하지 못하게 만드는 상황이었다. 나는 이런 환경과 상황이 싫었다. 수업을 열심히 계획하고 준비해도 다른 외적 요인에 의해 수업을 계획대로 진행할 수 없는 현실이 싫었고, 이런저런 이유(핑계와 변명)로 할 수 있는 수업과 할 수 없는 수업을 결정해 놓고 수업을 계획하는 나 자신이 싫었다. 그래서 하기 힘들 것 같고, 할 수 없을 것 같은 육상 트랙 경기에 속하는 종목을 신체활동으로 정한 것이다. 그것도 교과서에 나오는 4개 종목 모두를 말이다. 어떻게 보면 육상 트랙 경기의 종목들을 신체활동으로 정한 이유가 더 이상은 처한 환경과 상황에 끌려가지 않겠다는 나의 결심 때문이었는지도 모른다.

이 수업은 총 7차시로 계획됐다. 운동장도 좁고 여건도 좋지 않은 상황에서 육상 트랙 경기에 나오는 4개의 종목을 단 7차시 만에 끝내겠다는 계획을 세웠다. 무모할 수도 있었지만, 학교 특성에 맞게 변형 육상 트랙 경기를 계획하고, 4가지 종목의 핵심적인 신체 기능(단거리 달리기: 크라우칭 스타트, 중·장거리 달리기: 페이스 조절, 이어달리기: 배턴 전달, 장애물 달리기: 허들 통과)만을 뽑아 환경에 맞게 수업 내용과 방법을 재구성한다면 어려울 것도 없겠다 싶었다. 그리고 무엇보다 수업의 목표를 달성하는 데 있어서 가장 중요한 것은 수업의 길이가 아니라 수업에 참여하는 학생들의 마음가짐이라고 생각했다. 다시 말해 수업의 목표를 달성하기 위해 수업을 얼마나 오랫동안 지속하는가가 아니라 그 수업에 학생들이 어떤 마음가짐을 가지고 참여하게 하는가가 더 중요하다고 생각했다. 학생들이 수업주제에 맞는 수업목표를 달성하기 위해 의지를 다지고 수업에 적극적으로 참여한다면 비록 7차시밖에 안 되는 짧은 시간이지만 충분히 수업목표를 달성할 수 있다고 생각했다.

이 수업은 계획 단계부터 준비할 것들이 많았다. 그중 가장 급한 것은 내가 가진 생각이 현실적으로 실현 가능한가에 대한 확신을 갖는 것이었다. 그러기 위해선 4가지 육상 종목의 핵심 기능이 잘 발휘될 수 있는 변형 육상 트랙 경기장이 필요했다.

〈표 3-9-4〉 변형 육상 트랙 경기 설계도와 경기 진행 방식

실제 지형을 이용한 계획

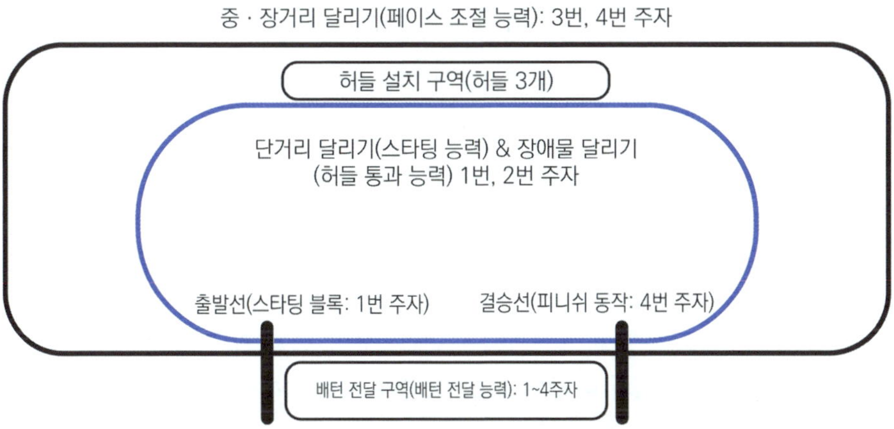

문서상 계획

- 1번 주자: 출발선에서 가장 먼저 출발하여 단거리 달리기 코스를 한 바퀴 돌아 출발선으로 들어온다. 이때 허들 설치 구역의 설치되어 있는 3개의 허들을 통과하고 배턴 전달 구역에서 기다리고 있는 2번 주자에게 배턴을 이어준다.
- 2번 주자: 배턴 전달 구역에서 1번 주자에게 배턴을 이어받고 단거리 달리기 코스를 한 바퀴 돌아 출발선으로 들어온다. 이때 허들 설치 구역에 설치되어 있는 3개의 허들을 통과하고 배턴 전달 구역에서 기다리고 있는 3번 주자에게 배턴을 이어준다.
- 3번 주자: 배턴 전달 구역에서 2번 주자에게 배턴을 이어받고 단거리 달리기 코스를 한 바퀴 뛴 뒤, 곧바로 이어진 중 · 장거리 달리기 코스를 또다시 한 바퀴 돌아서 출발선으로 들어온다. 이때 배턴 전달 구역에서 기다리고 있는 4번 주자에게 배턴을 이어준다. 3번 주자는 허들을 넘지 않는다.
- 4번 주자: 배턴 전달 구역에서 3번 주자에게 배턴을 이어받고 단거리 달리기 코스를 한 바퀴 뛴 뒤, 곧바로 이어진 중 · 장거리 달리기 코스를 또다시 한 바퀴 돌아서 출발선을 지나 결승선을 통과한다. 4번 주자는 허들을 넘지 않는다.

경기 진행 방식

〈표 3-9-4〉는 이 수업을 위한 변형 육상 트랙 경기장의 설계도와 경기 진행 방식을 나타내고 있다.

실제 지형을 이용한 계획을 보면, 그 당시 근무하던 중학교 운동장의 모습을 확인할 수 있다. 부족한 부지에 산을 깎아 세운 학교라서 운동장도 불규칙한 형태를 띠고 있고 주차장도 협소하여 교사들의 차량이 운동장 한쪽을 늘 침범했다. 게다가 남녀 공학으로 한 반의 학생 수가 30명이 넘었고, 30개 이상의 학급이 있었던 학교라서 운동장에 2개 이상의 반이 나오게 되면 정상적인 수업을 하기가 굉장히 힘들었다. 하지만 이러한 환경과 상황을 탓할 순 없었다. 최대한 학교의 환경에 맞게 수업을 계획하고 준비해야 했다. 그렇게 해서 나온 것이 〈표 3-9-4〉에 나타난 변형 육상 트랙 경기장이다. 이 경기장은 학생들이 달릴 수 있는 트랙을 만든 것뿐 아니라 각 종목의 특성을 고려하여 핵심 기능이 잘 나타나게 만들어졌다. 특히 중·장거리 달리기 코스의 경우 오르막길 코스와 내리막길 코스를 함께 구성함으로써 다양한 상황에서 학생들이 페이스 조절 능력을 기를 수 있게 환경을 조성했다.

다음으로 준비할 사항은 수업에 사용할 기자재를 확보하는 일이었는데 허들, 스타팅 블록, 그리고 배턴이 필요했다. 난 이것들이 학교에 있다는 사실을 이미 알고 있었다. 다만 워낙 오랫동안 사용되지 않았기 때문에 수업에서 사용 가능한지를 확인해야 했다. 다행히 녹이 슬고 먼지가 쌓여 손을 좀 봐야 했지만, 수업에 충분히 사용할 수 있었다. 이렇게 수업 준비가 이루어지자 이 수업에 대한 실현 가능성을 어느 정도 확신할 수 있었다. 그리고 구체적인 학습자료를 만들고 세부적인 수업 진행 방식을 계획하면서 성공 가능성에 대해서도 어느 정도 확신이 들었다. 하지만 전혀 예상하지 못한 변수가 생겼고, 그로 인해 상당히 어렵게 수업이 진행됐다.

그해 10월은 두 번의 공휴일이 있었다. 10월 3일 개천절과 10월 9일 한글날이다. 공휴일을 학기 초에 이미 예상했고, 그날을 빼고 수업 시수를 계산해서 수업 진행 계획을 세웠다. 하지만 3학년 체육수업이 주당 2시간이던 그 당시, 두 번의 공휴일이 수업의 흐름을 어떻게 끊어놓을지에 대해 전혀 예상하지 못했고, 그로 인해 어떤 어려움이 생길지도 생각하지 못했다. 게다가 그해 가을엔 태풍(다나스)의 발생으로 비가 내리는 바람에 운동장에서 수업하지 못하는 날도 생겼다.

〈수업 노트 기록 3-9-1〉 수업 노트 기록 중 일부

2013년 10월 22일 화요일 6교시, 3학년 10반(2차시)

- 10반 첫 시간인 줄 알았는데 학생들이 지난 시간 수업을 했고, 이번이 두 번째 시간이라고 말했다. 난 기억이 안 났다. 첫 시간인 줄로만 알고 수업을 준비한 것이 틀어져 버렸다. 급하게 2차시 수업을 진행했고 그런 바람에 학습 보조 자료를 학생들에게 나눠주지 못했다.

2013년 10월 16일 수요일 3교시, 3학년 4반(2차시)

- 15일 화요일 수업을 비가 내려서 하지 못했다. 그래서 오늘 수업이 없는 시간에 과학 선생님의 수업을 빌려 수업을 진행했다.

위의 〈수업 노트 기록 3-9-1〉은 3학년 4반과 3학년 10반 수업 후 기록한 수업 노트 내용 중 일부분을 나타내고 있다.

3학년 10반은 10월 8일에 1차시 수업을 한 뒤, 2주 만인 10월 22일에서야 2차시 수업을 할 수 있었다. 그리고 3학년 4반은 10월 8일에 1차시 수업을 한 뒤, 1주일이 지나서야 2차시 수업을 할 수 있었다.

위의 노트에 쓴 기록은 수업의 흐름이 1주 이상 끊기면서 교사가 수업했다는 사실조차 잊어버리고 다른 차시의 수업을 준비했으며, 수업 결손을 막기 위해 다른 교과 선생님의 수업을 빌려서까지 체육수업을 진행했던 그 당시 상황이 나타나 있다. 이처럼 학기 초 전혀 예상치 못한 일들로 인해 10월에 시작한 이 수업은 정말 힘들게 진행되었으며, 여러 교과 선생님들의 수업을 빌려 쓰고, 수업 계획을 단축해서 겨우 기말고사 전에 수업을 마무리할 수 있었다. 하지만 이 수업을 통해 학생들의 하고자 하는 순수한 의지를 끌어낼 수 있었다는 점과 그동안 내가 가지고 있었던 여러 가지 편견들을 깰 수 있었다는 점에서 이 수업은 학생들과 나에게 상당히 의미 있는 수업이 되었던 것 같다.

1차시 수업의 가장 중요한 목표는 수업의 전반적인 진행 방식과 변형된 육상 트랙 경기에 필요한 파트별 활동 내용을 이해하고 숙지하는 것이다. 이 수업은 NEVER GIVE-UP 수업의 오리엔테이션과 같다. 대부분의 시간을 이 수업의 주제와 의미, 팀 조직 그리고 수업의 전반적인 진행 방법에 관해 설명하고 시범을 보이는 데 썼다. 실질적으로 이 시간에 학생들이 참여한 신체활동은 준비운동밖에

없었다.

나는 늘 하던 것처럼 수업 시작 전 수업 준비를 마치고 학생들을 기다렸고, 수업 시작종 소리에 맞춰 학생들의 이름을 부르며 출석을 확인했다. 출석을 확인한 뒤에 학생들을 잠시 자리에 앉히고 이 수업에 대한 전반적인 안내를 간략히 했다. 이후 스트레칭으로 몸을 풀고 학교 뛰기를 두 번 했다. 보통의 경우엔 스트레칭 후 운동장을 한 바퀴 뛰는 것으로 준비운동을 끝냈는데, 이 수업에서는 운동장이 아닌 학교 뛰기를 준비운동으로 계획했다. 그것도 한 번이 아닌 두 번으로 말이다. 그렇게 한 이유는 학교 뛰기 코스가 중·장거리 달리기 코스였기 때문이다. 그리고 전체적으로 수업 진행을 원활히 하고 다른 파트에서 시범을 보이고 설명할 수 있는 시간적 여유를 갖기 위해서였다. 준비운동을 하면서 그 시간에 중·장거리 달리기 파트에 대한 설명도 이루어졌기 때문에 이 파트에 대한 시범과 설명에 사용될 시간을 절약할 수 있었다. 특히 학교를 두 번 뛰면서 숨이 차오르는 상황을 학생들이 직접 경험해 보고, 그것을 통해 페이스 조절 능력이 무엇이며 왜 필요한지에 대해 느껴봄으로써 NEVER GIVE-UP에 대한 수업의 의미도 다시 생각해 볼 수 있게 했다.

처음 학교를 한 바퀴 뛸 땐, 내가 선두에서 학생들을 이끌면서 중·장거리 달리기 코스를 익히게 했다. 한 바퀴를 돌고 모인 학생들의 표정은 다양했다. 힘들어하는 학생도 있었고, 도착하자마자 주저앉는 학생도 있었다. 그리고 이쯤이야 하면서 아무렇지 않은 것처럼 멀쩡해 보이는 학생도 있었다. 대체로 여학생들이 많이 힘들어했다. 잠시 숨 고를 시간을 가진 뒤 다시 한번 더 뛰었다. 두 번째로 달릴 땐, 빨리 뛸 수 있는 학생들은 나를 앞질러 갈 수 있게 했다. 많은 남학생들이 순식간에 날 앞질러 나갔다. 반면에 여학생들은 조심스럽게 내 뒤를 따라 뛰었다. 그중에 몇몇은 체력이 바닥났는지 힘들어하는 모습도 보였다. 나는 점점 뒤처지는 여학생들에게 포기하지 말고 끝까지 뛰어보라며 격려하고 응원하면서 함께 뛰었다. 2번의 학교 뛰기를 마쳤을 때 처음보다 많은 학생들이 힘들어했다. 특히 초반에 자신의 능력을 뽐내기라도 하듯 빨리 뛴 남학생들이 후반에 많이 처지고 힘들어하는 모습을 보였다. 두 번의 학교 뛰기를 모두 마친 뒤에 나는 힘들어하는 학생들에게 페이스 조절이 무엇이며, 그 능력이 왜 필요한지 그리고 어떻게 뛰어야 페이스 조절이 잘 되는지를 설명했다. 물론 오르막길 코스와 내리막길 코스를 달릴 때의 방법도 알려 주었다. 무엇보다 초반에 페이스 조절에 관해 설명하지 않고 학교 뛰기를 했기 때문에 학생들이 자신의 체력을 생각하지 않고 막 뛰게 만듦으로써 페이스 조절의 필요성을 직접 느껴 볼 수 있게 한 것이 학생들의 이해를 도왔던 것 같다. 게다가 짧은 시간이었지만 마지막 오르막길 코스에서 뛰기를 포기하고 걷는 모습을 보이는 학생들에게 "걷고 싶은 마음이 바로 포기하고 싶은 마음과 같아. 그럴 때 포기하지 않고 끝까지 뛰겠다고 마음을 갖는 게 바로 NEVER GIVE-UP이야."라고 말하면서 수업주제를 학생들이 직접 느끼고 체험할 수 있게 했다.

준비운동 겸 중·장거리 달리기 코스 운동 방법에 대한 설명이 모두 끝난 뒤 팀을 조직했다. 팀 조직은 무작위 뽑기 방식으로 남녀 혼성 4명을 한 팀으로 하여 총 8개 팀을 조직하였다. 보통 32명이 한 반을 이루었지만 몇몇 반은 33명 또는 34명이 한 반을 이룬 반도 있었기 때문에 경우에 따라선 5명이 한 팀이 되는 일도 있었다. 나는 늘 하던 것처럼 팀 조직 방식과 팀 구성 인원수만을 알려 주고 곧바로 팀 조직에 들어갔다. 학생들 역시 이런 방식에 익숙한 듯 아무렇지 않게 뽑기 통에서 뽑기 뚜껑을 뽑아 자신의 팀을 확인하고 미리 정해진 자리로 이동하여 앉았다. 한 팀이 된 학생들은 서로를 확인한 뒤 팀을 이끌 주장을 뽑았다. 주장이 되는 조건이나 기준 같은 것은 따로 없었다. 팀을 위해 헌신하고 최선을 다할 마음의 준비만 되어 있다면 누구든 주장이 될 수 있었다.

나는 새로운 수업이 시작될 때마다 팀을 정하고 그 팀을 이끌 주장을 뽑았다. 물론 학생들이 상의해서 직접 뽑는 방식이다. 여기에는 한 가지 조건이 있는데, 한 번도 주장을 맡아보지 않은 학생 중에서 주장을 뽑아야 했다. 다시 말해 다른 주제의 수업에서 주장을 맡아 본 학생들은 자연스럽게 주장 후보에서 제외됐다. 이렇게 주장을 뽑다 보면 주장의 역할을 잘 해내지 못할 것처럼 보이는 학생이 주장이 될 때도 있고, 운동과는 전혀 상관이 없을 것 같은 학생이 주장이 되는 경우도 생긴다. 물론 자신이 원해서 주장이 되겠다고 나서는 학생도 있지만, 어쩔 수 없이 팀원들에게 떠밀려서 주장이 되는 학생도 있다. 어찌 되었건 간에 마지막 절차는 주장으로 지목된 학생의 최종 동의를 얻어야 했다. 모두가 원했더라도 본인이 하기 싫을 경우, 싫다는 의사 표현을 확실히 하게 했고 그럴 때는 더 이상 권하지 않고 다른 학생을 주장으로 뽑았다.

주장까지 뽑고 팀 조직이 끝난 다음, 이 수업의 수행평가 방식에 관해 설명했다.

이 수업은 40점이라는 수행점수가 배점되어 있었다. 그중 20점은 운동 기능 평가이고 나머지 20점은 기록 측정을 통해 포기하지 않고 최선을 다하겠다는 팀원들의 마음가짐을 평가했다.

운동 기능은 장애물 달리기의 허들 통과하기와 이어달리기의 배턴 전달하기가 평가 내용이었다. 4명의 주자가 변형된 육상 트랙 경기에 참여하는 동안 6번의 허들 통과와 3번의 배턴을 전달하도록 하여 그 성공 횟수를 평가에 반영한 것이다. 이때 1차 기록 측정과 2차 기록 측정이 있었기 때문에 운동 기능에 대한 평가 역시 2번 실시하게 되며, 그중 우수한 기능 수행을 평가에 반영했다.

기록 측정은 1차와 2차로 나눠 각각 10점씩, 총 20점이 배점되어 있었다. 1차 기록 측정은 팀원 모두가 이어달리기 방식으로 1번부터 4번 주자의 역할을 맡아서 정해진 방법대로 변형된 육상 트랙을 달린 기록을 재고 8개 팀의 기록을 비교하여 빠른 기록 순으로 높은 수행점수를 부여하는 방식으로 이루어졌다. 2차 기록 측정은 1차 기록 측정과 달리 자기 팀의 1차 기록과 2차 기록을 비교하여 향상된 정도로 팀 간의 순위를 정했다. 이때 기록이 많이 향상된 팀일수록 높은 수행점수를 받는 방식으로 평가가 이루어졌다. 2차 기록 측정에서는 자기 팀이 다른 팀과 비교하여 얼마나 빠른 기록을 냈는지는 의미가 없다. 예를 들어 A팀의 2차 기록이 8개 팀 중 6위를 해당하는 기록을 얻었다고 하더라도 자기 팀의 1차 기록과 비교하여 향상된 정도가 8개 팀 중 1위에 해당한다면, 수행점수는 6위가 아닌 1위에 해당하는 점수를 받는 것이다. 물론 이때는 1차 기록 측정 때 뛰었던 팀원들의 역할이 바뀔 수 있다. 1번 주자가 4번 주자로 뛸 수도 있고, 2번 주자가 1번 주자로 바뀔 수도 있었다.

나는 이와 같은 기록 측정 방식(1차 기록 측정 후 연습 기간을 갖고 2차 기록을 측정하는 방식과 기록 측정 때 역할 변경을 가능하게 하는 방식)을 통해 팀 간의 경쟁보다는 팀원들 간의 협동으로 만들어 낸 2차 기록이 1차 기록보다 더 중요하다는 사실을 깨닫게 해주고 싶었다. 또한 이러한 방식은 수업 시간에 배운 신체활동을 수행평가에 단순히 적용하는 수준을 넘어 4가지 육상 종목의 핵심 기능, 팀원들의 향상된 능력, 하고자 하는 의지, 팀을 위한 헌신, 남녀 성별이 기록에 미치는 영향 등을 종합적으로 고려하여 기록 향상을 위한 구체적인 전략을 수립하게 함으로써 학생들 간의 의사소통 및 고차원적인 사고가 가능하게 했다.

수행평가에 대한 설명을 마치고 새롭게 정해진 팀원들의 빠른 관계 형성을 돕기 위해 학생들에게 〈멘트 3-9-1〉과 같이 말했다.

〈멘트 3-9-1〉 팀 조직 후 관계 형성을 위한 내용

"잘 들어 봐. 1차 기록 측정의 경우, 기록이 빠른 순서대로 수행 점수가 높다고 했지? 자신이 생각했을 때 우리 팀에 '얘는 달리기 되게 느려, 에이~ 우리 망했네'라고 생각이 드는 학생도 있을 거야. 그런데 중요한 건 2차 기록이야.

예를 들어, 1차 기록 측정 때 정말 잘 뛰는 애들만 모인 팀은 기록이 굉장히 좋겠지? 그런데 그 팀은 2차 기록 측정 때 자기 팀의 1차 기록을 능가하기 위해서는 1차 기록 측정 때보다 더 최선을 다해서 뛰어야 할 거야. 최선을 다하더라도 조금밖에 기록이 향상되지 않거나 1차 기록 때보다 2차 기록이 더 나빠질 수도 있어.

2차 기록 측정은 1차 기록과 비교해서 향상된 정도만을 가지고 수행평가를 봐. 예를 들어, 1차 기록 측정 때 우리 팀에 못 뛰는 친구가 있었기 때문에 기록이 다른 팀에 비해 나빴다고 하자. 하지만 잘 못 뛰는 학생들은 자세가 잘못되었거나 많이 뛰어보지 못했기 때문에 또는 자신감이 없기 때문에 기록이 좋지 않은 경우가 많거든. 그런 부분을 수업 시간에 열심히 노력하고 연습해서 보완한다면 오히려 잘 뛰는 학생들보다 그렇지 못한 학생들이 2차 기록 측정에서 팀의 기록을 향상하는 데 큰 도움을 줄 가능성이 훨씬 더 커. 다시 말하자면, 잘 뛰지 못하는 학생들이 2차 기록 측정 때 팀의 기록을 많이 향상시킬 중요한 학생이 되는 거야.

결론은, 우리 팀에 잘 뛰는 학생이 있건, 그렇지 않은 학생이 있건 간에 모두가 중요하다는 사실을 반드시 명심해야 해. 중요하지 않은 사람은 없어.

여러분, 지금까지 선생님과 수업을 함께 해 와서 잘 알 거야. 지금 원하지 않는 사람과 한 팀이 됐을 수도 있어. 여러분이라면 어떻게 해야 빨리 한마음이 돼서 팀이 뭉칠 수 있는지 잘 알고 있을 거야. 친하고 안 친하고를 떠나 서로 많이 끌어줘야 하고, 도와줘야 해. 그리고 자기도 팀을 위해 최선을 다해야 한다는 거 알고 있지?"

위와 같이 학생들에게 말한 뒤, 각 파트별 신체활동에 관한 설명을 하고 시범을 보였다.

본격적으로 시범과 설명이 처음 이루어진 파트는 단거리 달리기 파트였다. 이 파트는 달리기 자세 교정과 스타팅 블록을 이용한 출발 자세를 연습할 수 있게 수업 준비가 되어 있었다.

자세 교정 파트	스타트 연습 파트

〈사진 3-9-1〉 단거리 달리기 파트

위의 〈사진 3-9-1〉은 단거리 달리기 파트에서 이루어지는 시범과 설명하는 모습을 나타내고 있다.

위의 왼쪽 사진은 달리기 연습용 허들과 사다리를 이용한 자세 교정 파트를 나타내고 있고, 오른쪽 사진은 스타팅 블록을 활용한 단거리 달리기 스타트 연습 파트를 나타내고 있다.

자세 교정 파트에서는 달릴 때 기록을 단축하기 위한 팔과 다리의 동작 그리고 시선 처리에 대한 시범을 정확히 보여주는 것에 중점을 두고 설명이 이루어졌다. 이후 바로 옆에 설치되어 있는 스타팅 블록 쪽으로 학생들을 이동시켰다.

스타팅 블록을 이용한 크라우칭 스타트 방법은 '제자리에', '차려', '출발'의 3가지 구령에 맞춰 자세를 취하면서 시범을 보였다.

이어서 장애물 달리기 파트에 대한 설명을 하기 위해 학생들을 운동장 반대편으로 이동시켰다. 운동장의 한가운데에는 남학생용 허들 3개와 여학생용 허들 3개가 이미 설치되어 있었다. 나는 허들 앞에서 허들을 넘는 방식에 대해 먼저 설명한 뒤에 2번에 걸쳐 허들을 직접 넘는 시범을 보였다. 학생들은 나의 시범을 보고 "우와~" 하는 소리와 함께 박수를 쳐주었다. 무리 없이 허들을 잘 통과했고, 학생들의 반응도 좋았다.

사실 1월에 아킬레스건이 파열되는 사고를 겪은 후 매일같이 재활에 힘썼지만 2학기가 시작되고 나서도 예전처럼 전력으로 달릴 수 없는 상황이었다. 그래서 9월부터는 퇴근 후 집 근처에 있는 고등학교 운동장에서 꾸준히 달리기 연습을 하면서 예전의 컨디션을 찾기 위해 노력했다. 하지만 달리기 연습을 하면서도 학생들 앞에서 허들 넘는 시범을 잘 보일 수 있을지가 늘 걱정이었다. 그런데 막상 시범을 보이고 학생들의 반응까지 확인하고 나니 안심이 되기도 하고 수업을 잘 진행할 수 있겠다는 자신감도 생겼다.

마지막으로 이어달리기 파트에 대한 설명은 처음 수업을 시작했던 장소로 다시 이동한 뒤 이루어졌다. 수업 마칠 시간이 얼마 남지 않았기 때문에 배턴을 잡는 방법과 배턴을 이어주는 방법에 대해 간략히만 설명하고 마쳤다. 그리고 학습 보조 자료를 주장들에게 나눠주면서 필요한 부분을 확인하고 작성해서 매 수업 시간 사용할 수 있게 가지고 나올 것을 당부했다.

1차시 수업은 전체적으로 학생들의 신체활동 참여 시간이 매우 짧았던 반면, 비활동적으로 수업에 참여하는 시간이 아주 길었다. 수업 시간 대부분을 교사 주도로 수업 진행에 필요한 내용과 그에 따른 시범을 보이고 설명을 하는 데 사용했다.

흔히 운동장에서 수업할 때 교사의 설명이 길어지면 학생들이 집중하지 못하고 심지어 설명까지 제대로 듣지 않을 것으로 생각하는 경우가 많다. 나 역시 그런 우려가 없었던 것은 아니다. 하지만 이 수업을 진행하면서 그런 우려가 사라졌다. 오히려 시간이 지나면서 학생들이 갖는 수업에 대한 기대감이 커지는 것을 느낄 수 있었다.

〈학생 기록 3-9-1〉 학습 보조 자료에 쓴 학생들의 수업 후 느낀 점

NEVER GIVE-UP 1차시 수업을 마치고 쓴 느낀 점

이○○: 팀을 정하고, 그 팀에서 주장을 맡게 되었는데 최선을 다하겠다.
신○○: 내가 달리기 수업을 잘 마칠 수 있을까, 조금 걱정되기는 하지만 최선을 다하겠다.
김○○: 수업에 열심히 해서 목표를 이뤘으면 좋겠다.
이○○: 조를 뽑고 나서 설명 듣는 게 재밌었다.
나○○: 달리기를 좋아해서 재미있었다.
안○○: 뛰면서 토할 뻔했지만 재미있고 다음 시간이 기대된다.
전○○: 오래달리기가 너무 힘들었지만 빨리 이어달리기를 하고 싶다.
안○○: 장애물 달리기에 자신감이 없었지만, 선생님의 설명을 듣고 자신감이 생겼다.
김○○: 팀을 짜고 조금 실망스러웠지만 잘 할 것이라 믿는다.

박○○: 팀원들에게 기대가 된다.
임○○: 팀을 짜고 종목을 보니 기대되었다.
주○○: 왠지 흥미진진하고 재밌어 보인다.
권○○: 달리는 걸 싫어하는데 앞으로 어떻게 해야 할지 잘 모르겠다.
박○○: 허들의 요령과 페이스 조절을 알게 되었다.
이○○: 앞으로 더 힘들겠지만 노력하겠다.

위의 〈학생 기록 3-9-1〉은 1차시 수업을 마치고 학생들이 학습 보조 자료에 쓴 느낀 점을 나타내고 있다.

〈수업 노트 기록 3-9-2〉 수업 노트 기록 중 일부

2013년 10월 16일 수요일 1교시, 3학년 1반(1차시)

- 휴일, 학급 소풍으로 인해 수업을 많이 빠진 반. 하지만 여러 반 수업을 진행하면서 습득한 수업 진행에 대한 노하우가 쌓여 수업 진행이 잘 이루어진 것 같음. 오랜만의 체육수업이었는데도 수업 참여가 좋았음.

2013년 10월 16일 수요일 6교시, 3학년 3반(1차시)

- 평소 수업에 집중도가 떨어지는(장난이 다소 많은) 반이고 오랫동안 수업을 못했던 반이라 걱정했는데 나름대로 수업 진행이 잘 된 것 같다. 특히 오늘 하루만 허들 시범을 20번 이상 보인 것 같다. 6교시 정말 젖 먹던 힘까지 짜내서 수업한 것 같다.

2013년 10월 16일 수요일 5교시, 3학년 8반(1차시)

- 10월은 연휴 때문에 나에게 잔인한 달 같다. 연휴로 인한 수업 진도 차이가 반별로 너무 심하다. 8반 수업. 가을이지만 무더운 오후(5교시) 수업. 하지만 8반이어서 수업이 잘 진행되었던 것 같다. 계속된 수업으로 목이 아프지만 1차시에 전달하고자 하는 것을 명확하게 전달한 것 같다. 다음 시간이 기대된다.

위의 〈수업 노트 기록 3-9-2〉는 3학년 1반, 3반 그리고 8반의 1차시 수업을 진행하고 기록한 수업 노트 내용의 일부분을 나타내고 있다.

위의 두 가지 글을 통해 이 수업에 대한 학생들의 반응과 내 생각을 엿볼 수 있다.

처음 이 수업을 계획할 때만 해도 가장 큰 걱정은 육상이라는 신체활동에 대한 학생들의 거부감이었다. 하지만 막상 수업을 진행해보니 이 수업에 대한 학생들의 반응이 기대 이상으로 긍정적이란 것을 알 수 있었다. 물론 육상이란 신체활동을 재미있고 즐겁다고 생각하기 때문은 아니다. 학생들은 이 활동이 쉽지 않고 어려울 수 있다는 사실을 잘 알고 있었다. 하지만 이 수업의 주제와 수업 방식(수행평가 포함)이 학생들의 흥미와 관심을 끌었던 것 같고, 무엇보다 3학년 마지막 수업을 잘 마무리하겠다는 마음가짐도 어느 정도 작용했던 것 같다.

2차시 수업목표는 육상 트랙 경기의 주요 신체활동을 이해하고 정확한 방법으로 익히는 것과 이 수업을 통해 이루고자 하는 개인의 목표를 설정하는 것이다.

2차시 수업은 출석 확인 후 곧바로 스트레칭으로 몸을 풀었다. 그리고 학교 뛰기에 앞서 수행평가 방식에 대해 다시 설명하면서 각 주자의 역할을 정확히 이해하는 것이 무엇보다 중요하단 사실과 기록 측정 때 각자의 역할은 팀 자율로 정할 수 있음을 알렸다. 이어서 지난 시간 설명과 시범이 부족했던 이어달리기 파트에 대해 간략히 보충 설명을 했다. 특히 배턴 전달 구역은 기록을 단축할 수 있는 중요한 지점임을 강조해서 설명했다.

학교 뛰기는 지난 시간과 같은 방식으로 한 바퀴를 뛰었다. 한 바퀴라서 그런지 대부분의 학생들이 괜찮아 보였지만, 그래도 몇몇 학생들은 힘들어 보였다.

준비운동을 모두 마친 뒤, 이번 시간 어떻게 수업을 진행할지 설명하고 파트별 활동에 팀별로 참여할 수 있게 했다. 각 파트별 활동 내용은 다음과 같다.

A part: 중 · 장거리 달리기 코스(오래달리기) 핵심 사항: 페이스 조절 능력 기르기	**B part: 단거리 달리기 코스** 핵심 사항: 자세교정, 스타팅 능력 기르기
C part: 장애물 달리기 코스 핵심 사항: 허들 통과 능력〈허들 통과 시 먼저 차는 발과 허들 스텝(3~5) 정하기〉	**D part: 이어달리기 코스** 핵심 사항: 배턴 전달 방법 숙지 및 배턴 전달 구역에서의 행동 요령 익히기

파트별 진행 방식은 2개 팀을 1개 조로 하여 4개 파트에서 각각 2개 팀이 함께 활동할 수 있게 했다. 파트별 이동 시간은 D파트를 기준으로 삼았다. D파트에서 활동하는 팀들이 학교 뛰기를 2번 끝내면 전체적으로 파트 이동을 시켰다.

학교 뛰기는 1분 30초~2분 사이로 뛰게 했으며, 한 번 뛰고 잠시 휴식을 취한 뒤 다시 뛰게 했다. 이렇게 했을 때 파트당 활동 시간은 평균 7~8분(이동 시간 포함) 정도 시간이 걸렸다. 처음부터 그런 것은 아니지만 3차시부터는 D파트에서 활동하는 팀 주장에게 초시계를 주고 시간을 확인하면서 뛰게 했더니 그 전보다 더 열심히 뛰려는 모습을 볼 수 있었다.

파트별로 활동할 땐 학습 보조 자료를 잘 활용하라고 당부했다. 나는 전체적으로 수업을 진행하면서도 C파트와 D파트에 좀 더 중점을 두고 학생들을 지도했다.

C파트에서는 허들을 통과할 때 어느 발로 먼저 발차기를 할 것인지와 허들 사이를 통과할 때 어떤 스텝(3스텝, 4스텝, 5스텝 중 본인에게 맞는 스텝 선택)으로 통과할 것인지를 정하게 했다. 허들을 통과할 때 스텝에 대해선 어느 스텝이 좋다고 강요하진 않았지만, 스텝이 짧을수록 기록 단축에 유리하단 사실을 알려 주었다. 일단 2가지가 정해지고 난 다음엔 지속적인 연습이 중요한데, 이번 시간은 이 2가지를 정하는 것이 우선되어야 함을 강조했다. 특히 이 파트에서는 허들 통과하는 방식에 대한 설명과 피드백이 계속 이루어졌고, 학생들의 이해를 돕기 위해 꾸준히 시범을 보였다.

D파트에서는 바닥에 그림을 그려가면서 배턴 전달을 잘하기 위한 연습 대형과 방법을 알려 주었다. 물론 C파트와 D파트를 중점 지도하면서도 A파트와 B파트의 활동이 잘 이루어지고 있는지도 신경 썼다.

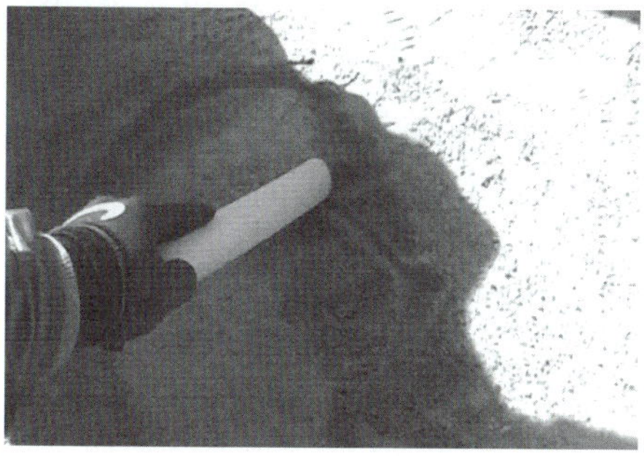	
C파트 활동 지도 모습	D파트 활동 시범 모습

〈사진 3-9-2〉 C파트와 D파트 지도 사진

위의 〈사진 3-9-2〉는 2차시 C파트와 D파트의 활동을 지도하던 모습을 나타내고 있다.

2차시 수업이 본격적으로 시작되었을 때 각 파트별 활동을 위해 이동하는 팀들에게선 주저함이 느껴졌다. 하지만 시간이 지나면서 주저함보다는 잘하지 못하더라도 시도하려는 학생들이 나타나기 시작했고, 수업이 중반부로 흐르면서 학생들의 수업 참여는 적극적으로 변해갔다. 허들에 걸려 넘어지면서도 또다시 시도하는 학생들의 모습, 학교 뛰기가 힘들어 숨을 헐떡이면서도 끝까지 뛰려고 하는 학생들의 모습, 잘 못하는 팀원들에게 설명해 주고 도움을 주는 학생들의 모습, 어설프지만 어떻게든 정해진 파트별 활동을 해내려고 노력하는 학생들의 모습이 인상적이면서도 나를 감동케 했다. 어쩜 그런 학생들의 모습 때문에 발목에 무리가 가는 것을 참아가면서까지 허들 시범을 계속 보였는지도 모른다. 학생들에게 더 많은 것을 알려 주고 싶었다. 왜냐하면 그렇게 하는 것이 학생들의 적극적인 참여와 노력에 보답하는 길이라고 생각했기 때문이다. 수업에 참여하는 학생들의 이런 모습들은 내가 이 수업을 계획하면서 상상했던 이상적인 수업(팀 활동을 통해 서로 함께하려는 모습, 팀원들 간의 활발한 의사소통과 상호작용이 일어나는 모습 그리고 그로 인해 수업 자체를 즐기는 학생들의 모습)의 모습을 그대로 보여주고 있었다.

A파트 활동 모습
팔과 다리 자세를 정확히 할 것과 페이스 조절 능력 강조

B파트 활동 모습
출발 자세와 무게중심 그리고 시선 처리 중요성 강조

C파트 활동 모습
허들 통과 방법을 친구에게 알려 주는 모습

D파트 활동 모습
배턴 전달 연습 방식을 친구들과 상의하는 모습

〈사진 3-9-3〉 파트별 수업 활동 모습

위의 〈사진 3-9-3〉은 파트별 수업에 참여하는 학생들의 활동 모습을 보여주고 있다.

수업을 마무리하기 위해 모인 학생들에게 수업에 적극적으로 참여해 준 점에 대해 칭찬함과 동시에 아쉬웠던 수업 활동 - 배턴 전달 연습을 실전처럼 달리면서 할 것과 허들 공중 동작 시 차는 발과 당기는 발에 대한 자세 연습이 더 필요한 것 - 에 대해 피드백을 부여하면서 다음 시간 더욱 신경 써야 할 부분임을 말했다.

마지막으로 이 수업을 통해 달성하고자 하는 개인의 목표와 2차시 수업 후 느낀 점을 학습 보조 자료에 작성하게 했다. 그리고 다음 차시에 대해 안내 후 수업을 마무리했다.

〈수업 노트 기록 3-9-3〉 수업 노트 기록 중 일부

2013년 10월 10일 목요일 7교시, 3학년 2반(2차시)

- 배○○, 박○○, 조○○, 하○○ 4명의 학생은 남학생보다 기가 센 여학생들이다. 하지만 그들이 너무나 적극적으로 수업에 참여하였기 때문에 장난기 많은 남학생들이 끌려오는 모습을 보였다. 2반은 정말 특이하면서도 너무나 에너지 넘치는 반이다. 긍정적으로. 2반은 NEVER GIVE-UP 수업에 대한 가능성이 기대되는 반이다.

2013년 10월 14일 월요일 5교시, 3학년 5반(2차시)

- 지난 주 수업 컨설팅 장학 위원 활동으로 인해 수업이 변경되면서, 오늘 5교시(2차시), 6교시(3차시) 연속 수업을 하게 되었다. 게다가 가을 날씨 치고 무더운 5, 6교시라 힘든 수업이 예상되었지만 학생들은 너무나 열심히 수업에 참여했다. 5교시 수업 종료 전 학생들을 모이게 한 뒤 2번의 허들 시범을 보였다. 그 때문인지 모르겠지만, 학생들은 5교시와 6교시 사이 쉬는 시간에도 쉬지 않고 계속 연습했다. 학생들에게 쉬라고 말하는 것조차 쉽지 않을 정도로 학생들의 열의가 돋보였다.

2013년 10월 10일 목요일 6교시, 3학년 7반(2차시)

- 1교시, 9반 수업 후 과연 이 수업이 학생들에게 의미가 있을까, 라는 생각을 많이 했다. 하지만 7반 수업을 하면서 학생들에게 의미 있는 수업이 될 가능성이 크겠구나, 라는 생각이 들었다. 무엇보다 파트별로 학생들끼리 연습하는 모습과 흥미를 느끼면서 적극적으로 참여하는 모습이 너무 좋아 보였다. 그리고 이런 생각이 들었다. 수업을 통해 좋은 결과를 끌어내기 위해서 교사로서 더 노력해야겠다. 학생, 수업, 그리고 나를 위해…….

위의 〈수업 노트 기록 3-9-3〉은 2차시 수업을 마치고 수업 노트에 기록한 내용을 나타내고 있다.

〈학생 기록 3-9-2〉 학습 보조 자료에 쓴 학생들의 개인 목표

NEVER GIVE-UP 수업을 통해 이루려는 개인 목표

이○○: 팀을 최대한 이끌어서 좋은 기록을 내고 싶다. 모두 만족하고 최선을 다할 수 있도록 노력하겠다.
신○○: 이번 수업을 통해 달리기 자세를 교정하고 내가 낼 수 있는 최대의 기록을 내보고 싶다.
김○○: 달리기 기록도 향상됐으면 좋겠고 오래 달리고 싶다.
전○○: 오래달리기를 못하는데 시간을 단축하고 끝까지 달리고, 허들, 단거리도 정확한 자세로 뛴다.
안○○: 장애물 달리기가 부족하므로 장애물 달리기를 특히 더 많이 연습하고 오래달리기는 시간을 단축하도록 노력한다.
김○○: 오래달리기를 잘하고 싶다.

임○○: 허들을 잘 넘고 싶다.
권○○: 끝까지 힘들어도 달려보기.
강○○: 달리기 실력을 더 늘리고 팀원들과 잘 협동하여 마지막 수행평가를 좋게 마무리할 것이다.
임○○: 체력 단련을 하고 포기하지 않고 팀원들과 열심히 달릴 것이다.

위의 〈학생 기록 3-9-2〉는 2차시 수업을 마치고 학생 개개인이 정한 수업목표를 나타내고 있다.

〈학생 기록 3-9-3〉 학습 보조 자료에 쓴 학생들의 수업 후 느낀 점

NEVER GIVE-UP 2차시 수업을 마치고 쓴 느낀 점

김○○: 오래달리기가 너무 힘들었다.
염○○: 허들 높은 건 못 뛰겠다. 크라우칭 연습하고, 달리기 폼 잡아야지.
강○○: 허들을 하다 다쳐서 좀 아프기도 했고, 크라우칭 스타트 법이 생각보다 너무 어려웠다.
임○○: 허들을 하나 넘어뜨렸지만 괜찮았고 다시 연습해 보고 싶다.
박○○: 우리 조의 문제점을 알았고 나의 부족함을 느꼈다.
신○○: 힘들지만, 문제가 많은 것 같다. 고치도록 노력하겠다.
최○○: 아자아자 파이팅.
이○○: 쉽진 않지만, 열심히 해야겠다.
권○○: 내가 너무 몸치 같아서 잘못한다.
나○○: 힘들었지만 뛰니까 재미있었다.
안○○: 오늘 허들을 넘으면서 살짝 다쳐 두려움이 생겼지만 그래도 재미있었다.
전○○: 오래달리기가 힘들고 이어달리기가 어려웠다.
안○○: 허들에 자신감이 생겼다.

위의 〈학생 기록 3-9-3〉은 2차시 수업을 마치고 학습 보조 자료에 쓴 학생들의 느낀 점을 나타내고 있다.

위의 기록들을 통해 이 수업이 어떻게 진행되고 있는지, 교사와 학생이 이 수업을 어떻게 바라보고 있는지 엿볼 수 있다.

3차시 수업목표는 변형 육상 트랙 경기를 위한 파트별 신체활동을 숙달하고 1차 기록 측정을 준비하는 것이다.

출석 확인 및 준비운동을 모두 마친 뒤 이번 시간 수업목표와 해야 할 일들을 설명했다. 이번 시간에 해야 할 일들을 구체적으로 살펴보면 첫째, 팀원들의 역할을 정해야 하고 둘째, 정해진 역할을 중점적으로 연습해서 자신이 맡은 역할에 대한 신체활동을 더 숙달시켜야 했다. 그리고 마지막으로, 빠른 기록을 내기 위한 팀 전략을 수립해야 했다. 이 모든 것이 이번 시간에 이루어져야 했다.

우선 팀원들의 역할을 정하기 위해 아래의 〈표 3-9-5〉와 같은 학습 보조 자료를 활용했다. 그리고 단순히 학습 보조 자료에 나와 있는 이어달리기 주자의 특성만을 보지 말고, 변형 육상 트랙 경기 방법을 생각하면서 팀원들의 역할을 정하도록 했다.

〈표 3-9-5〉 NEVER GIVE-UP 수업 학습 보조 자료 중 일부 자료(이어달리기 파트)

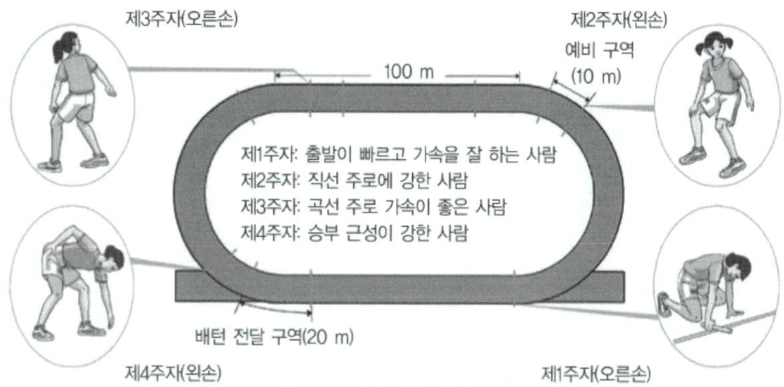

400 m 이어달리기의 주자 배치도

자기 역할을 정하기 위해 모여 앉은 학생들의 열기는 무척 뜨거웠다. 이어달리기 주자의 특성뿐 아니라 변형 육상 트랙 경기에서 뛰어야 할 주자의 신체 능력까지 따져가면서 심사숙고하는 모습을 보였다. 물론 역할을 정하기가 쉽지만은 않아 보였다. 왜냐하면 빠른 기록을 내기 위해 팀원들의 신체 능력뿐 아니라 팀원들의 성별, 개인이 느끼는 신체활동에 대한 심리적 부담감 등 여러 요인들을 고려해야 했기 때문이다.

수업을 계획할 때 팀을 어떻게 구성할지 결정하는 것은 무척이나 힘든 일이다. 하지만 단일팀(남학생 팀 또는 여학생 팀으로 조직한 팀)보다는 혼성팀(남학생과 여학생을 한 팀으로 조직한 팀)으로 조직하였을 때가 더 많은 생각거리를 끌어낼 수 있을 것이란 확신이 있었다. 그리고 그런 모습들이 수업 시간에 학생들에게서 나타나고 있었다.

학생들은 쉽게 역할을 정하지 못했다. 하지만 시간을 더 줄 수 없었다. 수업을 진행해야 했다. 일단 지금 역할이 정해졌더라도 수업을 하면서 그 역할이 바뀔 수 있음을 얘기했다.

본격적으로 수업을 하기에 앞서, 인성피라미드를 확인하는 시간을 가졌다. 이 수업의 인성피라미드는 〈표 3-9-6〉과 같다.

〈표 3-9-6〉 NEVER GIVE-UP 인성피라미드

수업주제	인성피라미드	인성요소 및 실천사항		
NEVER GIVE-UP	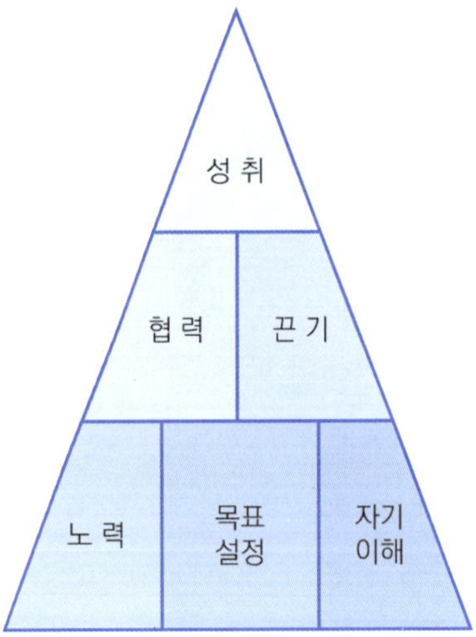	공동의 가치	성취	• 최초 설정한 목표를 달성할 수 있다.
			끈기	• 힘든 도전 과제일수록 포기하지 않는다.
			협력	• NEVER GIVE-UP 수업의 4 PART를 서로 도와가면서 수업에 임한다.
		개인의 가치	노력	• 목표 달성을 위해서 수업 외적으로 연습한다.
			목표 설정	• 자신을 위해서, 팀을 위해서 자신이 할 수 있는 최선의 목표를 설정한다.
			자기 이해	• 목표 설정에 앞서 자신의 정신적 · 신체적 능력을 생각해 볼 수 있다.

인성피라미드 내용까지 확인을 마치고 곧바로 본격적인 수업에 들어갔다.

이번 시간에는 전체적인 시작 순서를 맞추기 위해 2조가 A파트에서 수업을 시작했다. 그리고 특정 파트에서 개인 연습을 할 수 있게 함으로써 자기 역할에 필요한 연습을 더 할 수 있게 했다.

나는 지난 시간과 같이 전체적으로 수업 진행을 하면서 학생들에게 피드백을 부여함과 동시에 시범을 보이면서 학생들의 연습을 도왔다. 그리고 힘들어하거나 주저하는 학생들에게 수업주제를 떠올리게 하면서 응원하고 격려했다. 확실히 시간(차시)이 지날수록 수업에 대한 주도권이 교사에게서 학생들에게로 넘어가는 것 같았다. 학생들은 팀을 위해 정해진 활동들 내에서 자율적으로 열심히 수업에 참여했다. 나는 수업을 진행할수록 이 수업에 대한 확신이 생겼고, 육상이란 신체활동에 대해 가졌던 편견들이 깨지는 것을 느낄 수 있었다. 그리고 무엇보다 팀을 위한 팀원 각자의 개인적인 노력이 서로에게 미치는 영향을 보고 무척 놀랐다.

이 수업은 다음 차시에 대한 안내 뒤 마무리됐다. 수업을 마치고 교실로 들어가는 학생들은 들어가면서도 다음 차시에 관해 이야기하느라 정신이 없어 보였다.

〈수업 노트 기록 3-9-4〉 수업 노트 기록 중 일부

2013년 10월 21일 월요일 3교시, 3학년 1반(3차시)

- 운동장에서 기다리고 있는데 학생들이 보이지 않아서 3학년 1반 교실로 직접 올라갔다. 학생들은 수업 시간이 바뀐 사실을 모르고 있었다. 난 수업시간표가 바뀐 사실을 알리고 빨리 준비해서 운동장으로 나오라고 말했다. 많은 학생들이 교복을 입은 채 수업에 참여했다. 수업 시작도 많이 늦었다. 수업이 어수선할 법도 한데 다음 시간 1차 기록 측정을 준비하는 1반 학생들의 모습이 너무 예뻐 보였다. 육상 종목을 자유롭게, 이렇게 열심히 할 수 있다는 것에 놀랐다.

2013년 10월 18일 금요일 3교시, 3학년 6반(3차시)

- 과학 시간을 빌려서 수업했다. 6반 학생들, 원래부터 에너지 넘치는 반이었지만 육상이란 신체활동과 잘 맞는 것 같다는 생각이 든다. 특히 ○○이가 쉬지 않고 허들을 넘는 모습이 너무 예뻐 보였다. 자세에 대한 피드백도 계속 요청하고…….^^

2013년 10월 23일 수요일 5교시, 3학년 8반(3차시)

- 다들 열심히 수업에 참여했다. 특히 이어달리기 파트에서 연습하는 것을 보니 이해가 빠른 반이란 느낌이 들었다. 5교시 그늘 없는 운동장에서 각자 팀들이 다음의 1차 기록 측정을 위해 열심히 하는 모습이 인상적이었다.

〈수업 노트 기록 3-9-4〉는 3차시 수업 후 수업 노트에 기록한 내용을 나타내고 있다.

〈학생 기록 3-9-4〉 학습 보조 자료에 쓴 학생들의 수업 후 느낀 점

NEVER GIVE-UP 3차시 수업을 마치고 쓴 느낀 점

김○○: 오래달리기 4번 주자인데 뛰어보니 힘들어서 연습을 더 해야겠다.
조○○: 3번 주자가 되어서 열심히 해야 할 것 같다.
최○○: 3번 주자였는데, 내가 오래달리기를 너무 못해서 바꿔야 할 것 같다.
박○○: 2번 주자가 되었는데 오늘은 아파서 못했다.
나○○: 최대한 페이스 조절을 해서 시간을 단축시킬 것이다.
안○○: 오늘 치마라서 연습을 못해 살짝 불안하지만 열심히 할 것이다.
건○○: 허들이 좀 무섭지만 측정 땐 열심히 뛸 것이다.
안○○: 오래달리기 기록을 단축해야겠다는 생각이 든다.
박○○: 내가 4번 주자를 했다. 50초대를 목표로 두었다.
최○○: 사랑하는 ○○(본인에게)이에게. 넌 언제든 멋지게 해낼 수 있어.
신○○: 오래달리기 페이스 조절을 못하는 것 같다.
이○○: 내가 연습할 게 딱 정해지니 뭘 해야 할지 명확하게 알 수 있었다.

위의 〈학생 기록 3-9-4〉는 3차시 수업을 마치고 학습 보조 자료에 쓴 학생들의 느낀 점을 나타내고 있다.

위의 기록을 보면 1차 기록 측정에 대한 학생들의 마음가짐을 엿볼 수 있다.

4차시 수업목표는 1차 기록 측정을 통해 팀워크(팀원 간의 협동)의 중요성을 깨닫고 NEVER GIVE-UP의 의미를 체험하는 것이다.

수업 시작 전부터 학생들은 1차 기록 측정에 관한 이야기로 정신이 없었다. 수업 시작을 위해 출석을 확인하고 스트레칭 후에 학교 뛰기를 했다. 운동장에는 이미 변형 육상 트랙 경기장이 마련되어 있었다. 나는 학생들에게 학교를 뛰면서 운동장에 그려져 있는 경기장 라인을 확인하라고 말했다.

준비운동을 모두 마친 뒤에 수행평가의 의미와 방식에 대해 다시 한번 더 강조해서 설명했다.

우선 수행평가 기록 측정은 한 팀씩 이루어졌다. 평가는 팀 간의 기록을 비교하여 빠른 기록 순서대로 높은 수행점수가 해당 팀에게 주어졌다. 또한 기록 측정과 동시에 이어달리기 3번의 배턴 전달과 장애물 달리기 6번의 허들 통과에 대한 기능 평가도 함께 이루어졌다. 그리고 각 주자가 구체적으로 어떻게 해야 하는지, 신경 써야 하는 주된 역할은 무엇인지에 대해서도 설명했다. 무엇보다 빠른 기록은 다른 팀과의 경쟁에서 이겨야겠다는 마음에서 나오는 것이 아니라 팀을 위한 팀원들 간의 유기적인 협력에서 비롯됨을 강조했다.

수행평가에 대한 설명을 모두 마친 뒤, 학생들에게는 경기장을 파악하면서 기록 측정을 준비할 수 있게 5분간의 시간이 주어졌다.

5분 뒤 〈사진 3-9-4〉와 같이 경기장 트랙 안의 *대기 장소*에 모두 모이게 했다. 그 자리에서 기록 측정 순서를 정하고, 곧바로 기록 측정에 들어갔다. 대기 팀들은 기록 측정에 방해가 되지 않는 범위 내(트랙 안)에서 기록 측정을 대비한 연습을 추가로 할 수 있었다.

기록 측정에 사용된 허들 높이는 연습 때 여학생들이 넘던 허들 높이로 통일했다.

〈사진 3-9-4〉 변형 육상 트랙 경기장

기록 측정이 시작되면서 학생들의 관심은 온통 기록 측정에 쏠렸다. 학생들은 그 어느 때보다 최선을 다해 뛰었다. 하지만 막상 처음 해보는 기록 측정이라 연습 때와 같은 기량이 나오지 않는 것 같았고, 호흡이 잘 맞지 않아서 발생하는 실수들도 보였다. 그리고 각자의 역할을 정할 때, 개인의 신체적인 능력과 선호하는 신체활동을 중심으로 역할을 정한 팀들은 그러한 방식이 기록 측정에 긍정적인 영향을 미치지 못한다는 사실을 깨닫는 것 같았다.

1차 기록 측정은 한 시간에 모두 끝낸다는 계획이었다. 하지만 한 팀씩 기록 측정을 하다 보니 한 차시 수업만으로는 시간이 부족했다. 그래서 쉬는 시간까지 이용해서 기록 측정을 한 반들이 많았다. 시간을 확보하기 위해 준비운동과 수업 전에 설명하는 부분까지 줄여가면서 수업 진행을 빨리하려고 노력했지만 그래도 시간이 부족했다. 특히 4명으로 구성된 팀의 경우, 누군가 아프거나 결석을 하게 되면 기록 측정을 할 수 없게 되는 경우도 발생했다. 그런 경우에는 다음 시간에 기록 측정을 해야 했기 때문에 전체적인 수업 진행에 부담이 되는 경우도 많았다.

이런 점은 수업을 계획하고 준비하면서 전혀 예상하지 못했다. 하지만 학생들에게는 1차 기록 측정이 역할 선정의 중요성과 파트별 신체활동 숙달의 필요성을 느낄 수 있었던 기회였던 것 같았다.

〈수업 노트 기록 3-9-5〉 수업 노트 기록 중 일부

2013년 10월 22일 화요일 5교시, 3학년 1반(4차시)

- 과학 시간을 빌려서 수업함. 수업 참여도, 마음가짐이 최고. 1차 기록 측정. 1반의 수업(특히 체육)에 대한 열의는 날 놀라게 한다. NEVER GIVE-UP 기록 측정을 하면서 정말 최선을 다하는 모습이 느껴지는 반이다.
  - ※ 이○○ 학생: 소극적이었고 운동 신경이 좋지 않았는데, 자신감 수업 때 주장을 맡고 나서부터 지금까지 너무나 많이 변한 모습을 보인 학생이다. 5교시 시작 전 교직원 식당에서 식사를 하고 있는데 ○○이가 날 찾아와서 허들 연습을 하고 싶다며 허락을 구했다. 이런 학생이 있다니…….

2013년 10월 17일 목요일 4교시, 3학년 5반(4차시)

- 9반 수업 후 시간이 부족했음을 알고 수업 진행을 빨리했다. 그런데도 수업 시간이 부족했다. 수업 종료종이 울리고 나서도 10분 정도 더 수업해서 기록 측정을 마칠 수 있었다. 좀 더 진행을 빨리해야 할 것 같다.

2013년 10월 17일 목요일 1교시, 3학년 9반(4차시)

- 9반 수업. 또다시 1교시 수업이다. 그런데 평소와 다르게 빠르게 수업을 준비하는 모습이 인상적이었다. 9반은 수행평가에 강한 반이란 생각이 들었다. 이 수업을 진행하면서 다른 반에 비해 항상 먼저 수업을 진행했던 반이라 이번에도 수행평가 준비가 좀 늦었다. 1차 기록 측정은 4개 팀만 하고 다른 팀은 다음 시간으로 연기했다.

위의 〈수업 노트 기록 3-9-5〉는 4차시 수업 후 수업 노트에 기록한 내용을 나타내고 있다.

〈학생 기록 3-9-5〉 학습 보조 자료에 쓴 학생들의 수업 후 느낀 점

NEVER GIVE-UP 4차시 수업을 마치고 쓴 느낀 점

이○○: 중간평가를 해보니, 애들의 문제점을 알았고, 연습해야겠다.
신○○: 중간평가에서 내가 좀 더 열심히 했다면, 3분 50초 안에 들어올 수 있었을 텐데 아쉽다.
김○○: 허들을 못 넘고, 배턴 전달을 실패해서 아쉽다.
김○○: 시간 단축을 위해서 주자들을 바꿔야 할 것 같다.
박○○: 허들에 걸려서 아쉽다.
임○○: 시간을 단축하기 위해서 노력해야겠다.
조○○: 체력 조절을 위해 달리기를 더 많이 연습해야겠다.
김○○: 죽을 뻔했다.
염○○: 나름 잘 나왔다.
강○○: 오늘 생각보다 기록이 잘 나와서 좋았지만 단축할 생각을 하니 마음이 무겁다.
임○○: 생각보다 기록이 너무 잘 나와서 놀랐다. 근데 더 단축해야 한다.
나○○: 오늘 뛰고 싶었는데 못 뛰게 돼서 아쉽다.
안○○: 오늘 다른 팀이 한 걸 보고 더 열심히 해야겠다고 생각했다.
안○○: 오늘 못 뛰었지만 다른 팀을 보면서 많은 것을 배운 것 같다.

위의 〈학생 기록 3-9-5〉는 4차시 수업을 마치고 학습 보조 자료에 학생들이 쓴 느낀 점을 나타내고 있다.

위의 기록들을 통해 수업 진행이 어땠는지, 기록 측정을 통해 학생들은 무엇을 생각했는지 엿볼 수 있다.

5차시와 6차시 수업은 7차시에 이루어질 2차 기록 측정을 위한 종합 연습 시간으로 계획됐다. 하지만 3학년 학기 말 수업 일정을 맞추기 위해 6차시 수업을 없앴다. 그래서 5차시 수업이 2차 기록 측정을 하기 전 마지막으로 연습할 수 있는 시간이었다.

5차시 수업목표는 팀원들의 능력에 맞게 주자를 배치함으로써 2차 기록 측정을 위한 파트별 맞춤 연습을 하는 것이다. 그러기 위해 1차 기록 측정 때 부족했던 점을 파악하고 그것을 보완하기 위한 연습을 중점적으로 실시해야 했다.

수업 시작 전, 2차 기록 측정을 위해 팀원들의 역할은 다시 조정될 수 있단 사실과 운동 기능 평가가 2차 기록 측정을 통해 다시 평가됨을 알렸다. 특히 운동 기능 평가는 1차 기록과 2차 기록을 비교해서 좋은 수행점수를 평가에 반영했기 때문에 1차 기록 측정에서 기능 평가를 잘 보지 못한 팀들에겐 새로운 동기로 작용할 수 있었다.

수업은 계획대로 진행되지 못했다. 1차 기록 측정을 4차시 수업에서 마무리하지 못했기 때문에, 5차시 수업에서 기록 측정을 마저 해야 했다. 그러다 보니 수업 진행이 계속해서 지연되었고, 종합적으로 연습할 수 있는 시간도 줄었다. 전체적으로 보면, 2차시 동안 종합연습을 하고 준비해서 2차 기록을 측정하겠다는 원래의 계획은 학기 말 일정을 맞추기 위해 1차시 수업으로 축소되었고, 이마저도 1차 기록 측정을 끝내기 위해 시간을 씀으로써 그 시간이 줄게 됐다. 그래도 학생들의 수업 참여는 대체로 만족스러웠다.

〈수업 노트 기록 3-9-6〉 수업 노트 기록 중 일부

2013년 10월 21일 월요일 2교시, 3학년 2반(5차시)

- 결론부터 말하자면, NEVER GIVE-UP이란 수업주제를 가지고 육상 트랙 경기를 가르친 것에 만족한다. 1차 기록 측정 후 종합연습 시간, 허들을 넘으면서 무릎이 까져도 다시 도전하는 여학생들, 얼굴이 빨개진 채로 거칠게 호흡하는 학생들, 자기주도적이고 협동적인 학습의 모습. NEVER GIVE-UP 최고.

2013년 10월 21일 월요일 4교시, 3학년 7반(5차시)

- 4교시 덥다. 운동장에 그늘도 없다. 내 수업을 객관적으로 바라볼 순 없지만 매 수업 시간 학생들의 변화를 느낄 수 있다. 특히 수업 시간에 소극적이었던 학생들과 여학생들 그리고 친구들과 잘 어울리지 못했던 학생들의 변화가 느껴진다. 인성주제 중심 체육수업은 수업 내용과 방법도 중요하지만

그 수업을 진행하는 교사도 중요한 부분을 차지하는 것 같다. 운동장에서 연습하고 얘기를 나누는 학생들의 모습에서 내적 변화가 느껴진다. 나의 착각이 아니길……. 체육 시간을 통해 자기 자신을 돌아보고 알아나가길…….

2013년 10월 21일 월요일 1교시, 3학년 9반(5차시)

※ 임○○ 학생: 항상 수업 시간에 소극적이던 학생. 자유시간에도 어울리지 못하고 혼자 있던 학생. 그런데 NEVER GIVE-UP 수업을 통해 달라졌다. 우선 수업에 임하는 눈빛, 적극성 그리고 무엇보다 겉으로 드러나진 않지만, 자신감이 느껴졌다. 수업 중간에 다가가 물었다. 개인적으로 이 수업을 위해 노력하는 부분이 있냐는 나의 질문에, 방과 후 학교 뒷산을 일주일에 2회 러닝으로 등산을 하고, 학원 갈 때 일부러 뛰어서 간다고 했다. 수업을 마무리하기 위해 학생들을 모두 모이게 한 뒤 ○○의 사례를 이야기했다. 9반은 수업이 쉽지 않은 반이다. 장난도 다른 반에 비해 많았기 때문에 늘 긴장하면서 수업을 했던 반이다. ○○에 대한 얘기를 듣고 학생들은 잠시 숙연해지는 모습을 보였다. 일부 학생들은 고개를 끄덕이며 스스로 반성하는 모습도 보였다. ○○의 변화를 이끈 원인이 무엇일까?

위의 〈수업 노트 기록 3-9-6〉은 5차시 수업을 마치고 수업 노트에 기록한 내용을 나타내고 있다.

〈학생 기록 3-9-6〉 학습 보조 자료에 쓴 학생들의 수업 후 느낀 점

NEVER GIVE-UP 5차시 수업을 마치고 쓴 느낀 점

나○○: 오래달리기가 너무 힘들어서 죽을 거 같았지만 재미있었다.
안○○: 오늘 허들에 자꾸 걸리고 스텝이 꼬여 겁이 났지만 ○○이가 도와줬다.
전○○: 허들을 조금만 연습하면 성공할 것 같아서 기분이 좋다.
안○○: 기술적인 면을 좀 더 연습해야겠다.
김○○: 다른 애들 보고, 아~ 좀 더 열심히 뛰어야겠다고 생각했다.
최○○: 열심히 달렸다. 2차에 더 잘하면 좋겠다.
김○○: 2차 기록이 1차 기록보다 잘 나오면 기분이 좋을 것 같다.
염○○: 배턴 실수만 하지 말자.
강○○: 부족한 부분(배턴 전달, 허들)을 연습하였다. 연습이 생각보다 잘 돼서 좋았다.
임○○: 배턴 전달이 잘 안 돼서 연습을 하고 허들도 했는데 2차 기록이 잘 나왔으면 좋겠다.
신○○: ○○의 배턴 전달은 잘 되는 것 같고, 페이스 조절 잘 하면서 2차 평가에서 더 나은 기록을 내고 싶다.
김○○: 배턴 전달을 열심히 연습해서 될 거 같긴 한데 허들은 무섭다.
이○○: 허들이 조금 무섭지만 2차 평가에는 더 좋은 점수를 내고 싶다.

<학생 기록 3-9-6>은 5차시 수업을 마치고 학습 보조 자료에 쓴 학생들의 느낀 점을 나타내고 있다.

이 기록들을 통해 5차시 수업 장면과 분위기를 엿볼 수 있다.

7차시 수업목표는 수행평가의 의미와 방법을 이해하고 2차 기록 측정을 통해 기록을 향상하는 것과 기록 향상을 통해 NEVER GIVE-UP의 진정한 의미가 무엇인지 몸소 체험하면서 깨닫는 것이다.

7차시 수업은 출석 확인 후 간단한 스트레칭으로 몸을 풀었고 학교 뛰기는 하지 않았다. 본격적인 2차 기록 측정에 앞서 5분간 마지막으로 기록 측정을 준비할 수 있게 시간을 주었다.

5분 뒤 운동장 변형 육상 트랙 경기장 안으로 학생들을 모이게 했다. 그리고 기록 측정 순서를 정했다. 모든 준비가 끝난 뒤 마지막으로 기록 측정에 대해 설명했다. 특히 운동 기능 평가에 대한 평가 기준을 강조했다.

운동 기능 평가 기준은 이어달리기 배턴 전달과 장애물 달리기 허들 통과에 대한 성공 여부가 중요했다. 이어달리기 배턴 전달의 경우 4명의 주자가 총 3번 실시하게 되는데 주자별 배턴을 전달하는 손의 위치가 맞는지, 달리면서 배턴 전달이 이루어졌는지 그리고 배턴 전달 구역 안에서 이루어지는지가 성공 기준이었다. 장애물 달리기의 경우 2명의 주자가 각각 3번의 허들을 통과하면서 총 6번의 시도를 하는데, 이때 허들을 쓰러뜨리지 않고 잘 넘는지가 성공 기준이었다. 물론 공중동작 자세를 강조하면서 수업을 진행했지만 자세는 평가 기준이 아니었다. 대신에 허들을 통과할 때 개인이 정한 스텝은 일정해야 했다.

2차 기록 측정 방식은 1차 기록 측정 방식과 같았다. 다만 달라진 점이 있다면 똑같은 팀이더라도 주자의 순서가 바뀔 수 있었고, 기록 측정에 임하는 학생들의 태도도 1차 기록 측정 때보다 더욱 진지해진 것 같았다. 이미 한 번의 기록 측정을 경험해 봐서인지 더 숙달된 모습으로 기록 측정에 임했으며 더 간절한 마음으로 뛰고 있다는 것을 느낄 수 있었다.

〈수업 노트 기록 3-9-7〉 수업 노트 기록 중 일부

2013년 10월 24일 목요일 3교시, 3학년 1반(7차시)

- 너무 예쁜 반이다. 1반의 수업은 한 편의 영화 같았다. 모두가 기록 단축을 위해 노력했다. 기록이 향상된 팀도 있지만, 그렇지 않은 팀도 있었다. 하지만 모두 노력했다. 특히 2조는 기록 향상보다 더 값진 것을 얻었으리라 생각된다. 2조 1번 주자는 안○○ 였다. 마지막 허들을 넘기 위해 무리하게 스텝을 맞추려다 균형을 잃고 허들을 넘다가 심하게 쓰러졌다. 겉으로 봐도 충격이 심해보였다. 막 달려가려는 순간 ○○는 벌떡 일어나 달렸다. 그리고 2번 주자에게 배턴을 전달했다. 자신의 역할을 다한 ○○는 팀의 기록 측정이 끝나길 기다린 후 기록을 듣고 눈물을 흘렸다. 난 아픔을 참다가 우는 줄 알았다. 하지만 ○○는 자신의 실수로 인해 팀의 기록이 늦어졌다며, 팀원들에게 미안한 마음 때문에 눈물을 흘렸던 것이다. 나는 수업을 끝내고 ○○ 몰래 2조 팀원들을 불러 ○○가 울었던 이유에 대해 얘기해 주었다.

2013년 11월 1일 금요일 2교시, 3학년 3반(7차시)

- 모든 조가 기록 향상. 수업에 임하는 자세 및 집중도가 최고. 기록 측정이 끝난 뒤 3반에게 '기적의 반'이라고 말했다. 모두들 기뻐했다. 특히 탁○○, 정○○, 한○○의 학생들은 신체적인 조건으로 인해 허들을 넘는다는 것 자체가 넘기 힘든 장벽이었는데 너무나 잘 해주었다. 이들이 얼마나 노력했을지가 눈에 선했다.

2013년 11월 5일 화요일 3교시. 3학년 10반(7차시)

- excellent. 10반은 공휴일과 수업 변동으로 인해 수업의 흐름이 참 많이 끊긴 대표적인 반이다. 그리고 수업을 어떻게든 진행해보려고 없는 수업까지 만들어 진행하고, 밀린 학교 업무를 처리하면서 쌓인 스트레스 때문에 본의 아니게 짜증을 많이 냈던 반이기도 하다. 그런데 2차 기록 측정은 대 만족이었다. ○○(평소 장난이 심한 학생)이가 있던 팀뿐 아니라 모든 팀의 기록이 향상됐다. 더군다나 운동 기능 면에서도 많이 향상된 모습을 보였다. 과연 학생들이 느낀 점을 어떻게 쓸지 기대된다.

위의 〈수업 노트 기록 3-9-7〉은 7차시 수업을 마치고 수업 노트에 기록한 내용을 나타내고 있다.

〈학생 기록 3-9-7〉 NEVER GIVE-UP 수업을 모두 마친 뒤 학생들이 쓴 느낀 점

NEVER GIVE-UP 수업을 마치면서

1번 질문: NEVER GIVE-UP 수업을 통해 느낀 점을 자유롭게 쓰세요.
2번 질문: 1차 기록과 2차 기록 측정을 준비하는 과정을 통해 본인이 느낀 점을 자유롭게 쓰세요.

이○○ 학생(남)

1번: 나는 체력이 좋지 않다. 그래서 오래달리기를 잘 못한다. 그래서 허들을 하고 싶었지만, 여학

생한테 배려하고 오래달리기를 하게 되었고 포기하지 않고 체력을 길러서 좋은 기록을 낼 수 있었다.

2번: 1차 기록이 별로 좋지 않았다. 그 담 시간에 모두 기록 향상을 위해 노력하는 게 느껴졌고 2차 기록 때 좋은 기록을 내서 기분 좋다.

신○○ 학생(남)

1번: 허들은 잘 넘을 자신이 없어서 오래달리기를 선택했다. 하지만 체력관리도 썩 잘할 자신이 없었다. 하지만 연습을 계속하면서 점차 페이스조절을 하는 방법을 배우게 되었다. 조금 어벙벙한 상태에서 해서 그런지 2차에 더 열심히 해야겠다.

2번: 1차 때보다 좀 더 서두르지 않고 편하게 시작했다. 덕분에 1차보다 좀 더 오래 뛸 수 있었던 것 같다. 뭐 결국은 지쳐서 느려져 버렸지만……. 같은 조 친구들이 열심히 해줬는데 기록만 나쁘게 만들어 버린 것 같아 미안했다.

김○○ 학생(남)

1번: 협동이 중요하다는 것을 느꼈다.

2번: 2차에 기록이 대폭까지는 아니어도 3초나 줄어서 기분이 좋고, 나를 뛰어넘어야 하는 것을 절실히 느꼈다.

이○○ 학생(여)

1번: 처음에는 떨렸는데 뛰다 보니 나아졌다. 조 애들이 다 열심히 가르쳐주고 같이 해줘서 좋았다. 다들 열심히 하는 분위기라 나도 덩달아 열심히 하게 되었다.

2번: 다들 열심히 했는데 나 때문에 망치기 싫어서 열심히 했는데, 허들을 실패했다고 들었을 때 많이 미안했다. 근데 생각보다 결과도 잘 나오고 기록도 단축돼서 기분이 좋았다. 다들 수고했고, 고마웠다. 짱 짱 짱

김○○ 학생(여)

1번: 솔직히 대충 하고 넘기고 싶었는데 같은 조 애들도 다 열심히 하고, 포기하지 않는 걸 보고 조에 피해가 되면 안 될 것 같아서 열심히 했다. 달리기도 못하고 몸도 둔해서 걱정했지만 그래도 포기하지 않고 열심히 해서 뿌듯하고, 앞으로 뭐든 쉽게 포기하지 않아야겠다.

2번: 엄청 떨리고 허들 넘기가 조금 무서웠지만 1차 기록 때 허들 하나를 넘어뜨려서 2차 기록 측정 준비할 때 허들을 넘으려고 많이 노력했다. 걸음 수는 못 맞춘 거 같아 아쉽지만 그래도 1차 때보다 기록도 단축되고 힘들었지만 역시 노력해서 안 되는 건 없는 것 같다.

전○○ 학생(여)

1번: 허들을 잘할 거라고 생각했는데 막상 하려니 무섭고 어려웠다. 하지만 주제가 'Never Give-UP'인 만큼 포기 않고 열심히 했더니 재밌었다.

2번: 1차 때는 기록이 좋지만 배턴 전달과 허들이 부족했다. 하지만 2차는 기록이 늦어져도 배턴도 허들도 1차보다 나아져서 기뻤다. ○○가 넘어져서 아플 텐데 바로 일어나 뛰어줘서 고마웠다.

안○○ 학생(여)
1번: 두려움도 있었고 힘들기도 했지만 정말 포기하지 않고 다 같이 열심히 해서 재미있었다.
2번: 나 혼자가 아닌 팀이라서 피해를 줄까 봐 집에서도 열심히 했다. 그래서인지 조금씩 나아졌고 팀원들이 다 잘해서 뿌듯하다.

위의 〈학생 기록 3-9-7〉은 이 수업을 모두 마친 뒤 학생들이 쓴 수업에 대한 느낀 점을 나타내고 있다.

이 기록들을 볼 때 이 수업이 어떻게 마무리되었는지 엿볼 수 있다.

이 수업은 최초 7차시로 계획되었던 수업이었지만 학사 일정을 맞추기 위해 6차시로 수업을 단축해야 했다. 하지만 이런저런 이유로 인해 모든 반이 동일하게 수업을 마칠 순 없었다. 내가 가르쳤던 10개 반 중 3개 반만이 계획대로 수업을 마무리할 수 있었다. 다른 3개 반은 추가로 한 차시 수업을 더 해야 했으며, 나머지 4개 반은 또다시 한 차시 수업을 더 해야 했다. 마지막 4개 반의 경우는 특수한 사정으로 인해 제시간에 기록 측정을 하지 못한 1~2개 팀 때문에 한 시간을 더 썼다. 이와 같은 상황은 수업 시간이 부족했던 그 당시 나에겐 상당히 큰 부담으로 작용했다.

사실 이 수업은 수업을 계획할 때부터 모험에 가까운 수업이었다. 무리하게 수업을 계획했을 수도 있었다. 나중에 뒤에서 이야기하겠지만 좋은 수업을 하겠다는 교사의 고집이 작용했을 수도 있는 수업이었다. 아무튼 그 당시 체육부 기획업무, 운동부 지도, 주당 20시간 수업, 스포츠클럽 리그 진행 등의 학교 내에서 이루어지는 업무뿐 아니라 수업 컨설팅 장학위원 활동과 교실 수업 개선 연구 학습 동아리 활동 등 학교 밖 활동까지 많은 일을 하고 있는 상황에서 수업 일정을 맞추기 위해 다른 교사의 수업까지 빌려서 수업을 진행했으니 육체적으로나 정신적으로 버티기 힘든 상황까지 갔었던 것 같다. 그러다 보니 특정 반의 경우 짜증을 많이 내기도 했던 수업이었다. 그럼에도 불구하고 이 수업을 하지 않았다면 도저히 알지 못했을 것들을 이 수업을 통해 생각해 볼 수 있었다. 그리고 무엇보다 적극적인 수업 참여를 통해 긍정적으로 조금씩 변해가는 학생들의 모습을 보면서 교사의 교육과정 재구성 능력과 이를 실천하는 능력이 얼마나 중요한지도 깨닫게 되었다.

수업 진행 및 활동사진

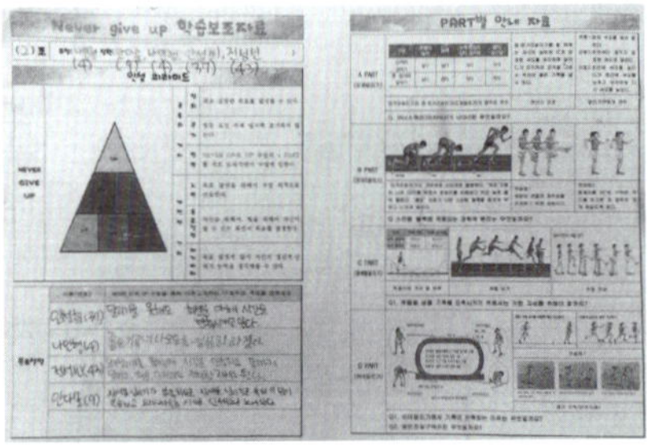
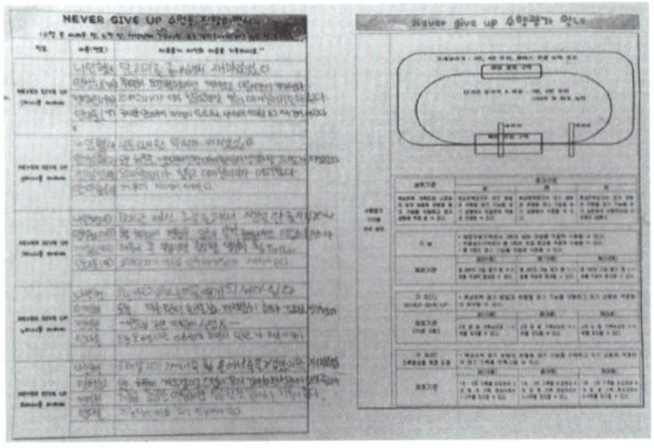

NEVER GIVE-UP 학습 보조 자료

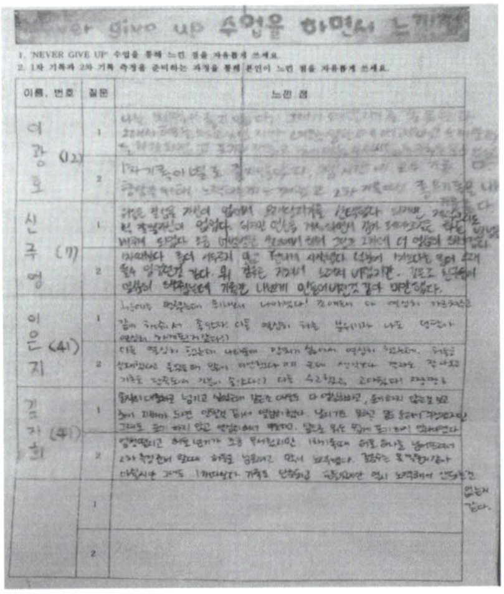
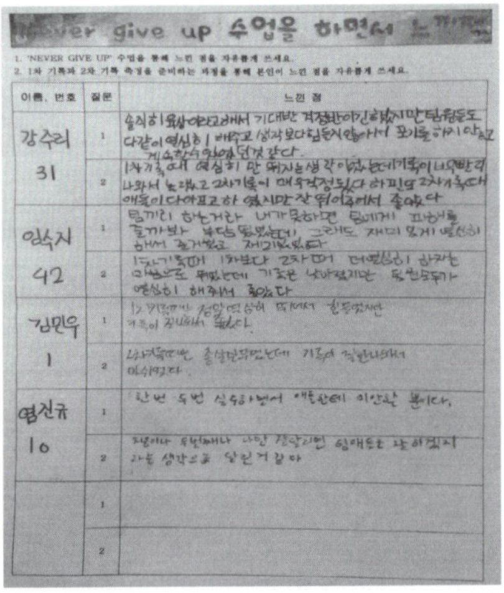

수업을 하면서 느낀 점

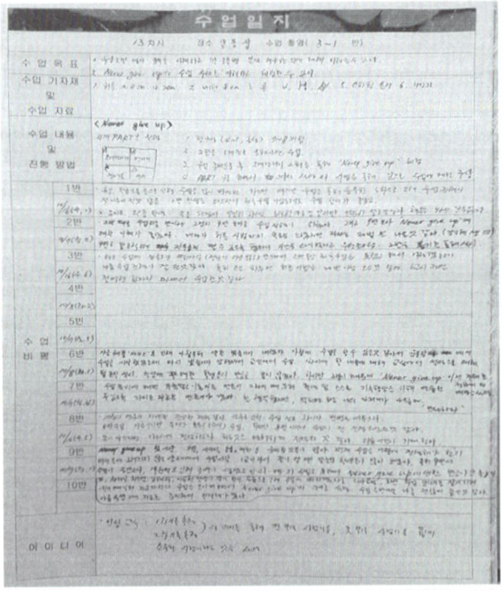

1차시 수업 노트

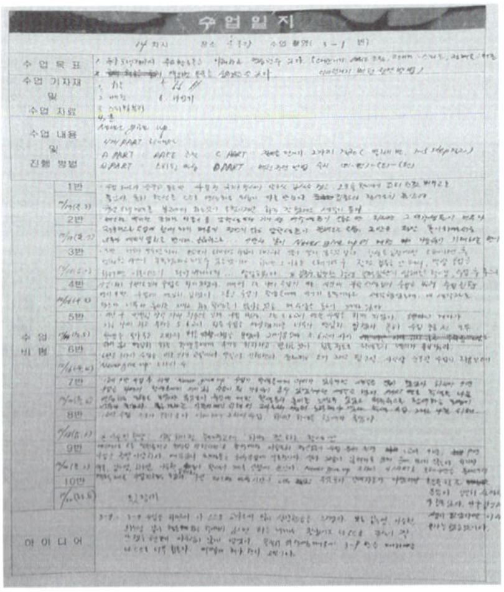

2차시 수업 노트

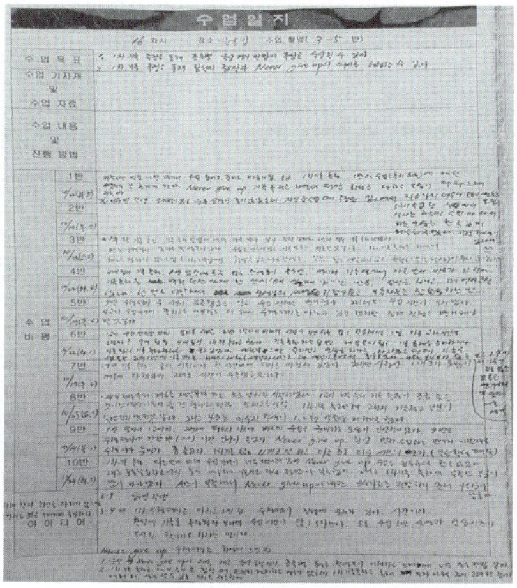

4차시 수업 노트

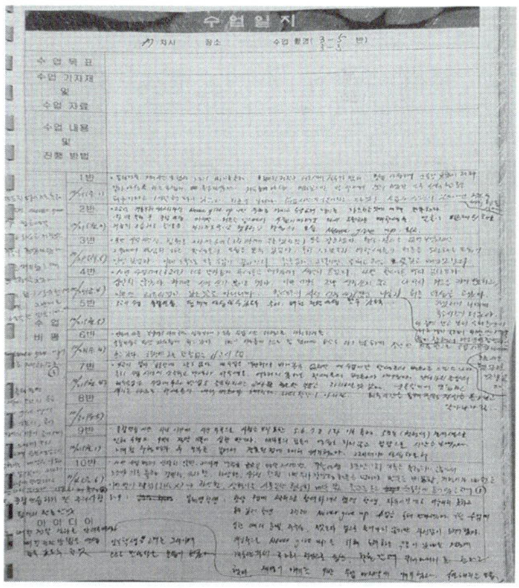

5차시 수업 노트

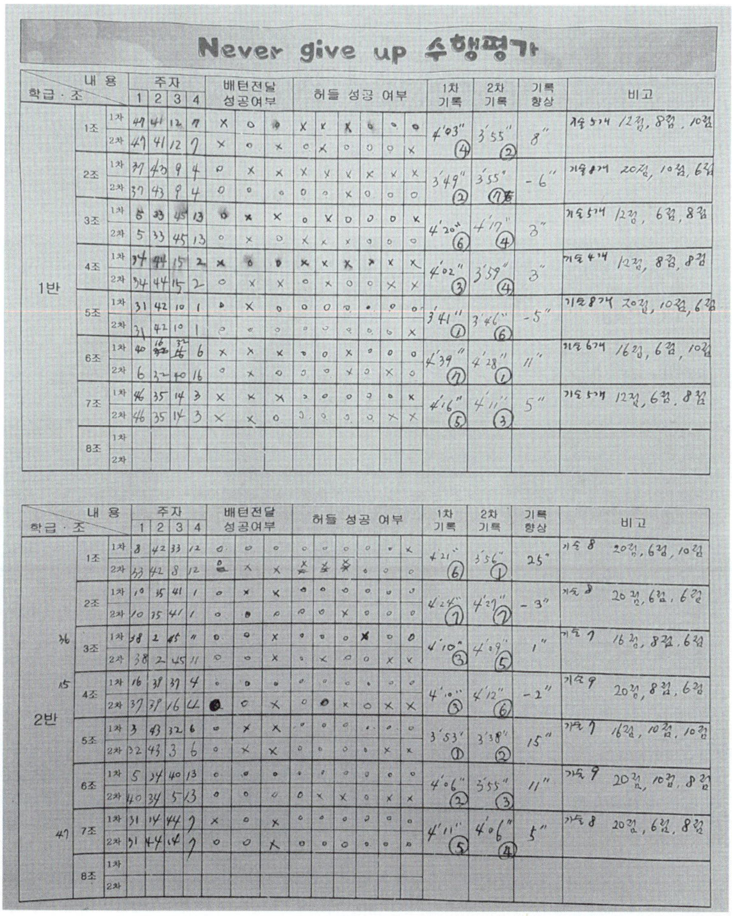

Never give up 수행평가

학급	조	차	주자 1	주자 2	주자 3	주자 4	배턴전달 성공여부			허들 성공 여부						1차 기록	2차 기록	기록 향상	비고
1반	1조	1차	47	41	12	7	x	o	o	x	x	x	o	o	o	4'03" ④	3'55" ②	8"	기술 5개 12점, 8점, 10점
		2차	47	41	12	7	x	o	x	o	x	o	o	o	x				
	2조	1차	37	43	9	4	o	x	x	x	x	x	x	x	x	3'49" ②	3'55" ⑦	-6"	기술 8개 20점, 10점, 6점
		2차	37	43	9	4	o	o	o	o	o	x	o	o	o				
	3조	1차	5	33	45	13	o	x	x	o	x	o	o	o	x	4'20" ⑥	4'17" ④	3"	기술 5개 12점, 6점, 8점
		2차	5	33	45	13	o	x	o	x	x	x	o	o	o				
	4조	1차	34	44	15	2	x	o	o	x	x	x	x	x	x	4'02" ③	3'59" ④	3"	기술 4개 12점, 8점, 8점
		2차	34	44	15	2	o	x	x	o	x	o	o	x	x				
	5조	1차	31	42	10	1	o	x	o	o	o	o	o	o	o	3'41" ①	3'46" ⑥	-5"	기술 8개 20점, 10점, 6점
		2차	31	42	10	1	o	o	o	o	o	o	o	o	x				
	6조	1차	40	16	32	6	x	x	x	o	o	x	o	o	o	4'39" ⑦	4'28" ①	11"	기술 6개 16점, 6점, 10점
		2차	6	32	40	16	o	x	o	o	o	x	o	x	o				
	7조	1차	46	35	14	3	x	x	x	o	o	o	o	o	x	4'16" ⑤	4'11" ③	5"	기술 5개 12점, 6점, 8점
		2차	46	35	14	3	x	x	o	o	o	o	o	x	x				
	8조	1차																	
		2차																	

학급	조	차	주자 1	주자 2	주자 3	주자 4	배턴전달 성공여부			허들 성공 여부						1차 기록	2차 기록	기록 향상	비고
2반	1조	1차	8	42	33	12	o	o	o	o	o	o	o	o	x	4'21" ⑥	3'56" ①	25"	기술 8 20점, 6점, 10점
		2차	33	42	8	12	o	x	x	x	x	x	o	o	o				
	2조	1차	10	35	41	1	o	x	x	o	o	o	o	o	o	4'24" ⑦	4'27" ⑦	-3"	기술 8 20점, 6점, 6점
		2차	10	35	41	1	o	o	o	o	o	x	o	o	o				
	3조	1차	38	2	45	11	o	o	x	o	o	o	x	o	o	4'10" ③	4'09" ⑤	1"	기술 7 16점, 8점, 6점
		2차	38	2	45	11	o	o	x	o	x	o	o	x	x				
	4조	1차	16	37	37	4	o	o	o	o	o	o	o	o	o	4'10" ③	4'12" ⑥	-2"	기술 9 20점, 8점, 6점
		2차	37	37	16	4	o	o	x	o	o	x	o	x	x				
	5조	1차	3	43	32	6	o	x	x	o	o	o	o	o	o	3'53" ①	3'38" ②	15"	기술 7 16점, 10점, 10점
		2차	32	43	3	6	o	x	x	o	o	o	o	x	x				
	6조	1차	5	34	40	13	o	o	o	o	o	o	o	o	o	4'06" ②	3'55" ③	11"	기술 9 20점, 10점, 8점
		2차	40	34	5	13	o	o	o	o	x	x	o	x	x				
	7조	1차	31	14	44	7	x	o	x	o	o	o	o	o	o	4'11" ⑤	4'06" ④	5"	기술 8 20점, 6점, 8점
		2차	31	44	14	7	o	o	x	o	o	o	o	o	o				
	8조	1차																	
		2차																	

수행평가 기록지

<table>
<tr><th>구분</th><th colspan="5">활동사진</th></tr>
<tr><td rowspan="5">1차시</td><td></td><td></td><td></td><td></td><td></td></tr>
<tr><td rowspan="2">스트레칭</td><td>내리막 구간</td><td>평지 구간</td><td>오르막 구간</td><td rowspan="2">팀 조직</td></tr>
<tr><td colspan="3">학교 뛰기(중 · 장거리 달리기 코스 익히기)</td></tr>
<tr><td></td><td></td><td></td><td></td><td></td></tr>
<tr><td>수업 진행 설명</td><td colspan="2">단거리 달리기 코스 시범과 설명</td><td>장애물 달리기 코스 시범과 설명</td><td>이어달리기 코스 시범과 설명</td></tr>
<tr><td rowspan="4">2~3 차시</td><td></td><td></td><td></td><td colspan="2">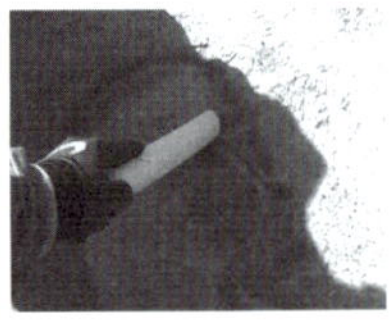</td></tr>
<tr><td colspan="5">각 파트별 활동 및 지도 모습</td></tr>
<tr><td></td><td></td><td></td><td colspan="2"></td></tr>
<tr><td>역할 정하기</td><td colspan="2">장애물 달리기 피드백 부여 및 시범</td><td colspan="2">배턴 전달 방법 익히기</td></tr>
<tr><td rowspan="2">5차시</td><td></td><td colspan="2"></td><td colspan="2"></td></tr>
<tr><td colspan="5">종합연습</td></tr>
<tr><td rowspan="2">4차시
6차시</td><td></td><td></td><td></td><td colspan="2"></td></tr>
<tr><td>기록 측정 방법 설명</td><td>기록 측정(1번 주자)</td><td>배턴 전달</td><td colspan="2">기록 측정(4번 주자)</td></tr>
</table>

수업지도안

대 상	3학년	대영역	도전 활동	중영역	기록 도전	일시	10~11월
장 소	운동장	인성주제	NEVER GIVE-UP			차시	1/7
학습목표	• Never give-up 인성피라미드의 인성요소와 실천 방안을 이해할 수 있다. • 육상 트랙 경기에 필요한 파트별 활동 내용을 이해할 수 있다.						
수업자료	초시계 2개(교사용, 학생용), 배턴 8개, 스타팅 블록 2set, 허들 6개, 사다리(훈련용) 1set, 훈련용 점핑대 6set, 라인기, 캠코더, 수업 노트, 학습자료						

단 계	학습내용	교수-학습활동	시간	지도상 유의점
준비하기		• 수업 준비 -수업 환경 조성(운동장 수업 도구 정렬) -운동장 상태 및 상황 확인	-10분	
생각하고 떠올리기	• 인원점검 및 환자파악 • 전시학습 상기 • 학습목표 제시 • 준비운동	• 출석확인, 건강상태 확인, 수업 준비 상태 확인 • 전시학습 상기 -인의예지 수업 • 학습목표 제시 -수업주제의 선정 배경과 의미, 인성피라미드 -수업 진행 과정 설명 • 준비운동 -스트레칭 -학교 달리기 2회(오래달리기를 통한 NEVER GIVE-UP의 의미 체험, 페이스 조절의 필요성 강조)	15분	분위기 조성 안전사고에 대한 주의사항 전달
이해하고 활동하기	• 팀 구성하기 • 수행평가 안내 • 파트 안내	• 팀 구성 -방법: 무작위 뽑기 방식 -구성: 4~5명을 한 팀으로 총 8개 팀 조직, 남녀혼성 • 수행평가 의미와 방법 안내 -육상트랙 경기 기능: 허들 넘기와 배턴 전달 방법 -1차 기록 측정: 각 팀별 기록을 비교하여 빠른 팀별로 평가 -2차 기록 측정: 팀의 1차 기록과 비교하여 향상 정도를 평가 -평가 방법과 그 속에 담긴 의미 전달 • 파트별 활동 내용 설명 및 시범(학습 보조 자료 참고) -A파트: 중 · 장거리 달리기(오래달리기), 페이스 조절의 중요성 강조 -B파트: 단거리 달리기(B-1: 자세 교정, B-2 크라우칭 스타트) -C파트: 장애물 달리기(허들 넘기: 허들 간의 보폭 및 넘기) -D파트: 이어달리기(배턴 전달 구역 및 배턴 전달 방법, 1~4번 주자의 역할 및 특성)	5분 (20분) 5분 (25분) 15분 (40분)	분위기 조성 주의집중 파트별 핵심 사항에 대한 간략한 전달 및 이해 여부 확인
정리하고 반성하기	• 목표 설정 • 차시예고	• 목표 설정 -학습 보조 자료 기록 -개별 목표 설정 • 차시예고 -장　　소: 운동장 -수업내용: 파트별 연습	5분 (45분)	분위기 조성 주의집중

대 상	3학년	대영역	도전 활동	중영역	기록 도전	일시	10~11월
장 소	운동장	인성주제	NEVER GIVE-UP			차시	2~3/7
학습목표	• 육상 트랙 경기를 위한 파트별 활동을 통해 각 종목별 운동 방법과 특성을 이해하고 숙달할 수 있다. • Never give-up 인성피라미드 활용 방법을 이해하고 인성피라미드 쌓기(2~7차시)를 할 수 있다. • 수행평가 의미와 방법을 이해하고 팀의 목표를 달성하기 위해 1차 기록 측정을 준비할 수 있다.						
수업자료	초시계 2개(교사용, 학생용), 배턴 8개, 스타팅 블록 2set, 허들 6개, 사다리(훈련용) 1set, 훈련용 점핑대 6set, 라인기, 캠코더, 수업 노트, 학습자료						

단 계	학습내용	교수-학습활동	시간	지도상 유의점
준비하기		• 수업 준비 -수업 환경 조성(운동장 수업 도구 정렬) -운동장 상태 및 상황 확인	-10분	
생각하고 떠올리기	• 인원점검 및 환자파악 • 전시학습 상기 • 학습목표 제시 • 준비운동	• 출석확인, 건강상태 확인, 수업 준비 상태 확인 • 전시학습 상기 -파트별 연습 방법 • 학습목표 제시 • 준비운동 -스트레칭 후 오래달리기 코스 뛰면서 warm-up	10분	분위기 조성 수업 내용 중 중점 실천 사항 전달 안전사고에 대한 주의사항 전달
이해하고 활동하기	• 파트별 연습 ※ 파트별 중점 사항	• 파트별 연습 -방법: 2개 팀을 한 조로 각 파트별 순환하면서 연습 -시간: 파트별 7~8분 연습 -활동 내용(학습자료 중 파트별 안내 사항 참고) A파트: 단거리달리기(스타트, 자세교정) B파트: 이어달리기(배턴 전달) C파트: 장애물달리기(허들 통과) D파트: 중 · 장거리달리기(페이스조절) ※ 파트별 중점사항 -파트별로 연습하면서 1차 기록 측정을 위한 1~4번 주자 정하기 -A파트(중 · 장거리 달리기): 주장이 초시계 사용하면서 페이스 조절, 팀 모두 제한 시간 안에 같이 들어올 수 있도록 함께 뛰기 -B파트(단거리 달리기): 자세 교정을 위해 팔을 힘차게(팔꿈치 90도로 구부리기) 흔들기, 무릎 높게 올리기 -C파트(장애물 달리기): 허들 공중 동작 때 차는 발(오른발 또는 왼발)과 스텝(3, 4, 5스텝) 정하기 -D파트(이어달리기): 배턴 전달 시 '얍' 신호와 함께 배턴 전달 방법 숙지	30분 (40분)	분위기 조성 파트별 핵심 사항에 대한 지도 및 피드백 부여
정리하고 반성하기	• 수업 정리 • 인성피라미드 쌓기 • 차시예고	• 수업 정리 -파트별 중점 사항을 재전달하고 부족한 부분에 대한 전체 피드백 부여 -수업 후 느낀 점 쓰기 • 인성피라미드 쌓기 -인성피라미드의 인성요소를 실천한 팀에게 스티커 부여 • 차시예고 -장　소: 운동장 -수업내용: 1차 기록 측정	5분 (45분)	분위기 조성 주의집중

대 상	3학년	대영역	도전 활동	중영역	기록 도전	일시	10~11월
장 소	운동장	인성주제	NEVER GIVE-UP			차시	4/7
학습목표	• 수행평가 의미와 방법을 이해하고 1차 기록 측정을 할 수 있다. • 수행평가를 통해 팀원 각자의 능력과 주자 배치의 중요성을 깨달을 수 있다.						
수업자료	초시계 2개(교사용, 학생용), 배턴 8개, 스타팅 블록 2set, 허들 6개, 사다리(훈련용) 1set, 훈련용 점핑대 6set, 라인기, 캠코더, 수업 노트, 학습자료						

단 계	학습내용	교수-학습활동	시간	지도상 유의점
준비하기		• 수업 준비 -수업 환경 조성(운동장 수업 도구 정렬) -운동장 상태 및 상황 확인	-10분	
생각하고 떠올리기	• 인원점검 및 환자파악 • 전시학습 상기 • 학습목표 제시 • 준비운동	• 출석확인, 건강상태 확인, 수업 준비 상태 확인 • 전시학습 상기 -1~4번 주자의 특성 및 역할 • 학습목표 제시 • 준비운동 -스트레칭 후 오래달리기 코스 뛰면서 warm-up	10분	분위기 조성 주의집중 안전사고에 대한 주의사항 전달
이해하고 활동하기	• 1차 기록 측정 준비	• 1차 기록 측정 준비 -팀 내 1~4번 주자 정하기 -1차 기록 측정을 위한 전략 구성하기 -몸 풀기	5분 (15분)	1차 기록 측정 방법과 중점 사항 전달
	• 1차 기록 측정	• 1차 기록 측정 -1~4번 주자 확인 -기록 측정 순서 정하기 -기록 측정에 대한 주의사항 전달 -기록 측정	25분 (40분)	기록 측정 여건 보장 및 주위 환경 정리
정리하고 반성하기	• 수업 정리 • 인성피라미드 쌓기 • 차시예고	• 수업 정리 -팀의 주자 선정과 기록을 바탕으로 1차 기록 측정에서 나타난 보완점에 대해 생각해 보기 -수업 후 느낀 점 쓰기 • 인성피라미드 쌓기 -인성피라미드의 인성요소를 실천한 팀에게 스티커 부여 • 차시예고 -장　　소: 운동장 -수업내용: 2차 기록을 위한 종합연습	5분 (45분)	분위기 조성 주의집중

<table>
<tr><td>대 상</td><td>3학년</td><td>대영역</td><td>도전 활동</td><td>중영역</td><td>기록 도전</td><td>일시</td><td>10~11월</td></tr>
<tr><td>장 소</td><td>운동장</td><td>인성주제</td><td colspan="3">NEVER GIVE-UP</td><td>차시</td><td>5~6/7</td></tr>
<tr><td>학습목표</td><td colspan="7">• 팀원들의 능력에 맞는 주자 배치를 통해 2차 기록 측정을 위한 종목별 맞춤 연습을 실시할 수 있다.</td></tr>
<tr><td>수업자료</td><td colspan="7">초시계 2개(교사용, 학생용), 배턴 8개, 스타팅 블록 2set, 허들 6개, 사다리(훈련용) 1set, 훈련용 점핑대 6set, 라인기, 캠코더, 수업 노트, 학습자료</td></tr>
</table>

단 계	학습내용	교수-학습활동	시간	지도상 유의점
준비하기		• 수업 준비 -수업 환경 조성(운동장 수업 도구 정렬) -운동장 상태 및 상황 확인	-10분	
생각하고 떠올리기	• 인원점검 및 환자파악 • 전시학습 상기 • 학습목표 제시 • 준비운동	• 출석확인, 건강상태 확인, 수업 준비 상태 확인 • 전시학습 상기 -1차 기록 측정을 통해 나타난 부족한 점 전달 • 학습목표 제시 • 준비운동 -스트레칭 후 오래달리기 코스 뛰면서 warm-up	10분	분위기 조성 수업 내용 중 중점 실천 사항 전달 안전사고에 대한 주의사항 전달
이해하고 활동하기	• 2차 기록 측정 재안내	• 2차 기록 측정 재안내 -2차 기록 측정의 의미와 방법에 대해 전달 -의미와 방법: 2차 기록 측정은 팀원 간의 협동을 바탕으로 자기 팀의 1차 기록과 비교하여 향상 정도를 팀 간 비교하여 수행평가 -기록 단축을 위한 주자 배치(전략: 주자별 특성과 강점과 약점을 파악)의 중요성	5분 (15분)	주의집중
	• 종합연습	• 팀별 종합연습 -팀 자율 연습 -서로 도우면서 주자 배치에 따른 팀원의 능력을 향상하기 위한 자율 연습	25분 (40분)	순회지도 및 피드백 부여
정리하고 반성하기	• 수업 정리 • 인성피라미드 쌓기 • 차시예고	• 수업 정리 -주자 배치의 중요성과 전략의 필요성 강조 -2차 기록 측정의 의미와 방법 -수업 후 느낀 점 쓰기 • 인성피라미드 쌓기 -인성피라미드의 인성요소를 실천한 팀에게 스티커 부여 • 차시예고 -장 소: 운동장 -수업내용: 1차 기록 측정	5분 (45분)	분위기 조성 주의집중

<table>
<tr><td>대 상</td><td>3학년</td><td>대영역</td><td>도전 활동</td><td>중영역</td><td>기록 도전</td><td>일시</td><td>10~11월</td></tr>
<tr><td>장 소</td><td>운동장</td><td>인성주제</td><td colspan="3">NEVER GIVE-UP</td><td>차시</td><td>7/7</td></tr>
<tr><td>학습목표</td><td colspan="7">• 수행평가 의미와 방법을 이해하고 2차 기록 측정을 할 수 있다.
• Never give-up 수업을 통해 느낀 점을 작성할 수 있다.</td></tr>
<tr><td>수업자료</td><td colspan="7">초시계 2개(교사용, 학생용), 배턴 8개, 스타팅 블록 2set, 허들 6개, 사다리(훈련용) 1set, 훈련용 점핑대 6set, 라인기, 캠코더, 수업 노트, 학습자료</td></tr>
<tr><td>단 계</td><td>학습내용</td><td colspan="4">교수-학습활동</td><td>시간</td><td>지도상 유의점</td></tr>
<tr><td>준비하기</td><td></td><td colspan="4">• 수업 준비
-수업 환경 조성(운동장 수업 도구 정렬)
-운동장 상태 및 상황 확인</td><td>-10분</td><td></td></tr>
<tr><td>생각하고 떠올리기</td><td>• 인원점검 및 환자파악
• 전시학습 상기
• 학습목표 제시
• 준비운동</td><td colspan="4">• 출석확인, 건강상태 확인, 수업 준비 상태 확인
• 전시학습 상기
-1~4번 주자의 특성 및 역할
• 학습목표 제시
• 준비운동
-스트레칭 후 오래달리기 코스 뛰면서 warm-up</td><td>10분</td><td>분위기 조성
주의집중
안전사고에 대한 주의사항 전달</td></tr>
<tr><td>이해하고 활동하기</td><td>• 2차 기록 측정 준비
• 2차 기록 측정</td><td colspan="4">• 2차 기록 측정 준비
-팀 내 1~4번 주자 정하기
-2차 기록 측정을 위한 전략 구성하기
-몸 풀기
• 2차 기록 측정
-1~4번 주자 확인
-기록 측정 순서 정하기
-기록 측정에 대한 주의사항 전달
-기록 측정</td><td>5분
(15분)
25분
(40분)</td><td>1차 기록 측정 방법과 중점 사항 전달
기록 측정 여건 보장 및 주위 환경 정리</td></tr>
<tr><td>정리하고 반성하기</td><td>• 수업 정리
• 인성피라미드 쌓기
• 차시예고</td><td colspan="4">• 수업 정리
-NEVER GIVE-UP의 의미를 되새겨보기
-수업 후 느낀 점 쓰기
• 인성피라미드 쌓기
-인성피라미드의 인성요소를 실천한 팀에게 스티커 부여
• 차시예고
-장 소: 운동장
-수업내용: 2차 기록을 위한 종합 연습</td><td>5분
(45분)</td><td>분위기 조성
주의집중</td></tr>
</table>

수업자료

<table>
<tr><th colspan="2">Never give-up 학습 보조 자료</th></tr>
<tr><td>(　) 조</td><td>주장(　) 팀원(　)</td></tr>
</table>

<table>
<tr><th colspan="5">인성피라미드</th></tr>
<tr><td rowspan="6">NEVER GIVE-UP</td><td rowspan="6">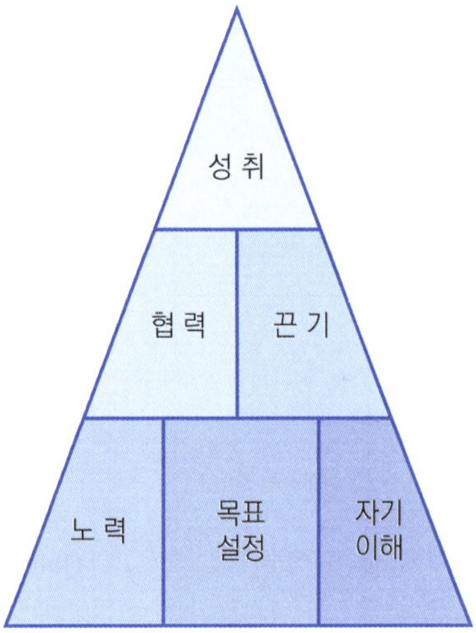
</td><td rowspan="3">공동의 가치</td><td>성취</td><td>최초 설정한 목표를 달성할 수 있다.</td></tr>
<tr><td>끈기</td><td>힘든 도전 과제일수록 포기하지 않는다.</td></tr>
<tr><td>협력</td><td>NEVER GIVE-UP 수업의 4 PART를 서로 도와가면서 수업에 임한다.</td></tr>
<tr><td rowspan="3">개인의 가치</td><td>노력</td><td>목표 달성을 위해서 수업 외적으로 연습한다.</td></tr>
<tr><td>목표설정</td><td>자신을 위해서, 팀을 위해서 자신이 할 수 있는 최선의 목표를 설정한다.</td></tr>
<tr><td>자기이해</td><td>목표 설정에 앞서 자신의 정신적 · 신체적 능력을 생각해볼 수 있다.</td></tr>
</table>

<table>
<tr><td rowspan="6">목표 설정</td><th>이름(번호)</th><th>NEVER GIVE-UP 수업을 통해 이루고자 하는 구체적인 목표를 정하세요.</th></tr>
<tr><td></td><td></td></tr>
<tr><td></td><td></td></tr>
<tr><td></td><td></td></tr>
<tr><td></td><td></td></tr>
<tr><td></td><td></td></tr>
</table>

파트별 안내 자료

A PART (오래달리기)

구분	무릎의 높이	보폭	무게 중심의 상하 움직임	팔의 움직임
단거리 달리기	높다	넓다	크다	크다
중 · 장거리 달리기	낮다	좁다	작다	작다

단거리달리기와 중 · 장거리달리기(오래달리기)의 움직임 차이

중 · 장거리달리기를 할 때에는 자신의 능력에 맞게 일정한 속도를 유지하며 달리다가 마지막에 전력을 다해서 뛰어야 좋은 기록을 낼 수 있다.

페이스 조절

유형1: 점차 속도를 높여 달린다.
유형2: 초반부터 끝까지 일정한 속도로 달린다.
유형3: 초반에 속도를 높이 다가 중간에 속도를 낮추고 마지막에 다시 속도를 높인다.

달리기 유형과 전략

Q1. 러너스하이(RUNNER'S HIGH)란 무엇일까요?

B PART (단거리달리기)

단거리달리기는 크라우칭 스타트로 출발한다. '차려' 구령이 나면 다리를 펴면서 엉덩이를 어깨보다 약간 높게 들어 올린다. '출발' 신호가 나면 스타팅 블록을 힘차게 박차고 나가며 달린다.

연습법1
엉덩이 관절의 움직임을 크게 하기 위한 운동이다.

연습법2
팔꿈치를 90°로 구부려 각도를 유지한 채 앞뒤로 크게 흔들도록 한다.

Q2. 스타팅 블록에 적용되는 과학적 원리는 무엇일까요?

C PART (장애물달리기)

구분	전체 거리	허들 간 거리
남자 중학교	110 m	9.14 m
여자 중학교	100 m	8.50 m

허들 간의 거리 및 보폭

허들 넘기

걸어가면서 허들 넘기

허들 연습

Q3. 허들을 넘을 기록을 단축시키기 위해서는 어떤 자세를 취해야 할까요?

D PART (이어달리기)

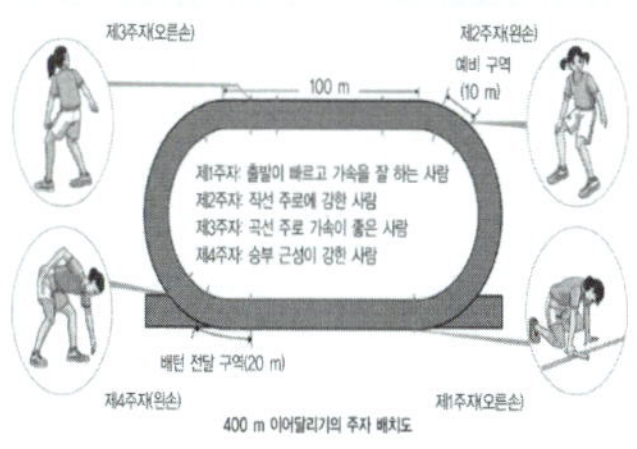

400 m 이어달리기의 주자 배치도

출발 지점 표시를 이용한 배턴 주고받기

가볍게 달리며 배턴 주고받기

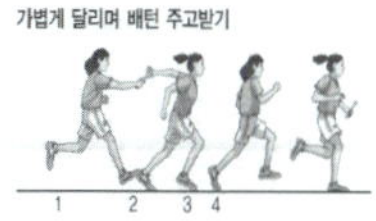

연습법1

배턴 전달 구역 밖에서 배턴을 주고받으면 실격

배턴을 던져서 주고받으면 실격

다음 선수를 떠밀어 주면 실격

경기 규칙(반칙 사례)

Q4. 이어달리기에서 기록이 단축되는 이유는 무엇일까요?
Q5. 배턴 전달 구역이란 무엇일까요?

NEVER GIVE-UP 수업을 진행하면서... (수업 중 어려운 점, 느낀 점, 선생님께 건의사항, 또는 팀원들에게 하고 싶은 말 등)		
진도	이름(번호)	자유롭게 자신의 마음을 기록하세요.^^
NEVER GIVE-UP 1차시를 마치며		
NEVER GIVE-UP 2차시를 마치며		
NEVER GIVE-UP 3차시를 마치며		
NEVER GIVE-UP 4차시를 마치며		
NEVER GIVE-UP 5차시를 마치며		

Never give-up 수행평가 체크리스트

내 용 학급 · 조			주자				배턴 전달 성공 여부			허들 성공 여부						1차 기록	2차 기록	기록 향상	비고
			1	2	3	4													
( )반	1조	1차																	
		2차																	
	2조	1차																	
		2차																	
	3조	1차																	
		2차																	
	4조	1차																	
		2차																	
	5조	1차																	
		2차																	
	6조	1차																	
		2차																	
	7조	1차																	
		2차																	
	8조	1차																	
		2차																	

Never Give-Up 수업을 하면서 느낀 점		
1. 'Never Give-Up' 수업을 통해 느낀 점을 자유롭게 쓰세요. 2. 1차 기록과 2차 기록 측정을 준비하는 과정을 통해 본인이 느낀 점을 자유롭게 쓰세요.		
이름, 번호	질문	느낀 점
	1	
	2	
	1	
	2	
	1	
	2	
	1	
	2	
	1	
	2	

수업 노트

2013년 10월 16일 수요일 1교시, 3학년 1반(1차시)

• 휴일, 2학기 학급 체험학습 등으로 인해 수업을 많이 빠진 반이다. 하지만 여러 반 수업을 통해 습득한 노하우로 인해 수업 진행이 잘 이루어진 것 같다. 1반 학생들은 오랜만의 체육수업이었는데도 수업 참여가 좋았다.

※ 유○○, 오○○: 속을 모르겠다. 열심히 하려고 노력한다는 건 알겠지만, 얼굴 표정과 행동을 봐선 알 수가 없다.

2013년 10월 7일 월요일 2교시, 3학년 2반(1차시)

• 2번째로 수업하는 반이라 그런지 9반보다 수업 진행이 쉬웠다. 9반 학생들보다 Never give-up에 대한 이해가 좋았다. 게다가 허들 시범까지, 속도는 느렸지만 자세는 제법 잘 나온 것 같다. 사실 대학에서 허들 수업을 할 때 자세가 좋다고 교수님께 칭찬을 많이 들었는데, 올해 초 아킬레스건 파열 때문에 시범을 보일 수 있을지 상당히 걱정을 했다. 이 수업을 위해 매일 인근 학교 운동장에 나가 스타트 연습과 전력 질주 연습을 통해 회복 훈련을 게을리하지 않은 보람이 있었다.

• 9반은 팀 조직을 자유롭게 짤 수 있도록 했더니 시간도 오래 걸리고 우왕좌왕하는 모습이 있었기 때문에 2반은 예전처럼 무작위 뽑기로 팀을 구성했다. 이 점에 대해서는 교사로서 확실한 기준과 계획을 통해 학생들의 의견에 흔들리지 말아야 한다는 것을 새삼스럽게 깨달을 수 있었다. 사실 9반의 경우 친한 친구와 함께 하고 싶다는 의견이 많아 원래 계획을 바꿔 원하는 친구와 한 팀이 되게 했더니 오히려 수업이 더 혼란스러워졌다. 그에 비해 2반은 깔끔하게 팀을 구성하고 수업을 할 수 있었던 것 같다.

2013년 10월 16일 수요일 6교시, 3학년 3반(1차시)

• 평소 수업 때 집중도가 떨어지는(장난이 다소 많은) 반이고, 오랫동안 수업을 못해서 걱정을 많이 했는데 생각보다 나름대로 수업 진행이 잘 이루어진 것 같다. 특히 6교시 오늘 마지막 수업이라서 젖 먹던 힘까지 짜내서 수업을 진행한 것 같다. 특히 그전까지 허들 시범만 20번 이상 했기 때문에 더욱더 그럴 수밖에 없었다. 다친 발목이 저려옴이 느껴진다. 조심해야겠다.

2013년 10월 8일 화요일 1교시, 3학년 6반(1차시)

• 가을 태풍 '다나스'로 인해 아침부터 약한 빗줄기가 내렸다. 아침에 수업을 할 수 있을 것 같아서 운동장에서 수업을 시작했는데 빗줄기가 강해져서 교실로 급히 이동하여 수업을 계속했다. 1차시 수업할 내용을 교실에서 설명으로 대체했다. 팀 조직 완료. 육상에 대한 학생들의 반응은 좋지 않았다. 하지만 그렇기 때문에 'Never give-up'이란 주제를 정하게 된 배경을 설명할 수 있었다.

2013년 10월 7일 월요일 4교시, 3학년 7반(1차시)

• 수업 준비에 대한 부족함이 많이 느껴지는 시간이었다. 2차시부터 학생들 스스로 기록 향상을 위해 연습할 수 있도록 가이드 자료를 만들어야겠다는 생각을 늘 했지만, 닥치면 하는 나의 준비성에 아쉬움이 많이 남는 시간이었다. 반성하자.

2013년 10월 16일 수요일 5교시, 3학년 8반(1차시)

- 10월은 공휴일(10/3 개천절, 10/9 한글날)로 인해 나에겐 잔인한 달 같다. 이 때문에 반별로 수업 진도 차이가 많이 났다. 8반 수업. 가을이지만 무더운 오후 5교시 수업. 하지만 8반이라서 수업이 잘 진행되었던 것 같다. 매 수업이 비슷하지만 1차시에는 전체적으로 다른 차시보다 설명할 것이 많아 늘 목이 아프다. 8반 수업 역시 목이 아팠지만 전달하고자 했던 내용을 잘 전달한 것 같다. 다음 시간이 기대되는 반이다.

2013년 10월 7일 월요일 1교시, 3학년 9반(1차시)

- Never give-up 수업을 처음으로 하는 반이었다. 허들, 사다리, 점핑 훈련 장비, 배턴 등 준비할 것들이 많았다. 게다가 수업을 어떻게 진행해야 할지 머릿속에 아직 구체적으로 그려지지 않은 상태에서 수업을 시작했다. 1교시라서 잠이 덜 깬 얼굴의 학생들이 많이 보였다. 특히 9반은 중간고사, 개천절로 인해 수업 공백이 생겼고, '인 · 의 · 예 · 지' 수업도 못해서 이 수업에 대한 반응이 안 좋았다. 엎친 데 덮친 격으로 권○○, 최○○, 임○○, 이○○의 4명의 학생이 감기, 천식, 무릎 아픔 등으로 수업에 빠지겠다고 의사를 밝혔다. 초반 수업 분위기를 잡기 위해 1학기 때부터 지금까지의 수업을 돌이켜 보게 하면서 'Never give-up'의 의미를 설명했다. 초반에는 수업 진행과 학생들을 집중시키기 어려웠지만, 후반에는 나름 괜찮게 끝난 것 같았다. 다음 수업 때 자료를 더 잘 준비해서 수업을 진행해야겠다.

1차시 수업 중 생각난 아이디어

인성교육: 1, 2차 기록 측정의 의미를 통해 잘 뛰는 사람이든, 못 뛰는 사람이든 팀에 소중한 사람이라는 것을 설명.

1차 기록은 팀 간의 기록 비교를 통해 수행점수가 반영되기 때문에 잘 뛰는 사람이 돋보일 수밖에 없다. 반면 무작위로 팀을 뽑았기 때문에 잘 뛰지 못하는 사람은 팀원들의 눈칫밥을 먹을 수도 있다. 하지만 2차 기록 측정은 팀의 1차 기록과 비교해서 향상 정도를 가지고 수행 점수를 부여하기 때문에 원래 잘 뛰었던 학생들보다는 잘 뛰지 못했던 학생들의 기록 향상을 더욱 기대할 수 있다. 이 점을 학생들에게 상기시키면서 잘 뛰는 학생들이 그렇지 못한 학생들에게 관심을 갖고 도와주고, 잘 뛰지 못하는 학생들은 그들의 도움에 고마움을 표현하고 스스로 포기하지 않고 열심히 노력할 수 있도록 해야 한다.

2013년 10월 17일 목요일 3교시, 3학년 1반(2차시)

- 수업 참여가 굉장히 좋은 반이다. 수업 전 유○○ 학생이 양호실에 입실했고, 오○○ 학생이 조퇴한 것 빼고는 좋았다. 특히 학생들 스스로 연습하는 면에서 다른 반보다 집중도와 참여도가 높았다. 육상 트랙 경기를 본교(운동장이 굉장히 좁은 학교)에서 하는 것이 모험이었지만 하길 잘 했다는 생각이 든다.

2013년 10월 10일 목요일 7교시, 3학년 2반(2차시)

- 배○○, 박○○, 조○○, 하○○ 등 남학생보다 기가 센 여학생들이 많은 반이다. 그리고 굉장히 적극적이고 활동적인 학생들이다. 그래서 수업 분위기를 주도한다. 이들 여학생들이 적극적으로 수

업에 참여하기 때문에 장난기가 많은 남학생들도 수업에 적극적으로 참여하는 것 같다. 2반은 정말 특이하면서도 너무나 에너지 넘치는 반이다. 긍정적으로. 2반은 Never give-up에 대한 가능성이 기대되는 반이다.

2013년 10월 18일 금요일 2교시, 3학년 3반(2차시)

- 3반. 너무나 어수선했다. 무엇보다 로테이션으로 수업을 진행하는 방법은 3반과는 맞지 않은 것 같다는 생각이 들었다. 학생들 입장에선 로테이션 후 연습할 시간이 부족하다고 느낄 수 있을 것 같다. 하지만 그 이유는 로테이션 후 잡담하면서 집중을 하지 않기 때문이다. 그리고 막상 연습을 하려고 하면 이동 시간이 되어 버리니까……. 답답했다.

※ 김○○, 김○○ 학생: 요즘 들어 부쩍 장난이 심해진 학생들이다. 수업 후 주의를 주었다.

2013년 10월 16일 수요일 3교시, 3학년 4반(2차시)

- 15일(화), 비로 인해 수업을 하지 못했다. 그래서 오늘 수업이 없는 시간에 과학 선생님의 수업을 빌려 수업을 진행하였다. 4반은 수업에 열심히 참여해 주었다. 그동안 육상이 학생들에게 비인기 종목이라고 생각했었는데, 내 생각과는 달리 너무나 흥미를 느끼고 수업에 참여하는 학생들이 많다는 것을 매 수업을 통해 느끼고 있다.

2013년 10월 14일 월요일 5교시, 3학년 5반(2차시)

- 지난 주 컨설팅 장학 위원 활동으로 인해 수업이 변경되어서, 오늘 5, 6교시 연속 수업을 하게 되었다. 게다가 가을 날씨 치고는 무더운 5, 6교시여서 힘든 수업을 예상했다. 하지만 학생들은 너무나 열심히 수업에 참여했다. 5교시 수업 종료 전 모든 학생 앞에서 2번의 허들 시범을 보였다. 그 때문일지는 모르지만 5교시와 6교시 사이 쉬는 시간에도 쉬지 않고 연습하는 학생들이 많았다. 그들에게 휴식하라고 말하는 것이 힘들 정도로 학생들의 열의가 돋보였다.

2013년 10월 10일 목요일 6교시, 3학년 7반(2차시)

- 1교시, 9반 수업 후 과연 이 수업이 학생들에게 의미가 있을까, 라는 생각을 많이 했다. 하지만 7반 수업을 하면서 학생들에게 의미 있는 수업이 될 수 있겠구나, 라는 확신이 들었다. 파트별로 열심히 수업에 참여하는 학생들이 많이 보였다. 무엇보다 육상에 대한 학생들의 흥미와 관심이 꽤 큼을 느낄 수 있었고 적극적으로 수업에 참여하는 학생들의 모습이 너무나 좋았다. 좋은 결과를 끌어내기 위해서 교사로서 좀 더 노력해야 할 것 같다. 학생, 수업 그리고 나를 위해.

2013년 10월 10일 목요일 1교시, 3학년 9반(2차시)

- 개인적으로 오늘 서울의 ○○중학교 컨설팅 장학 위원으로 참석 예정으로 수업시간표를 오전으로 이동, 변경한 상태. 아침부터 정신없이 수업을 준비하고 진행했다. Never give-up 수업 2차시, 4개 파트로 로테이션을 돌리면서 계획대로 수업을 진행했다. 우선 파트별 연습 시간이 너무 적었고, 무엇보다 학습자료를 나눠주었지만 활용할 줄을 몰랐다. 하나하나 설명하기가 힘들었다. 만약 협력 교사 선생님이 없었다면 이 수업은 불가능했을지도 모른다.
- 1교시 9반. 9반 수업은 정말 이상하다. 대부분의 학생들은 체육수업에 열심히 참여한다. 설사 그렇지 않더라도 크게 눈에 띌 만큼 수업에 방해되는 행동을 하지 않는다. 하지만 유독 임○○, 최○

○, 이○○, 임○○의 4명의 학생들은 눈에 거슬리는 행동으로 계속 눈에 띄었다. 사실 9반 수업을 하면서 나 스스로 많이 성장했음을 느꼈다. 보통 위와 같은 학생들이 수업에 방해되는 행동을 할 때면 화를 냈거나, 참았어도 나 스스로 감정 조절이 잘 되지 않아서 수업에 영향을 미쳤을 텐데 아무렇지 않게 넘겼고, 수업에도 영향을 주지 않았다. 솔직히 이 학생들 때문에 9반 수업을 진행하는 것이 너무 힘들다. 어떻게 해야 할지 고민이다.

2013년 10월 22일 화요일 6교시, 3학년 10반(2차시)

- 10반. 1차시 수업인 줄 알고 수업을 준비했는데, 2번째 수업이라는 학생들의 말에 당황했다. 1차시 수업이 기억나질 않았다. 1차시 수업을 준비했기 때문에 2차시 수업 때 전달되어야 할 학습자료를 전달하지 못했다. 대부분의 학생들이 의욕이 없어 보였으나 나름 열심히 수업에 임해주었다. 하지만 김○○, 김○○, 김○○ 학생의 눈빛, 태도, 수업 중 장난이 눈에 거슬렸다. 주의를 줘도 나아지질 않았다. 결국 '이 새끼야'란 말까지 쓰면서 화를 냈다. 그동안 그토록 경계했던 나의 모습이 나타난 것이다. 뭐랄까 내 자신이 너무 지쳐 있을 수도 있었다. 수업시간은 부족했고, 개인적인 일로 인해 수업을 변경하면서까지 내 수업을 직접 하려 했으며, 부족할 경우엔 다른 선생님의 수업까지 빌려서 수업을 하다 보니 너무 지쳤을 수도 있었다. 아무튼 나름 즐겁게 시작한 오늘이 이상하게 꼬여버린 기분이 들었다.

2013년 10월 21일 월요일 3교시, 3학년 1반(3차시)

- 수업 시간이 변경되었다. 그런데 전달되지 않았다. 운동장에서 수업을 준비하고 있었는데 종이 쳤는데도 학생들이 나오지 않아서 직접 교실로 올라가 수업임을 알렸다. 그래서 교복 입은 학생들을 데리고 수업을 진행했다. 수업이 어수선할 법도 한데 수업에 열심히 참여하는 학생들이 너무 예뻐 보였다. 다음 시간 1차 기록 측정이 있어서일지는 모르겠지만 팀으로 자유롭게 열심히 수업에 참여할 수 있다는 것에 놀랐다.

2013년 10월 14일 월요일 2교시, 3학년 2반(3차시)

- 9반에 이어서 2번째 수업. 9반과 다른 분위기의 반. 학생들의 상당한 열의가 느껴졌다. 남학생들의 장난이 조금 있었지만, 여학생들이 수업 분위기를 이끄는 반이라서 크게 문제 되진 않았다. 똑같은 1시간이지만 2반 학생들은 다른 반에 비해 더 많은 것을 배워갈 수 있었던 시간이었던 것 같다. 힘들었지만 2반과의 수업은 재미있었고 보람도 느낄 수 있어서 좋았다.

2013년 10월 22일 화요일 3교시, 3학년 3반(3차시)

- 3반은 시동 걸기가 힘들지만 한 번 시동이 걸리면 잘 달리는 차와 같은 반이다. 오늘도 수업을 시작할 때 분위기를 잡는 데 힘들었지만, 막상 시작하고 나니 열심히 수업에 참여했다.

※ 정○○ 학생: 허들을 못한다. 아니 다른 모든 종목을 못했다. 하지만 허들을 넘으려 시도했고, 그러면서 넘어지기도 했지만 그래도 계속해서 시도했다. 이것이 Never give-up이다. 한 명의 학생, 수업 시간 속 짧은 순간일 수도 있지만 이런 학생의 모습을 놓치지 않고 그 학생을 칭찬하고 격려할 줄 아는 교사, 그런 학생의 행동에 감동 받을 수 있는 교사가 진정 체육수업을 잘하는 교사가 아닐까, 라는 생각이 든다.

2013년 10월 14일 월요일 6교시, 3학년 5반(3차시)

- 5교시에 이어 연속 수업. 이미 육상 트랙 경기에 흠뻑 빠져 많이들 지쳐 보였다. 하지만 5교시 못지 않게 너무나 열심히 수업에 참여했다. Never give-up 수업을 통해 인간의 원초적 본능 중의 하나인 달리기에 대한 욕구가 수업을 어떻게 준비하느냐에 따라서 이렇게도 나타날 수 있구나, 라고 느낄 수 있었던 소중한 시간이었던 것 같다.

2013년 10월 18일 금요일 3교시, 3학년 6반(3차시)

- 과학 시간을 빌려서 수업을 진행했다. 6반 학생들은 수업과 상관없이 원래부터 에너지(장난) 넘치는 반이었는데 육상이란 종목과는 잘 맞는 것 같다는 생각이 들었다. 김○○ 학생이 쉬지 않고 허들을 넘는 모습이 너무 예뻐 보였다. 자세에 대한 피드백도 나에게 계속해서 요청했다.

2013년 10월 23일 수요일 5교시, 3학년 8반(3차시)

- 3차시 수업. 다들 열심히 수업에 임했다. 특히 이어달리기 파트에서 연습하는 걸 보니 이해가 빠른 반이란 느낌이 들었다. 5교시 그늘도 없는 운동장에서 다음 시간에 있을 1차 기록 측정에 대비해 팀별로 연습하는 모습이 인상적이었다.

※ 서○○ 학생: 허들을 잘한다.

2013년 10월 14일 월요일 1교시, 3학년 9반(3차시)

- 9반, 너무 부담되는 수업이다. 그 이유는 아마도 학생들의 참여가 다른 반에 비해 무척 저조하기 때문일 것이다. 하려고는 하는 것 같은데 의지가 없어 보이기도 하고, 수업에 평소 비협조적인 학생들이 수업을 방해하기 때문일 수도 있다. 게다가 나름 열심히 하려고 하는 학생들까지 몇몇 학생들이 만들어 내는 부정적인 분위기에 휩쓸리는 것 같아서 솔직히 예뻐 보이질 않는다. 최○○, 임○○, 공○○ 학생이 포함된 팀을 불러 모아 야단 아닌 야단을 쳤다. 팀 활동을 강조하면서. 그리고 이○○, 임○○, 전○○ 학생에겐 개별 과제를 부여했다. 결국 수업 종료 전 나는 학생들에게 9반 수업은 교사인 나에게 상당히 부담된다고 말했다. 그 이유도 함께 말이다.

※ 공○○ 학생: 사실 이 학생 때문에 무척 힘들다. 나와 처음 만났을 때 이 학생은 날 상당히 따랐다. 하지만 1학기 후반 팀워크 수업(티볼) 때부터인가 알 수 없는 이유로 많이 어긋나는 듯했고, 그 원인을 알아내기 위해 여러 번 불러 얘기도 나누었다. 심지어 주변 학생들에게까지 달라진 이유를 물어 보기도 했다. 하지만 그 원인을 알 수 없었다. 그리고 시간이 지나면서 그 어긋남이 더 커지고 있다.

※ 이○○ 학생: 허들을 잘하지 못하지만 최선을 다하는 모습이 상당히 인상적이었다. 수업 후 칭찬하였다.

2013년 10월 25일 금요일 4교시, 3학년 10반(3차시)

- 수업 전, 솔직히 갑자기 추워진 날씨 때문에 1, 2교시 수업을 했던 반 학생들의 주의를 집중시키는데 힘들었다. 3교시 10반 학생들이 추위에 호들갑 떠는 모습이 왠지 모르게 싫었다. 하지만 그건 10반 학생들 때문이 아니라 이번 주 월요일부터 수업, 연구 과제(개인적인 활동) 등으로 인한 강행군 때문에 신경이 날카로워진 것이 더 큰 이유일 것이다. 준비운동으로 학교 4바퀴를 뛰게 하고 그럴듯한 이유를 대면서 분위기를 잡았다. 그 때문인지 학생들은 나름 차분하게 수업에 임했다. 아

마 화가 난 교사의 눈치를 봤기 때문일 것이다. 아무튼 수업이 끝나도 기분이 나아지지 않았다. 이럴 땐 가급적 학생들과 수업을 좀 소홀히 하는 것이 나에게나 학생들에게 좋다는 것을 안다. 이럴 땐 교사 스스로 자신을 조절할 수 있어야 하는 것은 아닐까, 라는 생각이 든다.

2013년 10월 22일 화요일 5교시, 3학년 1반(4차시)

- 과학 시간을 빌려 수업함. 수업 참여도, 준비도, 마음가짐 최고. 1차 기록 측정. 1반 학생들의 체육수업에 대한 열의에 새삼스럽게 놀랐다. 1차 기록 측정을 하면서 정말 최선을 다하는 모습이 느껴졌다.

※ 이○○ 학생: 소극적이었고 운동 신경이 좋지 않았지만 자신감 수업(치어리딩) 때 주장을 맡으면서 지금까지 너무나 많이 변한 모습을 보이고 있다. 5교시 수업 전 식당에서 식사를 하는데 이 학생이 나를 찾아와서 허들을 연습할 수 있게 허락을 구했다. 이런 학생이 있다니…

2013년 10월 25일 금요일 2교시, 3학년 3반(4차시)

- 1차 기록 측정. 기록 측정 방법을 다른 반과 동일하게 전달했음에도 불구하고 기록 측정 방법과 코스를 이해하지 못하는 학생들이 있었다. 수업도 어수선했고 기록 또한 저조한 것 같다. 1차 기록 측정을 하면서 최선을 다하지 않는 느낌(1차 기록 측정임에도 불구하고 치마를 입고 나온 학생들, 일부 학생들은 팀을 생각하지 않고 천천히 뛰는 학생)이 들어서 좋지 않았다.

2013년 10월 22일 화요일 4교시, 3학년 4반(4차시)

- 4개 팀 기록 측정. 4반엔 축구부 남학생들이 많다. 그래서인지 기록이 다른 반에 비해 월등히 높았다.

2013년 10월 17일 목요일 4교시, 3학년 5반(4차시)

- 9반 수행평가를 하면서 시간이 부족하단 사실을 알고 5반은 수업을 좀 빨리 진행했다. 그런데도 수업 시간이 모자랐다. 4교시 수업이어서 종 치고도 10분 정도 수업을 더 진행해서야 수행평가를 마칠 수 있었다. 다행히 다른 교과에 영향을 미치진 않았지만, 학생들의 소중한 점심시간을 빼앗았다. 좀 더 진행을 빨리 해야 할 것 같다.

2013년 10월 22일 화요일 1교시, 3학년 6반(4차시)

- 1교시 약간 쌀쌀한 날씨. 갑자기 든 생각. 6반은 1학기에 비해서 시간이 지날수록 많이 차분해지는 느낌이 들었다. 다른 교과 시간에도 그럴까 하는 궁금증이 생겼다. 7개 팀 중 4개 팀이 1차 기록 측정을 했다. 기록 측정을 하지 않는 팀은 기록 측정을 준비하거나 다른 팀의 기록 측정 과정을 지켜보고 있었다. 예전 같았으면 쉬지 말고 연습하라고 학생들을 다그쳤을 텐데 그러지 않았다. 지켜보는 과정 또한 체육 시간에 이루어지는 하나의 과정(생각의 시간)이란 생각이 들면서 좋아 보였다. 나무를 보기보다 숲을 보고 그 속에서 이루어지는 많은 것들을 보고 생각할 줄 알아야 한다는 생각이 들었다.

2013년 10월 17일 목요일 6교시, 3학년 7반(4차시)

- 1차 기록 측정. 좀 더 서두르니까 한 시간에 평가를 마칠 수 있었다. 하지만 사정상 1개 조가 기록 측정을 못했기 때문인지, 만약 모든 팀이 다 기록 측정을 했다면 아마 시간이 부족했을 것 같다.

2013년 10월 25일 금요일 1교시, 3학년 8반(4차시)

- 24일 저녁부터 겨울 같은 추운 날씨가 시작되었다. 1교시 너무 추웠다. 이런 날씨로 인해 기록 측정이 조금 늦을 수 있을 것이란 판단 때문에 몸을 잘 풀 수 있도록 당부하고 준비운동을 시작했다. 1차 기록 측정이라 그런지 기술적인 부분이 숙달되지 못한 것 같았다.

2013년 10월 17일 목요일 1교시, 3학년 9반(4차시)

- 9반, 또 1교시 수업이다. 그런데 평소와 다르게 빠르게 수업을 준비하는 모습이 인상적이었다. 9반은 수행평가에 강한 반이란 인상이 들었다. Never give-up 수업을 항상 다른 반보다 먼저 수업을 했다. 1차 기록 측정은 4개 팀만 측정하고 다른 팀은 다음 시간으로 연기했다. 부상학생들 때문에.

2013년 10월 29일 화요일 3교시, 3학년 10반(4차시)

- 1차 기록 측정. 다른 반에 비해서 수업 공백이 커서 이 수업을 집중적으로 진행할 수 없었다. 그리고 학습 보조 자료 역시 늦게 배부되어 이론적인 지식 전달이 부족했다. 그래서인지 1차 기록 측정을 하면서 부족한 부분이 많이 나타났다. 시간이 부족해서 Never give-up에 대한 인성요소를 전달하지 못해 아쉬움이 남는다.

4차시 수업 중 생각난 아이디어

1. 3-9반 1차 기록 측정을 마치고 느낀 점: 이 수업 수행평가에 문제점이 있다. 바로 시간이다. 한 팀씩 기록 측정을 하다 보니까 1시간으로는 시간이 부족하다. 물론 수업 초반 설명과 연습 시간이 부여된 탓이기도 하지만 말이다.
2. Never give-up 수행평가를 하면서 느낀 점
   - 이 수행평가 방식은 Never give-up의 의미, 그리고 육상 트랙 경기 종목별 특성을 학생들이 이해하고 느끼기에 좋은 방법인 것 같다.
   - 1차 기록 측정을 통해 1~4번 주자 선택에 필요한 중요한 사항에 대해 생각해 볼 수 있는 기회를 제공할 수 있다.

2013년 10월 23일 수요일 1교시, 3학년 1반(5차시)

- 종합연습. 지난 시간 1차 기록 측정을 하지 못한 2조의 기록 측정. 배턴 전달과 허들에서 실수가 많았다. 종합연습 때는 운동장 곳곳에 퍼져 팀별로 연습하는 모습이 좋아 보였다. 예전의 나는 체육 시간에 모든 학생이 신체활동을 해야 된다고 생각한 적이 있었다. 하지만 지금은 아니다. 성인의 경우도 45분을 쉬지 않고 움직이기는 쉽지 않다. 하물며 중학생이다. 열심히 하다가 잠시 쉴 수도 있는 일이다. 물론 그것이 수업과 전혀 상관없는 잡담을 위한 휴식이라면 다르지만 말이다.

2013년 10월 21일 월요일 2교시, 3학년 2반(5차시)

- 2교시. 결론부터 말하자면 Never give-up이란 주제로 육상 트랙 경기 방식을 가르치는 것에 대해 만족한다. 1차 기록 측정 후 2차 기록 측정을 위한 마지막 종합연습이 이루어졌다. 허들에 부딪혀 무릎이 까져 상처가 나도 계속해서 도전하는 여학생들, 얼굴이 빨개진 채로 거칠게 호흡하는 학생

들, 자기주도적이고 협동적인 학습의 모습.

2013년 10월 29일 화요일 6교시, 3학년 3반(5차시)

- 3반 수업 초반에 2차 기록을 준비하면서 1차 기록 측정 때 부족했던 점을 학생들에게 전달하였다. 형식, 질서가 없어보였지만 그 속에서 열심히 하는 학생들의 모습을 볼 수 있었다. 특히 1, 2번 주자 여학생들이 허들을 도전하는 모습이 인상적이었다.

2013년 10월 25일 금요일 4교시, 3학년 4반(5차시)

- 3교시, 10반 수업 때 너무 날카롭게 학생들을 대했다는 생각이 들었다. 4반 학생들 역시 수업 분위기가 좋지 않았다. 하지만 신경 쓰지 않기로 했다. 이번 시간만 체육수업이 있는 것도 아닌데, 라는 생각으로 나 역시 마음을 내려놓으려고 노력했다.

2013년 10월 23일 수요일 4교시, 3학년 6반(5차시)

- 그늘 한 점 없는 4교시. 종합 연습을 정말 자유롭게 하고 있다. 1반의 경우 자유롭지만 팀별로 참여가 돋보였다면 6반은 장난 반 진지함 반으로 수업 시간에 참여하고 있다.

2013년 10월 21일 월요일 4교시, 3학년 7반(5차시)

- 4교시 덥다. 운동장에 그늘이 없다. 내 수업을 객관적으로 바라볼 순 없지만 매 수업 시간 학생들의 변화를 느낄 수 있다. 특히 수업 시간에 소극적이었던 학생들, 친구들과 잘 어울리지 못했던 학생들에게서 변화가 느껴진다. 인성주제 중심 체육수업은 수업 내용과 방법도 중요하지만 수업을 진행하는 교사 역시 중요한 부분을 차지하고 있는 것 같다.

2013년 10월 21일 월요일 1교시, 3학년 9반(5차시)

- 지난 수업 때 시간이 부족해서 1차 기록 측정을 하지 못한 6, 7조의 1차 기록 측정을 진행했다. 5조는 권○○ 학생 결석으로 측정하지 못했다. 9반은 정말 기복이 심한 반이다. 대부분 종합 연습은 하지 않고 잡담으로 시간을 보냈다. 지난 시간 기록 측정을 못한 팀을 대상으로 기록 측정을 끝내고 나서 모두를 불러 놓고 잘못된 점에 대해 얘기했다. 그제서야 연습하는 척하는 9반.

※ 임○○ 학생: 항상 수업에 소극적으로 참여하던 학생이다. 자유시간에도 친구들과 어울리지 못하고 혼자 있던 학생이다. 그런데 Never give-up 수업을 통해 달라졌다. 우선 수업에 임할 때의 눈빛, 적극성 그리고 무엇보다 겉으로 드러나진 않지만 행동하는 데 있어서 자신감이 느껴졌다. 그래서 수업 중에 잠시 불러 물었다. 개인적으로 이 수업을 위해 노력하는 점이 있냐고 물었다. 그랬더니 주 2회 뒷산을 뛰어서 올라가고, 학원 갈 때 뛰어다닌다고 했다. 이 학생의 이야기를 수업 마무리 시점에 학생들에게 말했다. 얘기를 듣던 학생들은 숙연해졌다. 일부 학생들은 고개를 끄덕이면서 스스로 반성하는 모습을 보였다.

2013년 11월 4일 월요일 6교시, 3학년 10반(5차시)

- 10반의 경우 수업 변동이 아주 많은 반이다. 게다가 격주로 금요일 수업이 연속 2시간 잡혀 있다. 종합연습 시간. 3조만 1차 기록 측정을 했다.

5차시 수업 중 생각난 아이디어

1. 종합연습을 할 때 반드시 팀끼리 연습할 것을 사전에 강조하기.
2. 1차 기록 측정 결과 중 배턴 전달 결과를 알려 주면서 배턴 전달 방법을 더 숙달할 수 있도록 강조하기.

2013년 10월 24일 목요일 3교시, 3학년 1반(7차시)

- 너무 예쁜 반. 1반 수업은 한 편의 영화 같다. 모두가 기록 단축을 위해 노력했다. 향상된 팀도 있고 그렇지 않은 팀도 있다. 2조의 경우 1번 주자 안○○ 학생은 마지막 허들에서 스텝을 맞추기 위해 무리하게 시도하다 결국 허들에 걸려 넘어졌다. 많이 아팠을 텐데 빨리 일어나서 2번 주자에게 배턴을 전달하였다. 한참 뒤 안○○ 학생을 보니 눈시울이 젖어 있었다. 그 이유는 같은 팀 학생들이 안○○ 학생이 넘어져서 기록이 늦어졌다는 식으로 말을 했기 때문이었다. 그래서 수업 끝나고 2조 팀원들을 불러서 비록 기록이 나빠졌지만 엄청난 통증을 참아가면서 끝까지 뛴 동료에게 어떤 식으로 말하는 것이 옳은지 다시 한 번 생각해 보라고 말했다.

2013년 11월 1일 금요일 2교시, 3학년 3반(7차시) <실험적 수업>

- 1조는 정○○ 학생이 아파서 기록 미측정. 다른 모든 조는 기록 향상. 수업에 임하는 자세, 집중도가 최고였다. 3반의 경우 작은 실험을 감행했다. 보통 수행평가를 할 때, 난 코치를 잘 하지 않는 편이다. 왜냐하면 수업을 통해 충분히 피드백을 부여하고 칭찬과 격려를 통해 최선을 다할 수 있도록 도왔기 때문에 실제 수행평가를 볼 땐 냉정하게 평가에 집중하는 편이었다. 하지만 3반의 경우에는 수행평가를 볼 때 “좀 더 달려”, “잘하고 있어”, “얼마 남지 않았어” 등과 같이 응원하고 격려하면서 수업을 진행했다. 그래서인지는 모르지만 기록 측정을 한 모든 팀의 기록이 향상되었다. 수업을 마무리하면서 3반, 기적의 반이라고 말해줬더니 모두가 기뻐했다.

※ 탁○○, 정○○ 학생은 무척 느리고 몸집이 큰 여학생들이다. 한○○ 학생은 키가 무척 작은 여학생이다. 그런데 이들 모두 기록 향상에 큰 역할을 했다. 그동안 얼마나 노력했는지 알 수 있는 대목이다.

2013년 10월 29일 화요일 4교시, 3학년 4반(7차시)

- 반마다 특성이 있다. 학생들의 성향도 다르다. 특히 4반은 기록에 대한 도전과 경쟁이 학생들의 의욕을 고취시킨 것 같았다. 여러 가지 사정으로 기록 측정을 하지 못한 팀도 있지만 기록 측정을 한 3개 팀은 모두 크게 기록 향상을 보였다.

2013년 10월 24일 목요일 4교시, 3학년 5반(7차시)

- 너무 예쁜 반. 이 수업주제에 맞게 최선을 다해 몸과 마음으로 수업에 참여한 반. 기록 향상을 위해 주자 배치도 새롭게 하고, 연습 시간에도 최선을 다하는 모습을 보였다. 특히 1차 기록보다 향상된 2차 기록을 얻기 위해서 팀원 특성을 파악해서 주자 배치도 바꾸고, 개인적으로 노력하기도 하면서, 팀으로 활동하길 원했었는데, 5반의 경우 기록 측정을 위한 전술도 새롭게 했고, 실제 팀원들 개개인의 노력도 돋보였던 시간이었다.

2013년 10월 29일 화요일 1교시, 3학년 6반(7차시)

- 이 수업은 분명 좋은 점이 있다. 하지만 계획을 할 때 고려하지 못한 점도 있다. 예를 들자면, 오늘의 경우 많은 학생들이 수업에 빠졌다. 왜냐하면 3학년 학생들을 대상으로 2박 3일 독도 방문 행사를 학교에서 진행했기 때문에 그 행사에 참여한 학생들은 수업에 빠졌다. 그러다 보니 수업을 계획대로 진행할 수가 없었다. 4명이 한 팀인데 1~2명이 빠져도 기록 측정을 할 수 없기 때문이다. 이럴 경우 수업 진행이 느려지기 때문에 학생들의 수업 집중도가 떨어진다. 이런 점을 좀 더 세심하게 계획했어야 했는데...

※ 김○○ 학생: 이 학생은 7조 주장이다. 오늘 기록 측정이 있는 걸 알면서도 치마를 입고 수업에 참여했다. 게다가 1번 주자로 뛰면서도 웃으면서 느리게 뛰었다.

2013년 10월 24일 목요일 6교시, 3학년 7반(7차시)

- 3학년 고입 원서 제출을 위해 3명의 학생이 수업에 빠졌다. 이들은 착실하고 수업 참여도도 높은 학생들로 수업 분위기를 좋게 해주는 역할을 했었다. 그런데 이들이 수업에 빠지니까 전체적으로 수업에 대한 집중도가 낮아진 것 같다. 그로 인해서인진 몰라도 기록 향상 정도도 저조한 수준이었다.

2013년 11월 1일 금요일 1교시, 3학년 8반(7차시)

- 1, 3조는 수업 때 2차 기록 측정을 하지 못했다. 하지만 더 이상 수업을 늦출 수 없어 점심시간에 이들을 불러 기록을 측정하였다. 8반은 1교시 수업이어서일진 몰라도 수업을 시작할 때 힘이 없어 보였다. 하지만 막상 수업을 시작해보니 달랐다. 특히 1차 때 허들 넘는 것을 힘들어하던 여학생들이 허들을 통과하는 모습이 많이 보였다. 그동안의 노력이 헛되지 않았음을 보여주는 대목이다.

2013년 10월 24일 목요일 1교시, 3학년 9반(7차시)

- 박○○, 박○○, 양○○, 윤○○, 이○○, 장○○, 정○○, 최○○, 황○○, 황○○, 김○○, 김○○, 김○○, 김○○, 박○○, 김○○, 박○○, 양○○, 원○○, 유○○, 윤○○, 이○○, 전○○, 허○○, 홍○○ 학생 모두 수업에 열심히 참여하는 학생들이다. 하지만 몇몇 학생들의 너무나 소극적인 참여로 인해 9반 분위기가 안 좋게 영향을 받는 것 같다.

2013년 11월 5일 화요일 3교시, 3학년 10반(7차시)

- 10반의 경우 그동안 수업 변동이 많아서 다른 반보다 수업을 일정하게 진행할 수 없었다. 또한 개인적인 업무와 학교 업무로 인한 피로로 인해 짜증 아닌 짜증도 많이 냈던 반이었다. 하지만 2차 기록 측정 결과는 대만족이었다. 김○○ 학생이 있던 팀뿐만 아니라 모든 팀의 기록이 향상되었다. 더군다나 기술적인 부분에서도 크게 발전된 모습을 보였다. 10반은 모든 수업이 끝났다. 과연 학생들이 수업 후 느낀 점을 어떻게 적어 낼지 궁금해진다.

부록(수업 영상자료)

2013학년도 1학기 수업 영상

순서	인성주제 (신체활동 및 내용)	수업 영상	비고
1		오리엔테이션 수업	
2	바른 관계 맺기 (놀이: 레크리에이션)	바른 관계 맺기 수업	
3	생명의 소중함 (심폐소생술, 구급처치법)	생명의 소중함 1차시 수업	
4		생명의 소중함 2차시 수업	
5		생명의 소중함 3차시 수업	
6		생명의 소중함 4차시 수업 중 일부분	
7		생명의 소중함 5차시 수업 중 일부분	
8	팀워크 (킨볼)	팀워크(킨볼) 1차시 수업	
9		팀워크(킨볼) 2차시 수업	
10		팀워크(킨볼) 3차시 수업	
11		팀워크(킨볼) 6차시 수업	
12	팀워크 (티볼)	팀워크(티볼) 1차시 수업	
13		팀워크(티볼) 2차시 수업	
14		팀워크(티볼) 3차시 수업	
15		팀워크(티볼) 4차시 수업	
16		팀워크(티볼) 5차시 수업	
17		팀워크(티볼) 8차시 수업	
18	타인이해 (감상수업)	타인이해 수업	

2013학년도 2학기 수업 영상

순서	인성주제 (신체활동 및 내용)	수업 영상	비고
1	믿음과 자기헌신 (꾸미기체조)	믿음과 자기헌신 1차시 수업 중 일부분	
2		믿음과 자기헌신 2차시 수업	
3		믿음과 자기헌신 3차시 수업	
4		믿음과 자기헌신 4차시 수업	
5	자신감 (치어리딩)	자신감 1차시 수업(화내는 모습)	
6		자신감 2차시 수업 중 일부분	
7		자신감 3차시 수업	
8		자신감 4차시 수업 중 일부분	
9		자신감 5차시 수업 중 일부분	
10	인 · 의 · 예 · 지 (빙고런닝맨)	인 · 의 · 예 · 지 수업	
11	NEVER GIVE-UP (육상 트랙 경기)	NEVER GIVE-UP 1차시 수업	
12		NEVER GIVE-UP 2차시 수업	
13		NEVER GIVE-UP 4차시 수업	
14		NEVER GIVE-UP 5차시 수업 중 일부분	
15		NEVER GIVE-UP 7차시 수업 중 일부분	

수업 영상은 교육과학사 홈페이지(: www.kyoyookbook.co.kr) 자료실(강의자료실)에 링크주소가 있습니다.

제4장

수업을 되돌아보다

4장에서는 2013학년도 중학교 3학년 학생들에게 적용한 인성주제 중심 체육수업을 전체적으로 되돌아봄으로써 이 수업에 대한 이해를 다시 돕고, 부족한 점에 대해서도 생각해 보고자 합니다.

체육교사로서의 나

나는 체육 시간을 자유시간으로 쓰는 것을 병적으로 싫어한다. 왜냐하면 자유시간은 교사의 편의와 불성실로 인해 나타나는 결과라고 생각하기 때문이다. 그래서 자유시간을 가지고 타협을 시도하려는 학생들에게 빈틈을 보이지 않으려고 노력한다.

나는 현장에서 보고 느낀 불합리한 것들과 적당히 타협하는 것을 싫어한다. 그러다 보니 의도치 않게 이런저런 얘기("보수 꼴통", "쉽게 쉽게 하지", "젊은 사람이 벌써부터 승진에 눈이 멀었어", "나선다" 등)들을 많이 들었다.

나는 학기 초 학생들에게 안내된 수업은 어떤 일이 있어도 계획대로 진행해야 한다고 생각한다. 왜냐하면 그것이 교사와 학생 간에 이루어지는 가장 기본적 약속인 동시에 가장 중요한 약속이라고 생각하기 때문이다. 하지만 이런 나의 모습은 가끔 '융통성 없는 교사'라는 말로 되돌아오곤 한다.

나는 한때 45분 동안 학생 모두가 쉬지 않고 수업에 참여하는 것이 좋은 수업의 모습이라는 생각했었다. 그래서 늘 수업에 열심히 참여하던 학생이 한 번 소극적으로 수업에 참여하거나 쉬려는 모습을 보이면 싫어했다. 이런 나의 모습은 학생들과의 긍정적인 관계 형성에 부정적인 영향을 미쳤다.

나는 신체활동 위주(종목 중심)로 이루어지는 체육수업을 늘 못마땅해했다. 그리고 체육수업을 바라보는 큰 틀에서 신체활동을 빼고는 생각하지 못하는 현실이 늘 불만스러웠다.

나는 체육교사로서 수업에 대해서는 거의 모든 일에 적극적이고 진지한 편이다. 이런 나의 모습이 수업을 통해 잘 나타나는 것 같다. 물론 수업을 할 땐 밝고 씩씩하게 진행하려고 노력하기 때문에 "재밌다" 또는 "유머러스하다"라고 말하는 학생들도 있지만 "열정적이다" 또는 "너무 진지하다"라고 말하는 학생들도 있다. 이 말들이 경우에 따라선 긍정적인 의미의 표현으로 쓰일 때도 많지만 부정적인 의미의 표현으로 쓰일 때도 있다. 특히 부정적인 의미로 쓰일 때는 "교사가 너무 열정적이라 힘들다" 또는 "너무 열정적이기 때문에 우리들(학생들)에게 원하는 것이 많아서 부담스럽다"와 같은 의미를 담고 있을 때도 있다.

나는 체육교사로서 수업적인 면에서는 완벽을 추구하려고 노력한다. 물론 완벽한 수업이 없음을 잘 안다. 그럼에도 불구하고 불가능한 목표를 달성하기 위해 늘 노력한다. 이런 나의 모습이 나에게 긍정적으로 작용할 때도 있지만 부담으로 다가올 때도 있다.

나는 솔선수범을 교사가 지녀야 할 가장 중요한 덕목이라고 생각한다. 교사가 되기 전에도 그랬고 지금도 그렇다. 나에게 솔선수범은 '한결같음'을 실천할 수 있게 해주는 원동력이다. 이 때문에 나는 수업으로 힘겨워하고 버거워하면서도 매년 새로운 것을 시도하고 있다.

나조차 나를 제대로 알지 못하지만, 체육교사로서 끊임없이 나 자신에 대해, 체육수업에 대해 그리고 학생들에 대해 생각한다.

이 수업은 이런 내가 체육수업을 통해 학생들의 바른 변화를 끌어내겠다는 고집으로 만들어 냈다. 1년간 이 수업을 중학교 3학년 학생들에게 적용하면서 이 수업이야말로 그동안 내가 찾아 헤매던 체육수업임을 확신할 수 있었다. 하지만 내가 원하던 결과와는 다른 결과를 만들어 내면서 나를 깊은 고민에 빠지게 만들었다. 그 이유는 체육수업에 대한 학생들의 수업 만족도 결과 때문이다. 그해 학년 말 실시한 체육수업 만족도 설문조사는 그동안 매년 실시해 오던 수업 만족도 결과 중 가장 낮은 만족도 수치를 나타냈다. 도저히 이해할 수가 없었다. 하지만 한 가지 확신은 있었다. 바로 이 수업에 대한 확신이다. 이 수업의 내용 그리고 수업 방식 때문에 수업 만족도 결과가 낮게 나온 것은 아니라는 확신이 있었다. 물론 짧은 수업 계획이나 새로운 수업 방식으로 인해 불만을 나타내는 학생들이 있었지만, 수업 만족도에 영향을 미칠 정도는 아니었다. 문제는 다른 곳에 있었다. 하지만 정확히 무엇이 문제인지 그 당시 나는 알지 못했다. 그리고 그해 겨울방학 동안 1년간의 수업을 정리하면서 중학교 3학년 학생들에게 적용한 인성주제 중심 체육수업의 결과를 '절반의 성공'과 '절반의 실패'로 결론 내렸다.

2013학년도 중학교 3학년 체육수업을 반성하며

(인성주제 중심 체육수업의 6가지 특징을 중심으로…)

2013학년도 중학교 3학년 학생들에게 처음 가르친 이 수업은 총 10가지 주제의 수업으로 수업 진행 계획이 세워졌다. 10가지 수업주제는 '바른 관계 맺기', '생명의 소중함', '팀워크', '타인이해', '정직한 최선', '믿음과 자기헌신', '자신감', '인의예지', 'NEVER GIVE-UP', '자기이해'다. 하지만 실질적으로 이루어진 수업은 8가지 주제의 수업이었다. 정직한 최선과 자기이해 수업은 진행되지 못했다. 왜냐하면 주당 2시간이었던 3학년 수업 시수를 정확히 계산하지 못했기 때문에 수업을 진행할 시간적 여유가 없었다. 특히 2학기 마지막에 계획되었던 자기이해 수업은 NEVER GIVE-UP 수업이 수행평가로 예상보다 길게 진행되면서 수업을 할 수 없게 됐다. 그래서 이 책에 소개된 수업 사례는 수업이 이루어진 8가지 주제에 대한 9가지 신체활동과 1번의 감상수업에 대한 내용만 다루었다.

중학교 3학년을 대상으로 실시한 이 수업은 6가지 특징을 가지고 있다.

첫째, '인성주제' 중심의 체육수업이다.

이 수업은 내가 갖고 있던 체육수업에 대한 기존의 패러다임을 벗어남으로써 가능했다.

기존의 체육수업에서 신체활동은 체육의 본질이자 교과 도구인 동시에 중요한 수업 내용으로 이것을 빼고선 체육에 대해 얘기할 수가 없었다. 이러한 패러다임은 체육교육에 있어서 거의 절대적이란 생각이 들었고 나 역시도 이런 생각을 부정하지 않았다. 하지만 이러한 패러다임 속에선 전인교육을 실천할 수 없었다. 아니 전인을 양성하기 위한 체육수업을 실천하려고 아무리 노력해도 늘 부족함이 느껴졌고 한계에 부딪히는 것 같았다. 그러다 우연히 이런 생각을 하게 됐다.

> '왜 체육수업에서는 신체활동을 가장 중요하게 생각해야 하지? 신체활동이 체육의 본질이자 교과 도구라서… 그렇다고 신체활동이 체육 교과가 추구하는 교육의 목적은 아니지 않은가?'

신체활동이 체육의 본질이자 교과 도구임에는 틀림없다. 하지만 그러다 보니 체육수업 속에서 심동적 영역에 대한 비중이 커지게 됐고 결국에는 신체활동을 위한 체육수업이 되었다. 나는 이런 상황에 지쳐가고 있었다. 그때 위와 같은 생각을 하게 됐고 정의적 영역의 내용을 그 어떤 영역보다 중요하게 다루는 체육수업도 존재할 수 있지 않을까, 라는 생각을 하게 되었다. 이런 생각은 나에게 체육수업이 가진 새로운 가능성을 느낄 수 있게 해 주었고, 그동안 내가 찾아 헤매던 수업의 모습일지 모른다는 생각을 갖게 했다. 그리고 이런 생각은 그해 중학교 3학년을 대상으로 진행할 수업 진행 계획을 세우면서 더 확실해졌다.

〈표 4-1-1〉 2012학년도 수업진행계획표 중 일부

신체활동	세부사항	인성지도	수업 방법 및 진행	수업장소	준비물
레크리에이션 (놀이수업)	놀이수업1(몸으로하나: 2인3각, 맘으로하나: 안대게임) 미션: 팀원 이름 외우기	관계 맺기 (이름 불러주기)	2인3각 도구, 안대	체육관	
	놀이수업 2(몸으로 하나: 뱀꼬리잡기, 맘으로 하나: 7인8각) 미션: 팀원 이름 외우기	관계 맺기 (서로 이해하기)	2인3각 도구	체육관	
	THE MAKING STORY 1 (주제: 우리)	'우리'의 의미	꽃 - 김춘수, 수업 사진1장	교실	필기도구
크로스 컨트리	크로스컨트리1(팀활동) 미션1 팀원 전체 사진 3장(등산하면서) 미션2 쌤과 함께 1장(다른 포즈)	자연과 함께 자연스럽게	스마트폰 카톡으로 발신 010-3685-**** 예)2-6(팀원이름)	○○산	핸드폰
NEWSPORTS (하노이탑)	TEAM WORK 영상 시청(팀워크의 참 의미 알기)	'팀워크'의 의미	과제: 보고서 작성	교실 및 도서관	필기도구
	보고서 발표 및 탑쌓기 영상 시청을 통한 탑쌓기 방법 알기	경청	하노이 탑(소)	체육관 및 다목적실	교사준비물 탑쌓기도구
	NEWSPORTS(탑쌓기)1차시 기록과의 도전(신체적 반복 숙달을 통한 기록 단축)	팀 간의 경쟁에서	1차시와 2차시 비교 기록 단축의 방법에는 여러 가지가 있을 수 있으나 '서로 배려하고 도와서 협동하며 이해하는 것이 더 의미 있고 즐겁다'라는 것을 깨닫게 함		
	NEWSPORTS(탑쌓기)2차시 기록과의 도전(배려, 협동, 이해를 통한 기록 단축)	팀원 간의 협동으로			

〈표 4-1-2〉 2013학년도 수업진행계획표 중 일부

인성주제	중점사항	신체활동	수업진행	수업방법	장소	준비물
바른 관계 맺기	관계를 막는 장벽 없애기 개인 다짐 적기	놀이 수업	레크리에이션1	안대게임, 애벌레 릴레이 후 장벽을 없애기 위한 개인의 다짐을 포스트잇에 적기	다목적실	안대, 콘 포스트 잇, 펜
팀워크	팀워크 체험을 통해 리더십, 팔로워십 이해하기	놀이 수업	레크리에이션2	영화「리멤버 타이탄」편집 영상 시청 후 팀워크의 의미를 생각하게 하고 협력 기차를 통해 팀워크의 의미 체험하기	체육관	영상자료 안대 포스트 잇, 펜
	경기 규칙(특히 호명) 존중을 통한 경기의 재미를 느끼고 그 속에서 협동의 필요성을 느끼기	킨볼	킨볼1 (팀조직, 기본기능)	킨볼 변형 게임을 통한 방법 숙지		킨볼 경기 도구 볼, 점수판, 조끼 등
			킨볼2(연습 경기)	팀별 리그전		
			킨볼3(전술 익히기)			
			킨볼4(왕중왕전)			
	실험적 수업		자유시간 or 킨볼 배구	실험적 수업 및 자유시간을 통한 관찰		

〈표 4-1-1〉과 〈표 4-1-2〉는 2012학년도 2학년을 대상으로 실시한 체육수업과 2013학년도 3학년을 대상으로 실시한 체육수업의 수업진행계획표 중 일부를 나타내고 있다.

수업 내용과 방법 면에서 큰 차이가 없지만 특별한 차이가 한 가지 있다. 그것은 바로 수업진행계획표의 가장 앞쪽(왼쪽)에 위치한 내용의 변화다.

〈표 4-1-1〉은 '신체활동'이 가장 앞쪽에 위치한다. 이는 신체활동을 가장 중요하게 생각하고 있다는 뜻이다. 이어서 '세부사항' 다음에 '인성지도'가 나온다. 반면에 〈표 4-1-2〉는 '인성주제'가 가장 앞쪽에 위치한다. 이는 앞으로 인성주제를 가장 중요하게 생각하겠다는 뜻으로 '신체활동'은 '중점사항' 다음에 나타난다.

이 수업은 위의 두 표와 같이 '신체활동'과 '인성주제(인성지도)'의 위치만 바뀌었을 뿐 전체적인 수업 내용과 방법 면에서 큰 차이가 없다. 하지만 이러한 변화는 기존에 내가 가지고 있던 체육수업에 대한 패러다임을 다음 〈그림 4-1-1〉과 같이 완전히 바꿔 놓았다.

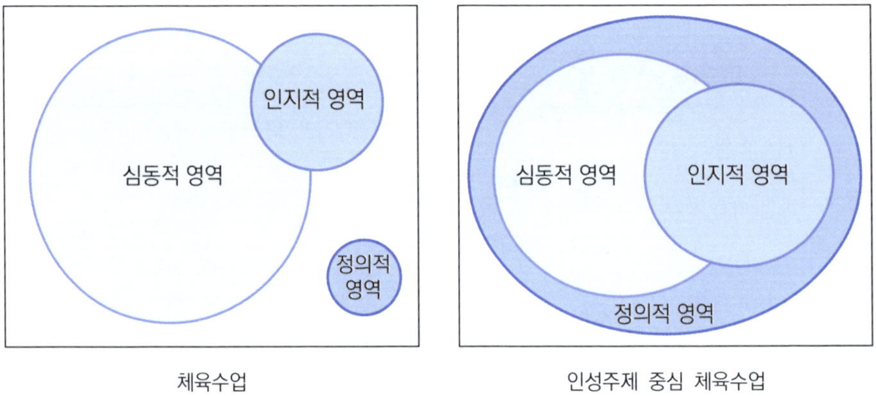

〈그림 4-1-1〉 인성주제 중심 체육수업에 대한 개념도

위의 〈그림 4-1-1〉은 기존의 체육수업과 인성주제 중심 체육수업에 대한 개념도를 나타내고 있다.

왼쪽은 기존 체육수업에 대한 개념도이고, 오른쪽은 인성주제 중심 체육수업에 대한 개념도이다.

이 수업을 생각해내기 전, 나는 체육수업에서 전인을 양성하기 위해 심동적 영역, 인지적 영역 그리고 정의적 영역에 대한 내용을 통합적으로 다루면서 가르치려고 노력했다. 하지만 아무리 노력해도 인지적 영역과 정의적 영역에 대한 내용은 신체활동을 위한 부수적인 역할밖에 하지 못했다. 그러다 보니 시간이 지나면 언제나 그렇듯이 자연스럽게 신체활동 중심으로 체육수업이 흘러갔다. 하지만 정의적 영역을 중심으로 한 인성주제를 정하고 체육수업을 통해 그것을 이해하고 깨닫는 것을 수업의 목표로 정하면서 모든 게 달라졌다. 게다가 인성주제와 인성피라미드를 통해 지속적이고 종합적으로 인성요소를 가르칠 수 있는 수업 내용과 방법을 찾게 되면서 그동안 내가 찾던 체육수업으로서의 모습을 갖추게 된 것이다.

인성주제 중심 체육수업을 1년간 중학교 3학년들에게 가르친 결과, 학생들은 체육수업에 대한 접근 방식의 변화로 1학기 초반에만 잠시 당황해하는 듯했으나 곧바로 수업에 잘 적응하는 모습을 보였다. 특히 이 수업은 그동안 일시적이고 단편적으로 진행되던 체육수업에서의 인성교육을 지속적이고 종합적으로 이루어지게 함으로써 전인교육으로서의 체육수업을 가능하게 해 주었다.

둘째, 인성피라미드 적용이다.

인성피라미드는 이 수업에서 빼놓을 수 없는 수업 내용이자 수업 방식으로 이 수업 속에서 인성교육을 가능하게 해주는 필수 장치로서의 역할을 수행한다.

이 수업에서 이루어지는 인성교육은 2가지 중요한 핵심(조건)이 있다.

하나. 인성주제는 단순히 하나의 의미로 존재할 수 없고 의도적으로 가르쳐야지만 그 효과를 기대할 수 있다.
둘. 학생들이 수업하는 동안 지속적으로 인성주제를 인식하면서 참여할 수 있도록 해야 한다.

위의 2가지를 충족시키는 것이 바로 인성피라미드다. 인성주제가 이 수업 속에서 인성교육을 위한 분위기를 조성하고 토대를 마련한다면, 인성피라미드는 수업에 참여하는 학생들이 계속해서 인성요소를 인식할 수 있게 하고, 그에 따른 구체적인 실천사항을 바탕으로 학생들의 바른 행동의 변화를 끌어낼 수 있게 한다. 이는 이 수업을 실현하기 위해 인성피라미드가 갖는 의미와 역할이 그 무엇보다 중요하단 사실을 말해주고 있다. 하지만 중학교 3학년 학생들에게 실시한 모든 수업에 인성피라미드가 적용된 것은 아니었다. 이것은 팀워크(티볼), 믿음과 자기헌신, 자신감 그리고 NEVER GIVE-UP 수업에만 적용됐다. 솔직히 말해 생명의 소중함 수업과 팀워크(킨볼) 수업에도 이것이 적용되었어야 했지만 그러지 못했다.

생명의 소중함 수업에는 이것을 적용할 생각조차 하지 못했다. 왜냐하면 이 수업 자체가 나에게 새로운 시도였고 도전이었기 때문에 이 수업에서는 인성피라미드의 필요성조차 생각할 겨를이 없었다.

이 수업은 교육과정에 나오는 수업 내용을 인성주제 중심 체육수업으로 재구성한 첫 사례였다. 게다가 수업주제를 '생명의 소중함'으로 정한 것 자체가 나에겐 획기적이었다. 무엇보다 이와 같은 시도를 학생들이 어떻게 생각하고 받아들일지가 걱정되면서도 궁금했다. 이 수업이 성공적으로 이루어질 수 있을지도 미지수였다. 이런 상황에서 인성피라미드는 전혀 고려 대상이 되지 못했다.

팀워크(킨볼) 수업에 이것을 적용하지 못한 건 전적으로 나에게 책임이 있다.

나는 생명의 소중함 수업 다음으로 진행될 이 수업을 위해 인성피라미드에 대한 준비를 거의 마친 상태였다. 하지만 인성피라미드의 효과에 대한 확신이 부족했고, 기대보다는 두려움이 컸기 때문에 수업에 적용할 용기를 내지 못했다. 결국 인성피라미드 준비를 마무리 짓지 못했고 수업에도 적용할 수 없었다.

그 외에 바른 관계 맺기, 타인이해 그리고 인의예지 수업은 인성피라미드를 적용할 수 없는 수업이었다.

나는 중학교 3학년 학생들에게 인성피라미드가 적용된 체육수업을 진행하면서 이것으로 인한 수업의 효과를 확인한 동시에 보완해야 할 점도 생각할 수 있었다.

수업의 효과는 이것으로 인해 학생들의 적극적인 수업 참여를 유도할 수 있다는 점과 겉으로 보이지 않는 인성(마음가짐)에 대한 의미를 인성피라미드의 실천사항을 통해 눈에 보이는 신체적 활동으로 끌어낼 수 있었다는 점이다.

보완할 점은 이것을 적용하는 방식에 대한 것이다.

그 당시 수업에 적용된 인성피라미드는 교사 중심의 운영 방식을 취하고 있었다. 물론 이런 방식이 나쁘다고 말하는 것은 아니다. 하지만 이것을 운영하는데 있어서 학생들에게 더 많은 권한을 주어도 될 것 같다는 생각이 들었다. 왜냐하면 이것이 적용된 수업 속에서 인성피라미드 쌓기를 하는 학생들의 진지한 태도를 확인할 수 있었기 때문이다. 이런 점에서 인성요소와 그 의미 그리고 그에 따른 실천사항까지 학생들이 선택하고 정할 수 있게 한다면 더 좋은 수업이 만들어질 수 있을 것이란 생각이 들었다.

셋째, 짧은 수업 계획이다.

나는 수업을 계획할 때 되도록 꼭 필요한 수업 내용만을 수업 계획에 포함하려고 노력한다. 그래서 주제별로 진행된 수업들을 보면 대체로 짧은 기간에 수업을 진행할 수 있게 계획됐다. 예를 들어 6월에 진행한 팀워크 수업에서는 티볼을 했는데 이 수업의 총 수업 시수는 6차시(실제 수업 시수)였다. 그것도 수행평가를 봤던 한 번의 수업을 제외하면 실제 진행한 수업은 다섯 번밖에 되지 않는다. 나는 수업주제를 떠나서 다섯 번의 수업으로 티볼의 기초 기능과 경기 운영 능력까지 모두 가르쳤다. 이 과정을 통해 짧은 차시(기간)의 수업에서 길러진 학생들의 운동 수행 능력과 신체적 능력이 긴 차시(기간) 동안 진행된 수업에서 길러진 그것과 비교해도 전혀 손색이 없음을 확인할 수 있었다.

내가 수업 계획을 짧게 잡는 데에는 나름의 이유가 있다. 그동안 주변의 체육수업을 보고 느낀 결과, 수업 시간이 많이 주어진다고 해서 학생들이 수업에 열심히 참여하고, 신체적 기량과 경기 운영 능력이 좋아진다고 생각하지 않았다. 오히려 긴 시간의 수업은 수업에 대한 학생들의 흥미와 관심을 떨어뜨리고 잦은 장난을 유발하게 하며 적극적인 수업 참여에도 도움이 되지 않는다는 사실을 알고 있었다. 또한 학생들에게 충분한 시간을 준다는 이유로 수업을 길게 계획하는 것이 결국엔 교사의 편의를 위해서라는 생각이 들었다. 그래서 되도록 수업을 짧게 계획하고 수업을 진행하는 데 필요한 필수적인 수업 내용과 방법만으로 교육과정을 재구성해서 수업진행계획표를 만들었다.

실제 수업을 해본 결과, 수업 시간이 길지 않기 때문에 학생들은 매 시간 새로운 것을 배울 수 있었고, 집중해서 수업 내용을 익히려고 노력하는 모습을 보였다. 게다가 빠르게 전개되는 수업이 학생들의 흥미와 관심을 끌어내고 유지하는 데에도 도움이 된다는 사실을 확인했다. 그로 인해 학생들의 적극적인 수업 참여를 유도하는 반면 잦은 장난을 줄일 수 있었다. 하지만 중학교 3학년의 경우 2학기 기말고사를 다른 학년보다 상대적으로 빨리 치렀고, 그 이후의 시간을 고등학교 진학 설명회, 체험 활동, 원서 작성 및 접수, 기타 학교 행사 등 예상치 못한 활동에 참여하게 됨으로써 수업을 계획대로 진행하기가 무척 어려웠다. 또한 수업 계획을 짧게 잡다 보니 수업 시간마다 새로운 것을 준비해야 하는 교사의 부담도 커졌다.

수업 계획이 짧은 것에 대한 학생들의 반응은 다양했다.

"선생님이 수업 내용을 탄탄하게 해주시고 teamwork를 빨리 이해하였다", "수업하는 데 지루하지가 않고 시간에 딱 맞게 수업이 끝난다", "박제훈 선생님의 수업은 체계적이고 수업 계획이 정확하고 그것이 매우 잘 실행돼요"와 같이 긍정적으로 평가하는 학생이 있는가 하면, "빡세다", "수업이 빡빡하고 자유시간이 없다", "자유시간이 적었다"와 같이 부정적으로 평가하는 학생도 있었다. 하지만 수업을 진행하면서 직접 보고 느낀 결과, 수업을 통해 나타나는 학생들의 말과 행동 그리고 눈빛과 표정은 부정적인 느낌보다 긍정적인 느낌이 더 강했다. 다만 수업 결손을 최소화하는 범위 내에서 좀 더 여유 있게 계획을 세우면 좋겠다는 생각도 들었다.

넷째, 팀 활동 중심의 수업 진행이다.

인성주제 중심으로 진행된 모든 수업은 팀 활동으로 진행됐다. 그것도 남녀 혼성으로 팀을 조직하는 경우가 많았고 팀 조직 방식도 무작위 뽑기 방식을 선호했다. 왜냐하면 팀으로 활동하면서 서로 함께하는 법을 배워나가길 바랐기 때문이다. 하지만 처음부터 이런 생각을 한 것은 아니다.

2013학년도 그 당시만 해도 나는 반 친구들과 친해지기 위해서 팀으로 활동하는 것이 가장 좋은 방법이라고 생각했다. 물론 잘못된 생각은 아니었지만, 수업을 진행하면서 이 말이 전적으로 맞는 말도 아니란 사실을 알았다. 실제로 팀으로 활동하면서 더 친해진 학생들이 많았지만, 팀 활동으로 오히려 사이가 나빠지는 경우도 있었다. 보통 이런 경우, 학생들은 그 탓을 수업으로 돌렸다. 친한 친구와 함께 수업하고 싶었는데 이 수업의 팀 조직 방식 때문에 그러질 못해서 오히려 친구 관계가 나빠졌다는 것이다. 이런 학생들을 보면서 그동안 내가 가지고 있던 팀 활동에 대한 명분이 사라졌다.

여기서 명분에 대해 잠깐 이야기하자면, 첫 교직 발령을 받았을 때 내가 발령받은 학교의 연간 수업 계획에 국민체조가 포함되어 있었다. 국민체조는 수행평가 비중도 컸다. 그때 나는 중학생이 국민체조를 배운다는 게 이해되지 않았다. 왜냐하면 2006년, 그때만 해도 새천년 건강 체조를 많이 홍보하면서 보급했고, 실제로 초등학교에서도 많이 가르쳐지고 있단 사실을 알았기 때문이다. 국민체조가 새천년 건강 체조보다 '좋지 않다' 또는 '나쁘다'라고 말하는 것이 절대 아니다. 다만 초등학교에서 새천년 건강 체조를 배우고 올라온 학생들에게 국민체조를 다시 가르쳐야 한다는 것이 이해되지 않았다. 하지만 얼마 지나지 않아서 왜 국민체조를 학생들에게 가르치라고 하는지 그 이유를 알 수 있었다. 그 이유는 바로 '질서교육' 때문이다. 체육교사들은 3월 한 달간 국민체조로 학생들을 확실하게 잡아야 1년이 편하다는 식으로 말했다. 그런 이유로 국민체조는 3월에 모든 학년의 학생들이 배워야 하는 수업이 됐다. 나는 이 수업이 싫었다. 하지만 초임 발령을 받은 나에게 선택의 여지는 없었다. 대신에 나는 질서교육은 하지 않고 국민체조를 재밌게 가르쳐서 빨리 이 수업을 끝내야겠단 생각을 했다. 그런데 어느 날 어떤 학생이 나에게 물었다.

"선생님, 이거 왜 해요?"

이 학생은 재미도 없고 하기도 싫고 따분하니까 그냥 투정을 부린 것일 수도 있다. 하지만 나는 이 학생을 제대로 바라보지 못했다. 학생의 질문에 대답도 하지 못하고 얼버무리기만 했다. 나조차도 중학생이 국민체조를 왜 배워야 하는지 이해할 수 없었다. 한마디로 학생들에게 국민체조를 시킬 명분이 없었던 것이다.

2013학년도 중학교 3학년 학생들을 가르칠 때 팀으로 체육수업을 함께 해야 하는 이유에 대한 나름의 명분이 있었다. 그것은 '함께 해야 친해질 수 있다'라는 것이다. 하지만 수업을 진행하면서 내가 가진 생각이 옳지 않을 수도 있다는 사실을 깨달았다. 그 순간부터 나는 학생들이 왜 팀 활동을 해야 하는지에 대한 명분을 잃었다. 그리고 팀 활동을 하기 싫어하는 학생들에게 팀 활동을 해야 하는 이유를 당당히 말하지 못했다. 그 후 나는 왜 학생들이 팀 활동을 해야 하는지 그 이유를 찾기 시작했고, 2014학년도 1학년 학생들을 가르치면서 그 해답을 찾을 수 있었다.

내가 찾은 명분은 다음과 같다.

> "함께 하는 법을 배우기 위해서다. 팀으로 함께 할 친구들을 만났을 때, 친하지 않기 때문에 함께 하기 싫거나 부담이 되는 사람이 있을 수도 있다. 하지만 그렇더라도 수업목표와 팀의 목표를 달성하기 위해 마음을 합치는 방법을 배워야 한다. 왜냐하면 우리는 혼자서는 살아갈 수 없는 존재이기 때문이다."

이와 같은 명분이 생긴 이후부터 나는 학생들에게 왜 팀 활동을 해야 하는지에 대한 이유를 당당히 말할 수 있었다. 하지만 중학교 3학년을 가르쳤을 땐 명분을 잃은 상태였기 때문에 팀 조직 방식과 팀으로 수업에 참여하는 것에 대해 불만을 드러내는 학생들을 충분히 이해시키지 못했다.

다섯째, 수행평가의 내용과 방법이다.

이 수업은 거의 모든 수업(타인이해 수업 제외)이 팀으로 수행평가가 이루어졌다. 이 방식은 하나의 팀을 이루는 여러 명의 학생들이 팀의 수행 정도에 따라 모두 똑같은 평가 점수를 받는 방식이다.

내가 팀 평가 방식을 고집하는 이유는 바로 '실제성'[1] 때문이다. 수업 내용과 방법을 정하고 계획할 때 수행평가의 내용과 방법을 생각하지 않고 수업을 준비할 수 있을까? 수업은 수업대로, 평가는 평가대로 서로 따로 떼어 내어 생각할 수 있을까?

평가는 수업을 통해 수업목표를 학생들이 달성했는지 그 여부를 판단할 수 있게 해주는 수업의 최종 관문과 같다. 따라서 수업의 내용과 방법은 수행평가의 내용과 방법에 절대적인 영향을 받는다고 생각한다. 아니, 단순히 어느 한쪽이 어느 한쪽에게 영향을 주는 정도가 아니다. 수업의 내용과 방법을 정하고 계획할 때 수행평가 방식을 생각하지 않고서는 제대로 된 수업 계획을 세울 수 없다. 이는 수행평가의 내용과 방법을 정하고 계획할 때도 마찬가지다. 다시 말해 가장 먼저 수업의 목표를 확실하게 세우고 이를 달성하기 위한 최선의 수업 내용과 방법 그리고 평가 방식까지 함께 고민해서 수업 계획을 구체화 시켜야 한다. 결국 수행평가의 내용과 방법 속에 수업의 모든 것을 담음으로써 수업의 목표, 내용과 방법 그리고 평가가 연속적인 하나의 과정이 될 수 있게 해야 한다. 이것이 내가 생각하는 평가의 실제성이다.

이 수업은 인성 함양을 가장 중요한 수업목표 중 하나로 삼고 있으며, 수업의 내용과 방법 역시 여기에 초점이 맞춰져 있다. 그리고 수업의 내용과 방법을 수행평가에 담기 위해 팀 평가 방식을 계획했다. 물론 이러한 방식이 개인적으로 우수한 신체 능력을 지닌 학생과 개인주의 성향이 강한 학생에겐 불만 요소가 될 수 있단 사실을 잘 알고 있다. 하지만 수업주제에 맞는 수업목표 달성 여부를 신체적 활동을 통해 실질적으로 평가하기 위해서는 개별 평가 방식보다 팀 평가 방식이 더 낫다고 생각했다. 그리고 이로 인해 나타날 수 있는 학생들의 이의

1) 체육과 수행평가의 가장 중요한 본질은 '실제성'이라고 할 수 있다(이 실제성은 authenticity를 의역한 것이다). 이는 '목표와 교수-학습 맥락에서의 진술하고 실제적인 것'을 의미한다. 즉 평가의 원리 내에서의 실제성이라는 의미이다. 「체육수업비평」 유정애 저, 무지개사, p.134-135, 2005.

제기나 불만은 수행평가를 재도전할 수 있게 기회를 줌으로써 나름 해소할 수 있겠다고 생각했다.

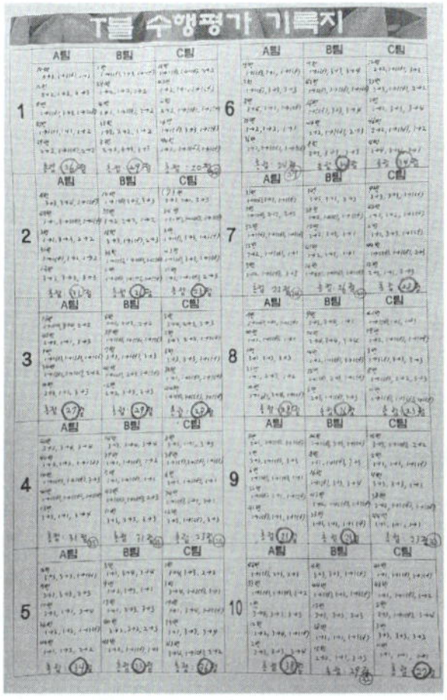

8차시 수행평가 기록

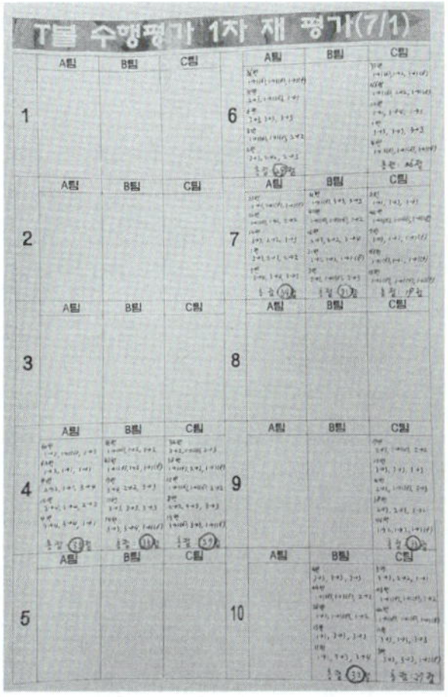

1차 재평가 기록

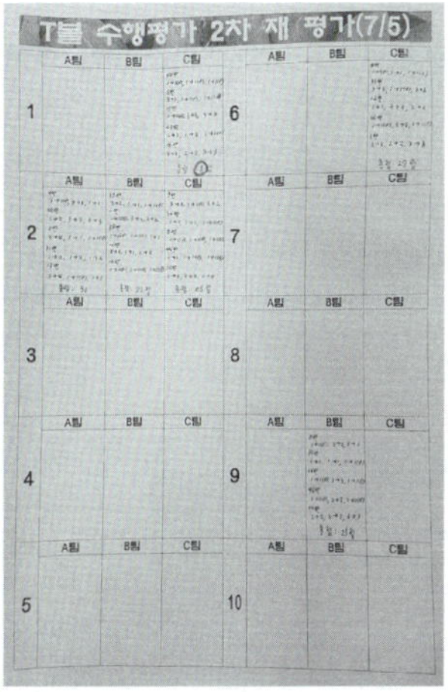

2차 재평가 기록

〈사진 4-1-1〉 팀워크(티볼) 수업 수행평가 기록지

위의 〈사진 4-1-1〉은 팀워크(티볼) 수업 수행평가 기록지를 나타내고 있다. 왼쪽에서 첫 번째 수행평가 기록은 이 수업이 진행되던 시기의 8차시에 수행평가한 것을 기록한 것이다. 가운데 수행평가 기록은 이 수업이 모두 끝난 뒤, 7월 1일 방과 후에 가진 1차 재평가에 참여한 팀들의 기록을 나타낸 것이다. 이때 총 5개 반 11팀이 참여했다. 동그라미로 표시된 8개 팀의 수행평가 기록이 향상됐다. 오른쪽 첫 번째 기록지는 마지막 재평가 기록을 나타내는 것으로, 이때 4개 반에서 총 6개 팀이 참여했고 그중 1개 팀만 기록이 좋아졌다. 나머지 팀들은 더 이상 기록이 좋아지진 않았다.

위의 사례는 팀워크(티볼) 수업의 수행평가 사례로 수업이 끝난 뒤에 2번의 재평가를 보았음을 알려 준다. 수행 재평가에 참여한 학생들은 수업 시간 때 본 수행평가 결과에 만족하지 못한 학생들로 이들은 다시 재평가를 보기 위해 수업이 끝난 뒤에도 방과 후에 남아 팀원들과 함께 연습하는 모습을 보였다.

이미 수행평가 재평가 안내는 학기 초 오리엔테이션 시간에 안내되었으며, 학기 초 생명의 소중함 수업 때부터 재평가가 이루어졌기 때문에 학생들은 수업 시간에 하는 수행평가를 잘 보지 못했더라도 다시 기회가 있음을 알고 있었다. 그래서인지 수행평가 시간에 그렇게 목매지 않고 긴장하지 않는 듯보였다. 그리고 무엇보다 팀워크 수업이기 때문에 수행평가 역시 팀원 모두가 함께 할 수 있는 방법을 생각하게 됐고, 그 과정에서 각자의 역할에 맞는 신체적 능력을 향상하기 위한 노력을 지속할 수 있게 평가 방식을 계획했던 것이다.

보통 수행평가를 볼 때 학생들에게 두 번의 평가 기회가 주어지고, 그중에서 좋은 평가 기록이 수행평가에 반영된다는 사실을 잘 알고 있다. 나 역시 예전에는 그랬다. 하지만 두 번의 기회를 주고 좋은 기록이 수행평가에 반영되는 방식이 수행평가가 갖는 수업 내용과 방법에 대한 실제성에 부합하는지 의문이 들었다. 물론 정해진 시간에 수업 내용을 익히고 평가를 통해 그 능력을 발휘하도록 학생들에게 요구할 순 있다고 생각한다. 하지만 인성 함양을 무엇보다 중요하게 생각하는 이 수업과는 맞지 않는다고 생각했다. 학생들이 더 많은 기회를 원하고, 더 잘하기 위해 그들의 노력을 끌어낼 수 있다면 재평가 기회를 주는 것이 나쁠 건 없다고 생각했다. 그리고 이런 방식이 팀 평가에 불만을 나타내는 학생들을 최소화시킬 수 있을 것 같았다. 실제로 수업을 진행해 본 결과 많지 않지만, 아래와 같은 불만을 나타내는 학생들도 있었다.

> "모든 수행평가 할 때 팀을 짜서 하니까, 팀 중에서 한 명이 안 하면 내 점수까지 까이니까 좀 짜증 났다."
> "팀으로 하면 내가 잘해도 다른 애가 안 해서 점수 깎여서 짜증 남."

위의 내용은 2013학년도 2학기 말 수업 만족도 설문조사 중 '수업에 관련하여 선생님께 하고 싶은 말'이란 내용에 대한 글로 3학년 9반에서 2명의 학생이 쓴 글이다.

팀 수행평가에 대한 우려가 없었던 것은 아니다. 학부모와 학생들의 항의가 있을 것으로 예상했다. 하지만 수행평가와 관련된 학부모의 항의는 없었고 학생들의 불만 및 항의 역시 많지 않았다. 그래도 이런 평가 방식에 불만을 가지는 학생들의 의견도 귀담아들을 필요가 있다고 생각했고, 이들의 의견을 반영해서 다음 해 중학교 1학년 수업에서는 팀 평가에 대한 필요성을 학생들에게 좀 더 구체적으로 안내하고 설명하는 한편, 개별 수행평가의 비중을 확대해서 학생들의 불만을 최소화하기 위해 노력했다.

여섯째, 반성적 수업이다.

반성적 수업은 인성주제 중심 체육수업의 구성요소 중 점검단계에서 이루어지는 실천사항으로 수업을 진행하는 교사에 대한 자기반성과 수업에 대한 수업반성이 함께 이루어질 수 있게 해 주었다. 그리고 이를 통해 끊임없이 수업에 대한 점검과 반성의 과정을 거침으로써 이 수업이 갖는 본래의 목적과 방향을 잃지 않고 수업을 진행해 나갈 수 있었다.

나는 반성적 수업을 통해 내 수업과 수업을 진행하는 나 자신을 좀 더 객관적으로 바라보고 싶었다. 그래서 수업 노트를 작성했고 차시별로 수업 영상을 찍었으며, 매 학기 말 체육수업 만족도 설문조사를 실시했다. 내가 어떻게 수업을 진행하는지, 학생들은 이 수업을 어떻게 생각하고 받아들이는지 알아보고 싶었다. 이를 통해 나의 부족한 점을 발견하고 개선함으로써 좀 더 좋은 수업을 하고 싶었다. 더 나아가서는 학생들의 체육수업 만족도도 높이고 싶었다.

이미 이 부분에 대해서는 인성주제 중심 체육수업의 구성요소 중 발전성에 대해 이야기하면서 구체적으로 말한 적이 있고, 수업 실천 사례를 통해서도 수업 노트에 대한 내용을 확인할 수 있을 것이다. 그리고 체육수업 만족도 설문조사에 대한 구체적인 내용은 뒤에서 다시 이야기하려고 한다.

2013학년도 중학교 3학년 학생들을 지도하면서 실천한 3가지 활동은 수업에 대한 전문성 신장과 체육교사가 갖춰야 할 내면의 성장을 이끄는 데 큰 도움을 주었다. 특히 반성적 수업을 위해 실시한 3가지 활동은 다른 활동과 달리 실천하는 것만으로도 수업과 교사에게 긍정적인 영향을 미칠 수 있다는 점에서 의지와 용기를 가지고 앞으로도 계속 실천해야겠다는 생각이 든다.

사실 학기 초에 만든 수업 계획을 차질 없이 실천한다는 것이 얼마나 힘든 일인지 수업을 진행하는 동안 계속해서 느낄 수 있었다. 특히 학기 말로 다가갈수록 점점 더 수업 일정을 맞추는 것이 힘들어졌다. 그럴 때면 종종 다른 교과 선생님의 수업을 빌려 수업을 진행하면서 수업 일정을 맞추곤 했다. 또한 수업 계획을 짧게 잡은 탓에 매 시간 수업을 새롭게 준비해야 했고, 그 때문에 일과 시간 중에는 수업 말곤 다른 것을 생각할 겨를도 없었다. 게다가 업무도 많이 맡고 있어서 조금이라도 틈이 나면 업무 처리하느라고 늘 바빴다. 특히 운동부 시합으로 출장을 가게 되는 날이면, 그날 수업을 미리 다른 요일로 변경해서 수업을 해야 했기 때문에, 어떤 날은 쉬는 시간도 없이 하루 종일 수업과 업무로 시간을 보내는 일도 종종 있었다. 정말이지 힘들었다. 가끔은 후회도 많이 했다. 하지만 그럴 때마다 수업에 더 몰입했던 것 같다. 왜냐하면 내가 원하던 수업이었고 수업 시간마다 체육수업을 위해 운동장으로 나오는 학생들의 눈빛과 표정에서 수업에 대한 기대와 열의를 느낄 수 있었기 때문이다. 물론 수업을 진행하는 나 역시 예전에 비해 즐거움을 느낄 때가 많았고 학생들의 적극적인 수업 참여를 보고 그들의 긍정적인 변화를 느끼면서 힘을 얻을 때가 많았다.

협력교사

2013학년도 중학교 3학년 학생들에게 이 수업을 적용하면서 나는 혼자가 아니었다. 내 옆에는 항상 협력교사가 있었다. 어쩌면 그해 처음으로 적용한 이 수업은 협력교사와 함께 했기 때문에 가능했을지도 모른다.

새 학년을 시작하기 전인 2012학년도 겨울방학, 나는 아킬레스건 파열로 병원에 입원해 있었다. 나는 입원해 있으면서도 원격으로 나이스[2]에 접속해서 이런저런 공문들을 살폈다. 그러다가 협력교사와 함께 수업을 진행할 수 있도록 예산을 지원해 준다는 공문을 확인했고 한 치의 망설임 없이 예산 지원을 신청했다. 그 결과 1년간 협력교사와 함께 수업을 진행할 수 있는 예산을 지원받을 수 있었다.

내가 협력교사를 신청한 이유는 외로움에서 벗어나고 싶었기 때문이다. 그 당

2) 교육행정정보시스템(NEIS: National Education Information System)

시 나는 적어도 수업적인 부분에서는 혼자라고 생각했다. 사교적이지 못한 성격과 불합리한 것과 타협하지 않으려는 성격 탓에 수업에 대해서 진지하게 속마음을 털어놓고 깊이 있게 얘기할 상대가 없었다. 수업에 대한 모든 것은 거의 혼자 생각하고 실천으로 옮겼기 때문에 조언을 구하고 도움을 받기도 쉽지 않았다. 그러다 보니 내가 지금 잘하고 있는지, 변화하는 체육교육의 시대적 흐름에 잘 맞춰가고 있는지 등에 대해서 궁금했지만, 알 수가 없었다. 어쩌면 그래서 더 외롭다고 느꼈는지도 모른다. 하지만 협력교사와 함께한다면 그 막연한 외로움에서 벗어날 수 있을 것만 같았다.

그해 협력교사는 유도를 전공한 20대 여교사였다. 그 선생님은 협력교사를 하기 직전까지 실업팀에 소속되어 유도 선수로 활동하였기 때문에 체육수업을 실질적으로 해본 경험이 거의 없었다. 하지만 밝고 적극적인 성격과 어릴 때부터 운동부 활동을 하였기 때문인지는 몰라도 체육수업을 진행하는 것과 학생들과 어울리는 것에 대한 부담감도 크게 느끼지 않는 듯했다.

내가 협력교사와 가장 먼저 한 것은 수업에 대해 내가 가진 생각과 철학을 공유하는 것이었다. 예를 들어 신체활동 중심으로 이루어지는 체육수업에 대한 문제점과 그로 인한 불합리한 점, 전인교육을 실현할 수 있는 체육수업의 모습과 방향, 인성주제 중심 체육수업이 만들어진 배경과 목적 그리고 인성피라미드에 대한 생각과 적용 방식 등 수업과 직접적으로 관계된 것에서부터 자유시간에 대한 내 생각과 평소 현장의 체육수업을 보면서 느꼈던 불합리한 것 등 수업과 직접적으로 관계없는 것까지 가능한 모든 것을 얘기하고 내가 가진 생각을 공유하려고 노력했다. 그래야 수업에 관한 솔직하고 심도 있는 대화가 가능할 것 같았다.

협력교사는 개학과 동시에 근무하게 됐다. 하지만 내가 병가를 내고 병원에 입원하고 있었기 때문에 한 달 하고 1주가량을 혼자서 수업을 맡아야 했다. 나는 목발을 짚고 잠시 학교에 나가 협력교사와 인사를 나누고 체력 측정과 관련된 단순 측정과 기록 작성만을 맡겼다. 사실 이 수업은 '정직한 최선'이란 주제로 1학기 중반에 수업할 계획이었는데, 사고로 입원하는 바람에 급하게 계획을 수정해서 협력교사에게 맡겼다. 협력교사와 함께 수업을 진행한 건 4월 둘째 주부터였다.

나는 협력교사에게 내가 쓰던 수업 노트와 비슷한 수업 참관 노트를 만들어

주면서 작성하게 했다.

수업 참관 노트는 수업목표의 적절성, 수업 기자재 및 수업 자료 활용 방안에 대한 다양한 의견, 수업 내용 및 진행 방법에 대한 구체적인 의견, 수업을 진행하는 지도교사에 대한 의견(말투, 행동, 눈빛, 지적할 때, 칭찬할 때 등), 객관적인 비평 및 주관적인 비평(수업에 대한 전반적인 내용) 그리고 제안사항 등이 내용을 적을 수 있게 만들었다.

〈수업 기록 4-2-1〉 3학년 5반 수업(오리엔테이션)에 대한 기록

수업 일지	수업 참관 일지
• 2013년 4월 8일 월요일 5교시 3-5 오리엔테이션 수업 - 점심 식사 후 5교시 수업이라 수업 진행이 힘들 것 같았지만, 예상과 다르게 활기찬 반이었다. 질문도 많았고 장난기 가득한 학생도 있었다. 처음으로 협력교사가 지켜보는 가운데 수업을 진행하려니까 얼굴 표정의 부자연스러움을 느낄 수 있었다. 아무튼 수업 후에 다음 수업이 기대되느냐고 물었을 때 대부분의 학생들이 손을 들었다.	• 수업을 진행하는 지도교사에 대한 의견: 조금 딱딱한 느낌의 말투였지만, 아이들에게 지켜야 할 사항을 전달하는 데 있어서 강하게 어필이 된 것 같다. 전달 중 말 속도가 빨라지기도 하였지만, 때에 따라선 느린 어투로 적절히 정보 전달이 이루어진 것 같다. 약간, 보수적인 느낌이 들었지만 뉴스포츠 활용으로 수업의 재미와 흥미 유발에 있어서 수업 연구의 노력을 학생들도 느끼게 하며 함께 잘 해보자는 느낌이 강하게 들었다. • 수업에 대한 전반적인 내용: 학생들과 상호 소통이 잘 이루어진 오리엔테이션이었다.

위의 〈수업 기록 4-2-1〉은 2013년 4월 8일 월요일 5교시 3학년 5반 수업에 대한 기록을 나타내고 있다. 이때 수업은 오리엔테이션으로 왼편은 내가 직접 기록한 수업 일지에 대한 기록이고, 오른편의 기록은 협력교사가 기록한 수업 참관 일지에 대한 기록이다.

이미 학기가 시작된 상태에서 다시 수업을 처음부터 진행하기 위한 오리엔테이션이었기 때문에 학생들의 주의를 집중시켜야겠단 생각이 강했다. 그러다 보니 나 스스로 긴장을 많이 했던 것 같다. 이런 모습을 나뿐 아니라 협력교사 역시 느끼고 있었다는 것을 수업 참관 일지를 통해서 알 수 있다.

〈수업 기록 4-2-2〉 3학년 3반과 3학년 5반 수업(바른 관계 맺기)에 대한 기록

수업 일지	수업 참관 일지
• 2013년 4월 9일 화요일 3교시 3-5 바른 관계 맺기 수업 - 수업시간표가 변동된 것을 모르고 부랴부랴 수업 준비가 이루어졌다. 하지만 3학년 5반 학생들이 잘 따라주었기 때문에 예상했던 만큼의 효과가 있었던 것 같다. 왜냐하면 3학년 5반 학생들 간의 관계가 좋았고 적극적으로 수업에 참여했기 때문인 것 같다.	• 수업을 진행하는 지도교사에 대한 의견: 학생들이 즐거워하는 것에 뿌듯한 아빠 미소! 콘을 지나가는 경로를 자세히 알려주면 좋을 것 같아요. 경로를 가로지르는 학생들의 예상 밖의 행동이 보였다. • 수업에 대한 전반적인 내용: 오늘 수업 완전 즐거웠어요! 보는데도 흐뭇! 또, 아이들끼리 이름을 서로 기억해 주고 서로의 이름을 불러주는 모습이 너무 보기 좋았다. 내성적인 친구의 경우 약간의 의무적 또는 강제적 참여가 좋을 듯합니다.
• 2013년 4월 10일 수요일 4교시 3-3 바른 관계 맺기 수업 - 똑같은 수업에 똑같은 반응을 바랐었나? 바보 같은 기대였다. 이 반은 나쁜 학생은 없는데 장난기가 심했다. 사소한 장난이지만 장난 속에 빠져 수업 집중이 안 되는 학생들(김○○, 김○○, 이○○). 나 스스로 사소한 것에 인상이 굳고 목소리 톤이 낮아지면서 분위기를 '쏴'하게 만들었다. 항상 경계하던 것이었는데, 또다시 무너져버린 기분이다. 좀 더 여유를 가지고 부드럽게 진행할 수 있는 내공이 더 필요하다.	• 수업을 진행하는 지도교사에 대한 의견: 아이들과 가까이 교감하려고 노력하는 모습! 하지만 지적할 땐 무서워요. 순간 분위기 다운~ • 수업에 대한 전반적인 내용: 각 반마다 차이는 있지만, 학생들의 수업 태도와 참여 자세가 아쉬웠다.

위의 〈수업 기록 4-2-2〉는 2013년 4월 9일 화요일 3교시 3학년 5반 수업과 4월 10일 수요일 4교시 3학년 3반 수업에 대한 기록을 나타내고 있다. 이때 수업의 주제는 바른 관계 맺기였다.

똑같은 주제의 수업이었지만, 똑같은 결과를 만들어 내지 못했다. 특히 3학년 3반 수업에서는 학생들의 사소한 장난이 심했고 그런 장난이 수업의 흐름과 학생들의 수업 집중에 나쁜 영향을 미쳤다. 나는 학기 초 사소한 장난에 단호하게 대처해야겠단 생각에 장난을 주도한 학생들의 행동을 지적하면서 무섭게 대했고, 그로 인해 수업의 분위기가 잠시 무거워지기도 했다. 평소 경계하던 나의 모습이었는데 또다시 이런 모습을 보인 것에 대해 스스로 반성하는 내용이 수업 일지에 적혀 있다. 그리고 이런 모습을 협력교사 역시 수업 참관 일지에 적어 놓았다.

〈수업 기록 4-2-3〉 3학년 3반 수업(팀워크: 티볼 1차시)에 대한 기록

수업 일지	수업 참관 일지
• 2013년 6월 10일 월요일 1교시 3-3 팀워크(티볼) 수업 - 월요일 1교시. 아침부터 후텁지근한 날씨. 교실에 들어갈 때부터 숨이 막힐 정도였음. 날씨 영향을 받아서인지 학생들의 집중이 잘 되지 않았다.	• 수업을 진행하는 지도교사에 대한 의견: 학생들이 미식축구와 그 시대의 문화 그리고 인종차별에 관한 지식이 적어서 이해하는 데 어려운 부분이 있었던 것 같다. 교실이 너무 더워 집중도 잘 되지 않았던 것 같다. 팀워크와 타인이해, 두 부분이 섞여 있어서 영상의 의미가 크게 와닿지 못했던 것 같다. 영상에 대한 설명이 필요할 것 같아요.

위의 〈수업 기록 4-2-3〉은 2013년 6월 10일 월요일 1교시 3학년 3반 수업에 대한 기록을 나타내고 있다.

6월 10일 월요일 1교시는 팀워크(티볼)란 주제의 수업을 3학년 10개 반 중 3반에게 가장 먼저 진행했던 날이다. 모든 수업이 마찬가지지만 계획된 수업을 처음으로 수업에 적용할 땐 항상 조심스럽고 부담이 된다. 이 날도 마찬가지였다. 게다가 월요일 1교시였고 그 당시 갑자기 높아진 기온과 장마로 인한 습한 날씨 때문에 참기 힘든 후텁지근한 날씨가 계속되던 때였다. 교실은 학생들의 열기와 날씨로 인해 이미 숨이 막힐 정도였다. 이런 상황에서 팀워크의 의미를 되새기기 위해 영상자료를 활용한 감상수업을 진행했기 때문에 학생들의 적극적인 수업 참여를 기대하기 힘든 상황이었다. 그리고 준비한 영상자료를 학생들에게 어떻게 이해시키면서 팀워크란 주제와 연관을 지어 설명할지에 대한 준비도 부족했다. 사실 수업을 진행하면서 내 스스로 부족한 점을 인식하고 있었다. 하지만 막상 협력교사가 수업 참관 일지에 적은 수업의 아쉬웠던 점 또는 부족했던 점을 직접 보니 그 사실이 더 크게 와닿았다. 그래서 곧바로 영상에 대한 설명 시나리오를 다시 짰던 기억이 난다.

〈수업 기록 4-2-4〉 3학년 2반, 3학년 3반, 3학년 7반 수업(팀워크: 티볼)에 대한 기록

수업 일지	수업 참관 일지
• 2013년 6월 26일 1교시 3-7 팀워크(티볼) 수업 7차시 수행평가 - 수업태도가 거의 매번 좋았던 반. 오늘 수행평가 실시. 3개 팀 모두 평균 이하의 점수를 얻음. 그런데도 학생들은 괜찮단다. 다른 반에 비해 수업 시수가 적어서일까? 점수를 잘 주고 싶지만 그럴 순 없고… 다음 기회를 위해 이미지 트레이닝하고 재평가 때 꼭 참여하라고 전함	• 수업에 대한 전반적인 내용: 수업 시수가 많이 부족했지만 열심히 평가에 임하는 모습이 보기 좋음. 점수가 다른 반에 비해 낮았지만 최선을 다했다고 생각하면서 잘했다고 조원들과 칭찬하고 응원하는 모습이 보기 좋았다. 내가 장난 삼아 "너희 점수 낮을 거야."라고 놀려도 괜찮다고 좋아하는 모습이 신기할 정도로 만족도가 높은 것 같다. 아마, 수업을 진행하면서 원하는 학생상일지 모른다는 생각이 든다. 점수가 낮다고 투덜거리고 의기소침하지 않는 모습이 보기 좋았다.
• 2013년 6월 26일 3교시 3-2 팀워크(티볼) 수업 7차시 수행평가 - 항상 에너지 넘치는 반. 수행평가 땐 학생들은 서로를 배려하며 응원하고 격려해 주면서 차분히 수업에 참여했다. 다만, 수업 시수가 적어서 대체로 점수가 낮게 나옴. 재시험의 기회가 있다는 것을 알리고 실망하지 말라고 전함.	• 수업에 대한 전반적인 내용: 3-2 역시 즐겁게 수행평가에 참여. 조별로 잘 뭉쳐서 연습하고, 평가를 마치고도 부족한 부분을 찾아서 연습하는 모습이 보기 좋았다.
• 2013년 6월 26일 4교시 3-3 팀워크(티볼) 수업 7차시 수행평가 - 3반은 시작부터 다른 반과 달리 참 어수선했다. 수행평가 시간. A, B, C팀 수행평가를 진행하면서 3반 학생들에게서 찾아보기 힘들었던 타인에 대한 배려가 느껴졌다. 수행평가 타자로 나온 학생이 못 쳤을 때 "미안해."라고 말하자 수비하는 학생들은 "괜찮아."라고 말했다. 그들의 말과 표정은 진심이었다. 수행평가가 끝나고 점수에 만족하면서 서로를 위로하는 모습에서 3반 학생들이 많이 달라졌구나, 라는 생각이 들었다. 3학년 10개 반 중 3반의 A팀이 가장 먼저 팀워크 인성피라미드를 다 쌓았다. 3반이 해낼 줄이야.	• 수업에 대한 전반적인 내용: 산만한 아이들이지만 인성피라미드를 A조가 가장 먼저 완성하였다. 맙소사!! 너무 산만한 몇몇 아이들 때문에 한 반을 통째로 평가한 듯하다. 아니면 다른 조가 너무 에너지 넘쳐서 A조가 돋보였을 수도… 암튼, 3반의 인성피라미드의 첫 번째 완성은 신선한 충격이었다. 이것을 바탕으로 다음 수업 때 더 잘 참여하는 모습을 보이길 바란다.

위의 〈수업 기록 4-2-4〉는 2013년 6월 26일 1교시 3학년 7반 수업, 3교시 3학년 2반 수업 그리고 4교시 3학년 3반 수업에 대한 기록을 나타내고 있다.

2013년 중학교 3학년 학생들을 대상으로 실시한 인성주제 중심 체육수업은 여러 가지 면에서 획기적인 도전이었다. 그중의 하나가 바로 수업 계획을 최대한 짧게 잡은 것이다. 물론 그 당시 체육수업이 주당 2시간이었기 때문에 그 범위 안에서 수업 결손을 최소화하면서 다양한 수업을 진행하려다 보니 교사의 욕심이 작용했을 수도 있다. 하지만 결과적으로는 만족스러웠다. 특히 수행평가에 임하는 학생들의 모습을 볼 때, 수업을 처음 준비하고 계획하면서 그렸던 이상적인 수업의 모습과 닮아있다는 생각에 무척 기분이 좋았다. 남녀 학생들이 팀으로 협력하는 모습과 결과를 인정하고 받아들이면서도 서로를 격려하고 응원하면서 함께하려는 모습이 나에겐 감동 그 자체였다. 그리고 수업 속에서 보인 학생들의 긍정적인 모습들이 협력교사의 눈에도 비쳤다는 점에서 다시 한번 이 수업에 대한 확신을 키울 수 있었다.

협력교사와 함께한 1년은 나에게 참 의미 있는 시간이었고, 나를 더 엄격한 기준으로 바라볼 수 있게 해준 시간이었다. 특히 혼자라는 생각에 외로움을 많이 느꼈는데 협력교사와 함께하면서 더 이상 외롭다는 생각도 하지 않게 됐다. 무엇보다 이 수업에 대한 확신을 키울 수 있었던 시간이었기 때문에 협력교사에 대한 고마움은 이루 말할 수가 없다.

협력교사 수업 관찰 일지

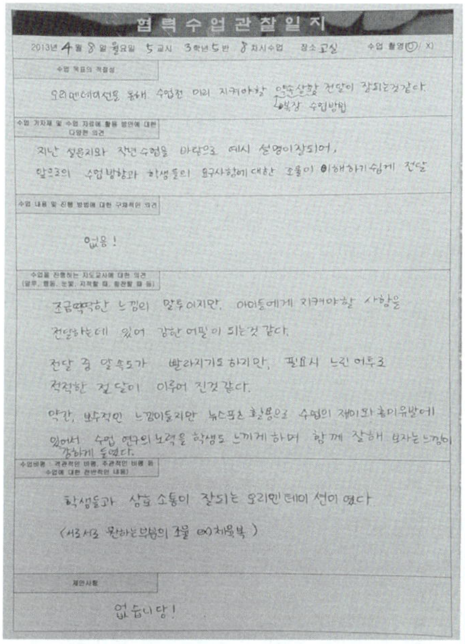

협력수업관찰일지

2013년 4월 8일 월요일 5교시 3학년5반 8차시수업 장소 교실 수업 촬영(O / X)

수업 목표의 적절성

오리엔테이션을 통해 수업전 미리 지켜야할 약속사항 전달이 잘되는것같다. (복장, 수업방법)

수업 기자재 및 수업 자료에 활용 방안에 대한 다양한 의견

지난 설문지와 작년 수업을 바탕으로 예시 설명이 잘되어, 앞으로의 수업방향과 학생들의 요구사항에 대한 조율이 이해하기 쉽게 전달

수업 내용 및 진행 방법에 대한 구체적인 의견

없음!

수업을 진행하는 지도교사에 대한 의견 (말투, 행동, 눈빛, 지적할 때, 칭찬할 때 등)

조금딱딱한 느낌의 말투이지만, 아이들에게 지켜야할 사항을 전달하는데 있어 강한 어필이 되는것 같다.

전달 중 말속도가 빨라지기도 하지만, 필요시 느린 어투로 적절한 전달이 이루어 진것같다.

약간, 보수적인 느낌이들지만 뉴스포츠 활용으로 수업의 재미와 흥미유발에 있어서 수업 연구의 노력을 학생도 느끼게 하며 함께 잘해 보자는 느낌이 강하게 들었다.

수업비평 : 객관적인 비평, 주관적인 비평 등 수업에 대한 전반적인 내용

학생들과 상호 소통이 잘되는 오리엔테이션이였다.

(서로서로 원하는부분의 조율 ex)체육복)

제안사항

없습니당!

오리엔테이션(2013년 4월 8일 월요일 5교시)

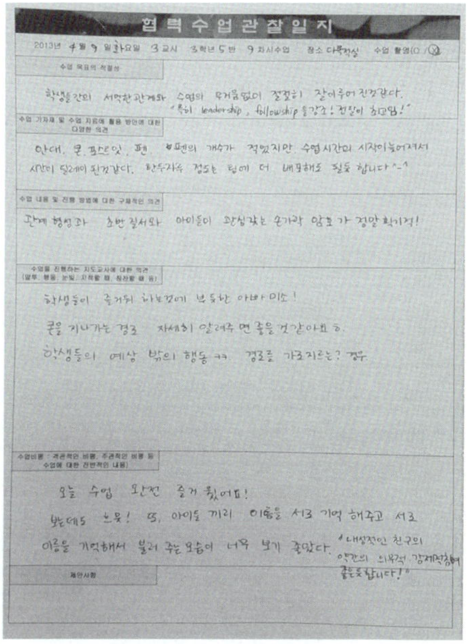

협력수업관찰일지

2013년 4월 9일 화요일 3교시 3학년5반 9차시수업 장소 다목적실 수업 촬영(O / X)

수업 목표의 적절성

학생들간의 서먹한관계와 수업의 무거움없이 적절히 잘이루어 진것같다.
"특히 leadership, followship 을강조! 전달이 최고임!"

수업 기자재 및 수업 자료에 활용 방안에 대한 다양한 의견

안대, 콘, 포스트잇, 펜, 펜의 개수가 적었지만 수업시간의 시작이늦어져서 시간이 딜레이 된것같다. 한두자속 정도는 팀에 더 배포해도 될듯 합니다^-^

수업 내용 및 진행 방법에 대한 구체적인 의견

관계 형성과 초반 질서와 아이들이 관심갖는 손가락 암호가 정말 획기적!

수업을 진행하는 지도교사에 대한 의견 (말투, 행동, 눈빛, 지적할 때, 칭찬할 때 등)

학생들이 즐거워 하는것에 부드러운 아빠미소!

콘을 지나가는 경로 자세히 알려주면 좋을것같아요 ㅎ.

학생들의 예상 밖의 행동 ㅋㅋ 경로를 가로지르는? 경우

수업비평 : 객관적인 비평, 주관적인 비평 등 수업에 대한 전반적인 내용

오늘 수업 완전 즐거웠어요!

보는데도 흐뭇! 또, 아이들 끼리 이름을 서로 기억 해주고 서로 이름을 기억해서 불러 주는 모습이 너무 보기 좋았다. "내성적인 친구의 약간의 의무적 강제적참여 좋은듯합니다!"

제안사항

바른 관계 맺기(2013년 4월 9일 화요일 3교시)

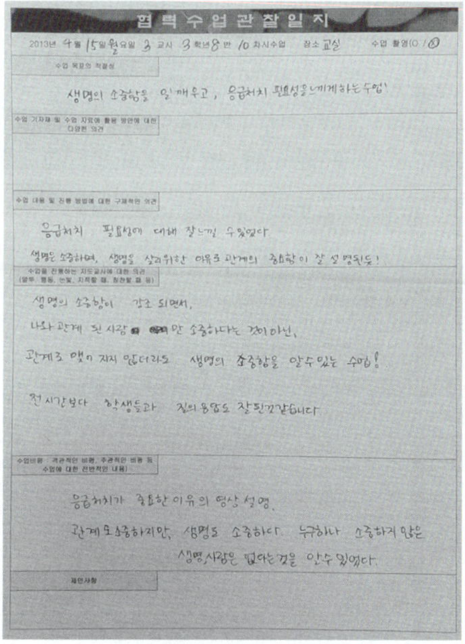

협력수업관찰일지

2013년 4월 15일 월요일 3교시 3학년8반 10차시수업 장소 교실 수업 촬영(O / X)

수업 목표의 적절성

생명의 소중함을 일깨우고, 응급처치 필요성을느끼게하는수업!

수업 기자재 및 수업 자료에 활용 방안에 대한 다양한 의견

수업 내용 및 진행 방법에 대한 구체적인 의견

응급처치 필요성에 대해 잘느낄 수있었다.

생명은 소중하며, 생명을 살리위한 이유로 관계의 중요함이 잘 설명된듯!

수업을 진행하는 지도교사에 대한 의견 (말투, 행동, 눈빛, 지적할 때, 칭찬할 때 등)

생명의 소중함이 강조 되면서,

나와 관계 된 사람만 소중하다는 것이 아닌,

관계로 맺어 지지 않더라도 생명의 소중함을 알수있는 수업!

전시간보다 학생들과 질의응답도 잘된것같습니다

수업비평 : 객관적인 비평, 주관적인 비평 등 수업에 대한 전반적인 내용

응급처치가 중요한 이유의 영상 설명.

관계도소중하지만, 생명도 소중하다. 누구하나 소중하지 않은 생명,사람은 없다는것을 알수 있었다.

제안사항

생명의 소중한(2013년 4월 15일 월요일 3교시)

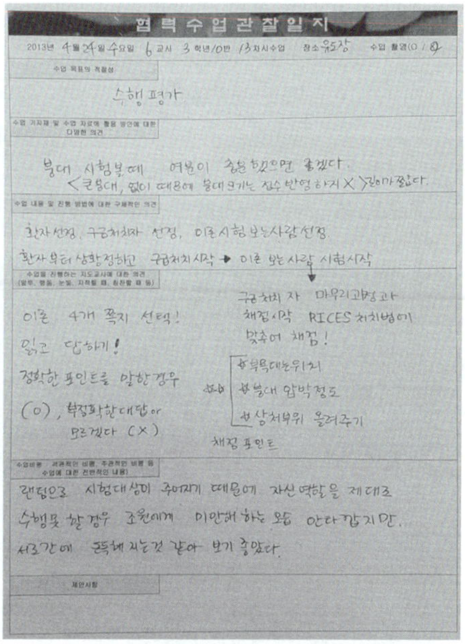

협력수업관찰일지

2013년 4월 24일 수요일 6교시 3학년10반 13차시수업 장소 유도장 수업 촬영(O / X)

수업 목표의 적절성

수행평가

수업 기자재 및 수업 자료에 활용 방안에 대한 다양한 의견

붕대 시험볼때 여분이 충분했으면 좋겠다.
<큰붕대, 없이 때문에 붕대크기는 점수 반영하지 X >길이가짧다.

수업 내용 및 진행 방법에 대한 구체적인 의견

환자선정, 구급처치자 선정, 이론시험 보는사람선정.

환자부터 상황정하고 구급처치시작 → 이론 보는사람 시험시작

수업을 진행하는 지도교사에 대한 의견 (말투, 행동, 눈빛, 지적할 때, 칭찬할 때 등)

이론 4개 쪽지 선택!

읽고 답하기!

정확한 포인트를 말한경우 (O), 부정확한대답 or 모르겠다 (X)

구급처치 자 마무리과정과 채점시작 RICES 처치법에 맞추어 채점!

☆부목대는위치
☆붕대 압박정도
☆상처부위 올려주기
채점 포인트

수업비평 : 객관적인 비평, 주관적인 비평 등 수업에 대한 전반적인 내용

랜덤으로 시험대상이 주어지기 때문에 자신역할을 제대로 수행못 할경우 조원에게 미안해 하는 모습 안타깝지만, 서로간에 돈독해 지는것 같아 보기 좋았다.

제안사항

생명의 소중함 수행평가(2013년 4월 24일 수요일 6교시)

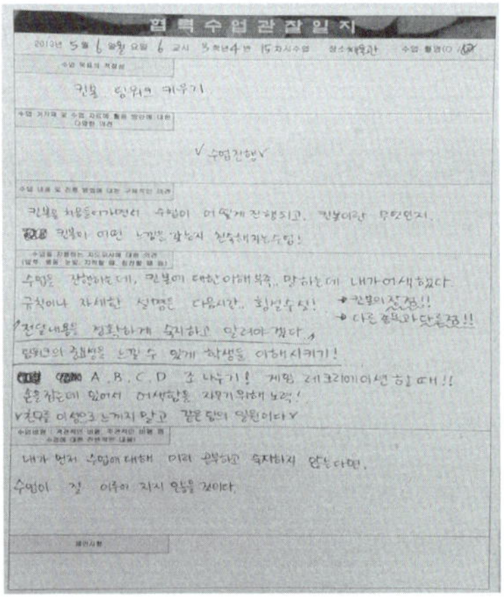
협 력 수 업 관 찰 일 지

팀워크_킨볼(2013년 5월 6일 월요일 6교시)

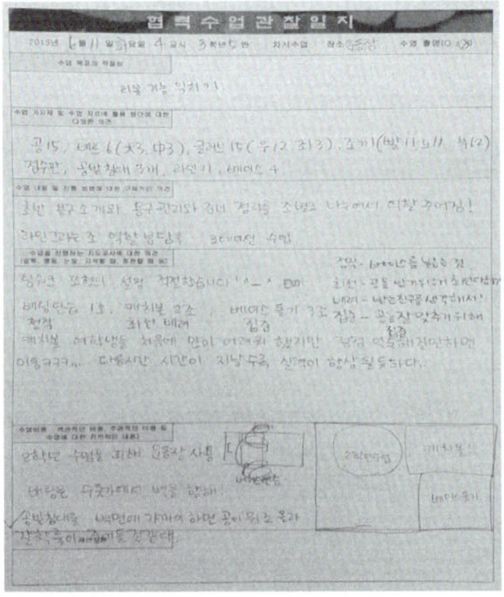
협 력 수 업 관 찰 일 지

팀워크_티볼(2013년 6월 11일 화요일 4교시)

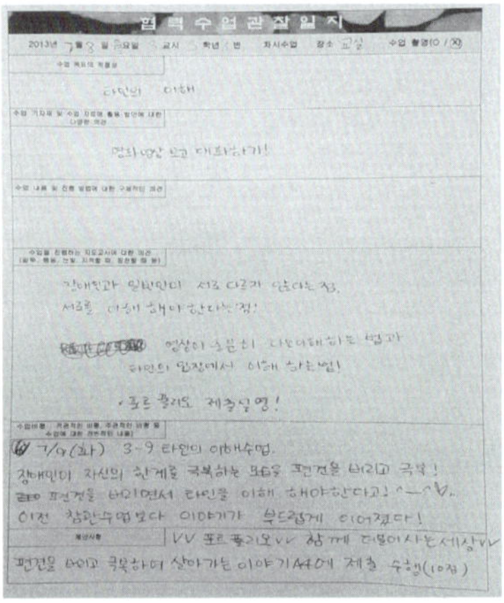
협 력 수 업 관 찰 일 지

타인이해(2013년 7월 8일 월요일 3교시)

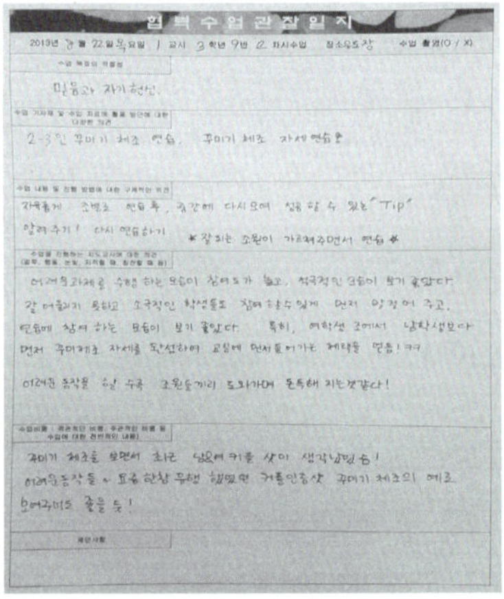
협 력 수 업 관 찰 일 지

믿음과 자기헌신(2013년 8월 22일 목요일 1교시)

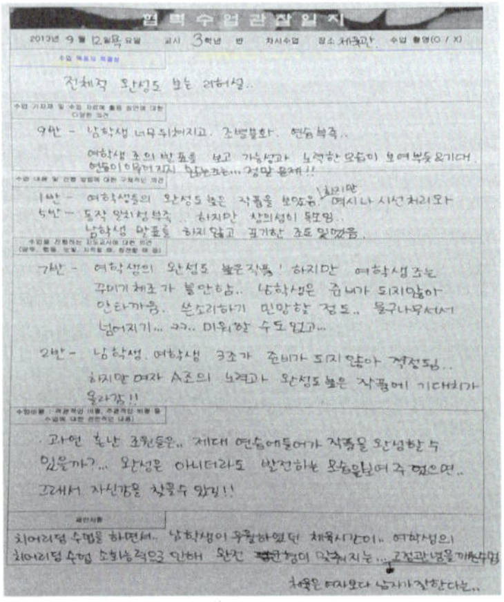
협 력 수 업 관 찰 일 지

자신감(2013년 9월 12일 목요일)

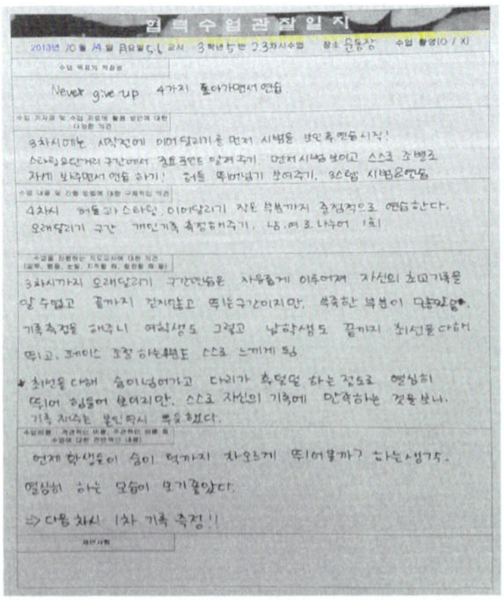
협 력 수 업 관 찰 일 지

NEVER GIVE-UP(2013년 10월 14일 월요일 5~6교시)

체육수업 만족도

〈학생 기록 4-3-1〉 2013학년도 교원능력개발평가 학생 만족도 조사 중 자유서술식 문항

열정적이시다. / 준비를 잘함. / 다 좋음. / 체육을 잼이 있게 해주신다. / 굿굿구수굿구수수구국숙 수굿구수굿구숙숝. / 열정적이시다. / 열정. / 물구나무 너무 힘들어요ㅠㅠㅠㅠㅠㅠ. / 열정적으로 수업하심. / 열정적이시다. / 너무 진지하다. / 너무 열정적이신 것 같다. / 수행평가 같은 부분에서는 단기간에 완벽한 걸 바라시는 게 부담스럽다. / 치어리딩 싫어욬ㅋ. / 아 솔직히 치어리딩 힘들어요. / 지금 시험 기간에다가 학원도 다니고 온갖 수행평가가 몰아치는데 춤 추는 거 싫어요. / 자유시간 많이 주세여. / 저희에게 너무 과한 걸 원하지 않으셨으면 좋겠습니다. / 몸이 너무 아파요… 체육 때 진짜 별의별 걸. / 선생님 정말 열정적이시지만 저희 시험도 신경 써 주시고 좀 더 배려해주셨으면!. / 여자만 밝히지 마셈. / 너무 어려운 건 바라지 마세요. 제발 열심히는 하니까 수업은 잼있습니다. / 아 솔직히 우리가 모든 것을 잘할 수는 없잖아요. 시험도 신경 쓰고 그래야 하는데 춤출 시간이 없어요. 제가 댄스 신동도 아니고 하루 만에 어떻게 물구나무를 섭니까? 열정적이시긴 하지만 저희에게 너무 많은 걸 바라지 마세요. 솔직히 선생님도 물구나무 힘드시잖아요. 얼굴 빨개지는 거 알아요 눈에서 불 나와요ㅎㄷㄷ♡. / 으헝헣흫엉헣유ㅠㅠㅠㅠ. / 자꾸 모둠수업을 하셔서 협동심을 기르려고 하는 건 알지만 팀원들이 다 참여 안 하면 나까지 피해를 보기 때문에 개인 수행평가로 봤으면 좋겠다. / 여학생에 대한 배려는 없고, 이상한 수행평가를 해서 학생들 사이가 안 좋아지게 하는 거 같으므로 안무 짜거나 하는 수행은 안 했으면 좋겠다. / 일단 여학생에 대한 배려가 없으신 것 같다. 치어리딩부터 남학생 위주신 것 같다. 수업에 대한 열정은 훌륭하다고 생각하지만 평소 깐깐하시고 자신이 만족한 수업이 아니면 화부터 내는 것은 고쳐 주셨으면 한다. / 짧은 시간에 많은 걸 바라지 마세요!!!!. / 치어리딩을 할 때 아무것도 모르고 무작정 하라고 하셨는데 몇 가지 기본동작을 알려 주시고 했으면 더 좋을 것 같다. 그리고 시험 기간이어서 학생들끼리 시간이 안 맞을 수도 있는데 충분히 할 수 있었는데 안 했다고 혼내는 건 너무하다고 생각한다. 좀 더 학생 입장에서 생각해 주셨으면 한다.

〈표 4-3-1〉 2013학년도 교원능력개발평가 학생 만족도 조사 중 체크리스트 문형

순번	평가지표	평가문항	응답수	문항 환산점	비고	
					나의 평균	학교 평균 (표준편차)
1	교사의 태도	선생님은 수업에 우리가 자유롭게 의견을 말할 수 있는 분위기를 만들어 주십니다.	32	3.34	3.34	3.94 (1.16)
2	교사-학생 상호작용	선생님은 수업 중에 칭찬과 격려를 많이 해주십니다.	32	3.56	3.56	3.89 (1.06)
3	학습자료의 활용	선생님은 수업내용을 쉽게 이해할 수 있도록 여러 가지 학습자료를 사용하십니다.	32	3.59	3.59	3.96 (1)

순번	평가지표	평가문항	응답수	문항 환산점	비고	
					나의 평균	학교 평균 (표준편차)
4	평가내용 및 방법	선생님은 우리 수준에 맞는 문제를 출제하십니다.	32	3.56	3.56	3.89 (1.14)
5	개인문제의 파악 및 창의 · 인성지도	선생님은 우리가 창의적이고 바른 인성을 갖춘 인재로 성장할 수 있게 지도를 하십니다.	32	3.41	3.41	3.93 (1.14)
6	학교생활적응 지도	선생님은 우리가 기본생활습관(인사 잘하기, 질서 지키기, 교실 청결히 하기)을 잘 지키도록 자주 말씀하십니다.	32	3.41	3.41	3.94 (1.11)

위의 〈학생 기록 4-3-1〉과 〈표 4-3-1〉은 2013학년도 교원능력개발평가 중 학생 만족도 조사의 결과를 나타내고 있다.

〈학생 기록 4-3-1〉은 학생 만족도 조사 중 자유서술식 문항의 내용으로 28명의 학생들이 쓴 글을 띄어쓰기만 수정하고 내용을 있는 그대로 옮겨 놓았다. 〈표 4-3-1〉은 학생 만족도 조사 중 체크리스트 문형의 결과로 총 32명의 학생들이 참여한 것을 수치로 나타내고 있다.

〈학생 기록 4-3-1〉은 나와 나의 수업에 대해 학생들이 어떻게 생각하는지를 잘 나타내고 있다. 특히 '열정', '배려심 부족', '진지함', '완벽', '부담', '깐깐함', '화', '학생들의 입장'과 같은 단어들은 체육수업을 진행한 체육교사인 나를 표현한 것들로, 그 당시 학생들의 눈에 내가 어떻게 비치고 있는지를 잘 보여준다.

〈표 4-3-1〉은 학생 만족도 조사 중 체크리스트 문형에 대한 결과를 나타낸 것으로 '교사의 태도', '교사-학생 상호작용', '학습자료의 활용', '평가내용 및 방법', '개인문제의 파악 및 창의 · 인성지도', '학교생활 적응 지도'의 6개 항목에 대해 조사했다. 결과는 6개 항목 모두 학교 평균보다 낮게 나타났다. 특히 인성 함양을 강조한 수업을 하였음에도 불구하고 '선생님은 우리가 창의적이고 바른 인성을 갖춘 인재로 성장할 수 있게 지도를 하십니다.'라는 '개인문제의 파악 및 창의 · 인성지도'에 대한 문항의 결과가 학교 평균에 못 미침을 보고 도저히 이해할 수가 없었다. 아니, 이 결과 자체가 나에겐 너무나 충격이었다. 왜냐하면 수업에 참여하는 학생들의 모습은 분명 전년도보다 활기찼고 적극적이었으며 즐거워 보였기 때문이다. 그래서 2013학년도에는 오히려 좀 더 좋은 결과를 얻을

것이라는 기대를 갖고 있었다. 이러한 기대는 매 차시 실시하는 수업 촬영과 그 속에 나타난 학생들의 모습, 각 주제의 수업을 마칠 때마다 적어내는 수업에 대한 학생들의 느낀 점, 학기 말에 실시하는 수업 만족도 설문조사(교사 자체 제작한 설문지) 그리고 교사가 직접 학생들을 관찰하고 상담한 내용을 기록한 수업 노트 등을 통해 더 키워갈 수 있었다. 그런데 결과가 예상 밖으로 나타났기 때문에 혼란스러웠고 지금까지 옳다고 생각한 체육수업에 대한 내 생각과 이 수업의 내용과 방법이 잘못된 것은 아닌가, 하고 되돌아보게 되었다. 하지만 다시 생각해 봐도 이 수업은 성공적이었다는 결론에 도달했다. 다만 왜 이렇게 좋지 못한 결과가 나오게 된 것인지에 대해서는 이해할 수 없었다.

〈표 4-3-2〉 체육수업 만족도 결과

체육수업 만족도							
남학생		여학생		남학생		여학생	
- 매우만족	13명	- 매우만족	9명	- 매우만족	32명	- 매우만족	13명
- 만족	43명	- 만족	35명	- 만족	55명	- 만족	65명
- 보통	**23명**	**- 보통**	**28명**	**- 보통**	**33명**	**- 보통**	**39명**
- 불만족	3명	- 불만족	3명	- 불만족	1명	- 불만족	7명
- 매우불만족	2명	- 매우불만족	0명	- 매우불만족	2명	- 매우불만족	2명
수업 만족도에 영향을 미치는 요인(다수 선택: 3가지)							
수업내용이 좋아서	44명	수업내용이 싫어서	6명	수업내용이 좋아서	166명	수업내용이 싫어서	16명
수업방법이 좋아서	46명	수업방법이 싫어서	7명	수업방법이 좋아서	126명	수업방법이 싫어서	23명
지도교사가 좋아서	27명	지도교사가 싫어서	1명	지도교사가 좋아서	95명	지도교사가 싫어서	7명
자유시간이 많아서	8명	**자유시간이 없어서**	**36명**	자유시간이 많아서	19명	**자유시간이 없어서**	**87명**
교우관계가 좋아서	20명	교우관계가 나빠서	3명	교우관계가 좋아서	98명	교우관계가 나빠서	6명
기타의견	19명			기타의견	21명		
2012년 학년 말 2학년 학생 대상 설문조사 총 159명(남: 84명, 여: 75명)				2013년 1학기 말 3학년 학생 대상 설문조사 총 249명(남: 123명, 여: 126명)			

위의 〈표 4-3-2〉는 '인의예지' 수업 사례를 얘기하면서 사용한 것으로, 2012학년도 학년 말에 2학년을 대상으로 실시한 체육수업 만족도 설문조사와 2013학년도 1학기 말 3학년을 대상으로 실시한 체육수업 만족도 설문조사의 결과 중 일부

분을 나타내고 있다.

나는 초임 교사 때부터 체육수업에 대한 학생들의 수업 만족도에 관심을 가져왔다. 그리고 그 결과가 만족할 만큼 좋지는 않았지만 매년 나 자신과 나의 수업을 되돌아보면서 개선해가려는 노력을 통해 수업 만족도를 조금씩 높여나갔다. 그 결과 〈표 4-3-2〉와 같은 체육수업 만족도를 이룰 수 있었다.

위의 〈표 4-3-2〉를 보면, 2012학년도 체육수업 만족도의 '매우 만족'과 '만족'에 해당하는 학생은 총 159명 중 100명으로 전체 학생의 약 62.89%에 해당한다. 상대적으로 '불만족'과 '매우 불만족'에 해당하는 학생은 총 159명 중 8명으로 전체 학생의 약 5.03%에 지나지 않았다. 이러한 수치는 매년 큰 변화가 없었다. 그래서 나는 '보통'이라고 체크한 학생들에게 주목하게 됐다. 왜냐하면 '보통'이라고 체크한 학생은 총 159명 중 51명으로 전체 학생의 약 32.07%에 속했는데, 그들의 설문지를 자세히 보면, 수업 내용과 방법 심지어는 수업을 진행한 교사에 대해 긍정적으로 생각하고 있음에도 불구하고 자유시간이 많지 않기 때문에 '보통'이라고 체크한 학생들이 많았다. 나는 이러한 사실을 매년 인지하고 있었다. 그래서 매년 교육과정을 재구성할 때 자유시간이 생각나지 않을 만큼 즐겁고 재미있는 수업 내용과 방법을 계획하고 준비하기 위해 노력했다. 그리고 마침내 2013학년도 인성주제 중심 체육수업에 대한 접근 방식을 생각해내게 되었고 그것을 바탕으로 교육과정을 재구성하게 됐다. 그렇게 해서 나온 것이 2013학년도 중학교 3학년 학생들에게 적용한 인성주제 중심 체육수업이다. 이 수업은 그동안 내가 갖고 있던 모든 고민을 해결해 줄 수 있을 것 같았다. 게다가 자유시간에 대한 학생들의 바람도 잠재울 수 있을 것 같았다. 그래서 수업 내용과 방법을 계획하고 준비하는 데 더욱더 심혈을 기울였다.

〈표 4-3-2〉에 나타나 있는 2013학년도 3학년 1학기 말 체육수업 만족도 조사 결과를 보면, 전년도에 비해 체육수업 만족도에 '매우 만족' 또는 '만족'이라고 한 학생의 수치가 전체 학생의 약 66.26%(약 3.37% 상승)로 높아졌으며, '보통'이라고 한 학생의 수치는 전체 학생의 약 28.91%(3.16% 하락)로 낮아졌음을 확인할 수 있다. 또한 체육수업 만족도에 '불만족' 또는 '매우 불만족'이라고 한 학생의 수치 역시 전체 학생의 약 4.81%로 전년도에 비해 약 0.22% 낮아졌다. 결과만을 놓고 보면 수업 내용과 방법적인 면에서 학생들의 눈높이를 맞추려고 노력한

결과, 만족도('매우 만족'과 '만족'에 해당)는 조금씩 상승했으며, 자유시간과 연관이 있다고 생각한 '보통'에 해당하는 학생들의 비율을 조금씩 낮출 수 있었다.

나는 이런 결과와 수업을 통해 나타나는 학생들의 긍정적인 변화를 직접 느끼면서 수업에 대한 내 생각과 이 수업의 방식이 틀리지 않았다는 확신을 갖게 됐다. 하지만 여기서 놓친 점이 2가지 있었다.

첫 번째는, '보통'에 해당하는 학생들의 수치였다.

겉으로 드러나는 수치는 전년도에 비해 줄어들었다. 하지만 '수업 만족도에 영향을 미치는 요인(다수 선택 가능)'을 들여다보면, 전년도에 '자유시간이 없어서'라고 체크한 학생의 수가 36명이었는데 2013학년도에는 87명으로 2배 이상 많은 학생들이 체크를 했다. 이는 전체학생 수가 전년도 대비 약 63.85% 늘어난 반면, '자유시간이 없어서'라고 체크한 학생의 수는 전년도 대비 약 241% 늘어난 것으로 자유시간에 대한 학생들의 바람은 오히려 더 많이 증가했음을 알 수 있다. 다시 말해 인성주제 중심 체육수업의 수업 내용과 방법이 학생들의 체육수업 만족도를 높이긴 했지만, 그것이 자유시간을 원하는 학생들의 바람을 없애기보다 오히려 더 불타오르게 만든 꼴이 되었던 것이다.

두 번째는, 불만족('불만족' 또는 '매우 불만족'에 해당)에 해당하는 학생들의 수치였다.

겉으로 드러난 수치는 전년도와 비교해서 별 차이가 없었다. 하지만 '수업 만족도에 영향을 미치는 요인(다수 선택 가능)'을 들여다보면, 전년도에 '지도교사가 싫어서'라고 체크한 학생 수가 1명이었는데 2013학년도는 7명으로 7배 많은 학생들이 체크를 했다. 이는 '지도교사가 좋아서'라고 체크한 학생이 27명에서 95명으로 늘어난 것보다 더 큰 변화였다.

이와 같은 결과가 나왔음에도 불구하고 나는 만족('매우 만족' 또는 '만족'에 해당)과 보통에 해당하는 수치의 변화만을 보고 이 수업에 큰 문제가 없을 것이란 생각을 하게 되었고, 같은 생각과 방식으로 2학기 수업을 진행하게 됐다. 하지만 위의 결과에서 놓친 2가지로 인해 2학기 수업의 결과(교원능력 평가 결과와 2학기 말 실시한 체육수업 만족도 설문조사 결과)는 전혀 예상치 못한 쪽으로 나오면서 나에게 너무 큰 충격을 주었다.

〈표 4-3-3〉 2013학년도 3학년 2학기 말 체육수업 만족도 설문조사 결과

2013학년도 3학년 2학기 말 체육수업 만족도 설문조사

구 분	남학생(143명)					여학생(141명)				
수업 만족도	매우 만족	만족	보통	불만족	매우 불만족	매우 만족	만족	보통	불만족	매우 불만족
	32	56	46	6	3	7	64	55	12	3
	약 22.37%	약 39.16%	약 32.16%	약 4.19%	약 2.09%	약 4.96%	약 45.39%	약 39.00%	약 8.51%	약 2.12%

수업 만족도: 남녀 종합(총 284명)				
매우만족	만족	보통	불만족	매우불만족
39	120	101	18	6
약 13.73%	약 42.25%	약 35.56%	약 6.33%	약 2.11%

영향 요인 다수 선택	남학생				여학생			
	수업내용이 좋아서	97	수업내용이 나빠서	8	수업내용이 좋아서	95	수업내용이 나빠서	14
	수업방법이 좋아서	73	수업방법이 나빠서	8	수업방법이 좋아서	67	수업방법이 나빠서	21
	지도교사가 좋아서	63	지도교사가 나빠서	6	지도교사가 좋아서	32	지도교사가 나빠서	10
	자유시간이 많아서	18	자유시간이 없어서	41	자유시간이 많아서	19	자유시간이 없어서	56
	교우관계가 좋아서	54	교우관계가 나빠서	0	교우관계가 좋아서	56	교우관계가 나빠서	8
	기타:			8	기타:			12

영향 요인 다수 선택: 남녀 종합			
수업내용이 좋아서	192	수업내용이 나빠서	22
수업방법이 좋아서	140	수업방법이 나빠서	29
지도교사가 좋아서	95	지도교사가 나빠서	16
자유시간이 많아서	37	자유시간이 없어서	97
교우관계가 좋아서	110	교우관계가 나빠서	8
기타:			20

위의 〈표 4-3-3〉은 이 수업의 구성요소 중 발전성에 대한 내용으로 만족도 설문조사에 대한 이야기를 하면서 사용한 표로 2학기 말 체육수업 만족도 설문조사 결과를 나타내고 있다.

위의 결과를 보면, 3학년 1학기 수업 만족도 결과를 떠나 전년도 수업 만족도

결과에도 많이 못 미치는 결과가 나타났다. 체육수업 만족도 설문조사에서 만족('매우 만족' 또는 '만족'에 해당)한다에 체크한 학생들은 전체 학생의 약 55.98%로 내가 진행한 수업 중 역대 최저치를 나타냈고, 보통이라고 체크한 학생들은 전체 학생의 약 35.56%로 전년도에 비해 오히려 약 3.49%가 상승했다. 더욱 심각한 것은 체육수업에 불만족('불만족' 또는 '매우 불만족'에 해당)한다고 체크한 학생들의 수치였다. 전년도에 비해 감소하기는커녕 오히려 약 3.41%가 상승했다. 이 중에서 나의 마음을 가장 아프게 한 것은 바로 '지도교사가 나빠서'라고 체크한 학생의 수가 3학년 1학기 말에 실시한 설문조사보다 2배 이상 많은 16명으로 나타난 것이다. 전체적으로 학기 말에 설문조사를 실시하다 보니 결석 및 기타 행사 참여 등으로 인해 설문조사에 참여하는 학생 수에서 차이가 있지만, 설문조사에 참여한 학생들이 늘어난 것에 비해 너무 많이 증가한 수치라서 더욱 가슴이 아팠다. 당장이라도 수업 만족도 설문지를 집어 던지고 싶었다. 내가 생각한 모든 것이 틀린 것은 아닐까, 라는 생각에 절망감까지 들었다. 자유시간에 대한 학생들의 바람을 줄이기보단 오히려 더 키웠으며, 나와 학생들과의 관계는 더욱 나빠진 것처럼 느껴졌다. 그리고 무엇보다 학생들이 쓴 거침없는 내용들은 나에게 비수가 되어 가슴에 큰 상처를 주기도 했다.

〈표 4-3-4〉 3학년 2학기 말 체육수업 만족도 설문 조사 중 서술형 문항의 답변 중 일부

수업과 지도교사에 대한 의견
• 말 그대로 걍 싫었음. • 조별 활동 짱 싫음. • 학생 차별. • 자신감을 키울 시간이 없는데 강요하는 것은 좀 아닌 것 같다. • 우리나라는 너무 좁은 가치관을 가지고 있다는 점을 깨달았다. 무엇이 부족하든 간에 부족한 점을 그대로 받아주시면 좋을 것 같습니다. • 시간이 많이 소모되는 활동은 안 하는 것이 좋습니다. • 수업 내용이 별로였다. • 너무 깐깐하고 많은 걸 바라신다. • 수업 내용이 별로 재밌지 않았다.

하지만 도저히 이해할 수가 없었다. 처음부터 다시 생각해봐도 이 수업의 내용과 방법적인 면에서 성공적이란 생각을 떨쳐낼 수가 없었다. 왜냐하면 수업을

통해 나타난 학생들의 적극적인 참여와 그 속에서 수업을 즐기고 행복해하던 학생들의 모습뿐 아니라 긍정적인 변화까지 분명히 보고 느꼈기 때문이었다. 비록 자유시간에 대한 학생들의 바람을 줄이는 데에는 실패했지만 말이다. 그래서 이런 결과의 원인을 수업을 진행한 나 자신에게서 찾으려고 했다. 원인은 나 자신밖에 없는 것 같았다. 물론 자신감 수업을 하면서 학생들을 의도적으로 심하게 몰아붙인 것이 이런 결과에 영향을 미쳤을 수 있다는 생각은 했다. 하지만 그것만으론 부족했다. 나의 지도로 인해 힘들어한 학생도 있었지만, 수업을 끝낼 때는 성취감을 느끼면서 자신감의 의미를 깨닫는 학생들도 많았기 때문이다. 그리고 나 역시 체육교사로서 나 자신의 부족한 점을 매년 실시한 설문조사를 통해 인식하고 있었고, 그러한 점들을 고치려고 늘 노력하는 자세를 가졌으며 전년도에 비해 그런 모습들을 조금씩 줄여나가고 있다고 생각했다.

2013학년도 중학교 3학년 학생들에게 수업한 인성주제 중심 체육수업은 나의 모든 것이었다. 이 수업은 현장의 체육수업이 갖는 불합리에 대한 도전이었고, 체육수업에 대한 잘못된 고정관념과 편견을 깨기 위한 몸부림과도 같았다. 그리고 무엇보다 체육교사로서 나를 나타내는 또 다른 나이기도 했다. 그래서 그 어느 때보다 공을 들여 수업을 준비하고 실천했기 때문에 내심 수업 만족도도 높게 나오길 기대했다. 하지만 설문 결과를 확인한 순간 내 기대가 무참히 짓밟히는 것 같았다. 게다가 무엇 때문에 예상보다 훨씬 못 미치는 만족도 결과가 나왔는지 도저히 이해할 수 없었다.

나에게, 이 체육수업에 어떤 문제가 있길래 이런 결과가 나왔을까, 생각하면서 나는 그해 겨울 많은 시간을 고민에 빠진 채 보냈다. 하지만 해답을 쉽게 찾을 수 없었다. 그러다가 문득 우연히 내 머리를 스친 생각이 있었다.

나는 매년 새로운 수업 내용과 방법을 계획하고 준비하면서 이 모든 게 학생들을 위한 것이라는 생각을 했다. 하지만 학생들을 위한다는 생각은 결국 나의 착각일지 모른다는 생각이 들었다. 그리고 그동안 나의 모든 수업은 학생들을 위한 것이 아니라 내 생각과 방법이 옳다는 것을 증명해 보이기 위한, 나 자신을 위한 수업이었음을 깨달았다. 그 순간 나는 이 수업에서 너무나 기본적이지만 너무나 중요한 것이 빠졌다는 사실을 알았다. 다시 생각해 보면, 그동안 나는 수업 진행 계획에 따라서 수업 시간마다 정해진 수업을 진행하는 것과 그 목표를 달성하는 것에만 집중한 채 수업에 참여하는 학생들은 생각하지 못했다. 결국 나의 수업에는 학생들을 생각하는 교사의 따뜻한 마음과 그들의 변화를 기다려 줄 수 있는 교사의 여유가 없었던 것이다. 그 사실을 깨닫는 순간 망치로 뒤통수를 맞은 것 같은 기분이 들었다. 그리고 다시 생각했다. 진정 이 수업은 학생들을 위한 수업인가, 아니면 나 자신을 위한 수업인가?

나는 2014학년도 수업을 계획하고 준비하면서 새로운 도전을 해보기로 결심했다. 기존의 수업의 틀을 유지한 상태에서 수업에 대한 내 생각과 태도를 바꿔 좀 더 여유를 가지고 학생들을 대해보기로 했다. 왜냐하면 수업의 내용과 방법의 문제가 아닌 수업을 진행하는 교사의 마음가짐에 대한 문제라고 생각했기 때문이다.

나는 학생들의 수업 만족도를 알아보기 위해 2가지 설문조사를 참고한다. 그중 하나는 교원능력개발평가[3]로 매년 교원을 평가하는 제도이고, 또 다른 하나는 내가 직접 만들어서 실시한 개인적인 수업 만족도 설문조사다.

우선 교원능력개발평가에 대한 실효성에 많은 이들이 의문을 제기하는 것이 사실이다. 실제로 그 당시 내가 가르친 중학교 3학년 학생 수가 300명 가까이 되었지만 이 설문조사에 참여한 학생의 수는 35명을 넘지 않았다. 상대적으로 내가 만들어 실시하는 체육수업 만족도 설문조사의 경우 1학기에 249명, 2학기에 284명이 참여했다. 2가지 설문조사의 결과가 나에게 똑같은 무게로 다가오진 않는다. 하지만 그 결과는 어떤 설문조사를 통해 나왔든지 간에 나에겐 모두 소중하다. 왜냐하면 이러한 평가는 많을수록 다양한 결과를 얻을 수 있기 때문이다. 그리고 지금까지 경험에 비춰봤을 때 평가의 종류가 다르더라도 그 결과가 크게 다르지 않았고, 평가의 종류와 상관없이 비슷한 결과가 나왔기 때문에 교원능력개발평가도 체육수업 만족도 설문조사 못지않게 중요했다.

3) 교원능력개발평가는 대한민국 교육부에서 교원 능력 신장 및 학생과 학부모의 공교육 만족도 향상, 공정한 평가를 통한 교원의 지도 능력 및 전문성 강화를 통한 학교 교육의 질 향상을 위해 매년 교원을 평가하는 제도이다.

〈설문지 4-3-1〉 2013학년도 중학교 3학년 1학기 체육수업 만족도 설문지

2013년 1학기 설문지(3학년)

안녕하세요. 2013학년도 1학기가 벌써 끝나가네요. 그동안 1학기 수업에 대한 설문조사를 통해 여러분들의 생각을 알아보고 그것을 바탕으로 2학기 더 좋은 수업을 준비하고자 합니다.

더 좋은 수업으로 2학기 여러분들과 함께 할 수 있길 기대하면서 1학기를 돌아보는 마음으로 성실히 설문에 임해주시면 감사하겠습니다.

1. 성별은?
   ① 여 ② 남

2. 2013학년도 1학기 수업 만족도는?
   ① 매우만족 ② 만족 ③ 보통 ④ 불만족 ⑤ 매우불만족

3. 체육수업 만족도에 영향을 미친 요인은(3가지 선택)?
   ① 수업 내용이 좋아서 ② 수업 내용이 나빠서
   ③ 수업 방법이 좋아서 ④ 수업 방법이 나빠서
   ⑤ 지도교사가 좋아서 ⑥ 지도교사가 나빠서
   ⑦ 자유시간이 많아서 ⑧ 자유시간이 적어서
   ⑨ 교우관계가 좋아서 ⑩ 교우관계가 나빠서
   ⑪ 기타(이유를 간단히 적어주세요 :)

4. 위 3번에 대한 대답 중 1~4번을 선택한 학생들은 좀 더 구체적으로 선택 이유를 적어주세요.
   ( )

5. 위 3번에 대한 대답 중 5~6번을 선택한 학생들은 좀 더 구체적으로 선택 이유를 적어주세요.
   ( )

6. 현재 우리 반에서 친하다고 생각되는 학생 수는?
   ① 0~5명 ② 6~10명 ③ 11~15명 ④ 16~20명 ⑤ 21명 이상

7. 인성주제 중심의 체육수업(팀워크, 타인이해, 생명존중 등)이 학생들의 바른 인성 함양에 미치는 영향은?
   ① 매우 큰 도움이 된다. ② 도움이 된다. ③ 보통이다.
   ④ 별로 도움 되지 않는다. ⑤ 전혀 도움 되지 않는다.

8. 1학기 체육수업 때 가장 기억에 남는 수업은 무엇이며, 그 이유도 간단히 적어주세요.
   ( )

9. 1학기 체육수업(인성주제 중심의 수업)을 통해 개인적으로 달라진 점이 있다면 무엇인지 구체적으로 적어주세요.
   ( )

10. 체육수업 만족도를 향상시키기 위해서 체육교사(박제훈)에게 필요한 자질은 무엇인지 생각나는 대로 적어주세요.
    ( )

11. 수업과 관련하여 박제훈 선생님에게 하고 싶은 말
    ____
    ____
    ____
    ____

12. 학생들은 자유시간을 원하지만 선생님은 의미 없는, 놀기 위한 자유시간을 원치 않습니다. 하지만 학생들에게 자유시간이 너무 큰 의미를 갖기 때문에 자유시간이 필요한 것 같아요. 그래서 의미 있게 자유시간을 보낼 수 있는 방법을 적어주세요. 좋은 내용이 있다면 2학기에 적극 반영할께요.(아래에 적어주세요)

〈설문지 4-3-2〉 2013학년도 중학교 3학년 2학기 체육수업 만족도 설문지

2013년 2학기 설문지(3학년)

안녕하세요. 2013학년도가 끝나가네요. 그동안 2학기 수업에 대한 설문조사를 통해 여러분들의 생각을 알아보고 그것을 바탕으로 2014학년도 더 좋은 수업을 준비하고자 합니다.

더 좋은 수업으로 새롭게 만나게 될 여러분들의 후배들을 위해서 2학기를 돌아보는 마음으로 성실히 설문에 임해주시면 감사하겠습니다.

1. 성별은?
   ① 여 ② 남

2. 2013학년도 2학기 수업 만족도는?
   ① 매우만족 ② 만족 ③ 보통 ④ 불만족 ⑤ 매우불만족

3. 체육수업 만족도에 영향을 미친 요인은(3가지 선택)?
   ① 수업 내용이 좋아서 ② 수업 내용이 나빠서
   ③ 수업 방법이 좋아서 ④ 수업 방법이 나빠서
   ⑤ 지도교사가 좋아서 ⑥ 지도교사가 나빠서
   ⑦ 자유시간이 많아서 ⑧ 자유시간이 적어서
   ⑨ 교우관계가 좋아서 ⑩ 교우관계가 나빠서
   ⑪ 기타(이유를 간단히 적어주세요 :)

4. 위 3번에 대한 대답 중 1~4번을 선택한 학생들은 좀 더 구체적으로 선택 이유를 적어주세요.
   ( )

5. 위 3번에 대한 대답 중 5~6번을 선택한 학생들은 좀 더 구체적으로 선택 이유를 적어주세요.
   ( )

6. 현재 우리 반에서 친하다고 생각되는 학생 수는?
   ① 0~5명 ② 6~10명 ③ 11~15명 ④ 16~20명 ⑤ 21명 이상

7. 인성주제 중심의 체육수업(팀워크, 타인이해, 생명존중 등)이 학생들의 바른 인성 함양에 미치는 영향은?
   ① 매우 큰 도움이 된다. ② 도움이 된다. ③ 보통이다.
   ④ 별로 도움 되지 않는다. ⑤ 전혀 도움 되지 않는다.

8. 2학기 체육수업 때 가장 기억에 남는 수업은 무엇이며, 그 이유도 간단히 적어주세요.
   ( )

9. 2학기 체육수업(인성주제 중심의 수업)을 통해 개인적으로 달라진 점이 있다면 무엇인지 구체적으로 적어주세요.
   ( )

10. 체육수업 만족도를 향상시키기 위해서 체육교사(박제훈)에게 필요한 자질은 무엇인지 생각나는 대로 적어주세요.
    ( )

11. 수업과 관련하여 박제훈 선생님에게 하고 싶은 말
    ____
    ____
    ____
    ____

12. 학생들은 자유시간을 원하지만 선생님은 의미 없는, 놀기 위한 자유시간을 원치 않습니다. 하지만 학생들에게 자유시간이 너무 큰 의미를 갖기 때문에 자유시간이 필요한 것 같아요. 그래서 의미 있게 자유시간을 보낼 수 있는 방법을 적어주세요. 좋은 내용이 있다면 다음 학년도에 적극 반영할께요.(아래에 적어주세요)

체육수업 만족도 설문조사 결과(3학년 1학기)

▣ 실시 시기: 2013학년도 7월 초

▣ 실시 대상: 3학년

인성주제 중심 체육수업 1년 차, 학생들의 바람 중 하나는 '자유시간'과 '축구'다. 물론 그들의 의견을 반영하기 위해 최대한 노력하였으나 교육적인 면을 벗어나면서까지 반영하긴 어려웠다. 그래서 더욱 수업 내용과 방법을 알차게 구성하기 위해 노력하였다. 학생들이 나의 수업을 어떻게 받아들이고 생각하는지 만족도 조사를 통해 살펴본다.

반별 수업 만족도

3-1

구 분	매우만족	만족	보통	불만족	매우불만족
남학생(15명) 수업 만족도	1	9	5	0	0
여학생(16명) 수업 만족도	1	11	3	1	0

영향 요인(다수 선택) – 남학생(15명)

요인	수	요인	수
수업내용이 좋아서	10	수업내용이 나빠서	
수업방법이 좋아서	9	수업방법이 나빠서	
지도교사가 좋아서	2	지도교사가 나빠서	
자유시간이 많아서		자유시간이 없어서	1
교우관계가 좋아서	7	교우관계가 나빠서	
기타: 나를 한 단계 발전시킨 것 같은 만족감을 느껴 좋았다, 잘못하면(실수하면) 놀림을 받아서			2

영향 요인(다수 선택) – 여학생(16명)

요인	수	요인	수
수업내용이 좋아서	10	수업내용이 나빠서	
수업방법이 좋아서	8	수업방법이 나빠서	2
지도교사가 좋아서	4	지도교사가 나빠서	
자유시간이 많아서	1	자유시간이 없어서	4
교우관계가 좋아서	10	교우관계가 나빠서	1
기타: 다 보통			1

3-2

구 분	매우만족	만족	보통	불만족	매우불만족
남학생(14명) 수업 만족도	0	6	8	0	0
여학생(15명) 수업 만족도	1	7	4	3	0

영향 요인(다수 선택) – 남학생(14명)

요인	수	요인	수
수업내용이 좋아서	9	수업내용이 나빠서	1
수업방법이 좋아서	8	수업방법이 나빠서	
지도교사가 좋아서	6	지도교사가 나빠서	
자유시간이 많아서		자유시간이 없어서	6
교우관계가 좋아서	2	교우관계가 나빠서	
기타: 수업이 짧고 설명이 길다, 체육을 못해서			4

영향 요인(다수 선택) – 여학생(15명)

요인	수	요인	수
수업내용이 좋아서	8	수업내용이 나빠서	1
수업방법이 좋아서	6	수업방법이 나빠서	3
지도교사가 좋아서	5	지도교사가 나빠서	
자유시간이 많아서		자유시간이 없어서	10
교우관계가 좋아서	7	교우관계가 나빠서	1
기타: 기존의 체육수업과는 다른 주제를 다루기 때문에			1

3-3

구 분	매우만족	만족	보통	불만족	매우불만족
남학생(12명) 수업 만족도	4	3	4	1	0
여학생(10명) 수업 만족도	0	5	5	0	0

영향 요인(다수 선택) – 남학생(12명)

요인	수	요인	수
수업내용이 좋아서	5	수업내용이 나빠서	2
수업방법이 좋아서	5	수업방법이 나빠서	1
지도교사가 좋아서	8	지도교사가 나빠서	1
자유시간이 많아서	1	자유시간이 없어서	7
교우관계가 좋아서	6	교우관계가 나빠서	
기타: 수업이 재미있다			1

영향 요인(다수 선택) – 여학생(10명)

요인	수	요인	수
수업내용이 좋아서	6	수업내용이 나빠서	
수업방법이 좋아서	4	수업방법이 나빠서	2
지도교사가 좋아서	7	지도교사가 나빠서	
자유시간이 많아서	1	자유시간이 없어서	5
교우관계가 좋아서	1	교우관계가 나빠서	
기타: 걍 그럭저럭 해서			1

3-4 미실시

3-5

구 분	매우만족	만족	보통	불만족	매우불만족
남학생(16명) 수업 만족도	5	10	1	0	0
여학생(15명) 수업 만족도	2	10	3	0	0

영향 요인(다수 선택) – 남학생(16명)

요인	수	요인	수
수업내용이 좋아서	14	수업내용이 나빠서	1
수업방법이 좋아서	10	수업방법이 나빠서	1
지도교사가 좋아서	7	지도교사가 나빠서	
자유시간이 많아서	5	자유시간이 없어서	2
교우관계가 좋아서	7	교우관계가 나빠서	
기타: 재밌었다			1

영향 요인(다수 선택) – 여학생(15명)

요인	수	요인	수
수업내용이 좋아서	8	수업내용이 나빠서	1
수업방법이 좋아서	9	수업방법이 나빠서	
지도교사가 좋아서	3	지도교사가 나빠서	
자유시간이 많아서	6	자유시간이 없어서	3
교우관계가 좋아서	10	교우관계가 나빠서	
기타:			

3-6

구 분	매우만족	만족	보통	불만족	매우불만족
수업 만족도 – 남학생(11명)	5	4	2	0	0
수업 만족도 – 여학생(12명)	2	6	4	0	0

영향 요인(다수 선택)	남학생(11명)			여학생(12명)			
수업내용이 좋아서	9	수업내용이 나빠서		수업내용이 좋아서	9	수업내용이 나빠서	
수업방법이 좋아서	5	수업방법이 나빠서	2	수업방법이 좋아서	7	수업방법이 나빠서	
지도교사가 좋아서	7	지도교사가 나빠서		지도교사가 좋아서	3	지도교사가 나빠서	
자유시간이 많아서	1	자유시간이 없어서	1	자유시간이 많아서		자유시간이 없어서	2
교우관계가 좋아서	7	교우관계가 나빠서		교우관계가 좋아서	8	교우관계가 나빠서	1
기타:				기타: 수업에 따른 맞는 방법으로 하지 않으심			1

3-7

구 분	매우만족	만족	보통	불만족	매우불만족
수업 만족도 – 남학생(13명)	10	2	1	0	0
수업 만족도 – 여학생(15명)	4	7	4	0	0

영향 요인(다수 선택)	남학생(13명)			여학생(15명)			
수업내용이 좋아서	12	수업내용이 나빠서		수업내용이 좋아서	11	수업내용이 나빠서	2
수업방법이 좋아서	11	수업방법이 나빠서		수업방법이 좋아서	8	수업방법이 나빠서	2
지도교사가 좋아서	9	지도교사가 나빠서		지도교사가 좋아서	7	지도교사가 나빠서	
자유시간이 많아서	1	자유시간이 없어서	2	자유시간이 많아서	1	자유시간이 없어서	4
교우관계가 좋아서	2	교우관계가 나빠서		교우관계가 좋아서	4	교우관계가 나빠서	
기타:				기타:			

3-8

구 분	매우만족	만족	보통	불만족	매우불만족
수업 만족도 – 남학생(14명)	3	6	3	0	2
수업 만족도 – 여학생(12명)	0	3	4	3	2

영향 요인(다수 선택)	남학생(14명)			여학생(12명)			
수업내용이 좋아서	8	수업내용이 나빠서	1	수업내용이 좋아서	4	수업내용이 나빠서	3
수업방법이 좋아서	6	수업방법이 나빠서		수업방법이 좋아서	2	수업방법이 나빠서	4
지도교사가 좋아서	4	지도교사가 나빠서	2	지도교사가 좋아서	2	지도교사가 나빠서	3
자유시간이 많아서		자유시간이 없어서	5	자유시간이 많아서		자유시간이 없어서	6
교우관계가 좋아서	4	교우관계가 나빠서	1	교우관계가 좋아서	4	교우관계가 나빠서	1
기타: 그냥 보통			1	기타: 힘듦, 그냥			3

3-9

구 분	매우만족	만족	보통	불만족	매우불만족
수업 만족도 – 남학생(15명)	2	9	4	0	0
수업 만족도 – 여학생(15명)	0	9	6	0	0

영향 요인(다수 선택)	남학생(15명)			여학생(15명)			
수업내용이 좋아서	11	수업내용이 나빠서		수업내용이 좋아서	10	수업내용이 나빠서	2
수업방법이 좋아서	6	수업방법이 나빠서	1	수업방법이 좋아서	6	수업방법이 나빠서	1
지도교사가 좋아서	5	지도교사가 나빠서		지도교사가 좋아서	3	지도교사가 나빠서	
자유시간이 많아서	1	자유시간이 없어서	7	자유시간이 많아서		자유시간이 없어서	8
교우관계가 좋아서	7	교우관계가 나빠서		교우관계가 좋아서	4	교우관계가 나빠서	1
기타: 선생님은 남들과는 다르며 수업방법이 구체적이셔서 좋습니다, 모두 같이 할 수 있어서, 보통			3	기타: 다른 체육 선생님때랑 수업방식이 다르니까 적응하기 쉽지 않았다			1

3-10

구 분	매우만족	만족	보통	불만족	매우불만족
수업 만족도 – 남학생(13명)	2	6	5	0	0
수업 만족도 – 여학생(16명)	3	7	6	0	0

영향 요인(다수 선택)	남학생(13명)			여학생(16명)			
수업내용이 좋아서	8	수업내용이 나빠서	1	수업내용이 좋아서	14	수업내용이 나빠서	1
수업방법이 좋아서	6	수업방법이 나빠서	1	수업방법이 좋아서	10	수업방법이 나빠서	3
지도교사가 좋아서	7	지도교사가 나빠서		지도교사가 좋아서	6	지도교사가 나빠서	1
자유시간이 많아서	1	자유시간이 없어서	7	자유시간이 많아서		자유시간이 없어서	7
교우관계가 좋아서	4	교우관계가 나빠서		교우관계가 좋아서	4	교우관계가 나빠서	
기타: 교실수업			1	기타:			

종 합

3학년

구 분	남학생(123명)	여학생(126명)
수업 만족도		

남학생(123명)

매우만족	만족	보통	불만족	매우 불만족
32	55	33	1	2
약 26.01%	약 44.71%	약 26.82%	약 0.81%	약 1.62%

여학생(126명)

매우만족	만족	보통	불만족	매우 불만족
13	65	39	7	2
약 10.31%	약 51.58%	약 30.95%	약 5.55%	약 1.58%

남녀 종합(총 249명)

매우만족	만족	보통	불만족	매우불만족
45	120	72	8	4
약 18.07%	약 48.19%	약 28.91%	약 3.21%	약 1.60%

영향 요인 (다수 선택)

남학생

수업내용이 좋아서	86	수업내용이 나빠서	6
수업방법이 좋아서	66	수업방법이 나빠서	6
지도교사가 좋아서	55	지도교사가 나빠서	3
자유시간이 많아서	10	자유시간이 없어서	38
교우관계가 좋아서	46	교우관계가 나빠서	1
기타:			13

여학생

수업내용이 좋아서	80	수업내용이 나빠서	10
수업방법이 좋아서	60	수업방법이 나빠서	17
지도교사가 좋아서	40	지도교사가 나빠서	4
자유시간이 많아서	9	자유시간이 없어서	49
교우관계가 좋아서	52	교우관계가 나빠서	5
기타:			8

남녀 종합

수업내용이 좋아서	166	수업내용이 나빠서	16
수업방법이 좋아서	126	수업방법이 나빠서	23
지도교사가 좋아서	95	지도교사가 나빠서	7
자유시간이 많아서	19	자유시간이 없어서	87
교우관계가 좋아서	98	교우관계가 나빠서	6
기타:			21

기타 종합 설문

▣ 수업 만족도에 영향을 미치는 요인에 대한 의견(수업과 지도교사)

	남학생	여학생
3-1	수업이 재밌어서, 다양한 활동, 교훈(배울 것이 많아서), 수업시간표가 정확하게 짜여 있어서, 선생님이 착하셔서, 수업들이 재미있기 때문, **한 번씩 팀 구성해서 수업할 때 잘못하며 놀림을 받아 재미없어진다**, 수업은 우리에게 꼭 필요할 것 같은 주제로 수업을 하셨기 때문에, 수업이 재밌고 즐거웠다 수업시간에 한 놀이도 재밌었다, 팀워크(타인이해란 좋은 내용을 중심으로 수업해), 재미있어요, 수업내용이 잘 이해가 돼서	**교실에서 영상수업을 할 때 지루하기만 하고 아무 감흥이 없다, 안 친한 애들하고 팀을 해야 돼서**, 킨볼하고 티볼은 무진장 재밌었는데 딴 건 별로였지만 뭐, 수업내용이 알차서, 다양한 운동을 해서, 팀을 짜서 수업을 한 것이 참 좋았고 준비한 게임들도 매우 재밌었다, 수업방법 좋아요 2학기 때도 그냥 똑같이 해주시면 좋겠어요, **쌤 좋아요 멋있어요 근데 자유시간 너무 적었어요**, 지루하지 않고 재밌었다, 킨볼이나 그런 재밌는 게임 때문에 체육수업이 재밌었다, 수업방법은 거의 딱 정해져 있어서 편리했다, 다양한 수업과 친구들과 친해질 수 있었던 계기가 있었기 때문에, 수업이 재미있고 의미 있는 것 같다, 선생님들이 좋으시고 친근하다, 2학년 때랑 다르게 교실 수업이 많은데 영상물이 유익하다고 생각함, **나가서 운동장에서 뛰어노는 게 더욱 좋아서**
3-2	재밌는 활동을 많이 해서, 티볼이 좋아서, **자유시간이 적다**, 수업내용이 즐겁고 좋아서, 선생님도 재미있다, good, 다 같이 놀 수 있으므로, 선생님이 맘에 들어서, 지도교사는 좋은데 자유시간이 적어서 그냥 만족이다, 쌤이 우리 위해서 준비를 많이 해주셔서, 쌤이 자상해서요, 수업 내용을 더 좋게 모두 참여 가능, 수업을 더 좋게 하려는 노력이 보인다, 수업내용이 친구들과 어울려 할 수 있어 좋다, 재미있음, **자유시간에 딱히 할 게 없다(축구 농구만 하는 것 같다)**	**글을 쓰는 것은 좋은데 타인이해가 힘들다, 체육은 스스로 하면서 몸으로 느끼는 것이지 이론으로 듣는 것이 효율적이지 못하다, 수업내용이 재미도 없고 흥미가 없어요**, 팀워크를 존중하고 추구하는 수업 내용이 좋아서, 학생들을 존중해주고 설명을 열심히 하려고 노력하시는 것 같다, **이론 말고 좀 더 자유롭게 체육했으면 좋겠어요**, 재미있다, **자유시간이 없어서 힘듦**, 재미있다, **자유시간이 별로 없어서, 자유시간이 적긴 적었다**, 몰랐던 스포츠도 알게 되고 우리 반 애들이랑 많이 친해진 것 같아서, 선생님이 너무 멋있고 예뻐서, 박제훈쌤 수업방식이 익숙해져서, 재미있었다, 선생님들이 착했다, **수업내용은 좋은데 뭔가 체육하는 느낌이 들기보다는 너무 이론이 많아요**
3-3	수업내용이 좋아서, 지도교사가 좋아서, 무슨 의미가 담겨있는 것 같아서 왠지 수업 받을 때 뿌듯했고 재미있었다, 첫 인상은 무서운 선생님인 줄 알았는데 알고 보니 친절하셔서 좋았다, 수업이 다양하고 재미있다, 수업하는 방법(수행평가 보는 방법, 연습 방법이 좋다), 박제훈 선생님이 재밌게 하신다, 다 우리를 위한 거란 걸 알고 있습다, 잘못된 걸 바로잡아주는 착한 선생님, 너무 틀에서만 나오는 것 같다, 수업내용이 좋아서, 지도교사가 좋아서, 수업 방법이 좋다, **너무 교실에서 프레젠테이션하는 시간이 많다**, 너무 진지함, 박제훈 쌤이 좋아요, 그냥 좋아서, 선생님이 잘 준비해 주신다	해보지 않았던 새로운 스포츠를 해서 좋았다, 겉으로는 까다로워 보이시는데 생각 밖이어서(성격 굿), 미리 짜 놓아서 미리미리 알 수 있어서 좋았다, 제훈쌤이랑 ○○쌤 둘 다 너무 좋으시다, 협동심을 기를 수 있어서, 그냥 좋은 것 같다, 수업방법도 다양해서 좋다, **자유시간이 조금 더 많았으면 좋겠다**, 대체로 만족해서, 딱히 싫은 이유를 모르겠어서, 친절하셔서, 수업이 매우 재미있기 때문, **그냥(부정적), 목적은 좋으나 너무 지루하다**
3-4	미실시	
3-5	킨볼이나 티볼이 재밌었다, 재미있는 수업이 많아서, 계획표를 잘 짠 것 같다, 딱 순서를 정해서 수업을 하는 것이 좋았다, 카리스마 있으시고 멋있기 때문에, 수업내용이 재밌다, 재밌는 활동을 많이 하였다, 수업내용이 좋아하는 것들이고 팀을 선생님이 짜서 좋았다, 산을 안 간 게 좋다, 선생님이 착하시고 잘 가르침, 다양한 체험을 활동해서, 수업을 재미있게 한다, 구체적인 계획을 짜서 수업하시는 게 좋았다, 개인적으로 좋아하는 선생님이다, **영상 보는 시간이 너무 많았고 티볼 수업이 좀 적었다**, 팀으로 나눠서 팀워크를 더 잘 맞게 했다, 수업내용 중에 티볼이나 팀으로 하는 활동에서 서로 협동하며 할 수 있어 좋았다, 자유시간 때 할 수 있는 활동을 해서 좋았다, 어느 시간에 무엇을 할 것인지 학생에게 알려준다, 목소리 좋고 재미있어서	수업내용이 좋다, **자유시간이 별로 없었다**, 친구들과 체육이라는 수업으로 좀 더 웃고 친해질 수 있어서, 친구들과 좀 더 친해질 수 있는 방법으로 수업을 해서, 교우관계가 좋아져서, 수업내용이 편견을 버리게 하고 응급처치 같은 것을 배워서 좋았던 것 같다, 학생 이름을 불러주시고 하시는 것이 보기 좋다, 수업을 정해진 시간에 맞춰 활동하는 게 좋아서, 친한 친구들과 함께 하니깐 수업이 더 재밌는 거 같아서, 수업내용이 다양하고 되게 재밌었다, **협동심을 강조하여 친구들과 함께 체육을 해서 좋았지만 나쁜 점도 있었다**, 모둠별로 활동하는 것(긍정적), 협동하는 게 괜찮은 것 같다, 항상 부족함 없이 알찬 내용으로 수업하시는 것 같다

기타 종합 설문

▣ 수업 만족도에 영향을 미치는 요인에 대한 의견(수업과 지도교사)

	남학생	여학생
3-6	수업내용이 체육시간과 알맞은 수업을 했고 선생님이 잘 지도해줬음, 선생님이 좋은 것만 가르쳐 주셔서, 수업을 재미있게 진행하셔서, 수업을 팀워크를 중심으로 하는 것이 좋았다, 선생님이 좋다, 좋다, **수업내용은 좋은데 티볼이나 킨볼 등 안하는 아이들 때문에 점수가 낮다**, 선생님이 착해서, 짱짱맨임 애들과 친해질 계기를 많이 줌, 그냥 짱임 재미있음, 특별한 게 없지만 이번에 티볼이나 킨볼 등이 재미져서	킨볼 등 여러 게임들을 해서, 그냥 좋아서, 자유시간 좀, 2학년에는 뭔가 어려웠는데, 이번엔 좀 더 친근하고 서로 도와줄 수 있었던 것, 그냥 수업이 지루하지 않고 재밌었다, 수업을 하려면 반 친구들과 단합을 해야 하기 때문에 더 좋은 교우관계를 만들 수 있어서 좋았다, 그냥 재미있었다, 쌤이랑 친해졌다 옛날보다, 따로따로 본다면 수업내용도 괜찮고 방법도 괜찮다, 재밌어요
3-7	재미있다, 함께 하는 게 좋다, 걍 좋음, 티볼이 재밌다, 잘 가르치신다, 재밌는 활동이 많다, 선생님이 적극적이다, 수업이 아주 재밌고 선생님이 잘 가르쳐 주셔서 정말 좋았다, **그냥(부정적)**, 팀워크라는 주제가 좋았다, 선생님들이 잘 해줬다, 선생님이 친절하다, 수업활동 내용이 재밌다, 신선하다, 팀워크가 맘에 든다	티볼이나 킨볼이 재미있어서, 내용이 알차다, 다른 선생님들과 달리 재미있고 새로움 2학년 때도 했었지만 어쨌거나 새로움, 킨볼이랑 티볼이 재밌어서, **어렵다 연습시간이 적다, 그냥(부정적)**, 체육수업을 해서 친구들과 더 친해진 것 같다, 체육 선생님과 운동장에서 하는 게 재미가 있고 체육이 좋아서, **그냥 체육시간이 재미없다**, 체계적이고 다 같이 어울릴 수 있어서, 선생님이 아이들을 잘 이끌어 주신다
3-8	친구들끼리 친해지는 계기가 됨, 선생님이 우리의 의견을 넣으려고 한 거 같다, 2학년 때보다 수업이 좋음, 좋음, 잘 가르친다, 너무 엄하심, 잘 가르친다, 재밌었다, 체육이 좋아서, **너무 바쁘게 했다**, 선생님이 수업내용을 탄탄하게 해주시고 teamwork를 빨리 이해하였다, 위에서 말한 대로 지도교사가 너무 너무 잘 가르치시고 좋다, 내맘(긍정적)	**수업내용 진도 나가면 틈이 없어서, 팀워크를 기르는 활동도 좋지만 너무 팀으로 해서 수행이 많이 깎임**, 그냥 노는 것보다 생명의 소중함 같은 거 수업 진짜 좋았어요(영상 같은 것도), 팀워크 덕에 친해짐, 그냥 좋아요, 수업하시는 다양한 방법이 좋았다, 수업내용 참신, 선생님과 친해서, 수업이 풍성한 것 같아서
3-9	선생님께서 항상 수업을 미리 준비하시고 계획하셔서 시간을 융통성 있게 쓴다, 수업이 친구들과 같이 하는 스포츠를 많이 해서 좋다, 선생님께서 지도를 잘 해주셔서, 자유시간이 너무 적다, 해 본 적이 없는 운동을 해 봤던 것 같아서 좋았음, 교실 수업 내용이 좋았음, **자유시간이 적었던 것이 좀 많이 아쉬웠던 것 같다**, 사람이 살아가면서 필요한 것들을 운동을 통해서 배우니깐, 인성을 중심으로 수업해서, 수업내용이 귀에 잘 들어오고 수업방법이 이해하기 쉽게 되어 있다, 수업내용 부분에서 우리에게 유익한 프로그램을 하였기 때문에, 수업방법 부분에서는 내용을 수업하기에 적합하기 때문에, 내용은 좋은데 교실에서 많이 하고 지루하다, 자유시간은 비 오는 날에 한 번 했다, 선생님께서 수업을 하시는 방법이 좋다	재미있는 수업들이 많다, 협동심(긍정적), 정의(긍정적), 수업내용 방법에 대해서는 딱히 불만이 없다, 수업내용이 좋은 것 같다, 타인이해가 마음에 와 닿았다, 재밌고 경험 못해 본 수업을 많이 한다, 잘 가르쳐 주신다, 수업의 주제가 좋다, **티볼 때 A B C팀의 역할 분담이 공평하지 않았다**, 평소에 하지 못했던 것들과 수업이 재미있었기 때문에, 자유시간이 적었다, 평소 할 기회가 없었던 킨볼을 한다든가 본 수업 전에 이론 수업 하는 것, 서로 함께 할 수 있고 책임감도 있어서 좀 더 열심히 하게 됐다, 팀워크라는 주제로 수업한 것이 좋았다, **너무 이론 시간에 선생님만 열정적이시다**, 선생님께서는 밝으시고 팀워크를 키울 수 있었다
3-10	수업내용이 재미있다, 수업내용 수업방법이 나에게 좋은 것을 가르쳐준다, 아버지 같은 자상함이 느껴진다, 재밌었다(방식과 내용이 좋아서), 게임도 많이 시켜주고 친절하다, 친구들과 친해지게끔 만들어줘서, 재밌다, 수업에서 하는 게 재밌다, 수업이 체계적으로 진행된다, 개인적으로 좀 좋아한다, **재미가 없다(반에서 하는 활동들이)**, 선생님들이 착하시고 이쁘고 멋지다, 내용 자체는 좋았다, **수업이 빡빡하고 자유시간이 없다(자유시간 주세요)**, 할 일이 정해져 있고 계획대로 하기 때문	수업내용이 재미있었다, 모르겠다(긍정적), 딱히 없다(긍정적), 누군가 따돌림 받지 않고 다 같이 활동하는 팀플레이 때문에, 수업은 되게 재밌었다, 친구들고 더 친해졌다, 체육시험 전날에 시험을 찍어주셨다, **내용은 좋은데 뭔가 좀(부정적), 수업시간이 적었다**, 수업하는데 지루하지가 않고 시간에 딱 맞게 수업이 끝난다, 수행평가를 다시 볼 수 있는 기회를 줘서, 수업내용 방법이 정말 재밌었다, 정말 좋다, 수업방식이나 단위에 맞는 프로그램을 실행하는 것이 좋다, **수업하시는 내용은 우리에게 교훈이 되고 좋았음 그런데 수업 방법은 좀 힘들었음**, 새로 오신 선생님도 좋았고 킨볼 수업이 재밌었다, 다른 선생님들과는 다른 특이한 수업 방법, 선생님이 잘생겨서, 박제훈 선생님의 수업은 체계적이고 수업 계획이 정확하고 그것은 매우 잘 실행돼요

기타 종합 설문	
▣ 수업과 관련하여 선생님께 하고 싶은 말	
3-1	1학기 동안 잘 배웠습니다, 2학기에도 1학기처럼 재미있게 해주세요, 감사합니다, **지각 체크 조금만 늦게 해 주세요, 영상 수업 지루하고 아무 감응 없어요, 쌤 안 친한 애들하고 팀워크하라고 붙여 봤자 그때만 같이 하지 게임 끝나면 서로 눈도 안 마주치는데 그냥 친한 애들끼리 해요 작전도 세우고 팀워크도 더 잘 될 테니까**, 너무 수업만 하신다 그래도 선생님 자체는 재밌으시고 어쩔 땐 체육이 기다려질때도 있어요, 감사합니다 사랑합니다, 2학기 때도 좋은 수업 부탁드려용, 체육복 반팔 위에 상의 없는 애들은 생활복 입게 해주세요, 수업 재미있고 감사합니다, 한 학기 동안 감사했습니다, 방학 잘 보내세요 다음에 저희 반 가르치시죠 많이 나가서 놀게 해주세요
3-2	없다 여름에는 물놀이 서바이벌 게임해요, 물총 놀이해요, **교실보다 밖에서 뛰고 싶습니다, 자유시간 주세요**, more fun, 잘 부탁합니다, 킨볼 합시다, 자유시간 좀 많이 주세요 **자유시간이 부족해요, 자유시간 등등**, 조별 수업을 할 때 때로는 차별도 필요하다고 생각한다 축구나 농구등을 못하는 학생들끼리 하도록 하면 오히려 수업에 흥미를 느낄 수 없을 것 같다, **이상한 것으로 수업해주지 마세요 너무 힘들어요**, **자유시간은 필요없고 체육시간 그 자체가 즐거웠으면**, 1학기 동안 선생님과의 수업을 통해 단순히 움직이는 수업이 아닌 남을 배려하고 생각하게 되는 수업을 할 수 있었습니다 앞으로 만족도를 더 높이려면 학생들의 의견을 더 반영하는 수업이 되어야 한다고 생각합니다 감사합니다, 쌤 좋아요 더 재밌는거 많이 해요, **평가 보고서를 안 썼으면 좋겠어요**, 남은 시간 잘 부탁해요 자유시간도요, 너무 멋지심, 피구 많이 하고 싶어요, 저도 의미없는 자유시간은 싫어요, **자유시간을 좀 더 재미있게 해주세요**
3-3	사랑해요, 이대로만 해요, 죽고싶다(?, 수업 만족도: 매우 만족, 기타 의견: 다 우리를 위한 거란 걸 알고 있습다, 잘못된 걸 바로 잡아주는 착한 선생님), **자유시간도 많이 주세요, 자유시간 주세요, 잘 모르겠다, 자유시간 많이 주세요**, 제훈쌤 저도 쌤처럼 체육교사가 되고 싶어요, **자유시간 좀 주세요, 자유시간 좀 주세요**, 팀워크 수업 특이했어요, **조금만 너그러워 주셨으면 좋겠어요**, 앞으로 잘 부탁드려요, 2학기 때도 재미있는 수업해요, 체육복 1~2번은 봐주세요(?), 없다, **너무 빡세요, 쉬는시간(자유시간)을 줄여주세요 심심해요(?)**
3-4	미실시
3-5	**자유시간이 좀 더 있었으면 좋겠어요**, 2학기 계획표도 잘 짜주세요, 잘 생기셨어요, **축구, 자유시간**, 좋다, 2학기 때도 잘 부탁드리고 강인혜 선생님 보고 싶어요, 2학기 때도 잘 부탁드려요, 사랑해요, 2학기 때도 잘 부탁드립니다, 2학기도 재밌는 수업 부탁드려요, **축구하고 싶어요**, 2학기 때는 조금 더 재밌게 해 주세요, 재밌어요, **너무 힘든거 시키지 마시고 산 안 가기**
3-6	안녕하셔요 감사해요 잘 계세요 다시 만나요, 1학기 동안 재밌는 수업을 해주셔서 감사합니다, 저를 가르쳐 주셔서 감사합니다, 사랑해요, **자유시간 주세요, 선생님의 수업 방식 내용에 대만족하지만 가끔씩 축구도 시켜주셨음 감사하겠습니다**, 2학기 때 잘 부탁드립니다, 재밌었어요 대체로, 2학기 때도 열심히 가르쳐 주세요, 사랑해요, **티볼이나 다른 팀워크를 필요한 것들 팀원 뽑을 때 랜덤은 좋은데 그렇게 되니까 실력차가 심해지기도 해서 팀끼리 조금 맞추는 게 좋을 것 같습니다 하기도 전에 저 팀이 이길 거라고 말하기도 하구요, 친한 애들과 하고 싶어요 저를 싫어하는 애들과 하기 싫어요**, 수업이 재밌고 기대되요, 2학기 때도 잘 부탁드리고 2학년과 1학기 정말 즐거웠어요, **따로 보면 괜찮은데 같이 합쳐놓으면 묘하게 어긋나네요 수업내용에 따른 방법을 찾으셔야 할 것 같아요**, 짱
3-7	2학기 때도 부탁합니다, 감사합니다, 2학기 때도 한결같길, **체육시간이 좋긴 한데 좀 자유시간만 좀 늘어났으면 좋겠다**, 감사합니다, 2학기 때도 더 잘 가르쳐 주세요, 잘 하시고 계세요, 자유시간, 1학기 동안 감사했습니다, 잘 부탁드려요, 쌤 짱, 쌤님아 2학기 때도 같이 하는거지 그런 거지 그런 게야 빨리 그렇다고 말해줘, 잘 부탁드립니다, 쌤 더욱 더 재미있게 해주세요, 더 열심히 해주세요 더 재밌게
3-8	**자유시간을 많이 주세요, 체육이 너무 싫다**, 이번에 수업은 나름대로 괜찮았다고 생각합니다, **팀 밸런스를 제대로 맞춰주면 더 재밌을꺼 같아요**, 이대로 쭉해주세요, 2학기 때도 너무 너무 잘 부탁드리고요 정일성 선생님 대신 선생님이 오셔서 더욱 더 많은 것을 가르쳐 주시면 좋겠습니다, **팀워크와 관련된 수업을 한다고 해서 팀워크가 좋아지는 것은 아닙니다 사이가 더 나빠질 수도 있습니다 그니까 안 하셨음 좋겠습니다, 자유시간 좀 많이 주세요 그리고 일찍 끝나면 일찍 들어갈 수 있게 해주세요**, 좋아요, I want a **자유시간, 좀 안 힘들게**, 가르쳐 주셔서 감사합니다 I LOVE U
3-9	4교시라 배고프네요, **자유시간도 좀 주세요**, 2학기 때도 재밌는 수업으로 체육수업을 좋게 해 주세요, **팀워크나 인성이 아닌 친구와 어울리며 재미있게 할 수 있는 수업도 하고 싶습니다, 자유시간 좀 비 안 올 때 주세요, 자유시간하고 재미있는 활용을 많이 했으면 합니다**, 2학년 때부터 더 나은 방법으로 지도해 주려고 하시는 것 감사드립니다 저도 더 열심히 하겠습니다, 남은 1학기 즐겁게 보내세요, 박제훈 선생님은 언제나 중요한 걸 깨우쳐 주셔서 감사합니다, 2학기 때도 잘 부탁드려요, 앞으로도 잘 부탁드려요, 새로운 경험을 하게 해 주셔서 감사하다, 제훈 티처 짜응, **수행을 쉽게 해주고 티볼 같은 거 할 때 어떻게 하는지 자세히 선생님이 알려주면 좋았을 텐데 우리들보고 알아서 연습하라고 하고 못하면 혼내지 않으시면 좋겠어요 수행점수 잘 주세요, 자유시간 주세요**, 작년보다 더 재미있는 거 같아요, 2학기 때도 재밌게 가르쳐 주세요
3-10	**오리엔테이션을 안 했으면 좋겠다 교실 수업도 안 했으면 좋겠다 자유시간이 많았으면 좋겠습니다**, 2학기 때도 잘 부탁드립니다, **2학기도 재밌게 자유시간 조금만 너무 수업만 빡세게 나가는 것 같다, 선생님들 오리엔테이션을 안 했으면 좋겠다, 오리엔테이션을 안 했으면 좋겠다, 오리엔테이션(교실) 수업이 없었으면 좋겠다 자유시간이 많았으면 좋겠다, 수업이 너무 빡빡하게 돼서 수업시간에 자유시간 좀 주세요, 선생님 제발 자유시간 좀 늘려주세요 부탁드려요 오리엔테이션은 하지 말고 자유시간 주세요, 자유시간 주세요 영상 적게 봐요, 자유시간을 주시고 수업이 빡빡해요, 2학기 수업에는 자유시간이고 교실 수업을 안 했으면 좋겠습니다**, 2학기 때 서바이벌 하고 싶습니다, 강인혜 선생님 못 생기셨어요, 재미있어요, **자유시간을 좀만 더 주세요 시험 끝나고는 놀기, 수업이 너무 빡빡하시다, 자유시간을 많이 주세요, 자유시간 자유시간 자유시간**, 2학기도 잘 부탁드려요, **수업을 좀 프리하게 해 주세요 힘들어요, 쌤 재밌어요 OT는 없애면 좋겠어요, 자유시간을 많이 주었으면 좋아요, 이번 수업은 불만족 없이 재미있었습니다 하지만 OT는 좀 안했으면 좋겠어요, 수업하는 방법이 너무 힘들어요 좀 더 재밌게 했으면 좋겠어요 수업 때 자유시간도 많이 주셨으면 좋겠어요**, 강○○ 선생님이 안 가셨으면 좋겠다, **선생님의 계획에 대해서 불만을 가지는 학생이 많습니다 친구들과 재미있게 즐길 수 있는 자유시간을 많이 주세요, 그런데 오리엔테이션 교실 수업을 안 했으면 좋겠어요**

체육수업 만족도 설문조사 결과(3학년 2학기)

▣ 실시 시기: 2013학년도 12월 중순

▣ 실시 대상: 3학년

표현활동에 대한 실험적 수업이 진행되었다. 학생들을 힘든 상황까지 몰아붙이면서 수업의 목표를 달성하기 위해 노력했다. 학생들의 반감이 어느 정도 예상된다. 인성주제 중심 체육수업에 대한 학생들의 생각이 궁금하다.

반별 수업 만족도

반	구 분	남학생					여학생				
3-1	구 분	남학생(14명)					여학생(15명)				
	수업 만족도	매우만족	만족	보통	불만족	매우불만족	매우만족	만족	보통	불만족	매우불만족
		2	10	2	0	0	0	8	5	1	1
	영향 요인 (다수 선택)	수업내용이 좋아서	10	수업내용이 나빠서			수업내용이 좋아서	11	수업내용이 나빠서	1	
		수업방법이 좋아서	8	수업방법이 나빠서			수업방법이 좋아서	7	수업방법이 나빠서	1	
		지도교사가 좋아서	5	지도교사가 나빠서			지도교사가 좋아서	4	지도교사가 나빠서	1	
		자유시간이 많아서		자유시간이 없어서	3		자유시간이 많아서	2	자유시간이 없어서	3	
		교우관계가 좋아서	8	교우관계가 나빠서			교우관계가 좋아서	7	교우관계가 나빠서	2	
		기타: 체육이 좋아서			1		기타: 뛰노는게 좋다, 많았다 시간이, 지루한 내용 조금			2	
3-2	구 분	남학생(14명)					여학생(15명)				
	수업 만족도	매우만족	만족	보통	불만족	매우불만족	매우만족	만족	보통	불만족	매우불만족
		2	4	8	0	0	1	7	4	2	1
	영향 요인 (다수 선택)	수업내용이 좋아서	11	수업내용이 나빠서	1		수업내용이 좋아서	10	수업내용이 나빠서	1	
		수업방법이 좋아서	3	수업방법이 나빠서	1		수업방법이 좋아서	9	수업방법이 나빠서	2	
		지도교사가 좋아서	5	지도교사가 나빠서			지도교사가 좋아서	4	지도교사가 나빠서	1	
		자유시간이 많아서	5	자유시간이 없어서	4		자유시간이 많아서	2	자유시간이 없어서	6	
		교우관계가 좋아서	7	교우관계가 나빠서			교우관계가 좋아서	6	교우관계가 나빠서	1	
		기타: 선생님이 잘 생김			1		기타:			1	
3-3	구 분	남학생(17명)					여학생(14명)				
	수업 만족도	매우만족	만족	보통	불만족	매우불만족	매우만족	만족	보통	불만족	매우불만족
		2	8	7	0	0	2	10	2	0	0
	영향 요인 (다수 선택)	수업내용이 좋아서	11	수업내용이 나빠서			수업내용이 좋아서	14	수업내용이 나빠서	0	
		수업방법이 좋아서	11	수업방법이 나빠서			수업방법이 좋아서	7	수업방법이 나빠서		
		지도교사가 좋아서	9	지도교사가 나빠서			지도교사가 좋아서	5	지도교사가 나빠서		
		자유시간이 많아서	7	자유시간이 없어서	5		자유시간이 많아서	6	자유시간이 없어서	3	
		교우관계가 좋아서	4	교우관계가 나빠서			교우관계가 좋아서	8	교우관계가 나빠서		
		기타:					기타:				
3-4	구 분	남학생(14명)					여학생(15명)				
	수업 만족도	매우만족	만족	보통	불만족	매우불만족	매우만족	만족	보통	불만족	매우불만족
		0	3	7	1	3	0	1	9	5	0
	영향 요인 (다수 선택)	수업내용이 좋아서	4	수업내용이 나빠서	1		수업내용이 좋아서	5	수업내용이 나빠서	7	
		수업방법이 좋아서	3	수업방법이 나빠서	3		수업방법이 좋아서	3	수업방법이 나빠서	5	
		지도교사가 좋아서	3	지도교사가 나빠서	4		지도교사가 좋아서		지도교사가 나빠서	3	
		자유시간이 많아서	1	자유시간이 없어서	5		자유시간이 많아서		자유시간이 없어서	11	
		교우관계가 좋아서	3	교우관계가 나빠서			교우관계가 좋아서	5	교우관계가 나빠서		
		기타: 개인이 아니라 조별활동이 너무 많음, 아무 요인도 없었다			2		기타: 재밌음			1	
3-5	구 분	남학생(15명)					여학생(14명)				
	수업 만족도	매우만족	만족	보통	불만족	매우불만족	매우만족	만족	보통	불만족	매우불만족
		3	7	3	2	0	0	8	5	1	0
	영향 요인 (다수 선택)	수업내용이 좋아서	11	수업내용이 나빠서	2		수업내용이 좋아서	10	수업내용이 나빠서	1	
		수업방법이 좋아서	8	수업방법이 나빠서			수업방법이 좋아서	8	수업방법이 나빠서		
		지도교사가 좋아서	11	지도교사가 나빠서	1		지도교사가 좋아서	1	지도교사가 나빠서		
		자유시간이 많아서		자유시간이 없어서	2		자유시간이 많아서	4	자유시간이 없어서	8	
		교우관계가 좋아서	5	교우관계가 나빠서			교우관계가 좋아서	6	교우관계가 나빠서		
		기타: 재미있어서			1		기타: 체육복 갈아입기 귀찮아서, 체육이 싫어서			2	

3-6

구 분	남학생(12명)					여학생(11명)				
수업 만족도	매우만족	만족	보통	불만족	매우불만족	매우만족	만족	보통	불만족	매우불만족
	8	1	3	0	0	1	5	4	1	0

영향 요인 (다수 선택)	남학생				여학생			
	수업내용이 좋아서	9	수업내용이 나빠서	1	수업내용이 좋아서	6	수업내용이 나빠서	
	수업방법이 좋아서	6	수업방법이 나빠서		수업방법이 좋아서	4	수업방법이 나빠서	2
	지도교사가 좋아서	8	지도교사가 나빠서	1	지도교사가 좋아서	4	지도교사가 나빠서	1
	자유시간이 많아서	2	자유시간이 없어서	2	자유시간이 많아서	1	자유시간이 없어서	5
	교우관계가 좋아서	7	교우관계가 나빠서		교우관계가 좋아서	5	교우관계가 나빠서	1
	기타:				기타: 내용 자체는 좋은데 그 내용에 맞지 않는 수업 방식일 때가 많음			1

3-7

구 분	남학생(15명)					여학생(15명)				
수업 만족도	매우만족	만족	보통	불만족	매우불만족	매우만족	만족	보통	불만족	매우불만족
	5	8	2	0	0	2	10	3	0	0

영향 요인 (다수 선택)	남학생				여학생			
	수업내용이 좋아서	11	수업내용이 나빠서		수업내용이 좋아서	11	수업내용이 나빠서	1
	수업방법이 좋아서	8	수업방법이 나빠서		수업방법이 좋아서	9	수업방법이 나빠서	2
	지도교사가 좋아서	4	지도교사가 나빠서		지도교사가 좋아서	6	지도교사가 나빠서	
	자유시간이 많아서	1	자유시간이 없어서	4	자유시간이 많아서	1	자유시간이 없어서	4
	교우관계가 좋아서	6	교우관계가 나빠서		교우관계가 좋아서	2	교우관계가 나빠서	
	기타: 재미 있어서요			1	기타: 자유시간에 그냥 놔두지 않아서			2

3-8

구 분	남학생(14명)					여학생(14명)				
수업 만족도	매우만족	만족	보통	불만족	매우불만족	매우만족	만족	보통	불만족	매우불만족
	4	3	5	2	0	0	5	7	1	1

영향 요인 (다수 선택)	남학생				여학생			
	수업내용이 좋아서	9	수업내용이 나빠서	2	수업내용이 좋아서	9	수업내용이 나빠서	2
	수업방법이 좋아서	8	수업방법이 나빠서	2	수업방법이 좋아서	6	수업방법이 나빠서	4
	지도교사가 좋아서	7	지도교사가 나빠서		지도교사가 좋아서	2	지도교사가 나빠서	2
	자유시간이 많아서	1	자유시간이 없어서	7	자유시간이 많아서	1	자유시간이 없어서	5
	교우관계가 좋아서	5	교우관계가 나빠서		교우관계가 좋아서	5	교우관계가 나빠서	1
	기타:				기타: 재미있다			2

3-9

구 분	남학생(15명)					여학생(16명)				
수업 만족도	매우만족	만족	보통	불만족	매우불만족	매우만족	만족	보통	불만족	매우불만족
	3	5	7	0	0	0	8	7	1	0

영향 요인 (다수 선택)	남학생				여학생			
	수업내용이 좋아서	12	수업내용이 나빠서	1	수업내용이 좋아서	9	수업내용이 나빠서	1
	수업방법이 좋아서	11	수업방법이 나빠서	1	수업방법이 좋아서	7	수업방법이 나빠서	
	지도교사가 좋아서	6	지도교사가 나빠서		지도교사가 좋아서	2	지도교사가 나빠서	2
	자유시간이 많아서	1	자유시간이 없어서	3	자유시간이 많아서	2	자유시간이 없어서	7
	교우관계가 좋아서	4	교우관계가 나빠서		교우관계가 좋아서	7	교우관계가 나빠서	3
	기타:			1	기타: 체육을 못해서			1

3-10

구 분	남학생(13명)					여학생(12명)				
수업 만족도	매우만족	만족	보통	불만족	매우불만족	매우만족	만족	보통	불만족	매우불만족
	3	7	2	1	0	1	2	9	0	0

영향 요인 (다수 선택)	남학생				여학생			
	수업내용이 좋아서	9	수업내용이 나빠서		수업내용이 좋아서	10	수업내용이 나빠서	
	수업방법이 좋아서	7	수업방법이 나빠서	1	수업방법이 좋아서	7	수업방법이 나빠서	3
	지도교사가 좋아서	5	지도교사가 나빠서		지도교사가 좋아서	4	지도교사가 나빠서	
	자유시간이 많아서		자유시간이 없어서	6	자유시간이 많아서		자유시간이 없어서	4
	교우관계가 좋아서	5	교우관계가 나빠서		교우관계가 좋아서	5	교우관계가 나빠서	
	기타: 보통 체육하면 자유시간 많이 주고 놀거나 하는데 딱 정하고 체육내용도 정하고 따로 조도 만든게 교우관계에도 도움이 된 것 같다			1	기타:			

<table>
<tr><th colspan="3">종 합</th></tr>
<tr><td rowspan="4">3 학년</td><td>구 분</td><td>남학생(143명)</td><td>여학생(141명)</td></tr>
<tr><td rowspan="2">수업 만족도</td><td>

매우만족	만족	보통	불만족	매우 불만족
32	56	46	6	3
약 22.37%	약 39.16%	약 32.16%	약 4.19%	약 2.09%

</td><td>

매우만족	만족	보통	불만족	매우 불만족
7	64	55	12	3
약 4.96%	약 45.39%	약 39.00%	약 8.51%	약 2.12%

</td></tr>
<tr><td colspan="2">남녀 종합(총 284명)

매우만족	만족	보통	불만족	매우불만족
39	120	101	18	6
약 13.73%	약 42.25%	약 35.56%	약 6.33%	약 2.11%

</td></tr>
<tr><td>영향 요인 (다수 선택)</td><td>남학생

수업내용이 좋아서	97	수업내용이 나빠서	8
수업방법이 좋아서	73	수업방법이 나빠서	8
지도교사가 좋아서	63	지도교사가 나빠서	6
자유시간이 많아서	18	자유시간이 없어서	41
교우관계가 좋아서	54	교우관계가 나빠서	0
기타:			8

</td><td>여학생

수업내용이 좋아서	95	수업내용이 나빠서	14
수업방법이 좋아서	67	수업방법이 나빠서	21
지도교사가 좋아서	32	지도교사가 나빠서	10
자유시간이 많아서	19	자유시간이 없어서	56
교우관계가 좋아서	56	교우관계가 나빠서	8
기타:			12

</td></tr>
<tr><td></td><td></td><td colspan="2">남녀 종합

수업내용이 좋아서	192	수업내용이 나빠서	22
수업방법이 좋아서	140	수업방법이 나빠서	29
지도교사가 좋아서	95	지도교사가 나빠서	16
자유시간이 많아서	37	자유시간이 없어서	97
교우관계가 좋아서	110	교우관계가 나빠서	8
기타:			20

</td></tr>
</table>

기타 종합 설문

▣ 수업 만족도에 영향을 미치는 요인에 대한 의견(수업과 지도교사)

	남학생	여학생
3-1	수업을 무엇을 하는지 미리 알 수 있는 것, 선생님이 착하셔서, 선생님의 수업을 짜는 노력이 보인다, 서로 노력해야 하는 수업 내용이 좋았다, 선생님이 밝으시다, 수업이 재밌었다, 좋았다, 다양한 활동이 수업되어서, '인성교육'이라는 주제로 다양한 수업을 했기 때문에, 다양한 활동을 해서 체육을 보다 재미있게 했다, 팀 활동을 하니 친구와 더 친해졌다	**말 그대로 걍 싫었음, 조별 활동 짱 싫음**, 많이 놀 수 있었다, 수업 내용과 지도교사가 충분히 재치 있고 재미있다고 생각돼서, **그냥 별로입니다**, 팀을 짜서 하는 수업 방법이 참 좋았고 수업 내용들도 새로워서 좋았다, 선생님께서 준비를 많이 해오시는 게 느껴진다, **학생 차별**, 여러 가지 게임이 재밌었다, 수업 내용이 다양했다, 못 해봤던 활동을 해봤는데 재밌어서, 체육시간에 게임 같은 걸 하니깐 좋았다, 영상도 보고 여러 활동을 해서 좋았다, 수업을 재미있게 가르쳐 주셨다, 다양한 주제
3-2	**수업 내용이 좋을 땐 좋고 나쁠 땐 나빠서 그리고 자유시간 좀 적어서**, 지도교사가 좋다, 의미가 있다, 친구들과 친해질 수 있는 기회가 많아서, 열정적이다, 좋음, 좋음, 런닝맨이 재미있었어요 제일, 킨볼 티볼이 좋다, 안 해 본 것을 해 봐가지고 신기했다, 구기대회가 겹쳐서인지는 모르겠지만 자유시간이 많이 있었던 것 같다, 속이 꽉 찬 것 같다, 수업이 허니 잼, 쌤이 재밌게 수업함	수업내용은 좋으나 재미있게 즐길 수 있는 시간이 적어 맥이 끊긴다, **자신감을 키울 시간이 없는데 강요하는 것은 좀 아닌 것 같다**, 재미있었다, 자유시간이 많지는 않았지만 재밌었다, 수업내용이나 방법이 집중할 수 있게 해 준다, 단순한 체육활동이 아닌 의미가 있는 교훈적인 활동이라서, 전체적으로 재미있었다, 애들이랑 피구하는 게 재미있었다, 배려 이해 협동심을 배운 게 좋은 것 같다, 수업 내용과 방법이 재미있고 좋아서, 재밌었다, 친구들과 함께 하는 활동이 재밌어서, 쌤쌤 알라븅, 수업이 잼없음, 수업을 넘 딱딱하게 함 ※ **우리나라는 너무 좁은 가치관을 가지고 있다는 점을 깨달았다. 무엇이 부족하든 간에 부족한 점을 그대로 받아주시면 좋을 것 같습니다. 시간이 많이 소모되는 활동은 안 하는 것이 좋습니다.**
3-3	그냥 재미있었다, 좋았다, 좋음, 한 주제를 여러 가지로 생각할 수 있는 능력, 좋았다, 좋았다, 체계적이고 유익한 프로그램으로 수업을 해서, 선생님이 짜 오신 프로그램이 모두 재미있어서, 더 친해질 수 있는 계기가 된 것 같다, 선생님들이 잘 가르쳐주신다, 준비가 잘 되어 있어서, 방법이나 학생지도를 잘 해서, 내용도 좋고 방법도 좋다, 수업 방법이 다른 체육수업보다 색다르고 자유시간이 너무 많아 줄여주면 좋겠다, 지도교사가 학생 수업을 위해 준비하는 게 멋지다, 목표를 가지고 수업한다는 게 재미있어서, 수업내용이 재밌다, 지도교사가 재밌다, 신선해서	수업내용이 알찼다, 쌤이 재밌으셨다, 재밌고 새로운 체육내용이 많았다, 지금의 수업방식이 좋아서, 운동할 때 운동하고 놀 땐 놀 수 있어서, 체육을 꼼꼼하게 학습해서, 팀끼리 하는 활동이 많아서 협동심을 기르는 데 도움이 됐던 것 같다, 재미있었다, 다양한 수업을 하셨어, 재밌는 내용이 많았다, 수업내용과 수업 방법이 흥미 있었다, 열심히 하셔서, 수업내용과 방법이 모두 재미있었기 때문, 여러 가지를 한 것 같아 좋다 재밌고 고등학교 가서도 이런 수업하고 싶다 새로운 운동을 해서 흥미로웠다
3-4	**수행평가를 조별로 점수를 같이 받는 게 너무 싫다, 더 이상 말이 필요 없다(부정적), 더 이상 말이 필요 없다(부정적) - 가식적인 면을 없애라, 노 잼 말 그대로, 꾸미기 체조가 힘들다, 학생들을 너무 힘들게 해요, 저희 말 안 듣고 어떤 이유가 있는데 모든 결정을 쌤이 해서, 그냥 그렇게 생각함**, 수업이 다른 수업보다 독특해서, 지도교사가 열심히 가르쳐 주셔서, 매우 좋습니다, 팀 게임이 재밌었다, **자유시간이 없어서 힘들 때 못 된다(?)**	**그냥(부정적), 그냥(부정적), 수업 내용이 별로였다, 너무 깐깐하고 많은 걸 바라신다, 수업 내용이 별로 재밌지 않았다, 치어리딩은 다 만나서 해야 되는데 시험기간에 하고 기본 동작은 알려주고 해야 더 좋은 것 같은데 그냥 체조만 하고 다 알아서 해야 돼서 싫음, 고등학교 등으로 인해 자유롭게 놀 시간 필요, 체육 자체도 좋지만 자유시간이 한 학기에 1시간밖에 없음, 너무 팀워크 위주로만 수업해서, 그룹끼리 하는 게 많아서, 하기 어려운 걸(힘든 것) 많이 하는 거 같다**, 팀별 수업으로 친구들과의 거리를 가깝게 해 주었다, 수업 내용과 수업 방법이 좋았기 때문에 수업을 열시미 한 것 같다, **자유시간이 적어서 하고 싶었던 걸 못한 것 같다**, 조끼리 해서 친구들과 친해진 것 같다, 수업 내용이 나쁘지 않아서, 조별로 친구들과 협동해 즐길 수 있었음, **여자도 농구 축구 재밌게 할 수 있다 킨볼도 좋다 충분히 즐길 수 있음 좋겠다**
3-5	**그냥(부정적), 그냥(부정적)**, 재밌어서, 하는 종목이 좋아서, 운동과정이 좋아서 열심히 체육을 한 것 같습니다, 수업이 좋다, 제훈쌤이 좋다, 나에게 필요한 운동과 생활에서 할 수 있는 수업으로 인해, 선생님이 좋다 왜 그냥, 치어리딩이 너무 힘들다, 재미있게 수업해 주셔서, 수업 내용을 체계적으로 표로 나타내어 수업했기 때문에, 그냥 박제훈 쌤이 좋아서, 그냥 재밌었다, 수업 내용 모두 재밌고 쉽게 할 수 있어서 좋았다, 박제훈 선생님처럼 체육수업을 체계적으로 계획을 짜서 하는 것이 좋았기 때문에, 수업 내용이 알차다	친구들하고 다 같이 어울려서 좀 더 친해질 수 있어서 수업이 좋았다, 수업을 할 때 재미있었다, 수업이 재미있었다, 열정적으로 해 주신 것 같아서 수업내용이 알차서, 열정적이셔서, **몸을 움직이기가 귀찮다, 너무 완벽한 퀄리티를 추구하셔서 힘들다**, 재밌어서, 내용이 재미있다, 좋은 활동을 많이 해서, 여러 가지 활동을 해서, 친하지 않은 친구와 더 친해졌다, 그룹 활동하면서 친구들이랑 더 친해진 것 같아서

기타 종합 설문

▣ 수업 만족도에 영향을 미치는 요인에 대한 의견(수업과 지도교사)

	남학생	여학생
3-6	수업이 좋다, 선생님이 멋지시다, 이유 없이 좋다, 지도 교사님이 열정적이시다, 선생님이 딱 알아야 하는 것만 알려줘서, 다양한 활동을 자주 하고 재밌습니다, 지도교사님 다양한 활동을 재밌게 하기 때문입니다, 애들하고 친해질 기회가 많았다, 말 그대로 이번에 하는 체육내용이 재미짐, 너무 엄격하다, 체육시간이 언제나 기대가 되었다, 수업방법이 새롭고 좋았음, 박제훈 선생님께서 온화하셔서 좋음, 짱짱 재밌다, 선생님이 짱짱 좋다, 자유시간이 너무 적고 말이 너무 많아서 체육을 오래 못함	치어리딩이 재미있었다, 내용 자체는 좋은데 그 내용에 맞지 않는 수업 방식일 때가 많았음, 수업 하나하나마다 의미부여가 되어서, 냉정함?이 있으셔서(긍정적), 수업이 다양해서 좋았다, 수업하는 건 재미있었다, 즐거웠다, 재미있어서, 욱하시는 것 같은 생각이 들어요, 다 좋아요, 수업내용이 좋은데 연습할 시간이 부족하다, 친구들과 체육을 함께 하는 방법이 너무 좋았다, 친구들과 더 친해질 수 있어서 좋았고 선생님도 좋았었다
3-7	재미있어서요, 재밌어요, 그냥 활동하는 것이 아니라 어떠한 의미를 두고 하니 더욱 재미있었다, 수업내용의 뜻이 있어서 좋은 것 같다, **수업시간이 많아서 자유시간이 적은 것 같다**, 착해서, 재미있다, 착하다, 쌤이 재밌게 해 주고 친구를 더 알게 되어서 좋았습니다, 수업이 재밌었습니다, 소외되지 않는다, 수업이 재밌고 좋았다	<u>흔치 않은 사람(세상에 흔치 않다는 사실이 서글퍼지는 사람: 긍정적)</u>, 킨볼같이 새로운 것을 해서, 협동으로 어색했던 친구들하고도 친해지고, 다양한 걸 배울 수 있어서, 지금같이 내용이 좋으면 좋겠다, 재미있는 활동도 있었음, 수업 내용은 매우 좋았다(간혹 나에게 무리한 수업 방법이 있기도 했다), 친구관계를 더 친밀히 해주는 것 같아서 좋았고 협동심 같은 것을 기르기에도 좋았다, 수업에 대해 관심을 많이 쏟으신 것 같고 체계적이시다, 킨볼도 재밌었고 애들이랑 친해질 수 있어서 좋았다, 재미있는 활동을 많이 해서, **너무 빡세다**, 반에서 소외되는 학생들도 모두 참여할 수 있고 자유시간을 주면 친구가 없는 학생들은 할 게 없기 때문에 선생님 수업방법이 괜찮은 것 같아요, 평소에 할 수 없었던 운동을 할 수 있어서, 선생님이 재미있으셔서
3-8	치어리더는 정말 재밌어서 다음 년도 학생들에게 추천하고 싶을 정도여서, 수업이 재밌다, **자유시간이 두 번 있어서(부정적)**, 선생님 말씀이 다 맞는 말입니다, 처음 해보는 운동이 많아서, 너무 재미있었다, 선생님이 너무 좋앙, **재미없음**, 잘 가르쳐줌, 수업 방법이 좋다 선생님의 가치관이 잘 드러났다, 아이들과 더 친해졌다 수업을 통해, 선생님은 정말 열정적이시고 멋져염, 수업이 재밌고 친구들과 관계가 좋아져서	(심폐소생술, 낙태...)생명의 소중함 수업은 아직도 기억에 남습니다 꾸미기체조도 친구들과 친해질 수 있는 기회여서 좋았어요, 무언가 feel이 좋았다, 체육수업하는 날마다 기분이 좋았다, 수업내용이 이해하기 쉽고 수업 방법도 괜찮아서, 자유시간이 많음 좋잖아요ㅋㅋ, **다짜고짜 치어리딩 안무를 짜서 하라고 해서 조금 힘들었다, 여자에 대한 배려?가 없으셨다 하지만 수업 방법은 좋았다**, 맨처음 애벌레 게임 재밌었다, 쌤이 좋아용, 활동적으로 움직일 수 있는 좋은 수업, **자유롭게 팀을 정하라 할 때 친한 친구가 없어 곤란했다**, 뭔가 구체적으로 하신다 체계적으로, **선생님의 열정에 학생들이 따라가지 못한다**, 좋았다, 좋았다, 다양한 수업 방법이 좋아서, 친구들이랑 관계가 좋아서
3-9	도전했던 활동을 성취했을 때의 성취감이 좋아서, 티볼과 킨볼 런닝맨 등 다양한 활동과 이제까지 해보지 못했던 것들을 하게 되어서 좋았던 것 같다, 선생님이 살짝 무서울 때가 있었던 것 같지만 전체적으로 준비를 굉장히 많이 해오시는 것 같던 모습이 굉장히 좋았던 것 같다, 수업 내용이 괜찮은 걸 괜찮다고 말할 것뿐이다, 올해 체육은 내용이 좋고 방법도 좋았다, 박제훈 선생님이 잘 가르치셨다, 수업 내용이 협동심이나 나름에도 도움이 될 수 있어서 좋고 수업 방법도 다양하게 해 좋았음, 같이 하니깐, **힘들다**, 체육시간은 언제나 재미가 있었다, 운동도 많이 되었다, 운동도 많이 되고 친구들과의 관계도 좋아졌다, 학생들에게 좀 더 알찬 수업방식을 개선해 주셨기 때문입니다, 체육수업이 좋았다, 선생님의 수업 방식이 좋았다	새로운 활동들을 많이 해서 좋았다, 자유시간이 꽤 많아서 좋았다, 다양한 활동을 많이 해서, 수업 내용도 다양하고 재미있었다, 다른 선생님은 잘 하지 않는 수업을 해서, 신선한 내용들이 많았다, **친구들과 놀 시간(자유시간)이 없었다**, 애들이랑 단합이 잘 된 것 같아서, 쌤이 좋아서요, 음 체계적이라서, 해보지 못했던 걸 했다, 애들을 더 친하게 만든 것 같다
3-10	수업 내용이 재밌었다, 수업이 구체적이라 미리 계획 가능, 체계적이고 구체적인 수업 방식과 10점이 마음에 듦, 수업 내용이 다 맘에 들고 방법도 계획적이어서 좋았다, <u>보통 체육하면 자유시간 주고 놀게 하는데 수업 내용 정하고 그 내용만 딱 하고 조도 나눈 게 교우관계에 도움이 된 것 같다</u>, 축구부 선생님이셔서 오래 알아서, 수업과 방법은 좋다, 수업방식이 새롭고 좋았다, 모든 것에 만족했다, 수업 내용은 좋은데 수업 방법이 오글거림, **자유시간이 적음**	**치어리딩은 여자가 하기 조금 힘들었다**, 좋았다, 주제별로 활동해서, 선생님이 좋아서, 체계적이고 구체적이고 당시 수업을 못할 시 대체로 할 수업 계획까지 있는 것이 든든해서, 학생들 사이를 더 좋게 해주었고 색달랐기 때문이다, 착하시고 책임이 강하신 것 같아서 좋다, **조별 활동을 별로 안 좋아해서**, 체육수업이 괜찮았다, **조금 힘들었다**, 그냥 재미있었다, 좋았다

기타 종합 설문

■ 수업과 관련하여 선생님께 하고 싶은 말

3-1	감사합니다, **자유시간이니 걍 냅두세요 제발**, 사랑해요, 감사합니다, **평상시 자유시간이 적다 보니 체육시간(2학기 끝날 무렵에) 재미있는 활동을 했으면 좋겠습니다**, 3학년 체육 좋았어요 쌤 알라뷰, 지난 1년간 감사했습니다, 사랑해요, 너무 열정적이시다 1년 동안 감사했습니다
3-2	열심히 가르쳐 주세요, 수업을 더 빡세게 해주세요, 안녕히 계세요 저희는 갑니다, 사랑합니다, 파이팅 열심히 해주세요, 수업시간에 신기한 걸 많이 해가지고 신기했습니다 재미있는 거 많이 해주세요, 왜 우리 반은 물총 안 했나요 아쉬웠어요, 쌤 후배들한테도 잘 해주세요, **너무 무서워서 말을 못하겠다**, **시간이 많이 소모되는 활동은 안 하는 것이 좋습니다**, **수업 내용이 나쁘진 않았어요 그런데 가끔씩은 아이들 학생이 원하는 대로 해주셨음**, 1년 동안 단순하게 몸만 움직이는 체육이 아닌 의미가 있는 체육수업을 해서 재미있었습니다, 가르쳐 주셔서 감사합니다, 수업은 만족해요 안녕히 계세요, 쌤 1년 동안 재밌게 해주셔서 감사합니다 자유시간 좀 늘려주시고 연습시간 좀 더 주세요 쌤 알라뷰
3-3	치어리딩이 짱, 재밌다, 체력을 더 강하게 해주세요, 적극적으로 더 많고 유용한 프로그램으로 학생들을 지도해 주시길 바랍니다, 2학기 때에도 치어리딩 시켜주세요, **자유시간을 적절하게 주셨으면 좋겠습니다**, 사랑해요, 선생님 수업이 재밌고 좋았습니다, 그동안 감사했습니다, 감사했습니다, 사랑해요, 지금이 제일 적당한 것 같아요, **체육을 너무 꼼꼼하게 하시는 것 같아요 조금만 자유롭게 해주시면 감사하겠습니다**, 지금 수업도 만족하지만 조금 더 학생들의 이야기를 듣고 좀 더 흥미로운 수업을 했으면 좋겠습니다, 수고하셨습니다, **너무 까탈스러워요**, 재미있었어요, 체육수업이 기다려지고 재밌었어요 감사합니다, **열정이 너무 넘쳐서 조금 버겁다**, 선생님 2학년 때부터 수업을 했는데 여전히 정말 나쁜 점이 크게 보이지 않고 재밌고 참신한 수업이 좋았어요 굳이 무리해서 수업 흐름을 바꾸지 않아도 충분히 저는 재밌었어요 어른이 돼서도 기억에 남을 것 같아요
3-4	**체육복 안 입고 왔다고 오리걸음 시키지 마세요, 치어리딩 빼주세요**, 이제 끝이므로 수고하세요, 그동안 감사했습니다 건강하세요, 사랑해요, **치어리딩 삭제 좀요**, 안녕히 계세요, 재밌게 해주세요, **자유시간도 좀 해주고 둥글게 해 주세요, 차별 없이 수업하셨으면 좋겠다, 화를 너무 많이 내요, 치어리딩 같은 거 안 하면 좋겠어요 안 재밌어요**, 1년 동안 수고하셨어요, **오리걸음은 아닌 것 같아요**, 2년 잘 즐겼습니다 나름
3-5	계속 지금처럼 해 주세요, **너무 열정이 가득하셔서 힘들어요**, 다음연도에 치어리딩 또 했으면 좋겠다 꾸미기체조도 또 했으면 좋겠다 힘들어도 재미있음, 다음 학년들이 꼭 치어리딩과 꾸미기체조를 했으면 좋겠습니다 산도 많이 올라가 주세요 다음 학년들은 스포츠 때 산 안 올라간다는데 억울해요, 꾸미기체조와 치어리딩은 좋은 추억을 만들 수 있으니까 후배들도 했으면 해요 쌤의 열정은 짱 1년 동안 감사했습니다, 친구들과 같이하는 수업을 더 많이 늘려주세요, 친구들과 같이 하는 수업이 재밌었어요, 1년 동안 고마웠습니다, 체육수업 하면서 애들이랑 친해진 것 같아 좋은 계기 만들어 주셔서 감사해요, 치어리딩 짱짱, 1년 동안 체육수업 재밌었던 거 같아요, 사랑해요, 재밌게 해주셔서 감사합니다, 저희 졸업합니다 커서 찾아가겠습니다 그동안 고마웠습니다 행복하십쇼, 앞으로도 쭈욱 만수무강하세요, 사랑해요
3-6	개웅산 많이 가야 한다고 생각한다, 선생님 사랑해요, 선생님 2년 동안 가르쳐 주셔서 감사합니다, 내년 후배들한테도 좋은 수업 부탁드립니다, 수고하세여, 이대로만 하시면 좋을 것 같습니다, 사랑합니다 선생님, 3학년 동안 감사했습니다, **내용과 방법을 따로 보면 좋은데 둘을 합치니 이상한 부분이 많았습니다 A는 a와 연결해 주세요**, 2학년 3학년 계속 가르쳐 주셔서 감사합니다, 1년 동안 잘 가르쳐 주셔서 감사합니다, 일 년 동안 감사했습니다, 선생님 감사했습니다, 선생님 수고 많으셨고 졸업하고 저희 잊지 마세요 지금 수업 너무 좋아요 지금처럼 한결같이 하세요
3-7	선생님과 같은 교사가 존재한다는 것을 알게 돼 기쁨, 안녕히 계세요, 감사했습니다, 이렇게 하면 될 거예요, 재밌었어요, 앞으로도 후배들한테 좋은 수업 많이 해주세요, 이번 학년 이번 연도에도 잘 가르쳐 주셔서 감사했습니다, 쌤 너무 즐거웠고 감사했습니다, 1년 동안 재밌게 가르쳐 주셔서 감사합니다 여러 가지 수업 진짜 재밌었어요, 재밌었다, 감사해요, 3학년 체육수업 재미있었습니다 저희는 이만 졸업하겠습니다 나중에 뵈요, 수고 많이 하세요 열심히 하세요, **자유시간이 필요한 듯 합니다**, 쌤 착하세요, 재밌었습니다, 박제훈 쌤 재밌었구 체육시간마다 즐거웠습니다, 안녕히 계세요
3-8	치어리더 수업할 때 정말 재밌었어요, 지금처럼 하던 대로 수업하세요, 그동안 감사했습니다, 쉬는 시간 좀 늘려주세요, 일년 동안 감사했습니다, 다음 연도에도 열정적으로 수업을 진행해 주세요 2년 동안 함께하면서 좋은 수업 받았습니다, 감사했습니다 재밌었습니다, 1년 동안 감사했어요 처음엔 자유시간 없고 싫었는데 항상 수업 준비 진짜 열심히 해주시는 것 같아서 감동이었어요 나중에 뵙고 싶네요 오래 기억나는 체육쌤일 것 같아요, 그동안 감사했습니다 벌써 졸업이 코 앞이네요 고등학교에 가서도 팀워크를 잘 발휘하고 응급처치 잘 사용할게요 파이팅, 한 해 수고하셨습니다, 치어리딩이 비록 힘들었지만 가장 재미있었던 것 같아요 내년에도 후배들이 꼭 해봤으면 좋겠어요 엄격하시긴 했지만 저희들을 많이 좋아해 주셔서 그런 거 다 알아요 선생님 그동안 정말 감사드리고 제가 많이 운동을 못했는데 정말 죄송했어요, 짱이에요
3-9	**계획된 일정에 따라만 진행하니 체육시간이 별로 재밌지 않았다 때로는 자유시간을 가지면 좋겠다**, 선생님 2013년 한 해 동안 감사했습니다 새해 복 많이 받으세요, **솔직히 오리걸음 좀 힘들었어요**, 산에도 가고 아이들끼리 자유시간을 많이 가지게 해 주세요, 2학년 때는 정말 싫고 힘들고 그랬는데 3학년 때는 그래도 왜 그랬는지 이해가 간다, 졸리고 배고픕니다, 치어리딩은 힘들지만 도움이 많이 되는 수업인 것 같다, 곧 올라오는 후배들 치어리딩 시켜주세요, 선생님 사랑하고 감사드립니다 언제나 잊지 않는 제자 저 자신이 되겠습니다 선생님 덕분에 사람의 생명의 소중함을 깨달았습니다 선생님 감사합니다, 그동안 감사했습니다, **자유시간 늘려 주세요, 선생님의 과분한 열정은 학생에게는 독이 됩니다**, 감사했습니당, 1년 동안 감사했습니다 새해 복 많이 받으세요, 안녕히 계세요, 사랑합니다, **모든 수행평가 할 때 팀을 짜서 하니까 팀 중에서 한 명이 안 하면 내 점수까지 까이니까 좀 짜증난다, 팀으로 하면 내가 잘해도 다른 애가 안 해서 점수 깎여서 짜증남, 팀워크 활동 때문에 힘든 사람은 친구가 없는 애일 수도 있지만 조를 짤 때 원하지 않는 아이들과 걸리는 것도 힘들다**, 1년 동안 좋은 추억 만들어 주셔서 감사합니다
3-10	1년 동안 감사합니다, 1년 동안 재미있게 수업해 주셔서 감사합니다, 지각 좀 봐주세요, 감사 했습니다, 그동안 감사했습니다, 그동안 감사했습니다 고등학교 가서도 개웅중은 못 잊을 거 같아요 재미있었습니다, 그동안 가르쳐 주셔서 감사합니다, 1년 동안 수고하셨습니다 재미있게 체육수업 해 주셔서 감사했습니다, 제 동생들 가르치실 때도 동생들이 즐겁게 체육수업을 즐겼으면 좋겠습니다, 1년 동안 체육이 재밌어요, 게임을 많이 하셨으면 좋겠다, 그동안 감사했습니다 쌤, 1년 동안 재밌었어요, 1년 동안 수고하셨습니다, 너무 수고하셨구요 고맙습니다 선생님, 체육시간 때 힘들긴 했지만 감사합니다 재밌었어요, 1년 동안 수고하셨습니다, 1년 동안 체육수업 가르쳐 주셔서 감사합니다, 1년 동안 감사합니다, 신기한 거 많이 하시네요

〈설문지 4-3-1〉, 〈설문지 4-3-2〉와 각종 자료들은 그해 사용한 체육수업 만족도 설문지와 그에 따른 결과를 나타내고 있다.

나는 매년 이와 같은 설문을 실시하고 그 결과를 정리하면서 한 해의 수업을 최종적으로 마무리하고 있다.

지금은 아니지만, 이 당시만 해도 긍정적인 설문 응답보다는 부정적인 설문 응답에 더욱 집중했고, 부정적인 설문 내용을 중심으로 나 자신과 수업을 개선하려고 노력하면서 수업 만족도를 높여나갔다. 그러다 보니 매번 설문조사를 할 때마다 마음이 무척 아팠고, 이것을 또 왜 했지, 라는 후회도 많이 했다. 하지만 그것도 잠시뿐 또다시 설문할 시기가 다가오고 설문이 끝나면 학생들의 체육수업 만족도가 얼마나 좋아졌을까를 기대하면서 그 결과를 정리하는 내 모습을 발견할 수 있었다.

체육수업 만족도 설문지

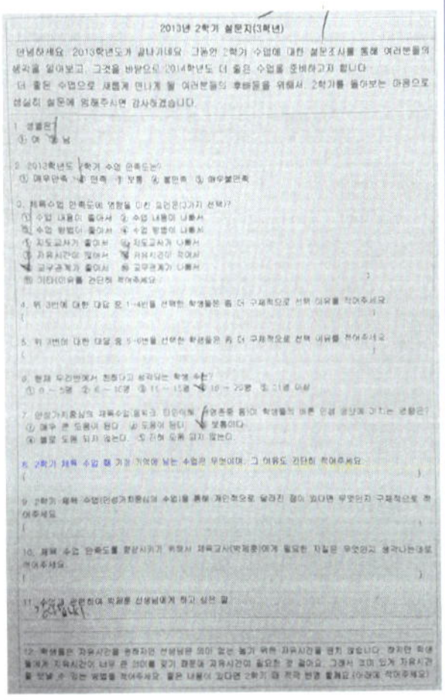

2013학년도 중학교 3학년 2학기 체육수업 만족도 설문지

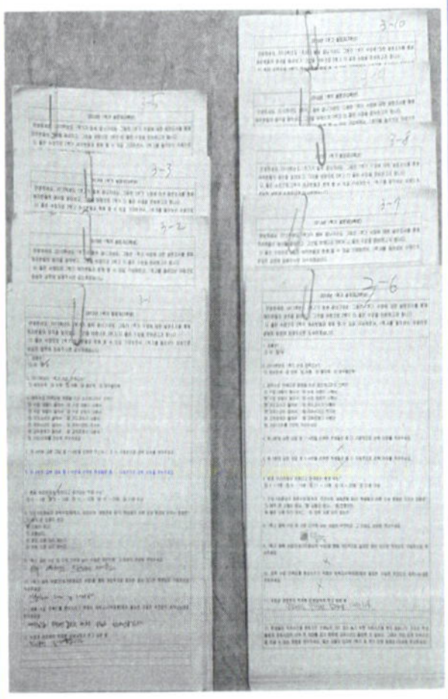

1학기 만족도 설문지

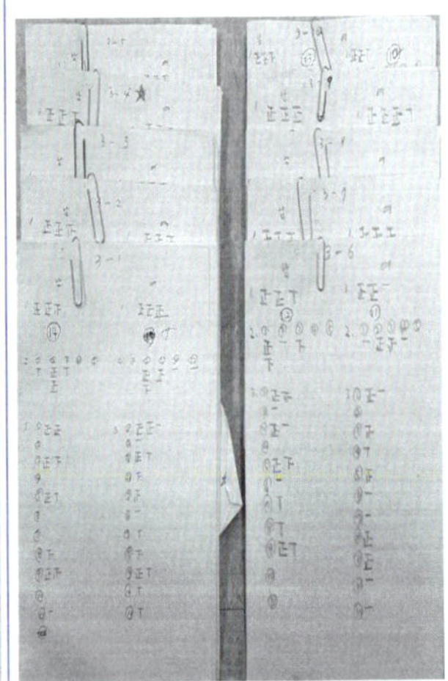

2학기 만족도 설문지

인터뷰

<3학년 박○○ 학생(여) 인터뷰 내용1>

교사: "올해 처음으로 선생님과 같이 수업을 했어. 그치? 그리고 선생님은 인성주제 중심의 체육수업을 1년 동안 했어. 혹시 선생님과 수업했던 내용들 중에 생각나는 것이 있을까? 있으면 생각나는 대로 말해 볼래."

학생: "치어리딩, 티볼, 그리고 물구나무서기. 물구나무서기가 치어리딩이죠? 그 두 개."

교사: "인성주제 쪽으로 생각나는 건 없어?"

학생: "자신감 수업하고 팀워크."

교사: "혹시 또 있을까?"

학생: "없어요."

교사: "그럼 1, 2학년 때 가르치셨던 선생님들의 수업방식하고 올해 선생님의 수업방식하고 차이점이 있을까?"

학생: "네, 선생님은 계획적으로 가르치시는 것 같은데, 1학년 2학년 때는 그 선생님들도 계획적으로 하셨겠지만 그런 느낌은 전혀 없었고, 음… 수행평가 마치면 거의 게임중심으로 체육수업을 했으니까 거의 프리하게 많이 놀았어요."

교사: "인성주제 중심 체육수업은?"

학생: "나한테 과제가 주어지면 그것을 해야 하는 의무가 있었고, 다 끝나고 나면, 물론 팀워크 안 맞고 조 같이 하고 이러면은 그런 게 안 맞으면 기분이 안 좋았는데, 왜냐하면 수행평가가 망하니까, 제 수행평가가 다른 학생 때문에 망한다는 생각이 드니까 기분이 안 좋았는데, 다른 면에서는 다 하고 나서 뿌듯한 면이 있어요. 많이 뭐라고 해야 하지, 음… 내가 해서 수행평가 점수도 많이 받고, 애들도 다 웃고 이렇게 끝나면 그게 가장 기억에 남아요. 많이."

교사: "개인적으로 1학년 2학년 때의 너의 모습과 3학년 올라와서 너의 모습을 봤을 때 달라진 점이 있다면?"

학생: "저는, 음… 체육수업을 좀 더 열심히 한 것 같아요. 계속 놀이 방식의 수업을 했으니까 지겹기도 하고, 똑같은 피구나 럭비 이런 것만 계속 했으니까, 별로였는데 지금은 계속 번갈아가면서 다른 주제를 가지고 계속 하는 거잖아요. 그래서 내가 내 스스로 돌아볼 수 있는 기회도 생겼고, 여러 측면에서 보면 내가 많이 체육수업에 임하는 것 같아요."

교사: "그럼 인성주제 중심 체육수업을 통해서 본인의 변화를 느낀다는 거야?"

학생: "네, 약간 그런 면이 있어요."

교사: "예를 들면 어떤 면이."

학생: "제가 많이 소심했었는데… 엄마가 소심하지 말고 대범해지라고 태권도를 보내고 하셨는데. 치어리딩 할 때도 자신감 수업을 했으니까 애들 앞에서 무언가를 보여주고, 나도 떨지 않고 한 거랑 애들 다 가르쳐주고, 춤 연습 도와주고 한 것이 소심했으면 못했을 거예요. 그런데 자신감이 생겼기 때문에 그런 것을 다 한 것 같아요."

교사: "그럼 만약 선생님하고 체육수업을 안 했다면 그런 모습이 안 나타났을 수도 있었다는 이 말이야?"
학생: "네. 그죠."
교사: "힘든 점은 없었어?"
학생: "힘들었어요. 힘든 건 있는데. '이겨 내야겠다'라고 계속 생각하고, 애들도 자꾸 다독여주고 이러니까 별로 많이, 아 너무 힘들다는 이런 생각은 안 들었어요."

<3학년 박○○ 학생(남) 인터뷰 내용2>

교사: "혹시, 올해 선생님이 3학년 학생들에게 체육수업을 통해서 가르치고자 했던 게 무엇인지 기억나는 거 있어? 기억나는 것 있으면 자유롭게 얘기해 볼래."
학생: "치어리딩 때요 자기희생. 그게 가장 기억에 많이 남았어요."
교사: "자기희생, 그리고."
학생: "그리고 킨볼 할 때, 다 애들끼리 다 협동하는 거 그것도 기억에 남아요."
교사: "그리고."
학생: "그리고 잘 기억이 안 나네요."
교사: "더 없을까? 혹시 종목을 얘기해도 되고, 인성에 대한 주제를 얘기해도 되고."
학생: "아, 생명의 소중함이랑 이어달리기, NEVER GIVE-UP. 또… 잘 기억이 안 나네요."
교사: "치어리딩 할 때 자기헌신이 기억에 많이 남는다고 했는데 이유가 있어?"
학생: "처음에 저희 조가 잘 되지도 않고 연습도 잘 안 모였는데요, 마지막 부분에서 다 같이 되게 열심히 하고 잘 되니까, 그리고 또 열심히 했고, 밤늦게, 그 결과도 되게 좋았고요. 기억에 제일 많이 남아요."
교사: "너희 반 치어리딩 때 초반에 힘들었잖아. 선생님이 혼도 많이 내고. 그런데 결과는 좀 달랐어. 마지막 발표를 하고 선생님이 너희 팀 점수를 얘기했을 때, 느낀 감정이 지금 떠올라?"
학생: "그때 되게 생생했거든요. 지금도 생생해요. 저희가 그때 했을 때요, 실수도 많이 했는데 그 예상 밖의 점수가 나오니까 되게 막 뭔가 올라오고 대개 기뻤고, 진짜 모든지 열심히 하면 되는구나, 그렇게 깨달았어요."
교사: "그럼 3학년 때만 선생님과 수업을 하고 그 전에는 다른 선생님들과 수업을 했었는데, 선생님 수업과 다른 선생님 수업의 차이점이 있을까?"
학생: "네, 있죠. 확실히. 1, 2학년 때 선생님은 좀 많이 풀어주시고 자유시간 많이 주셨는데, 저는 이렇게 풀리다 보니까 개인적으로 계획적으로 하고 싶었어요. 그냥 막 띵가띵가 노는 게 아니라 체육수업 하고 싶었는데, 선생님 수업 듣고 나서, 그… 좀 그래도 자유시간이 없고 딱딱 돼 있잖아요. 저는 그게 되게 좋았어요."
교사: "마지막으로 선생님이 인성주제 중심으로 수업을 계획하고 진행을 했어. 어떤 학생은 힘들다고 하기도 하고, 어떤 학생은 좋았다고 얘기를 하기도 하는데, 개인적으로 1년 동안 선생님에게 수업을 받았잖아. 인성주제 중심의 수업을 하면서 선생님이 많이 요구도 하고, 지도도 했었는데, 체육수업을 선생님과 같이하면서 1년 동안 네가 생각하기에 본인 스스로 달라졌다고 생각하는

점이 있어?"

학생: "확실히 좀 그런 건 있어요. 욕을 안 한다거나, 애들을 좀 배려해야 되겠다는 생각이 좀 들었고요. 그리고 생각을 좀 고쳐야 된다는 생각도 좀 했어요."

교사: "어떤 생각을?"

학생: "양보 안 하고 저는 제 의견만 밀어붙여요. 원래 애들한테. 근데 그것보다는 좀 양보하는 것도 괜찮을 것 같다는 생각도 했어요. 저는 이 수업이 되게 좋았어요. 다른 선생님과 확 바뀌니까."

교사: "개인적으로 그러면 욕도 안 하게 되고, 남도 배려하게 되고, 생각도 고치게 된 것이 체육수업 때문이라는 거야? 다른 교과 수업도 있을 것 아냐?"

학생: "다른 교과 수업 때는 딱히 공부만 열심히 했지, 다른 걸 할 게 없어요. 체육시간 활동하면서, 체육시간에 욕할 때 선생님께 지적받으면서, 그렇게 체육시간에 고친 것 같아요. 그런 것들은."

위의 〈인터뷰 내용1〉의 학생은 중학교 3학년이 되기 전 흔히 '공주병'으로 불리는 말과 행동, 즉 자기중심적인 사고의 말과 행동으로 인해 다른 학생들과의 마찰이 많았던 여학생이었고, 〈인터뷰 내용2〉의 학생은 평소 장난기가 심하고, 여선생님 수업 시간에 말대꾸를 많이 하고 수업과 관계없는 말과 행동으로 수업 진행을 방해하던 남학생이었다.

이들은 학년 초에 비해 학기 말로 갈수록 문제가 되던 말과 행동에 긍정적인 변화를 보인 학생들이다. 그래서 체육수업에 대한 이들의 생각을 들어보고 싶었고, 이들과의 인터뷰를 통해 이 수업에 대한 효과도 알아보고 싶었다.

인터뷰를 통해 알고 싶었던 것은 3가지였다.

첫째, 1년간 체육수업을 통해 배운 내용들을 학생들이 얼마나 기억하고 있는지 하는 것이다. 교사가 체육수업을 잘 가르쳤다면 수업한 것들에 대한 기억들이 많이 남아있어야 한다고 생각했다. 그리고 이 수업의 특성상 신체활동에 대한 내용보다 수업주제, 즉 인성주제에 대한 기억이 더 많이 남아 있기 바랐다. 하지만 학생들은 인성주제에 대한 기억보다 신체활동, 즉 종목에 대한 것들을 먼저 말했다. 학생들은 인성주제에 대해 다시 한번 구체적으로 물었을 때 비로소 인성주제에 대한 한두 가지 정도를 기억해 내는 모습을 보였다.

둘째, 중학교에서 경험한 인성주제 중심 체육수업과 다른 선생님들의 체육수업을 학생들은 어떻게 생각하는지 알아보고 싶었다.

사실 이 부분은 상당히 민감한 부분일 수 있다는 생각이 들었다. 왜냐하면 다른 선생님의 수업을 엿본다는 생각이 들었기 때문에 질문을 하면서도 상당히 조심스러웠다. 하지만 궁금했다. 내가 보고 느낀 다른 선생님들의 수업과 학생들이 직접 느끼는 다른 선생님들의 수업에 어떤 차이가 있는지 알고 싶었다.

<인터뷰1의 내용 중 일부>

교사: "그럼 1, 2학년 때 가르치셨던 선생님들의 수업 방식하고 올해 선생님의 수업 방식하고 차이점이 있을까?"

학생: "네, 선생님은 계획적으로 가르치시는 것 같은데, 1학년 2학년 때는 그 선생님들도 계획적으로 하셨겠지만 그런 느낌은 전혀 없었고, 음… 수행평가 마치면 거의 게임중심으로 체육수업을 했으니까 거의 프리하게 많이 놀았어요."

교사: "인성주제 중심 체육수업은?"

학생: "나한테 과제가 주어지면 그것을 해야 하는 의무가 있었고, 다 끝나고 나면, 물론 팀워크 안 맞고 조 같이 하고 이러면은 그런 게 안 맞으면 기분이 안 좋았는데, 왜냐하면 수행평가가 망하니까, 제 수행평가가 다른 학생 때문에 망한다는 생각이 드니까 기분이 안 좋았는데, 다른 면에서는 다 하고 나서 뿌듯한 면이 있어요. 많이 뭐라고 해야 하지, 음… 내가 해서 수행평가 점수도 많이 받고, 애들도 다 웃고 이렇게 끝나면 그게 가장 기억에 남아요. 많이."

<인터뷰2의 내용 중 일부>

교사: "그럼 3학년 때만 선생님과 수업을 하고 그 전에는 다른 선생님들과 수업을 했었는데, 선생님 수업과 다른 선생님 수업의 차이점이 있을까?"

학생: "네, 있죠. 확실히. 1, 2학년 때 선생님은 좀 많이 풀어주시고 자유시간 많이 주셨는데, 저는 이렇게 풀리다 보니까 개인적으로 계획적으로 하고 싶었어요. 그냥 막 띵가띵가 노는 게 아니라 체육수업 하고 싶었는데, 선생님 수업 듣고 나서, 그… 좀 그래도 자유시간이 없고 딱딱 돼 있잖아요. 저는 그게 되게 좋았어요."

위의 내용은 인터뷰한 내용의 일부분으로 내가 지도한 인성주제 중심 체육수업과 다른 선생님이 지도한 체육수업에 대해 이야기한 내용을 나타내고 있다.

아직도 기억나는 경험이 하나 있다. 발령 첫해, 체육수업을 하기 위해 운동장에서 학생들을 처음 만났을 때의 일이다.

나는 중학교 1학년을 맡았다. 첫 수업을 위해 운동장으로 나갔을 때 무척이나 긴장되고 떨렸다. 하지만 학생들의 눈빛을 보고 잠시나마 긴장을 풀 수 있었다.

왜냐하면 체육수업에 대한 기대와 기다렸음이 학생들의 눈빛과 표정에 고스란히 나타났기 때문이었다.

나는 학생들에게 물었다. "체육 좋아하니?" 학생들은 아주 자신 있게 "좋아해요."라고 대답했다. 그리고 다시 물었다. "왜 좋아하니?" 학생들은 주저하지 않고 '자유시간'과 '축구'를 외쳤다. 그 순간 나는 실망감을 감출 수 없었다. 왜냐하면 이들이 좋아하는 것은 체육수업이 아니란 사실을 그 짧은 순간에 느낄 수 있었기 때문이다.

그로부터 8년이 지났다. 체육수업에 대한 학생들의 대답은 별로 나아진 게 없는 듯했다. 이들의 말을 다 믿을 순 없겠지만, 이들이 말한 "거의 프리하게 많이 놀았어요."와 "그냥 막 띵가띵가 노는 게 아니라 체육수업 하고 싶었는데…"라는 말을 들으면서 여전히 체육수업은 자유시간과 축구에서 벗어나지 못했음을 알 수 있었다.

셋째, 체육수업을 통한 자신의 긍정적인 변화를 인식하는지, 인식한다면 그 변화의 원인이 무엇인지 알고 싶었다. 인터뷰를 한 학생들은 대부분 자신의 긍정적인 변화를 인식하고 있었다. 그리고 그 원인을 나의 체육수업 때문이라고 말했다. 물론 내가 나의 수업에 대해 물어 봤으니 이들이 말한 내용 전부가 사실이라고 말하긴 어려울 것이다. 하지만 대화하는 내내 이들의 태도는 진지했고 자신 넘쳐 보였다. 또한 나름의 근거를 대면서 스스로의 변화가 나의 체육수업과 연관이 있다고 말하는 학생들의 말이 거짓처럼 느껴지진 않았다.

학생들과의 인터뷰는 내 수업에 대한 효과를 확인하고 나 스스로 이 수업에 대한 확신을 갖기에 충분했다. 하지만 이 수업의 효과를 좀 더 객관적으로 확인할 수 있는 자료의 필요성을 느낄 수 있었던 기회가 되기도 했다.

새로운 시작

그해 겨울방학 동안 나는 체육수업 만족도 결과에 대해 아주 많이 생각했다. 전혀 예상치 못한 결과를 빚어낸 원인을 찾고 싶었다. 보통의 경우라면 만족도 조사 결과를 쉽게 받아들일 수 있었다. 그리고 그 원인도 쉽게 찾을 수 있었다. 하지만 중학교 3학년을 대상으로 인성주제 중심 체육수업을 실시한 첫해에 나타난 만족도 조사 결과는 전혀 이해할 수 없었고 받아들일 수 없었다. 무엇보다 매년 만족도 설문조사를 통해 나타난 부족한 점들을 지금까지 계속해서 개선해 나가려고 노력하면서 체육수업에 대한 만족도를 조금씩 높여가고 있던 시점이어서 더욱더 그랬다. 그러다 보니 수업은 마무리되었지만 매듭짓지 못했기 때문에 그해 겨울방학 동안에는 새로운 학년에 대한 수업 준비를 전혀 할 수가 없었다.

겨울방학이 끝나갈 무렵의 어느 날, 라디오를 들으며 운전을 하다가 문득 그 원인이 생각났다. 정확히 말하자면, 원인이라고 하기엔 확실치는 않지만, 이것 때문이었겠구나, 라는 생각에 순간 망치로 뒤통수를 맞은 것처럼 큰 충격을 받았다. 왜냐하면 지금까지 해 온 나의 모든 수업이 학생들을 위한 수업이 아니라 나 자신을 위한 수업이었음을 깨달았기 때문이다.

나는 체육교사로 첫 발령을 받았을 때부터 학교 현장에서 이루어지는 체육수업에 실망했다. 그리고 그런 상황 속에서 나 역시도 스스로 부끄러운 체육수업을 하면서 늘 체육수업 때문에 힘들어했다. 그래서 전인교육으로서의 체육수업, 내가 원하는 체육수업을 찾기 위해 무척 노력했고, 조금씩 그 방법을 찾아가던 중 인성주제 중심 체육수업을 떠올리게 됐다. 그리고 곧바로 중학교 3학년 학생들에게 이 수업을 적용했다.

이 수업은 나에게 유레카였다. 그래서 이 수업에 대한 확신이 그 어느 때보다 컸고 기대감도 높았다. 수업도 계획에 따라 차질 없이 진행하기 위해 매 시간 신경을 곤두세우고 수업목표를 달성하기 위해 애를 썼다. 그러다 보니 한 시간 한 시간 체육수업이 나에게 무척 소중했고 조금의 빈틈도 용납되지 않았다. 어쩌면 이때부터 나는 이 수업에 지나치게 집착하게 되었는지도 모른다. 그리고 그런 나로 인해 시간이 지나면서 학생들은 피로감을 느꼈을 것이고, 그것이 교사인 나와 수업에 대한 반감으로 이어지면서 결국엔 수업 만족도에 악영향을 미쳤을 것이란 생각이 들었다. 결국 학생들을 위해 좋은 수업을 하겠다는 일념으로 이 수업을 생각해냈지만, 학생이 아닌 교사인 나 자신을 위한 수업이었다는 사실을 그해 수업이 끝난 뒤 긴 시간이 흐른 뒤에야 겨우 어렴풋이 깨달을 수 있었다.

이후 나는 다시 그해 중학교 3학년을 대상으로 진행했던 수업에 대한 자료를 살피면서 수업 전반을 평가했다. 수업을 찍은 영상을 다시 보고, 수업 노트를 천천히 읽으면서 학생들이 수업에 참여했던 그 순간들을 떠올렸다. 그리고 교사인 나의 모습도 함께 떠올렸다. 그런데 수업을 다시 들여다보면 볼수록 이 수업에 대한 확신은 더 커져다. 물론 여러 가지 인성주제로 진행했던 수업에는 조금씩 보완할 점들이 있긴 했지만, 이 수업에 대한 전체적인 틀을 바꿀 정도는 아니었다. 오히려 부족한 점을 잘 보완한다면 이 수업을 더 좋게 만들 수 있겠단 생각이 들었다. 문제는 이 수업을 진행했던 나에게 있단 생각이 들었다. 나는 수업에 너무 집착한 나머지 학생들의 입장을 헤아리지 못했다. 그리고 체육수업을 전체적으로 넓게 바라보지 못하고 부분적으로 좁게 바라봄으로써 수업 시간마다 나타나게 될 단편적인 결과에만 즉각적인 반응을 보이면서 조급해했고, 그런 교사의 모습과 지도 방식이 학생들에게 부담으로 작용했던 것 같다. 그래서 나는 그해 진행한 나의 수업을 '절반의 성공'과 '절반 실패'로 결론을 내렸다.

인성주제 중심 체육수업은 성공적이었다. 하지만 그 수업을 진행하는 체육교사의 자질과 역량은 그렇지 못했다. 이 사실이 너무나 가슴 아팠다. 좋은 교사가 되려고 노력했는데 오히려 나의 그런 노력이 학생들을 힘들게 했을 수도 있겠구나, 라는 생각에 힘들었다. 하지만 내가 무엇을 해야 할지 확실해졌다. 나는 곧바로 2014학년도 중학교 1학년 학생들을 위한 체육과 교육과정에 대한 계획을 세우기 시작했다. 3학년에서 1학년으로 수업 대상이 달라졌기 때문에 수업 내용과 방법을 거의 다 새롭게 준비했다. 하지만 인성주제 중심 체육수업의 큰 틀은 변함이 없었다. 대신 수업을 진행하는 체육교사로서 나에 대한 마음가짐을 새롭게 다졌다. 나는 좀 더 여유를 갖기로 했다. 수업적인 면에서 좋은 수업을 하기 위한 노력은 지금처럼 변함없이 지속하되, 수업을 바라보고 진행하는 나 스스로 조금 더 여유를 가지고 학생들을 대하고 지켜보기로 한 것이다.

이것으로 2014학년도 1학년을 대상으로 준비한 수업을 진행할 용기와 힘이 생겼다. 그리고 겉으로 보이지 않는 작은 변화가 어떤 결과를 만들어 낼지에 대해서도 걱정보다는 기대가 앞섰다. 새로운 시작에 대한 결과는 1년이 지난 다음 해 겨울에서야 알 수 있게 되겠지만 왠지 모르게 기분이 들떴다.

개인적으로 이 수업을 진행했던 1년을 통해 나는 체육교사로서 중학생들을 가르쳤던 지난 8년의 세월을 되돌아볼 수 있었다. 체육교사로서 체육수업만을 바라보고 좋은 체육수업을 하겠다는 일념으로 수업과 학생들을 생각했던 내가 점차 수업에 집착하면서 학생들과 함께하지 못한 나 자신을 발견하고 반성하게 되었으며, 어떤 교사가 좋은 교사인지, 어떤 수업이 좋은 수업인지에 대해서도 다시 한번 진지하게 생각할 수 있게 되었다.

저자 소개

박제훈

2002년 2월 한국교원대학교 체육교육과를 졸업한 뒤, 2006년 3월부터 서울 구로구에 있는 개웅중학교에서 교직 생활을 시작했습니다. 2013학년도에 처음으로 인성주제 중심 체육수업을 교육과정에 적용했고, 그 수업으로 지금까지 중학생들을 가르쳐오고 있습니다.

그 외 활동으로는 중등 체육 1급 정교사 자격 연수 및 각종 연수를 통해 인성주제 중심 체육수업의 실천 사례를 알리는 강사로 활동하고 있으며, 2022학년도부터는 수업 개선과 공개수업의 '일상화'를 실천하기 위해 【미친체육 TV】 유튜브 채널을 운영하고 있습니다. 주된 관심사는 전인교육으로서의 체육수업 실천 방안과 사유를 통한 수업 개선 방안을 연구하는 데 있습니다.

체육수업, 인성과 만나다

2019년 2월 15일 1판 1쇄 발행
2023년 3월 15일 1판 2쇄 발행

저 자 : 박 제 훈
발행자 : 한 정 주
발행처 : 교육과학사

저자와의 협의하에 인지생략

경기도 파주시 광인사길 71
전화 (031)955-6956~8/팩스 (031)955-6037
Home-page : www.kyoyookbook.co.kr
E-mail : kyoyook@chol.com
등록 : 1970년 5월 18일 제2-73호

낙장 · 파본은 교환해 드립니다.
Printed in Korea.

정가 19,000 원
ISBN 978-89-254-1348-8